Gesprächspsychotherapie

Einfühlsame, hilfreiche Gruppen- und Einzelgespräche
in Psychotherapie und alltäglichem Leben

GESPRÄCHSPSYCHOTHERAPIE

Einfühlsame hilfreiche Gruppen- und Einzelgespräche in Psychotherapie und alltäglichem Leben

Dr. Reinhard Tausch
Prof. für Psychologie
Psychologisches Institut III
Universität Hamburg

Dr. Anne-Marie Tausch
Prof., Privat-Dozentin
Psychologisches Institut III
Universität Hamburg

8., ergänzte Auflage

1981

VERLAG FÜR PSYCHOLOGIE · DR. C.J. HOGREFE
GÖTTINGEN · TORONTO · ZÜRICH

VERLAG FÜR ANGEWANDTE PSYCHOLOGIE · STUTTGART

1. Auflage 1960
2., gänzlich neugestaltete Auflage 1968
3. Auflage 1970
4., ergänzte Auflage 1971
5., ergänzte Auflage 1973
6. Auflage 1974
7., gänzlich neugestaltete Auflage 1979
8., ergänzte Auflage 1981

Printed in Germany
ISBN 3 8017 0172 7

Gesamtherstellung: Druckerei Gerhard Münch, Inh. Wolfgang Rasch, 3400 Göttingen

Inhalt

Vorwort

Wir haben diese 7. Auflage der „Gesprächspsychotherapie" in 3jähriger weiterer intensiver Arbeit völlig neu gestaltet. Der zusätzliche Titel „Einfühlsame hilfreiche Gruppen- und Einzelgespäche in Psychotherapie und alltäglichem Leben" weist auf den neuen Inhalt des Buches hin.

Das Ziel der bisherigen Auflagen (1960 – 1974) ist überwiegend erreicht: Die personenzentrierte Gesprächspsychotherapie des amerikanischen Psychologen Carl Rogers wird heute an den meisten deutschsprachigen Hochschulen und Universitäten als wissenschaftlich geprüftes, humanes und ökonomisches Vorgehen von helfenden Berufen zur Förderung der seelischen Weiterentwicklung und zur Minderung seelischer Beeinträchtigungen anerkannt.

Bei der Neugestaltung des jetzigen Buches waren für uns folgende persönliche Erfahrungen und wissenschaftlichen Befunde bedeutsam:

□ *Personenzentrierte Gruppengespräche* (sog. Encountergruppen) sind häufig reicher an Erfahrungen und vielfältig hilfreicher als Einzelgespräche. Einzelgespräche werden dadurch nicht unnötig. Aber oft kommen sie nur zusätzlich zu Gruppengesprächen in Betracht. Aus diesen Gründen haben wir den Gruppengesprächen in dieser Neuauflage einen wesentlichen Platz eingeräumt. Die förderlichen Haltungen der Psychotherapeutischen Helfer sind in Einzel- und Gruppengesprächen weitgehend ähnlich. Deshalb machen wir bei der Darstellung der förderlichen Haltungen und Aktivitäten keine nennenswerten Unterschiede, ob sie von Helfern in Einzelgesprächen oder in Gruppengesprächen gelebt werden.

□ *Einfühlsame hilfreiche Gespräche, einzeln oder in Gruppen, schaffen günstige Bedingungen für die Entwicklung der Persönlichkeit.* Sie sind nicht nur hilfreich für „Klienten" mit „neurotischen" Beeinträchtigungen. Immer mehr Menschen suchen sich selbst zu entwickeln und seelisch reicher zu leben. Sie wollen sich mit sich selbst auseinandersetzen, sie wünschen, persönlich zu lernen, zu reifen und sich fortzuentwickeln. „Ich suche einen Weg zu mir selber, und ich hoffe, ihn durch Gespräche zu finden." „Ich will eine Möglichkeit finden, um mich selbst zu finden." „Ich suche, meinem Selbst näherzukommen. Ja, ich möchte meinem Selbst begegnen. Ich möchte mehr ich selbst sein." „Ich will nicht mehr nur als Mumie überleben. Die Schmalheit meiner Erlebnisse stört mich sehr. Aber ich habe Angst, meine eingeölten Formulierungen und mein eingeöltes Leben zu verlassen." Viele Personen wünschen in dieser Weise, ihre Möglichkeiten des Erlebens und Fühlens mehr zu entwickeln. Viele Personen fragen sich: Wie komme ich weg von dieser Fassade und dem Panzer, den ich anderen und manchmal mir selbst gegenüber habe? Wie kann ich mehr aus meinen Erfahrungen lernen? Für derartige Personen sind einfühlsame hilfreiche Gruppen- und Einzelgespräche eine sehr günstige Möglichkeit, ihrem Ziel größerer Selbstfindung und Selbstentwicklung näherzukommen.

□ *Im alltäglichen Leben* – in der Familie, in der Partnerschaft, im Beruf, in der Schule oder in der Freizeit – gibt es fortwährend Möglichkeiten zu hilfreichen Gesprächen von Personen miteinander. Wenn es gelingt, daß Partner in der Ehe, Kollegen im Beruf, Mitmenschen in der Freizeit oder Lehrer mit ihren Schülern einen Teil ihrer mitmenschlichen Gespräche so führen, daß sie für die Persönlichkeitsentwicklung und für die seelischen Funktionen des anderen förderlich sind, dann ist dies sehr bedeutsam. Wenn jeder von uns gelegentlich kürzere oder längere Gespräche in einfühlsamer helfender Weise mit einem Mitmenschen führt oder wenn er selbst in hilfreichen Gesprächen durch andere gefördert wird, dann bedeutet dies sehr viel für die Minderung der seelischen Beeinträchtigungen und die Entwicklung der seelischen Funktionen von Menschen. Wir halten es nicht für richtig, daß Mitmenschen im alltäglichen Leben sich hilfreiche Gespräche nicht zutrauen, weil sie meinen, dies könne nur ein Fachmann mit langjähriger Universitätsausbildung. Wir sind sehr beeindruckt durch viele Erfahrungen in Gesprächsgruppen und auch durch Untersuchungsbefunde: Personen sind auch ohne ein akademisches Studium der Psychologie fähig, mit anderen Menschen einfühlsam und hilfreich in Gruppen sowie einzeln zu sprechen. Zum Teil sind sie hilfreicher als berufsmäßige Psychotherapeuten. Viele Personen in unserer alltäglichen Umwelt können Helfer in Gesprächen für andere sein. Viele Personen ohne Studium sind nach intensiven Gruppenerfahrungen und gewisser Einarbeitung fähig, Helfer in Gesprächsgruppen zu sein oder Selbsthilfegruppen zu aktivieren. Die Fülle der seelischen Beeinträchtigungen von Menschen in einer zivilisierten, hochtechnisierten Umwelt, die sich z. T. auch in psychosomatischen Krankheiten äußern, kann nicht hinreichend durch nur berufsmäßige Helfer gemindert werden. Nur wenn sehr viele Mitmenschen Helfer für andere in Gesprächen sind, werden sich die Gefahren und Beeinträchtigungen deutlich mindern.

Unser jetziges Buch stellt somit eine wesentliche Ausweitung gegenüber den früheren Auflagen dar. Eine Ausweitung auf Gruppengespräche, auf helfende Personen über den Kreis akademisch ausgebildeter Psychotherapeuten hinaus, so auf soziale Helfer, Ärzte, Krankenpflegekräfte, Gruppenmitglieder oder andere Mitmenschen im alltäglichen Leben. Und eine Ausweitung der Partner in Gesprächen von „Klienten" auf Mitmenschen, die sich in ihrer Persönlichkeit und in wesentlichen seelischen Funktionen voller entwickeln wollen. Es ist eine Ausweitung des Buches auf ein hilfreiches humanes Zusammenleben von Menschen mit dem Ziel, ihre seelische Lebensqualität durch einfühlsames, hilfreiches Miteinandersprechen zu bereichern.

Unser Buch gründet sich auf unsere persönlichen Erfahrungen mit der personenzentrierten Gesprächspsychotherapie von Carl Rogers: Auf unsere mitmenschlichen Begegnungen mit hunderten von Personen in den vergangenen 20 Jahren in psychotherapeutischen Einzelgesprächen sowie Gruppengesprächen. Und auch auf viele private Gespräche mit Mitmenschen außerhalb der Psychotherapie. Ferner gründet sich unser Buch auf umfangreiche wissenschaftliche Untersuchungen der letzten zwei Jahrzehnte. In ihnen wurden die Annahmen über hilfreiche Vorgänge in personenzentrierten Gesprächen und im personenzentrierten Miteinanderleben in Familien, Schulen und Betrieben geprüft.

Wir haben uns bemüht, überwiegend nur Aussagen über seelisch bedeutsame Vorgänge in hilfreichen Gesprächen zu machen, die wissenschaftlich geprüft wurden. Und diese möglichst konkret darzustellen, damit sich der Leser in diese seelischen Vorgänge bei sich selbst und anderen einfühlen kann, so daß sie auch für ihn persönlich bedeutsam werden. Viele Veranschaulichungen stammen aus Gesprächen, die im Rahmen von Fernsehsendungen gefilmt wurden.

Viele Menschen halfen uns bei diesem Buch. Vor allem Menschen, die sich uns in Gesprächen und Befragungen öffneten und uns ihre innere Welt anvertrauten. So schwer und belastend unsere Arbeit auch oft für uns war, wir fühlten uns hierdurch in unserem Erleben, unserem persönlichen Miteinander und in unserer wissenschaftlichen Tätigkeit sehr bereichert. Dieses Buch wurde ferner durch das sorgsame und engagierte Schreiben der verschiedenen Manuskriptfassungen von Frau Erika Bednarczyk und Frau Hanna Werntgen ermöglicht. Dem Verlag für Psychologie, Göttingen, insbesondere Herrn Dr. Lundberg und Herrn Otto, danken wir für ihre Bemühungen, den Preis dieses Buches zu senken.

Hamburg, im Herbst 1978 Reinhard Tausch und Anne-Marie Tausch

Die 8. Auflage wurde um ein Kapitel am Schluß des Buches ergänzt.

Januar 1981 Der Verlag

Einführung

In dem Abschnitt „Kann ich in Gesprächen für andere förderlich sein?" möchten wir den Leser in konkreter persönlicher Form in Inhalt und Ziel des Buches einführen.

Danach geben wir einige Informationen über die äußeren Bedingungen förderlicher Einzelgespräche und Gruppengespräche in der Psychotherapie sowie förderlicher Gespräche im alltäglichen Leben außerhalb der Psychotherapie. Äußerlich gesehen sind diese Situationen unterschiedlich. Jedoch sind die förderlichen Haltungen und Aktivitäten der helfenden Personen weitgehend ähnlich. Und ähnlich sind auch die „heilsamen" Vorgänge, die durch die Gespräche beim Partner ausgelöst werden.

In einem weiteren Abschnitt geben wir einen kurzen Überblick über die historische Entwicklung und Literatur der personenzentrierten Gesprächspsychotherapie von Carl Rogers.

Es ist für das Verstehen dieses Buches nicht notwendig, daß der Leser mit diesem ersten Kapitel beginnt. Vielmehr möchten wir manche Leser ermutigen, mit dem Kapitel „Seelische Wandlungen durch einfühlsame hilfreiche Gespräche" zu beginnen. Hier erfährt der Leser in eindrucksvoller Weise die Änderungen, die durch förderliche Gespräche eintreten können.

Kann ich in Gesprächen für andere förderlich sein?

Wie kann ich im Gespräch mit einem anderen tätig werden, damit er das Gespräch und die zwischenmenschliche Beziehung zu mir als förderlich erlebt? Welche Aktivitäten und Haltungen von mir fördern seine seelischen Funktionen und seine Persönlichkeit? Und welche Aktivitäten und Haltungen von mir beeinträchtigen den anderen?

Diese Fragen stellen sich viele berufsmäßige Helfer: Psychologen, Sozialarbeiter, Psychiater, Ärzte, Pfarrer, Krankenschwestern, Lehrer, Erzieher. Sie suchen Personen durch Gespräche zu helfen. Personen mit sogenannten neurotischen Beeinträchtigungen, Menschen in Lebenskrisen, Menschen, die sich über ihre seelischen Schwierigkeiten oder etwa über die Folgen körperlicher Erkrankungen aussprechen möchten.

„Hilft ein Gespräch mit mir dem anderen?" fragen sich auch viele Mitmenschen. Sie möchten für andere in Gesprächen hilfreich sein. In Gesprächen mit dem Lebenspartner, mit Familienmitgliedern, Arbeitskollegen oder anderen Mitmenschen. In Gesprächen in der Freizeit, in Pausen während der Arbeit oder bei sonstigen Zusammenkünften. Was kann ich in einem Gespräch tun, um es einem „Eingeschlossenen" zu erleichtern, sein seelisches Gefängnis zu verlassen? Was kann ich tun, um bei Konflikten zwischen Ehepartnern, Arbeitskollegen oder Mitgliedern einer Wohngemeinschaft im Gespräch hilfreich zu sein? Viele Mitmenschen möchten für andere in Gesprächen förderlich sein, etwas, was eine junge Frau in einer gefilmten Nachbefragung nach einer Gesprächsgruppe so ausdrückt: „Ich habe das Gefühl, ich kann andere wirklich besser verstehen, und das bedeutet für mich natürlich unendlich viel."

Dieses suchende Bemühen von berufsmäßigen Helfern und Mitmenschen, andere Menschen im Gespräch in bedeutsamen seelischen Vorgängen zu verstehen und zu fördern, halten wir für berechtigt und notwendig. Fast jeder benötigt von Zeit zu Zeit derartige Gespräche, um sich in seiner Persönlichkeit weiterzuentwickeln oder seelische Krisen zu überwinden. Und aufgrund zahlreicher Erfahrungen und empirischer Untersuchungen wirken sich bei angemessenen Qualitäten von Helfern Gespräche wirklich bedeutsam für die Persönlichkeitsentwicklung und die Verminderung seelischer Schwierigkeiten der Gesprächspartner aus. Bieten helfende Personen anderen in Gesprächen förderliche Bedingungen für deren seelische Entwicklung, dann wird unser mitmenschlicher Umgang humaner, verbessert sich die innere Lebensqualität bei denen, die durch diese Gespräche gefördert werden, und auch bei den helfenden Personen.

Die folgenden Ausführungen veranschaulichen, daß manche Helfer ihre Gesprächspartner erheblich fördern können: „Ich habe das Gefühl, diese Gruppengespräche und danach die Einzelgespräche mit Euch haben mich wirklich persönlich sehr weit vorangebracht. Und ich habe den Eindruck, als ob ich in diesen wenigen Wochen mich durch die Gespräche mehr entwickelt habe als in den vergangenen 10 Jahren." Eine Frau äußert nach psychotherapeutischen Einzelgesprächen: „Es war ganz toll, wie der Helfer so einfühlend auf mich eingehen konnte und er wirklich besser verstand, was mit mir los war, als ich in diesen Momenten selber. Und nach den Gesprächen, da merkte ich, wie ich innerlich ruhiger wurde und wie ich die Dinge allmählich von einem anderen Licht sah, auch mich selbst." „Mit einer Kollegin war ich zusammen in einer Gesprächsgruppe. Wir meinten immer, wir könnten uns überhaupt nicht leiden. Nachdem es zur Sprache kam, setzten wir uns zusammen, um die Schwierigkeiten zu besprechen. Und es hat sich dann alles bereinigt. Eine Teilnehmerin aus der Gruppe war bei diesem Gespräch als Neutraler dabei. Und bei mir hat sich allerhand in der Einstellung verändert." Gisela in einem Fernsehinterview, 2 Monate nach ihrer Teilnahme an einer gefilmten Gesprächsgruppe mit Paaren: „Daß man das nicht mehr so kraß sieht: Der will mir ja nichts erzählen und was geht mich das an, ... sondern einfach aus dem Gefühl heraus: Ich kann jetzt nicht. Ich möchte jetzt nicht. Und das wird voll und ganz respektiert. Und das geht auch in anderen Bereichen so. Also ich möchte sagen auch im – im – im Intimbereich und im – im – eigentlich in allen Dingen würde ich sagen, hat uns dieses Gespräch wirklich das gebracht, was ich wirklich erhofft hatte."

Auch manche Leser werden gelegentlich ähnliche Erfahrungen gemacht haben: Sie wurden durch Gespräche mit einer helfenden Person deutlich in ihrem seelischen Befinden und in ihrer Selbstentfaltung gefördert.

Allerdings wirken sich manche Gespräche von berufsmäßigen Helfern und Mitmenschen trotz großer Bemühungen ungünstig aus. Viele erfahren, daß sie für einen Partner im Gespräch nicht hilfreich waren. Jeder von uns hat wahrscheinlich schon erfahren, daß er durch manches persönliche Gespräch mit einem anderen eher beeinträchtigt als gefördert wurde. Ein Klient am Ende einer Einzelpsychotherapie: „Diese Gespräche haben mir wirklich nichts gebracht. Ja eigentlich, ich bin noch verzweifelter als vorher. Ich will nicht sagen, daß es nur an dem Psychotherapeuten lag, daß es mir nichts gebracht hat. Wahrscheinlich lag es auch an mir. Aber irgendwie kamen wir nicht zueinander, und so ist eigentlich alles sehr enttäuschend für mich." Ein anderer: „Der Psychotherapeut saß hinter seinem Schreibtisch. Und er starrte mich an, daß ich irgend etwas sagte. Ich hatte den Eindruck, daß er selbst bis zum Hals in Schwierigkeiten steckte. Daß er eine Maske mir gegenüber aufsetzte, die Maske des Psychotherapeuten. Und irgendwie war das alles so kalt und distanziert."

Woran liegt es, ob wir in persönlichen Gesprächen anderen helfen oder sie beeinträchtigen? Was können wir tun, um weniger beeinträchtigend und mehr hilfreich zu sein?

Die Antworten auf diese Fragen sind der Hauptinhalt dieses Buches. Es hängt entscheidend von den Gesprächshaltungen und Aktivitäten einer helfenden Person ab, ob sie in ihren Gesprächspartnern „heilsame" Erfahrungen und Vorgänge auslöst, z. B. Selbstöffnung, Selbstauseinandersetzung, mehr Hinhören auf das eigene Fühlen. Diese Vorgänge und Erfahrungen ermöglichen dem Partner, in seiner Persönlichkeit zu reifen und seelisch besser zu funktionieren. Es gibt aber auch Haltungen, Einstellungen und Gesprächsaktivitäten, die „krankmachende" Erfahrungen auslösen. Sie hindern die Persönlichkeitsentwicklung eines Gesprächspartners und vermehren seine Schwierigkeiten.

Die Haltungen und Aktivitäten eines Helfers, die in Gesprächspartnern „heilende" Erfahrungen und Vorgänge auslösen und ihnen eine Weiterentwicklung ihrer Persönlichkeit ermöglichen, wurden vor Jahrzehnten von dem amerikanischen Psychologen Carl Rogers entwickelt und in den vergangenen Jahren eingehend empirisch geprüft. Diese Haltungen und Gesprächsaktivitäten sind förderlich in Gesprächen eines berufsmäßigen Helfers (Psychotherapeuten) mit einem sogenannten Klienten, aber auch in einem persönlichen Gespräch eines Mitmenschen mit einem anderen. Und diese Haltungen und Aktivitäten sind sowohl in Einzelals auch Gruppengesprächen förderlich.

Dieser Gesichtspunkt ist wichtig: Es gibt Haltungen und Gesprächsaktivitäten einer Person, die in einem anderen heilsame Vorgänge auslösen, unabhängig von der beruflichen Stellung (Helfer oder Mitmensch), unabhängig von der äußeren Situation, also psychotherapeutisches Einzelgespräch, psychotherapeutisches Gruppengespräch oder ein persönliches Gespräch im alltäglichen Leben. Gewiß benötigen sogenannte Klienten mit deutlichen seelischen Beeinträchtigungen diese heilsamen Erfahrungen und Vorgänge gleichsam intensiver. Sie werden deshalb eher berufsmäßig hochqualifizierte Helfer zu psychotherapeutischen Gesprächen aufsuchen. Aber auch Menschen ohne deutliche seelische Beeinträchtigungen suchen Möglichkeiten, wie sie innerlich mit sich selbst besser leben können, sie suchen eine Klärung über sich selbst, sie suchen, sich seelisch fortzuentwickeln. Und die hierfür notwendigen Erfahrungen und Vorgänge können sie in förderlichen Einzel- und Gruppengesprächen erhalten.

Seelisch förderliche Gruppen- und Einzelgespräche sind gleichsam eine sehr günstige Situation der Förderung der Persönlichkeitsentwicklung von Menschen. Die Haltungen professioneller Helfer und die hierdurch bei den Partnern ausgelösten heilsamen Vorgänge und Erfahrungen sind nicht grundsätzlich unterschiedlich von den Haltungen und Aktivitäten helfender Mitmenschen in Alltagsgesprächen mit Hilfesuchenden und den bei ihren Gesprächspartnern geförderten Vorgängen.

Einfühlsame hilfreiche Einzelgespräche in der Psychotherapie

Ein Teil der notwendigen seelischen Hilfe durch Gespräche erfolgt in psychotherapeutischen Einzelgesprächen durch berufsmäßige Helfer, durch Gesprächspsychotherapeuten. Personen mit seelischen Schwierigkeiten, Krisen und Beeinträchtigungen (sogenannte Klienten) suchen Psychotherapeutische Beratungsstellen oder Lebensberatungsstellen auf. Sie hoffen, daß ihre seelischen Beeinträchtigungen durch Gespräche mit einem Psychotherapeutischen Helfer sich erheblich vermindern oder ganz fortfallen und daß sich ihre seelischen Funktionen bessern.

Die äußeren Bedingungen der personenzentrierten Einzel-Psychotherapie von Carl Rogers (1942; 1951), wie sie im allgemeinen von Gesprächspsychotherapeuten ausgeübt wird, sind: Der Psychotherapeutische Helfer wird meist von einer Person (Klient) aufgesucht, die zwischen 17 und 65 Jahre alt ist und spürbar an seelischen Beeinträchtigungen leidet, insbesondere unter der Art ihres gefühlsmäßigen Erlebens. Zugleich hat sie den intensiven Wunsch nach Änderung des eigenen Erlebens und Verhaltens. Und sie ist bereit, sich dem Psychotherapeutischen Helfer anzuvertrauen und zu öffnen. Ihre seelischen Schwierigkeiten wurden zumindest teilweise durch Erfahrungen gelernt und erworben. Sie beruhen im allgemeinen nicht auf einem grundsätzlichen Ausfall seelischer und körperlicher Funktionen. Dies ist etwa daran ersichtlich, daß diese seelischen Beeinträchtigungen früher nicht bestanden und/oder daß sie unter bestimmten Bedingungen nicht auftreten bzw. änderbar sind.

Die Dauer des einzelnen Gespräches beträgt meist 45 Minuten. In der Woche findet im allgemeinen ein Gespräch statt. Das mag wenig erscheinen. Aber entscheidenderweise setzt sich der Klient auch außerhalb des psychotherapeutischen Gespräches mit sich selbst und seinen Erfahrungen auseinander.

Die Dauer der Einzelpsychotherapie beträgt etwa 8–20 Gespräche, also 8–20 Wochen. Die Anzahl der Psychotherapiegespräche ist abhängig von der Qualität des Psychotherapeuti-

schen Helfers, von der Ansprechbarkeit des Klienten auf die Gesprächsbedingungen und von dem Ausmaß der von ihm gewünschten Änderungen.
Manche Psychotherapeuten führen mit Klienten 40–100 Gespräche. Es erscheint uns zweifelhaft, ob eine derartige Länge im allgemeinen mit deutlichen Fortschritten verbunden ist. Wir haben derzeit folgende Auffassung: Nach ca. 5–15 Einzelgesprächen nehmen über 90 % unserer Klienten das Angebot zu G r u p p e n gesprächen anstelle von Einzelgesprächen gerne an, die ihnen meist förderlichere Erfahrungen ermöglichen. Zusätzlich bieten wir ihnen, meist in Gruppen, andersartige therapeutische Erfahrungen an, so Hatha-Yoga, Feldenkrais-Bewegungsübungen, Atemtherapie, Gruppen mit einfachen sportlichen Tätigkeiten, Visualisierungen im entspannten Zustand. Einige Klienten haben während oder nach diesen Angeboten den Wunsch nach einigen weiteren Einzelgesprächen.

Welcher Art sind die seelischen Beeinträchtigungen bei Personen, die im allgemeinen Gesprächspsychotherapie wünschen und von ihr Hilfe erfahren? Nach Untersuchungsbefunden sind es folgende Beeinträchtigungen: Geringe Selbstachtung, geringe Selbstakzeptierung, ungünstiges Selbstkonzept, geringes Vertrauen in die eigene Person, stärkere emotionale Gespanntheit und Ängste, Neigung zu Selbstbestrafung, starke Abhängigkeit von Urteilen anderer u.a. Insgesamt sind die Personen in bedeutsamen seelischen Funktionen erheblich eingeschränkt. In traditionellen Tests weisen sie ein größeres Ausmaß an Psychoneurotizismus, Psychasthenie und Introversion auf.
Die Beeinträchtigungen der Klienten können in folgende äußere Kategorien eingeordnet werden: Allgemeine Unsicherheiten (bei ca. 55 % der Klienten), Psychosomatische Beschwerden (31 %), Allgemeine Ängste (30 %), Soziale Kontaktstörungen (58 %), Sexuelle Schwierigkeiten (34 %), Schwierigkeiten im Beruf (33 %), Familiäre Probleme (25 %), Verstimmungsstörungen (33 %). Dies beruht auf den Angaben vieler Klienten unserer Beratungsstelle (z.B. Rudolph, 1975). Fast alle gaben mehrere Beeinträchtigungen an.

Voraussetzungen bei den Gesprächspartnern für Gesprächspsychotherapie sind: Eigener deutlicher Wunsch nach Änderung des eigenen Erlebens und Verhaltens sowie der gefühlten seelischen Beeinträchtigungen. Bereitschaft, die persönlichen Erfahrungen und das Fühlen einem Psychotherapeutischen Helfer mitzuteilen, also Selbstöffnung, Bereitschaft und zumindest begrenzte Fähigkeit, sich mit den eigenen Erfahrungen und dem eigenen Fühlen in konkreter einfacher Form auseinanderzusetzen. Für Personen mit Psychosen, mit sogenannten endogenen Depressionen, mit schwerer Drogensucht und Alkoholismus sind psychotherapeutische Einzelgespräche allein im allgemeinen nur begrenzt und nicht hinreichend hilfreich, da sie oft nicht zur Selbstauseinandersetzung bereit oder fähig sind.

Zur Durchführung und zum Inhalt der Gespräche: Der Psychotherapeutische Helfer und der Gesprächspartner sitzen sich in einem ruhigen Raum gegenüber. Der Gesprächspartner spricht über sein gefühlsmäßiges Erleben und seine persönlichen Erfahrungen, die mit seinem Selbst und seinen seelischen Schwierigkeiten zusammenhängen. Er setzt sich mit seiner eigenen Person, seinem Selbst und seinen Erfahrungen und Einstellungen auseinander. Er bestimmt weitgehend Verlauf und Inhalt der Gespräche. Der Psychotherapeutische Helfer fördert die Selbstöffnung und Selbstauseinandersetzung des Partners durch seine Haltungen und Aktivitäten. Diese sind im wesentlichen: Einfühlendes nicht-wertendes Verstehen der inneren Welt des Partners, Achtung-Wärme-Sorgen sowie Echtheit-Fassadenfreiheit.

Die Beendigung der Einzelpsychotherapie bestimmt der Gesprächspartner weitgehend selbst, und zwar aufgrund der Verminderung seiner gefühlten Beeinträchtigungen sowie der Zunahme der Befriedigung mit seinem Erleben und Verhalten außerhalb der Psychotherapie. Die Änderungen im Partner treten wesentlich aufgrund seiner Selbstöffnung und Selbstauseinandersetzung ein. Dies löst gewisse Folgevorgänge aus, so Änderung der Einstellungen und Haltungen zur eigenen Person (des Selbstkonzeptes), größere Selbstachtung, weniger verzerrte Wahrnehmungen, größere Beachtung des eigenen Fühlens. Insgesamt gesehen ist es eine Verbesserung beeinträchtigter seelischer Funktionen.

Das Ausmaß der konstruktiven Persönlichkeitsänderungen, der Besserung der seelischen Funktionen von Personen durch Einzelpsychotherapie ist unterschiedlich. Ca. 20 % – 85 % der Personen, die psychotherapeutische Einzelgespräche erhalten, weisen konstruktive Änderungen, also eine Verbesserung ihrer seelischen Funktionen auf. Die Effektivität der Einzelpsychotherapie hängt entscheidend ab: □ Von der Qualität des Psychotherapeutischen Helfers, seinen Haltungen und Aktivitäten. □ Von dem Ausmaß der vertrauensvollen Öffnung des Gesprächspartners und der Intensität seiner Selbstauseinandersetzung. – Dagegen ist das Ausmaß konstruktiver Änderungen weniger von der Schwere der seelischen Beeinträchtigungen des Gesprächspartners abhängig, ausgeschlossen psychopathologische Erscheinungen sowie Süchte. Personen mit einem hohen Ausmaß gefühlsmäßiger Beeinträchtigungen und einem geringen Ausmaß offener Störungen zeigen häufig die deutlichsten Änderungen (Truax, 1971).

Die Kontrolle der Tätigkeit des Psychotherapeutischen Helfers ist notwendig, da von der Qualität seiner Tätigkeit entscheidend das Ausmaß der Besserung der seelischen Funktionen des Klienten abhängt und eine geringe Qualität seiner Tätigkeit den Klienten seelisch beeinträchtigt. Diese Kontrolle ist grundsätzlich durchführbar, wenn die Psychotherapie im Rahmen einer öffentlichen Institution durchgeführt wird:

□ Alle Gespräche werden mit Wissen des Klienten auf Tonband aufgenommen. Die Leitung oder eine Kommission der öffentlichen Institution entnimmt von Zeit zu Zeit den Tonaufnahmen Stichproben und prüft, ob der Psychotherapeut dem Klienten hinreichende Bedingungen durch seine Tätigkeit bietet. Dies ist insbesondere wünschenswert, wenn der Klient in den Gesprächen wenig befriedigende Erfahrungen macht und die erwarteten Änderungen nicht eintreten.

□ Der Klient füllt nach jedem Gespräch einen Erfahrungsbogen aus, dem in einfacher Form entnommen werden kann, ob der Klient seiner Auffassung nach im Gespräch hinreichend befriedigende Erfahrungen machte. Ist dies nicht der Fall, so wird ein anderer Psychologischer Helfer ein sogenanntes Interventionsgespräch zur Klärung der unbefriedigenden Erfahrungen mit dem Klienten durchführen. Häufig können hierbei wesentliche Gründe für die unbefriedigenden Erfahrungen festgestellt werden, z. B. unangemessene Vorurteile oder Einstellungen des Klienten gegenüber der Psychotherapie oder unangemessenes Verhalten des Psychotherapeutischen Helfers. Als Konsequenz kann sich eine Änderung der Einstellungen des Klienten ergeben oder ein Wechsel des Psychotherapeutischen Helfers oder eine Teilnahme des Klienten an einer Gruppenpsychotherapie.

□ In jeder Beratungsstelle existiert ein Gremium von Vertrauensklienten. Es sind Klienten, die in dieser Institution vor einiger Zeit psychotherapeutische Gespräche führten und bereit sind, unabhängig und furchtlos die Rechte und die Wohlfahrt der Klienten zu vertreten. Jeder Klient erhält zu Beginn der Psychotherapie ein Merkblatt mit den Namen und Anschriften der Vertrauensklienten. So kann er sich jederzeit mit Bitten oder Beschwerden an sie wenden. Ferner erhalten die Vertrauensklienten den Bogen, den jeder Klient am Schluß der Psychotherapie ausfüllt. Aus ihm ist das Ausmaß der Änderungen des Klienten ersichtlich und wie er den Psychotherapeuten wahrnahm.

Bei der öffentlichen Institution können die Psychotherapeutischen Helfer in einem festen Anstellungsverhältnis oder als freie Mitarbeiter auf Honorarbasis arbeiten. Möglichst jedem qualifizierten Psychotherapeutischen Helfer sollte auf sein Ansuchen hin eine Arbeitsmöglichkeit in einer öffentlichen Institution mit einer Honorierung seiner geleisteten Gespräche geboten werden. So kann die private Praxis einzelner erheblich eingeschränkt werden, die oft ohne jede Kontrolle hinsichtlich der Qualität der Psychotherapeutischen Arbeit und der Honorarforderungen erfolgt. Die Kontrolle der Psychotherapeuten in einer öffentlichen Institution und das Gewähren von Arbeitsmöglichkeiten für möglichst jeden qualifizierten Psychotherapeuten auf Honorarbasis erschwert ferner, daß Psychotherapeuten in einem Dauer-Anstellungsverhältnis an einer Institution langjährig unqualifizierte Arbeit leisten und qualifizierten Personen jeglichen Zugang verwehren.

Die Grenzen der Einzelgespräche in der Psychotherapie. Psychotherapeutische Einzelgespräche werden heute häufig Hilfesuchenden in Beratungsstellen angeboten. Sie sind jedoch in ihrer Auswirkung begrenzt. Einige Gründe hierfür: □ Die Erfahrungen und Vorgänge, die ein einzelner Psychotherapeut, selbst wenn er hochqualifiziert ist, im Gespräch bei einem Partner auslösen kann, sind begrenzt, im Vergleich zu denen in intensiven Gruppengesprächen. □ Bei einem Psychotherapeuten mit nur mittelmäßiger oder geringer Qualifikation oder geringer Erfahrung sind die heilsamen Erfahrungen und Vorgänge des Klienten oft zu gering. □ Ein Psychotherapeut kann in der Einzelpsychotherapie deutliche Macht über einen Klienten ausüben. Und Klienten haben viel geringere Möglichkeiten als in Gruppengesprächen, sich dagegen zu wehren.

So sind Gruppengespräche häufig förderlicher für Klienten und auch für die Psychotherapeutischen Helfer. Wir möchten jedoch nicht mißverstanden werden: Einzelpsychotherapie hat bei hoher Qualifikation des Helfers ihren Wert. Wir sehen es als günstig an, daß jemand die Möglichkeit hat, von einer hochqualifizierten Person hilfreiche Einzelgespräche in Anspruch nehmen zu können. Einzelgespräche haben insbesondere ihren Wert bei Klienten, die erst nach einigen Einzelgesprächen eine Teilnahme an Gruppengesprächen wagen. Ferner bei Personen, die nach Gruppengesprächen einige Aspekte ihrer Person eingehender klären möchten.

Einfühlsame hilfreiche Gruppengespräche in der Psychotherapie

Psychotherapeutische Gesprächsgruppen haben in den letzten Jahren zunehmend Verbreitung gefunden.[1] Sie ermöglichen den Teilnehmern intensive Erfahrungen und Vorgänge, die bei der Einzelpsychotherapie nicht möglich sind und damit deutlichere und schnellere Wandlungen. Außerdem sind Gesprächsgruppen für die Teilnehmer materiell günstiger. In den letzten Jahren haben wir für die Klienten unserer Psychotherapeutischen Beratungsstelle und für Personen mit dem Wunsch nach größerer Selbstentwicklung überwiegend personenzentrierte Gruppengespräche durchgeführt. Diese intensiven Gruppengespräche erwiesen sich in der wissenschaftlichen Prüfung als eine geeignete Form psychotherapeutischer Hilfe.

Die Haltungen des Psychotherapeutischen Helfers in diesen Gruppen sind im wesentlichen übereinstimmend mit den Haltungen des Helfers in Einzelgesprächen. Entscheidend ist das einfühlende nicht-wertende Verstehen, die Achtung-Wärme sowie das Echtsein des Helfers. In mehreren Fernsehsendungen haben Millionen

[1] „Gesprächsgruppe" oder „Gruppengespräch" scheint uns im deutschen Sprachraum verständlicher als „Encounter" oder „Encountergruppen". Besser, aber vorerst weniger verständlich wäre „Begegnungsgruppe". Denn in der Gesprächsgruppe kommt es durch das Gespräch und durch viele nicht-sprachliche Möglichkeiten entscheidend zu einer inneren Begegnung der Teilnehmer.

von Zuschauern derartige intensive Gesprächsgruppen, die wir mit Klienten von Beratungsstellen und mit anderen Personen im Südwest-Fernsehen in den Jahren 1976–1978 durchführten, miterlebt. Diese Filme sind an wissenschaftliche Institutionen ausleihbar (Tausch u. Tausch, 1977b, 1977c, 1978). Das Transkript eines dieser Filme, einschließlich einer live gesendeten Nachbefragung der Gruppe 2 Monate später, befindet sich im letzten Kapitel dieses Buches.

Die äußeren Bedingungen einer intensiven Gesprächsgruppe: Ca. 8–14 Personen sowie 1–2 Psychotherapeutische Helfer treffen sich für ca. 2 ½ Tage, meist an einem Wochenende. Diese zeitliche Massierung fördert intensive Gespräche und Begegnungen der Teilnehmer. Wir halten dies für günstiger als eine zeitliche Verteilung der Gespräche, etwa auf jeweils 3 Stunden an einem Tag in der Woche. Oft treffen sich zur sogenannten Nachsorge die Teilnehmer einer Gruppe wöchentlich oder 14-tägig an einem Abend zu weiteren Gruppengesprächen, mit oder ohne Psychologischem Helfer. Die Anzahl dieser Nachtreffen ist unterschiedlich und hängt von den Bedürfnissen und Wünschen der Teilnehmer ab. Einzelne Gruppen trafen sich ohne Psychologischen Helfer als sogenannte Selbsthilfegruppen.

Im Vordergrund des Gruppengespräches steht die Selbstöffnung und Selbstauseinandersetzung der einzelnen Mitglieder. Es ist gleichsam eine Reise der Mitglieder in ihre innere Welt, eine Erforschung des eigenen Selbst sowie ein Kennenlernen der inneren Welt anderer. Ermöglicht wird dies vor allem durch die hilfreichen Haltungen des Gruppenhelfers und der übrigen Gruppenmitglieder. Carl Rogers, der diese Form intensiver zwischenmenschlicher Begegnung entwickelte, schreibt:

„Die Gruppe ist relativ unstrukturiert und sucht sich ihre eigenen Ziele und persönlichen Richtungen. ... In fast allen Fällen besteht die Verantwortlichkeit des Leiters in erster Linie darin, den Ausdruck von Gefühlen und Gedanken seitens der Gruppenmitglieder zu erleichtern. Der Gruppenleiter und die Gruppenmitglieder konzentrieren sich auf den Prozeß und auf die Dynamik der unmittelbaren persönlichen Begegnung. ... In einer Gruppe läßt sich ein psychologisches Klima der Sicherheit herstellen, in dem sich nach und nach die Freiheit des Ausdrucks und die Verminderung der Abwehr einstellen. ... Ein Klima gegenseitigen Vertrauens entwickelt sich aus dieser wechselseitigen gemeinsamen Freiheit, echte positive wie negative Gefühle auszudrücken. Jedes Mitglied gelangt zu größerer Akzeptierung seines totalen emotionalen, intellektuellen und physischen Seins, so wie es *ist*, einschließlich seiner Möglichkeiten. ... Mit verminderter Abwehr-Rigidität können Personen einander besser verstehen und in größerem Maße voneinander lernen. ... Die größere Freiheit und verbesserte Kommunikation führt zu neuen Ideen, neuen Konzepten und neuen Richtungen. ... Das Lernen in der Gruppe wirkt sich nach der Gruppenerfahrung zeitweilig oder auch dauerhaft auf die Beziehungen zu Ehegatten, Kindern, Studenten, Untergebenen, Ebenbürtigen und sogar Überlegenen aus. ... Der Stil des Leiters und sein eigenes Konzept des Gruppenprozesses sind für die Erfahrung und das Verhalten der Gruppe ausschlaggebend" (Rogers, 1974, S. 14 u. 15).

Die Vorteile intensiver Gesprächsgruppen sind, im Vergleich zu Einzelgesprächen:

□ Viele Gruppenmitglieder entwickeln sich zunehmend zu helfenden Personen. So hat im Idealfall ein Mitglied einer solchen Gesprächsgruppe ca. 10 für sich hilfreiche Personen. Es ist also eine Vielzahl an Helfern vorhanden. Peter, in einer gefilmten Paargruppe: „Ich habe persönlich das Gefühl, daß jeder von Euch einen Teil meiner Probleme im Augenblick voll mitträgt. Und daß ich einen Teil Eurer Probleme mittrage." Gieselbert, in einem gefilmten Nachbefragungsinterview, 2 Monate nach Teilnahme an einer Gesprächsgruppe: „Und da geht's mir so, daß ich nicht sagen kann, hier der Reinhard und die Anne-Marie, die hätten irgendwas getan, was mich befähigt hätte, daß die Gefühle hochkommen, ich sie zulasse und über sie spreche. Daß es mehr bei mir war, daß es die ganze Gruppe war, eigentlich alle, die da waren. Und die haben dazu beigetragen, daß es mir möglich war."

□ Einem anderen Mitglied helfen zu können, fördert die Selbstachtung und die seelische Funktionsfähigkeit des einzelnen Teilnehmers erheblich. Sybille, 2 Monate nach Teilnahme an einem Gruppengespräch in einem gefilmten Nachbefragungsinterview: „Für mich ist das z. B. auch ein ungeheurer Erfolg, wenn ich merke, daß ich anderen helfen kann, ihnen was geben kann. Daß ich nicht immer nur die Bedürftige bin und auch in dieser Stellung gehalten werde von dem Therapeuten her. ... Sondern wenn ich selber das Gefühl bekomme, über meine Bedürftigkeit auch anderen helfen zu können. Und ich meine, das Recht kann einem ja im Grunde keiner verwehren, daß man auch Verständnis für andere hat. Ich sage mir, wer nimmt sich im Grunde das Recht dann, über mich zu urteilen, um zu sagen: ‚Die kann das ja nicht. Das ist mein Ressort. Ich bin hier der Therapeut.' ... Da sind doch – die Gefühle, die werden dann doch gar nicht beachtet, die jeder bei sich selber entwickelt für den anderen."

□ Die Gruppenmitglieder geben einander in vielfältiger Weise echtes Verständnis und Achtung-Wärme. Sie regen sich durch Fragen, eigene Selbstöffnung, Informationen oder Ratschläge erheblich in der Selbstöffnung und Selbstauseinandersetzung an. In Gesprächsgruppen erhält ein Teilnehmer gleichsam ein großes Angebot an hilfreichen Bedingungen. Es ist gleichsam eine Breitband-Therapie. Das einzelne Mitglied kann auswählen und sich um das bemühen, was es für sich benötigt: Etwa Zuwendung des Helfers oder eines Mitgliedes oder direkte Unterstützung, fördernde Maßnahmen und Handlungen eines anderen Mitgliedes.

□ Häufig bleiben die Mitglieder zumindest für eine gewisse Zeit nach dem 2 ½-tägigen Gruppengespräch in weiterem Kontakt, oft als Selbsthilfegruppe ohne sogenannten Helfer. Sie unterstützen sich gegenseitig durch Gespräche und Telefonanrufe bei plötzlichen Krisen und Beeinträchtigungen oder bei der besseren Gestaltung ihrer Lebensbedingungen. So sind für das einzelne Mitglied gleichsam später bei Bedarf unmittelbar mehrere helfende Personen, etwa durch Telefonanruf erreichbar, ohne Bezahlung und ohne Wartezeit auf einen berufsmäßigen Helfer.

□ Der Helfer einer intensiven Gesprächsgruppe wird häufig ein Psychologe mit langjähriger Erfahrung in Gruppengesprächen sein. Aber der zweite Helfer wird oft ein Laie sein, ein Mitglied, das sich in früheren Gesprächsgruppen als sehr hilfreich und als eine bedeutsame Quelle spontaner Mitmenschlichkeit erwies.

Teilnehmer derartiger intensiver Gesprächsgruppen sind nicht nur Personen mit erheblichen seelischen Schwierigkeiten und Krisen, wie sie sich etwa bei Psychotherapeutischen Beratungsstellen anmelden. Sondern es sind Personen, die den Wunsch haben, sich persönlich weiterzuentwickeln, mehr aus ihren Erfahrungen zu lernen, seelisch reicher zu leben, sich selbst und anderen näherzukommen. Dies ist für uns beide ein Grund, in den USA als M i t g l i e d e r an derartigen Gruppen teilzunehmen.

Eine Mischung von Gruppenteilnehmern aus Personen mit Beeinträchtigungen und aus Personen ohne deutliche Beeinträchtigungen halten wir für günstig. Beide können voneinander lernen und sich gegenseitig helfen. Auch gewisse Unterschiede der Gruppenmitglieder im Alter (ca. 17–65 Jahre), in der sogenannten Schulbildung, Berufstätigkeit und in der Art der Schwierigkeiten halten wir für günstig. Dies fördert oft die hilfreiche Auseinandersetzung in der Gruppe.

Auch für viele Psychotherapeutische Helfer sind Gesprächsgruppen eine günstige Arbeitsbedingung. Sie können sich selbst mehr als Person einbringen, bei Fehlern können sie von anderen Mitgliedern korrigiert werden. Sie können in Gruppengesprächen sich selbst mehr persönlich entwickeln und reifen als in Einzelgesprächen. Sie machen wesentlich vielfältigere Erfahrungen als in Einzelgesprächen. Wir selbst fühlen uns durch die Mithilfe der Mitglieder in Gruppengesprächen freier und wesentlich entlasteter. Auch geben uns Gruppengespräche die Möglichkeit, gelegentlich unsere eigenen Schwierigkeiten zu äußern und uns mit uns selbst auseinanderzusetzen. Auf der anderen Seite: Manche Psychotherapeuten empfinden personenzentrierte Gruppengespräche als eher bedrohlich für sich selbst. Derartige Gruppengespräche geben keine Möglichkeit, ein besonderes Prestige oder eine Position eines überragenden Psychotherapeuten aufrechtzuerhalten. Das Unechte und Berufsmäßige von Profi-Psychotherapeuten wird offenbar. So kann es jederzeit einem Psychotherapeuten passieren, daß Mitglieder ihn bitten, etwas von sich selbst, von seinen eigenen Schwierigkeiten und Schmerzen zu äußern. Und hierbei kann es offenbar werden, daß mancher Psychotherapeut weniger fähig ist, sich selbst zu öffnen und mit sich selbst auseinanderzusetzen als manche Mitglieder.

Insgesamt gesehen sind intensive Gruppengespräche häufig günstiger für die teilnehmenden Personen und auch für die Psychotherapeutischen Helfer. Sie mindern professionelle Haltungen bei den Psychotherapeuten, schützen die Teilnehmer eher vor Ausnutzung und wahren mehr deren Rechte und Wohlfahrt.

Einfühlsame hilfreiche Gespräche im täglichen mitmenschlichen Zusammenleben

Viele Menschen führen im alltäglichen Zusammenleben Gespräche miteinander. Sie äußern ihr Erleben und ihr Fühlen, wesentliche Erfahrungen, ihre Sorgen, Krisen oder Wünsche. Lebt in derartigen Gesprächssituationen eine Person gegenüber einer anderen zu einem Teil diejenigen förderlichen Haltungen und Aktivitäten, die auch Psychotherapeutische Helfer leben, dann sind diese alltäglichen Gespräche zwischen Freunden, Lebenspartnern, Arbeitskollegen, zwischen Krankenpflegekräften und Patienten, zwischen Urlaubern, zwischen Eltern und Jugendlichen, Lehrern und Schülern oder zwischen zufälligen Personen in Verkehrsmitteln oder Gaststätten förderlich. Im Gesprächspartner werden dann heilsame Vorgänge, z. B. Selbstöffnung und Selbstauseinandersetzung ausgelöst, ähnlich wie in psychotherapeutischen Gesprächen.

Das Ausmaß der heilsamen Vorgänge und der Wandlungen wird häufig geringer als in psychotherapeutischen Gesprächen sein. Häufig wird es sich nur um einmalige Gespräche handeln, eine Fortsetzung wird nicht möglich sein. Oft werden die Gespräche auch unterbrochen werden, etwa durch Anforderungen der Arbeitssituation. Aber finden derartige Gespräche häufig statt, reden also Menschen des öfteren in hilfreicher Weise persönlich miteinander und existieren zunehmend mehr Selbsthilfegruppen, so erhalten viele Menschen gleichsam fortwährend seelische Nahrung mit bedeutsamen Erfahrungen und Vorgängen für ihre seelische Gesundheit. Und Menschen, die des öfteren erfahren haben, daß Mitmenschen sie anhören und zu verstehen suchen, fühlen sich zunehmend freier, sich anderen zu öffnen und sich mit ihrem Fühlen und Erleben auseinanderzusetzen.

Manche mögen skeptisch fragen: Kann jemand ohne ein akademisches Studium für andere im Gespräch förderlich, gleichsam psychotherapeutisch sein? Wir sind beeindruckt von vielen Erfahrungen in Gesprächsgruppen, die durch Untersuchungsbefunde gestützt werden: Ein gewisser Prozentsatz von Mitmenschen – wir schätzen 15-20 % – hat unabhängig von Beruf und sog. Schulbildung diese persönlichen Qualitäten, die in Gesprächen günstige seelische Vorgänge beim Partner auslösen, z.B. Klärung des eigenen Fühlens, Verminderung von Ängsten, Zunahme des Selbstvertrauens. Derartige Personen können auch in Gruppengesprächen an Beratungsstellen hilfreiche Co-Helfer sein, nachdem sie durch weitere Gruppenerfahrungen und Ausbildungsangebote gefördert wurden.

Denjenigen, die skeptisch sind, ob manche Mitmenschen wirklich derartige Qualitäten haben, möchten wir folgendes mitteilen: □ In allen zweitägigen Gruppengesprächen, die in den Jahren 1976 – 1980 im Südwestdeutschen Fernsehen III gesendet wurden (Tausch u. Tausch, 1977b, 1977c, 1978), war deutlich ersichtlich: Nach einiger Zeit konnten wir als Psychotherapeutische Helfer zunehmend zurücktreten. Die Mehrzahl der Gruppenmitglieder war füreinander deutlich förderlich, „psychotherapeutisch". Gewiß, dies geschah in Gegenwart und mit Unterstützung von uns beiden. Aber nach mehreren Gruppenerfahrungen lernen manche Mitglieder, diese Haltungen und Aktivitäten auch ohne die Unterstützung eines berufsmäßigen Helfers zu leben. □ Bei den psychotherapeutischen Gruppengesprächen an unserer Psychotherapeutischen Beratungsstelle der Universität ist neben dem ersten Helfer, der ein erfahrener Psychotherapeut ist, oft ein ehemaliges Gruppenmitglied der zweite Helfer. Er wurde zuvor von anderen Gruppenmitgliedern in anderen Gesprächsgruppen als sehr hilfreich wahrgenommen. Wir sind tief beeindruckt, wie häufig Gruppenmitglieder in späteren Befragungen angaben, daß sie diesen zweiten Gruppenhelfer oder ein anderes Mitglied für sich als sehr hilfreich erlebten. □ Ältere Schüler, die nach einer Einweisung in hilfreiche Gesprächsführung eine Anzahl von Einzelgesprächen mit jüngeren seelisch beeinträchtigten Schülern führten, ermöglichten fast jedem dritten Schüler eine deutliche Verminderung seiner seelischen Beeinträchtigungen, während sich nur wenige Schüler ohne Gespräche oder Schüler mit einem Sportprogramm verbesserten (Thiel u. a., 1978). □ Psychotherapeutisch vorgebildete Psychologen und Laienhelfer führten 8 halbstündige Einzelgespräche über Telefon mit alten Menschen. Ein Teil der „Laien"-Helfer ohne Ausbildung und Einweisung hatte ähnlich positive Effekte bei ihren Gesprächspartnern wie die Psychologen dieser Untersuchung mit psychotherapeutischer Ausbildung (Rönnecke u. a., 1976). □ In der zunehmenden Zahl von Selbsthilfegruppen oder Gesprächsgruppen von Ehepaaren oder Frauen werden die großen Möglichkeiten des gegenseitigen Helfens von Mitmenschen durch förderliche Gespräche offenbar.

Millionen von Menschen begegnen einander täglich, sprechen miteinander. Manchmal sind es „Minuten"-Gespräche. Wir Mitmenschen sind füreinander die bedeutendste Umweltbedingung. Jeder kann es für den anderen sein. Die Art, wie Menschen miteinander umgehen und miteinander sprechen, ist eine entscheidend hilfreiche „gesundmachende" oder beeinträchtigende „krankmachende" Umweltbedingung. Welch ein Gewinn, wenn die Gespräche dieser Millionen von Mitmenschen füreinander förderlicher sind. Sybille, ein ehemaliges Gruppenmitglied, ca. 30 Jahre, Mutter von 3 Kindern, drückt dies so aus: „Ich hab' da auch so'n junges Mädchen. Sie fühlt sich von mir, nur von mir, aber nicht von den anderen verstanden. Nicht mal von meinem Mann. Nur von mir so angenommen. Sie hat gesagt, sie hat das Gefühl, ich würde sie wirklich verstehen. Und ich würde sie auch nicht ablehnen, wenn sie mal Mist macht. Das ist für dieses Mädchen sehr wichtig. Und ich hab' ihr auch gesagt, daß es nicht nur einseitig ist. Sondern daß es auch für mich sehr wichtig ist, zu erfahren, daß ich das kann, daß ich so viel geben kann und daß sich das die Waage hält bei uns." Viele von uns haben zu gewissen Zeiten ihres Lebens Sorgen, befinden sich in Krisen oder fühlen sich seelisch beeinträchtigt. Welche Möglichkeiten für Millionen von Mitmenschen, für andere zum Helfer zu werden! Und welche Möglichkeit für Millionen von Menschen, von anderen Hilfe zu bekommen! Welch ein Gewinn, wenn Mitmenschen auf andere Menschen zugehen, sie persönlich ansprechen, ihnen zuhören, sie zu verstehen suchen und sie in ihrer Auseinandersetzung mit sich selbst fördern. Wenn sie anderen die Erfahrungen geben, daß sie gesehen, beachtet und gehört werden. Daß sie sich nicht so zu fühlen brauchen, wie es ein Mitglied in einer unserer Gruppen ausdrückte: „Ich fühle mich wie ein Mensch, der durch Straßen mit vielen Menschen geht, aber niemand sieht mich."

Inhalt oder Mittelpunkt dieser Gespräche brauchen nicht immer seelische Schwierigkeiten und Beeinträchtigungen zu sein. Es braucht nicht die „Lösung" von „Problemen" im Vordergrund zu stehen. Sondern durch Zuwendung, einfühlendes Verstehen, Achtung und Wärme wird es dem Partner möglich, sich verstanden zu fühlen, sich über sich selbst auszusprechen. Dies ist eine Chance, einen kleinen Schritt voran in der Persönlichkeitsentwicklung und Selbstfindung zu kommen, die eigenen Erfahrungen zu klären und seelisch gesund zu bleiben.

Die vorbeugende Verhütung (Prävention) von seelischen Beeinträchtigungen der Bevölkerung und die Verminderung bereits vorhandener seelischer Störungen kann kaum durch berufsmäßige Psychotherapeuten erfolgen, wenn wir realistisch sind. Selbst wenn zehntausende von Psychotherapeuten zur Verfügung ständen, selbst wenn diese Psychotherapeuten wirklich hochqualifiziert und wirksam sein sollten, so sehen wir diese ausschließliche berufsmäßige psychotherapeutische Hilfe als unzureichend an. Nur wenn es gelingt, daß Mitmenschen aufeinander zugehen und bei persönlichen Gesprächen füreinander förderlich und weniger beeinträchtigend sind, besteht eine reale Chance für eine günstige Vorsorge der seelischen Gesundheit der Bevölkerung.

Möglichkeiten und Grenzen förderlicher Gespräche

Hochqualifizierte Helfer, Psychotherapeuten oder menschlich sehr erfahrene Mitmenschen können in oft nur wenigen Gesprächsstunden sehr förderlich für die Persönlichkeitsweiterentwicklung und die Verbesserung seelischer Funktionen ihrer Gesprächspartner sein. Sie können ihren Partnern eine erhebliche Minderung der seelischen Schwierigkeiten ermöglichen, sie ermöglichen es ihnen, sich mehr mit ihrer Person auseinanderzusetzen, mehr persönlich zu lernen, sich selbst mehr kennenzulernen, sich selbst mehr zu akzeptieren und andere besser zu verstehen. Dieses wurde in zahlreichen Untersuchungen über personenzentrierte Einzel- und Gruppenpsychotherapie bestätigt, und dies belegen Äußerungen von Teilnehmern nach Gesprächen in eindrucksvoller Weise.

Es ist für Außenstehende kaum vorstellbar, in welch großem Ausmaß „heilsame" seelische Erfahrungen und Vorgänge in einer Person durch einen hochqualifizierten Helfer im Gespräch ausgelöst werden können. Darüber hinaus erfuhren wir des öfteren: Manchmal reichen nur wenige Gespräche aus, manchmal nur ein einziges, fast zufälliges Gespräch von einer halben Stunde, damit eine helfende Person einem Mitmenschen deutlich heilende Erfahrungen ermöglicht. Und wir selbst erfuhren in unserem Leben, daß wir uns nach einzelnen, nur kurzen einfühlsamen Gesprächen von dem, was uns bedrückte, wesentlich erleichtert fühlten.

Ferner: Personenzentrierte Einzel- und Gruppengespräche sind bei den verschiedensten Personen mit verschiedensten seelischen Schwierigkeiten und äußeren Symptomen förderlich. Z. B. bei Personen mit Allgemeiner Unsicherheit, in Lebenskrisen, bei psychosomatischen Beeinträchtigungen, bei Gefühlen der inneren Leere und Sinnlosigkeit, bei sogenannten Arbeits- und Konzentrationsstörungen. Dies ist so zu deuten: Durch die Haltungen und Aktivitäten des mitmenschlichen Helfers werden im Gesprächspartner Erfahrungen und Vorgänge ausgelöst, die seine seelischen Funktionen bedeutsam verbessern. Er wird weniger gefühlsmäßig blockiert, wagt es, echter zu sein, kann sich besser mit seinen Erfahrungen auseinandersetzen, hört mehr auf sein Fühlen. Aufgrund der verbesserten seelischen Funktionen kommt es bei den Gesprächspartnern meist zu einer Minderung oder zu einem Fortfall der verschiedenartigsten äußeren Störungssymptome. Diese äußeren Symptome, wie z. B. sexuelle Schwierigkeiten, Kontaktschwierigkeiten u. a. sind meist die Folge der Beeinträchtigungen bedeutsamer seelischer Funktionen. Je nach der Umweltsituation eines Menschen und je nach seiner Erfahrung wirken sich diese beeinträchtigten seelischen Funktionen äußerlich sehr unterschiedlich aus. In förderlichen Gesprächen gesunden diese beeinträchtigten seelischen Funktionen. Deshalb sind personenzentrierte psychotherapeutische Gespräche keine spezielle Therapie für spezielle Symptome. Sondern sie ermöglichen die Förderung wesentlicher seelischer Funktionen und der Persönlichkeitsentwicklung. So sind personenzentrierte Gespräche für die Persönlichkeitsentwicklung recht unterschiedlicher Personen förderlich, unabhängig ob sie seelische Schwierigkeiten haben oder nicht.

Trotz dieser erheblich positiven Auswirkungen förderlicher personenzentrierter Einzel- und Gruppengespräche gibt es auch *deutliche Grenzen*. Wir sehen sie in folgendem:

□ Die notwendigen Haltungen und Aktivitäten der helfenden Person – einfühlendes Verstehen, Achtung-Wärme sowie Echtsein – sind gering vorhanden.

□ Der Gesprächspartner ist nicht bereit oder fähig, sich einer helfenden Person im Gespräch in wesentlichen Bereichen seines Erlebens und Fühlens voll zu öffnen und anzuvertrauen.

□ Einige Personen setzen sich auch bei einem hochqualifizierten Helfer kaum mit sich selbst auseinander, z. B. Personen mit sogenannten Psychosen, Personen mit Drogensucht.

□ Personen mit schweren Krisen und seelischen Beeinträchtigungen lehnen psychotherapeutische Gespräche für sich ab, auch wenn sie ihnen angemessen angeboten werden. Wir haben manchmal den Eindruck, daß diejenigen, die den Gang zu einer Lebensberatungsstelle wagen, in mancher Hinsicht seelisch gesünder sind. Denn sie sind bereiter, sich zu ändern, sich einem anderen zu öffnen, sich mit sich selbst auseinanderzusetzen, als diejenigen, die jegliche Hilfe ablehnen oder die ihre Schwierigkeiten anderen gegenüber leugnen oder mit Fassaden überdecken.

□ Personen mit seelischen Schwierigkeiten benötigen über die Gespräche hinaus zusätzlich andere Hilfen. So kann ein körperliches Fitnesstraining die seelische Gesundheit erheblich fördern (z. B. Collingwood, 1972). Oder Programme angemessener Freizeitgestaltung, angemessenerer beruflicher Einsatz, Verbesserung der Wohnverhältnisse können notwendig sein. Häufig werden allerdings Personen erst durch förderliche Gespräche fähig, für sich zu sorgen und bestimmte Angebote und Möglichkeiten, etwa des sportlichen Trainings, zu nutzen. Auch für die Helfer dieser anderen Hilfsprogramme, z. B. sportlicher Programme, wird oft nützlich sein, mit den Mitgliedern ihrer Gruppen persönlich zu sprechen. Sie erhalten Einblick in die seelische Welt und die seelischen Schwierigkeiten ihrer Partner. Ihre angebotenen Maßnahmen und Handlungen werden so häufig mehr der inneren Situation ihrer Partner entsprechen. Und sie werden eine bessere zwischenmenschliche Beziehung zu ihren Partnern haben.

Literatur und Filme zu förderlichen Einzel- und Gruppengesprächen

Die Kenntnisse über förderliche Haltungen und Aktivitäten helfender Personen in Gesprächen sowie über heilsame Vorgänge im Gesprächspartner stammen weitgehend von Carl Rogers. Es ist sein überragendes Verdienst, dies in langjähriger praktischer und wissenschaftlicher Arbeit erforscht und durch empirische Untersuchungen geprüft zu haben.

Carl Rogers (geb. 1902) arbeitete als Professor für Psychologie an den Universitäten Ohio, Chicago und Wisconsin. Er ist heute beratendes Mitglied an dem von ihm gegründeten Center for Studies of the Person in La Jolla/Californien. Er erhielt trotz früherer starker Ablehnung durch manche Psychologen, Psychiater und Pädagogen zahlreiche Ehrungen. In Europa verliehen ihm die Universitäten Hamburg und Leiden/Holland 1975 den Ehrendoktor.

Zur starken Ausbreitung der personenzentrierten Gesprächspsychotherapie von Carl Rogers in den letzten 1 ½ Jahrzehnten hat wahrscheinlich folgendes beigetragen: □ Die intensive empirische Prüfung der Effekte und Prozesse der psychotherapeutischen Gespräche bei einer großen Anzahl von Klienten und Psychotherapeutischen Helfern. □ Weitgehende, bisher unübliche Transparenz des psychotherapeutischen Geschehens, z. B. durch vollständige Veröffentlichung psychotherapeutischer Gespräche, durch gefilmte Gespräche und Gespräche im Fernsehen. □ Betonung der fortlaufenden Kontrolle der Psychotherapeuten, etwa durch Tonaufnahmen der Gespräche. □ Relativ kurze Zeitdauer der Einzel-Gesprächspsychotherapie, meist zwischen 1 ½ und 6 Monaten, mit wöchentlich einem Gespräch. □ Hohe humane Qualitäten der Beziehung Psychotherapeut-Klient, so Achtung der Person des Klienten, Echtheit-Transparenz des Psychotherapeuten, geringe Lenkung des Klienten, keine professionelle Expertenrolle, kein Ausüben von Macht über den Klienten, Anerkennung der Möglichkeiten des Klienten, sich selbst zu verstehen. □ Entwicklung von theoretischen Annahmen weitgehend auf der Basis der erforschten realen Vorgänge in der Psychotherapie. □ Transparente Ausbildung von Psychotherapeutischen Helfern, z. B. im Rahmen des Universitätsstudiums. □ Allgemeingültigkeit der wesentlichen Haltungen und Aktivitäten der Helfer zur Förderung der Persönlichkeitsentwicklung in Einzel- und Gruppengesprächen mit Klienten und mit Personen mit dem Wunsch nach größerer Selbstentwicklung sowie mit Schülern, Kindergartenkindern, Arbeitsteams.

Carl Rogers stellte erstmals seine Auffassungen, Erfahrungen und Untersuchungsbefunde über Gesprächspsychotherapie in dem Buch „Counseling and Psychotherapy“ (1942) dar. Diese Form der Psychotherapie ist in ihrem praktischen Vorgehen und in ihrem theoretischen Konzept unterschiedlich von anderen Psychotherapieformen. Der Schwerpunkt liegt auf der Anerkennung der persönlichen Einzigartigkeit des Klienten, der Respektierung seines Fühlens, der Nicht-Dirigierung durch den Psychotherapeuten. Ferner auf dem deutlichen Bemühen von Carl Rogers, keine Aussagen ohne empirische Prüfungen zu machen. Dieses Buch über förderliche Einzelpsychotherapie enthält eine Sensation zur damaligen Zeit: Eine wortgetreue Abschrift einer mit Tonband aufgezeichneten vollständigen Gesprächspsychotherapie von Carl Rogers mit einem Klienten.

In seinem nächsten Buch „Client-centered therapy“ (1951) beschrieb Carl Rogers sein psychotherapeutisches Vorgehen eingehender, mit weiteren empirischen Untersuchungen. Er stellte ferner die philosophischen Grundlagen und eine Persönlichkeitstheorie dar.

In dem Buch „Carl Rogers on encounter groups“ (1970) beschrieb er die Ausweitung förderlicher Gespräche auf intensive Gesprächsgruppen.

Eine Zusammenfassung einzelner Artikel über wesentliche Haltungen Psychotherapeutischer Helfer sowie heilsamer Vorgänge bei Klienten bringen die Bücher von Carl Rogers „One becoming a person“ (1961) und „Therapeut und Klient“ (1977).

Das Studium dieser Bücher sehen wir als sehr fruchtbar an. Wir halten sie in einzigartiger Weise für geeignet, daß sich eine helfende Person intensiv mit ihren Haltungen und den wesentlichen Vorgängen beim Partner auseinandersetzt, unterstützt durch viele eigene praktische Gesprächserfahrungen.

Unser Buch mag dem Leser zusätzlich helfen, manches besser zu überblicken, miteinander zu integrieren und neuere zahlreiche Forschungsuntersuchungen seit dem Erscheinen der Bücher von Carl Rogers kennenzulernen. Es sind dies insbesondere die Untersuchungen von Truax u. Carkhuff (1967), von Carkhuff (1969) und von der Hamburger Forschungsgruppe (R. Tausch, 1975, 1976). Diese Untersuchungen bestätigen weitgehend die Erkenntnisse von Carl Rogers über förderliche Qualitäten von Helfern und heilsame Vorgänge bei Klienten und präzisieren sie teilweise. Sie geben die Berechtigung, daß Psychologen, Psychiater und andere qualifizierte helfende Personen diese Gesprächspsychotherapie als Dienstleistungen in Beratungsstellen und Kliniken in großem Umfang anbieten. Diese Untersuchungen sind gleichsam eine breite wissenschaftliche Prüfung und Legitimation für die Berechtigung zur Durchführung derartiger Gesprächspsychotherapie.

Die Gesprächspsychotherapie von Carl Rogers hat von ihrer ersten Darstellung (1942) bis hin zur Darstellung von Gruppenvorgängen (1970) eine gewisse Ausweitung erfahren. 1942 nannte er seine Form der Psychotherapie „Nicht-direktive Psychotherapie". Die extreme Zurückhaltung des Psychotherapeuten, den Klienten zu lenken und zu dirigieren, kam hierin zum Ausdruck. Dies stand in deutlichem Gegensatz zu anderen Psychotherapieformen. 1951 bezeichnete Carl Rogers seine Form der Psychotherapie „Klienten-zentrierte Psychotherapie". Dazu mag ihn das Mißverstehen des Ausdrucks „nicht-direktiv" als passive Haltung des Psychotherapeuten bewogen haben. Ferner wurden ihm die bedeutsamen Vorgänge im Klienten während des Gespräches deutlicher. Und die Haltungen und Aktivitäten des Helfers konnten sich mehr auf diese Vorgänge im Klienten zentrieren.

Heute sprechen Carl Rogers und Mitarbeiter meist von „Personenzentrierter Psychotherapie". Hierin kommt zum Ausdruck: □ Derartige Gespräche sind nicht nur für sogenannte Klienten mit seelischen Beeinträchtigungen, sondern gleichsam für die Selbstentwicklung jeder Person förderlich. □ Der Helfer ist im Gespräch mit seinen Gedanken, seinen Haltungen und seiner Aktivität voll zentriert in der persönlichen Erlebniswelt der anderen Person. Er sucht ihre persönlichen Erlebnisse und gefühlten Bedeutungen so zu verstehen und anzunehmen, wie sie von ihr wirklich erlebt werden. Der Helfer ist nicht zentriert in irgendeinem Konzept, den Gesprächspartner zu dirigieren, zu „behandeln", nach seiner Theorie zu interpretieren oder zu deuten. Er versucht nicht, den anderen zu diagnostizieren und zu analysieren. Sondern er sucht das Selbst des anderen und dessen Erlebniswelt so zu hören, wie es im anderen vorhanden ist. □ Auch der Helfer ist voll mit seiner eigenen Person am Gespräch beteiligt. Er ist nicht eine berufsmäßige Fassade, die Techniken anwendet. Es ist eine Begegnung einer fassadenfreien Person mit einer anderen. Der Helfer versteckt nicht seine Person, wendet auch nicht vernunftmäßig einige „Strategien der Verhaltensmodifikation" an. Er wünscht, daß seine eigene Person mit seinen Haltungen dem Gesprächspartner möglichst deutlich transparent ist. Seine förderlichen Haltungen und Einstellungen sind integrierte Teile seiner Person und nicht gleichsam als Techniken anwendbar. Der Helfer benutzt sein eigenes Fühlen, Empfinden und Wahrnehmen als eine sehr wesentliche Möglichkeit, sich dem Klienten gegenüber zu äußern und ihn in seiner Selbstauseinandersetzung zu fördern. –

Die förderlichen Haltungen und Aktivitäten von Helfern können sprachlich leider nicht angemessen und konkret genug beschrieben werden. Manche Leser nehmen manche Ausführungen mißverständlich oder verzerrt wahr. Sie lesen aus dem Text bestimmte Aspekte heraus, die ihren derzeitigen Haltungen ähnlich sind.

In begrenzter Weise können Filme und Videoaufnahmen die Haltungen und Aktivitäten konkreter und unmißverständlicher darstellen. Die Filme von Carl Rogers, in englischer Sprache, sind verzeichnet in einem seiner Bücher (Rogers, 1961). In deutscher Sprache liegt ein Zusammenschnitt einer zweitägigen Gesprächsgruppe in einem Tonfilm vor und ist an Hochschulen kostenlos ausleihbar (Tausch u. Tausch, 1977). Wir sind zuversichtlich, daß das Institut für den Wissenschaftlichen Film in Göttingen weitere Aufzeichnungen von Gruppengesprächen des Südwest-Fernsehens III sowie von Einzelgesprächen ausleihbar macht. – Die von einem Medienverbund dagegen hergestellten Videokassetten mit Gesprächen von uns sehen wir hinsichtlich Untertitel und Kommentierungen als unangemessen an. Wir hatten leider hierauf keinen Einfluß.

Noch schwieriger als die Haltungen und Aktivitäten von Helfern sind die „heilsamen" Erfahrungen und Vorgänge im Gesprächspartner angemessen und konkret darzustellen. Zwar geben die Fernsehaufzeichnungen des Südwest-Fernsehens III einen imponierenden Einblick in die Wandlungen von Personen durch Gesprächsgruppen. Die Mitglieder der Gesprächsgruppen wurden in Life-Sendungen des Fernsehens ca. 2 Monate später über ihre Erfahrungen und Änderungen befragt. Was jedoch in Personen während der Gespräche selbst vorgeht, was Selbstöffnung eines bisher eingeschlossenen Menschen ist, wie die Selbstauseinandersetzung erlebt wird, wie ein Helfer als hilfreich oder beeinträchtigend erfahren wird, dies ist auch durch Filme schwer darstellbar. Wir sehen nur eine Möglichkeit: Jemand erfährt es bei sich selbst, gleichsam von der Innenseite her, in Einzelgesprächen oder besser in Gesprächsgruppen.

Förderliche Haltungen und Aktivitäten von helfenden Personen in Gesprächen

Welche Haltungen und Aktivitäten einer helfenden Person sind für die Gesprächspartner hilfreich? Wie kann ein Helfer in Gesprächen dem Partner „heilende" Erfahrungen und Vorgänge ermöglichen? Wie kann er das persönliche Lernen und die Persönlichkeitsentwicklung des anderen fördern? Und zwar sowohl bei „Klienten" mit deutlichen seelischen Schwierigkeiten als auch bei Mitmenschen im alltäglichen Zusammenleben? Wodurch kann eine helfende Person es einer anderen ermöglichen, sich seelisch mehr zu entfalten und sich mehr zu entwickeln?

Drei Haltungen und entsprechende Aktivitäten sind hierfür aufgrund der genialen Konzeption von Carl Rogers und der überprüfenden Untersuchungen weitgehend notwendige und hinreichende Bedingungen eines Helfers in Einzel- und Gruppengesprächen:

- Einfühlendes nicht-wertendes Verstehen
- Achten-Wärme-Sorgen
- Echtsein – Ohne-Fassade-Sein – Inneres Übereinstimmen.

Wenn also eine helfende Person die innere Welt ihres Gesprächspartners nichtwertend versteht und ihm gegenüber respektvoll-warm-sorgend sowie echt-innerlich übereinstimmend ist *und* so auch von ihm wahrgenommen wird, dann sind dies die wesentlichen im allgemeinen notwendigen und hinreichenden Qualitäten und Bedingungen im Helfer, um die seelischen Funktionen des Gesprächspartners wesentlich zu fördern. Diese helfenden Personen können ein Psychologe gegenüber einem Klienten, eine Krankenschwester oder ein Arzt gegenüber einem Patienten oder ein Mitmensch gegenüber seinem Partner sein.

Diese Annahme von Carl Rogers über die 3 notwendigen und hinreichenden Haltungen-Aktivitäten wurde in zahlreichen empirischen Untersuchungen als zutreffend bestätigt bzw. konnte nicht widerlegt werden. Helfende Personen mit größerem gleichzeitigem Ausmaß der 3 Haltungen und Aktivitäten hatten Gesprächspartner, die von den Gesprächen mehr befriedigt waren und sich konstruktiver wandelten als Gesprächspartner von Helfern mit durchschnittlichem oder geringem Ausmaß in diesen 3 Haltungen. Es ergaben sich in den Untersuchungen keine wesentlichen zusätzlichen oder andersartigen förderlichen Haltungen und Aktivitäten von Helfern im Gespräch.

Diese Haltungen und Aktivitäten sind nachweislich förderlich im Gespräch von Psychotherapeuten mit sogenannten Klienten oder von Erziehern gegenüber Kindern und Jugendlichen. Sie sind förderlich bei Einzel- und Gruppengesprächen in der Gesprächspsychotherapie sowie auch bei kürzeren oder längeren hilfreichen Gesprächen zwischen Mitmenschen im täglichen Zusammenleben. In der Gesprächspsychotherapie allerdings wird ein Helfer im allgemeinen diese Haltungen und Aktivitäten sehr ausgeprägt und fortlaufend leben. Im alltäglichen Leben können diesen Haltungen einer helfenden Person im Gespräch auch förderliche Maßnahmen und Handlungen folgen.

Wir möchten den Leser bitten, dieses Kapitel über die hilfreichen Haltungen und Aktivitäten von Helfern unter dem Gesichtspunkt zu sehen: Diese Haltungen und Aktivitäten ermöglichen dem Gesprächspartner die notwendigen hilfreichen Erfahrungen und Vorgänge, die er zur Besserung seiner seelischen Funktionen und für seine Persönlichkeitsentwicklung benötigt.

Förderliche Gespräche mit einfühlendem Verstehen, Achten-Wärme-Sorgen sowie Echtsein des Helfers erfordern keine Vorbereitungen, keine Vorarbeiten, keine besonderen Aufwendungen, weder in der Psychotherapie noch im alltäglichen Leben. Die einzigen Bedingungen sind: Die helfende Person kann diese Haltungen und Aktivitäten in hohem Ausmaß gleichzeitig leben, und sie wird als verständnisvoll, warm und echt wahrgenommen. Der Gesprächspartner ist bereit und fähig, sein inneres Erleben und seine persönlich bedeutsamen Erfahrungen dem Helfer anzuvertrauen und sich mit ihnen auseinanderzusetzen.

In diesem Buch haben wir überwiegend den Ausdruck „Gesprächspartner" bzw. Partner im Gespräch verwendet. Wir halten ihn für angemessener als den Ausdruck „Klient".

Einfühlendes nicht-wertendes Verstehen

Eine förderliche Haltung und Aktivität von helfenden Personen

Dies ist eine der 3 förderlichen Haltungen und Aktivitäten einer helfenden Person im Gespräch mit einem Partner.

Wir haben einfühlendes nicht-wertendes Verstehen der inneren Welt eines anderen beschrieben und definiert. Mit Schätzskalen können Beurteiler das Ausmaß des einfühlenden Verstehens einer helfenden Person im Gespräch mit einer anderen feststellen. Auch der Gesprächspartner kann anhand von Feststellungen eines Fragebogens angeben, in welchem Ausmaß er sich durch seinen Helfer im Gespräch verstanden fühlt.

Deutliches einfühlendes nicht-wertendes Verstehen einer helfenden Person wirkt sich sehr bedeutsam auf den Gesprächspartner aus: Er spürt, daß ihn jemand hört, er fühlt sich tiefgreifend verstanden. Ferner wird seine Selbstauseinandersetzung mit seinem Erleben und seinen bedeutsamen Erfahrungen wesentlich gefördert. Er kommt sich selbst näher. Diese Erfahrungen und Vorgänge ermöglichen es einer Person, persönlich zu lernen, zu reifen und sich selbst zu entwickeln.

Äußerlich gesehen mag einfühlendes nicht-wertendes Verstehen gegenüber einem Gesprächspartner leicht erscheinen. Aber es ist sehr schwer, wirklich in hohem Ausmaß in der inneren Welt eines anderen Menschen zentriert zu sein, sie zu verstehen und das Verstandene dem Partner zum Ausdruck zu bringen, ohne Bewertung, ohne Vorwurf, ohne Tadel. Oft benötigen Personen intensive Bemühungen und eigene Erfahrungen, ehe sie die innere Welt anderer Personen in Einzelgesprächen derart genau und umfassend ohne Wertungen so verstehen können, daß sie die Selbstauseinandersetzung ihres Partners erheblich fördern können. Durch Techniken und schematische Anwendungen fühlt sich ein Gesprächspartner nicht wirklich in echter Weise verstanden; die konstruktiven Auswirkungen sind dann – wenn überhaupt – gering.

Die innere Erlebniswelt des anderen. Jede Person lebt in ihrer eigenen inneren Erlebniswelt. Sie nimmt Menschen, Gegenstände und Ereignisse in einer ihr eigenen einzigartigen Weise wahr, mit nur von ihr empfundenen Bedeutungen. Jede Person lebt *ihr* Fühlen und *ihre* Erfahrungen. Das Zentrum dieser inneren Welt ist sie selbst. Diese Erlebniswelt ist für sie „Realität". Und auf diese „Realität", auf diese Empfindungen, wahrgenommenen Bedeutungen und Erfahrungen reagiert ein Mensch. So reagieren Menschen auf gleiche Reize häufig unterschiedlich. Sie nehmen unterschiedliche Bedeutungen wahr, sie fühlen unterschiedlich und sie handeln entsprechend unterschiedlich. Das Wahrnehmungsfeld ist für Menschen „Realität". Und der beste Ausgangspunkt zum Verständnis des Verhaltens ist die innere Welt einer Person (Rogers, 1973a, S. 427). Diese innere Erlebniswelt mit ihren gefühlten Bedeutungen und Erfahrungen ist nur jeder Person selbst bewußt. Nur sie selbst kann sagen, was sie fühlt, erlebt und wahrnimmt.

Häufig ist uns nicht gegenwärtig, daß jede Person in der nur ihr eigenen inneren Erlebniswelt lebt und diese für sie „Realität" ist. Denn bei der Wahrnehmung von Gegenständen im Zimmer oder der Wahrnehmung von Autos auf den Straßen stimmen die Gegenstandswahrnehmungen anderer Personen mit den unsrigen überein. Bemühen wir uns aber darum, zu erfassen, mit welchen *Bedeutungen* eine Person einen Gegenstand erlebt, ob er ihr gefällt, welchen Erlebniswert er für sie besitzt, welches Fühlen hierdurch in ihr ausgelöst ist, dann stellen wir fest: Unsere Erlebniswelten sind unterschiedlich. Häufig meinen wir fälschlich, weil wir z. B. die Anzahl von Gegenständen in einem Raum in gleicher Weise wie andere wahrnehmen, daß wir auch in unseren wahrgenommenen Bedeutungen und gefühlten Erfahrungen eine gemeinsame „Realität" mit anderen hätten. Aber das ist ein Irrtum.

Einfühlendes nicht-wertendes Verstehen der inneren Welt des anderen. Wie können wir diese innere Welt des anderen erreichen, an ihr teilhaben? Wie können wir unserem Gesprächspartner die Erfahrung ermöglichen, daß wir ihn in seiner Erlebniswelt verstehen, daß er darin nicht allein ist? Und wie können wir diese innere Erlebniswelt des anderen fördern? Wie können wir ihm helfen, daß er seine innere Welt klarer, überschaubarer sieht, wenn er dies wünscht? Wie können wir seine innere Welt bereichern und damit gleichzeitig auch unsere eigene? Wie können wir dem anderen bei der Änderung seines Erlebnisfeldes helfen, wenn er sich darin eingeengt fühlt und eine Änderung wünscht?

Carl Rogers hat vor 3 Jahrzehnten in genialer Weise die große Bedeutung des Verstehens der inneren Welt des anderen erkannt. Er hat Möglichkeiten entwickelt, ihrer teilhaftig zu werden und sie zu fördern. Und er hat dies in Untersuchungen geprüft (Rogers, 1942; 1951). Wir möchten im folgenden näher darauf eingehen:

Das nicht-wertende, aufmerksame sensible Hören der inneren Welt des anderen. Die helfende Person sucht die innere Erlebniswelt des anderen samt seinem Fühlen und persönlichen Bedeutungen, die dieser im jeweiligen Moment erlebt und die hinter seinen Äußerungen stehen, zu spüren, sich vorzustellen. Sie vergegenwärtigt sich die innere Erlebniswelt und den Strom des Erlebens, der im anderen fließt, gleichsam von der „Innenseite" des anderen her in genau der gleichen Art, wie dieser seine innere Welt und den Strom seines Erlebens spürt.

Es ist ein sehr aufmerksames feinfühliges Hinhören auf die Äußerungen des anderen. Darüber hinaus ist es ein intensives Bemühen, sich in den anderen einzufühlen: Was bedeuten für ihn persönlich seine Äußerungen? Welche persönliche

Meinung drückt er damit aus? Was fühlt er dabei? Was sagen die Äußerungen über sein Selbst? Was ist die „tiefere Botschaft“ seiner Äußerungen? Es ist ein einfühlendes vorurteilsfreies nicht-wertendes und genaues Hören der inneren Welt des anderen. Ein Bemühen, gleichsam unter die Haut des anderen zu schlüpfen, in seinen Schuhen einige Schritte in seiner Erlebniswelt zu gehen. Ein Bemühen, seiner inneren Welt teilhaftig zu werden. Ein Bemühen, die leisen „Klopfzeichen“ des anderen zu hören, etwa seinen kaum wahrnehmbaren Wunsch nach Anteilnahme, Zuwendung oder Anerkennung seiner kaum ausgesprochenen Bedürfnisse. Margret in einer gefilmten Gesprächsgruppe: „... Dieses dritte Ohr mir irgendwie anzulegen, um besser zu hören, was der andere meint und um besser zu erspüren, ohne gleich meine Meinung dazu zu geben. Sondern ganz einfach hinzuhören und offen zu sein.“ Arbeiterin: „Da kann ich mich so reinfühlen in den.“ Heinz in einer Paar-Gruppe: „Das verstehe ich unter einem Gespräch: Daß man sich hört. Aber meist ist es so: Da könnte der eine ruhig mal ansetzen mit eigenen Gedanken, der andere hört das aber gar nicht, der geht da so in seinem Kummer und Schmerz auf. Selbst wohlgemeinte Ansätze werden nicht wahrgenommen. Und dann zieht sich der noch mehr zurück. So daß wir uns gegenseitig gar nicht genug hören. Wir sind so sehr immer bei uns. Und möchten uns rauslassen mit dem. Und wenn der andere anfängt, hören wir ihn nicht genug und geben ihm nicht die Chance, daß ich auch noch mehr höre, daß ich etwas von ihm erfahre.“

Eine verstehende Person ist offen für die Erlebniswelt des anderen, sie bemüht sich intensiv, sie kennenzulernen. Sie sucht die persönliche Bedeutung der berichteten Erfahrungen und der Erlebnisse für das Selbst des Gesprächspartners zu spüren, was diese derzeit für sein Fühlen bedeuten. Es ist ein nuanciertes einfühlendes Wahrnehmen oder Vorstellen der inneren Welt eines anderen: dessen, was er tief im Innern lebt, was er empfindet, fühlt, wahrnimmt, denkt. So mag uns jemand berichten, daß er einige Stunden in der Stadt war, in der seine verstorbene Mutter gelebt hat. Wir bemühen uns, ihn anhand seiner Äußerungen zu verstehen und uns zu vergegenwärtigen, was er fühlte, welche Erfahrungen er machte und was ihm diese Erfahrungen jetzt bedeuten.

Das Mitteilen der einfühlend verstandenen inneren Welt des anderen an ihn. Wenn wir den anderen in seiner inneren Welt zu hören und zu verstehen suchen, erlebt er uns als einen geduldigen, ihn akzeptierenden Partner. Er ist dankbar und häufig erleichtert, daß jemand ihm zuhört und es ihm ermöglicht, über seine innere Welt zu sprechen. Manchmal mag er sich schon allein aufgrund dieses Aussprechens hinreichend erleichtert fühlen und kommt zu einer gewissen Klärung seines Erlebens und Fühlens.

Eine entscheidende Möglichkeit, den anderen in seiner inneren Welt bedeutsam zu fördern, ist: Wir teilen ihm im Gespräch jeweils das mit, was wir von seiner inneren Welt, von dem Strom seines Erlebens verstanden haben und was seine Äußerungen für sein Selbst und sein Fühlen bedeuten. Wir sprechen mit ihm über sein Selbst, wie wir es aufgrund seiner Äußerungen wahrnehmen. Wir teilen ihm die von uns wahrgenommenen Aspekte seiner Person mit, die ihm derzeit bedeutsam sind.

Entscheidend ist, daß wir keinerlei Bewertungen vornehmen, keine Urteile über diese innere Welt des anderen fällen. Sondern daß wir weitgehend in der Erlebniswelt des anderen zentriert sind. Und dieser Welt mitsamt den gefühlsmäßigen Bedeutungen so teilhaftig zu werden und sie ihm mitzuteilen suchen, wie er seine innere Welt erlebt.

Teilt ein Helfer die so verstandene innere Welt und das wahrgenommene Selbst einem Gesprächspartner erlebnisnah und einfach verständlich mit, ohne Wertung, akzeptierend und anteilnehmend-sorgend, so wird folgendes bei dem Gesprächspartner ausgelöst: □ Der andere fühlt sich in seiner inneren Welt und seinem Selbst tief verstanden, fühlt sich nicht alleine gelassen, verkannt oder vergessen. Er fühlt ferner Anteilnahme und Zuwendung. □ Er setzt sich mit seinem Selbst, mit seiner durch den Helfer angesprochenen inneren Welt auseinander. Er kommt sich selbst näher, er lernt seine innere Welt und seine Erfahrungen mehr verstehen und kann sie klären.

Ist eine helfende Person bemüht, die innere Welt des anderen voll zu verstehen und äußert sie das Verstandene, so schließt dies im allgemeinen aus, daß sie den anderen dirigiert, lenkt, belehrt, interpretiert oder ermahnt. Oder daß sie ihm Ratschläge gibt oder Mißbilligung ausdrückt. Dies ist sehr wesentlich. Hohes einfühlendes Verstehen in die innere Welt des anderen und ein Mitteilen des Verstandenen verhindert, daß wir den anderen mit unseren Äußerungen lenken, belehren oder dirigieren.

Was einfühlendes Verstehen nicht ist: □ Keine oberflächlichen floskelhaften Äußerungen, wie „Ich verstehe." „Ich verstehe, was Sie handeln läßt." „Ich verstehe schon, was Sie meinen, aber ..." „Ich habe so etwas Ähnliches erlebt wie Sie." □ Kein Pseudoverstehen, kein Heucheln von Interesse und Anteilnahme. □ Es ist kein Analysieren, Diagnostizieren, kein kausales Erklären oder intellektuelles Interpretieren der Erlebniswelt oder des Verhaltens des anderen. □ Es ist kein Bewerten der inneren Erlebniswelt des anderen. □ Es ist keine gezielte inhaltliche Beeinflussung seines Verhaltens und Denkens, keine geheime manipulative Änderung. Sondern die helfende Person bemüht sich, herauszuhören, wie die Erlebniswelt des anderen ist, welche Bedeutungen er wahrnimmt, wie er fühlt. Sie sucht dies aus Äußerungen und Handlungen des anderen einfühlsam zu verstehen. Es ist ein urteilsfreies, nicht-wertendes akzeptierendes Einfühlen in die innere Welt des anderen. □ Einfühlendes nicht-wertendes Verstehen ist auch kein „Verständnis", wie es noch von vielen aufgefaßt wird, charakterisiert durch Güte, Freundlichkeit, Fehlen von Strenge, Kritik und Vorurteil (A. Tausch, 1963). Dieses „Verständnis" hat zwar folgendes mit einfühlendem nicht-wertendem Verstehen gemeinsam: Anteilnahme, fehlende Bedrohung, fehlende Kritik. Beim einfühlenden nicht-wertenden Verstehen kommt aber entscheidend hinzu: Das Heraushören und Mitteilen dessen, was die geäußerten Erfahrungen eines Menschen für sein Selbst bedeuten, wie seine innere Welt aussieht. □ Einfühlendes Verstehen ist keine Passivität, kein Schweigen ohne eigenes Berührtsein und anteilnehmende Aktivität. Es ist im Gegenteil ein sehr intensives Bemühtsein um den anderen, das den Helfer oft selbst tief anrührt und beeinflußt.

Übersichtsskala für einfühlendes nicht-wertendes Verstehen. Diese Skala (Tausch u. Tausch, 1977a) beschreibt die Haltung und Aktivität des einfühlenden nicht-wertenden Verstehens einer helfenden Person gegenüber einer anderen. Das Ausmaß des einfühlenden Verstehens eines Helfers kann mit der Skala durch Beurteiler anhand von Tonaufnahmen zuverlässig eingeschätzt werden.

Eine helfende Person versteht einfühlend und nicht-wertend die innere Welt eines anderen und läßt ihn das erfahren

Kein
einfühlendes Verstehen

- eine Person geht auf die Äußerungen des anderen nicht ein
- sie geht nicht auf die vom anderen ausgedrückten oder hinter seinem Verhalten stehenden gefühlsmäßigen Erlebnisinhalte ein
- sie versteht den anderen deutlich anders, als dieser sich selbst sieht
- sie geht von einem vorgefaßten Bezugspunkt aus, der den des anderen völlig ausschließt
- sie zeigt nicht einmal, daß ihr die vom anderen offen ausgedrückten Oberflächengefühle bewußt sind
- sie ist entfernt von dem, was der andere fühlt, denkt und sagt
- sie bemüht sich nicht, die Welt mit den Augen des anderen zu sehen
- sie befaßt sich nicht mit den vom anderen geäußerten gefühlsmäßigen Erlebnissen oder schmälert diese, indem sie bedeutsam geringere gefühlsmäßige Erlebnisinhalte des anderen anspricht
- ihre Handlungen und Maßnahmen sind nicht der inneren Welt des anderen angemessen, sie gehen an dem Fühlen und den inneren Bedürfnissen des anderen vorbei

Vollständiges
einfühlendes Verstehen

- eine Person erfaßt vollständig die vom anderen geäußerten gefühlsmäßigen Erlebnisinhalte und gefühlten Bedeutungen
- sie wird gewahr, was die Äußerungen oder das Verhalten für das Selbst des anderen bedeuten
- sie versteht den anderen so, wie dieser sich im Augenblick selbst sieht
- sie teilt dem anderen das mit, was sie von seiner inneren Welt verstanden hat
- sie hilft dem anderen, die von ihm gefühlte Bedeutung dessen zu sehen, was er geäußert hat
- sie ist dem anderen in dem nahe, was dieser fühlt, denkt und sagt
- sie zeigt in ihren Äußerungen und Verhalten das Ausmaß an, inwieweit sie die Welt des anderen mit seinen Augen sieht
- sie drückt die vom anderen gefühlten Inhalte und Bedeutungen in tiefgreifenderer Weise aus, als dieser es selbst konnte
- ihre Handlungen und Maßnahmen sind dem persönlichen Erleben des anderen angemessen

Kein Verstehen	1	2	3	4	5	Vollständiges Verstehen *

* Stufe 1 = kein einfühlendes nicht-wertendes Verstehen der inneren Welt des anderen
Stufe 3 = mäßiges einfühlendes nicht-wertendes Verstehen
Stufe 5 = vollständiges einfühlendes nicht-wertendes Verstehen

Einfühlendes Verstehen

Einfühlendes Verstehen wird eine helfende Person meist in *Worten* ausdrücken. Sie äußert das, was sie von der inneren Welt des andern verstanden hat. Ist sie echt, werden ihre Stimme, Sprechweise, Mimik und Gestik ebenfalls anzeigen, daß sie der Erlebniswelt des anderen nahe ist.
Zusammen mit Achtung-Wärme-Anteilnahme wird sich das einfühlende Verstehen auch in ihrem Verhalten ausdrücken, etwa in tröstender Berührung.

Einfühlendes Verstehen kann auch in *Handlungen und Maßnahmen* zum Ausdruck kommen. Hat eine Person in Gesprächen die Erlebniswelt eines anderen wirklich verstanden und nimmt sie daran wirklich voller Achtung und Sorge Anteil, dann wird sie bei weiterem Zusammensein die innere Welt des anderen in ihren Handlungen und Maßnahmen berücksichtigen und fördern. Dies ist häufig der Fall bei Mitgliedern von Gesprächsgruppen, die in der gleichen Stadt wohnen und sich des öfteren nach dem 2 ½-tägigen Gruppengespräch treffen.
Ein Unterlassen fördernder Handlungen und Maßnahmen eines Helfers oder Gruppenteilnehmers ist häufig ein Zeichen dafür, daß er die Erlebniswelt des anderen nicht tiefgreifend verstanden hat und daran nicht in echter Weise sorgenden Anteil nimmt.

Definition von Carl Rogers zum einfühlenden Verstehen: „Es bedeutet, die persönliche Wahrnehmungswelt eines anderen zu betreten und völlig in ihr zu Hause zu sein. Es umfaßt in jedem Augenblick Empfindsamkeit für die wechselnden Gefühlsbedeutungen, die in diesem anderen Menschen strömen, für Angst oder Wut, Zärtlichkeit oder Verwirrung oder was auch immer er oder sie gerade an Erlebnis erfährt. Es bedeutet, zeitweise in seinem/ihrem Leben zu leben, sich darin vorsichtig und ohne Urteile zu fällen zu bewegen und die Gefühlsbedeutungen, deren er/sie sich kaum bewußt ist, zu erfühlen. Ohne dabei jedoch zu versuchen, Gefühle aufzudecken, deren sich der andere völlig unbewußt ist, denn das wäre zu bedrohlich. Einfühlung schließt das Mitteilen der eigenen Gefühle des Helfers bezüglich seiner/ihrer Erlebniswelt mit ein, zumal er die Elemente, denen der andere furchtsam gegenübersteht, unvoreingenommen und unerschrocken betrachtet. Es bedeutet, regelmäßig mit ihm/ihr die Genauigkeit der Wahrnehmungen des Helfers nachzuprüfen und sich durch die erhaltenen Antworten leiten zu lassen. Der Helfer ist für den anderen in seiner/ihrer inneren Welt ein vertrauensvoller Gefährte. Indem er die Gefühlsbedeutungen in dem Strom seines/ihres Erlebens aufzeigt, hilft er dem anderen, diese wertvolle Beziehung zum inneren Erleben aufzunehmen, die Gefühlsbedeutungen erlebnismäßig vollständiger zu erfahren und in seinem Erleben weiterzukommen.
Mit einem anderen Menschen in dieser Weise zusammenzusein, bedeutet, daß der Helfer in dieser Zeit die Sichtweisen und Werthaltungen, an die er sich selbst hält, beiseite legt, um ohne Vorurteil die Erlebniswelt des anderen zu betreten. In gewissem Sinne heißt dies, daß der Helfer sein Selbst zurückstellt. Und dies kann nur jemand, der in sich stabil genug ist, um zu wissen, daß er sich selbst nicht verlieren wird in der Erlebniswelt des anderen, die sich als fremd oder bizarr herausstellen kann, und daß er ohne Schwierigkeiten in seine eigene Welt zurückkehren kann, wann er will.
Vielleicht stellt diese Beschreibung klar, daß es sich bei der Einfühlung um eine komplexe, stark beanspruchende, starke und doch subtile und sanfte Art des Zusammenseins handelt" (Rogers, 1976, S. 36–37).

Eine ähnliche Definition von einfühlendem Verstehen gibt Barrett-Lennard (1962): „Das einfühlende Verstehen ist ein aktiver Prozeß, der aus folgendem besteht: Die gesamten gegenwärtigen und wechselnden Bewußtseinsvorgänge eines anderen erfahren zu wollen; sich zu bemühen, dessen Mitteilung und Meinung zu erhalten; dessen Worte und Zeichen in die Erlebnisbedeutung zu übertragen, die mindestens jene Aspekte seines Bewußtseins trifft, die für ihn in diesem Moment am wichtigsten sind. Es ist ein Erleben desjenigen Bewußtseinszustandes, der sich „hinter" der geäußerten Mitteilung des anderen befindet, aber in fortwährendem Wissen, daß dieser Bewußtseinszustand im anderen entspringt und fortschreitet."

Eine weitere Charakterisierung des einfühlenden Verstehens von Carl Rogers und Charles Truax (Rogers u. a., 1967, S. 104 f.): „Die Fähigkeit des Psychotherapeuten, genau und sensitiv die Erfahrungen und das Fühlen *sowie ihre Bedeutungen für den Klienten* während der Begegnung in der Psychotherapie von Augenblick zu Augenblick zu verstehen, begründet das, was vielleicht als die ‚Arbeit' des Psychotherapeuten beschrieben werden kann, nachdem er zuvor die Basis für das Beziehungsverhältnis durch seine Selbstkongruenz-Echtheit sowie durch seine bedingungslose positive Wertschätzung hergestellt hat."

„Bei genauem einfühlendem Verstehen ist der Psychotherapeut vollständig in der Welt des Partners zu Hause. Es ist eine Sensitivität von Augenblick zu Augenblick, in dem ‚Hier und Jetzt', in der unmittelbaren Gegenwart. Es ist ein Erspüren und ein Wahrnehmen der inneren Welt des Partners mit seinen privaten persönlichen Bedeutungen, als ob es die eigene des Psychotherapeuten wäre, aber ohne jemals diese ‚Als ob'-Qualität zu verlieren. Genaue Sensitivität für das ‚Sein' des Partners ist von wichtiger Bedeutung in der Begegnung von Augenblick zu Augenblick in der Psychotherapie. Es ist von begrenztem Nutzen für den Partner, wenn der Psychotherapeut erst dann dieses einsichtsvolle einfühlende Verstehen zu den Erfahrungen des Klienten erreicht, wenn er abends nach Hause fährt. Solch verspätetes Verstehen oder solche Einsicht kann von Wert sein, wenn der Psychotherapeut später eine Chance hat, sich zum selben Thema zu äußern. Aber der Wert liegt in der Äußerung seines einfühlenden Verstehens dem Klienten gegenüber in dem unmittelbar gelebten Beziehungsverhältnis."

„Die Fähigkeit und Sensitivität, die notwendig ist, diese inneren Bedeutungen dem Klienten wiederum in einer Weise mitzuteilen, die es ihm ermöglicht, diese Erfahrungen als seine anzusehen, ist der andere Hauptteil des genauen einfühlenden Verstehens. Die Verwirrung des Klienten zu spüren, seine Furcht, seinen Ärger oder seine Wut, als ob es Dein eigenes Fühlen wäre (welches Du aber gegenwärtig nicht hast), ist das Wesentliche des Wahrnehmungsaspektes des genauen einfühlenden Verstehens. Diese Wahrnehmung dem Partner in angemessener Sprache mitzuteilen, die es ihm ermöglicht, seine Verwirrung, seine Furcht, seine Wut oder seinen Ärger klarer zu fühlen und zu äußern, ist der zentrale Gehalt des Mitteilungs-Aspektes von genauem einfühlendem Verstehen."

„Obwohl die Genauigkeit des einfühlenden Verstehens sehr wichtig ist, kann die Mitteilung des Bemühens selbst, den Partner zu verstehen, ihren eigenen Wert haben. Sogar einem verwirrten, ausdrucksarmen oder eigenartigen Partner wird geholfen, wenn er spürt, daß der Psychotherapeut *versucht,* seine Bedeutungen und sein Erleben zu verstehen. Er wird ermutigt, mehr von seinem Selbst mitzuteilen. Das starke Bemühen des Psychotherapeuten, zu verstehen, vermittelt dem Partner den Wert seiner Person und läßt ihn somit die bedingungslose positive Wertschätzung des Psychotherapeuten erfahren.“

Eine weitere Beschreibung von einfühlendem nicht-wertendem Verstehen, den dabei stattfindenden Vorgängen im Helfer, geben die nachfolgenden Sätze, die wir aus den Büchern von Carl Rogers (1942, 1951) zusammengestellt haben:

- Der Helfer versteht, wie der andere sich augenblicklich fühlt, wie er sich erlebt, wie er sich selbst sieht.
- Der Helfer versteht, welche Bedeutung die Gefühle, Gedanken und Erfahrungen, die der andere äußert und erforscht, für diesen haben.
- Der Helfer nimmt das Selbst des anderen wahr, wie es der andere kennt, und akzeptiert es.
- Der Helfer sucht „unter die Haut“ des anderen zu gelangen, sich „in seine Schuhe zu stellen“.
- Der Helfer sucht sich in den anderen hineinzuversetzen und die von ihm zum Ausdruck gebrachten Einstellungen und jede Nuance der Änderung zu erfassen.
- Der Helfer sucht das Erlebnis- und Wahrnehmungsfeld so lebhaft und genau mitsamt seinen Bedeutungen für den anderen zu erfassen, wie er es vom anderen erfahren hat und wie dieser bereit ist, es mitzuteilen.
- Der Helfer erfaßt das innere Bezugssystem des anderen so vollständig wie möglich. Er versetzt sich in das Bezugssystem des anderen hinein. Er sucht sich die Einstellung des anderen vollständig zu eigen zu machen.
- Der Helfer zeigt durch seine Äußerungen das Ausmaß an, inwieweit er mit den Augen des anderen sieht.
- Der Helfer hilft dem anderen zu klären und zu verstehen und die Bedeutung dessen zu sehen, was dieser ausgedrückt hat und was die Äußerungen, Erfahrungen und Erlebnisse für diesen bedeuten.
- Der Helfer läßt den Ort der Bewertung und Wertefindung bei dem anderen. Er will nicht, daß der andere sich ihm anpaßt.

Auch mit diesen Beschreibungen können trainierte Beurteiler das Ausmaß des einfühlenden Verstehens von Helfern anhand von Tonaufnahmen einschätzen. Diese Einschätzungen unterscheiden sich nicht wesentlich von den Einschätzungen nach der vorangegangenen Übersichtsskala und der nachfolgenden Einschätzungsskala.

Die Einschätzungsskala für einfühlendes nicht-wertendes Verstehen nach Carkhuff (1969, II, S. 315) wird häufig in der Psychotherapieforschung verwendet. Deutliches einfühlendes Verstehen des Helfers für den Klienten (ab Stufe 3.5), festgestellt durch Beurteiler anhand der Tonaufnahmen, hing mit deutlicher Selbstauseinandersetzung des Klienten zusammen. Ferner auch mit günstigen Änderungen des Klienten am Ende der Psychotherapie, vorausgesetzt der Klient nahm den Helfer als echt, akzeptierend und verständnisvoll wahr.

Stufe 1: Eine Person (z. B. ein Psychotherapeutischer Helfer, ein Gruppenmitglied, ein Arzt oder Erzieher) befaßt sich in ihren Äußerungen entweder nicht mit den sprachlichen und nicht-sprachlichen Äußerungen des anderen oder schmälert diese deutlich, indem sie bedeutsam weniger gefühlsmäßige Erlebnisinhalte äußert als es der andere selbst tut. Die Person zeigt nicht einmal, daß ihr die offen ausgedrückten Oberflächengefühle des anderen bewußt sind. Sie mag gelangweilt oder uninteressiert sein, oder sie geht von einem vorgefaßten Bezugspunkt aus, der den des anderen völlig ausschließt.

Stufe 2: Eine Person geht zwar auf die vom anderen geäußerten Gefühlsinhalte ein, aber sie läßt bemerkenswerte Gefühle, Erlebnisse und Bedeutungen außer acht, die der andere mitteilt. Die Person mag sich der augenscheinlichen Oberflächengefühle des anderen bewußt sein. Aber ihre Äußerungen setzen das gefühlsmäßige Niveau herab und verzerren die Bedeutung. Die Person mag ihre eigenen Vorstellungen mitteilen, die jedoch nicht mit dem übereinstimmen, was der andere äußert.

Stufe 3: Die Äußerungen, mit denen eine Person auf die vom anderen geäußerten Gefühlsinhalte eingeht, sind im wesentlichen austauschbar mit den Äußerungen des anderen. Sie drücken im wesentlichen dieselben Affekte und Bedeutungen aus. Die Person mag mit treffendem Verständnis auf die Oberflächengefühle des anderen eingehen, aber sie geht nicht auf das tiefere Fühlen ein oder mißversteht dies.

Stufe 4: Die Äußerungen einer Person tragen sichtbar zu dem bei, was der andere sagt, indem sie die gefühlsmäßigen Erlebnisinhalte tiefer ausdrückt, als es der andere selbst konnte. Die Person teilt ihr Verständnis der Äußerungen des anderen auf einem gefühlsmäßig tiefergehenden Niveau mit und befähigt damit den anderen, sein Fühlen zu erfahren und/oder auszudrücken, wie er es vorher nicht ausdrücken konnte.

Stufe 5: Die Äußerungen einer Person bereichern bedeutsam das Fühlen und die Bedeutung der Äußerungen des anderen, indem sie die gefühlten Inhalte tiefergehend ausdrücken als es der andere selbst konnte oder indem sie im Falle fortschreitend tiefer Selbstexploration des anderen vollständig mit ihm gehen in dessen tiefsten Augenblicken. Ein Person geht mit Genauigkeit auf alle tieferen sowie oberflächlicheren Gefühle des anderen ein. Sie ist „zusammen" mit dem anderen oder „auf seiner Wellenlänge". Die Person und der andere können dazu übergehen, bisher unerforschte Bereiche seiner persönlichen Existenz zu erforschen. Die Äußerungen der Person erfolgen mit voller Bewußtheit, wer der andere ist, und mit umfassendem, genauem, tiefgreifendem Verständnis seiner tiefsten Gefühle und Erlebnisinhalte.

Der Gesprächspartner nimmt das einfühlende nicht-wertende Verstehen seines Helfers wahr. Es ist entscheidend, daß der Helfer nicht nur einfühlend verstehend ist, festgestellt etwa anhand der Tonaufnahmen durch Beurteiler, sondern daß er auch einfühlend verstehend von seinem Gesprächspartner wahrgenommen wird. Mit nur wenigen Feststellungen (Barrett-Lennard, 1962; Lorr, 1965) können Gesprächspartner recht zuverlässig angeben, ob und in welchem Ausmaß sie den Helfer einfühlend verstehend wahrnehmen (4-stufig einschätzbar: deutlich ja, ja, nein, deutlich nein):

Sie (die helfende Person) versteht, was ich fühle und meine. Sie weiß fast immer ziemlich genau, was ich meine. Sie sucht zu verstehen, wie *ich* die Dinge sehe. Gewöhnlich spürt oder erkennt sie, was ich fühle. Sie versteht oft, was ich meine, auch wenn ich Schwierigkeiten habe, es auszudrücken. Sie versteht wirklich, was meine Erfahrungen für mich bedeuten.

Klienten, die ihre Psychotherapeutischen Helfer nach diesen Beschreibungen als einfühlend verstehend wahrnahmen, hatten bedeutsame konstruktive Änderungen am Ende der Gesprächspsychotherapie. Klienten dagegen, die ihre Helfer nur mäßig oder gering verstehend wahrnahmen, hatten geringe oder keine Änderungen (z. B. Barrett-Lennard, 1962; Rudolph, 1975; Rudolph u. a., 1978).

Günstige Änderungen durch Gespräche sind fast ausgeschlossen, wenn die Gesprächspartner ihre Helfer wenig oder gar nicht einfühlend verstehend wahrnehmen, charakterisiert etwa durch folgende Feststellungen (Barrett-Lennard, 1962; Lorr, 1965):

Vieles von dem, was ich fühle oder denke, bemerkt sie (die helfende Person) nicht. Sie mag zwar meine Worte verstehen, aber sie versteht nicht die Art und Weise, wie ich fühle. Sie betrachtet das, was ich sage, oft von ihrem eigenen Gesichtspunkt aus. Ihre eigenen Einstellungen zu den Dingen, die ich sage oder tue, hindern sie, mich zu verstehen. Sie denkt, daß *ich* auf bestimmte Art und Weise fühle, weil das auch ihre Art zu fühlen ist. Ihre Äußerungen sind oft so schablonenhaft, daß ich in keinen tieferen Kontakt zu ihr kommen kann. Es ist schwer für sie, die Dinge zu sehen, wie ich sie sehe. Sie hat Schwierigkeiten zu verstehen, was ich auszudrücken versuche. Sie bemerkt nicht, wie ich gefühlsmäßig an Dingen beteiligt bin, über die wir sprechen.

Eine Einschätzungsskala für einfühlendes nicht-wertendes Verstehen in der Wahrnehmung des Gesprächspartners hat Waggener (1971) entwickelt, die wir geringfügig abgeändert haben. Ein Gesprächspartner kann hiernach ebenfalls einschätzen, inwieweit er seinen Psychotherapeutischen Helfer, ein Gruppenmitglied, einen Kollegen, einen Freund, Ehepartner, Mitschüler oder einen Mitmenschen als einfühlend verstehend wahrnimmt:

Stufe 1: Die Person ist nicht daran interessiert, meine Sicht der Dinge, meine Erlebniswelt, meine wahrgenommenen Bedeutungen, mein Selbst kennenzulernen. Sie versteht nicht und möchte nicht verstehen. Ich muß i h r e n inneren Bezugspunkt, i h r e Ideen und Gedanken suchen, i h r e Gedankenwelt herausfinden. Ich fühle, daß sie nicht bemüht und besorgt ist, ob mir das irgend etwas einbringt oder nicht. Ich würde sehr ungern mit einem persönlichen Problem zu ihr gehen. Ich glaube nicht, daß sie mich überhaupt verstehen würde.

Stufe 2: Die Person scheint ein wenig zu wissen, wie ich über etwas fühle, wenigstens ist sie nicht ganz ahnungslos. Ich merke jedoch, daß sie nicht auf dem richtigen Wege ist, wenn sie versucht, sich auf mich und meine Auffassungen und mein Fühlen einzustellen. Sie benimmt sich so, als wollte sie mich verstehen, als wollte sie meine Gedankenwelt kennenlernen. Aber sobald sie es versucht, zeigt sich meist, daß sie nicht weiß, wie sie das machen soll, oder daß sie meinen inneren Bezugspunkt verfehlt.

Stufe 3: Die Person nimmt es als Tatsache zur Kenntnis, daß ich in eigener tiefer Weise etwas fühle und denke. Und das ist hilfreich. Aber sie macht nichts weiter damit. Das beeinträchtigt mich nicht, aber es hilft mir auch nicht viel. Ich spüre, sie versteht mich ein wenig. Aber ich spüre doch das Bedürfnis, mich zu rechtfertigen oder mich und meine Einstellung dazu zu erklären.

Stufe 4: Irgendwie versteht die Person teilweise, wie und warum ich so empfinde. Ich spüre, ich muß mich nicht selbst und meine Einstellung dazu erklären oder verteidigen.

Stufe 5: Ich fühle, daß die Person spürt, wie ich bin, was in mir vorgeht und was ich davon durch meine eher armen und mangelhaften Worte auszudrücken versuche. Ich fühle, daß sie bei mir ist. Vielleicht versteht sie nicht alles, was ich auszudrücken versuche. Aber sie ist mit mir und versteht m i c h.

Das einfühlende Verstehen von helfenden Personen in einer Gesprächsgruppe von uns im Fernsehen beschreibt eine Zuschauerin in ihrem Brief an den Sender: „Ich finde es einfach faszinierend, daß es solche Menschen gibt, die ihre eigenen Probleme so zurückstellen können, daß sie in der Lage sind, sich dem anderen in solchem Maße zuzuwenden und sie in ihren Tiefen zu hören. Die meisten Leute sind alle viel zu sehr beschäftigt – mit sich selbst, mit ihrem Beruf, mit allen möglichen Dingen – als daß sie die Ordnung und die Aufgeräumtheit in sich herstellen könnten, die nötig ist, um sich anderen voll und produktiv zuwenden zu können. Häufig haben die meisten Leute – ich nicht ausgenommen – selbst einen unbändigen Drang, sich selbst zu äußern."

Ein Mitglied einer Gesprächsgruppe schrieb ihrer Psychologischen Helferin: „Weißt Du, Du bist ein Mensch, mit dem ich so sehr viel besser sprechen kann, einer der so seltenen Menschen. Ich weiß nicht, woran das liegt. Ich nehme an, es ist die Wärme, die Du ausstrahlst, und diese beinahe greifbare Bereitschaft, verstehen zu wollen."

Die Auswirkungen von einfühlendem Verstehen des Helfers auf den Partner

Was ereignet sich beim Gesprächspartner, wenn eine helfende Person seine innere Erlebniswelt, sein bedeutsames Fühlen, seine wahrgenommenen Bedeutungen, das in seinen Äußerungen enthaltene Selbst einfühlend versteht? Und wenn der Helfer das Verstandene mit echter Achtung-Wärme und ohne Wertung dem anderen mitteilt? Die Folgen sind: □ Der Gesprächspartner macht bedeutsame

Empfindungen und Erfahrungen. □ Er setzt sich mit sich selbst auseinander. – Beides führt zu wesentlichen Wandlungen seiner Person. Im einzelnen:

Einfühlendes Verstehen des Helfers löst bedeutsame Empfindungen und Erfahrungen beim Partner aus: □ Der Gesprächspartner fühlt sich in seiner inneren Welt beachtet. Er fühlt Anteilnahme, er fühlt sich nicht mehr allein gelassen. Er erlebt: „Endlich hört mir jemand zu und belehrt mich nicht!" „Ich bin erlöst aus meiner Einsamkeit." Er fühlt, daß der andere bei ihm ist und ihm nahekommt, ohne ihn zu werten, ohne ihn zu beurteilen.

□ Der Gesprächspartner erfährt den Wert seiner Person: Seine innere Welt, sein Fühlen werden als sehr wertvoll vom Helfer angesehen, sie werden beachtet.
□ Der Gesprächspartner fühlt sich in tiefer Weise verstanden. Jede von ihm ausgedrückte persönliche Erfahrung, jedes Fühlen mitsamt den wahrgenommenen Bedeutungen wird von der helfenden Person in fast gleicher Weise verstanden, wie er es erlebt. „Endlich weiß jemand, wie mir zumute ist!" „Ich hatte schon fast gar nicht mehr gehofft, daß mich jemand überhaupt noch versteht." „Jemand mag mich, auch wenn er weiß, wie ich bin." Der Partner erfährt, sein eigenes Fühlen und Erleben ist für einen anderen einfühlbar und wird von diesem mit Wärme und Achtung akzeptiert.

□ Der Gesprächspartner nimmt die helfende Person als tief verständnisvoll wahr, z. B.: „Er/Sie weiß genau, was die Dinge, die ich erlebe, für mich bedeuten." „Gewöhnlich spürt oder erkennt sie/er, was ich fühle." „Sie/Er kommt in eine nähere verständnisvolle Beziehung zu mir, und ich fühle mich frei von Bedrohung, Kritik und Belehrung." So nahmen etwa Schüler bei Gesprächen über ihre persönlich-sozialen Probleme denjenigen Schulberater als deutlich angemessen hierfür wahr, der gemäß den Tonaufnahmen in größerem Maß einfühlend verstehend war (Conklin u. Nakoneshny, 1973).

□ Die Äußerungen des Helfers stimmen mit dem bedeutsamen persönlichen Erleben des Gesprächspartners weitgehend überein. Dies empfindet der Gesprächspartner als akzeptierend und ermutigend (Golightly, 1965).

□ Der Gesprächspartner empfindet den Helfer als Mitarbeitenden. Beide bemühen sich gemeinsam, das Fühlen und die persönlichen Bedeutungen des Erlebens und Wahrnehmens des Partners zu verstehen und in Worten mitzuteilen. Es ist gleichsam ein gemeinsames Bemühen bei einer gemeinsamen Aufgabe.

Diese Erfahrungen fördern bei gleichzeitiger echter Achtung-Wärme folgendes beim Gesprächspartner: Ein Gefühl von Geborgenheit, Zuversicht und innerer Ruhe, sämtlich gegensätzlich zu seinen bisherigen Ängsten und unangenehmen Gefühlen, die auftraten, wenn er sich mit sich selbst auseinandersetzen wollte. Ferner werden ein befriedigender Kontakt und ein günstiges Beziehungsverhältnis zu einer anderen Person, dem Helfer, gefördert. Der Gesprächspartner gewinnt mehr Vertrauen zum Helfer und spürt, daß die Vorgänge im Gespräch für ihn irgendwie hilfreich sind. Dies sind notwendige und günstige Begleiterfahrungen für die Auseinandersetzung des Gesprächspartners mit sich selbst.

Einfühlendes Verstehen des Helfers fördert die Selbstauseinandersetzung (Selbstexploration) des Gesprächspartners. Dies ist eine sehr wesentliche Auswirkung von einfühlendem Verstehen: Der Gesprächspartner kommt in engeren Kontakt zur eigenen Person, er setzt sich mit seinen Erfahrungen und mit seinem Fühlen auseinander, die für seine Person sehr bedeutsam sind. Der Helfer ermöglicht gleichsam dem Gesprächspartner eine Begegnung mit seinem Selbst, mit seiner Person, wie sie fühlt, empfindet und denkt. Er gibt ihm gleichsam ein Werkzeug, eine Möglichkeit der Auseinandersetzung mit sich selbst.

Diese Förderung der Selbstauseinandersetzung durch das einfühlende Verstehen des Helfers ist naheliegend: Wenn der Helfer fortwährend auf die gefühlte innere Welt des anderen eingeht, so spricht der Gesprächspartner zunehmend weniger über äußere Fakten und Erscheinungen, sondern darüber, wie er sich selbst fühlt, wie er persönlich andere Personen und Ereignisse empfindet und wahrnimmt. Der Helfer sucht jeweils das Selbst sowie die unmittelbaren gefühlsmäßigen Bedeutungen des Partners, wie sie in dessen Äußerungen zum Ausdruck kommen, zu verstehen und teilt ihm das Verstandene mit. Hierdurch wird der Partner in intensiver Weise mit sich selbst konfrontiert, und zwar mit denjenigen Anteilen seiner geäußerten Erfahrungen und Erlebnisse, die für sein Selbst und sein Fühlen bedeutsam sind. Häufig hat er diese früher geleugnet, weil sie sein Selbst bedrohten. Der Partner spricht zunehmend mehr über sein Selbst, über die für ihn bedeutsamen persönlichen Erfahrungen und Erlebnisse, er läßt sie zunehmend mehr und unverzerrter seinem Bewußtsein zu.

Durch das nicht-wertende einfühlende Verstehen des Helfers wird also im Partner die Haltung begünstigt, sich seinem Selbst zuzuwenden und sich mit seinem inneren Erleben und seinen gefühlten Bedeutungen auseinanderzusetzen. Der Partner kommt in engeren, ehrlichen Kontakt zu seinem Fühlen. Er wird offener für sein Erleben und Fühlen. Er nimmt sein unmittelbar gegenwärtiges gefühltes Erleben in größerem Umfange und intensiver wahr. Und er lernt, mehr in sich hineinzuhorchen.

Durch das einfühlende Verstehen erreicht der Helfer die innere Welt des anderen. Er erfährt sie, er hat an ihr teil, er fördert die Auseinandersetzung des Gesprächspartners damit. Diese innere Welt ist für den Partner die „Realität". Es ist die Welt, in der er lebt, die für ihn bedeutsam ist, auf die hin er handelt. Mit dieser inneren Welt kann sich jetzt der Gesprächspartner auseinandersetzen, es kommt zu einer Lockerung seines Wahrnehmungsfeldes und zu einer Lockerung der Figuration seines Selbst.

Diese seine innere Welt kennt jeder Gesprächspartner nur allein. Selbst wenn sie der Helfer wirklich kennen sollte und in ihr zu Hause wäre: Entscheidend ist, daß der Gesprächspartner sie erforscht, versteht. Nur durch seine aktive Auseinandersetzung mit seiner inneren Welt und seinem Selbst können Änderungen in seinen Wahrnehmungen eintreten.

Diese Selbstauseinandersetzung des Gesprächspartners wird durch das einfühlende Verstehen des Helfers gefördert ohne bedeutsame inhaltliche Lenkung, ohne Ratschläge, Empfehlungen, Direktiven.

In zahlreichen Untersuchungen wurden die Auswirkungen des einfühlenden nicht-wertenden Verstehens auf die Selbstauseinandersetzung von Personen, zumeist in Einzelgesprächen, geprüft und bestätigt. Es gibt kaum einen Zusammenhang zwischen den Aktivitäten einer helfenden Person in Gesprächen und den dadurch ausgelösten Vorgängen beim Partner, der mehr erforscht und gesichert ist als zwischen einfühlendem Verstehen des Helfers und Selbstauseinandersetzung des Partners.

Bei diesen Untersuchungen wurde das einfühlende Verstehen, ebenso die Selbstauseinandersetzung des Partner, durch Beurteiler anhand der Tonbänder nach Schätzskalen eingeschätzt und der Zusammenhang festgestellt. Wenn die Gesprächspartner das einfühlende Verstehen ihrer Helfer einschätzten, war der Zusammenhang geringer. Hier gingen in die Einschätzungen die beiden anderen Haltungen Achtung-Wärme sowie Echtsein teilweise mit ein. Ferner nahmen die Gesprächspartner die Einschätzungen aufgrund ihrer Erfahrungen in der ganzen Gesprächsstunde vor. Die Einschätzungen von einfühlendem Verstehen und Selbstauseinandersetzung durch Beurteiler dagegen erfolgten jeweils aufgrund kürzerer Tonbandausschnitte.

Der deutliche Zusammenhang zwischen einfühlendem Verstehen des Helfers und Selbstauseinandersetzung des Partners ergab sich z. B. in psychotherapeutischen Einzelgesprächen mit Klienten (Minsel u. a., 1972; Bommert u. a., 1972; Sander u. a., 1973; Minsel u. a., 1973; Schwartz u. a., 1978; Wienand-Kranz, 1977).

In einer anderen Untersuchung wurde der Zusammenhang bei einem einzigen Psychotherapeuten und seinen 12 Klienten ermittelt (.76). Der Psychotherapeut war bei seinen verschiedenen Klienten unterschiedlich einfühlend verstehend. Und dies hing mit einem unterschiedlichen Ausmaß der Selbstauseinandersetzung der Klienten zusammen. Es ergab sich ferner ein deutlicher Zusammenhang zwischen einfühlendem Verstehen des Helfers und der Häufigkeit von Verben in der 1. Person des Gesprächspartners (R. Tausch, Eppel, Fittkau u. Minsel, 1969).

Auch bei einmaligen ½-stündigen Gesprächen von Psychologen und Heimleitern mit 16–20jährigen Jugendlichen hing das Ausmaß von einfühlendem Verstehen dieser helfenden Personen mit der Selbstauseinandersetzung der Jugendlichen zusammen (R. Tausch, Kühne, Langer u. Lück, 1971).

In Gesprächen von älteren Schülern, die nach einer Einführung in personenzentrierte Gesprächsführung Gespräche mit 11–12jährigen Schülern führten, war dieser Zusammenhang ebenfalls nachweisbar. Und zwar selbst dann, wenn es sich um einmalige Gespräche von nur 15 Minuten Dauer handelte (Thiel, Steinbach u. Tausch, 1978).

Kindergärtnerinnen, die auf Kinderäußerungen während vorschulischer Lernsituationen mit größerem einfühlendem Verstehen reagierten, förderten hierdurch die konstruktive Aktivität und interessierte Mitarbeit der 3–6jährigen bei der Aufgabe (A. Tausch u. a., 1976).

Dieser Zusammenhang zwischen einfühlendem Verstehen und Selbstauseinandersetzung des Gesprächspartners wurde auch im Experiment geprüft: Psychotherapeuten verminderten innerhalb ihrer üblichen Einzelgespräche mit Klienten absichtlich für etwa 10 Minuten das Ausmaß ihres einfühlenden Verstehens. Sie gingen zum Beispiel mehr auf äußere Inhalte ein, statt auf die dahinterstehende gefühlte und erlebte innere Welt des Klienten. Eine Einschätzung der Tonaufnahmen durch Beurteiler ergab: Die Auseinandersetzung der Klienten mit ihrem Selbst verminderte sich bedeutsam. Sie äußerten sich deutlich mehr über äußere Sachverhalte. Danach ergab sich bei wieder größerem einfühlendem Verstehen der Psychotherapeuten ein signifikanter Anstieg der Selbstauseinandersetzung der Klienten (Truax u. Carkhuff, 1965 a; Sander, Tausch, Bastine u. Nagel, 1969).

Dieser Zusammenhang zwischen einfühlendem Verstehen und Selbstauseinandersetzung konnte sogar zwischen den einzelnen Äußerungen eines Psychotherapeuten und den nachfolgenden Äußerungen seiner Klienten nachgewiesen werden. So wurden die einzelnen Äußerungen von Psychotherapeuten auf einfühlendes Verstehen eingeschätzt, und die Äußerungen der Klienten auf das Ausmaß der Selbstauseinandersetzung. Beides geschah durch Beurteiler anhand von Tonaufnahmen. Diejenigen Äußerungen von Klienten zeigten größere Selbstauseinandersetzung, denen Äußerungen des Helfers mit größerem einfühlendem Verstehen vorausgingen (R. Tausch u. a., 1969).

Einfühlendes Verstehen des Helfers fördert durch die Selbstauseinandersetzung die konstruktive Wandlung von Gesprächspartnern. Die Selbstauseinandersetzung und die günstigen Erfahrungen, die in Partnern durch das einfühlende Verstehen des Helfers ausgelöst werden, fördern ihre Selbstentwicklung und ihr persönliches Lernen. Durch Klärung und Verminderung von Spannungen ihres Selbst, durch deutlicheres Fühlen entwickeln sie sich weiter, sie haben mehr Möglichkeiten der Selbstverwirklichung, die Kraft ihrer Person kommt mehr zum Ausdruck. Die psychischen Funktionen von Personen mit Selbstentwicklung gesunden.

Dieser Zusammenhang zwischen einfühlendem Verstehen eines Helfers und späteren konstruktiven Wandlungen des Gesprächspartners wurde in vielen Untersuchungen zur personenzentrierten Einzel- und Gruppenpsychotherapie nachgewiesen. Oft sind diese Zusammenhänge nicht sehr deutlich. Denn die Auswirkungen des einfühlenden Verstehens sind abhängig von den beiden anderen Haltungen des Helfers, von seiner Achtung-Wärme sowie seinem Echtsein. Und ferner: Selbstauseinandersetzung wird deutlich gefördert durch den Helfer. Aber sie ist teilweise auch abhängig vom Gesprächspartner.

Im folgenden haben wir einige Untersuchungen aus der personenzentrierten Gesprächspsychotherapie dargestellt. Weitere sind in einem späteren Kapitel angeführt:

Das Ausmaß des einfühlenden Verstehens von 21 Psychotherapeuten, eingeschätzt von ihren 42 Klienten nach dem 5. Gespräch sowie nach Beendigung der Einzelpsychotherapie, hing mit den konstruktiven Änderungen der Klienten in Tests nach den Gesprächen zusammen (Barrett-Lennard, 1962).

Das Ausmaß des einfühlenden Verstehens von 8 Psychotherapeutischen Helfern in Gesprächsgruppen, eingeschätzt anhand von Tonaufnahmen, hing mit den konstruktiven Änderungen der Gruppenmitglieder am Ende von 24 Gruppengesprächen zusammen. Die Mitglieder von 4 Gruppen waren hospitalisierte Patienten mit Diagnose Schizophrenie; die Mitglieder von 4 anderen Gruppen waren jugendliche Delinquenten von 14–18 Jahren. Die Änderungen wurden festgestellt durch Tests und die Zeitdauer des Aufenthaltes außerhalb des Hospitals bzw. des Heimes im nachfolgenden Jahr (Truax, 1966).

Die Psychotherapeutischen Helfer von 10 mehr erfolgreichen Klienten in personenzentrierter Einzelpsychotherapie waren bedeutsam mehr einfühlend verstehend in den anfänglichen und in den späteren Gesprächen, verglichen mit den Psychotherapeutischen Helfern von 10 weniger erfolgreichen Klienten (Halkides, 1958).

Klienten einer Psychotherapeutischen Beratungsstelle, die an 2 ½-tägigen intensiven Gruppengesprächen teilnahmen und sich deutlich änderten, nahmen ihre Helfer mehr einfühlend verstehend wahr (ebenso mehr achtungsvoll und echter), als Klienten mit geringen oder keinen konstruktiven Änderungen. Interessant war, daß in jeder Gesprächsgruppe Personen mit größeren und keinen Änderungen waren. Mitglieder einer Gesprächsgruppe nahmen also den gleichen Helfer in unterschiedlicher Weise als verständnisvoll wahr (Westermann, Kremer u. Tausch, 1977).

Das einfühlende Verstehen der Psychotherapeuten in der Einzelpsychotherapie hing mit konstruktiven Änderungen der Klienten am Ende der Psychotherapie zusammen (Minsel u. a., 1972).

Die Gespräche eines einzigen Psychotherapeuten mit seinen 7 mehr erfolgreichen Klienten und 7 Klienten mit geringen oder fehlenden Änderungen wurden anhand der Tonaufnahmen auf einfühlendes Verstehen eingeschätzt. Es ergab sich: Bei den mehr erfolgreichen Klienten war der Psychotherapeut mehr einfühlend verstehend. Ferner: Bei größerem einfühlendem Verstehen des Psychotherapeuten war die Selbstauseinandersetzung der Klienten größer (R. Tausch u. a., 1969).

Die Psychotherapeuten von 20 mehr erfolgreichen Klienten (Einzelpsychotherapie über Telefon) waren mehr einfühlend verstehend als die Psychotherapeuten von 25 Klienten mit geringen oder keinen Änderungen (Wienand-Kranz, 1977).

Geringes einfühlendes Verstehen des Helfers hat gemäß den Untersuchungsbefunden ungünstige Auswirkungen auf den Gesprächspartner. Ein Gesprächspartner, der sich von dem Helfer in seiner inneren Welt nicht gehört und verstanden fühlt, wird sich ihm nur wenig öffnen. Er wird sich nicht mit sich selbst weitgehend angstfrei und mutig auseinandersetzen. Im Gegenteil, er wird sich der sogenannten helfenden Person gegenüber eher verschließen. So werden seine seelischen Funktionen nicht gefördert, seine Spannungen werden fortdauern oder eher zunehmen. Er wird den Helfer als wenig hilfreich wahrnehmen, er wird erfahren: „Keiner versteht mich, auch er nicht." „Er verdreht meine Worte, er mißversteht sie." „Er will nur hören, was ihm paßt." „Er hört gar nicht hin, was ich sagen möchte." In Zukunft wird ein Gesprächspartner es oft noch weniger wagen, seine persönlichen Gefühle und Erlebnisse einem anderen anzuvertrauen. Er wird weiterhin allein mit sich in seiner Welt leben. Er wird sich noch fremder anderen gegenüber fühlen. Er wird seine mitmenschliche Umwelt noch inhumaner empfinden. Ein Lehrer sagt in einer Nachbefragung über den Helfer seiner 2 ½-tägigen Gesprächsgruppe: „Sonnabend abend wurde ich ziemlich traurig in der Gruppe. Es war wohl so, daß ich mich unverstanden fühlte. So: Du kommst doch nicht weiter mit deinem Scheiß! Meine Hoffnung war weg. ... Der Helfer brachte sich selbst nicht ein. Er wirkte floskelhaft, wie ‚Ich verstehe Dich'. ... Ich habe ihn in den 2 ½ Tagen auch nicht näher kennengelernt."

Weitere Gesichtspunkte zum einfühlenden Verstehen

Einfühlendes Verstehen ist eine sehr komplexe Haltung und ein intensives Bemühen. Im folgenden möchten wir einige bisherige Gedanken deutlicher herausstellen und weitere Gesichtspunkte mitteilen:

□ Einfühlendes Verstehen ist eine sehr günstige Möglichkeit der Förderung des Gesprächspartners, über bedeutungsvolle Aspekte seiner eigenen Person zu sprechen, sich mit seinem Selbst und seinen eigenen Erfahrungen auseinanderzusetzen, sich selbst näherzukommen und sich dabei verstanden und akzeptiert zu fühlen. Dies sind heilsame Vorgänge im Gesprächspartner, die seine Selbstentwicklung und sein persönliches Lernen wesentlich fördern.

□ Durch einfühlendes Verstehen kann ein Helfer wesentliche Vorgänge und heilsame Erfahrungen im Gesprächspartner fördern, ohne ihn zu dirigieren, Ratschläge zu geben, ohne ihn zu manipulieren. Es ist gleichsam ein sanfter Weg der Selbstförderung seelischer Funktionen des anderen durch intensives qualifiziertes Bemühen des Helfers.

□ Durch das einfühlende Verstehen ist die helfende Person immer in der inneren Erlebniswelt, in der Person des Gesprächspartners zentriert. Und sie ist darüber hinaus in sich selbst zentriert: Das, was sie verstanden hat, sind ihre Wahrnehmungen und ihr Fühlen zur inneren Welt des anderen. Und dies teilt sie dem anderen mit. Der Helfer kann zusätzlich seine eigenen Wahrnehmungen und sein Fühlen über die innere Welt des anderen näher erforschen, um die innere Welt des anderen besser zu erfahren und damit zu fördern.

□ Ist die helfende Person gegenüber ihrem Gesprächspartner sehr einfühlend verstehend und sucht sie das in den Äußerungen zutagetretende Selbst des anderen zu verstehen und ihm mitzuteilen, so äußert sie sich gleichsam zwangsläufig über bedeutsame Inhalte des anderen. Sie wird dies oft etwas allgemeiner und zusammenfassender tun, wenn sich der Partner sehr konkret und detailliert äußert. Und sie wird dies konkret tun, wenn der Partner sich eher allgemein äußert.

□ Sehr bedeutsam ist es, daß die helfende Person das zum Ausdruck gebrachte erlebte Selbst des Partners einfühlend versteht und ihm mitteilt. So wird sie sich häufig in die andere Person einzufühlen suchen: ‚Wie siehst Du Dich selbst?‘ ‚Was bedeutet das für Deine Person, wie ist hier Deine Person?‘ Und sie wird ihm das Verstandene häufig mitteilen, etwa: „Habe ich Dich hierin richtig verstanden: Du bist jemand, der immer fürchtet, von anderen hintergangen zu werden und der sich von anderen ausgenutzt fühlt?“ „Du bist jemand, der sich selbst als zu weich ansieht?!“ „Du fühlst Dich mit Deiner Person von anderen abgelehnt? Deine Person hat keinen Wert für andere?“ Der Helfer ist also hierbei immer auf das in den Äußerungen zutagetretende Selbst des anderen gerichtet, sucht es zu erspüren und teilt es dem anderen mit.

□ Sucht die helfende Person das Selbst des anderen einfühlend zu verstehen, die von ihm geäußerten bedeutsamen Erfahrungen und sein Fühlen, so wird sie nicht etwa positive oder negative Aspekte von sich aus betonen. Sie wird vielmehr dem anderen das mitteilen, was sie von seinem Selbst in seinen Äußerungen verstanden hat. So überwiegen anfänglich in psychotherapeutischen Einzelgesprächen die negativen Aspekte sowohl in den Äußerungen der Klienten als auch ihrer Psychotherapeutischen Helfer. Es findet kein „Reinforcement“, keine Bestätigung oder Konditionierung überwiegend positiver Aspekte statt, keine Ignorierung ungünstiger Aspekte einer Person (R. Tausch, 1975).

□ Hohes einfühlendes Verstehen einer helfenden Person ist besonders notwendig, wenn ein Gesprächspartner nur wenig von seiner inneren Welt äußert und sich damit auseinandersetzt. Dann wird sie sich intensiv bemühen, die innere Welt des anderen nur aufgrund weniger Informationen zu verstehen. Sie wird sich bemühen, das Beziehungsverhältnis zu ihrem Gesprächspartner zu verbessern, ihm erleichternde Bedingungen zu bieten, etwa mehr Vertrauen zu schaffen und eine entspanntere Atmosphäre, um die Lähmungen des anderen zu mindern.

□ Zur Förderung der Selbstauseinandersetzung kann der Helfer, insbesondere bei geringer Selbstöffnung des anderen, ihm bestimmte gefühlsmäßige Erlebnisinhalte gleichsam „anbieten". Er wird diese Äußerungen kennzeichnen als seine Spekulationen, als seine Vermutungen, als sein tastendes Suchen, mit den wenigen Informationen des anderen einige Aussagen über dessen innere Welt zu machen. „Ich weiß nicht, ob das richtig ist, aber ich vermute, Sie fühlen sich dabei sehr unsicher und gespannt?!" „Ist mein Eindruck und meine Vermutung richtig: Sie fürchten die Abhängigkeit von anderen und möchten deshalb eine führende Stellung?" „Ich bin unsicher, ob ich das richtig vermute: Zu Hause fühlen Sie sich unbefriedigt, gleichsam klein und abhängig?" Da diese Äußerungen des Helfers deutlich gekennzeichnet sind als seine Vermutungen, kann der Gesprächspartner jeweils frei entscheiden, ob diese Äußerungen über sein Fühlen und Erleben zutreffend sind oder nicht. Er ist die Instanz für die Richtigkeit derartiger Äußerungen. Er kann in sich hineinhorchen, und er kann Aussagen über sein Erleben machen. Dies ist deutlich unterschiedlich zu sogenannten Interpretationen und intellektuellen Erklärungen. Ferner: Der Partner erfährt bei diesen deutlich gekennzeichneten Vermutungen das aktive Bemühen des Helfers, wesentliche Teile seiner inneren Welt zu verstehen.

□ Zur Förderung von Personen mit geringer Selbstöffnung und geringer Selbstauseinandersetzung, insbesondere bei Personen mit häufigem Schweigen, kann sich der Helfer mit sich selbst auseinandersetzen. Er äußert etwa, wie er sich mit den Erlebnisinhalten und dem Fühlen des anderen auseinandersetzt. Er kann auch sein eigenes Fühlen und seine persönlichen Gedanken und Wünsche in dieser Situation äußern und sich damit auseinandersetzen, z. B.: „Ich weiß nicht, wie Sie dieses Schweigen empfinden. Ich möchte Ihnen mitteilen, daß es mich zuerst ziemlich belastet hat. Daß ich jetzt aber fähig bin, unser Schweigen gut zu ertragen. Ich fühle, daß ich Ihnen Zeit lassen sollte. Auf der anderen Seite denke ich manchmal: Was könnte ich noch tun, um es Ihnen zu erleichtern, über sich selbst zu sprechen? Ich kann Ihr Schweigen gut akzeptieren. Ich wäre aber auch gern bereit, etwas zu tun, es Ihnen zu erleichtern, sich zu äußern, wenn Sie das wünschen."

□ *Gelegentliche* Fragen der helfenden Person nach wichtigen Erlebnisbereichen des Partners können hilfreich sein, wenn sie dem Wunsch entsprechen, das Selbst des anderen und seine innere Welt tiefer zu verstehen. „Vielleicht ist es Ihnen unangenehm, dann möchte ich Sie bitten, nicht darauf einzugehen. Aber wenn Sie bereit sind, darüber zu sprechen, dann würde ich Sie sehr gerne darin verstehen, welche Beziehungen Sie zu Ihrer Frau haben?" Manche Personen in Gruppen- oder Einzelgesprächen warten geradezu darauf, vom Helfer aufgefordert zu werden, über wichtige Bereiche von sich selbst zu sprechen. Von alleine können sie das oft nicht. Oder sie sind der Meinung, sie sollten erst sprechen, wenn sie aufgefordert werden. Entscheidend ist, daß diese Fragen nicht diagnostischen Absichten des Helfers entspringen.

□ Die helfende Person kann sich den Erlebnisinhalten zuwenden, die der Gesprächspartner in seinen Äußerungen ausdrückte. Sie kann aber auch auf das unmittelbar gegenwärtige Fühlen ihres Partners eingehen, das er während dieses Gesprächsmomentes erlebt. „Jetzt, wo Sie daran denken, da wird Ihnen besonders schmerzlich bewußt, was Sie vermissen?!" Die helfende Person geht also auf das Fühlen ein, das unmittelbar gegenwärtig im Partner stattfindet, im Zusammenhang mit seinen Äußerungen, die inhaltlich auch Vergangenes einschließen können. Geht die helfende Person auf dieses unmittelbar im Gespräch Gefühlte ein, so kommt der Partner hierdurch mit seinem Fühlen in Berührung, mit bedeutsamen Teilen seines Selbst.

□ Bei einem sehr guten Beziehungsverhältnis kann die helfende Person sich den Widersprüchen in der Person des Gesprächspartners einfühlend verstehend zuwenden. Sie kann ihm etwa mitteilen, daß sie Widersprüche zwischen seinen Äußerungen und der Art, wie sie ihn erlebt, verstehen möchte: „Sie sprachen von den Schwierigkeiten Ihrer Ehe, und ich konnte Ihre Beeinträchtigungen hierdurch gut verstehen. Ich möchte jetzt damit in Einklang bringen, daß Sie dabei häufig lächeln. Ich weiß nicht, ob das richtig ist: Aber vielleicht ist es für Sie eine Möglichkeit, daß Ihnen die Gefühle nicht zu nahe kommen?" – Durch die Zuwendung der helfenden Person zu Widersprüchlichkeiten in den Äußerungen und in der Person des Partners kann dieser Widersprüche in seinem Selbst bedeutsam klären. Entscheidend ist, daß das Bemühen der helfenden Person bei der Klärung dieser Widersprüchlichkeiten dem Wunsch nach Verstehen des Partners entspringt. Und nicht dem Wunsch, ihn zu korrigieren, Unvereinbarkeiten festzustellen oder ihn unrichtiger Aussagen zu überführen. Vermutlich wenden sich hochqualifizierte Psychotherapeutische Helfer mit deutlich einfühlendem Verstehen, Achten-Sorgen sowie Echtsein mehr den Widersprüchen zu, etwa denen zwischen den Aussagen des Klienten über sich selbst und seinen inneren Erfahrungen. Bei Psychotherapeuten mit geringerem Ausmaß in den 3 Haltungen dagegen bezog sich die sogenannte Konfrontation mehr auf falsche oder fehlende Informationen durch den Klienten (Berenson, Mitchell u. Laney, 1968).

□ Einfühlendes Verstehen ist kein Mitleiden mit dem Gesprächspartner und dessen Schwierigkeiten. Sondern es ist ein Verstehen seiner inneren Erlebniswelt, mit dem deutlichen Akzent, dem Partner hierbei zu helfen, sich mit seinen Erfahrungen auseinanderzusetzen, zu erforschen, was diese jetzt für ihn bedeuten, und ihm eine konstruktive Selbstentwicklung zu ermöglichen. Gewiß ist eine helfende Person hierbei voller Interesse und Anteilnahme. Aber sie könnte dem Partner nicht helfen, wenn sie dieselben Gefühle empfinden und sie ihm mitteilen würde, ohne es ihm zu ermöglichen, sich damit auseinanderzusetzen.

□ Ist die helfende Person in der inneren Erlebniswelt des Gesprächspartners, in seinen Wahrnehmungen und Bedeutungen einfühlend verstehend zentriert, so wird sie auch die vom Partner als bedeutsam erlebten Personen und Umweltereignisse mit einbeziehen. Allerdings nicht als eine „objektive" Umwelt oder als eine Umwelt, wie sie der Helfer sieht. Sondern als die Personen und die Umwelt, die der Gesprächspartner in individueller Weise wahrnimmt und erlebt mit persönlichen Bedeutungen und Gefühlen.

□ Wenn der Gesprächspartner sich über m e h r e r e verschiedenartige Erlebnisinhalte äußert, so kann der Helfer vermehrt auf diejenigen Inhalte eingehen, die für den Partner, sein Selbst und/oder seine Schwierigkeiten von besonderer Bedeutung sind. Psychotherapeuten, die ein hohes einfühlendes Verstehen hatten u n d ein größeres Ausmaß der Zentriertheit in den erlebnismäßigen Quellen der Angst ihrer Klienten, hatten Klienten mit den deutlichsten Verminderungen seelischer Beeinträchtigungen (Truax u. Wittmer, 1971).

□ Wenn ein Helfer die innere Welt seines Partners aufgrund dessen Äußerungen gelegentlich nicht hinreichend versteht? Wenn er sie etwa teilweise mißversteht? Besteht zwischen Helfer und Gesprächspartner ein gutes Beziehungsverhältnis, so ist dies häufig nicht wesentlich hinderlich. Derartige Mißverständnisse können dann für den Gesprächspartner ein Anlaß sein, sich deutlicher zu äußern und zu klären. Die nur begrenzt verständnisvollen Äußerungen eines Helfers werden in ihrer ungünstigen Auswirkung gemindert, wenn der Helfer aktiv und intensiv suchend b e m ü h t ist, den Partner zu verstehen und der Partner ihn auch so wahrnimmt. Wesentlich ist, daß der Gesprächspartner nicht zu häufig die Erfahrung des Mißverstandenseins macht. Wir haben es des öfteren als Mitglieder von Wochenendgruppen in den USA erfahren, wie schmerzlich für manche Mitglieder ein häufiges wenig einfühlsames Verhalten des Gruppenleiters und mancher Mitglieder war. Die Mitglieder konnten sich wenig mit sich selbst auseinandersetzen.

□ Einfühlendes Verstehen hat Carl Rogers früher als „reflecting of feeling" des Helfers bezeichnet, später als „understanding responses". Wir haben einfühlendes Verstehen früher als „Verbalisierung emotionaler Erlebnisinhalte" des Partners durch den Helfer bezeichnet. Diese Bezeichnungen charakterisieren das Geschehen von einem äußeren Standpunkt. Sie können von denen mißverstanden werden, die helfende Gespräche in Form von Techniken und Anwendung von Wissenskenntnissen zu führen suchen, und nicht aufgrund ihrer persönlichen Haltungen.

□ Die Folgen von einfühlendem Verstehen der inneren Welt eines anderen können Handlungen und Maßnahmen für ihn sein. Meist nicht im Einzelgespräch. Denn hier wird sich das einfühlende Verstehen oft nur in Worten äußern, in der Mitteilung des Verstandenen an den Partner. Hat jedoch eine helfende Person etwa in Gruppengesprächen wirklich die Erlebniswelt ihres Partners verstanden und ist sie wirklich achtungsvoll-sorgend und echt ihm gegenüber, dann wird dies sich häufig in Handlungen und Maßnahmen ausdrücken. Sie wird das Gruppenmitglied durch Handlungen und Maßnahmen zu fördern suchen, sie wird ihm etwa Informationen verschaffen, die ihm helfen, besser für sich selbst zu sorgen, sie wird ihm etwa bei besseren Arbeitsmöglichkeiten helfen, bei der Unterbringung seiner Kinder in den Ferien oder an Wochenenden. Diese Maßnahmen und Handlungen werden dem anderen weitgehend angemessen sein, da sie dessen innere Welt zu berücksichtigen und zu fördern suchen. Eine helfende Person ist dann nicht nur in ihren Gedanken und Äußerungen, sondern auch in ihren Handlungen in der Person des anderen zentriert. Häufig wird dies bei Mitgliedern einer Gesprächsgruppe der Fall sein, die sich auch in der Folgezeit treffen und miteinander Kontakt haben. – Fehlende förderliche Maßnahmen und Handlungen eines Helfers sind unserer Meinung nach ein deutliches Anzeichen dafür, daß er die innere Erlebniswelt des Partners nicht genau verstanden hat und an ihr nicht echt Anteil nimmt und sie umsorgt. Vorhandensein oder fehlende angemessene Handlungen und Maßnahmen eines Helfers sind gleichsam ein Kriterium, inwieweit er die 3 förderlichen Haltungen einfühlendes Verstehen, Achten-Sorgen und Echtsein wirklich lebt. Dies kann sich auch bei Psychotherapeuten in Einzelgesprächen mit ihren Klienten ausdrücken, z. B. in der Herstellung eines einfach verständlichen Informationsbogens vor Beginn der Gespräche, in einer hilfreichen offenen Klärung der Frage der Bezahlung der Gespräche, in dem Hinweis auf frühere Klienten, die ihm Informationen geben können und etwa in der Schaffung eines Gremiums von Vertrauensklienten.

□ Das Ausmaß des einfühlenden Verstehens hängt wesentlich vom Helfer ab, und nur gering oder gar nicht vom Gesprächsverhalten seines Partners. Das wird gestützt durch etliche Untersuchungsbefunde. So führten mehrere Psychotherapeuten Gespräche mit den gleichen Klienten bzw. psychiatrischen Patienten. Die Tonaufnahmen wurden durch Beurteiler eingeschätzt. Ergebnis: Die Psychotherapeuten waren bei dem gleichen Klienten bzw. Patienten deutlich unterschiedlich einfühlend verstehend (Truax, 1961; Van der Veen, 1965). Ferner: Eine größere Anzahl von Klienten unserer Beratungsstelle hatte Einzel-Gesprächspsychotherapie abwechselnd mit jeweils 2 Psychotherapeuten. Aufgrund der Einschätzungen der Tonaufnahmen waren die beiden Psychotherapeuten bei dem gleichen Klienten unterschiedlich einfühlend verstehend (Sander u. a., 1973). Dagegen hing das Ausmaß der Selbstauseinandersetzung der Klienten in dieser wie in einer der obigen Untersuchungen stärker vom Klienten ab. – Es hat uns häufig beeindruckt, in Gruppen mitzuerleben, wie unterschiedlich Helfer oder Mitglieder die innere Welt eines anderen einfühlend verstanden und wie sich das auf den jeweils Angesprochenen auswirkte. Nach Untersuchungsbefunden waren Helfer meist erst dann hilfreich, wenn sie nicht nur auf die Oberflächengefühle des anderen eingingen, sondern auf sein tieferes Fühlen und das in den Äußerungen zutage tretende Selbst (mindestens Stufe 4 der 5stufigen Einschätzungsskala für einfühlendes nicht-wertendes Verstehen).

Für die Annahme, daß das Ausmaß an einfühlendem Verstehen eher in der Person des Helfers begründet ist als in der Person seines Partners, sprechen weitere Gesichtspunkte: □ Mehr erfahrene Psychotherapeuten wurden von ihren Klienten als mehr einfühlend verstehend wahrgenommen (z. B. Barrett-Lennard, 1962). □ Das Ausmaß des einfühlenden Verstehens vieler Psychotherapeutischer Helfer zeigt eine gewisse Konstanz im Verlauf des Gespräches sowie im Verlauf der Gesamtpsychotherapie (z. B. Halkides, 1958). □ Einfühlendes Verstehen hing in Untersuchungen mit Achtung-Wärme sowie Echtheit des Psychotherapeuten zusammen (z. B. Halkides, 1958; Truax u. Carkhuff, 1967, S. 56f.).

Wenn also ein Helfer sehr qualifiziert im einfühlendem Verstehen sowie in den anderen Haltungen ist, so wird er darin weniger abhängig sein von dem Ausmaß der Selbstöffnung seines Gesprächspartners. Er wird auch bei einem Klienten mit geringer Selbstauseinandersetzung ein größeres Ausmaß an einfühlendem Verstehen erreichen. Anders bei gering qualifizierten Helfern: Sie sind hierin mehr abhängig vom Gesprächspartner. Ist dieser sehr selbstgeöffnet und setzt sich sehr mit sich selbst auseinander, so werden sie ein gewisses Ausmaß an einfühlendem Verstehen erreichen. Bei wenig selbstgeöffneten Partnern jedoch werden sie wenig fähig sein, deren innere Welt zu verstehen.

□ Eine helfende Person kann auch einfühlend verstehend für die innere Welt des anderen sein, wenn sie sich nicht direkt im Gespräch mit ihm befindet, sondern ihn etwa von einem Tonband, einer Videoaufnahme, durch einen Brief oder durch ein künstlerisches Produkt „hören“ kann. So kann ein Helfer teilweise eine andere Person verstehen, ohne daß sie ihr unmittelbar begegnet. Helferin an eine fremde Briefschreiberin: „Ich bin sehr beeindruckt von Ihrer Offenheit in Ihrem Brief. Ich spüre deutlich: Sie möchten etwas für sich tun, es ist ein echter Notruf, den Sie eigentlich weniger an mich als vielmehr an sich selber ausgesendet haben. Ich möchte Ihnen Mut zusprechen, wirklich nach einem Weg für sich selbst zu suchen, um aus Ihrem seelischen K.O.-Zustand, wie Sie's nennen, herauszukommen, sich nicht aufzugeben, sondern sich zu finden. Ich sehe zwei Möglichkeiten für Sie: ...“ Und am Schluß: „Liebe Frau B. ..., ich bin froh, daß Sie an mich geschrieben haben, daß Sie diesen Schritt für sich gewagt haben. Ich wünsche Ihnen von Herzen, daß Ihre Sehnsucht nach Geborgenheit etwas mehr Nahrung in Ihrem Leben bekommt und so der für Sie bedeutsame Gemütsbereich in Ihnen wieder zum Leben erweckt wird. Mit herzlicher Verbundenheit ...“

□ Einfühlendes Verstehen in die Welt eines Partners hat Rückwirkungen auf den Helfer selbst. Der Helfer kann tiefe Befriedigung und Bereicherung empfinden, einen Menschen wirklich zu hören. Er erhält tiefen Einblick in die seelische Landschaft von Personen, die in ihrer Größe und Erhabenheit einmalig sind. Er benötigt keine Angsttests oder Persönlichkeitsfragebogen, um etwas bedeutsam Persönliches von einem anderen zu erfahren. Er erhält viele Kenntnisse über den anderen, über seine innere Welt und sein persönliches Lernen. Er sieht, wie sich Erlebnisse und Erfahrungen im anderen auswirken. Er fühlt sich häufig tief bereichert durch das, was ihm seine Gesprächspartner von ihrer Welt anvertrauen.

Und er erfährt die enorme Kraft in sich, mit der er die Selbstauseinandersetzung, das persönliche Lernen und die Selbstentwicklung bei anderen fördern kann, indem er ihre innere Welt versteht und ihnen gegenüber zum Ausdruck bringt. Ein Helfer kann so in beglückender Weise erfahren, daß er zu etwas fähig ist, was Partner sich sehnlichst wünschen und erhoffen, aber selten erfahren: Von einem Menschen tiefgreifend verstanden zu werden, sich selbst besser zu verstehen und sich selbst zu entwickeln. Mit langjähriger Erfahrung wird das einfühlende nicht-wertende Verstehen des Helfers gegenüber Partnern zunehmend genauer. Und er wird fähiger, entsprechend dem von ihm Verstandenen andere Personen durch seine Maßnahmen und Handlungen personenzentriert und angemessen zu fördern.

Diese förderlichen Auswirkungen des einfühlenden Verstehens auf sich selbst spüren auch manche Gruppenmitglieder. Sie bemerken, was es bedeutet, wirklich eine andere Person zu hören und in ihr zentriert zu sein. Ein Gruppenmitglied äußert in einer Nachbefragung auf die Frage nach dem wichtigsten Erlebnis in der Gruppe: „Dadurch, daß ich auf Gertrud eingegangen war, hatte sie auf einmal die Möglichkeit, ihre Schwierigkeiten darzustellen, die ich in dem Moment dann auch voll verstehen konnte. Es war die vollständige Identifikation und das absolute Mitfühlen. Dabei das Mitfühlen nicht in mitleidigem Sinne. Dieses ‚Durchdringen' zu ihr hat mich so stark berührt, und dies war mein stärkstes Erlebnis."

Ein Nicht-Verstehen der inneren Welt eines anderen hat dagegen ungünstige Auswirkungen auch auf die verständnislose Person selbst. Nicht nur, daß sie der inneren Welt des anderen nicht teilhaftig wird, daß sie in Armut und Unkenntnis der seelischen Landschaft des anderen und seines Reichtums weiterlebt. Sie hat auch keine Nähe zu diesem andern, sie bleibt ihm fremd. Sie handelt ihm gegenüber eher unangemessen. Die Welt des anderen, sein Fühlen, seine wahrgenommenen Bedeutungen sind ihr verschlossen.

□ Einfühlendes Verstehen kann bis zu einem begrenztem Ausmaß durch „Übungen" gelernt werden. Und kann gleichsam in Form einer Technik angewendet werden. Bei Klienten mit geringerer gefühlsmäßiger Ansprechbarkeit, geringerer Bereitschaft zur Selbstentwicklung oder bei Klienten mit dem Wunsch nach einer echten persönlichen Beziehung ist dies völlig unzureichend. Insbesondere in Gesprächsgruppen wird offenbar, wenn das einfühlende Verstehen eines Helfers eine schematische eingeübte Technik ist. Auf der anderen Seite ist beeindruckend, daß in einer Gesprächsgruppe mit ein oder zwei deutlich einfühlend verstehenden Helfern alsbald auch einige Mitglieder deutlich einfühlend verstehend auf andere reagieren. Sie können dann diese Haltung leben, ohne Wissenskentnisse, ohne „Training", ohne ein Studium.

Im folgenden möchten wir noch auf einige Fragen antworten, die uns des öfteren in Seminaren und Kursen gestellt werden:

□ Ist es „schlimm", wenn ich gelegentlich dem Klienten gegenüber nicht oder nur wenig einfühlend verstehend bin? Im allgemeinen vermindert geringes einfühlendes Verstehen die Selbstauseinandersetzung des Gesprächspartners in der unmittelbar folgenden Äußerung. Jedoch: Es ist naheliegend, daß ein Psychotherapeutischer Helfer gelegentlich die innere Welt eines Klienten nicht hinreichend genau verstehen kann. Entscheidend ist: □ Der Klient fühlt sich in dem Beziehungsverhältnis frei, die Äußerungen des Psychotherapeutischen Helfers zu korrigieren. Dies kann sogar seine Selbstauseinandersetzung fördern. □ Derartige Äußerungen mit geringem Verständnis ereignen sich nur gelegentlich. Und der Helfer gibt zu erkennen, daß dies in ihm begründet ist. Und er bemüht sich, nachfolgend die mißverstandenen Aspekte des Klienten deutlicher zu verstehen. Vielleicht sollte sich ein Helfer bei gelegentlich wenig verständnisvollen Äußerungen sagen: Entscheidend ist, daß er in einem Gespräch insgesamt die Selbstöffnung und Selbstauseinandersetzung seines Partners fördert. Wenn dies überwiegend in sehr einfühlsam verstehender Weise geschieht, so sind in diesem lebendigen Prozeß der Begegnung zwischen zwei Menschen gelegentlich weniger verstehende Äußerungen tragbar.

□ Ist nicht das Verstehen bei allen Psychotherapeutischen Schulen vorrangig? Viele therapeutische Orientierungen und viele Therapeuten betonen den Wert des Verstehens. Entscheidend ist jedoch: Wie einfühlend verstehend Psychotherapeuten im Gespräch wirklich sind. Dies kann anhand der Tonaufnahmen und Schätzskalen „gemessen" werden. Und dieses einfühlende nicht-wertende Verstehen ist unterschiedlich zu einem oberflächlichen Verstehen oder zu einem freundlich-gönnerhaften Verhalten. Ferner: Einfühlendes Verstehen ist erst dann förderlich, wenn es in einem deutlichen Ausmaß gelebt wird (über Stufe 3.5 der 5stufigen Skala). In mehreren Untersuchungen ergab sich: Vertreter fast aller psychotherapeutischer Orientierungen betonen den Wert des Verstehens. Aber in ihrer praktischen Tätigkeit verhalten sie sich erheblich unterschiedlich verständnisvoll, festgestellt durch Einschätzung ihrer Tonaufnahmen durch Beurteiler (z.B. Raskin, 1974).

□ Ist wirklich ein Verstehen ohne Werten möglich? Wo bleibe ich mit meinen eigenen Werten und mit meinem Fühlen, z. B. des Ärgers, wenn die Wertauffassungen eines Klienten so gegensätzlich zu meinen eigenen sind? Bin ich echt, wenn ich ihm diese ärgerlichen Gefühle vorenthalte? Ein wichtiger Teil des einfühlenden Verstehens ist in der Tat die Bereitschaft eines Helfers, ganz vorurteilslos die Welt eines anderen zu hören und sie aufzunehmen, zu verstehen, ohne zu urteilen, ohne zu werten. Eigene Ängstlichkeit oder Wünsche von Dirigierung und Manipulation lassen einen Helfer kaum den anderen ohne Wertungen hören. Aber dieses einfühlende nicht-wertende Verstehen ist erreichbar, zumindest für hochqualifizierte Helfer.

□ Ist das einfühlende Verstehen bei einem Psychotherapeutischen Helfer im Einzelgespräch wirklich das gleiche wie in einem Gruppengespräch? Ja, die Haltung und die Aktivitäten des einfühlenden Verstehens sind gleich, trotz der äußerlich unterschiedlichen Situationen. Im Gesprächspartner werden hierdurch Selbstöffnung und Selbstauseinandersetzung ausgelöst, die seine seelische Gesundheit wesentlich fördern.

Veranschaulichungen von einfühlendem nicht-wertendem Verstehen

Als beste Möglichkeit sehen wir an: Eine Person erfährt in Einzelgesprächen konkret, wie sie selbst durch eine andere Person einfühlend und nicht-wertend verstanden wird. Sie erlebt unmittelbar an sich selbst das einfühlende Verstehen im Zusammenhang mit den beiden anderen Haltungen Achten-Wärme und Echtsein eines Helfers. Sie kann so erfahren, ob die Äußerungen eines anderen ihre innere Welt berühren, ob sie ihr entsprechen oder daran vorbeigehen, sie bewerten, mißachten und ignorieren. Sie kann unmittelbar erleben, ob sie sich daraufhin angstfreier mit sich selbst auseinandersetzt oder dies eher vermeidet.

Eine weitere günstige Möglichkeit ist die Teilnahme an Gruppengesprächen. Hier kann eine Person erfahren, ob ein Helfer oder ein Gruppenmitglied ihre innere Welt nicht-wertend und einfühlend versteht. Und sie kann wahrnehmen, wie ein Helfer oder Gruppenmitglied die Welt anderer versteht und was dies in anderen auslöst. Und schließlich: Eine Person kann in einem Gruppengespräch selbst versuchen, die innere Welt des anderen wahrzunehmen und ihm mitzuteilen. Und sie kann dabei die Auswirkungen beim anderen wahrnehmen.

Wir bedauern es, daß wir in unserem Buch einfühlendes Verstehen nur unzureichend veranschaulichen können. Geeigneter sind Filme und Videoaufnahmen von Gruppen- und Einzelgesprächen (Tausch u. Tausch, 1977b, 1977c, 1978). Wir möchten den Leser bitten, die folgenden Veranschaulichungen in ihrer Begrenztheit zu sehen, und daraus nicht das einfühlende Verstehen als einen schematischen, mechanischen oder anzuwendenden intellektuellen Vorgang oder als eine Methode anzusehen. Einfühlendes Verstehen wird bei der Schnelligkeit von Gesprächen nur möglich, wenn eine helfende Person diese Haltung gegenüber einem anderen hat, diese Zentriertheit in der inneren Welt des anderen, diesen Wunsch, der Welt des anderen wirklich teilhaftig zu werden. So begrenzt diese Veranschaulichungen sind, so demonstrieren sie recht offensichtlich: Einfühlendes nicht-wertendes Verstehen fördert die Selbstauseinandersetzung eines Gesprächspartners.

Eine einfache Demonstration: Einfühlendes Verstehen im Vergleich zu andersartigen Äußerungen eines Helfers. Im folgenden haben wir die Äußerungen einer Klientin wiedergegeben und danach mögliche Äußerungen eines Helfers. Bei den mit einem Sternchen versehenen Äußerungen versteht der Helfer die innere Welt und das Fühlen der Klientin nicht-wertend und in deutlichem Maße:

Klientin: „Das ist auch noch dazugekommen. Und der Mann, mit dem ich nun in Verbindung stehe, – eh – der ist, möchte ich fast sagen, noch sensibler als ich, und auch den muß ich dauernd auffangen. Ich weiß nicht, ob ich Ihnen die Situation einigermaßen geschildert habe. Bloß habe ich im Augenblick das Gefühl, entweder – irgendwo – eh – hakt es einfach bei mir aus."

Sie sollten sich mehr anstrengen, das zu überwinden.
In welchen Situationen ist das der Fall?
Sie stützen den Mann seelisch.
Sie wollen jetzt Ruhe haben.
Der Mann ist sehr labil, und das belastet Sie?!

Sie fühlen sich Ihrer Situation nicht ganz gewachsen.
Sie können die Situation nicht bewältigen.
Es wird Ihnen zuviel, wenn alles so zusammenkommt.*
Sie fühlen, es geht so bei Ihnen nicht mehr weiter, Sie schaffen es nicht.*
Es ist alles für Sie so schwierig geworden, und Sie spüren jetzt, Sie könnten das nicht mehr bewältigen.*

Klientin: „So kann das nicht weitergehen. Wenn ich mir etwas wünschen könnte und realisieren könnte, dann ließ' ich meine Wohnung Wohnung sein – und ich habe eine wunderschöne Wohnung –, ich ließe meine Wohnung Wohnung sein, ich ginge von meiner Firma weg, ich nähme meine Kinder und ging' in eine andere Stadt – weg."

Aber so einfach sollten Sie doch Ihre Wohnung und den Beruf nicht aufgeben.
Es wäre sicher schwer, eine neue Wohnung zu finden, und für die Kinder wäre die Umschulung schwierig.
Sie möchten sich in einer anderen Stadt eine andere Wohnung suchen.
Das ist Ihnen hier wohl zuviel.
Für das beste sehen Sie es an, Sie würden sich wohnungsmäßig verändern.
Sie möchten Ihr Heim verlassen und in eine ganz andere Stadt gehen.
Am liebsten würden Sie aus allem herauskommen wollen.*
Wenn Sie könnten, wie Sie wollten, Sie würden alles hier verlassen.*

Minutengespräche mit einfühlendem Verstehen im alltäglichen Zusammenleben von Menschen. Erwachsene und Jugendliche begegnen sich jeden Tag viele Male. Häufig sind ihre Begegnungen nur kurz, nur wenige Minuten. Aber dennoch können wir aus den Äußerungen des anderen, aus den wenigen Minuten einen tiefen Einblick in dessen innere Welt erhalten. Wenn wir diese innere Welt hören und etwas von dem, was wir verstanden haben, in einem oder mehreren Sätzen äußern, dann fördern wir den anderen bedeutsam. Er nimmt uns als verständnisvoll, anteilnehmend und hilfreich wahr. Und er wird gefördert, sich selbst mehr zu öffnen und sich mehr mit sich selbst auseinanderzusetzen. Der andere wird dankbar sein, daß wir in verständnisvoller nicht-wertender Weise auf seine persönliche innere Welt, auf sein Fühlen und sein Selbst eingegangen sind oder es angesprochen haben.

Geschieht dieses Hören der inneren Welt und verstehende Äußerungen darüber unter Mitmenschen häufiger, auf der Straße, am Arbeitsplatz, in der Familie oder im Urlaub, dann fördern wir die Selbstöffnung und Selbstauseinandersetzung unserer Mitmenschen. Und häufig ergeben sich aus unserem einfühlenden Verstehen einige Handlungen und Maßnahmen, die der inneren Welt des anderen wirklich angemessen sind.

Zur Veranschaulichung von sog. Minutengesprächen möchten wir einige Ausschnitte aus kürzeren Gesprächen geben, die im Rahmen von Forschungsuntersuchungen geführt wurden, und die uns so aufgrund der Tonaufnahmen zugänglich sind (s. a. Tausch u. Tausch, 1977a, S. 197–201):

Im folgenden ein Ausschnitt aus einem Einzelgespräch eines Psychologischen Helfers mit einer 12jährigen. Das einfühlende Verstehen ermöglicht es der Schülerin, über ihre Sorgen und verletzten Gefühle zu sprechen und sich damit auseinanderzusetzen (Pixa-Kettner u. a., 1978). Nicht immer versteht der Helfer voll die innere Welt und das Fühlen der Schülerin. Wahrscheinlich ist auch der Schülerin vieles nicht klar, vieles ungeordnet. Aber der Helfer ist intensiv bemüht, die innere Welt der Schülerin zu verstehen und an ihr teilzunehmen.

Schülerin: „Und die Martina hat das nur gesagt, um mich von dem Jungen abzubringen. Die Martina, die sagt und erzählt viel, was ich gar nicht gesagt habe. Die sagt auch, ich mach' immer schnell Schluß und so mit Jungens, und ich knutsch' mich nur ab, jeden Tag mit 'nem Neuen und sowas alles. Das hat die der Freundin wahrscheinlich erzählt, und die soll es ihrem Bruder erzählt haben. Und dadurch ist das dann gekommen, daß er es weiß."
Helfer: „Ah ja, Du bist sauer. Du denkst, da hat die Martina etwas Falsches über Dich erzählt."
Schülerin: „Hat sie auch. Der hatte ja schon eine Freundin, der Bruder von ihr. Und da hat sie auch immer gesagt: ‚Mit der kann er nie was machen. Die ist viel zu feige und so.' Ja – das hat sie getan. Und da hat er sie auch sitzengelassen."
Helfer: „Eigentlich findest Du den ganz nett, den Bruder von ihr, aber –."
Schülerin: „Ich finde ihn sogar sehr nett."
Helfer: „Ja, und Du hast jetzt den Eindruck: Dadurch, daß sowas Falsches über Dich erzählt wurde, kommst Du nicht an ihn heran oder bist nicht mit ihm befreundet."
Schülerin: „Mhm, ich will auch gar nicht mit ihm befreundet sein."
Helfer: „Jetzt magst Du nicht, obwohl Du ihn sehr nett findest?!"
Schülerin: „Nee, weil er falsch ist, genau wie Martina. Jedes gutaussehende Mädchen, was ihm über den Weg läuft, das nimmt er. Er hat zu mir gesagt, wenn er – wenn seine Freundin nicht mehr will, dann will er mich als Freundin nehmen. Ich hab' ihn ja gefragt gehabt. Und dann hab' ich gesagt: ‚Ja, wenn Du Lust dazu hast, ich zwing' Dich nicht.' Dann hat er gesagt: ‚Nein, ich nehm Dich jetzt.' Und er hat's mir noch in die Hand versprochen. Und dann lief ihm Martina über den Weg und dann war's aus."
Helfer: „Du bist traurig, weil er sein Versprechen nicht gehalten hat."
Schülerin: „Nee, weil er gelogen hat."

Ein Ausschnitt aus dem Gespräch von zwei 11–12jährigen Schülerinnen mit einem Psychologischen Helfer:

Helfer: „Ja, das ist wichtig, daß man zumindest noch ein paar Leute hat, denen man vertrauen kann. Ist es das?"
Anneli: „Och, vertrauen kann ich meinen Eltern sowieso nicht."
Helfer: „Ah ja. Vertrauen hast Du eigentlich nicht. Da ist noch etwas anderes?"
Anneli: „Nee, nach dem, was passiert ist, hab' ich da keine Lust mehr zu. Meine Mutter hat bei mir verschissen und mein Vater auch. Außer mein richtiger Vater."
Carola: „Hast Du zwei?"
Anneli: „Ja, meine Eltern sind geschieden."
Helfer: „Wenn Du das so sagst, hab' ich den Eindruck: Da hat man Dir ganz schön wehgetan oder was mit Dir gemacht, was schlimm für Dich war."
Anneli: „Ja, mhm. Ich laß mir auch nichts mehr gefallen. Ich laß mir sowieso nichts mehr gefallen von meiner Mutter. Wenn meine Mutter mir eine runterhaut, kriegt sie eine wieder."
Carola: „Das find' ich aber nicht gut."
Anneli: „Wieso? Wenn meine Mutter mich dahin steckt, wo man – wo man sein Kind nicht hinsteckt, wenn es nichts gemacht hat."
Carola: „Wohin denn?"
Anneli: „Sag' ich nicht."
Helfer: „Sie hat Dich irgendwie –"
Anneli: „Dann laß ich mir das nicht mehr gefallen. Ich bin – wenn sie mich da schon hinsteckt, dann bin ich auch nicht mehr ihre Tochter. Ich kann sowieso machen, was ich will. Meine Mutter wagt sich gar nicht mehr, mich zu hauen, weil sie genau weiß, dann kriegt sie blaue Flecke."
Carola: „Wenn ich es auch schon krieg', dann tret ich auch nicht wieder. Meine Mutter, die hatte schon mal 'ne Ader geplatzt und hatte so'n dickes Bein, oh!"

Helfer: „Ja, bei Dir ist es, glaub' ich, so, daß Du Deine Mutter ganz gern magst und ihr auch hilfst. Aber Du, Anneli, hast keine richtige Beziehung mehr zu Deiner Mutter?!"
Anneli: „Doch, ich helf' meiner Mutter auch, und manchmal gehorch' ich ihr auch, aber ich –"
Helfer: „Du kannst ihr eben nicht mehr so vertrauen oder Dich nicht mehr auf sie verlassen."
Anneli: „Nein, warum auch? Ist doch kein Verlaß darauf. Meine Mutter hat mir versprochen, sich nicht scheiden zu lassen. Aber jetzt läßt sie sich schon wieder scheiden."
Carola: „Igitt! Man! Man! Man!"
Helfer: „Du findest das nicht schön."
Anneli: „Nein, denn sie hält ja ihr Versprechen überhaupt nicht, man. Das laß ich mir nicht gefallen. Das find' ich blöd. Wenn man was verspricht, muß man das auch halten."
Carola: „Meine Mutter, die wird von meinem Vater jetzt richtig vernachlässigt. Mein Vater, der hat jetzt nur noch meinen großen Bruder. Ich weiß nicht, immer wenn abends – im Wohnzimmer sitzen die beiden und unterhalten sich. Meine Mutter verkriecht sich jetzt schon immer bei uns."

Ausschnitt aus einem Gespräch eines Psychologischen Helfers mit einem 17jährigen. Im Rahmen einer Forschungsuntersuchung äußert sich der Jugendliche zu dem Thema „Was mich unruhig und nervös macht und wovor ich Angst habe" (R. Tausch, Langer, Kühne u. Lück, 1971).

Jugendlicher: „Wenn mir jetzt z. B. mein Heimleiter sagt: ‚Klaus, dies und das!', dann bekomme ich gleich Herzklopfen. Also hier – dann läuft mir das so kalt herunter, ja also: Was habe ich jetzt nun wieder ausgefressen? Es läuft mir so richtig kalt herunter."
Helfer: „Sie fühlen sich sehr unwohl dabei und fürchten, daß es unangenehm für Sie sein könnte?!"
Jugendlicher: „Ja, obwohl ich nichts getan habe. Und das hängt wieder mit meiner Familie zusammen oder mit meinen Eltern. Meine Eltern, die machten eine zu strenge Erziehung, und da war ich nicht mit zufrieden. Und deshalb bin ich ins Heim gekommen, nicht?"
Helfer: „Sie fühlen, es hängt mit Ihrer Erziehung zusammen, wenn Sie sich unwohl fühlen, wenn ein Erwachsener zu Ihnen sagt: ‚Komm' mal her!' "
Jugendlicher: „Ja, und das find' ich peinlich, und ich versuche das jetzt im Moment zu meistern. Das zu überwinden, nicht?"
Helfer: „Sie wollen sich da ändern. (Pause) Ist es so, daß Ihnen das schwerfällt?"
Jugendlicher: „Ja, wie soll ich das sagen, das hängt daran, weil jetzt noch Personen vor sind, die noch über – die jetzt über mich noch was zu sagen haben."
Helfer: „Ja, daß Sie sich nicht frei und selbständig fühlen, und fühlen, von dem bin ich abhängig und –"
Jugendlicher: „Immer noch von – Vorschriften machen und so, nicht?"
Helfer: „– und daß Sie etwas gesagt bekommen und tun müssen, was Sie nicht wollen?!"
Jugendlicher: „Ja, mhm. Ich mein', ich hab' jetzt nicht – zum Teil hab' ich auch Schuld, nicht? Aber meine Eltern, die – ich hatte da immer so Ärger mit, nicht? Ab 6. Lebensjahr bin ich im Erziehungsheim H... gewesen. Nach ganz kurzer Zeit haben mich meine Eltern wieder rausgeholt – und dann ging es dann los, nicht? Weglaufen, von der Polizei aufgegriffen. Und dann hab' ich mal meine Mutter, nicht, meine Mutter mit 'nem Stein geworfen. Also nicht getroffen, nicht? Alles solche Sachen, und das – nur Angstzustände."
Helfer: „Angst, ja, Sie fürchteten die Mutter?!"
Jugendlicher: „Ja, und ich – wenn ich sie jetzt wiedersehen würde, würde ich natürlich einen Schreck kriegen – also innerlich – also nicht rein äußerlich, daß ich irgendwie zusammenzucke, nicht?"
Helfer: „Ja, innerlich und in Ihrem Körper jagt es Ihnen etwas ein."
Jugendlicher: „Ja, obwohl sie mir nichts mehr zu sagen haben, obwohl sie nicht mehr –."
Helfer: „Sie wissen, daß sie Ihnen nichts sagen könnte, aber innerlich –." ...
Jugendlicher (ca. 3 Minuten später): „Manchmal hilft eine andere Person. Ich meine, zu

Haus' war es auch so – da verkapselt man sich dann, ganz mit sich selber. Und wenn eine zweite Person dann hinzukommt, dann kann man freier darüber sprechen. Und dann ist es schon ein bißchen gelassener, nicht?"
Helfer: „Ja, Sie fühlen sich dann ruhiger, wenn Sie mit jemand sprechen können und Verständnis erfahren."
Jugendlicher: Mhm. Ich bin häufig – ganz und gar alleine. Ja, was heißt alleine ..."

Im folgenden geben wir zwei 1 ½-Minuten-Ausschnitte aus dem Telefongespräch einer 70jährigen mit einer Psychologischen Helferin wieder. Die 70jährige konnte seit ca. einem Jahr ihre Einzimmerwohnung durch Krankheit nicht mehr verlassen. Im Rahmen einer Forschungsarbeit über alte Menschen mit geringem Einkommen waren diesen 6–8 Telefongespräche durch Psychologische Helfer angeboten worden (Rönnecke u. a., 1976).

Frau Schmidt: „Ich weiß selbst nicht mehr, was ich mit mir anfange. Ich versuche es und versuche das auf alle mögliche Art und Weise, eben von meinen trüben Gedanken abzukommen. Aber es ist so: Wenn man sich nun schlechter fühlt, dann kommt das unwillkürlich wieder –"
Helferin: „So daß Sie eigentlich unzufrieden mit sich sind. Sie fühlen: Ich möchte da doch gerne irgendwie rauskommen und weg von mir. Aber wenn es mir so richtig dreckig geht, werde ich dauernd an mich erinnert."
Frau Schmidt: „Ja, eben, nicht? Also es nützt denn auch nichts, daß man sich vornimmt oder daß man sich, wie ich Ihnen schon sagte, so mit anderen Dingen beschäftigt oder so. Also, ich schaffe es im Augenblick nicht, diese Tage nicht."
Helferin: „Ja. Ihre Erfahrung mit sich ist: Also in diesen letzten Tagen ist es Dir nicht so gelungen."
Frau Schmidt: „Es ist irgendwie – irgendwie ist bei mir der Nullpunkt da, nicht? Ich weiß nicht, wie ich mich da raushalten soll. Ich meine, ich muß es ja machen, so geht es ja nicht. Die Gedanken werden ja immer trüber, wenn man –. Und dann ist es natürlich, dann grübelt und grübelt man ja immer mehr. Ich hatte mich schon ganz schön zusammengerafft wieder. Aber es ist, im Augenblick ist es so, daß immer noch dieser Gedanke sich aufdrängt: Warum eigentlich? Mach' Schluß! Aber es ist wahnsinnig. Ich würde es nicht tun. Ich meine –"
Frau Schmidt, etwa 15 Min. später, am Ende des Gespräches: „Ganz so aussichtslos ist es ja für mich gar nicht mal. Also deswegen sag' ich mir: ‚Das kannst du doch nicht. Das kannst du doch nicht machen. Jetzt mit den Gedanken aufhören, und jetzt ist Schluß, jetzt legst du dich hin und nimmst eine Tablette und dann' –"
Helferin: „Ja, Frau Schmidt, ist es so, daß Sie das als eine Art Beruhigung empfinden, wenn Sie dann irgendwo doch wieder rangehen an das Leben mit: So trostlos ist es doch eigentlich gar nicht!"
Frau Schmidt: „Ja, eben. Ich bin darüber dann eigentlich ganz froh. Also muß ja doch noch ein bißchen Kraft in mir sein, ein bißchen Energie. Sonst würde ich das vielleicht gar nicht machen, nicht? Aber, und darüber bin ich eigentlich doch ganz froh, daß ich das wenigstens da noch schaffe. Daß ich mir dann sage: ‚Nein, Schluß, das machst du nicht!' Daß ich so ganz und gar schwarz sehe, nein, das tue ich nicht mehr."
Helferin: „Im Laufe des Gespräches empfinden Sie: Es muß doch noch irgend etwas Positives in mir sein, so'ne Art von Energie, die diese Flamme immer wieder neu entfacht."
Frau Schmidt: „Ja, aber das ist nur eben tatsächlich durch diese Gespräche, die wir so miteinander führen. Ich muß sagen, das hat mir eigentlich irgendwo doch so ein bißchen mehr Mut gemacht. –"
Helferin: „Ja, so etwas mehr Mut, mit sich selbst wieder weiterzuleben?!"

Ausschnitte aus psychotherapeutischen Einzelgesprächen. Während wir psychotherapeutische G r u p p e n gespräche in einem späteren Kapitel ausführlich veranschaulichen, möchten wir jetzt einige Ausschnitte aus psychotherapeutischen Einzelgesprächen darstellen.

Im folgenden ein Ausschnitt aus dem ersten psychotherapeutischen Gespräch, das einer von uns mit einer 25jährigen Klientin mit schweren seelischen Beeinträchtigungen führte. Der Psychotherapeutische Helfer bemüht sich, ihre innere Welt und ihr Fühlen zu verstehen. Er versucht es der Gesprächspartnerin zu ermöglichen, sich zu öffnen und sich mit ihren Erfahrungen und ihrem Selbst auseinanderzusetzen. Allerdings waren die Bedingungen für die Selbstöffnung ungünstig. Die Klientin und der Psychotherapeutische Helfer führten das Gespräch in einem großen Studio in Gegenwart von ca. 20 mit der Filmtechnik betrauten Personen. Die Klientin und der Helfer, die im Studio mehrere Stunden auf dieses Gespräch gewartet hatten, fühlten sich in dieser Atmosphäre eher bedrückt und eingeschränkt.

Klientin: „Und nachdem ich mich von meinen Eltern gelöst hatte und eben auch versucht hatte, die Realität zu sehen, daß sie mich eben niemals wirklich lieben würden – seitdem bemühe ich mich auch nicht mehr so sehr um die Anerkennung meiner Mitmenschen. Nur im Übergangsstadium, als ich von zu Hause fortging, war es so, daß ich sehr viele Ärzte und Vorgesetzte und Bekannte benötigte, die mir gut zugeredet haben, von denen ich das Gefühl hatte, daß sie mich akzeptieren und das für richtig hielten, was ich tat. Aber inzwischen habe ich fast jeglichen Kontakt abgebrochen. Und es ist mir inzwischen gleichgültig geworden, was sie denken."

Helfer: „Ist es so – ich weiß nicht, Sie brachten es nicht zum Ausdruck: Aber ist es so, daß Sie fühlen, daß Sie deren Anerkennung nicht erringen könnten, daß Sie irgendwie mutlos geworden sind?"

Klientin: „Eigentlich wollte ich gar nicht ihre Anerkennung, sondern ständig die Anerkennung meiner Eltern."

Helfer: „... Irgend etwas ist in Ihnen, was sich damit nicht abfinden läßt."

Klientin: „Ja, ich hatte das Gefühl, wenn ich merke, daß andere mich anerkannten, dann war ich sehr traurig, daß es nur fremde Menschen waren. Das hat mir dann die Situation noch deutlicher gezeigt, daß Fremde mir gegenüber viel positiver eingestellt waren als meine Eltern."

Helfer: „... So daß Ihnen Anerkennung von anderen den Verlust der Anerkennung von Ihren Eltern eigentlich nur schmerzlicher werden läßt?"

Klientin: „Ja. Was ich zu Hause eben auch sehr belastend fand, war, daß meine Mutter ständig davon sprach, daß sie es nur gut meinte und alle so sehr liebt. Und ich hatte immer das Gefühl, daß man recht wenig davon spürt. Und daß man eben nur geliebt wurde, wenn man sich so verhielt, wie sie es erwarteten."

Helfer: „... Sie sprach zwar von Liebe, aber Sie spürten nicht wirklich, daß Sie sie bekamen. (Pause) Das ist etwas sehr Schweres, das Sie bedrückt, daß Sie sehen: Ich kann nicht ihre Anerkennung und Liebe bekommen und muß jetzt damit fertig werden und leben?"

Klientin: „Vielleicht hoffe ich auch heute noch, daß irgendwann das Verhältnis besser wird."

Helfer: „Daß es irgend etwas geben könnte, daß Sie dichter zusammenkommen?"

Klientin: „Ja. Aber auf der anderen Seite möchte ich auch wieder nicht zurückgehen und das tun, was sie von mir verlangen würden. Und vor allen Dingen wäre ich sehr froh, wenn der Gedanke an sie mich einfach nicht mehr belasten würde. Wenn ich mit ihnen zusammensein könnte wie mit anderen Menschen."

Helfer: „Daß es vielleicht nicht Liebe und Anerkennung ist, aber daß es keine Belastung ist."

Klientin: „Ja, daß die Spannung fortfällt."

Helfer: „Daß Sie zu Ihnen in einem leidlichen Verhältnis stehen, wie zu manchem anderen Menschen, ohne daß es Sie innerlich peinigt."

Klientin: „Ja. Denn wenn ich so an sie denke oder weiß, daß sie schreiben, oder ich erwarte

einen Brief, dann ist es immer das ungute Gefühl: Was schreiben sie mir? Welche Anklagen haben sie in dem Brief? Und diese Angst, daß sie irgendwann wieder darauf zurückkommen werden. Immer dieses Gefühl, daß sie da noch etwas im Hintergrund haben und irgendwann dann über einen herfallen werden damit."
Helfer: „Diese Furcht, was wird jetzt wieder von ihnen kommen, wo wird es mich jetzt wieder treffen oder verwunden."
Klientin: „Ja, und ich möchte eben dahinkommen, daß, ganz gleich, wie sie sich verhalten, es mich nicht mehr trifft."
Helfer: „Ja, Sie möchten unempfindlicher werden, daß es mehr an Ihnen herabgleitet?!"
Klientin: „Ja, daß es mir nichts ausmacht, wenn sie mich besuchen oder wenn sie mir schreiben, ganz gleich, was sie sagen oder tun. Daß es mich nicht so bedrückt oder nicht so fertigmacht. ... Ich erwarte an sich nicht, daß sie ihre Meinung ändern. Nur daß irgend etwas mit mir geschieht. Daß ich nicht mehr so anfällig bin ihnen gegenüber."
Helfer: „So wie die Eltern sind, sagen Sie sich: ‚Ich werde sie kaum je ändern können. Aber ich möchte irgendwie stabiler werden oder unempfindlicher dagegen?'"
Klientin: „Ja. Oder eine Gewißheit haben, daß es so richtig ist, wie ich mich verhalte. Eine gewisse Sicherheit; ein Ziel vielleicht oder etwas."
Helfer: „Daß Sie die Zuversicht hätten, so wie Du bist, ist es richtig, auch wenn ich nicht den Weg der Eltern gehe. Ist es, daß Sie jetzt daran zweifeln, an Ihrem Weg, den Sie gehen wollen, oder an der Art, wie Sie sind?!"
Klientin: „Daß ich fortgegangen bin von zu Hause halte ich für richtig. Da zweifle ich nicht. Aber ich habe irgendwie noch keinen rechten Lebensstil gefunden, der mir zusagt, der mich zufrieden macht. Und um jetzt eine feste Grundlage meinen Eltern gegenüber zu haben, müßte *ich* zufrieden sein."

Nachfolgend ein Beispiel aus einem psychotherapeutischen Einzelgespräch, das einer von uns vor 10 Jahren mit einem ca. 35jährigen Klienten mit schweren Beeinträchtigungen seiner Berufstätigkeit aufgrund innerer Hemmungen und gewisser Angstzustände bei täglichen Eisenbahnfahrten führte.

Klient: „Aber diese Situation, da ist es dann so, daß ich mich doch in gewissem Sinne – da irgendwie – wenn ich alleine fahre oder sonst irgendwohin gehe, dann ist es also so, daß diese Beschwerden dann nicht so verstärkt auftreten. Ganz verstärkt treten sie eben dann auf, wenn ich im Zug sitze und mir sitzen dann – ein junges Mädchen gegenüber. Dann sind die Beschwerden sehr stark, daß ich – ich kann mich dann auch nicht irgendwie zwingen, mich zu irgend etwas anderem zu konzentrieren."
Helfer: „Das ist es, was Ihnen am meisten zusetzt. Und das gelingt Ihnen nicht, daß Sie sich dabei ablenken, da –"
Klient: „Ja, das – und das bedrückt mich auch so, daß das eben so ist, und daß ich einmal – erstens, daß ich einmal diese Beschwerden habe, zweitens, daß das – die Tatsache, daß es so ist."
Helfer: „Daß es – es ist hart für Sie, daß so etwas gerade bei Ihnen gegenüber jungen Mädchen auftritt, das ist hart für Sie hinzunehmen."
Klient: „Es ist mir persönlich auch an sich unangenehm, weil ich eben darin auch nichts Natürliches sehe. Wenn mich das jetzt sexuell reizen würde, dann würde ich darin etwas Natürliches sehen. Aber wenn ich dann so aufgeregt werde und das mich dann so aus dem Gleichgewicht wirft, dann – es ist so – dann halte ich – dann empfinde ich das als sehr unangenehm."
Helfer: „Ein sexuelles Gefühl, das – ja, das würden Sie verstehen können und da würden Sie sich notfalls hereinfinden können. Aber daß es etwas ist, das Ihnen ganz unsinnig erscheint, das ist – zu hart, ja?!"
Klient: „Es ist ja so, wenn – würde ich sagen, ein sexueller Reiz – das ist ja eben was Natürliches; aber daß man dann also – Herzklopfen bekommt, das ist – das ist wahrscheinlich auch noch natürlich. Aber daß man dann dieses Herzklopfen so wahnsinnig spürt und daß

man dann eben diese Beschwerden dann hat, das finde ich eben nicht als natürlich."
Helfer: „Ja, also so etwas Aufregung, das würden Sie noch akzeptieren können als natürlich; aber daß es so massiv ist und Sie so deutlich körperlich spüren."
Klient: „Das bringt mich auch so – so richtig aus dem Gleichgewicht."
Helfer: „Dieses Uneinsehbare und Sinnlose, das –"
Klient: „Ja, das ist es eben, ich weiß also nicht, warum ich solche Angst habe. Einmal, ob ich vielleicht die Angst habe, daß so etwas auftritt oder ob ich die Angst habe, daß ich eben diese Beschwerden habe und daß ich dann irgendwelche – daß ich vielleicht irgend ein körperliches Leiden haben könnte. Oder daß dadurch, durch diese Reaktion, durch dieses wahnsinnige Herzklopfen, durch diese Aufregung, daß da ein körperliches Leiden eben als Folge davon kommen könnte. Daß man also irgendwie einen Herzschlag oder einen Herzinfarkt bekommt."
Helfer: „Das wissen Sie nicht, –" (Klient unterbricht)
Klient: „Das weiß ich nicht. Ich nehme an, daß es die Angst ist, daß ich ein solches Leiden dadurch bekommen könnte."
Helfer: „Daß diese Erlebnisse und diese Spannungen Ihre Gesundheit ruinieren und hierdurch ein Leiden dauernd fördern – daß Sie sich gleichsam durch solche Situationen richtig krank machen."
Klient: „Ja. Ich fühle mich in dem Moment ja auch so – so – ich weiß nicht – so unkontrolliert ist dann alles. Also ich – ich kann – kann mich dann praktisch nicht beherrschen und mich zur Ruhe zwingen und mich auf etwas anderes konzentrieren. Wenn ich das könnte, dann würde ich wahrscheinlich auch irgendwie darüber hinwegkommen."
Helfer: „Ja, daß Sie der Sache so fast wehrlos ausgeliefert sind und sich nicht da heraus manövrieren können, das ist es, was Sie am meisten ärgert."
Klient: „Es ist ja so, wenn ich mich jetzt ablenken könnte, dann würde ich auch nicht mehr merken, daß ich Herzklopfen habe und dann – wenn ich mich auf etwas anderes jetzt konzentriere – dann ist es wahrscheinlich so, daß auch die Beschwerden weggehen würden. Wenn man irgendwie Schmerzen hat und man lenkt sich irgendwie ab und konzentriert sich auf etwas anderes, dann verspürt man die Schmerzen ja lange nicht mehr so stark."
Helfer: „Das wäre eine Möglichkeit, daß Sie das weniger spüren würden, wenn Sie an irgend etwas anderes denken oder tun würden und sich ablenken."

Silvo, ca. 30 Jahre, Facharbeiter, der mit uns zusammen in einer gefilmten Gesprächsgruppe war, kommt zu uns mit seiner Frau Verena zu einem Paar-Gespräch wegen Eheschwierigkeiten:

Verena: „Ich bin der Meinung, daß ich, wie Silvo nach Hause gekommen ist, den Weg ganz frei gemacht habe für ihn. Er braucht nur zu sagen: ‚Ich gehe!' Dann hätte er seine Sachen nehmen müssen, wenn es sein fester Wille gewesen wäre ... Und dann wäre er auch gegangen, wenn er so stark ist, wie er jetzt erzählt (Silvo: ‚Mhm'). Ja, Du sagst: ‚Mhm', Silvo!"
Silvo: „Vielleicht bin ich zu feige doch noch dazu."
Verena: „Aber wozu bist Du zu feige?"
Silvo: „Ja, Verena, weißt Du, das könnten wir hundertmal wieder von vorn durchkauen. Das bleibt immer dasselbe."
Helferin: „Silvo, mir kommt der Gedanke: Bist Du vielleicht zu feige, wirklich voll zu Dir zu stehen?! Daß Du's Dir selber nicht so ganz zutraust, daß Du es bringst, Silvo, allein Deinen Weg zugehen?! Ohne Unterstützung, ohne umzukippen?!"
Silvo: „Das kann auch sein."
Helferin: „Daß Du Dich doch nicht genug bejahst, so wie Du bist, daß Du eher Angst vor Dir selber hast?!"
Silvo: „Ich hab' bis jetzt immer so das eigene Ich, hab' ich eigentlich noch nicht richtig gespürt. Ich hab' mich immer irgendwie so leiten lassen. Die Leute machen's auch einem zu be-

quem. Also diese richtige Persönlichkeit hab' ich noch nicht, also, jemand zu spüren gegeben. Denn ich weiß oft, ich kenn' mich ungefähr, wie ich selber bin. Und wenn ich dann überleg', wenn ich den anderen Leuten gegenübertret', dann ist das so gar nicht mein Ich, sondern die Umwelt. Ich bin so ungefähr so, wie sie mich haben wollen."
Helfer: „Du läßt Dich zu leicht von ihnen beeinflussen (Silvo: „Daß ich mich leicht beeinflussen, ja!") und folgst dem, was andere erwarten oder so wünschen von Dir?!"
Silvo: „Genau. Und das, was ich eigentlich (Helfer: „Für mich will –") – eigentlich erst kommen müßte."
Helferin: „Und irgendwo spürst Du, Dein Ich ist doch noch nicht ganz durchgekommen?!"
Silvo: „Nein, genau!"
Verena: „Das hab' ich auch das Gefühl ..."

Das folgende Gespräch führte einer von uns, als er von einem 18jährigen einige Tage nach einem Selbstmordversuch angerufen wurde:

Karl: „Aber vielleicht ist das alles gar nicht der Punkt. Ich weiß nicht, irgendwo sind das ganz andere Dinge, die so in mir vorgehen. Die ich gar nicht kontrollieren kann."
Helferin: „Meinst Du so Gefühle?"
Karl: „Ja, ich weiß nicht, so plötzliche Kraftlosigkeit, daß ich eben so in mich zusammensacke, überhaupt nichts mehr fühle, nicht ansprechbar bin. Jetzt, hier bin ich wie so ein Vakuum, nichts erreicht mich, das war die ganze Zeit schon so. Es war nur manchmal so, daß ich so euphorisch war, viele Dinge angefangen habe, was Lustiges gemacht habe, glücklich war, viel sehen konnte, also fähig war, was zu sehen, zu geben also. Und plötzlich – so grundlos – in mich hineinsackte, überhaupt nicht fähig war, also zu atmen, irgendeiner Sache irgendwie die Schönheit abzugewinnen. Es war alles für mich irgendwie nicht zugänglich."
Helferin: „Und das kommt so über Dich, das kannst Du gar nicht kontrollieren."
Karl: „Nein, das kann ich gar nicht kontrollieren. Ich will auch nicht in diese Situation kommen, weil alles in mir irgendwie wehtut. Ich hab' keinen Kontakt zu niemandem. Ich habe auch keinen Kontakt also zu Gegenständen und so."
Helferin: „Du fühlst Dich abgeschnitten von allem?!"
Karl: „Ja – und in dieser Situation fühle ich mich nur wie so'n Haufen Fleisch, ein Nichts eben."
Helferin: „Du spürst dann auch nichts?!"
Karl: „Nein, ich spüre nichts. Man kann mir viel sagen, was mich irgendwo dann gar nicht berührt dann."
Helferin: „Du spürst, das erreicht Dich nicht."
Karl: „Ja, Kummer also von anderen, der mich sonst immer was angeht, der mich sonst immer erreicht und mich irgendwie zum Handeln bewegt, das ist einfach dann nicht mehr existent. Das einzige, was ich dann möchte, ist irgendwie schlafen, das irgendwie überschlafen."
Helferin: „Ja, Du möchtest irgendwie wegtreten für die Zeit dann. Das muß auch ein Gefühl so der totalen Verlorenheit sein, Du."
Karl: „So als ob ich immer tiefer falle und ich kann mich auch an nichts festhalten, weil nichts da ist. Und wenn man mich dann fragt: ‚Du siehst so traurig aus.' Dann ist das 'ne Frage, die mich auch nicht berührt. Da ist ja nichts Konkretes, was mich so traurig machen könnte. Das gibt es ja nicht. Nicht für mich. Und wenn es das gäbe, ich glaube, ich wäre fähig, mich zu äußern. Wenn ich zum Beispiel Kummer mit Menschen hab', daß ich fühle, daß ich irgendwie angenommen bin oder daß ich denke, der andere lehnt mich ab, dann könnt' ich mich äußern. Aber in diesem Moment, da kann ich eben überhaupt nichts spüren."
Helferin: „Es ist irgendwo nichts Faßbares für Dich da, an das Du Dich halten kannst und sagen: Das ist der Anlaß, das ist der Mensch. Sondern daß Du irgendwie so ins Bodenlose fällst."
Karl: „In diesem Moment also tut mir auch nichts weh. Ich hatte wirklich manchmal Angst, ob es wehtun würde. Ich hab' mir mit 'nem Messer in 'n Finger geschnitten, aber es hat mir wirklich nicht wehgetan. Irgendwo fühl' ich mich dann richtig tot, so ausgelaugt."

Helferin: „Was Dich da so tief erschreckt, ist diese Gefühlslosigkeit."
Karl: „Auch diese Kaltheit eben."
Helferin: „Deine Kälte erschreckt Dich."
Karl: „Ja, meine Kälte. Am liebsten liege ich dann irgendwo und lieg' einfach so. Und das mach' ich dann auch manchmal."
Helferin: „Ich versteh: Daß Du Dich dann ganz in Dich zurückziehst, um diese Empfindungen auch nicht zu haben. Denn wenn Du mit irgend welchen Menschen oder Gegenständen zusammen bist, dann spürst Du dauernd, wie abgeschnitten Du bist. Und dann ziehst Du Dich am liebsten ganz in Dich zurück, ganz in Dich hinein."
Karl: „Das braucht nicht lange zu dauern. Manchmal ist es nur kurz, manchmal kann das Wochen dauern." (Pause)
Helferin: „Ich kann mir denken, daß das auch sehr erschreckend ist, sich so zu erleben, so leblos, ja fast nicht existent auf dieser Erde."
Karl: „Und in diesen Situationen also macht man sich eben künstlich etwas Lebendes, damit man irgendwie vorhanden ist, indem man Alkohol trinkt. Daß einem dann irgend etwas einflößt, ich weiß nicht, was."
Helferin: „Ich verstehe: Du versuchst, durch irgend solche Mittel Dir noch irgend etwas an Eindrücken und Empfindungen zu verschaffen."
Karl: „Und manchmal ist es dann so, daß ich dann denke: Du bist eigentlich nur noch Fleisch, und das kann ich ja nun auch noch wegbringen."
Helferin: „Ja, daß Du dann aus diesem Gefühl heraus, ein Nichts zu sein, nur noch Fleisch wie Du sagst zu sein, denkst: Das lohnt sich für mich nicht."
Karl: „Ja – das ist auch nicht lohnenswert."
Helferin: „Und das ist dann der Augenblick, wo Du dann dieses Fleisch zum Absterben bringen willst durch Tabletten."
Karl: „Ja. – Aber wenn das dann irgendwie vorbei ist, dann kann ich das andere Ich irgendwie gar nicht mehr begreifen. Das kann ich dann irgendwie nicht begreifen. Wenn ich dann wieder atmen kann, wenn ich das alles abstreife, wenn ich mich wieder bewegen kann, auch merke, daß ich mich spür'. Das ist dann wieder so'n schönes Gefühl, daß ich mich darin nicht begreifen kann: Wie hast du das tun können! Und deshalb hab' ich auch so'ne furchtbare Angst vor mir selbst."
Helferin: „Ja, ich versteh's: Du bist Dir selber unheimlich. (Karl: „Ja.") Du kannst das, was Du mit Deinem andern Ich empfunden hast, das kannst Du überhaupt nicht mehr nachempfinden. Das ist Dir so fremd, daß es Dich fast abstößt, erschreckt. Und Dir Angst macht."

Karl: „Ja. Und manchmal ist es auch mit meinem Freund so. Dieses andere Ich, was ich manchmal nicht begreifen kann, immer irgendwie mit mir konfrontiert werde: Diese Kälte, diese Gleichgültigkeit, immer wieder ihn damit berühren muß. Aber ich glaube, ich tu' ihm auch damit weh. Ich weiß es auch, daß ich ihm damit wehtue. Ich weiß nicht, jedes Mal, wenn ich so war, dann hat er mich vielleicht angesprochen. Ich kann mich dann auch nicht äußern, das geht nicht."
Helferin: „Ist es so, Du kannst Dich in dem Augenblick dann nicht äußern, wo dieses so bedrohliche Ich in Dir ist?!"
Karl: „Dann ist mir auch die Gegenwart von andern sehr zuwider."
Helferin: „Sie bedroht Dich fast?!"
Karl: „Nicht bedrohen, sie ekelt mich an manchmal."
Helferin: „Du lehnst Dich dann selber ab in dieser Kälte, Unnahbarkeit und mit diesem anderen kalten Ich? Oder kannst Du das gar nicht mehr empfinden in dem Augenblick?"
Karl: „Ich lehne dann irgendwie meinen Körper ab, dieses unfähige Etwas, das noch irgendwo rumsitzt und rumsteht. Das find' ich dann so schrecklich."
Helferin: „Daß Du überhaupt noch existierst?"
Karl: „Ja. Wo ich doch irgendwo schon nicht mehr existent bin. – Wenn ich so bin, das tut mir auch irgendwo weh, wenn ich so eisig zu den Leuten bin. Weil ich dann nachher nicht mehr so unbefangen zu ihnen sein kann, wenn es vorbei ist. Dann kann ich sie nicht plötz-

lich wieder umarmen, wenn ich sie vorher so kalt behandelt hab'. Das geht nicht und dadurch entfremdet man sich. Ich hab' mich mit sehr vielen Leuten entfremdet."
Helferin: „Du bist einsamer geworden?! So innerlich einsamer. Wenn dann dieses eisige Ich über Dich kommt, daß Du dann sagst: Das hängt mir noch so nach, wenn ich dann diese Menschen wiederseh'. (Karl: „Ja.") Aber in dem Augenblick, wo das so in Dir ist, dann kannst Du gar nicht anders."
Karl: „Nein, dann werd' ich von irgend etwas anderem gesteuert. Ich kann mir auch nicht sagen: ‚Das ist Quatsch, was du jetzt machst. Nun reiß dich mal am Riemen!' Ich kann das irgendwie nicht abstreifen. Früher, da konnt' ich mich noch immer selbst täuschen. Indem ich unbegründet unheimlich fröhlich wurde, indem ich das dann einfach das so weglachte. Das geht jetzt nicht mehr."
Helferin: „Manchmal hast Du's probiert, es zu überspielen."
Karl: „Ja – aber das geht nicht mehr. Aber ich möchte auch irgendwie jetzt etwas dagegen tun ..." ... Karl berichtet dann, daß es ihm in der Klinik manchmal besser gehe:
Karl: „Mein Geist ist eben freier, und das ist die Hauptsache, daß ich mich freier entscheiden kann, daß die Glasglocke nicht da ist. Daß ich zu andern Menschen Kontakt haben kann. Daß ich dazu fähig bin, auch wenn es erschwert ist. Aber hier geht es irgendwie."
Helferin: „Du spürst: Du kannst auf natürliche Weise Kontakt zu anderen aufnehmen."
Karl: „Irgendwie wird es durch die vielen Äußerlichkeiten draußen so sehr erschwert. Die Schule oder die Umgebung, überall, erschwert es mir irgendwie. Und hier, hier gibt es nichts weiter als weiße Wände und mich."
Helferin: „Du spürst, die Glasglocke ist weg, unter der Du sonst sitzt. Du hast jetzt keine Glasglocke, die zwischen Dir und anderen ist (Karl: „Nein, eigentlich nicht.") oder die zwischen Dir selbst ist. Ich spüre eigentlich auch, daß Du Dir selber ein Stückchen näherkommst, daß Du Dich eher akzeptierst."
Karl: „Ja, ich akzeptiere, daß das jetzt so ist. Aber ich will da nicht stehenbleiben. Ich akzeptier' es, aber ich will nicht, daß es zu mir gehört. Ich will es ändern."
Helferin: „Du möchtest aus Dir rauskommen. Du möchtest draußen Dich auch so erleben und empfinden ..."
Karl: „Aber das ist auch irgendwo mein Feind, der zerstört mich ja auch."
Helferin: „Ich denk' so grad: Wenn Du irgendwo Deinen Feind in Dir akzeptierst, macht er Dir nicht mehr so viel zu schaffen. Das klingt irgendwo seltsam, aber – (Karl: „Ja, ich verstehe.") – aber es ist wohl sehr schwer, dies als einen Teil in Dir zu akzeptieren, so wie Du's eben beschrieben hast: Das ist Karl, der manchmal mit Eiseskälte rumläuft oder sich unter einer Glasglocke sitzen fühlt oder sich nur als Fleisch empfindet. Das bist Du und das ist mindestens im Augenblick ein Teil von Dir."
Karl: „Aber ich möchte diesen Teil nicht mein Leben lang mit mir rumschleppen."
Helferin: „Das beängstigt Dich, daß Du denkst –."
Karl: „Weil er ja auch immer wieder meiner mächtig wird. Und ich habe Angst, daß er mich wirklich eines Tages zerstört."
Helferin: „Du empfindest: Es ist ein Teil von Dir, der Dich zerstört, der Dich zu den Tabletten greifen läßt. Und irgendwo höre ich jetzt auch von Dir: Du möchtest Dich nicht zerstören (Karl: „Ja."), Du möchtest eigentlich leben."
Karl: „Ja. Und es ist schon unheimlich wichtig, das zu wissen."
Helferin: „Das ist so wichtig, Du."
Karl: „Aber was mach' ich, wenn ich wieder so tief falle? Wenn dann diese Erkenntnis nicht mehr da ist!"
Helferin: „Da hast Du Angst, daß das wiederkommt?"
Karl: „Aber jetzt bin ich erstmal hier. Und ich hab' unheimliche Hoffnung für die Zukunft, daß da irgend etwas mit mir geschieht, daß ich mehr Kraft gewinne, daß das andere Ich Kraft gewinnt. Ja, ich möchte meine Kraft nicht mehr für das andere Ich verwenden."
Helferin: „Du möchtest das andere Ich, das glücklichere Ich, mehr leben?!"

Achten – Wärme – Sorgen

Eine förderliche Haltung und Aktivität von helfenden Personen

Dies ist eine weitere der 3 notwendigen und hinreichenden förderlichen Bedingungen eines Helfers gegenüber einem Partner im Gespräch: Der Helfer läßt den Partner erfahren, daß er seine Person achtet, daß er ihm voller Anteilnahme, warm und sorgend zugewandt ist und daß er sein Fühlen, sein Erleben akzeptiert.

Wenn sich dagegen der Helfer dem Partner gegenüber distanziert oder abweisend verhält, etwa aus mangelndem Selbstvertrauen, Selbstunsicherheit oder Selbstablehnung, wenn der Partner so keine deutliche Wertschätzung seiner Person verspürt und wenn er empfindet, daß er mit seinem Fühlen und Erleben nicht voll angenommen wird, dann ist die Wahrscheinlichkeit heilsamer Vorgänge, Erfahrungen und Wandlungen gering.

Wir haben uns bemüht, diese Haltung von helfenden Personen an Übersichtsskalen, Einschätzungsskalen und Erlebnisbeschreibungen von Gesprächspartnern zu veranschaulichen, ebenso die förderlichen Auswirkungen bei einem hohen Ausmaß dieser Haltung bzw. die ungünstigen Auswirkungen bei geringem Ausmaß dieser Haltung.

Diese Haltung von Achten-Wärme-Sorgen kann nicht „trainiert" werden. Sie kann nicht durch eingelernte Redewendungen, durch eine freundliche Fassade ersetzt werden. Auch wenn ein Gesprächspartner diese Oberfläche nicht durchschauen sollte: Er wird keine starken unmittelbaren Empfindungen von Achtung, Wärme und Anteilnahme erfahren.

Die entscheidende Frage eines Helfers an sich selbst ist: Achte ich den Gesprächspartner als Person? Fühle ich wirklich Wärme und Anteilnahme ihm gegenüber? Kann ich ihn in seinem Fühlen und in seiner inneren Welt voll annehmen? Bin ich ihm wirklich sorgend zugewandt? Ein zukünftiger Psychotherapeutischer oder Pädagogischer Helfer kann dies in zwischenmenschlichen Beziehungen, etwa als Mitglied in Gesprächsgruppen, erfahren. Dort kann er eine offene Rückmeldung erhalten, wie andere ihn wahrnehmen und welche Erfahrungen er in ihnen auslöst. Und er kann erfahren, ob er wirklich Achtung, Wärme und Fürsorge für andere empfindet. Wenn andere ihn in der Gruppe als achtungsvoll-warm und anteilnehmend wahrnehmen, dann können zahlreiche weitere menschliche Begegnungen, besonders in Gesprächsgruppen, diese Haltung in ihm entwickeln und seine Persönlichkeit fördern.

Achten-Wärme-Sorgen in der Beschreibung von Carl Rogers: „Ich nehme an, daß persönliches Wachsen und Änderungen bei einer Person eher auftreten, je mehr der Psychotherapeut und Berater eine warme, positive, akzeptierende Einstellung bei sich selbst gegenüber dem erlebt, was in dem Klienten vor sich geht. Das bedeutet, daß er seinen Klienten als eine Person achtet, etwa mit den gleichen Gefühlsqualitäten, die Eltern gegenüber ihrem Kind fühlen, wenn sie es als eine Person achten, unabhängig davon, wie es sich im Augenblick gerade verhält. Das bedeutet, daß der Psychotherapeut seinen Klienten in nicht-besitzergreifender Weise umsorgt als eine Person mit Entwicklungsmöglichkeiten. Das schließt die offene Bereitschaft mit ein, den Klienten zu akzeptieren, wie auch immer sein Fühlen im Moment sein mag – feindselig oder liebevoll, sich auflehnend oder sich unterwerfend, selbstsicher oder selbstverachtend. Es bedeutet, eine Art Liebe für den Klienten zu empfinden, so wie er ist, vorausgesetzt wir verstehen das Wort Liebe im Sinne des theologischen Begriffes „Agape" und nicht im üblichen romantischen und besitzergreifenden Sinne. Was ich hier beschreibe ist ein Gefühl, das weder patriarchalisch sorgend, noch sentimental, noch oberflächlich liebenswürdig ist. Es respektiert den anderen Menschen als ein eigenständiges Individuum und nimmt ihn nicht in Besitz. Es ist eine Art Zuneigung, die eine gewisse Stärke und Intensität besitzt, aber die nicht fordert. Wir haben sie Achtung einer Person genannt."

„Ein höchst wichtiger Punkt ist die Haltung des Psychotherapeuten gegenüber dem Wert und der Bedeutung des anderen. Blicken wir auf andere herab? Sehen wir jeden Menschen als jemanden an, der Selbstwert und Würde besitzt? Wenn wir das auch mit Worten bejahen, in welchem Ausmaß spiegelt es sich in unserem Verhalten wieder? Sehen wir wirklich die anderen als Menschen von Wert an, oder werten wir sie etwa auf sehr feine Art durch unsere Haltung und durch unser Verhalten ab? Steht in unserer Weltanschauung die Achtung vor dem anderen ganz obenan? Achten wir seine Möglichkeiten und sein Recht auf Selbstbestimmung? Oder glauben wir im Grunde, daß er eigentlich ein Leben leben sollte, wie wir es für ihn am besten hielten? In welchem Ausmaß ist es unser Bedürfnis und unser Wunsch, über andere zu dominieren? Sind wir bereit, dem anderen zuzugestehen, seine eigenen Werte zu bestimmen und auszuwählen? Oder ist unser Verhalten ihm gegenüber von der Überzeugung bestimmt, die normalerweise unausgesprochen ist, daß er am glücklichsten wäre, wenn er uns gestattet, daß wir für ihn seine eigenen Werte, Maßstäbe und Ziele bestimmten?" (Rogers, 1962, S. 420)

„Es sind Fragen dieser Art, die das Vorgehen des Psychotherapeuten grundlegend und bedeutsam beeinflussen. Wir haben die Erfahrung gemacht, daß Personen, deren Haltung die Bedeutung und den Wert jedes einzelnen Menschen betonen, eher das klientenzentrierte Vorgehen in der Psychotherapie lernen können. Man könnte genauer sagen, daß die Person, deren Weltanschauung mehr in Richtung auf größeren Respekt für den andern hin tendiert, das personenzentrierte Vorgehen oft als eine Herausforderung und als eine Erfüllung ihrer eigenen Ansichten empfindet." (Rogers, 1949, S. 82–83)

„Die Uneingeschränktheit dieser Achtung: Es gibt da einen Aspekt dieser Haltung, dessen ich mir weniger sicher bin. Ich mache einmal versuchsweise die Annahme geltend, daß eine Beziehung effektiver wird, je uneingeschränkter diese Achtung ist. Damit meine ich, daß der Psychotherapeut den Klienten vollkommen und nicht in irgendwie eingeschränkter Weise achtet. Er akzeptiert nicht etwa bestimmte Gefühle des Klienten und lehnt andere ab. Er fühlt *uneingeschränkte* Achtung dieser Person gegenüber. Dieses ist ein offen gezeigtes positives Fühlen ohne Vorbehalte und ohne Wertungen. Es bedeutet in keinem Fall, irgendwelche Beurteilungen abzugeben. Ich glaube, wenn in der Begegnung zwischen Psychotherapeut und Klient diese nicht-bewertende Achtung gegenwärtig ist, daß dann eher konstruktive Änderungen und Entwicklungen beim Klienten auftreten können." (Rogers, 1962, S. 421)

„Der Ausdruck ‚uneingeschränkte Achtung' mag etwas unglücklich gewählt sein, da er wie ein absolutes Alles-oder-Nichts-Konzept klingt. Es ist aber wahrscheinlich auf Grund meiner Erläuterungen offensichtlich, daß vollständige uneingeschränkte Achtung nicht existiert. Vom klinischen und experimentellen Gesichtspunkt her wäre meiner Auffassung nach eine genaue Definition: Der erfolgreiche Psychotherapeut lebt uneingeschränkte Achtung für den Klienten während vieler Momente im Kontakt mit ihm, jedoch von Zeit zu Zeit nur eingeschränkte Achtung – und vielleicht gelegentlich sogar Mißachtung, obwohl dies in einer erfolgreichen Psychotherapie wenig wahrscheinlich ist. In diesem Sinne ist uneingeschränkte Achtung eine Frage des Ausmaßes in jeder menschlichen Beziehung." (Rogers, 1957, S. 98)

Die folgende Übersichtsskala für Achten-Wärme-Sorgen veranschaulicht und definiert diese Haltung und entsprechende Aktivitäten von helfenden Personen. Sie eignet sich zur Einschätzung dieser Haltung anhand von Tonaufnahmen durch Beurteiler.

Achten-Wärme-Sorgen einer helfenden Person gegenüber einem anderen

Mißachtung-Kälte-Härte	Achten-Wärme-Sorgen
• eine Person empfindet Geringschätzung und Mißachtung für den anderen, sie mißbilligt seine Art des Fühlens und Erlebens, sie urteilt ihn nach ihren eigenen Wertmaßstäben ab	• eine Person empfindet Achtung und Wertschätzung für den anderen, sie akzeptiert seine Art des Fühlens und Erlebens, auch wenn diese gegensätzlich zu ihren eigenen Wertmaßstäben ist
• sie ist gegenüber dem anderen abweisend, sie lehnt ihn ab, wertet ihn ab, sie mißbraucht ihn, nutzt ihn aus	• sie nimmt Anteil an ihm, sie beachtet ihn, läßt ihn gelten, anerkennt ihn, sie läßt ihn erfahren, daß er willkommen ist, sie ist ihm zugeneigt
• sie geht mit ihm unfreundlich, herzlos um, sie ist ihm gegenüber unnachsichtig, sie demütigt ihn	• sie geht mit ihm freundlich, herzlich um, sie ist nachsichtig ihm gegenüber
• sie behandelt ihn grob, verächtlich, lieblos, sie geht mit ihm sorglos um	• sie behandelt ihn rücksichtsvoll, liebevoll, sie ist sorgend um ihn bemüht
• sie entmutigt ihn	• sie ermutigt ihn, sie behandelt ihn wohlwollend
• sie mißtraut ihm	• sie vertraut ihm

• sie ist passiv und gleichgültig, reagiert mechanisch, läßt den anderen fallen, flößt ihm Angst ein, verletzt ihn, droht ihm • sie ist ihm gegenüber distanziert, sie verschließt sich ihm, gibt nichts Persönliches von sich preis	• sie hält zu ihm, sie steht ihm bei, sie beschützt ihn, sie umsorgt ihn, sie hilft ihm, sie tröstet ihn – sie sorgt dafür, daß er sich wohlfühlt • sie ist ihm nahe, sie öffnet sich ihm gegenüber, gibt Persönliches von sich preis

↑ ↑

Mißachtung-Kälte-Härte	1	2	3	4	5	Achten-Wärme-Sorgen *

* Stufe 1 und 5 = deutliche Ausprägung
Stufe 2 und 4 = schwächere Ausprägung
Stufe 3 = etwa gleich viel Mißachtung-Kälte-Härte wie Achten-Wärme-Sorgen

Achten-Wärme-Sorgen eines Helfers für den Partner wird auch durch folgende Schätzskala charakterisiert und einschätzbar (Carkhuff, 1969, II, S. 317). Achtung-Wärme von Gesprächspsychotherapeuten in deutlichem Ausmaß (von Stufe 3.5 an), durch Beurteiler nach dieser Einschätzungsskala anhand der Tonaufnahmen ermittelt, hing bei gleichzeitig einfühlendem nicht-wertendem Verstehen sowie Echtsein mit günstigen Änderungen der Klienten am Ende der Psychotherapie zusammen.

Einschätzungsskala für Achten-Wärme-Sorgen eines Helfers in zwischenmenschlichem Gespräch

Stufe 1: Der sprachliche und sonstige Verhaltensausdruck eines Helfers zeigt einen deutlichen Mangel an Achtung und Respekt für den anderen, für dessen Fühlen, Erfahrungen und Möglichkeiten. Zum Beispiel vermittelt der Helfer dem anderen, daß sein Fühlen und seine Erfahrungen nicht der Beachtung und Anteilnahme wert sind oder daß der andere nicht fähig ist, sich konstruktiv zu verhalten. Der Helfer selbst ist der einzige Bezugspunkt der Wertung.

Stufe 2: Der Helfer reagiert auf den Gesprächspartner mit wenig Achtung und Respekt für dessen Fühlen, dessen Erfahrungen und dessen Möglichkeiten. Zum Beispiel antwortet der Helfer mechanisch oder passiv oder ignoriert viele Gefühle des anderen.

Stufe 3: Der Helfer zeigt Achtung und Respekt für das Fühlen, die Erfahrungen und die Möglichkeiten des Gesprächspartners. Zum Beispiel vermittelt er dem anderen Achtung und Respekt für die Art und Weise, in der der andere über sich spricht und in der dieser konstruktiv seine Lebenssituation meistert. Stufe 3 stellt die Minimalstufe von förderlichem zwischenmenschlichem Verhalten dar.

Stufe 4: Der Helfer zeigt deutlich Respekt und Sorgen für den anderen. Zum Beispiel befähigen die Äußerungen des Helfers den anderen, sich als Mensch frei zu fühlen, er selbst zu sein, und zu erfahren, als eine Person geachtet zu werden.

Stufe 5: Der Helfer zeigt sehr hohe Achtung und Wärme für den anderen, für dessen Werte als Mensch und für dessen Möglichkeiten als freie Person. Zum Beispiel bemüht sich der Helfer in sehr tiefer Weise um die menschlichen Möglichkeiten des anderen. Er ist insgesamt in vollem Einsatz für den anderen und voll überzeugt von dessen Wert als Mensch.

Eine weitere Beschreibung und Veranschaulichung von Achten-Wärme-Sorgen gibt die Skala von Charles Truax (1962). Sie betont stark den Wert von Achtung und Wärme, die nicht an Bedingungen gebunden sind. Wir haben die Skala etwas gekürzt und die Worte Psychotherapeut und Klient durch helfende Person und Gesprächspartner ersetzt.

Nicht an Bedingungen gebundene positive Wertschätzung und emotionale Wärme einer helfenden Person

„Allgemeine Definition: Nicht an Bedingungen gebundene Wertschätzung und Wärme ist in hohem Ausmaß vorhanden, wenn eine helfende Person mit Wärme das akzeptiert, was der Gesprächspartner erlebt und äußert, ohne ihre Akzeptierung und Wärme von Bedingungen abhängig zu machen. Ein niedriges Ausmaß liegt vor, wenn die helfende Person ihren Gesprächspartner oder dessen Gefühle wertet, Abneigung oder Mißbilligung ausdrückt oder ihre Wertschätzung und Wärme in selektiv bewertender Weise äußert."

„So würde auf dieser Skala ein warmes positives Fühlen der helfenden Person zum Partner niedrig eingeschätzt werden, wenn die Wärme an Bedingungen gebunden gewährt wird. Nicht an Bedingungen gebundene positive Wertschätzung und Wärme für den Partner weist im allgemeinen eine Akzeptierung des Partners als einer Person mit humanen Qualitäten auf. Es schließt ein nicht-besitzergreifendes Sorgen für den Partner als einer eigenständigen Person ein und eine Bereitschaft, an den Erlebnissen des Partners – Freude, Depression, Enttäuschungen oder Bemühungen – Anteil zu nehmen. Es schließt eine Wertschätzung des Partners als einer Person ein, ohne daß sein Verhalten oder seine Gedanken bewertet werden. Nicht an Bedingungen gebundene positive Wertschätzung und emotionale Wärme in seinem höchsten Ausmaß schließt ein nicht-besitzergreifendes Sorgen für den Partner als einer autonomen Person mit der Erlaubnis ein, seine eigenen Gefühle und Erfahrungen zu haben, ein Wertschätzen des Partners für ihn selbst, ungeachtet seines Verhaltens.

Es ist nicht notwendig und würde auch unerwünscht sein, wenn die helfende Person wahllos den Partner in allem bestärken würde, indem sie etwa Gedanken und Verhaltensformen zustimmt, die von der Gesellschaft mißbilligt werden. Nicht an Bedingungen gebundene positive Wertschätzung und Wärme ist vorhanden, wenn die helfende Person diese Gefühle und Verhaltensformen in ihrer Bedeutung für den Partner würdigt und ein nicht-besitzergreifendes Sorgen für ihn zeigt, jedoch nicht für sein Verhalten. Die Äußerungen der helfenden Person auf Gedanken oder Verhaltensformen des Partners sind ein Suchen, welche Bedeutung oder Werte diese für den Partner haben, und niemals eine Äußerung von Beifall oder Mißbilligung." (Truax, 1962).

Stufe 1: Die helfende Person bietet aktiv Ratschläge an oder zeigt klar negative Wertschätzung. So mag sie dem Partner sagen, was das „Beste" für ihn sei, oder sie mag auf andere Weise seinem Verhalten entweder zustimmen oder es mißbilligen. Die helfende Person urteilt nach ihren eigenen Wertmaßstäben. Die helfende Person glaubt, daß sie für den Partner verantwortlich sei. Beispiel:

Klientin: „Und ich weiß nicht, ich weiß nicht, was für ein Job mir angeboten wird. Aber –"
Helfer: „Es wäre wohl nicht der beste auf der Welt."
Klientin: „Ich bin sicher, daß es so kommen wird, aber –"
Helfer: „Aber wenn Sie sich nicht entschließen können, einige dieser unerfreulichen Dinge zu schlucken – Sie müssen es durchstehen, Sie w e r d e n es durchstehen (Klientin: „Ja, ich weiß, ich werde") – und Sie werden hier herauskommen."
Klientin: „Gewiß, ich w e i ß schon, daß ich es tun muß, ich stehe im Begriff, es zu tun. Aber – es ist schrecklich leicht für mich, Doktor, in mein Schneckenhaus zu kriechen – ich überwintere. Ich kann mich eben zu nichts aufraffen."
Helfer: „Das ist Ihr Fehler." (streng)
Klientin: „Sicher, das weiß ich. – (Pause) Aber es scheint, wie wenn immer ich – hier ist's – immer wenn ich soweit komme, aktive Pläne für mich zu machen, dann sagen sie, ich sei anmaßend. Ein –"
Helfer: „Mit anderen Worten, man kritisiert Sie (Klientin: „Ja."). So zieht sich unsere zarte kleine Dame dann in ihr Schneckenhaus zurück. (Klientin: „Ja.") Wenn sie Pfeile auf mich schießen, ziehe ich mich eben zurück und komme nicht heraus."
Klientin: „So ist es."
Helfer: „Und das ist eben schlecht." (schnell)
Klientin (nach einer Pause): „Aber warum lassen sie mich nicht ein bißchen Pläne machen? Warum? Jetzt gerade nehme ich –"
Helfer: „Weil viele Leute Sie hier überhaupt nicht gut kennen. Und weil die Leute im allgemeinen – gelegentlich – Sie müssen daran denken, daß sie töricht sein könnten. Sie auch. Ich meine, Sie sind gelegentlich töricht, warum sollten es die andern Leute nicht auch sein." (Klientin: „Aber s o häufig –") Warum sollten es die andern nicht? Ich meine, Sie sind eine intelligente Person und sind töricht. Nun, warum wollen Sie nicht glauben, daß andere intelligente Leute auch töricht sein können?"

Stufe 2: Die helfende Person antwortet dem Partner mechanisch und zeigt damit zusammenhängend wenig positive Wertschätzung und Wärme und vor allem geringe bedingungslose Wertschätzung und Wärme. Die helfende Person ignoriert etwa den Partner oder sein Fühlen und zeigt einen Mangel an Zuwendung und Interesse für den Partner, während eine Äußerung von bedingungsloser positiver Wertschätzung angemessen wäre. Vollkommene Passivität zeigt meist einen Mangel an Wertschätzung und Wärme. Beispiel:

Klientin (seufzend): „Manchmal bekomme ich einen Druck im Kopf, und das ist –, wenn ich einfach die Kontrolle über mich verliere. Ich kann nicht –"
Helfer: „Sie wissen kaum, was Sie dann tun. Ist es das?"
Klientin: „Nein, ich weiß es nicht."
Helfer: „Es kommt Ihnen so vor, es ist nicht Ihre Schuld, die Art, wie Sie sich fühlen, was Sie tun (Pause) –, wenn Sie so sind?"

Stufe 3: Die helfende Person läßt ein positives Sorgen für den Partner erkennen. Aber es ist ein halbwegs besitzergreifendes, verpflichtendes Sorgen in dem Sinne, daß sie dem Partner zu verstehen gibt, daß alles, was er tut oder nicht tut, auch ihr, der helfenden Person etwas bedeutet. So sagt sie etwa: „Es ist nicht gut, wenn Sie unmoralisch handeln" „Ich möchte gern, daß Sie im Beruf vorankommen" oder „Es ist mir wichtig, daß Sie mit dem Personal des Krankenhauses zurechtkommen". Die helfende Person glaubt, daß sie selbst f ü r den Partner verantwortlich sei. Beispiel:

Klient: „Ich – man haßt gewissermaßen, etwas aufzugeben, von dem – wissen Sie – aus dem man etwas gemacht hat. Und nun tatsächlich, es läuft darauf hinaus, wenigstens – sagen wir – eine Arbeit für jemand anders zu machen."

Helfer (enthusiastisch): „Gut! Ja, warum machen wir es nicht so, daß ich Ihnen sozusagen etwas Hausarbeit aufgebe? Wenn Sie dann an den Wochenenden nach Hause gehen, sprechen Sie mit Ihrer Frau darüber, denken Sie selbst über alle genauen spezifischen Möglichkeiten nach, indem Sie den Ort berücksichtigen und die Jahreszeit und – was Sie tun können und ähnliche Dinge. Nachher können wir es hier durchsprechen und wirklich ernsthaft etwas tun und nicht nur über Pläne sprechen."
Klient (unterbrechend): „Ja, ich hatte wirklich – ich glaubte fast, soweit zu sein. Aber etwas hält mich zurück. Die Jahreszeit ist es nicht, und ich weiß nicht, ob es gut für mich ist oder nicht. Aber ich –"
Helfer: „Gut, aber wenigstens diese kommenden Monate können wir ausnutzen, wenigstens zu versuchen, etwas auf die Beine zu stellen, oder?"

Stufe 4: Die helfende Person läßt deutlich tiefes Interesse und Zuwendung am Ergehen des Partners erkennen. Sie äußert eine nicht-bewertende und nicht an Bedingungen gebundene positive Wertschätzung und gefühlsmäßige Wärme zum Partner in nahezu allen Äußerungen. Obwohl etwas an Bedingungen gebundene Anerkennung und Wärme in den mehr persönlichen und privaten Gebieten bleibt, hat der Partner die Freiheit, er selbst zu sein und geschätzt zu werden, so wie er ist. So sind Bewertungen der Gedanken und des Verhaltens meist nie vorhanden. Nur in sehr persönlichen Bereichen bindet die helfende Person ihre Wertschätzung und ihre Wärme an Bedingungen: Sie gibt etwa dem Partner zu verstehen, daß er sich verhalten könne, wie er wolle. Daß es ihr aber wichtig erscheine, daß er selbständiger würde oder daß er keine Rückschritte in der Psychotherapie mache oder daß er ihre Person akzeptiere und sie gerne aufsuche. Auf allen andern Gebieten jedoch zeigt die helfende Person gegenüber dem Partner nicht an Bedingungen gebundene positive Wertschätzung und Wärme. Die helfende Person fühlt sich dem Partner verantwortlich. Beispiel:

Helfer: „Ich bin sehr froh, daß Sie gekommen sind. Ich fürchtete, Sie würden nicht kommen. – Ich hatte alles vorbereitet, aber ich fürchtete, Sie würden nicht kommen." (Pause)
Klient: „Was – würden Sie dann von mir gedacht haben? – Ich glaube, ich hätte vielleicht nicht kommen sollen, aber ich tat es dann doch."
Helfer: „Ist es das, daß Sie sich fragen: ‚Warum oder wozu?' Sie fühlen ein wenig, daß Sie vielleicht nicht hätten kommen sollen. Oder Sie wissen nicht, ob Sie kommen sollten oder nicht kommen sollten? Da ist so etwas wie ein ungutes Gefühl, das Sie veranlassen könnte, nicht herkommen zu wollen? Ich weiß nicht, ob ich das richtig verstanden habe. Aber – wenn Sie sich sehr unwohl fühlen, dann – ich weiß nicht – ist es irgendwie so?"

Stufe 5: Die helfende Person läßt ohne Einschränkung eine nicht an Bedingungen gebundene Wertschätzung und Wärme erkennen. Sie hat eine tiefe Achtung vor dem Partner als einer Person von Wert und vor seinen Rechten als freies Individuum. Hierbei ist der Partner frei, er selbst zu sein, auch wenn das bedeutet, daß er in der Psychotherapie Rückschritte macht, Verteidigungshaltungen zeigt, den Helfer nicht mag oder ablehnt. Die helfende Person sorgt in tiefer Weise für den Partner, unabhängig, welche Wahl des Verhaltens der Partner trifft. Es ist eine Fürsorge und Wertschätzung für den Partner mit seinen menschlichen Gegebenheiten. Die echte und tiefe Fürsorge hängt nicht zusammen mit Wertungen des Verhaltens des Partners oder seiner Gedanken. Die helfende Person ist bereit, in gleicher Weise an Freuden und Wünschen wie an Niedergeschlagenheit und Versagen des Partners teilzuhaben. Die einzige Einengung durch den Helfer entsteht aus der Notwendigkeit, daß der Partner über für ihn persönlich bedeutsame Inhalte spricht. Beispiel:

Klient: „Nicht die mindeste Hoffnung. Ich dachte, niemand kümmert sich wirklich um mich, und ich selbst kümmerte mich nicht um mich. Und ich dachte ernsthaft an Selbstmord. Wenn es einen Weg gegeben hätte, mit allem völlig Schluß zu machen und eben nicht zu einer zusätzlichen Belastung zu werden, hätte ich Selbstmord begangen. So runter war ich. Ich mochte nicht mehr leben. Wirklich – ich hoffte beim Einschlafen, am nächsten Morgen nicht wieder aufzuwachen, weil ich wirklich fühlte, daß sich das Leben nicht mehr lohnte. Jetzt glaube ich tatsächlich, daß dieses Mittel, das Sie mir geben, mir eine Menge hilft. Ich denke – ich denke, es ist ein Mittel, das mir wirklich gut tut."

Helfer: „Mhm. Aber Sie sagten, Herr ..., daß während jener Zeit Sie das Gefühl hatten, als ob sich überhaupt niemand darum kümmert, was aus Ihnen wurde?!"

Klient: „Und nicht nur das. Vielmehr haßte ich mich selbst so, daß ich meinte, daß ich es nicht verdiente, jemanden zu haben, der sich um mich kümmerte. Ich haßte mich so, daß ich nicht nur fühlte, daß es niemanden gab, sondern auch überhaupt keinen Grund sah, warum sie sich um mich kümmern sollten."

Helfer: „Ich glaube, daß ich es jetzt etwas verstehe. Ich fragte mich immer schon, warum Sie andere Menschen nicht an sich herankommen ließen. Sie ließen es nicht zu, daß irgend jemand sich um Sie kümmerte."

Achten-Wärme-Anteilnahme eines Helfers in der Wahrnehmung des Partners. Erfährt ein Gesprächspartner den Helfer als achtungsvoll-warm-anteilnehmend, dann bejaht er die nachfolgenden Feststellungen (Barrett-Lennard, 1962; Lorr, 1965):

Sie (die helfende Person) achtet und respektiert mich. Sie empfindet echte Zuneigung zu mir. Sie ist besorgt um mich. Sie ist freundlich und voller Wärme zu mir. Ich fühle, daß sie mich wirklich schätzt. Sie ist ehrlich an mir interessiert. Ich fühle mich bei ihr frei, das zu sagen, was ich denke.

Geringe Achtung-Wärme-Anteilnahme einer helfenden Person dagegen wird vom Gesprächspartner etwa derart erfahren:

Sie (die helfende Person) wirkt distanziert und kühl. In unserer Beziehung ist zuviel Abstand und Distanz. Ich fühle mich geringschätzig von ihr behandelt. Ich fühle, daß sie mich nicht anerkennt und achtet. Ich habe den Eindruck, daß sie sich ziemlich erhaben über mich fühlt. Sie ist gleichgültig mir gegenüber. Manchmal empfindet sie Geringschätzung und Verachtung für mich. Sie hat mich nicht gern. Sie ist jemand, mit dem man schwer warm werden kann.

Bejahen Gesprächspartner die zuerst genannten Feststellungen und verneinen die nachfolgend genannten, dann ist dies gemäß den Untersuchungsbefunden e i n e Bedingung für günstige Erfahrungen und Wandlungen der Partner in Gesprächen (z. B. Barrett-Lennard, 1962; Lorr, 1965; Rudolph, 1975).

Die uneingeschränkte Achtung-Wärme-Anteilnahme einer helfenden Person empfindet ein Gesprächspartner etwa in folgender Weise (Barrett-Lennard, 1962): Ob ich zufrieden oder unzufrieden mit mir selber bin, ändert nichts an der Art, wie sie/er mir gegenüber fühlt. Ihre/Seine Gefühle zu mir hängen nicht davon ab, wie ich ihr/ihm gegenüber empfinde. Ihre/Seine Haltung mir gegenüber bleibt dieselbe: Sie/Er ist nicht das eine Mal zufrieden mit mir und das andere Mal voller Kritik oder unzufrieden. Ob ich guter Dinge bin oder aufgebracht, läßt ihn/sie nicht mit mehr oder weniger Achtung von mir denken. Ob die Gedanken oder Gefühle, die ich ausdrücke, „gut" oder „schlecht" sind, macht keinen Unterschied in seinem/ihrem Fühlen zu mir.

Bei einer derart uneingeschränkt erfahrenen Achtung-Anteilnahme durch eine helfende Person kann der Gesprächspartner sich frei fühlen, sich selbst zu erforschen und dies zu äußern, auch die ungünstigen und unangenehmen Aspekte seiner Person. Dagegen hindert eingeschränkte Achtung-Wärme, die an Bedingungen gebunden ist, etwa an ein bestimmtes „Wohlverhalten", den Gesprächspartner am vollen Erforschen seiner Person und an einem vollen Ausdruck seines Fühlens.

Die folgenden Erlebnisäußerungen veranschaulichen die Erfahrungen von Gesprächspartnern mit achtungsvollen-warmen-sorgenden Psychologischen Helfern und Gruppenmitgliedern. „Für mich war es unheimlich beeindruckend, wie geborgen ich mich in dieser Gruppe völlig fremder Menschen sehr schnell fühlen konnte. Es fielen durch die Zuwendung, die ich erhielt, jahrelange Verkrampfungen, „Masken" von mir ab, und ich hatte zum ersten Mal das Gefühl, mich ganz frei und ungezwungen geben zu können und dabei vollkommen akzeptiert zu werden. Vorurteile, die ich zunächst gegen andere gehabt hatte, bauten sich ab. Besonders frappierend war das im Verhältnis zu Joachim: Spontan Ablehnung und Aggression – gegenseitig – und am 2. Tag die Möglichkeit, sich gegenseitig zu akzeptieren."

„Die Helferin strahlte Herzlichkeit aus. Ich habe erkannt, was das für mich für eine Bedeutung hat. Ich leide oft darunter, daß ich das anderen nicht geben kann. Und die Bedeutung von Körperkontakt gleichsam als Therapie wurde mir bei ihr deutlich."

„Ich fand beide Helfer sympathisch. Ich wußte erst gar nicht, daß es die Leiter sind. Erst als sie in der Gruppe waren, merkte ich: Mensch, die leiten das hier. Das fand ich gut. Ihre Teilnahme fand ich gut. Sie waren Gruppenmitglieder und wurden auch als solche betrachtet. Sie waren sehr angenehm und hilfreich. Wenn es zu hart war, haben sie sehr sensibel reagiert und Äußerungen gemacht, die viel aufgefangen haben."

„Die Anteilnahme der Gruppenmitglieder hat mir Freude und etwas Selbstvertrauen gegeben. Ich fühlte mich am Ende akzeptiert. Die freien Meinungs- und Gefühlsäußerungen vieler Mitglieder haben mich sehr angeregt. Ich habe sehr viel Mut gesammelt und kann heute besser und häufiger meine positiven und negativen eigenen Gefühle ausdrücken. Allen in meiner Gruppe fühle ich mich dankbar verbunden."

„Am Sonntag war ich sehr durcheinander und verwirrt. Ich fühlte mich unheimlich allein, und es ging mir sehr dreckig. So ziemlich auf dem Höhepunkt, wo ich nicht mehr weiter wußte, kam ein Mädchen auf mich zu, nahm mich in den Arm und sprach zu mir, ging mit mir spazieren. Dieses Erlebnis war für mich völlig neu, daß ein Mensch auf mich zukommt und mich so einfach akzeptiert. Und dieses Erlebnis war sehr schön für mich und half mir aus diesem Tief herauszukommen."

„Als eine in der Gruppe mich fragte, was ich sagen möchte, da konnte ich ganz frei über meine Ängste, Eheschwierigkeiten sprechen. Ich hatte nie erwartet, daß mir diese Aussprache so ein großes Gefühl der Befreiung geben konnte. Vor allem die Anteilnahme meiner Gruppe an meinem Schicksal hat mir ein Gefühl gegeben, nicht allein zu sein."

„Ich fühlte mich während der gesamten Gruppentherapie nicht alleingelassen oder isoliert. Und damit war für diesen Zeitraum ein Teil meiner Probleme nicht mehr vorhanden."

„Als ein Gruppenmitglied, das ich gerne mochte, den Arm um mich legte, fühlte ich mich glücklich. Ein Gefühl, das ich in meinem Leben wenig erlebt habe."

„Es war so wichtig für mich, in der Gruppe einen Menschen zu spüren, ihn körperlich zu spüren. Seit meiner Kindheit klopft man mir auf die Finger und sagt: ‚Faß mich nicht an!'

Auch hier an der Universität darf ich nichts anfassen, nichts entdecken. Im Berufsleben war es leider auch nicht besser. Manchmal bleiben mir nur Wut, Verzweiflung und Tränen."

„Als Du am Telefon zu mir sagtest, daß Du mich magst, hat mir das geholfen. Das heißt nicht, daß ich das von Dir immer wissen muß. In dem Augenblick hat mir das so gut getan, weil ich mich in meiner ganzen Situation zu Hause so unsicher fühlte."

Folgende Erfahrungen und Vorgänge werden beim Gesprächspartner durch Achten-Wärme-Sorgen eines Helfers gefördert, wenn er echt und zumindest teilweise einfühlend verstehend erlebt wird:

□ Der Gesprächspartner faßt Vertrauen zur helfenden Person und wagt es ohne Angst oder Furcht vor Nachteilen, seine persönlich bedeutsamen Erfahrungen auszusprechen, sich dem anderen zu öffnen. Dies ist förderlich für seine seelischen Funktionen. Er kann es wagen, sich mit den bedrohlichen, ungünstigen Aspekten seines Selbst und seinen furchterregenden Erfahrungen offener, ehrlicher und weniger verteidigend auseinanderzusetzen. Während er diese ungünstigen Erfahrungen und Aspekte seiner Person äußert, und während er seine Angst oder Beeinträchtigung unmittelbar fühlt, erfährt er Achtung-Wärme, Akzeptierung und Verständnis vom Helfer. Dies kann von einem äußeren Gesichtspunkt aus als sog. Gegenkonditionierung bezeichnet werden. Die Hoffnungslosigkeit, die Angst und die Spannungen des Partners vermindern sich sowohl allgemein als auch bei der Vorstellung von speziellen bedrohlichen Situationen oder Personen. „Für mich war entscheidend das Gefühl, von einem Mädchen akzeptiert zu werden, dem ich von meinen sexuellen Schwierigkeiten erzählt hatte. Und auch die Angst vor anderen Mädchen ging zurück." In Gruppengesprächen sind die Auswirkungen von Achtung-Wärme besonders bedeutsam, da der Gesprächspartner sie hier von mehreren Personen erhält und nicht nur von einer einzigen, wie in psychotherapeutischen Einzelgesprächen.

□ Die Selbstachtung, das Selbstwertgefühl, das Selbstvertrauen, die Selbstakzeptierung und das Selbstkonzept des Gesprächspartners – sämtlich bedeutsame Einstellungen und Vorgänge – werden erheblich durch Achtung-Wärme des Helfers gefördert. Dadurch, daß der Gesprächspartner Achtung und Akzeptierung von dem Helfer und den Gruppenmitgliedern erfährt, akzeptiert, achtet und mag er sich selbst zunehmend mehr. Dies ist sehr wichtig. Denn Personen in seelischen Schwierigkeiten und Krisen haben meist sehr geringe Selbstachtung (z. B. Waldschmidt, 1957) und ein großes Bedürfnis nach Achtung und Anerkennung von anderen. Diese geringe Selbstachtung und Selbstakzeptierung veranschaulichen die folgenden Äußerungen, am Anfang eines psychotherapeutischen Gespräches: „Ich kann mir nicht vorstellen, daß mich irgend jemand gern haben mag. Ich ekle mich vor mir, ekle mich vor dem, was ich sage. Und ich kann es nicht glauben, daß Sie sich nicht davor ekeln." Die Achtung-Wärme des Helfers und der Gruppenmitglieder gegenüber dem Partner ist gleichsam eine Bestätigung der Person des anderen. Sie lassen ihn erfahren: Ich stehe zu Dir. Ich bejahe Dich. Ich sehe Dich als wertvoll an. Durch größere Selbstachtung und günstigeres Selbstkonzept wird der Gesprächspartner seelisch funktionsfähiger, seelisch weniger gelähmt, zufriedener mit sich selbst. Sein Fühlen von Bedrohung, Hoffnungslosigkeit, Angst und Spannungen, die mit dem gefühlten geringen Wert seiner Person zusammenhängen, vermindern sich. Er wagt es mehr, sich mit sich selbst, den furchterregenden Aspekten seiner Person, auseinanderzusetzen.

□ Der Gesprächspartner braucht keine Anstrengungen zu machen, sich besonders darzustellen, Teile seiner Person zu verschweigen oder sich zu verteidigen, um Achtung und Akzeptierung zu erlangen. Er erfährt diese Achtung, wenn er so ist, wie er ist.

□ Durch die Achtung-Wärme wird der Gesprächspartner ermutigt, seine persönlichen Schwierigkeiten trotz fehlender Ratschläge, Lenkungen und Empfehlungen in Angriff zu nehmen. Er nimmt den Helfer nicht als passiv, sondern in hohem Maße als anteilnehmend und um ihn sorgend wahr.

□ Der Gesprächspartner erlebt keine erniedrigende Abhängigkeit vom Helfer. Es gibt keine unklaren, ungünstigen affektiven Beziehungen zwischen Helfer und Partner. Es besteht ein Beziehungsverhältnis auf gegenseitiger persönlicher Achtung und Zuwendung.

□ Der Gesprächspartner erfährt, wenn auch zunächst nur vom Helfer und den Gruppenmitgliedern, daß er eine Person von Wert ist. Und daß er zumindest mit diesen Personen in eine freie zwischenmenschliche Beziehung kommen kann. Er erfährt unmittelbar befriedigende menschliche Zuwendung und Nähe. Seine Furcht, sich anderen Menschen zu nähern, vermindert sich. Vertrauen, offenes Entgegenkommen und menschliche Wärme lösen in ihm ein ähnliches Fühlen gegenüber diesen und zum Teil anderen Personen aus. Diese Erfahrungen und diese Wahrnehmungen guter zwischenmenschlicher Beziehungen unter den Mitgliedern regen ihn an, ebenfalls zu anderen befriedigendere freie zwischenmenschliche Beziehungen zu leben.

Insgesamt fördert Achten-Wärme-Sorgen einer helfenden Person zusammen mit den beiden anderen hilfreichen Haltungen wesentliche seelische Funktionen des Gesprächspartners. Achtung-Wärme ist umgekehrt (invers) zu dem, was einst erheblich zu den Beeinträchtigungen einer Person beitrug: Erfahrene Geringschätzung-Kälte-Mißachtung durch andere Menschen. Achten-Wärme-Sorgen ist gleichsam das seelische Klima, in dem bei weiteren förderlichen Bedingungen persönliches Lernen, Gemütsbewegungen und günstige Wandlungen der Persönlichkeit sehr wahrscheinlich sind. Geringes Achten-Wärme-Sorgen verhindern die Selbstöffnung und Selbstauseinandersetzung eines Partners. Sie führen oft zur Zunahme von Angst und Unruhe, zur Zunahme seelischer Lähmung, Erstarrung, Leere, zur Zunahme von Spannung und Versteifung, zur Verminderung von Selbstachtung, vermehrten Verteidigungsreaktionen, vermehrter Vermeidung der Nähe zu anderen Menschen.

Untersuchungsbefunde zur Auswirkung von Achtung-Wärme von Helfern auf den Gesprächspartner. Wir möchten hier nur einige Untersuchungen anführen:

□ 50 Klienten gaben nach jedem Psychotherapeutischen Einzelgespräch ihre Empfindungen während des Gespräches in einem Fragebogen an. Das Verhalten der Psychotherapeuten wurde anhand von Tonaufnahmen durch Beurteiler eingeschätzt und mit den Empfindungen der Klienten in Zusammenhang gebracht. Einige Ergebnisse: Die Klientenerfahrung „So wie das Gespräch heute lief, hat es mich befriedigt" hing bereits im ersten Gespräch mit innerer Anteilnahme-Interesse-Sorgen-Wertschätzung-Wärme des Psychotherapeuten zusammen, ferner mit seiner partnerschaftlichen Zusammenarbeit, mit seiner inneren Beteiligung, seiner echten Interessiertheit und seinem aktiven Bemühen-Nachdenken-Anstrengen. In den späteren Gesprächen hingen z. B. die Klientenerfahrung „Im heutigen Gespräch erschienen mir einige meiner Probleme im neuen Licht" sowie „Ich bin mit dem Gespräch zufrieden" mit der inneren Beteiligung des Psychotherapeuten sowie mit seiner gefühlsmäßigen Zuwendung zum Klienten zusammen (Eckert, Schwartz u. Tausch, 1977).

□ Über 100 Klienten gaben nach jedem psychotherapeutischen Einzelgespräch auf Fragebogen ihre Empfindungen an. Ferner schätzten sie ihren Psychotherapeuten ein. Ergebnis: Wurden die Psychotherapeuten von ihren Klienten als persönlich gefühlsmäßig ansprechbar und wenig fordernd wahrgenommen, so erlebten die Klienten Gefühle der Erleichterung und des Zutrauens. Wurden die Psychotherapeuten als gefühlsmäßig unansprechbar, ungewiß und eher fordernd wahrgenommen, so erlebten die Klienten Einengung, Niedergeschlagenheit, Ängstlichkeit oder Ärger. Insgesamt empfanden die Klienten günstige Gefühle, wenn sie bei dem Psychotherapeuten ebenfalls günstige Gefühle zu ihnen wahrnahmen. Und sie erfuhren ungünstige Gefühle, wenn sie ein ungünstiges Fühlen bei dem Psychotherapeuten empfanden. Interessanterweise unterschätzten die Psychotherapeuten die günstigen Auswirkungen ihres eigenen Fühlens auf den Klienten (Howard, Orlinsky u. Hill, 1970). –

Diese beiden Befunde sind von großer Bedeutung für alltägliche Gespräche mit Mitmenschen. Ist eine Person gegenüber einem anderen im Gespräch distanziert, teilnahmslos, passiv, geringschätzend und kalt, so bewirkt sie bei dem anderen eine Zunahme von innerer Unsicherheit, von inneren Spannungen und von Unbefriedigtsein mit dem Gespräch. Lebt dagegen eine Person Achten-Wärme-Sorgen in einem wenn auch kurzen Gespräch, so fördert sie in dem anderen innere Ruhe, körperliche Entspannung, Selbstvertrauen, Selbstachtung sowie Befriedigtsein mit dem Gespräch. Je nachdem, wie wir mit einem Partner sprechen, mit welchem Ausmaß von Achtung-Wärme, lösen wir in ihm „heilende" oder „krankmachende" Vorgänge aus.

Wenn Achtung-Wärme des Helfers günstige Erfahrungen und Vorgänge im Partner unmittelbar im Gespräch auslöst, so ist es naheliegend: *Achtung-Wärme hängt mit günstigen Wandlungen einer Person am Ende von Gesprächen zusammen.* Dies wurde in Untersuchungen bestätigt, wobei allerdings Achtung-Wärme nicht von den beiden anderen förderlichen Haltungen getrennt ist. Im folgenden einige der vielen Untersuchungsbefunde:

□ Klienten, die sich auf Grund von Tests deutlich günstig am Ende der Einzelpsychotherapie geändert hatten, hatten Psychotherapeutische Helfer mit mehr

Wertschätzung und Wärme als Klienten mit geringen oder keinen Änderungen. Achtung und Wärme der Psychotherapeuten wurden anhand von Tonbändern durch Beurteiler eingeschätzt (Halkides, 1958).

□ Klienten, die am Ende der Einzelpsychotherapie in Tests günstige Persönlichkeitsänderungen aufwiesen, nahmen ihre Psychotherapeuten als mehr wertschätzend-warm und als mehr uneingeschränkt achtungsvoll wahr, im Vergleich zu Klienten mit geringeren Änderungen (Barrett-Lennard, 1962).

□ Die günstigen Änderungen bei mehreren hundert Klienten, die Psychotherapie von Psychotherapeuten unterschiedlicher, meist psychoanalytischer Orientierung erhielten, hingen mit einem einzigen Bereich des Psychotherapeutenverhaltens zusammen: Mit positiver Wertschätzung und emotionaler Wärme (Lorr, 1965; Strupp u. a., 1964). Kritisch-unfreundliches Verhalten von Psychotherapeuten dagegen führte eher zu einer Zunahme der Beeinträchtigungen der Klienten, z. B. „Er vermittelt mir den Eindruck, daß er mich nicht gern hat." „Er wird ungeduldig, wenn mir Irrtümer unterlaufen." „Er ist kritisch und nicht leicht zu beeindrucken und zu überzeugen." „Er verhält sich, als wäre ich dumm und wenig interessant." „Er ist selbstzufrieden und überlegen, als ob er alle Antworten weiß."

□ Die verschiedenen Besserungswerte von 55 Klienten am Ende der Einzel-Gesprächspsychotherapie hingen zusammen mit Anteilnahme-Wärme des Psychotherapeutischen Helfers, seinem aktiven Bemühen und seiner Beteiligung am Gespräch (Minsel, Langer, Peters u. Tausch, 1973).

□ Deutlich gebesserte Klienten der Einzel-Gesprächspsychotherapie hatten Psychotherapeuten mit größerer innerer Beteiligung, Anteilnahme, Interessiertheit, Sorgen, Wertschätzung und Wärme als Klienten mit geringen oder keinen Änderungen (Schwartz u. a., 1978). Hierbei wurde das Psychotherapeutenverhalten durch Beurteiler anhand von Tonaufnahmen eingeschätzt.

Zahlreiche weitere Untersuchungen zur Auswirkung von Achtung-Wärme etwa von Erziehern, Lehrern oder Arbeitsgruppenleitern auf wesentliche seelische Funktionen einschließlich der kognitiven Leistungsfähigkeit der Gesprächspartner haben wir ausführlich in einem anderen Buch dargestellt (Tausch u. Tausch, 1977a).

Einige weitere Gesichtspunkte zum Achten-Sorgen-Anteilnehmen einer helfenden Person: □ Die Person des Partners zu achten und dessen Fühlen als vorhanden zu akzeptieren und seine Auseinandersetzung hiermit zu fördern, ist keine Billigung oder Bekräftigung dessen, was der Partner fühlt oder tut.

□ Achten, Sorgen und warmes Zuwenden der helfenden Person zum Fühlen des Gesprächspartners hat nichts mit Passivität oder Gleichgültigkeit zu tun. Im Gegenteil: Der Helfer wird häufig tief persönlich gefühlsmäßig berührt. Er ist ferner intensiv bemüht, die innere Welt des anderen zu verstehen und sie ihm mitzuteilen, ohne ihn hierbei durch eigene Werte oder Vorurteile zu beeinflussen.

□ Das Achten-Sorgen-Anteilnehmen der helfenden Person ist erheblich unterschiedlich von konventioneller Höflichkeit oder äußerer Freundlichkeit.

□ Die Haltung des Achtens-Sorgens und Anteilnehmens einer helfenden Person kann sich gegenüber verschiedenen Personen und in verschiedenen Situationen vielfältig ausdrücken, z. B. in akzeptierenden Äußerungen, in intensivem Zuhören, in dem Bemühen, den anderen zu verstehen, in tröstender Berührung, in Umarmung oder in fürsorglichen Maßnahmen. In Einzelgesprächen sind diese Möglichkeiten wesentlich eingeschränkter als in Gruppengesprächen.

□ Anteilnahme kann sich in Gruppengesprächen des öfteren in *Fragen* des Helfers oder eines Mitgliedes an den Partner ausdrücken. Diese Fragen sind oft der Beginn, daß ein eher schweigsames, verschlossenes Mitglied sich über sich selbst äußert. Ein Gruppenmitglied über seinen Helfer: „Das fand ich ganz toll von ihm, er hat mich beim Abendbrot gefragt, wie ich so lebe, wie ich mich fühle, ob ich eine Freundin habe oder ganz allein bin und so. In der Gruppe, da hab' ich kein einziges Wort vorher herausgebracht." Manche Mitglieder benötigen eine anteilnehmende Frage, um sich in der Gruppe zu äußern, um ihre Angst zu überwinden, oder ihre Befürchtung, daß es nichts Bedeutsames sei, was sie den anderen mitzuteilen hätten. Johanna zu Irene, die in einer Paargruppe in größerem Abstand zu den anderen sitzt, ohne sich zu äußern: „Wie steht es mit Dir, Irene? Fühlst Du Dich hier wohl unter uns?" Irene: „Danke, daß Du fragst. Ich bin das erste Mal in so einer Gruppe. Ich möchte mich noch ein bißchen mehr orientieren." Irene schwieg den ganzen Abend. Aber am nächsten Vormittag sprach sie als erste, und sie war hierbei gefühlsmäßig sehr beteiligt.

Unterlassen es Helfer oder Gruppenmitglieder, sich einem schweigenden Mitglied zuzuwenden, dann fühlt sich dieses Mitglied eher allein gelassen, teilnahmslos behandelt, vergessen, und kommt kaum zur Selbstöffnung. „Bei mir war ab und an die Bereitschaft da, etwas zu sagen. Ich dachte oft: Wenn sie bei mir nur mal nachhaken würden. Manchmal war ich so traurig, war ich mir nicht sicher genug, etwas zu sagen. Ich brauchte jemanden, der das verstanden hätte, der nachgehakt hätte. Schließlich habe ich es dann geschafft." „Die Helferin, da war ich zeitweise der Meinung, daß sie durch mehr Auffordern hätte helfen können. Mir hätte es geholfen, wenn sie zu mir gesagt hätte: ‚Du hast noch nichts gesagt, sag' mal was'." Ein Teilnehmer, der aufgrund der Teilnahmslosigkeit der Mitglieder und eines Helfers die Gruppe verließ: „Ich wollte ansich am Abend des ersten Tages noch nicht gehen. Ich setzte mich dann zu dem Helfer, der das Technische aller Gruppen machte, und der in der Eingangshalle saß. Ich erzählte ihm, daß es mir nicht gut gefällt. Er sagte nicht viel und fragte mich auch nicht weiter. Ich fragte ihn, ob es ein Verbrechen sei, nach Hause zu fahren. Er sagte nichts weiter, und ich habe dann nicht lange überlegt und bin weggegangen." „Dem Helfer schien alles egal zu sein." „Die Helfer meiner Gruppe waren zu wenig beteiligt und zu zurückhaltend."

Anteilnehmende Fragen, die das *Fühlen* des Partners in wichtigen Bereichen ansprechen, sind für seine Selbstöffnung und Selbstauseinandersetzung sehr bedeutsam. „Wie stehst Du zu seiner Frau?“ „Liebst Du Deine Kinder?“ „Hast Du mit Deiner Frau darüber gesprochen, wie Du Dich gefühlt hast?“ Wichtig ist bei derartigen Fragen: Sie entspringen nicht der Neugier oder dem Wunsch, den andern zu diagnostizieren oder zu analysieren. Sie entspringen der sorgenden Anteilnahme und dem Bemühen, daß der andere sich zu öffnen und über wichtige Bereiche seiner Person zu sprechen wagt. Entscheidend ist, daß der Partner die Achtung der helfenden Person spürt, daß er auf die Fragen nicht zu antworten braucht, daß er schweigen kann und darin akzeptiert wird.

□ Eine tief befriedigende gefühlsmäßige Beziehung und ein wirklich offenes freies Vertrauensverhältnis zwischen einem Psychotherapeutischen Helfer und einem Klienten im Einzelgespräch wird erleichtert, ja zum Teil erst ermöglicht, wenn der sog. Klient dem Helfer als Person vorher in einer Gruppe persönlich nahe kam. Hier konnte er ihn erfahren als eine Person, die anderen ebenfalls in echter Weise zugewandt ist, er konnte ihn kennenlernen in seinen persönlichen Haltungen und Schwierigkeiten.

□ Die Anteilnahme und das Akzeptieren eines Gesprächspartners durch die Gruppenmitglieder und z. T. durch den Helfer drückt sich auch durch das Äußern eigener positiver Gefühle dem anderen gegenüber aus. Peter in einer gefilmten Paar-Gruppe: „Naja, das ist ein Dank an Euch alle. Und auch was Margret gesagt hat, hat mir besonders geholfen.“ Giselbert zu Klaus: „Irgendwie beneide ich Dich und wünschte, ich könnte das auch so.“ Sybille zu Giselbert: „Ich hab' Dich gestern unheimlich gelöst empfunden.“ Helfer: „Ich fühle mich sehr belohnt und sehr bereichert als vorhin Rolf seine Probleme berichtet hat.“ Lu, ein pensionierter Berufssoldat der US-Marine am Ende der Gesprächsgruppe zur Helferin: „Ich habe ein Vorurteil gegen Dich gehabt. Als ich hörte, daß Du Deutsche bist, dachte ich, oh je, sie wird wie alle in langen Monologen reden. Und ich muß Dir sagen: Ich habe keine Angst vor Dir, überhaupt nicht mehr.“ Renate an Ingo: „Mich hat eben ganz toll beeindruckt, daß Du trotz Deiner großen Schwierigkeiten, die Du hast, daß Du diesen Willen hast, von dem Du eben sprachst, da jetzt wieder rauszukommen. Und das hat mich so sehr beeindruckt, weil ich – obwohl meine Schwierigkeiten glaube ich im Vergleich zu Deinen sehr viel geringer sind – diesen Willen manchmal nicht mehr aufbringe.“ Derartige Äußerungen des positiven Fühlens gegenüber einem andern fördern erheblich dessen Selbstachtung, sie ermutigen seine Person.

□ Achtung-Sorgen-Anteilnahme sowie einfühlendes Verstehen sind in Einzel- und Gruppengesprächen ein notwendiges Schonklima, eine notwendige Bedingung für persönliches Wachsen und eine Selbstentwicklung der Person. Ohne diese Bedingungen sind Gespräche meist ohne Erfolg. Die Menschen können sich nicht aus ihrer seelischen Erstarrung und Lähmung lösen. Ohne diese Bedingungen werden sie eher vermehrt beeinträchtigt. Dieses förderliche gefühlsmäßige Klima gegenseitiger Achtung und Verstehens ist in Gruppen oft sehr ausgeprägt. Viele Menschen haben dies selten oder nie erlebt. Und fast alle Mitglieder sind dankbar für dieses Klima. Aber es ist kein Treibhausklima, kein irreales oder illusionäres Klima. Denn die Teilnehmer sind meist echt und ehrlich. So treten auch Gegensätzlichkeiten und teilweise Konflikte auf. Aber in dem förderlichen Klima können sie überwunden werden. Dieses Schonklima ist „draußen" selten vorhanden. Viele Teilnehmer bemerken nach den Gruppengesprächen eher den geringen Respekt und die inhumane Behandlung, die in ihrer Umwelt herrscht. Jedoch: Ohne dieses Schonklima würden sie nicht fähig werden, sich aus ihrer gefühlsmäßigen Lähmung zu lösen. Und häufig werden sie fähig, zu denjenigen in ihrer Umwelt, die auch den Wunsch nach tieferen gefühlsmäßigen humaneren Beziehungen haben, Kontakte aufzunehmen und selbstgeöffneter, verständnisvoller und ehrlicher zusammenzuleben.

□ Personen, die berufsmäßig Psychotherapeutische Helfer werden möchten, also Psychologen, Ärzte, Pfarrer oder Sozialarbeiter, können vor oder am Beginn ihrer Ausbildung ihre Qualitäten in diesem Bereich erfahren: Sie können in intensiven Gesprächsgruppen erfahren, in welchem Ausmaß sie den Gruppenteilnehmern Achtung, Wärme, Anteilnahme und Sorgen entgegenbringen können. In welchem Ausmaß sie Sympathie und Zuneigung zu den Mitgliedern fühlen. Und in welchem Ausmaß sie von den Mitgliedern oder den Seminarteilnehmern hierin wahrgenommen werden. Diese frühzeitige Feststellung ist wichtig. Denn Achtung, Wärme und Anteilnahme kann durch Training, Techniken oder Anwendung von Wissen nicht bedeutsam entwickelt werden.

□ Wenn Lebensberatungsstellen psychotherapeutische Einzelgespräche anbieten, so ist die „Zuweisung" von Klienten an die verschiedenen Psychotherapeutischen Helfer nicht günstig. Die meisten Psychotherapeuten sind überfordert, zu jedem „zugeteilten" Klienten eine befriedigende Beziehung herzustellen. Günstiger ist es, wenn Klienten mit dem Helfer Einzelgespräche führen, dessen Achtung und Anteilnahme sie zuvor deutlich in Gruppengesprächen erfahren haben. Eine Behelfsmöglichkeit kann ferner sein, daß Klienten sich auf Grund von Videoaufnahmen und einer Persönlichkeitsbeschreibung einen Helfer auswählen.

□ Wenn Helfer in Einzel- oder Gruppengesprächen spüren, daß ihre Achtung und ihr positives Fühlen für einen Gesprächspartner zu gering sind, um diesem ein persönliches Lernen zu ermöglichen und seine seelische Erstarrung zu mindern, so sollten sie, insbesondere in Gesprächsgruppen, offen mit dem Partner darüber sprechen. Sie teilen ihm mit, daß sie sich als Helfer derzeit nicht fähig fühlen, ein hinreichendes Fühlen für den andern zu empfinden, etwas, was in ihnen selbst begründet ist. Oft wird ein solches Gespräch zu einer Klärung der Haltungen des Helfers führen. Auch dem Gesprächspartner erwächst meist aus dieser unmittelbaren Begegnung beider Personen eine befriedigende Beziehung. Ist dies nicht der Fall, wird sich der Helfer um eine andere helfende Person für den Klienten oder das Gruppenmitglied bemühen.

Einige Gesprächsausschnitte zur Veranschaulichung von Achten-Anteilnahme-Sorgen. In einem späteren Kapitel haben wir den Zusammenschnitt einer gefilmten zweitägigen intensiven Gesprächsgruppe dargestellt. Hier sind zahlreiche Situationen enthalten, in denen Helfer und Gruppenmitglieder anderen Personen gegenüber Achtung-Anteilnahme-Sorgen leben. Deshalb möchten wir hier nur einige Beispiele geben.

Marie, eine 80jährige in einer personenzentrierten Gesprächsgruppe, die zur Hälfte aus älteren und jüngeren Menschen besteht: „Das ist, weil man aus sich nicht rauskommt. Wenn man das Krams von der Seele los hat, dann ist man schon ein klein bißchen, wie soll ich sagen, leichter. Ich hätte doch mein Krams hier gar nicht erzählen brauchen. Und bei mir war es doch nur wegen meiner Unfälle, weil es bei mir nicht so ging, wie ich wollte. Trotzdem bin ich heute wieder vergnügt und lustig. – (sie wendet sich einem Gruppenmitglied zu) Aber jetzt bedrückt mich Dein Problem. Ich merke, Du hast doch ein Problem. Sag' mir das doch bitte!" Stephan, 23jährig: „Das ist – wegen meinem Vater." Marie: „Der Vater?" Stephan (weint): „Er hat einen Selbstmordversuch." Marie (tröstend): „Komm', bitte, erzähl doch weiter." Stephan (weint): „Ach, das ist schon alles." Marie: „Warum hat er es denn gemacht?" Stephan: „Beruflich." Marie: „Mhm, kann es denn auch sein, mit der Mutter? Daß die beiden sich –" Stephan: „Nein. Es geht doch gar nicht um Selbstmord. Es geht doch darum (weint), daß er gelitten hat und das nicht gezeigt hat." Marie: „Ich kann mir vorstellen, wie hart das für Dich ist."

Sophie, eine 74jährige, in einer intensiven Gesprächsgruppe mit jüngeren Teilnehmern: „Da hab' ich auch die ganze Nacht nicht geschlafen. Ich hab' gedacht, wozu lebst du noch, was hast du noch. Kostest dem Staat bloß Geld. Keiner will mich mehr haben. Wie ein altes Kleid beiseitegeschoben. Was tust du hier noch. Und auch wenn ich mal – ich hab' ja auch immer noch 'nen Garten. Aber gerade wenn ich da – ich war gerade 'ne Viertelstunde da, hab' ich ein bißchen Unkraut gejätet oder irgendwie was – dann geht mir das durch den Kopf: Wieso, wofür? Keiner will mehr was von mir haben. Dann hab' ich das weggeschmissen. Bin weggelaufen."
Klaus, 30jährig: „Du, darf ich Dir mal was sagen: Du kannst ruhig weinen, wenn Du möchtest."
Sophie: „Ja, siehst Du, das ist es ja gerade, daß ich das nicht mehr kann. Man weint innerlich, aber die Tränen sind gar nicht mehr da."
Klaus: „Ich finde das unwahrscheinlich dufte, daß Du das jetzt erzählst, den Mut dazu aufbringst."
Sophie: „Ja, ich finde das ja auch vom Michael so – den Mut, daß er von seinem Problem so frei gesprochen hat. Ja und mein Problem, was ich jetzt spreche, ich glaube, das haben wir alle durchgemacht. Also, ich fühlte mich vollkommen überflüssig, beiseite geschoben, ich taugte nichts mehr. Ich hatte keinen Mut. Na ja, und meine Kinder sagten mir dann auch ..."

Lilo, selber körperlich schwer erkrankt und hilfsbedürftig, in einer gefilmten Gesprächsgruppe über Gerda, die für kurze Zeit die Gruppe verließ, weil ihr die Tränen kamen: „Und ich wäre da auch wirklich dafür, sie auch mal einzuladen, also daß sie das Gefühl hat, also sie kann mal irgendwo hin, weil ich ja auch alleine bin, nicht? ... Ja, und darum möchte ich nun gerne, daß ich mal ihre Adresse bekomme und mich dann auch mal so ein bißchen kümmere. Auch wenn ich sie mal anrufe und mit ihr spreche, denn sie ist wirklich einsam. Die ist ganz alleine."

Horst, ein beurlaubter Strafgefangener in einer gefilmten Gesprächsgruppe, über Ruth, die von einigen in der Gruppe Ablehnung erfahren hatte: „Ich glaube, daß wir wahrscheinlich ein bißchen mit zu wenig Geduld gedacht haben. ... Also die ganzen Äußerungen von Ruth, daß das einfach ein bißchen zu gefühllos von uns aufgenommen wird. Sie meint es anders, und ich weiß es auch, was sie da meinte. ... Ich versuch mich in ihre, in eine andere Tonlage zu hören, wie sie's sagen will. Wenn da ein bißchen Wärme in der Stimme wäre, dann würde Ruth vielleicht etwas besser verstanden werden. Sie wird einfach zu gefühllos verstanden."

Gesprächsausschnitt aus einer gefilmten Paar-Gruppe, Christel zu Antje: „Vor allem meine ich, daß Du in diesem Gefühl, Verantwortung zeigen zu müssen, völlig übersiehst, daß Du dabei zwei Menschen total zerstörst und Dich mit."

Antje: „Also ich würde auch sagen, also ich bin auch nicht sehr glücklich damit."
Christel: „Eben. Und dieses Zerstören wiegt doch meines Erachtens mehr als Deine Angst, es könnte der oder jener irgendwie reagieren, wenn Du Dich jetzt endlich mal zu einer Entscheidung durchringst. Zu wissen, daß seit 5 Jahren zwei Menschen so furchtbar darunter leiden, das ist doch meines Erachtens bestimmt genausoviel als dieses Verantwortungsgefühl, das Dich hält."
Reinhard zu Antje: „Ich muß Dir sagen, Antje, ich spüre häufig, daß Dir hier von der Gruppe entgegengebracht wird: Entscheide Dich doch. Ich möchte Dir sagen, ich spüre so etwas nicht in mir. Und ich kann es vollkommen akzeptieren, daß Du Dich erst dann entscheidest, wenn etwas für Dich klar ist. Ich hörte eben heraus, daß Du sagst, das Entscheiden wird mir so schwer, weil ich auf diese beiden Männer hinhöre, und ich kann gar nicht auf mich hinhören. Ich wollte Dir sagen, also ich – fühl Dich von mir nicht gedrängt. Ich kann es akzeptieren, und ich sehe, daß Du eben noch nicht in der Situation bist, Dich zu entscheiden." (Pause)
Margret: „Das glaube ich auch."
Anne-Marie zu Antje: „Hast Du Angst, daß einer der beiden sich irgend etwas antut?"
Antje: „Das spielt durchaus mit eine Rolle."
Anne-Marie: „Ja, und das – das blockiert Dich auch so, Dich auch zu hören oder irgendetwas zu tun."
Antje: „Manchmal ja. Ich weiß es manchmal nicht. Ich denke zu viel darüber nach. Also ich denke manchmal in die Richtung, und eine andere Richtung bietet sich auch an."
Reinhold, ein Gruppenmitglied: „Und der Gedanke, hinterher mit wahrscheinlich ungeheuren Schuldgefühlen leben zu müssen, und einer tut sich etwas an, das ist wahrscheinlich unvorstellbar und unaushaltbar." Antje: „M – hm."
Heinz, etwas später, nachdem er sich mit seinen eigenen Eheschwierigkeiten auseinandergesetzt hat: „Und weil Du, Antje, eben so diese abwartende Haltung hast. Wenn ich vielleicht vorher den Eindruck erwecken wollte, ich will Dich zu einer Entscheidung zwingen: Weiß Gott, nicht! Und wenn ich das gesagt habe, dann eigentlich habe ich es zu mir gesagt: ‚Entscheide dich!' Ich habe eigentlich mich gemeint, und Dich angeguckt."

Erika: „Nein, dazu muß man sagen, es war der Makel – ganz hart gesagt. So ungefähr: Wie kannst Du's unserer Familie antun, welche Schande. (Pause) Und das wird man einfach nicht los."
Reinhard: „Das wirst Du nicht los, dieses Abgewertet-Werden von damals?"
Erika: „Ja, dieses – daß ich dachte, er kommt jetzt meiner und des Kindes Willen. Aber er kam nur wegen Ordnung der Dinge. ... Den Hochzeitstag empfindet er als einen ganz schwarzen Punkt auf dem Kalender, auch Geburtstage. Ich kann ihn auch verstehen. Ich will ihm da gar nicht weh tun. Wenn man selber so negativ und ein so schwarzes Leben hat, ist es eine Schizophrenie geradezu, noch Leben zu erzeugen. Ich kann da wirklich mit ihm fühlen. Ich hätte bestimmt auch nicht bewußt gesagt: So, komm jetzt, ich will ein Kind von Dir! Aber ich für mich, als ich wußte, ich bekomm' ein Kind, hab' ich mich gefreut. Und hab' mir das nicht aufzwingen lassen: Treib ab."
Karl-Heinz: „Du, Erika, ich versteh Dich die ganze Zeit, daß Du sagst: Ich möchte geliebt werden. Und das kann ich so gut verstehen."

Rolf zu Mario, einem beurlaubten Strafgefangenen: „Du sagst, Du erkennst auch, Du hast 'ne Dummheit gemacht und hast dafür gerade gestanden. Aber: Warum, warum könnt ihr mir nicht verzeihen irgendwo? Warum müßt ihr mich so verurteilen? So siehst Du's Deinen Eltern gegenüber und irgendwo tut's Dir weh, glaube ich, sehr weh. Daß Du die Erfahrung gemacht hast: Mensch, solange ich alles ordentlich gemacht hab, naja, wurde ich als Sohn akzeptiert. Jetzt hab ich was gemacht, was gegen die Normen der Gesellschaft heutzutage verstößt, da bedeute ich meinen Eltern nichts mehr. Es war nur so: Meinen Eltern gefiel mein Verhalten. Ich als Mensch, ich als Mensch – zwar mit meiner Strafe jetzt – ich stell ihnen gar nichts mehr da. Sie lehnen mich ab. Ich war für sie nur 'ne Hülle, 'ne Hülle von Handlungen, von ordentlichen Handlungen. Und ich kann mir das als – also ich weiß nicht, ich kann das unwahrscheinlich nachempfinden und es geht mir unwahrscheinlich nahe, das zu erleben."

Echtsein – Ohne-Fassade-Sein

Eine förderliche Haltung und Aktivität von helfenden Personen

Dies ist die dritte notwendige Haltung und Aktivität einer helfenden Person im Gespräch mit einer anderen, die dritte Bedingung für die Auseinandersetzung einer Person mit sich selbst, für persönliches Lernen und ihre Persönlichkeitsentwicklung. Der Gesprächspartner erfährt den Helfer als eine echte, fassadenfreie Person. Unechtheit, Fassadenhaftigkeit sowie mangelndes Übereinstimmen von Fühlen und Verhalten eines Helfers dagegen beeinträchtigen im allgemeinen das persönliche Lernen, die Selbstentwicklung und die seelischen Funktionen des Partners.

Wir haben zunächst Unechtsein-Fassadenhaftigkeit beschrieben, also den ungünstigen Bereich. Hierdurch wird Echtsein deutlicher wahrnehmbar. Eine Übersichts- und eine Einschätzungsskala geben eine Beschreibung von Echtsein. Durch Bejahung oder Verneinung bestimmter Feststellungen kann ferner ein Gesprächspartner angeben, ob er eine helfende Person als echt und übereinstimmend wahrnimmt. Sodann haben wir dargestellt, welche Vorgänge im Gesprächspartner durch Echtsein einer helfenden Person gefördert werden. Allerdings: Dies ist abhängig von dem gleichzeitigen einfühlenden Verstehen und der Achtung-Wärme des Helfers. Am Kapitelende haben wir einige weitere Gesichtspunkte von Echtsein dargestellt.

Beschreibung von Fassadenhaftigkeit, Unechtsein und Nicht-Übereinstimmen von Fühlen und Verhalten. Äußerungen, Verhalten, Handlungen, Maßnahmen, Gestik und Mimik einer helfenden Person sind unterschiedlich oder gegensätzlich zu ihrem inneren Erleben, zu ihrem Fühlen, Empfinden und Denken. Sie entsprechen ihnen nicht. Das äußere Verhalten ist gleichsam eine Fassade oder Tarnung des inneren Erlebens. Eine Person gibt sich nach außen hin anders, als sie ihrem inneren Erleben nach ist. Die Worte des Helfers sollen etwa im Gesprächspartner einen bestimmten Eindruck hervorrufen, der in Wirklichkeit nicht zutrifft. Auf einer hohen Stufe von Unechtsein kann dies deutlich und bewußt erfolgen. Der Helfer möchte den anderen mit Absicht über das hinwegtäuschen, was er fühlt und denkt. Der Helfer verheimlicht sein Inneres, er möchte nicht, daß es dem anderen transparent, durchsichtig wird. Er lebt nach außen hin eine Fassade, die nicht seinem Inneren entspricht. Er errichtet gleichsam eine Front vor sich. Der Gesprächspartner kommt nicht in Kontakt mit einer realen Person, sondern etwa mit einer höflichen, freundlichen Fassade.

Zusätzliche Aspekte von Unechtsein sind: □ Eine Person ist nicht offen für manche Bereiche ihres Fühlens und Denkens. Sie verleugnet manches davon, sie läßt es nicht ihrem Bewußtsein zu und setzt sich nicht damit auseinander. □ Auf einer hohen Stufe von Unechtsein versucht eine Person aktiv, manches von dem zu ignorieren und zu verleugnen, was in ihr vorgeht, um sich nicht damit auseinandersetzen zu müssen.

Einige Bereiche von Unechtsein-Fassadenhaftigkeit möchten wir näher aufführen. Diese treffen nicht nur auf Helfer zu, sondern auf alle Personen, z. B. Erzieher, Eltern, Jugendliche, Arbeitskollegen, Ehepartner, Mitmenschen:

□ Das Verhalten einer Person ist widersprüchlich zu ihrem Fühlen. Sie gibt sich anders, als sie fühlt, empfindet und denkt. Sie läßt einen anderen glauben, daß sie anders ist, als sie wirklich ist. So mag sich ein lernender Psychotherapeut überlegen und sicher geben, innerlich aber ist er ängstlich und voller Zweifel über seine Qualität. Ein studentischer Gruppenhelfer: „Als ich zur Gruppe kam, war ich verunsichert. Ich habe mich spitz und arrogant gegeben. Weil ich mich so am sichersten fühle. Es war eine grauenhafte Rolle. Aber ich schaffe es nicht, meine Unsicherheit zu zeigen." Oder eine Person gibt sich nach außen interessiert, während sie sich innerlich langweilt.

□ Die Äußerungen einer Person sind deutlich unterschiedlich zu dem, was sie innerlich denkt, zu ihren nicht-geäußerten Gedanken. Sie mag zu einem anderen sagen, daß sie sein Fühlen und sein Verhalten akzeptiere und respektiere. Innerlich aber bewertet sie das Verhalten und lehnt es ab.

□ Verhalten und Äußerungen einer Person entsprechen einer Rolle, einem Berufsbild oder den Erwartungen anderer und nicht ihrem Fühlen und ihren inneren Haltungen. So zeigt etwa ein Psychotherapeut ein berufsmäßiges, routinemäßiges Gehabe und spielt etwa die Rolle des Experten und Könners.

□ Äußerungen oder Verhalten einer Person sind ohne Beziehung zu ihrem Fühlen oder ihren gefühlten Einstellungen und Haltungen. Sie macht etwa floskelhafte oder konventionell-höfliche Äußerungen. Sie redet Dinge, hinter denen sie nicht steht, z. B. „Wird schon werden." „Sie schaffen es."

□ Eine Person ist sich selbst gegenüber unehrlich und unaufrichtig, sie macht sich selbst etwas vor. Sie will sich selbst anders sehen, als es einem wesentlichen Teil ihrer Erfahrungen und gefühlsmäßigen Erlebnissen entspricht. Sie ist gegenüber ihrem Fühlen und Erleben wenig offen und setzt sich nicht damit auseinander.

Unechtsein und Fassadenhaftigkeit kann sich auch in Widersprüchen oder Unvereinbarkeiten der Äußerungen oder Handlungen einer Person ausdrücken. Dies bedeutet häufig, daß sie wenig integriert und nicht in enger Beziehung zu ihrem Fühlen ist. So mögen die Äußerungen eines Helfers in einer Gruppe wenig übereinstimmen mit seinen Handlungen und Maßnahmen gegenüber den Gruppenmitgliedern außerhalb der Gruppentreffen.

Bei Unechtheit-Fassadenhaftigkeit empfindet jemand die nachfolgenden Erlebnisbeschreibungen als zutreffend (Caspari u. Tausch, 1978):
Ich lasse andere Leute meist nicht sehen, wie ich wirklich bin. Ich verstecke mich hinter einer Fassade. Ich neige dazu, vor anderen eine Rolle zu spielen oder eine Fassade zu errichten. Ich bin ängstlich bemüht, mich anderen nicht so zu zeigen, wie ich wirklich bin. Ich halte es für besser, mein Fühlen und Denken zu verbergen. Eigentlich bin ich ein ganz anderer Mensch, als ich mich nach

außen zeige. Oft lasse ich von mir nur eine höfliche, freundliche Fassade sehen. Ich sage oft etwas anderes, als ich denke und fühle. Es kommt öfter vor, daß ich so tue, als ob ich jemanden mag, obwohl es eigentlich nicht stimmt.

Beschreibung von Echtsein, Ohne-Fassade-Sein, Selbstaufrichtigkeit. Äußerungen, Verhalten, Maßnahmen, Gestik und Mimik einer helfenden Person stimmen weitgehend mit ihrem inneren Erleben, ihrem Fühlen, Einstellungen und Denken überein. Was sie sagt, wie sie sich verhält und handelt, entspricht ihrer inneren Welt, ihrem Fühlen und Denken, ihrem Selbst. Die helfende Person verstellt sich nicht, sie gibt nichts vor, sie verleugnet nicht Teile von sich. Sie ist bereit, das zu sein und sich so zu verhalten, wie sie wirklich ist, ohne Maske, Tarnung, ohne Panzer, ohne berufsmäßiges Gehabe. Sie lebt die Gefühle, die sie empfindet. Alle Aspekte der helfenden Person, die zutage treten, sind reale und nicht fassadenhafte Aspekte von ihr. Sie ist bereit und einverstanden, daß das Fühlen und Denken, das hinter ihren Äußerungen steht, dem anderen gleichsam durchsichtig werden.

Wenn Äußerungen, Handlungen und Maßnahmen einer Person mit ihrem inneren gefühlten Erleben übereinstimmen, dann wird sie meist kein professionelles Gehabe und keine Fassade haben. Sie wird nicht konformistisch oder stereotyp in ihrem Verhalten und ihren Äußerungen sein. Sie hat nichts Gewolltes, keine Schauspielerei, nichts Rollenhaftes.

Bei deutlichem Echtsein treten oft zwei Vorgänge hinzu: □ Eine Person ist gegenüber ihrem eigenen Fühlen und Erleben offen und setzt sich damit auseinander. Sie horcht in sich hinein auf ihr eigenes Fühlen und die gefühlten Bedeutungen. Sie sind ihrem Bewußtsein zugänglich und zum Teil gegenwärtig. □ Eine Person öffnet sich gegenüber einer anderen Person in hilfreicher Weise. Sie teilt ihrem Gesprächspartner vieles von dem mit, was sie innerlich fühlt und denkt, soweit dies für den anderen und ihre Beziehung miteinander bedeutsam ist. – Durch diese beiden Vorgänge – Offensein gegenüber dem eigenen Erleben sowie Selbstöffnung anderen gegenüber – wird das Echtsein einer Person vertieft und bereichert.

Personen mit großer Echtheit werden häufig folgende Aussagen für sich bejahen (Caspari u. Tausch, 1978):

Ich mache keine Anstrengung, anders zu sein als ich bin. Ich verhalte mich gegenüber anderen so, wie ich bin. Wenn ich jemanden mag, so zeige ich es auch. Ich versuche immer, ganz ich selbst zu sein. Ich verstecke mich nicht hinter einer Fassade. Ich zeige meine Unzulänglichkeit und zeige, daß ich eine Menge Fehler mache. Ich zeige mich so, wie ich bin, oft ohne mich zu verteidigen und ohne Panzer. Ich wage es, mich so zu geben wie ich bin.

Echtheit in der Beschreibung von Carl Rogers. Die nachfolgenden Ausschnitte verdeutlichen gut, was mit Echtheit eines Helfers gemeint ist: „Meine Annahme ist, daß persönliches Wachsen und Lernen erleichtert wird, wenn der Berater oder Psychotherapeut das ist, was er *ist,* wenn er in der Beziehung mit seinem

Klienten echt ist und ohne eine Front oder Fassade, indem er offen das Fühlen und die Haltungen lebt, die in jedem Augenblick in ihm sind. Wir gebrauchen hierfür den Begriff „Kongruenz", um diese Bedingung zu beschreiben. Damit meinen wir, daß das Fühlen, das der Berater oder Therapeut erfährt, für ihn zugänglich ist, zugänglich seinem Bewußtsein, daß er fähig ist, dieses Fühlen zu leben, dieses Fühlen in dem Beziehungsverhältnis zu sein und fähig, es dem anderen mitzuteilen, wenn es angemessen ist. Das heißt, daß er in eine direkte persönliche Begegnung mit seinem Klienten kommt, auf einer Person-zu-Person-Basis. Das meint, daß er wirklich er selbst ist, sich nicht verneint. Niemand erreicht völlig diese Bedingung. Dennoch, je mehr der Psychotherapeut fähig ist, mit Akzeptierung zu hören, was in ihm selbst vorgeht, und je mehr er fähig ist, die Komplexität seines Fühlens ohne Furcht zu *sein,* um so höher ist das Ausmaß seiner Kongruenz."

„Ich denke, daß wir diese Qualität in unserem täglichen Leben deutlich spüren. Jeder von uns kann Personen nennen, die er kennt, die immer hinter einer Front operieren, die eine Rolle spielen, die Dinge sagen, die sie nicht fühlen. Sie zeigen Inkongruenz. Wir öffnen uns diesen Personen nicht tief. Auf der andern Seite kennt jeder von uns Personen, denen wir vertrauen, weil wir spüren, daß sie das sind, was sie wirklich sind, daß wir es mit der Person selbst zu tun haben, und nicht mit einer höflichen oder beruflichen Fassade. Wir nehmen an: Je echter und kongruenter der Therapeut in einer Beziehung ist, je größer ist die Wahrscheinlichkeit, daß sich in dem Klienten Persönlichkeitsänderungen ergeben." (Carl Rogers, 1962, S. 417).

„Echtheit und Transparenz des Psychotherapeuten: Ich habe herausgefunden, daß eine Beziehung um so hilfreicher sein wird, je ehrlicher ich mich verhalten kann. Es führt zu nichts, die äußerliche Fassade einer Einstellung zu zeigen, die ich auf einer tieferen oder unbewußten Ebene gar nicht habe. Ehrlichkeit meint die Bereitschaft, sich in Worten und Verhalten zu den verschiedenen in mir vorhandenen Gefühlen und Einstellungen zu bekennen und sie auszudrücken. Nur auf diese Art und Weise kann die Beziehung *Realität* besitzen. Nur indem ich die authentische Realität, die in mir ist, bin, kann der andere mit Erfolg nach der Realität in sich suchen. Ich habe entdeckt, daß dies sogar dann zutrifft, wenn meine Empfindungen keineswegs solche sind, die mir gefallen, oder solche, die einer guten Beziehung förderlich erscheinen. Dieses Stehen zur *Realität* scheint ungeheuer wichtig."

„Ich fühle, daß Echtheit eine andere Möglichkeit ist, diese Eigenschaft zu beschreiben, die ich gern haben möchte. Mir gefällt der Ausdruck „Kongruenz". Er heißt für mich, daß das, was ich in mir erfahre, in meinem Bewußtsein gegenwärtig ist und in der Kommunikation zutage tritt. Wenn ich diese Eigenschaft habe, bin ich sozusagen als ein Ganzes in unserer Beziehung. Es gibt noch ein anderes Wort, das mir dies beschreibt: Ich spüre, daß ich in der Beziehung „Transparenz" haben möchte. Ich wäre vollkommen damit einverstanden, daß mein Klient völlig durch mich hindurchsieht, so daß nichts versteckt sein kann. Und wenn ich wahrhaftig bin in dem Sinne, den ich hier versuche zu beschreiben, dann weiß ich, daß meine eigenen Gefühle oftmals zum Bewußtsein kommen und ausgedrückt werden, aber ausgedrückt werden in einer Weise, die sich meinem Klienten nicht aufdrängt." (Carl Rogers, 1965)

Einen Überblick über Echtsein, Ohne-Fassade-Sein einer helfenden Person gibt die nachfolgende Skala. Sie ist auch zur Einschätzung von Helfern in psychotherapeutischen Gesprächen durch Beurteiler geeignet.

Echtsein einer helfenden Person gegenüber einem anderen

Unechtsein – Fassadenhaftigkeit	Echtsein – Ohne-Fassade-Sein
• eine Person drückt Gegensätzliches zu dem aus, was sie fühlt und denkt	• die Äußerungen einer Person entsprechen ihrem Fühlen und Denken
• sie gibt sich anders, als sie wirklich ist	• sie gibt sich so, wie sie wirklich ist
• sie verhält sich gekünstelt, mechanisch, spielt eine Rolle	• sie verhält sich ungekünstelt, natürlich, spielt keine Rolle
• sie gibt sich amtlich, professionell, routinemäßig	• sie ist ohne professionelles, routinemäßiges Gehabe
• sie lebt hinter einer Fassade, hinter einem Panzer	• sie ist sie selbst, sie lebt ohne Fassade und Panzer
• sie zeigt häufig ein stereotypes Verhalten in Gesten und Worten	• sie verhält sich in individueller, origineller, vielfältiger Weise
• ihr ist nicht vertraut, was in ihr vorgeht und sie setzt sich nicht damit auseinander	• sie ist vertraut mit dem, was in ihr vorgeht und setzt sich damit auseinander
• sie täuscht andere, sie heuchelt	• sie ist aufrichtig und heuchelt nicht
• sie ist unehrlich sich selbst gegenüber, macht sich etwas vor, vermeidet sie selbst zu sein	• sie ist ehrlich sich selbst gegenüber, macht sich nichts vor, ist bereit, das zu sein was sie ist
• Äußerungen, Handlungen, Mimik und Gestik dienen der Verteidigung, der Fassade, damit der andere ihr wirkliches Ich nicht kennenlernt	• sie offenbart sich anderen und gibt sich mit ihrem Ich zu erkennen, sie verleugnet sich nicht
• sie ist undurchschaubar	• sie ist durchschaubar
• sie drückt keine tiefen gefühlsmäßigen Erlebnisse aus	• sie drückt tiefe gefühlsmäßige Erlebnisse aus

Unechtsein – Fassadenhaftigkeit	1	2	3	4	5	Echtsein – Ohne-Fassade-Sein

*

* Stufe 1 und 5 = deutliche Ausprägung
Stufe 2 und 4 = schwächere Ausprägung
Stufe 3 = etwa gleich viel Fassadenhaftigkeit wie Echtsein

Die Einschätzungsskala für Echtheit-innere Übereinstimmung einer helfenden Person von Carkhuff (1969, S. 319) wurde häufig zur Feststellung des Ausmaßes von Echtsein von Psychotherapeutischen Helfern, Beratern und Mitgliedern von Gesprächsgruppen anhand von Tonaufnahmen verwendet.

Stufe 1: Eine Person (ein Helfer) äußert sich deutlich ohne Beziehung zu dem, was sie im Augenblick fühlt. Sie ist etwa verteidigend in ihrer Begegnung mit dem Partner. Ihre Verteidigung äußert sich in dem Inhalt ihrer Worte oder in ihrer Stimme. In dieser Verteidigung gebraucht sie nicht ihre eigenen Empfindungen als Grundlage für mögliche wertvolle Beiträge in dem Beziehungsverhältnis. Insgesamt ist ein beträchtlicher Unterschied zwischen den jeweiligen Äußerungen dieser Person und ihrem inneren Erleben offensichtlich.

Stufe 2: Die Äußerungen einer Person stehen teilweise nicht in Beziehung zu dem, was sie im Augenblick fühlt. Sie scheint etwa nicht zu wissen, wie sie ihre negativen Reaktionen konstruktiv in das Beziehungsverhältnis einbringen kann. Oder eine Person äußert sich gegenüber der anderen in einer berufsmäßigen Art und Weise, die ihr sonst nicht unmittelbar zu eigen ist. Ein Psychotherapeut oder Lehrer reagiert in einer Art, „wie ein Psychotherapeut oder Lehrer in dieser Situation reagieren sollte". Insgesamt äußert sich eine Person mehr in der Art, wie es ihrer (berufsmäßigen) Rolle entspricht, und nicht, wie sie es als Person fühlt und meint.

Stufe 3: Es gibt keinen Anhaltspunkt dafür, daß Unterschiede zwischen dem bestehen, was eine Person sagt, und dem, was sie fühlt. Aber es gibt auch keinen Anhaltspunkt dafür, daß sie in ihren Äußerungen dem anderen gegenüber wirklich echt ist. Zum Beispiel hört eine Person einer anderen zu, aber vertraut ihr nichts über sich selbst an. Insgesamt: Eine Person scheint angemessen auf den anderen zu reagieren, sie scheint nicht unehrlich zu sein. Aber sie vermittelt auch kein wirkliches Betroffensein. Stufe 3 stellt die Minimalstufe von förderlichem zwischenmenschlichem Verhalten dar.

Stufe 4: Eine Person zeigt der anderen, was sie selbst empfindet, in einer Form, die nicht destruktiv auf den anderen wirkt. Ihre Äußerungen sind in Übereinstimmung mit ihrem Fühlen und Empfinden, obwohl sie etwas zögernd ist, sie voll auszudrücken. Insgesamt äußert sich die Person mit vielen ihrer eigenen Empfindungen, und es ist unzweifelhaft, daß sie wirklich meint, was sie sagt. Sie ist fähig, ihre Äußerungen, welche Gefühle sie auch immer beinhalten, als Basis für weitere Klärungen der Beziehung zu dem anderen darzubieten.

Stufe 5: Eine Person ist frei und in tiefer Weise sie selbst in dem Beziehungsverhältnis zu dem anderen. Sie ist in ihrer Begegnung mit dem anderen offen und spontan für alle Erfahrungen, mögen sie angenehm oder unangenehm sein. Sind sie unangenehm, so bieten sie die Möglichkeit weiterer Klärungen für sie selbst und für den anderen. Insgesamt ist die Person klar sie selbst. Sie versucht darüber hinaus, ihre eigenen echten Empfindungen so zu gebrauchen, daß sie einen konstruktiven Beitrag zu dem Beziehungsverhältnis zum anderen bringen.

Echtsein/Unechtsein einer helfenden Person in der Wahrnehmung des Gesprächspartners. Bei einem echten, fassadenfreien, aufrichtigen Helfer macht der Gesprächspartner folgende Erfahrungen (Barrett-Lennard, 1962):

Ich fühle, daß sie (die helfende Person) völlig echt und aufrichtig zu mir ist. Ich fühle fast immer, daß ihre Äußerungen genau das ausdrücken, was sie fühlt und denkt. Sie drückt mir gegenüber ihre wahren Eindrücke und Gefühle aus. Sie ist ganz offen sie selber in unserem Beziehungsverhältnis. Ich habe nicht gemerkt, daß sie irgendwelche Gefühle, die sie mir gegenüber hat, vor sich selbst zu verbergen versucht. Bereitwillig drückt sie mir gegenüber aus, was in ihr vorgeht – auch ihre Gefühle sich selbst oder mir gegenüber.

Personen, die in der Gesprächspsychotherapie in dieser Weise ihren Helfer wahrnahmen, und zugleich als deutlich einfühlend und achtungsvoll, änderten sich konstruktiv (z. B. Barrett-Lennard, 1962; Rudolph, 1975).

Bei einem eher unechten, fassadenhaften „Helfer" machen Personen in der Gesprächspsychotherapie folgende Erfahrungen und ändern sich kaum in konstruktiver Weise (Barrett-Lennard, 1962):

Ich spüre, daß sie (die helfende Person) mir gegenüber eine Rolle spielt oder eine Fassade zeigt. Sie möchte mich glauben lassen, daß sie mich mehr mag oder versteht, als es tatsächlich der Fall ist. Manchmal fühle ich, daß ihr nicht bewußt ist, wie ihre wirklichen Gefühle zu mir sind. Manchmal fühle ich, daß ihre äußeren Reaktionen und Äußerungen mir gegenüber ganz verschieden davon sind, wie sie innerlich fühlt. Ich glaube, daß sie Gefühle hat, die unsere Beziehung erschweren und die sie mir gegenüber nicht äußert. Sie spricht zu mir wie ein wissenschaftlicher Fachexperte und nicht von Mensch zu Mensch. Sie drückte ihre wahren Gefühle und Empfindungen mir gegenüber nicht aus. Ich hatte den Eindruck, daß sie sich nicht so verhielt, wie sie ist. In ihren Gefühlen mir gegenüber schien sie sich zu verstellen.

Echtsein / Fassadenhaftigkeit einer helfenden Person in Beschreibungen von Gruppenmitgliedern. „Was mich hoch beeindruckt hatte, war, daß die Helfer echte Gefühle hatten, mitgelitten haben. Dies hat mich umgeworfen."

„Die Helfer habe ich so empfunden, daß sie dazugehörten und Obacht gaben. Es war nicht so, daß man das Gefühl hatte, sie halten ihre Dienstpflicht ab."
„Die Helferin war ein gutes Vorbild für Offenheit."
„Bei der Helferin war das Verhalten natürlich. Die zweite Helferin setzte das so ein, die hatte so ein Schema und sagte: ‚Du, ich finde Dich gut'. Das klang so schulmäßig."
„Den Helfer fand ich toll. Am Nachmittag stellte sich heraus, daß einer nicht wußte, daß er der Helfer ist. Ein Helfer also, von dem man der Überzeugung ist, daß er echt ist."
Gisela am Ende einer Gesprächsgruppe: „Ich weiß nicht, ich hab' Euch gar nicht als Helfer erlebt oder so als Experten, sondern als Menschen."

Äußerungen über Helfer, die wenig echt von Gruppenmitgliedern wahrgenommen wurden:

„Meine Vorbehalte gegen die Helfer sind gewachsen. Ich erlebe sie nachträglich als Gesprächstechniker, als jemanden, der sich nicht reingibt. Ich kann mir nicht vorstellen, daß sie alle Situationen wirklich an sich rankommen ließen. Ich hatte den Eindruck, daß es erlernte Gesprächstechnik ist. Die Helfer hielten sich selbst völlig raus. Entscheidend ist für mich, daß ich in so eine Gesprächsgruppe hineingehe mit dem Bewußtsein: Da sind Leute, ich werde aufgefangen, wenn ich selbst zu stark durchhänge. Und bei den Helfern hatte ich nicht das Gefühl, daß sie das machen würden."

Manchmal nehmen Mitglieder der gleichen Gruppe das Verhalten des Helfers unterschiedlich wahr. Mitglieder mit eigenen Ängsten und starken Vorurteilen können das ihnen ungewohnte Verhalten des Helfers, etwa große Nähe oder große Offenheit, zunächst als unwirklich empfinden. „Die Helferin tröstet einen Weinenden. Ein Gruppenmitglied sagte, daß es gekünstelt wirkte. Ich empfand es auch so. Aber als ich dann weinte, kam ein Mann auf mich zu, quer durch den Raum. Und ich fand es nicht gekünstelt. Es ist eben ein Unterschied, ob man es sieht oder ob man es erlebt. Die Teilnehmerin, die von der Helferin umarmt wurde, empfand es auch nicht gekünstelt."

Hilfreiches Echtsein eines Helfers. Kann Echtsein eines Helfers nicht auch beeinträchtigend sein? Etwa wenn der Helfer gegenüber dem Partner negative Gefühle empfindet und sie ausdrückt? Oder wenn er persönliche Gedanken ausdrückt, die denen des Gesprächspartners widersprechen? Wir glauben, daß diese Fragen berechtigt sind. Manche Personen verletzen ihre Gesprächspartner auf Grund ihres mißverstandenen Echtseins. Unsere Auffassungen zum hilfreichen Echtsein sind:
Echtsein ist dann hilfreich und ohne Beeinträchtigungen für den Partner, wenn der Helfer zugleich die beiden wesentlichen anderen Haltungen Achtung-Rücksichtnahme und einfühlendes Verstehen lebt und so vom Partner wahrgenommen wird. Dies ist erheblich unterschiedlich davon, daß eine Person Echtsein als einen Freibrief ansieht, sich ohne Rücksicht auf den Partner zu äußern, insbesondere Feindseligkeit auszudrücken, und ohne Rücksicht und Einfühlung ihm gegenüber zu handeln, etwa ihm gegenüber passiv zu bleiben und sich nicht um ihn zu bemühen. Ein in hilfreicher Weise echter Helfer dagegen äußert sein Fühlen und Denken mit deutlicher Achtung und Rücksichtnahme auf das Fühlen und Denken des Gesprächspartners. Also in einer Form, die den anderen so wenig wie möglich verletzt und ihn als Person respektiert. Zugleich fühlt er sich in den anderen ein und nimmt somit wahr, wie es um den anderen steht und was seine Äußerungen in ihm auslösen.

Wie aber bin ich echt und aufrichtig und drücke dies gegenüber dem Gesprächspartner so aus, daß es für das Gespräch und die persönliche Beziehung förderlich ist, also mit Achtung-Rücksichtnahme und Einfühlung? Wie kann ich förderlich sein, wenn ich ungünstige Gefühle wie Langweile oder Mißmut gegenüber dem Partner empfinde und dies nicht verbergen will? Wie kann ich dies äußern, ohne daß sich der Gesprächspartner kritisiert, angeschuldigt, verletzt oder enttäuscht fühlt? Denn dies ist destruktiv für die zwischenmenschliche Beziehung zu ihm
Einige Gesichtspunkte zum förderlichen Echtsein:

□ Die helfende Person drückt ihr Fühlen und Denken deutlich als *ihr* Fühlen, *ihr* Empfinden und *ihr* Denken aus, statt in Form von Urteilen und Wertungen über den anderen. Ausdruck eigener Empfindungen und Gedanken ist z. B.: „Ich fühle mich unwohl hier" „Ich möchte Dir gerne näherkommen, aber ich schaffe es nicht" „Ich hätte gern noch mehr von Dir gewußt" „Ich bin verzweifelt, daß ich es Euch so wenig ermöglichen kann, daß Ihr Euch frei äußert". Gabriele in einer gefilmten Gruppe zu einem Teilnehmer, der mit einem anderen ein Wortgefecht hat: „Im Augenblick redest Du und redest Du! Sei mir nicht böse, aber ich kann im Augenblick nicht zuhören." Sie äußert keine Wertungen über ihn, sondern sie spricht ihre Unfähigkeit aus, zuzuhören. Bewertende Äußerungen sind dagegen etwa: „Was Du redest, ist wirklich langweilig" „Du erzählst hier nur bedeutungslose Stories" „Mein Gott, Du lebst wohl nur über den Kopf". – Wenn dagegen die Äußerungen eines Helfers wirklich sein Fühlen ausdrücken, und zwar unmittelbar und konkret sein eigenes Fühlen, dann ist das erheblich unterschiedlich zu Wertungen, Urteilen, Kritik, Ablehnung oder gar Feindseligkeit. Es setzt voraus, daß ein Helfer wirklich sehr sensitiv für sein gegenwärtiges Fühlen ist und dies äußern kann.

□ Der Helfer setzt sich mit seinem eigenen Fühlen und Denken auseinander. Er sucht sich selbst zu klären. Wenn er dies gegenüber seinem Partner oder der Gruppe äußert, bekommen diese einen Einblick in seine seelische Situation. „Ich muß gestehen, seit einiger Zeit fühle ich mich hier nicht mehr wohl. Und ich habe mich gefragt, warum ist das so? Habe ich vielleicht nicht genug Geduld? Mach' ich etwas falsch hier in der Gruppe? Bin ich wirklich genug bemüht, Euch zu verstehen, damit Ihr Euch mehr öffnen könnt? Was kann ich bloß dazu tun, damit ich in eine bessere Beziehung zu Euch komme?" Dies führt oft dazu, daß der Gesprächspartner oder die Gruppenmitglieder sich äußern, inwieweit sie zu derartigen Empfindungen beigetragen haben. Hilfreiches Echtsein einer helfenden Person schließt ihre Selbstauseinandersetzung mit dem eigenen Fühlen ein und ein Äußern darüber zum Gesprächspartner. Dies wird möglich, wenn eine helfende Person im Gespräch mit einem Partner fortlaufend ihr Fühlen und ihre gefühlten Bedeutungen spürt, ihre inneren Erfahrungen nicht verfälscht, sondern als ihre eigenen akzeptiert und sich damit auseinandersetzt. Sie ist sich also dessen bewußt, was in *ihr* vorgeht. Sie setzt sich damit auseinander und äußert dies, wenn sie fühlt, daß dies für die Beziehung zu dem anderen förderlich und bedeutungsvoll ist.

□ Ist es einem Helfer nicht gelungen, sein Fühlen ohne Verletzung des anderen auszudrücken, so kann er seine Empfindungen darüber äußern und sich damit auseinandersetzen. Ein Helfer in einer Paar-Gruppe: „Entschuldige, Johann, aber ich kann jetzt nicht mehr ruhig bleiben. Ich fühle, es erregt mich wirklich. Ich möchte Dich nicht verletzen, aber ich möchte es Dir sagen: Wenn es Dir wirklich gleich ist, ob Du heiratest oder nicht, mein Gott, warum erfüllst Du Deiner Partnerin dann nicht ihren Wunsch?" Und einige Zeit später: „Entschuldige, Johann, daß ich vorhin so heftig war. Aus Anteilnahme zu Else geriet ich irgendwie in Gegensatz zu Dir. Ich wollte das nicht." Oder ein Helfer geht auf das Gefühl des Verletztseins bei dem Gesprächspartner ein, z. B.: „Ich sehe jetzt, wie es Sie getroffen hat, was ich geäußert habe. Und ich möchte Ihnen sagen, ich wollte Sie wirklich nicht verletzen. Und es macht mich jetzt unglücklich, daß ich das in einer Form gesagt habe, die Sie verletzt hat. Mein dringender Wunsch ist, das jetzt mit Ihnen zu klären."

□ Wenn ein Helfer sein Fühlen und Denken ausdrückt und sich damit auseinandersetzt, so ist er in diesen Momenten weniger bei der inneren Welt des Gesprächspartners. Deshalb ist es wichtig, daß er unmittelbar danach voll in der inneren

Welt des anderen zentriert ist und dessen Äußerungen und Fühlen wahrnimmt und respektiert.

□ Mit Echtsein ist nicht gemeint, daß ein Helfer alles das, was er denkt und fühlt, äußert. Sondern: Er äußert nichts, was im Widerspruch zu seinem Erleben ist, er äußert das von seinem Erleben, was in Beziehung zum Gesprächspartner sowie für dessen Selbstauseinandersetzung bedeutsam ist. So wird zum Beispiel ein Helfer ein vorübergehendes Fühlen von Unlust oder Langeweile nicht ausdrücken, wenn er spürt, daß dies für den anderen und dessen Selbstauseinandersetzung ohne Bedeutung oder gar beeinträchtigend ist und/oder wenn er spürt, daß sein Fühlen von Langeweile bald vorübergehen wird.

□ Dieses Beziehen auf das eigene gefühlte Erleben und die entsprechenden Mitteilungen an den Partner sind ein hoher Ausdruck von Echtsein. Es ist mehr als das Fehlen einer Fassade. Diese Mitteilung des eigenen gefühlten gegenwärtigen Erfahrens ist von großer Wichtigkeit für die Förderung einer menschlich realen Beziehung zum Gesprächspartner und für dessen Selbstauseinandersetzung. Es ist offenbar, daß ein Helfer hierzu nur fähig ist, wenn er sensitiv für sein eigenes Fühlen, Erfahren und seine Wahrnehmungen ist, wenn er fähig ist, sich damit auseinanderzusetzen und es dem anderen angemessen auszudrücken. Ist dies der Fall, so wird das Gespräch für den Partner sehr förderlich sein. Dem Helfer stehen viele weitere Informationen zur Verfügung. Nämlich seine eigenen Wahrnehmungen und sein eigenes Fühlen, die er in förderlicher Weise in das Gespräch mit einbringt. Ein derartiger Helfer ist in starkem Maße personenzentriert: Er handelt als eine Person und nicht als ein routinierter Helfer. Seine Äußerungen und sein Verhalten sind reale Aspekte von ihm, es sind keine Äußerungen, die der Verteidigung seiner Person dienen oder die professionell angelernt wurden.

□ Wenn ein Helfer seine Empfindungen in die Beziehung zum Gesprächspartner einbringt und sich darüber äußert, voller Respekt und Einfühlen für den anderen, so kann dies in vielfältiger Weise bereichernd und für die Selbstauseinandersetzung des anderen fördernd sein. Wir möchten hierfür einige Beispiele geben: „Mir fällt auf, daß Du die ganze Zeit, während Du von den Schwierigkeiten zu Anne redest, sie überhaupt nicht ansiehst?“ „Ist mein Empfinden richtig, daß Du Dich jetzt irgendwie traurig fühlst oder unzufrieden?“ „Ich hatte vorhin das Empfinden, daß Du noch irgend etwas loswerden wolltest und uns mitteilen wolltest. Aber ich weiß nicht, ob meine Wahrnehmung richtig ist?“ „Ich mache mir schon seit einiger Zeit Sorgen, was ich tun kann, um es Dir zu erleichtern, über Dich selbst zu sprechen.“ „Ich habe schon mehrmals nachgedacht, wie ich es Dir sagen könnte, ohne Dich zu verletzen. Dann hatte ich keinen Mut dazu. Aber irgendwie möchte ich es Dir sagen, weil es vielleicht unsere Beziehung verbessern könnte: Mein Eindruck ist, daß Du Dich wenig bemühst, die anderen in der Gruppe zu verstehen und auf sie einzugehen. Aber vielleicht ist das falsch, könnten wir darüber reden?“ In dieser Weise bemühen sich also Helfer, ihr eigenes Fühlen und ihr Denken in der Beziehung zum Gesprächspartner zu erleben und auszudrücken, voller Respekt für ihn und mit einfühlendem Verstehen. Dies führt häufig dazu, daß der Gesprächspartner sich intensiver mit sich selbst auseinandersetzt, daß er sich über sein eigenes Fühlen äußert, daß die Beziehung zwischen ihm und dem Helfer verbessert und intensiver wird.

□ Gruppengespräche ermöglichen einem Helfer in größerem Maße ein derartiges sensitives Hinhören auf sein Fühlen, eine Auseinandersetzung damit und ein Mitteilen an die Gesprächspartner als Einzelgespräche. In Gruppengesprächen ist der Helfer nicht gleichsam in jedem Moment gezwungen, auf den Gesprächspartner zu reagieren. Sondern dies machen häufig die übrigen Mitglieder oder der zweite Helfer. Er hat so häufiger Zeit, in sich hineinzuhorchen, sein Fühlen aufzuspüren, sich damit auseinandersetzen. Und sollte er sich in ungünstiger beeinträchtigender Weise gegenüber einem Mitglied äußern, so kann dies durch die übrigen Mitglieder korrigiert oder ausgeglichen werden.

□ Ein Helfer, der sich selbst gegenüber offen ist, der sich mit sich selbst auseinandersetzt und der nicht damit beschäftigt ist, sein Fühlen abzuwehren, eine Fassade nach außen aufzubauen und zu verteidigen, wird häufig seine Fehler im Gespräch bemerken. Er wird etwa zu sich sagen: „Ich habe hier irgendwie für mich selbst ein ungutes Gefühl. Was ist es, das mich so fühlen läßt?“ „Was muß ich tun, um mich hier besser zu fühlen?“ „Wie kommt es, daß ich gegenüber diesem Partner nur eine sehr begrenzte Sympathie empfinde?“ „Was ist es in mir, daß sich dagegen wehrt? Lehne ich ihn irgendwie ab?“ Ein in hilfreicher Weise echter Helfer wird also gegenüber seinen eigenen Fehlern und Unzulänglichkeiten offener sein, sie eher spüren und sie gegenüber dem Partner äußern.

□ Ein Helfer, der gegenüber seinem eigenen Fühlen offen ist und dies mitteilt, wird dem anderen vermutlich auch Freude, Bewunderung, Sympathie oder seinen Dank ausdrücken können. „Was Du eben gesagt hast, das war für mich selbst sehr bereichernd. Und ich glaube, Du hast der Gruppe damit viel geholfen.“

Hilfreiches Echtsein erfordert vom Helfer also hohe Qualitäten: Offenheit für sein eigenes Fühlen und Denken in der Begegnung mit dem anderen, Auseinandersetzen damit sowie die Fähigkeit, sein Fühlen und Denken auszudrücken und den Partner gleichzeitig zu achten und seine innere Welt zu verstehen. Es ist ganz offensichtlich, daß ein derartiges förderliches Echtsein in der Beziehung zu einem anderen nichts mit dem ungehemmten Ausdruck negativer Gefühle zu tun hat oder mit dem Ausdruck von Wertungen oder mit Passivität eines Helfers. Der Helfer gebraucht sein Empfinden und sein Fühlen, um seine eigene Selbstauseinandersetzung zu fördern, um zu dem Partner in eine bessere Beziehung zu kommen, um für ihn funktionsfähiger zu werden.

Sollte sich ein Helfer über seine eigenen persönlichen Schwierigkeiten seinem Gesprächspartner gegenüber öffnen? Ist dies hilfreich oder beeinträchtigend für den Partner? Einige Gesichtspunkte hierzu:

□ Bei alltäglichen mitmenschlichen Gesprächen wird die Selbstöffnung der helfenden Person für den anderen häufig hilfreich sein (z. B. Jourard u. Jaffe, 1970;

Vondracek u. Vondracek, 1971). Selbstöffnung einer Person fördert die zwischenmenschliche Beziehung sowie die Selbstöffnung des Partners.

□ In psychotherapeutischen Einzelgesprächen, in denen also ein Gesprächspartner (Klient) deutliche Hilfe in seinen Schwierigkeiten wünscht, scheint Selbstöffnung des Psychotherapeuten über seine eigenen Schwierigkeiten oft wenig förderlich zu sein (z. B. Schwab, 1978). So hing auch die Geneigtheit und Bereitschaft von 21 personenzentrierten Psychotherapeuten, ihren Klienten von sich selbst zu berichten, nicht mit den konstruktiven Änderungen ihrer 42 Klienten zusammen (Barrett-Lennard, 1962). Große Selbstöffnung des Helfers über eigene Schwierigkeiten scheint die Selbstauseinandersetzung des Klienten eher zu behindern. Mit einer Ausnahme: Der Klient wünscht dies dringend und er kann aus den Äußerungen des Psychotherapeutischen Helfers lernen, sich mehr zu öffnen und sich mit seinen eigenen Schwierigkeiten auseinanderzusetzen.

□ Selbstöffnung eines Helfers in psychotherapeutischen G r u p p e n gesprächen mit Klienten kann unter folgenden Bedingungen günstig sein: 1. Die Gruppenmitglieder haben hinreichend Gelegenheit, sich mit ihren eigenen Beeinträchtigungen zu öffnen und sich damit auseinanderzusetzen. 2. Die Gruppenmitglieder fühlen sich selbst nicht zu unsicher, so daß sie durch die Selbstöffnung nicht noch mehr verunsichert werden. „Als er (der Helfer) dann ziemlich am Anfang von seinen Schwierigkeiten erzählte, dann dachte ich: Hier verlierst du den Boden unter den Füßen. Wenn *er* schon solche Schwierigkeiten hat, wie soll ich dann aus meinen Schwierigkeiten herauskommen?" 3. Wenn es die Mitglieder einer Gruppe aus mangelndem Vertrauen oder Schwierigkeiten nicht wagen, sich zu öffnen, kann die Selbstöffnung des Psychotherapeuten ein Zeichen sein, daß er den einzelnen Gruppenmitgliedern vertraut und die Gruppe für hilfreich hält. Dies mag die Mitglieder anregen, sich ebenfalls zu öffnen. Helferin: „Gloria, ich kann mir auch vorstellen, daß Du Dich irgendwo so die ganze Zeit abgelehnt hast, wenn Du da dauernd in seinen Wunden rumgebohrt hast. Manchmal erlebe ich das an mir auch. Dann geht das so mit mir durch. Hinterher, wenn ich dann so für mich bin, dann finde ich mich so widerlich. Ich kann mir vorstellen, wenn Du das jahrelang mit Dir selber so erlebt hast, daß das auch Deinen Kurswert und Deine Selbsteinschätzung wirklich fast auf Null gebracht hat. Weil Du Dich ja so nicht leiden mochtest."

□ Bei Gruppengesprächen, deren Mitglieder nicht sog. Klienten sind, sondern Personen ohne schwerwiegende Probleme mit dem Wunsch, persönlich zu reifen, ist die Selbstöffnung des Helfers bei den Mitgliedern eher förderlich (z. B. Kremer u. Tausch, 1978). Gruppenmitglieder nahmen ihre Helfer, die sich selbst geöffnet hatten, als sensitiver, freundlicher, geöffneter, vertrauensvoller, intimer und hilfreicher wahr, aber auch als weniger stark, weniger entspannt und weniger stabil. Mitglieder, die die Selbstöffnung des Helfers angenehm fanden, kamen häufiger zu weiteren Gruppentreffen (Dies, 1973). Einige Äußerungen von Gruppenteilnehmern:

„Als die Helferinnen über eigene Probleme sprachen, habe ich zuerst gedacht: ‚Hilfe kann man hier nicht erwarten'. Ich sagte mir dann aber: ‚Wieso dürfen die keine

Probleme haben?' Und fand es dann sogar gut, daß auch sie ihre Probleme vorbrachten."

„Ich fand es als hilfreich, daß die Helfer über sich selbst redeten! Ich habe erlebt, daß ich mit meinen Sorgen und Schwierigkeiten nicht allein bin, daß da nicht zwei perfekte, absolut funktionierende Wesen saßen, sondern zwei Menschen wie ich, zu denen ich Vertrauen haben konnte und denen ich selbst helfen konnte."

Weitere Stellungsnahmen von Gruppenmitgliedern, wie sie die Selbstöffnung ihres Helfers empfanden: „Der Helfer war kein unbeteiligter Beobachter, er stand nicht über den Dingen." „Durch das Schildern seiner Probleme war er intensiv in der Gruppe beteiligt." „Er war genauso ein Mitglied der Gruppe wie alle andern." „Dadurch wurde die Situation Klient-Therapeut vermieden." „Dieses Verhalten verringerte meine Unsicherheit, ich fühlte mich gleichwertig, ebenbürtig. Ich verlor die Scheu vor der Position des Helfers." „Ich war erleichtert, daß die Therapeuten auch nur Menschen waren." „Ihr Verhalten hat mich ermutigt, mit meinen eigenen Problemen rauszurücken." „Ich bekam Vertrauen, daß hier nicht einfach nur eine Technik angewendet wird." „Dadurch bewies der Helfer sein Vertrauen in die Gruppe."

Insgesamt sehen wir Selbstöffnung eines Helfers dann als hilfreich an, wenn sie die Selbstöffnung und Selbstauseinandersetzung des Gesprächspartners oder der Gruppenmitglieder fördert und nicht beeinträchtigt und wenn der Helfer hierdurch als mehr echt und persönlich wahrgenommen wird.

Folgende Vorgänge werden durch Echtsein des Helfers beim Gesprächspartner gefördert: □ Die Achtung-Wärme-Anteilnahme sowie das einfühlende Verstehen des Helfers werden glaubwürdig und damit erst wirksam. Bei Unechtsein des Helfers ist etwa einfühlendes Verstehen wenig oder gar nicht wirksam und wird als verunsichernd, bedrohend oder manipulierend vom Partner empfunden.

□ Bei Echtsein und Durchsichtigkeit des Helfers weiß der Gesprächspartner, woran er beim Helfer ist. Er kann zum Helfer Vertrauen fassen. Er ist nicht belastet mit zweifelnden Gedanken über die Person des Helfers und über dessen Gefühle zu ihm. Der Gesprächspartner kann sich seiner eigenen Person völlig zuwenden. Klienten dagegen, die sich in ihrer psychoanalytischen Therapie über die Gefühle und Gedanken ihrer Psychotherapeuten unklar waren und annahmen, daß ihre Therapeuten aus ihren Gesten, ihrer Mimik und ihren Träumen besondere Schlüsse zogen, wiesen eher ungünstige Änderungen am Ende der Psychotherapie auf (Strupp u. a., 1964).

□ Echtes, fassadenfreies und durchschaubares Verhalten des Helfers fördert beim Gesprächspartner die Tendenz, fassadenfreier, offener für sein Erleben zu sein, mit geringeren Verteidigungshaltungen und größerer Übereinstimmung zwischen seinem Fühlen und seinen Äußerungen. Wie sollte ein Klient in psychotherapeutischen Gesprächen lernen, sich mit seinem Erleben und seiner Person offen, verteidigungsfrei und ehrlich auseinanderzusetzen, wenn er seinen Helfer als unecht, nicht-transparent und verschlossen wahrnimmt? Echtsein des Helfers fördert echte verteidigungsfreie Äußerungen einer Person über sich selbst in Einzelgesprächen und besonders in Gruppengesprächen (z. B. Truax u. Carkhuff, 1965b). Und: Mit der Zunahme von Echtheit und Fassadenfreiheit besteht die Wahrscheinlichkeit der Verminderung psychoneurotischer Beeinträchtigungen und die Zunahme der seelischen Funktionsfähigkeit (Bruhn u. a., 1978; Caspari u. Tausch, 1978).

□ Echtsein einer helfenden Person in der Art, daß sie ihr eigenes bedeutsames Fühlen und ihre bedeutsamen Wahrnehmungen in Beziehung zu ihrem Gesprächspartner in einfühlend verstehender und achtungsvoller Weise in das Gespräch einbringt, bereichert das Erleben und die Selbstauseinandersetzung des Partners erheblich. So wurden z. B. bei deutlichem Echtsein des Helfers in Gruppengesprächen die momentanen Schwierigkeiten und Beziehungen in der Gruppe selbst häufiger angesprochen (Bergeest, Steinbach u. Tausch, 1978b). Ein Helfer, der echt ist und sein eigenes Fühlen und Wahrnehmen einbringt, erleichtert es den Teilnehmern, sich über das augenblickliche Geschehen in sich selbst und in der Gruppe auszusprechen.

Insgesamt: Bei größerem Echtsein, größerer Durchsichtigkeit einer helfenden Person wird bei gleichzeitiger Achtung und einfühlendem Verstehen die Begegnung mit dem Gesprächspartner tiefer, ehrlicher, realistischer und für dessen Selbstentwicklung förderlicher. So wurden Psychotherapeuten von Klienten mit deutlich positiven Änderungen als echter durch Beurteiler anhand der Tonaufnahmen eingeschätzt, verglichen mit Psychotherapeuten weniger gebesserter Klienten (Haldikes, 1958). Ferner: Klienten, die aufgrund von Tests als mehr gebessert anzusehen waren, nahmen ihre Psychotherapeuten als echter wahr, im Vergleich zu Klienten mit geringen oder fehlenden Änderungen (z. B. Barrett-Lennard, 1962).

Sind die 3 Haltungen Verstehen, Achten und Echtsein notwendige und hinreichende Bedingungen des Helfers für förderliche Gespräche?

Sind Helfer fast fortwährend sehr einfühlend verstehend, achtungsvoll-sorgend sowie echt *und* werden sie auch so von ihren Gesprächspartnern wahrgenommen, dann sind dies gemäß den geprüften Annahmen von Carl Rogers mit großer Wahrscheinlichkeit die notwendigen und weitgehend hinreichenden förderlichen Gesprächsbedingungen des Helfers für die Auseinandersetzung einer Person mit sich selbst, für ihr persönliches Lernen und für ihre Selbstentwicklung. Gesprächspartner mit den Empfindungen zum Helfer „Er versteht mich wirklich" „Ich spüre, daß er mich schätzt und an mir Anteil nimmt und voller Sorge für mich ist" und „Er verstellt sich nicht in unserer Beziehung, er ist so, wie er ist" werden im allgemeinen sich selbst näherkommen, persönlich lernen und sich in ihren seelischen Funktionen verbessern.

Manche Leser mögen skeptisch fragen: Trifft diese Annahme, daß die 3 Haltungen weitgehend notwendige und hinreichende Bedingungen eines Helfers sind, wirklich zu? Sind dies nicht Absolutheitsansprüche einer „Schule"? Auf den folgenden Seiten möchten wir deshalb darstellen:

- Die *Notwendigkeit* der 3 Haltungen von helfenden Personen für die heilsamen Erfahrungen und Vorgänge von Gesprächspartnern. Wird eine helfende Person nicht in allen 3 Haltungen vom Partner als günstig wahrgenommen, so sind wahrscheinlich die Gespräche wenig förderlich oder gar beeinträchtigend.
- Die 3 Haltungen sind weitgehend *hinreichende* Bedingungen eines Helfers für förderliche Gespräche zur Persönlichkeitsentwicklung. Wir zeigen den breiten Raum möglicher Aktivitäten und Handlungen von Helfern, die sich aus diesen 3 Haltungen während der Gespräche ergeben. Diese große Breite von Aktivitäten wird von vielen Helfern meist wenig genutzt. Ferner: Es gibt unserer Auffassung nach keine anderen sehr bedeutsamen Haltungen und Aktivitäten von wesentlich förderlicher Auswirkung in Gesprächen.
- Andersartige therapeutisch-förderliche Bedingungen zur Minderung seelischer Beeinträchtigungen und Förderung der seelischen Funktionen zusätzlich zu Gesprächen sind dort sinnvoll, wo Gruppen- und Einzelgespräche als nicht hinreichend empfunden werden. Etwa Sportprogramme, Selbsthilfegruppen bei Alkoholmißbrauch, Joga, Meditation, Programme zur Verminderung von Übergewicht, förderliche Freizeitprogramme, Arbeitstherapieprogramme oder verhaltenstherapeutische Maßnahmen bei isolierten Beeinträchtigungen. Je mehr auch bei diesen andersartigen psychotherapeutischen Maßnahmen die Helfer die innere Welt ihrer Partner verstehen, sie achten und echt sind, um so eher werden sie wahrscheinlich die günstigen Auswirkungen dieser Programme erleichtern und fördern.

Die Notwendigkeit der 3 Haltungen Verstehen, Achten und Echtsein für die Selbstauseinandersetzung, die Selbstfindung und das persönliche Lernen einer Person. Helfer mit nur einer oder zwei dieser Haltungen fördern im allgemeinen wenig oder gar nicht diese hilfreichen Erfahrungen und Vorgänge bei ihrem Partner, sondern beeinträchtigen sie eher. Einige Beispiele:

□ Ist die helfende Person unecht-fassadenhaft und wird sie so von ihrem Gesprächspartner wahrgenommen, so wirkt sich ihr gelegentlich achtungsvolles und verstehendes Verhalten kaum konstruktiv aus. Der Gesprächspartner erhält den Eindruck: Der Helfer spielt eine Rolle, sein Verhalten ist geschauspielert und antrainiert, er wendet bestimmte Techniken an. Der Gesprächspartner merkt, daß die eigentliche Person des Helfers anders ist als es sein Verhalten im Gespräch ausdrückt. Manche Psychotherapeuten sind äußerlich freundlich und sog. verständnisvoll. Aber dies ist meist nur ein Verhalten an der Oberfläche, es entspricht wenig ihrem Fühlen und ist wenig echt. So hing interessanterweise bei einer größeren Anzahl amerikanischer Psychotherapeuten verschiedenster Orientierungen ihr äußerlich freundliches und sog. verständnisvolles Verhalten eher mit Unechtheit zusammen (Garfield u. Bergin, 1971). Ferner: Ein unechter-fassadenhafter Helfer wird durch seine mangelnde Offenheit seinem eigenen Erleben und seinen Wahrnehmungen gegenüber wenig bereichernd und aktivierend für die Selbstauseinandersetzung des Gesprächspartners sein. Er wird ferner kein enges, freies, offenes Beziehungsverhältnis zum Partner haben. Und er kann nur begrenzt einfühlsam sein: Bei wirklichem tiefen einfühlenden Verstehen versenkt sich der Helfer in die Welt des anderen, läßt diese auf sich wirken. Sein Verständnis und seine Mitteilungen ergeben sich daraus, wie er diese innere Welt des anderen wahrnimmt und erfährt. So ist er – wenn er echt und offen sich selbst gegenüber ist – wesentlich bereichernder, als wenn er bei einer Fassade und geringer Offenheit sich selbst gegenüber lediglich „Gefühle des Partners reflektiert."

□ Ein Helfer, der nicht achtungsvoll gegenüber dem Gesprächspartner ist, wird ihm im allgemeinen keine konstruktiven Erfahrungen und Vorgänge ermöglichen können. Der Partner wird sich zurückgesetzt und eher geringschätzig behandelt fühlen. Er wird deshalb häufig nicht wagen, sich mit seinen schmerzvollen Erfahrungen auseinanderzusetzen. So sagte eine Teilnehmerin über ihren früheren Psychotherapeuten: „In der Gruppe war er der große Schweiger. Er saß passiv und teilnahmslos da, und zum Schluß warf er uns einige Interpretationen an den Kopf. Diese Gespräche haben mich wirklich nicht vorangebracht." Oder eine andere Teilnehmerin: „Er war kalt wie ein Fisch und hat uns alle gelähmt." So hatten auch Psychotherapeuten in Einzelgesprächen, die die Klientenäußerungen ohne innere Beteiligung gleichsam wiederholten, Klienten mit eher ungünstigen Änderungen am Ende der Gesprächspsychotherapie (Hermann u. a., 1974). Helfer in Einzelgesprächen mit Jugendlichen waren mit ihrem einfühlenden Verstehen nur dann für die Selbstauseinandersetzung der Jugendlichen förderlich, wenn sie zugleich innerlich anteilnehmend und wertschätzend waren (R. Tausch, Kühne, Langer u. Lück, 1971).

□ Achtungsvolle und echte Helfer werden im allgemeinen Partner haben, die die Gespräche als angenehm empfinden. Aber ohne hohes einfühlendes Verstehen des Helfers werden die Partner nicht in ihrer Selbstauseinandersetzung und Selbstfindung wesentlich gefördert. So war die Selbstauseinandersetzung von Klienten bei Psychotherapeuten mit einer durchschnittlichen Stufe von 2.7 in allen 3 Haltungen gering, verglichen mit Klienten von Helfern mit einem Durchschnitt der Stufe 3.2 (Anthony, 1971). Ein weiterer Befund: Bei einfühlendem Verstehen *und* akzeptierender Wärme des Helfers sprachen die Gruppenteilnehmer mehr ihre Unzufriedenheit mit ihrem eigenen Verhalten aus, sie getrauten sich, den unangenehmen Aspekten ihres Selbst näherzutreten und sich darüber zu öffnen (Bergeest, Steinbach u. Tausch, 1978b).

□ Bei nur einer oder zwei förderlichen Haltungen des Helfers sind nicht nur die unmittelbaren Auswirkungen auf den Gesprächspartner gering, auch die weiteren Haltungen beim

Helfer werden behindert. So ist es unmöglich, die Empfindungswelt eines anderen wirklich zu erspüren und ihm wertfrei mitzuteilen, wenn wir nicht in hohem Maße daran Anteil nehmen, wenn wir den anderen nicht schätzen und als Person akzeptieren. Oder: Der Respekt eines Helfers gegenüber seinem Gesprächspartner wird erheblich gefördert, wenn er dessen innere Welt wirklich einfühlend verstehen kann. Oder: Die Selbstauseinandersetzung des Gesprächspartners, häufig gefördert durch einfühlendes Verstehen des Helfers, wird wesentlich angeregt durch das innere Übereinstimmen, das Echtsein des Helfers. Etwa indem dieser auf sein Fühlen hört, sich mit seinen Wahrnehmungen zur Person des Gesprächspartners auseinandersetzt und ihm dies in achtungsvoller und einfühlender Form mitteilt.

Gelegentlich kann eine Haltung eines Helfers für kürzere Zeit deutlicher hervortreten, eine andere tritt mehr zurück. Ein Helfer in einer Gruppe mag für kürzere Zeit gegenüber einem Mitglied besonders achtungsvoll und anteilnehmend sein, er mag ihn etwa trösten und umarmen. In dieser Situation trägt er naturgemäß nicht viel zur augenblicklichen Selbstauseinandersetzung des Partners bei. Oder ein Helfer drückt in einer Gruppe sein eigenes Fühlen aus, etwa daß er niedergeschlagen, verärgert oder mutlos ist. Auch wenn er dies voller Achtung und Rücksichtnahme gegenüber den Mitgliedern äußert, so tritt doch sein einfühlendes Verständnis für andere in diesem Augenblick zurück. Derartige kürzere Schwankungen sind also naheliegend. Entscheidend ist jedoch: Der Helfer lebt *überwiegend* diese 3 Haltungen Verstehen, Achten und Echtsein deutlich und wird so vom Partner wahrgenommen. Ferner: Er lebt keine Haltung in so geringem Ausmaß, daß hierdurch der Gesprächspartner beeinträchtigt wird.

Eine weitere Notwendigkeit für die 3 Haltungen: Es wird verhindert, daß der Helfer den Gesprächspartner dirigiert und lenkt, überredet oder bewertet. Denn direktives, stark lenkendes Verhalten von Helfern beeinträchtigt eher die Selbstauseinandersetzung, Selbstentwicklung und die Gesundung seelischer Funktionen von Klienten (Lorr, 1965).

Benötigt jeder Gesprächspartner fortwährend diese 3 Haltungen eines Helfers in hohem Ausmaß? Sind also alle 3 Haltungen immer notwendig? Gewiß benötigt mancher Gesprächspartner für eine gewisse Zeit nur die Anteilnahme-Wärme des Helfers. Oder er benötigt nur dessen einfühlendes Verstehen, um sich selbst tiefer zu erforschen. Oder er benötigt nur die Echtheit und Aufrichtigkeit des Helfers, indem dieser ihm etwa offen sagt, wie er ihn wahrnimmt und wie er ihm gegenüber fühlt. Dennoch ist es notwendig, daß ein Helfer gegenüber einem Partner fortwährend deutlich alle 3 Haltungen lebt, um den Partner nicht zu beeinträchtigen. Denn es ist unklar, welcher Gesprächspartner in welchem Augenblick nur eine oder zwei dieser Haltungen benötigt. Und ferner: Selbst wenn ein Partner in einem Augenblick nicht die Achtung oder das einfühlende Verstehen eines Helfers benötigen würde: Diese früheren Erfahrungen sind dann für ihn wichtig, wenn er später unangenehme Aspekte seines Selbst erforschen will.

Insgesamt: Wir sehen es für förderliche Gespräche als notwendig an, daß der Helfer überwiegend fortwährend und gleichzeitig deutlich die 3 Haltungen Verstehen, Achten und Echtsein lebt. Fehlt eine dieser 3 Haltungen oder wird sie in zu geringem Ausmaß gelebt, so beeinträchtigt dies die Selbstauseinandersetzung und das persönliche Lernen des Gesprächspartners sehr. Wir erfuhren es in vielen Gesprächsgruppen in den USA als Mitglieder unmittelbar, wie beeinträchtigend sich geringes Achten, geringes Sorgen oder Passivität von Gruppenhelfern auswirkte, wie destruktiv unechtes-fassadenhaftes-professionelles Helferverhalten war. Und wie wenig die Mitglieder in Gruppen sich mit sich selbst auseinandersetzen konnten, wenn der Helfer und die übrigen Mitglieder wenig einfühlend verstehend waren. – Der Leser mag auch das in einem späteren Kapitel dargestellte Gruppengespräch durchgehen. Wir können keine bedeutsame Stelle finden, bei der geringeres Verstehen, geringeres Achten-Sorgen und geringeres Echtsein des Helfers für den Gesprächspartner förderlicher gewesen wäre, oder bei der einfühlendes Verstehen, Achten-Sorgen und Echtsein unerheblich und unnötig waren.

Sind die 3 Haltungen und entsprechende Aktivitäten weitgehend hinreichend förderliche Bedingungen des Helfers in Gesprächen mit Partnern? Werden durch diese Haltungen wirklich diejenigen heilsamen, erleichternden und förderlichen Vorgänge ausgelöst, die ein Gesprächspartner zur Selbstauseinandersetzung, zum persönlichen Reifen und zur Minderung seiner Schwierigkeiten benötigt?
Unsere Auffassung ist: Die 3 Haltungen und entsprechende Aktivitäten sind häufig weitgehend hinreichende Bedingungen im Gespräch. Diese Annahme gründet sich auf: □ Untersuchungsbefunde, in denen sich die 3 Haltungen als weitgehend hinreichende Bedingungen erwiesen; □ das Fehlen von Untersuchungsbefunden, daß die 3 Haltungen und entsprechende Aktivitäten nicht hinreichende Bedingungen in förderlichen Gesprächen sind; □ auf den Sachverhalt, daß zumindest bisher keine anderen umfassenden wesentlich förderlichen Haltungen in Gesprächen nachgewiesen wurden.

Zunächst zum Nachweis, daß Helfer mit den 3 förderlichen Haltungen im allgemeinen ihren Gesprächspartnern (Klienten) deutlich konstruktive Änderungen ermöglichten. Viele Untersuchungsbefunde stützen diese Annahme, durchgeführt mit einer großen Zahl von Klienten und Psychotherapeutischen Helfern. Einen kleinen Ausschnitt dieser Untersuchungen haben wir in diesem Buch dargestellt.

Mancher Leser wird argumentieren: In diesen Untersuchungen zur Einzel- und Gruppenpsychotherapie änderte sich ein größerer Prozentsatz der Klienten konstruktiv. Aber ca. 20–45 % der Klienten in diesen Untersuchungen änderten sich nicht konstruktiv. Sind sie nicht eine Bestätigung dafür, daß die 3 Haltungen und Aktivitäten der Helfer nicht hinreichend waren?

Dieses Argument steht der Annahme, daß die 3 Haltungen hinreichende Bedingungen in Gesprächen sind, nicht entgegen. Und zwar aus folgenden Gründen:

□ Die 3 Haltungen sind hinreichende Bedingungen bei Helfern, die diese 3 Haltungen in einem hohen Ausmaß leben, mindestens 3.5 auf den 5-stufigen Skalen. Fast alle Klienten mit geringen und keinen Änderungen hatten jedoch Psychotherapeutische Helfer, die die 3 Haltungen nicht in diesem deutlichen Ausmaß ihnen gegenüber im Gespräch lebten (z. B. Feindt, 1978; Westermann u. a., 1978).

Die 3 Haltungen: Notwendig und hinreichend?

□ Die 3 Haltungen sind hinreichend bei Helfern, die diese 3 Haltungen in hohem Ausmaß leben *und* die vom Gesprächspartner als verstehend, achtungsvoll sowie echt wahrgenommen werden. Nur dann sind hinreichende Auswirkungen zu erwarten. Manche Psychotherapeuten sind aber wenig besorgt, wie sie von ihren Gesprächspartnern wahrgenommen werden. Z. B. wird in Gruppengesprächen gelegentlich ein Helfer, der einfühlend verstehend, achtungsvoll und echt ist, von ein oder zwei der 12–14 Mitglieder nicht als deutlich einfühlend, echt und warm erlebt. Es ist notwendig, daß die Helfer sich um derartige Partner intensiv bemühen. Etwa indem sie mehr verstehend, mehr anteilnehmend oder mehr transparent sind. Oder mit dem Partner darüber sprechen, warum sie nicht als deutlich verstehend, anteilnehmend und echt wahrgenommen werden.

□ Die Annahme gilt für Helfer, die alle 3 Haltungen fortwährend deutlich leben. Dies war bei vielen Psychotherapeuten in unseren Untersuchungen nicht der Fall. Wenn sie nur 2 Haltungen deutlich lebten und so von den Klienten wahrgenommen wurden, so war dies nicht hinreichend für konstruktive Änderungen (z. B. Rudolph, 1975). Ferner: Eine hohe Konsistenz, also ein fortwährendes Vorhandensein der 3 Haltungen mit nur geringen Schwankungen hatten im allgemeinen nur Psychotherapeutische Helfer mit einem hohen Ausmaß in den 3 Haltungen (Collingwood u.a., 1970). Die 3 Haltungen scheinen überwiegend erst bei langjährig erfahrenen Helfern integriert zu sein, sie korrelieren dann hoch miteinander.

□ Die 3 Haltungen sind notwendige und hinreichende Bedingungen des Helfers für die Situation des *Gespräches.*

□ Die 3 Haltungen sind hinreichende Bedingungen des Helfers für Gespräche mit Personen, die grundsätzlich zur Selbstöffnung und zumindest teilweise zur Selbstauseinandersetzung fähig sind.

□ Die 3 Haltungen sind häufig erst in der Situation des *Gruppen*gespräches hinreichend förderlich, im Vergleich zum Einzelgespräch. Einige Gesichtspunkte hierzu:

Angeregt durch die Haltungen des Helfers leben auch viele Gruppenmitglieder zueinander einfühlendes Verstehen, Achtung und Echtheit. So hat im günstigen Fall ein Gruppenmitglied etwa 8–10 Helfer, im Vergleich zu nur einem Helfer im Einzelgespräch.

Manche Personen, etwa gefühlsmäßig gelähmte oder erlebnisarme Personen, benötigen die Stimulierung durch andere Menschen, um seelische Bewegung in sich wieder zu spüren und zum Ausdruck ihres Fühlens zu kommen.

In einer Gruppe offenbaren sich manche seelische Schwierigkeiten des einzelnen sehr konkret, oft ohne daß er sie äußert: Seine Hemmungen, seine Angst vor Kontakt mit anderen, sein Panzer, sein Mißtrauen oder seine Aggressionen. So kann er seine Beeinträchtigungen unmittelbar erfahren, und zugleich die förderliche Hilfe anderer hierbei erhalten.

Manche Personen fühlen sich in Einzelgesprächen überfordert. Sie fürchten zunächst die Auseinandersetzung mit sich selbst. In einer Gruppe können sie zunächst „untertauchen" und etwa bei anderen erfahren, daß eine Auseinandersetzung mit der eigenen Person nicht schädlich, sondern hilfreich ist.

Anregungen, Hilfen oder hilfreiche Maßnahmen sind in einer Gruppe ungleich größer als in einem Einzelgespräch. Gruppenmitglieder können sich in schwierigen Situationen jederzeit zu Hause anrufen, sie können sich gegenseitig helfen und unterstützen.

Das Beziehungsverhältnis zwischen dem Psychotherapeutischen Helfer und dem einzelnen ist in einer Gruppe freier, offener, näher und vertrauensvoller. Das Gruppenmitglied z. B. erhält Kenntnis von der Person des Helfers. Es erhält durch die Selbstöffnung des Helfers Einsicht in dessen sonstiges Leben und Schwächen. Der Helfer wird gleichsam als Person transparent. Das Mitglied kann ihn im Kontakt mit anderen beobachten und erfahren. Es sieht ihn als durchgängige Person und nicht aus dem Blickwinkel eines berufsmäßigen Helfers, dem es eine Stunde in der Woche gegenübersitzt. Ein Gruppenmitglied wagt, seine Bedenken oder seine Kritik dem Helfer zu äußern. Es hat weniger Angst, das Vertrauen und die Achtung des Helfers zu verlieren. So sind die zahlreichen Einzelgespräche, die ein Helfer mit einzelnen Gruppenmitgliedern führt, in der Pause, beim Mittagessen, bei gelegentlichen Telefonanrufen, wesentlich vertrauensvoller und förderlicher als Einzelgespräche in der üblichen Einzelpsychotherapie.
Aus diesem Grunde führen wir fast nur noch psychotherapeutische Einzelgespräche mit Klienten, mit denen wir zuvor in einer 2 ½tägigen intensiven Gesprächsgruppe zusammenlebten. Diese Personen fühlen sich uns gegenüber freier und sie kennen uns als Person. Sie kommen kaum in die Versuchung, in uns Fachexperten oder Autoritäten zu sehen.

□ Die 3 Haltungen sind dann hinreichende Bedingungen, wenn der Helfer sie in vielfältiger Weise lebt. Viele Helfer sehen jedoch nicht die enormen breiten Möglichkeiten entsprechender Aktivitäten. Sie sehen nicht die vielen Möglichkeiten ihres Verhaltens, ihrer Äußerungen und Maßnahmen, die sich ergeben, wenn sie in echter Weise einfühlend und achtungsvoll-sorgend für den Partner sind. Diese enorme Breite, die wir auch in den Übersichtsskalen der 3 Haltungen dargestellt haben, mag sich z. B. ausdrücken in: Tröstender Umarmung, Fragen an ein Mitglied, wie der Helfer ihm behilflich sein könne, sich im Gespräch wohler zu fühlen, Ausdruck der Sorge des Helfers, ob er etwas falsch mache oder sich der Partner von ihm bedroht fühle, Ermöglichung von Informationen über körperliche Gesunderhaltung oder über günstige Arbeitsmethoden, gemeinsamer Besuch bei einer Behörde in einer schwierigen Angelegenheit, Bemühungen, dem Ehepartner eines Gruppenmitgliedes die Teilnahme an einem psychotherapeutischen Gespräch zu erleichtern, Kontaktaufnahme mit dem Rechtsanwalt oder Haftrichter eines Strafgefangenen, mit dem der Helfer zusammen in einer Gruppe war. Hundertfache Aktivitäten und Handlungen gibt es, um die Auseinandersetzung einer Person mit sich selbst, ihre Selbstfindung zu erleichtern und ihre seelische Gesundheit zu fördern. Diese hundertfachen Maßnahmen des Helfers entspringen seinem einfühlenden Verstehen in die innere Welt des Partners, seiner Achtung-Sorge sowie Echtheit.

□ Die 3 Haltungen sind weitgehend hinreichend für hilfreiche Gespräche mit Personen, die unter sehr unterschiedlichen gelernten Beeinträchtigungen ihres Selbst leiden. Zugleich sind die Gespräche sehr individuell.

Gelegentlich wird geäußert: Klienten mit unterschiedlichen Beeinträchtigungen und unterschiedlicher Persönlichkeit benötigen unterschiedliche Erfahrungen in den Gesprächen. Deshalb sei ein jeweils unterschiedliches Vorgehen des Psychotherapeutischen Helfers notwendig. Und dies sei bei den 3 Haltungen nicht gewährleistet. Unsere Auffassung hierzu ist gegensätzlich:

Wenn Helfer die 3 Haltungen und entsprechende Aktivitäten gegenüber Partnern deutlich und weitgehend fortwährend leben, dann sind ihre Äußerungen und Handlungen gegenüber dem Partner sehr individuell, mit jeweils deutlicher Berücksichtigung seiner Persönlichkeit

und seiner individuellen Schwierigkeiten. Denn jeder Partner wird in seiner individuellen, einzigartigen Welt vom Helfer in spezifischer Weise verstanden. Seine Auseinandersetzung mit sich selbst wird in einzigartiger, individueller Weise vom Helfer gefördert.
Jeder Klient löst in dem Psychotherapeutischen Helfer andere Wahrnehmungen und Empfindungen aus. Und dies führt bei einem Helfer, der echt ist, zu jeweils unterschiedlichen Äußerungen und Handlungen, wenn er die innere Welt des anderen wirklich versteht und ihr mit Achtung und Wärme zugewandt ist. Diese Achtung und Wärme etwa wird er gegenüber den verschiedenen Klienten oder verschiedenen Gruppenmitgliedern verschieden ausdrücken, mit verschiedenen Worten, gelegentlich mit verschiedenen Berührungen. Und zu jeweils unterschiedlichen Zeiten und in unterschiedlichen Situationen.

Die 3 Haltungen und entsprechende Aktivitäten sind so trotz ihrer hohen Allgemeingültigkeit für weitgehend alle Personen mit dem Wunsch nach Selbstauseinandersetzung und Selbstfindung in Gesprächen in hohem Maße individuell: Das einfühlende Verstehen ist jeweils zentriert in der einzigartigen, individuellen Welt des einzelnen Partners. Und Wärme, Achtung und Sorgen des Helfers werden einzigartig für den jeweiligen Klienten gelebt, wenn sie echt sind. So macht jeder Klient jeweils einmalige, nur für ihn zutreffende persönliche Erfahrungen.

Aus dem großen Breitbandangebot an Äußerungen und Aktivitäten des Helfers – entspringend seinem einfühlenden Verstehen, Achtung und Echtsein – nimmt sich gleichsam der Gesprächspartner diejenigen Erfahrungen, die er benötigt. Manche Partner benötigen zu gewissen Zeiten sehr das einfühlende Verstehen des Helfers. Andere Personen benötigen besonders die Achtung des Helfers, seine Wärme. Ein anderer wiederum benötigt zu gewissen Zeiten das Echtsein und Offensein des Psychotherapeutischen Helfers, um fassadenfreier zu werden und um zu erfahren, wie er von einem anderen wahrgenommen wird. Gelegentlich lebt ein Helfer auch für kurze Zeit eine Haltung deutlicher als die andere. Er ist etwa für kurze Zeit überwiegend anteilnehmend und tröstend, und weniger einfühlend verstehend oder umgekehrt. Entscheidend ist, daß er die 3 Haltungen jeweils in einem förderlichen Mindestausmaß lebt und vom Partner als förderlich wahrgenommen wird.

Diese weitgehende Allgemeingültigkeit der 3 Haltungen des Helfers, die jedoch bei jedem Gesprächspartner zu individuellen, einzigartigen Äußerungen und Aktivitäten führt, wird auch deutlich in den gefilmten Gruppengesprächen. Die Helfer leben hier die 3 Haltungen und gehen dabei sehr individuell auf die Gruppenmitglieder ein, die in ihrer Persönlichkeit, in ihren Schwierigkeiten, ihren Berufen sowie ihrem Alter sehr unterschiedlich waren (z. B. Tausch u. Tausch, 1977c, 1978).

Zusammengefaßt: Wenn helfende Personen die 3 Haltungen und die ihnen entsprechenden Aktivitäten, Handlungen und Maßnahmen gegenüber ihren Partnern leben und so von den Partnern wahrgenommen werden, dann sind dies mit größerer Wahrscheinlichkeit die weitgehend hinreichend förderlichen Bedingungen des Helfers für die Selbstauseinandersetzung des Partners, für die Minderung seiner gelernten seelischen Schwierigkeiten, die mit seinem Selbst zusammenhängen, für ein deutliches Anwachsen des persönlichen Lernens in seiner Selbstentwicklung. Diese Annahme wird gestützt durch Untersuchungen. Helfer, die diese

3 Haltungen angemessen lebten, hatten im allgemeinen Klienten mit deutlichen konstruktiven Änderungen. Es ergab sich allerdings auch: Viele Psychotherapeutische Helfer lebten diese Haltungen in Gesprächen in zu geringem Ausmaß, oder sie wurden von ihren Partnern nicht entsprechend wahrgenommen, oder sie wählten nicht angemessene Gesprächssituationen, z. B. Gruppengespräche.

Wenn manche Psychotherapeuten gelegentlich äußern: Die 3 Haltungen hätten sich in Gesprächen mit ihren Partnern des öfteren als erfolglos für deren Selbstauseinandersetzung und deren persönliches Lernen zur Selbstentwicklung erwiesen und seien somit unzureichend, so schränkt dies die theoretische Annahme von Carl Rogers über das Hinreichen der 3 förderlichen Haltungen erst bei folgendem Nachweis ein: Die Psychotherapeuten waren bei ihren erfolglosen Klienten wirklich 1. in hohem Maße einfühlend verstehend, achtungsvoll und echtfassadenfrei; 2. sie wurden in dieser Weise von ihren Gesprächspartnern wahrgenommen; 3. sie lebten diese Haltungen weitgehend gleichzeitig und fortwährend; 4. sie ermöglichten ihren Gesprächspartnern die Situation des Gruppengespräches, wenn Einzelgespräche sich als nicht hinreichend erwiesen. Soweit wir sehen, ist ein derartiger Nachweis bisher nicht geführt worden.

Untersuchungen zur Bedeutsamkeit der 3 Haltungen in förderlichen Gesprächen. Der folgende kleine Ausschnitt von Untersuchungen zeigt: Sind die 3 Haltungen einer helfenden Person in personenzentrierten Gesprächen deutlich vorhanden, so ist die Wahrscheinlichkeit konstruktiver Änderungen bei einem Gesprächspartner groß. Die 3 Haltungen sind dann mit gewisser Wahrscheinlichkeit weitgehend hinreichende Bedingungen der helfenden Person für das persönliche Lernen des Partners und die Minderung seiner seelischen Schwierigkeiten. Dagegen ist es nicht hinreichend, wenn ein Helfer nur eine oder zwei dieser Haltungen deutlich im Gespräch lebt.

Gruppenmitglieder aus mehreren 2 ½tägigen personenzentrierten Gruppen, die ihre Helfer deutlich einfühlend verstehend, achtungsvoll-warm sowie echt-übereinstimmend wahrnahmen, waren überwiegend mit den Gesprächen zufrieden und änderten sich konstruktiv. Gruppenmitglieder, die ihre Helfer in den 3 Haltungen eher gering einschätzten, hatten geringe oder keine konstruktiven Änderungen. Mitglieder mit unterschiedlichen Wahrnehmungen des Helferverhaltens und unterschiedlichen konstruktiven Änderungen gab es gelegentlich in den gleichen Gruppen. D. h. verschiedene Gruppenmitglieder können den gleichen Helfer hierin unterschiedlich wahrnehmen. Dagegen nahmen sie den Helfer in Aktivität und Engagement nicht unterschiedlich wahr (Westermann, Kremer u. Tausch, 1977).

Psychotherapeuten mit hohem einfühlendem Verstehen sowie Achtung-Wärme waren bei zeitlich begrenzter Gruppenpsychotherapie für die teilnehmenden weiblichen Jugendlichen – institutionalisierte Delinquenten – deutlich förderlich, festgestellt in Testbefunden und der geringeren Rückfälligkeit ein Jahr später. Psychotherapeuten mit geringerem Ausmaß in den 3 Haltungen waren erheblich weniger förderlich (Truax, Wargo u. Silber, 1966).

Klienten, die die psychotherapeutischen Anfangsgespräche fortsetzten, hatten Psychotherapeutische Helfer mit deutlich höherem einfühlendem Verstehen und im allgemeinen mit größerer Wärme und Echtheit, im Vergleich zu Klienten, die die Gespräche abbrachen. Die Haltungen der Helfer wurden anhand von Tonaufnahmen durch Beurteiler eingeschätzt (Altmann, 1973).

112 Klienten unserer Psychotherapeutischen Beratungsstelle erhielten durchschnittlich 11 psychotherapeutische Gespräche. Die recht unterschiedlichen Änderungen der Klienten hingen mit den 3 Haltungen der Psychotherapeuten zusammen: Klienten, die ihre Psychotherapeuten deutlich verständnisvoll, wertschätzend-warm sowie echt wahrnahmen, wiesen überwiegend konstruktive Änderungen größeren Ausmaßes auf. Klienten mit geringen oder keinen Änderungen nahmen ihre Psychotherapeuten bedeutsam weniger verständnisvoll, wertschätzend-warm sowie echt wahr. Das Ausbleiben von konstruktiven Änderungen bei Klienten war verbunden mit geringem Verständnis, Achtung-Wärme sowie Echtsein des Psychotherapeuten. Ferner: Nur wenn mindestesn 2 der 3 Haltungen des Psychotherapeuten vom Klienten deutlich wahrgenommen wurden, ergaben sich konstruktive Änderungen bei Klienten. So reichte ein hohes Ausmaß von einfühlendem Verstehen des Psychotherapeuten allein oder Achtung-Wärme allein nicht aus, um dem Klienten positive Änderungen zu ermöglichen. Schließlich: Personen, die die Gespräche nach 4 Kontakten abbrachen, nahmen im Vergleich zu den fortsetzenden Klienten ihre Helfer als weniger einfühlend, weniger wertschätzend, weniger echt, weniger aktiv, weniger partnerschaftlich und mehr passiv wahr (Rudolph, Langer u. Tausch, 1978).

Die konstruktiven Änderungen von Klienten in Einzelpsychotherapie hingen damit zusammen, ob sie ihren Psychotherapeuten als einfühlend verstehend, positiv wertschätzend sowie echt wahrnahmen. Ferner damit, ob Beurteiler den Psychotherapeuten anhand der Tonaufnahmen als einfühlend verstehend einschätzten (Tausch, Sander, Bastine, Freise u. Nagel, 1970).

Ein Jahr nach Ende der Psychotherapie wurden Klienten über ihre Psychotherapeuten befragt. Als hilfreich bei ihren Psychotherapeuten gaben 47 % Anteilnahme und verständnisvolle Sympathie der Psychotherapeuten an, 41 % der Klienten Einfühlungsvermögen, Wärme und Wohlwollen, 34 % Ruhe, Gelassenheit, Ausgeglichenheit, 28 % geringe Lenkung, Unaufdringlichkeit des Helfers. Mißfallen hatte 44 % der Klienten die fehlende Echtheit, die stereotypen Antworten und die Oberflächlichkeit der Helfer, 43 % der Klienten die geringe Aktivität und das geringe Bemühen der Psychotherapeuten, 22 % die mangelnde Vertrauensbasis (Sander u. a., 1973).

Konstruktive Änderungen von Klienten in Einzelpsychotherapie, festgestellt mit Tests, traten überwiegend bei den Klienten auf, die ihre Psychotherapeuten verstehend, wertschätzend und echt wahrnahmen (Barrett-Lennard, 1962) oder deren Psychotherapeuten anhand der Tonbandaufnahmen von Beurteilern so eingeschätzt wurden (Halkides, 1958).

Weitere andersartige förderliche Haltungen und Aktivitäten? Gibt es andersartige Haltungen und Aktivitäten, die im allgemeinen in Gesprächen notwendig oder deutlich hilfreich für die Selbstauseinandersetzung und Selbstentwicklung einer Person sind? Hierzu ist unsere Auffassung: □ Einzelne Merkmale oder Vorgehensweisen, die in einzelnen Untersuchungen als förderlich gefunden wurden, sind meist in den 3 Haltungen enthalten oder stimmen mit ihnen überein oder sind die Folge davon. □ Andersartige weitere Haltungen, Aktivitäten und Merkmale eines Helfers sehen wir nicht, die im allgemeinen bedeutsam förderlich für die Selbstauseinandersetzung einer Person und ihr persönliches Lernen sind *und* die keine Gefährdung und mögliche Beeinträchtigung von Gesprächspartnern darstellen. – Wir möchten diese Auffassung kurz begründen:

Gelegentlich als förderlich angesehene Einzelmerkmale oder Aktivitäten im Gespräch sind in den 3 Haltungen enthalten oder stimmen mit ihnen überein oder sind die Folge davon. Einige Beispiele:

Aktivität-Suchen-Anstrengen-Nachdenken-Bemühen von Psychotherapeutischen Helfern erwies sich bedeutsam für konstruktive Änderungen der Klienten in Einzelpsychotherapie (Minsel, Langer, Peters u. Tausch, 1973; Schwartz u. a., 1978). Diese Merkmalsgruppe war folgendermaßen charakterisiert: Der Psychotherapeut ist aktiv bemüht, er sucht sich den Inhalt der Äußerungen des Klienten zu vergegenwärtigen und zu verstehen, er spricht nicht mechanisch, seine Äußerungen sind nicht glatt und perfekt. Das Gegenteil der Merkmalsgruppe war: Der Psychotherapeut läßt kein aktives Bemühen um den Klienten erkennen, er wirkt passiv, er nimmt die Klientenäußerungen hin, ohne offensichtlich darüber nachzudenken, er wirkt hilflos und lahm in seinen Äußerungen. Diese Merkmalsgruppe Aktivität ist in den 3 Haltungen enthalten: Achtet z. B. ein Helfer echt seinen Partner, ist er wirklich an ihm interessiert und um ihn besorgt, sucht er in echter Weise dessen innere Welt zu verstehen, dann ist er in vielfältiger Weise im Gespräch aktiv, suchend, bemüht. Und nicht passiv, lahm, hilflos. Allein um den Klienten in seiner inneren Welt deutlich zu hören und zu verstehen, muß er intensiv aktiv sein.

Partnerschaftliche Zusammenarbeit des Psychotherapeuten mit dem Klienten, verbunden mit innerer Anteilnahme, wirkte sich in Einzelgesprächen deutlich förderlich auf die Klienten aus. Sie hatten dann mehr die Empfindung „So wie das Gespräch heute lief, hat es mich befriedigt" (Eckert u. a., 1977). In einer anderen Untersuchung hing partnerschaftliches Zusammenarbeiten des Psychotherapeuten mit dem Klienten am gemeinsamen Problem sowie Zeigen von Mitgefühl des Psychotherapeuten und Förderung des Selbstvertrauens des Klienten durch den Psychotherapeuten zusammen mit konstruktiven Wandlungen der Klienten am Ende der Einzelpsychotherapie (Hermann u. a., 1974). Diese Merkmale hängen zusammen oder ergeben sich aus der Haltung von Achten-Sorgen sowie einfühlendem Verstehen des Psychotherapeuten für den Klienten. Ein Psychotherapeut, der diese Haltungen in echter Weise lebt, wird mitfühlend wahrgenommen, fördert das Selbstvertrauen des Klienten und arbeitet mit ihm als Partner in respektvoller, verständnisvoller Weise zusammen.

Verantwortlichkeit des Psychotherapeuten für den Klienten hing zusammen mit konstruktiven Änderungen der Klienten in Einzelgesprächen (Pierce u. a., 1970). Dieses Merkmal ist in den 3 Haltungen enthalten oder eine Folge davon: Ein in echter Weise einfühlend verstehender und achtungsvoll-sorgender Helfer wird sich verantwortlich fühlen für sein Handeln und seine Äußerungen. So ergab sich auch in dieser Untersuchung ein enger Zusammenhang der Verantwortlichkeit der Psychotherapeuten mit den 3 Haltungen, eingeschätzt anhand der Tonaufnahmen der Gespräche.

Konkret-einfache Äußerungen statt abstrakt-komplizierte Äußerungen, ferner eher offenlassende Äußerungen statt abschließende Äußerungen waren häufiger bei Psychotherapeuten zu finden, deren Klienten sich nach den Einzelgesprächen konstruktiv änderten (Schwartz u. a., 1978). Dies ist ebenfalls die Folge der 3 Haltungen: Achten Helfer die Person ihres Partners wirklich und verstehen sie dessen Welt, so drücken sie sich eher so aus, daß sie für ihn verständlich sind und ihre Äußerungen seinem Erleben angemessen sind. Der Helfer wird ferner das, was er verstanden hat, als *seine* Wahrnehmung ansehen und dem Partner behutsam anbieten. Er überläßt es dem Partner, zu prüfen und zu entscheiden, ob diese Wahrnehmungen zutreffend sind.

Konfrontation wird gelegentlich als hilfreich in psychotherapeutischen Gesprächen angesehen (Carkhuff, 1969). Unter Konfrontation ist zu verstehen: Ein Helfer bringt seinem Partner Widersprüchlichkeiten ins Bewußtsein. Und zwar Widersprüchlichkeiten zwischen seinen Äußerungen, zwischen seinen Äußerungen und seinem Verhalten, zwischen seinen Äußerungen und mimischem Ausdruck. Oder Widersprüchlichkeiten zwischen der Art, wie der Klient sich selbst sieht und wie der Helfer ihn sieht.

Derartige Konfrontationen können zu größerer Auseinandersetzung des Gesprächspartners mit sich selbst, zu bedeutsamen neuen inneren Erfahrungen bei ihm führen, vorausgesetzt: Der Helfer äußert, daß es sich um *seine* Wahrnehmungen handelt, er äußert sich rücksichtsvoll und mit Einfühlung auf den Klienten, es besteht zwischen Helfer und Partner ein vertrauensvolles freies Beziehungsverhältnis. Und ferner: Der Helfer bemüht sich anschließend durch intensives einfühlendes Verstehen, dem Klienten eine angstfreie Auseinandersetzung mit dieser Konfrontation zu ermöglichen. Hierbei akzeptiert er bereitwillig, daß der Gesprächspartner die konfrontierenden Äußerungen des Helfers ablehnt. Zwei Beispiele für gelegentlich hilfreiche Konfrontationen:

Helfer: „Vorhin drückten Sie aus, daß Sie einen großen Ekel vor Ihrem Mann empfinden, und ich sah dieses auch Ihrem Gesicht an. Ich suche jetzt zu verstehen, wie das zu vereinen ist, was Sie vorhin auch äußerten: Daß Sie sich manchmal so stark nach ihm sehnen?“
Sybille in einer gefilmten Gesprächsgruppe: „... also, das habe ich bei Dir ganz stark empfunden, Giselbert. Und zwar den Unterschied von Gestern auf Heute. Ich hab' Dich gestern unheimlich gelöst empfunden. Dein Gesichtsausdruck war völlig anders. Du hast also so toll getanzt ... Ich hab Dich sogar als herzlich empfunden, und das vermisse ich heute wieder, ja, das vermisse ich völlig.“

Derartige die Selbstauseinandersetzung fördernde Konfrontationen ergeben sich aus den 3 Haltungen eines Helfers: Er sucht die innere Welt des Partners wirklich zu verstehen. Er nimmt echten Anteil daran und ist besorgt um den anderen. Und er ist offen für das eigene Fühlen und Wahrnehmen und verbirgt es nicht vor dem anderen. So fragt er den Gesprächspartner, wenn er dessen innere Welt nicht verstanden hat, weil er etwa in dessen Äußerungen Widersprüche wahrnimmt. Er äußert, daß er z. B. Schwierigkeiten hat, zu verstehen, daß sich der andere ängstlich fühlt, weil er ihn selbst als so sicher und überlegen wahrnimmt.
Nicht-förderlich erscheinen uns dagegen Konfrontationen, die nicht ausschließlich dem Bemühen um Verstehen, der Sorge und der Achtung des Helfers entspringen. Sondern die den Gesprächspartner vorandrängen sollen, indem sie ihm Widersprüche bewußt machen, deren er sich wahrscheinlich binnen kurzem selber bewußt würde, und Konfrontationen, in denen die Äußerungen des Partners angezweifelt werden oder die eine versteckte Kritik darstellen.

Gelegentlich als förderlich angesehene Merkmale sind meist Begleitmerkmale der 3 Haltungen. Zum Beispiel ergab sich in Untersuchungen: Psychotherapeuten von mehr erfolgreichen Klienten nickten ihren Klienten häufiger zu und lächelten sie an. Wenn ein Helfer seinen Gesprächspartner achtet, an ihm Anteil nimmt, seine Welt versteht und dabei echt ist, wird er des öfteren unbewußt dem Partner zunicken und ihn eher offen und voller Sympathie ansehen. Kopfnicken und Lächeln sind also eine Folge der 3 Haltungen. Deshalb wäre auch eine Empfehlung an Psychotherapeuten, mehr Kopfnicken und Lächeln zu „verwirklichen“, nicht sinnvoll. Dieses äußere Verhalten würde nicht dem gefühlsmäßigen Zustand des Helfers entsprechen und wäre eher unecht.

Eine weitere Untersuchung: Psychotherapeuten von mehr erfolgreichen Klienten sprachen frischer und bildreicher, mit expressiverer Stimmqualität. Ihre Stimme war kraftvoll und kontrolliert, nicht verengt. In ihrer Stimme war Farbe sowie Spielraum in der Tonhöhe, jedoch ohne emotionalen Überschwang mit beträchtlicher, dem Inhalt angemessener Betonung. Psychotherapeuten weniger erfolgreicher Klienten äußerten sich eher in Worten und Redewendungen üblicher Art, ferner wenig frisch und wenig bildreich, mit verzerrter Stimmqualität. Die Betonung war regelmäßig und wenig natürlich, mehr auf den Effekt bedacht als der jeweiligen Bedeutung spontan entsprechend (Rice, 1965). Auch diese isolierten Merkmale können Psychotherapeuten nicht gleichsam „anwenden“. Ein echt anteilnehmender, sorgender und die persönliche Welt des anderen verstehender Helfer, der auch gegenüber seinem eigenen Fühlen und Wahrnehmen offen ist, wird sich häufig bildreich und eher originell äußern, die Betonungen werden dem von ihm ausgedrückten Erleben angemessen sein.

Wir kennen über die 3 Haltungen hinaus keine andersartigen förderlichen Aktivitäten von Helfern im Gespräch, die bei der Mehrzahl von Partnern deutlich deren

Selbstauseinandersetzung und seelische Funktionen fördern *und* die grundsätzlich für Gesprächspartner nicht schädlich sind.

Wir können hierfür Untersuchungen heranziehen, die die Auswirkungen von Psychotherapeuten verschiedener Orientierungen geprüft haben, insbesondere der psychoanalytischen und personenzentrierten Psychotherapie. Soweit wir es übersehen, haben die Untersuchungen deutlich günstigere Vorgänge und Wandlungen bei Klienten der personenzentrierten Psychotherapie ergeben als bei psychoanalytischer Therapie (z. B. Ends u. Page, 1959; Meyer, 1976). In dieser letztgenannten Untersuchung wurden in einer deutschen Universitätsklinik 12 psychoanalytischen Therapeuten und 13 personenzentrierten Psychotherapeuten dem kontrollierten Zufall nach 88 Patienten mit deutlichen psychoneurotischen Störungen zugewiesen. Sie erhielten im Durchschnitt 26 Gespräche bei den psychoanalytischen und 19 Gespräche bei den personenzentrierten Psychotherapeuten. Die Klienten der personenzentrierten Psychotherapeuten hatten signifikant größere Wandlungen in Tests, vor allem im subjektiven Wohlbefinden, so Zunahme von Selbstvertrauen, Extraversion und Abnahme depressiver Stimmungen. Diese Verbesserungen seelischer Funktionen hielten auch noch bei der Nachtestung 9 Monate später an. Sog. Blind-Beurteilungen ergaben eine erhebliche Verbesserung der Einstellungen zur eigenen Person bei den Klienten der personenzentrierten Psychotherapie; signifikant mehr Patienten fühlten, daß die Therapie ihnen geholfen hatte, auch in der Nachbefragung 9 Monate später.

Allerdings besagen diese und andere Befunde wenig darüber, ob nicht in der Psychoanalyse oder einer anderen Orientierung zumindest einzelne andersartige Elemente vorhanden sind, die die Selbstauseinandersetzung und die seelischen Funktionen eines Gesprächspartners besser fördern. Aus diesem Grunde möchten wir uns im folgenden mit einzelnen andersartigen, empirisch geprüften Vorgehensweisen anderer therapeutischer Orientierungen kurz auseinandersetzen.

Wir halten es nicht für berechtigt, die Unterschiede zwischen den verschiedenen Orientierungen für unbedeutend zu halten. In einer größeren Anzahl von Untersuchungen wurde nachgewiesen: Psychotherapeuten unterschiedlicher Orientierungen, so personenzentrierte und psychoanalytische Therapeuten, verhalten sich deutlich unterschiedlich und lösen deutlich unterschiedliche Vorgänge bei Klienten aus (z. B. Strupp, 1958; Sundland u. Barker, 1962). Dies demonstriert auch folgender Befund: Carl Rogers als Vertreter der personenzentrierten Psychotherapie, Frederick Perls als Vertreter der Gestalttherapie und Albert Ellis als Vertreter der rational-emotionalen Therapie führten mit einer gleichen Klientin je ein gefilmtes psychotherapeutisches Gespräch durch. Es zeigte sich, daß aufgrund des unterschiedlichen Verhaltens der Therapeuten dieselbe Klientin sich bei den verschiedenen Therapeuten erheblich unterschiedlich verhielt, etwa hinsichtlich ihrer Selbstöffnung, ihrer Selbstverteidigung, ihrer Feindseligkeit, ihrer Unsicherheit oder ihrer Abhängigkeit (Zimmer, Hakstian u. Newby, 1972).

Interpretationen, Erklärungen. Hierunter ist zu verstehen: Ein Psychotherapeutischer Helfer gibt zu dem geäußerten Verhalten eines Gesprächspartners die Motive oder Ursachen an, die seiner eigenen Sicht nach dieses Verhalten bedingen oder damit zusammenhängen. Interpretationen sind erklärende Aussagen, warum sich eine Person in einer Situation so verhält oder fühlt. Eine andere Definition: „Interpretationen sind alle Äußerungen, die verschiedene vom Klienten beschriebene Erfahrungen, Einstellungen oder Gefühle analysieren, die ferner die Äußerungen des Klienten generalisieren, um ihm eine Determinante seines Verhaltens nahezulegen, und die eine psychologische Erklärung oder eine Beschreibung der Motivation zu diesem Verhalten geben" (Matarazzo, 1965, S. 444). So mag etwa ein Psychotherapeut die Abneigung eines Klienten gegenüber einem Mitarbeiter als Aggression interpretieren, die ursprünglich gegen dessen eigenen Vater gerichtet war.

In Untersuchungen wurden wenig günstige Auswirkungen von Interpretationen aufgewiesen, z. B.: □ Tiefe Interpretationen von Psychotherapeuten lösten Ängstlichkeit bei den Klienten aus und waren für sie meist wenig verstehbar. Dies ergab sich aufgrund des Urteils überwiegend psychoanalytisch trainierter Psychiater (Howe, 1962). □ Psychoanalytische Therapeuten, die häufig Interpretationen gebrauchten, waren wenig erfolgreich bei ihren Klienten. Wenn sie erfolgreich waren, so war das einzige Charakteristikum hierfür, daß sie als warm, anteilnehmend und interessiert von den Klienten wahrgenommen wurden. Ebenfalls erwiesen sich Traumdeutungen, Gebrauch psychoanalytischer Termini u. a. als nicht bedeutsam für konstruktive Änderungen der Klienten (Strupp u. a., 1964). □ Interpretationen von Gesprächsleitern führten bei ihren Gesprächspartnern zu einer Abnahme der Sprachäußerungen, vermutlich durch ausgelöste Furcht und Widerstand (Matarazzo, 1965). □ Interpretationen eines Helfers lösten nach dem Urteil von Schülern und Studierenden negative Gefühle beim Gesprächspartner aus (Helner u. Jessell, 1974).

Interpretationen fördern also beim Gesprächspartner wahrscheinlich die Bedrohung des Selbst und ein Zurückziehen. Der Helfer erscheint dem Partner eher als eine Person, die ihn diagnostiziert, beurteilt und fachmännische Schlüsse zieht. Interpretationen sind für den Partner meist schwer einsehbar. Er kann sie nicht an seinem unmittelbaren *Erleben* prüfen. Selbst wenn ein Partner Interpretationen akzeptieren und sich mit ihnen auseinandersetzen sollte: Durch die Interpretationen wird eher ein intellektuelles, erklärendes, begründendes Auseinandersetzen einer Person mit sich selbst begünstigt.

Unterschiedlich zu Interpretationen ist: Ein personenzentrierter Helfer äußert seine Vermutung zum gefühlsmäßigen *Erleben* des Partners. Er macht gleichsam ein spekulatives Angebot zu dem Erleben des Partners, z. B.: „Mir kommt immer der Gedanke: Ob Du Dich Deiner Frau gegenüber unfrei fühlst?" „Wenn Du Deine Angstzustände bekommst und dann Deine Atemnot, denkst Du dann: Jetzt muß ich sterben? Oder: Jetzt muß ich ganz stillhalten und passiv sein, bis der Herzkrampf vorüber ist. Und dieses Passivsein und Warten ist so furchtbar für Dich?" Annähernd zutreffende Vermutungen des Helfers über das Erleben des anderen fördern erheblich dessen Selbstöffnung über diesen Erlebnisbereich und dessen Auseinandersetzung damit. Falsche Vermutungen des Helfers über das Erleben kann der Partner unmittelbar korrigieren. Er allein ist kompetent für Zutreffen oder Nicht-Zutreffen der Vermutung des Helfers über sein Erleben.

Lenkungen, Ratschläge, Aufforderungen und Belehrungen. Sie werden im alltäglichen Leben häufig gegeben. Für manche sind Ratschläge und Lenkungen die einzige Möglichkeit, die sie sehen, einem Partner im Gespräch zu helfen und für ihn zu sorgen. Personenzentrierte Helfer werden besonders in Einzelgesprächen im allgemeinen keine Lenkungen, Aufforderungen oder Ratschläge geben. Im folgenden einige Gründe hierfür, die wir ausführlich in der früheren Auflage dargestellt haben:

□ Die seelischen Schwierigkeiten und Beeinträchtigungen vieler Personen, die sie im Gespräch äußern, beruhen meist nicht auf einem Mangel an Lenkungen, Aufforderungen, Ratschlägen oder auf einem Fehlen von Wissensinformationen.

□ Die Selbstauseinandersetzung, das persönliche Lernen, die Minderung der gefühlsmäßigen Blockierungen und eine Änderung des Fühlens und Wahrnehmens des Gesprächspartners werden kaum durch Lenkungen, Ratschläge, Aufforderungen und Belehrungen gefördert.

□ Ratschläge und Belehrungen werden von Partnern in ihrem beeinträchtigten seelischen Zustand oft als bedrohend empfunden. Manche Gesprächspartner fürchten auch, daß sie die Achtung des Helfers verlieren, wenn sie die Ratschläge nicht befolgen könnten.

□ Viele Gesprächspartner haben zuvor erfahren, daß sie Aufforderungen, Ratschläge und Belehrungen oder Anweisungen von anderen nicht ausführen können, daß es Hinderungen hierfür in ihnen selbst gibt.

□ Psychotherapeutische Helfer können im allgemeinen nicht wissen, welche Wege für den jeweiligen Klienten in seiner einmaligen seelischen Situation angemessen zur Änderung seiner Einstellungen, Wahrnehmungen und Schwierigkeiten sind.

□ Ratschläge, Aufforderungen, Lenkungen, Belehrungen und Anweisungen fördern im allgemeinen die Abhängigkeit eines Gesprächspartners von seinem Helfer. Sie erschweren auch seine spätere Trennung. Ein Student äußert sich zu dem lenkenden Verhalten seines früheren Psychotherapeuten: „Ja, das ist so: Der Zustand, in dem ich war, war der des Träumens und ungesunden Aufschwellens der Phantasie. Da mir also die Realität keinen Spaß machte oder da ich einen Konflikt hatte, vor dem ich auswich, versuchte ich, um weiter existieren zu können, mir etwas vorzuspiegeln. Und wenn ich jetzt zum Therapeuten ging, dann sah ich an meinen Fragen, daß das wirklich nur Vorspiegelungen waren. Denn hinter dieser Vorspiegelung stand die große Unsicherheit ‚Es wird nichts!'. Der Mann konnte mir jetzt also sagen: ‚Aber hören Sie mal, machen Sie doch keinen Quatsch! Sie sind doch begabt! Nicht wahr?!' Dann förderte das nicht meinen Realitätsbezug. Sondern es förderte das, was in der Phantasie ungesund angeschwollen war, nicht? Ich meine, das bereitete mir eine halbe Stunde oder eine Stunde irgendwelche Freude. Aber dann war es aus, nicht? Denn dann kam wieder das Problem: Begabt bist Du zwar. Aber wie willst Du das in die Wirklichkeit umsetzen? Also damit war mir gar nicht geholfen. Und so mußte ich den Therapeuten danach auch wieder fragen: ‚Ja, was soll ich denn hier machen, und was soll ich denn da machen?' Und: ‚Das kann ich doch eigentlich gar nicht.' Ich sehe heutzutage den Fehler dieser früheren Behandlung darin, daß er mir Ratschläge gab, nicht? Und das hab' ich dann damals dann so aufgefaßt, daß er quasi Vaterstelle einnahm, nicht? Ich fragte ihn: ‚Was soll ich da machen? Was soll ich hier machen?' Und da hatte ich eben die Führung abgegeben an irgend jemanden."

Untersuchungsbefunde stützen die Auffassung, daß direktives, lenkendes Verhalten von Psychotherapeuten die seelischen Funktionen beeinträchtigter Personen kaum fördert. Ein Beispiel: Über 500 Klienten mit mindestens 3 Monate Psychotherapie charakterisierten das Verhalten ihrer Psychotherapeuten mit verschiedenartiger Orientierung auf Fragebogen. Feststellungen für direktives Verhalten der Psychotherapeuten: Er erwartet, daß ich seine Meinungen und Ideen annehme. Er versucht, mich dahin zu bringen, daß ich denke wie er. Er sagt mir, worüber ich reden soll. Er sagt mir, was zu tun ist, wenn ich schwierige Entscheidungen zu treffen habe. Er bietet mir Ratschläge in meinen alltäglichen Problemen an. Er ist voller Ratschläge zu allem, was ich tue. Klienten, die ihre Psychotherapeuten lenkend und direktiv wahrnahmen, zeigten eher eine Verminderung ihrer seelischen Funktionsfähigkeit. Klienten von Psychotherapeuten dagegen, die die Unabhängigkeit ihrer Klienten ermutigten, wiesen eine Verbesserung ihrer seelischen Funktionen auf. Das Verhalten ihrer Therapeuten war derart charakterisiert: Er denkt, daß Menschen fähig sind, sich selbst zu helfen. Er ermutigt mich, an meinen eigenen Problemen in meiner eigenen Weise zu arbeiten. Er versucht, mich dahin zu bringen, daß ich meine eigenen Entscheidungen treffe. Er erwartet, daß jemand die Verantwortung selbst trägt (Lorr, 1965).

Nachfolgend die Äußerungen von Gruppenmitgliedern aus zwei gefilmten Gruppengesprächen. Hier wenden sich Mitglieder deutlich gegen einzelne in der Gruppe, die ihnen nach ihrer Selbstöffnung und bei ihrer Selbstauseinandersetzung häufig mit Ratschlägen und Belehrungen helfen möchten: Klaus zu Werner: „Weißt Du, wie ich Dich empfunden habe, bevor wir gestern weg sind? Du warst mir ein bißchen unheimlich. Und zwar insofern unheimlich, weil Du für mich repräsentiert hast bis jetzt – bis gestern abend – die Person, die immer weiß, doch bis zu einem gewissen Grad, was sie sagt und vor allen Dingen immer diese guten Ratschläge. Und gestern am Abend hast Du Dich davon eigentlich distanziert und warst immer ganz locker. Und da hab' ich mir gedacht, siehst', warum –. Wie Du nämlich gestern manchmal gesprochen hast, konnte ich Dich nicht anschauen. Ich weiß – muß ich Dir ganz offen sagen – ich weiß nicht genau warum. Es hat mich ein bißchen manchmal irritiert. Und jetzt kann ich Dich frei und ohne Hemmungen anschauen."

Junge Frau zur Gruppe über ein Gruppenmitglied: „Es ist nicht der Tonfall für mich. Ich kann nur für mich sprechen. Es ist immer der Rezeptblock und das Kochbuch. Seite 175 ist das Problem, und auf Seite 375 ist das Rezept. Wenn ich das jetzt mal so ganz hart sage, nicht der Tonfall, sondern dieses: Für jedes, für Angst, für Aggressionen, für Gefühle, es ist da überall ein Rezept. ... Ich will hier nichts Falsches unterstellen. Ich glaube auch sicher, daß sie uns helfen will. Nur mit ihrer Art, ich kann nur sagen, mir zu helfen, schadet sie mir. Ist sie für mich ein absoluter Block, also dann kann ich auch gar nicht reden."

In Gruppengesprächen kann im Gegensatz zu Einzelgesprächen ein einzelner Ratschlag oder eine einzelne Aufforderung von einem Gruppenmitglied gelegentlich förderlich sein. Selten in der Weise, daß das Mitglied dem Ratschlag unmittelbar folgt. Aber durch das einfühlende Verstehen des Helfers und der anderen Mitglieder kann sich eine Person mit sich selbst auseinandersetzen, warum sie dem Ratschlag oder der Aufforderung nicht folgen kann. Dies ist ein wichtiger Vorgang. – In der Gruppe kann auch der Helfer gelegentlich einen Ratschlag äußern, wenn er meint, er müsse ihn geben, hierdurch würden die Schwierigkeiten des anderen wirklich vermindert. Er mag etwa sagen: „Mir geht dauernd in der letzten halben Stunde dieser Gedanke herum: Warum versuchst Du nicht einmal, mit Deiner Frau darüber zu reden?" Der Helfer äußert nicht: Sprich mit Deiner Frau! Sondern er sagt, was *ihn* selbst beschäftigt. Und das angesprochene Mitglied kann sich darüber äußern und sich damit auseinandersetzen, welches Fühlen und welche Erfahrungen in ihm ein solches Gespräch mit der Frau verhindern. Schließlich können in einer Gruppe die übrigen Mitglieder falsche oder unzulängliche Ratschläge und Informationen des Helfers korrigieren.

Im allgemeinen sind derartige Ratschläge, auch wenn sie für den anderen angemessen sind, erst dann hilfreich, wenn er sich im Gespräch mit sich selbst auseinandergesetzt hat, wenn die Hindernisse und Beeinträchtigungen seiner seelischen Funktionen in ihm selbst vermindert sind und wenn er die Mitglieder seiner Gruppe als sehr vertrauensvoll empfindet.

Informationen des Helfers oder der Gruppenmitglieder können gelegentlich hilfreich für Partner in Gesprächen sein, vor allem, wenn deren Schwierigkeiten wirklich auf mangelnden Informationen beruhen. Sind die persönlichen Schwierigkeiten eines Gesprächspartner jedoch nicht in mangelnden Informationen begründet, so hindern Informationen des Helfers die Selbstauseinandersetzung des Partners. Zum Beispiel äußert ein Gruppenmitglied: „Ich möchte schon gern noch Abitur nachmachen! Ich weiß bloß nicht wie?!" Hier würde die Information des Helfers nicht hilfreich sein, in welchen Schulen dies möglich sei. Ein qualifizierter Helfer wird den Partner darin fördern, sich mit sich auseinanderzusetzen, was in ihm einen solchen Schulbesuch hindert, etwa geringes Vertrauen zu sich selbst, Ungewißheit des späteren Berufes, Furcht, die Familie zu vernachlässigen.

Wertvoll können Informationen sein, wie ein Helfer oder ein Gruppenmitglied den anderen wahrnimmt. So äußert eine 55jährige in einer Gesprächsgruppe: „Alle Männer sehen Frauen nur als sexuelle Objekte an." Ein selbstgeöffneter und verstehender Helfer kann hier seine eigene Wahrnehmung ausdrücken und sie dem andern als Information übermitteln: „Ich möchte Dir sagen, Marianne, daß ich Dich nicht als Sexualobjekt ansehe." Diese Information über die eigenen Wahrnehmungen und Empfindungen fördert häufig die Selbstauseinandersetzung des anderen. So sagte Marianne darauf: „Ja, danke. Ich höre es, ich sehe es ein. Aber ich kann es nicht glauben, daß es so ist." Nun kann der Helfer ihr behilflich sein, sich mit sich selbst auseinanderzusetzen, mit ihren Wahrnehmungen von sich selbst und mit den Wahrnehmungen von anderen.

Verstärkungen, Bekräftigungen, Konditionierungen. Gelegentlich wurde von einigen experimentellen Psychologen angenommen: Erfolgreiche Psychotherapeutische Helfer würden ihre Klienten bei positiven Äußerungen bekräftigen, konditionieren. Zum Beispiel durch Zunicken, Anlächeln oder inhaltliches Eingehen. Durch diese Verstärkung positiver Äußerungen würden Änderungen im Sprachverhalten der Klienten ausgelöst. Und diese Änderungen würden wesentlich den Psychotherapieeffekt bedingen. Personen mit längeren Erfahrungen in psychotherapeutischen Gesprächen, insbesondere Gruppengesprächen, wird dies unwahrscheinlich erscheinen. Es erscheint uns grotesk, die Wandlungen von Personen, wie sie z. B. in den gefilmten Gruppengesprächen von Carl Rogers und von uns sichtbar werden, auf Bekräftigung und Konditionierung positiver Äußerungen zurückzuführen. Auch empirische Befunde sprechen gegen diese Vermutung, z. B.:

Von den erfolgreichen und erfolglosen Klienten in Einzelpsychotherapie wurden mehrere hundert Interaktionseinheiten untersucht. Es waren Klientenäußerungen mit unmittelbar nachfolgenden Psychotherapeuten- und Klientenäußerungen. Einige Ergebnisse: □ Die Psychotherapeuten erfolgreicher Klienten gingen mehr auf die *negativen* Gefühle ihrer Klienten ein als die Psychotherapeuten erfolgloser Klienten. Sie wandten sich also positiven Gefühlen und Äußerungen weniger zu und „bekräftigten" diese weniger als negative. □ Hohe Selbstauseinandersetzung der Klienten und konstruktive Wandlungen hingen nicht mit dem Ausmaß geäußerter angenehmer-optimistischer oder unangenehmer-pessimistischer Klientenäußerungen zusammen. Selbstauseinandersetzung und konstruktive Wandlungen hängen also nicht mit einer Bevorzugung oder größeren Häufigkeit positiv-optimistischer Inhalte zusammen. □ Psychotherapeuten mit hohem einfühlendem Verstehen – förderlich für die Selbstauseinandersetzung und konstruktive Wandlungen ihrer Klienten – äußerten sich nicht optimistischer oder pessimistischer als die Psychotherapeuten mit geringem einfühlendem Verstehen, die zugleich Klienten mit geringen Änderungen hatten.

Insgesamt: Wir sehen zumindest derzeit über die 3 komplexen Haltungen einfühlendes Verstehen, Achten-Wärme-Sorgen sowie Echtsein hinaus keine andersartigen Haltungen, Aktivitäten oder Vorgehensweisen von Helfern im Gespräch, die für die Mehrheit ihrer Gesprächspartner deutlich förderlich sind und die keinen Partner schädigen.

Zusätzliche Angebote andersartiger psychologisch-therapeutischer Aktivitäten und Erfahrungen. Psychotherapeutische Einzel- und besonders Gruppengespräche mit bestimmten Qualitäten des Helfers sind eine geprüfte, humane und wirksame Möglichkeit zur Förderung wesentlicher seelischer Funktionen und zur Minderung seelischer Beeinträchtigungen. Trotz dieses unzweifelhaften Wertes gibt es *außerhalb von Gesprächen* andersartige hilfreiche psychologisch-therapeutische Möglichkeiten zur Förderung seelischer Funktionen und Minderung seelischer Schwierigkeiten. Verantwortungsvolle Psychotherapeutische Helfer werden ihre Partner auf diese andersartigen Möglichkeiten besonders dann hinweisen, wenn ihre Partner durch die Gespräche keine hinreichende Förderung erfuhren. Wenn ein Helfer in Gesprächen wirklich die innere Welt seines Partners weitgehend versteht, wenn er voller Anteilnahme-Sorge ist sowie echt und aufrichtig, dann wird er des öfteren sehen, daß anderweitige Aktivitäten und Erfahrungen für seinen Partner außerhalb des Gespräches förderlich und zum Teil notwendig sind.

Einige dieser zusätzlichen „heilenden" Erfahrungen und Aktivitäten werden Helfer und vor allem Gruppenmitglieder den anderen in oder außerhalb der Gruppengespräche zusätzlich spontan anbieten: Sie werden etwa ein Mitglied mit großen Ängsten vor Ärzten dabei begleiten. Sie ermöglichen einem Mitglied die Verbesserung seiner Wohnverhältnisse. Eine Frau nimmt eine andere für einige Tage bei sich auf, wenn diese mit ihrem Mann in großen Spannungen lebt und von dem Mann bedroht wird. Derartige Aktivitäten und Handlungen außerhalb des Gespräches sind meist die Folge der 3 Haltungen von Helfer und Gruppenmitgliedern. Sie erfahren in den Gesprächen sehr viel von der inneren Welt der anderen, sie haben Kenntnis davon, welche anderen Erfahrungen noch für den Partner notwendig sind und ermöglichen ihnen diese teilweise.

Welche andersartigen Erfahrungen, Vorgänge und Aktivitäten benötigen manche Partner über die Gespräche hinaus? Und in welchen Situationen unter welchen Bedingungen können sie diese Erfahrungen machen? Leider gibt es hierauf derzeit noch keine hinreichend befriedigende Antwort. Wir wissen nur: Es gibt andere Möglichkeiten außerhalb des hilfreichen Gespäches, die häufig förderlich und nicht beeinträchtigend sind. Welche dieser Möglichkeiten jeweils für den einzelnen zutreffen, kann zum Teil in einem Gespräch zwischen Helfer und Partner geklärt werden. Dabei ist es gut, wenn dem Partner eine Vielzahl von Angeboten offensteht, wie dies etwa im Gesundheitspark der Stadt München der Fall ist.

Im folgenden möchten wir einige therapeutische Möglichkeiten, die über hilfreiche Gespräche hinaus für die seelische Gesundheit von Personen nützlich sein können, anführen, ohne Anspruch auf Vollständigkeit:

Sportliche Fitneßprogramme können das körperliche und seelische Wohlbefinden von Personen wesentlich fördern. So ergaben sich bei Rehabilitations-Klienten deutliche positive Änderungen durch ein zusätzliches 20stündiges Körpertraining. Die Einstellung zum eigenen Körper verbesserte sich, das Selbstkonzept wurde günstiger, Personen konnten sich mehr selbst akzeptieren. Es ergaben sich Verbesserungen der intellektuellen, sozialen und emotionalen Funktionen (Collingwood, 1972). Ferner: Allein durch ein tägliches Lauftraining von 10 Minuten können günstige körperlich-seelische Änderungen eintreten (Cooper, 1974).

Selbsthilfegruppen können für die seelische Gesundheit von Menschen sehr förderlich sein. Zum Beispiel die Selbsthilfegruppen der Anonymen Alkoholiker, die Selbsthilfegruppen von sog. neurotischen Personen oder von Personen mit erheblichem Übergewicht. Die Gruppenmitglieder stützen sich gegenseitig, erfahren fortwährend, daß sie mit ihren Schwierigkeiten nicht allein sind, helfen sich gegenseitig, können ihre Freizeiten gemeinsam miteinander verbringen. Unserer allerdings begrenzten Erfahrung nach sind manche dieser Selbsthilfegruppen für ihre Teilnehmer günstiger als Gruppen, die von manchen akademischen Psychotherapeuten auf hoher Honorarbasis durchgeführt werden. Ferner: Psychotherapeutische Helfer von intensiven Gesprächsgruppen können viel dazu beitragen, daß zumindest ein Teil der Mitglieder jeder Gruppe als Selbsthilfegruppe weiter beieinander bleibt und sich gegenseitig unterstützt und fördert.

Entspannungsübungen (Autogenes Training), Meditation, Joga und andere Körpertherapieübungen können das körperliche Wohlbefinden und die seelische Entspannung fördern. Vor allem dann, wenn Personen sich zuvor in Gesprächen mit sich selbst auseinandersetzten, sich hierdurch seelisch entspannten und innerlich ruhiger wurden.

Filme oder Bücher mit wesentlichen Wahrnehmungsmodellen und Informationen können zu einer Bereicherung führen, etwa bei manchen Personen zu einer Bereicherung der sexuellen Beziehungen und als Folge davon zu größerer gegenseitiger seelischer Zufriedenheit.

Desensibilisierungsprogramme können bei Phobien, d. h. starken Furchtreaktionen, die recht isoliert gegenüber bestimmten Gegenständen oder in bestimmten Situationen auftreten, günstig sein.

Ein Zusammenleben in einer therapeutischen Gemeinschaft für eine gewisse Zeit kann, etwa bei seelisch beeinträchtigten Jugendlichen, deutlich förderlich sein. Zum Beispiel ermöglichen ein zweiwöchentlicher Aufenthalt im Gebirge mit intensiven Wanderungen oder eine einwöchige Segeltour durch Anforderungen von Kooperation, Tatkraft und Selbstdisziplin hilfreiche Erfahrungen.

Verhaltensberatung in Gruppen kann gelegentlich hilfreich sein für Personen, die z. B. alleinstehend sind und sich isoliert fühlen oder unter depressiven Verstimmungen leiden. Helfer und Gruppenmitglieder können es manchem ermöglichen, zunehmend an Aktivitäten teilzunehmen und Situationen aufzusuchen, die für sie förderlich, erfreulich sind und ihre gefühlsmäßige Stimmung ändern, die sie jedoch bisher nicht aufzusuchen wagten.

Diese und andere günstige förderliche Möglichkeiten nehmen jedoch viele beeinträchtigte Personen nicht wahr. Ein Grund ist häufig: Sie sind zu verzweifelt, haben zu wenig Selbstachtung, fühlen sich zu sehr entmutigt. Sie bringen in ihrem seelischen Zustand gleichsam nicht mehr die Kraft für derartige Aktivitäten auf. Unserer Erfahrung nach ermöglichen insbesondere psychotherapeutische Gruppengespräche diesen Personen, so funktionsfähig zu werden, daß sie mehr für sich selbst sorgen, also dann erst an derartigen Programmen teilnehmen können.

Welche dieser vielfältigen zusätzlichen Möglichkeiten mag für die Persönlichkeitsentwicklung und die Minderung seelischer Schwierigkeiten des einzelnen nützlich sein? Als sehr günstige Möglichkeit sehen wir die organisatorische Situation an, wie wir sie im Gesundheitszentrum der Stadt München auf dem ehemaligen Olympiagelände gesehen haben. Hier werden an e i n e m Ort Einzelgespräche, Gruppengespräche, sportliche Aktivitäten, Anti-Raucherprogramme, Entspannungsmethoden und andere Aktivitäten angeboten. Jeder kann nach Lösung einer Eintrittskarte zumindest einmal an einer Aktivität teilnehmen. So kann der einzelne herausfinden, was für ihn selbst wirklich hilfreich ist. Günstig erscheint uns: Personen mit dem Wunsch nach stärkerem persönlichen Lernen und weiterer Selbstentwicklung nehmen zunächst an einer 2 ½tägigen personenzentrierten Gesprächsgruppe teil. Diese Gruppe hat dann einige Nachtreffen in wöchentlichem oder 14tägigem Abstand. Aufgrund eigener Erkundungen, Informationen mit Gruppenmitgliedern und eventuell einem Gespräch mit einem Helfer suchen sie dann diejenigen Aktivitäten und Programme auf, die sie für sich selbst als zusätzlich förderlich ansehen.

Helfer, die derartige Programme durchführen, z. B. Fitneßgruppen oder Freizeitgruppen, werden ihre Teilnehmer dann besonders fördern, wenn sie diesen gegenüber achtungsvoll-warm-sorgend, echt und in einem gewissen Ausmaß einfühlend verstehend sind. Die Teilnehmer haben dann zu dem Helfer eine gute zwischenmenschliche Beziehung. Und das seelische Klima unter den Mitgliedern der Sport- oder Freizeitgruppe ist befriedigender und hilfreicher. Helfer können mit derartigen Qualitäten eher diejenigen Situationen und Bedingungen innerhalb ihrer Programme herausfinden, die der seelischen Lage und den Wünschen ihrer Mitglieder wirklich angemessen sind. So waren auch die zwischenmenschlichen Haltungen von sog. Verhaltenstherapeuten, die bestimmte festgelegte Verhaltenstrainings durchführten, von Bedeutung. Warme-anteilnehmende Verhaltenstherapeuten halfen ihren Klienten mehr als kalte-distanzierte (Morris u. Suckerman, 1974). Ferner: In der Wahrnehmung von Klienten waren die bedeutsamsten Elemente für den Erfolg einer Verhaltenstherapie zwischenmenschlicher Art; die Techniken der Verhaltensmodifikation selbst trugen ihrer Meinung nach wenig zu den Wirkungen bei (Ryan u. Gizynski, 1971).

Hilfreiche, »heilsame« Erfahrungen und Vorgänge bei Partnern in Gesprächen

Welche Erfahrungen und Vorgänge in Gesprächen sind für einen Partner wesentlich und notwendig, der sich in seiner Persönlichkeit weiterentwickeln, persönlich lernen und der in seinen seelischen Funktionen weniger beeinträchtigt sein möchte?
Zwei Vorgänge sind hierfür bedeutsam: Selbstöffnung sowie Auseinandersetzen mit den eigenen gefühlsmäßigen Erfahrungen und der eigenen Person.

Selbstöffnung und Selbstauseinandersetzung werden durch folgendes gefördert:

□ Der Gesprächspartner hat ein enges befriedigendes Beziehungsverhältnis zur helfenden Person. Er spürt, daß er vom Helfer in echter Weise akzeptiert und seine Person respektiert wird. Er spürt die Anteilnahme und Wärme des Helfers. Diese Erfahrungen führen zu einer vertrauensvollen Beziehung zwischen Partner und Helfer. Die Erfahrungen werden im wesentlichen durch die Haltungen Achten-Wärme-Sorgen sowie Echtsein des Helfers ermöglicht. Wir haben diese Haltungen sowie die entsprechenden Erfahrungen des Partners im vorigen Kapitel dargestellt. Sind diese Haltungen des Helfers nur gering ausgeprägt, dann ist die Beziehung zwischen Partner und Helfer kaum förderlich. Die Selbstöffnung und Selbstauseinandersetzung des Partners und die entsprechenden konstruktiven Änderungen sind dann erheblich erschwert.

□ Das vom Gesprächspartner geäußerte bedeutungsvolle Erleben und Fühlen wird fortwährend durch den Helfer gehört, verstanden und ihm mitgeteilt. Dies geschieht im wesentlichen durch das einfühlende Verstehen des Helfers. Die Folge ist: Der Gesprächspartner fühlt sich tief gehört und verstanden. Er wendet sich seinem gefühlsmäßigen Erleben und den bedeutsamen Erfahrungen mit seiner Person zu und sucht sie zu klären (Selbstauseinandersetzung).

□ Selbstöffnung und Selbstauseinandersetzung werden durch weitere Erfahrungen im Gespräch erleichtert und gefördert, z. B.: □ Der Partner erfährt auf Grund fehlender Dirigierung und Lenkung des Helfers, daß er für sich, für sein Fühlen und seine Aktivitäten selbst verantwortlich ist. □ Er nimmt andere Personen in Gesprächsgruppen bei der Selbstöffnung und Selbstauseinandersetzung wahr und sieht deren anschließende Befriedigung. ▫ Er wird mit den Wahrnehmungen und Empfindungen anderer über seine Person konfrontiert. ▫ Er kann anderen Gruppenmitgliedern bei der Selbstöffnung und Selbstauseinandersetzung helfen, indem er ihre innere Welt voller Anteilnahme zu verstehen sucht. ▫ Er wird durch dieses Verstehen der inneren Welt von anderen selbst gefühlsmäßig aktiviert und bereichert. ▫ Er fühlt den Wert seiner Person in der Beziehung zu anderen.

Die Kenntnisse über heilsame Erfahrungen und Vorgänge wurden in Forschungen gewonnen. Personen mit größeren Wandlungen nach Gesprächen hatten größere Selbstöffnung und Selbstauseinandersetzung, ferner fühlten sie sich in größerem Maße tief verstanden und in echter Weise angenommen und respektiert, im Vergleich zu Personen mit geringen Wandlungen.

Was nützen diese Kenntnisse dem Helfer in Gesprächen? Auf Grund seiner Haltungen des Verstehens, der Achtung-Wärme sowie der Echtheit kann er weitgehend intuitiv und spontan handeln. Er fördert so die Selbstöffnung und Selbstauseinandersetzung seines Partners. Wir denken jedoch, daß es manchen Helfern mehr Sicherheit und Klarheit gibt, wenn sie genauer wissen, was sie mit ihren Haltungen beim Partner auslösen, welche Erfahrungen und Vorgänge sie im andern fördern. Sie haben dann zusätzlich zu ihren Haltungen gleichsam eine Kompaßrichtung und ein Ziel für ihre Aktivitäten im Gespräch, nämlich diese notwendigen Vorgänge und Erfahrungen im Partner zu fördern.

Selbstöffnung
Ein förderlicher Vorgang bei Gesprächspartnern

Die Selbstöffnung einer Person gegenüber einer anderen über ihr bedeutsames Empfinden und Fühlen sowie über ihr Selbst ist ein wichtiger Vorgang in förderlichen Gesprächen. Die Selbstöffnung kann gegenüber einem Helfer, einem Freund oder einem Mitmenschen erfolgen, zu dem ein Gesprächspartner ein gutes vertrauensvolles Beziehungsverhältnis hat.

Oft führt die Selbstöffnung allein, also nur das Aussprechen bedeutsamer Empfindungen und Erfahrungen beim Gesprächspartner zu einer gewissen Entlastung und zur Verbesserung seiner seelischen Gesundheit. Darüber hinaus ist Selbstöffnung gleichsam die Vorbedingung für die Selbstauseinandersetzung. Ist nämlich der Helfer fähig, sich fortlaufend dem geäußerten Fühlen des Gesprächspartners verstehend zuzuwenden und das Verstandene zu äußern, so ermöglicht er es dem anderen, sich über die Selbstöffnung hinaus mit seinem Selbst auseinanderzusetzen.

Eine Übersichtsskala und eine Einschätzungsskala sowie viele Gesprächsbeispiele – überwiegend aus gefilmten Gruppen- und Einzelgesprächen – charakterisieren die Selbstöffnung. Danach haben wir die Folgen der Selbstöffnung für eine Person dargestellt, ihre Bedeutung für die Förderung ihrer seelischen Gesundheit.

Manche Personen haben große Schwierigkeiten, sich helfenden Menschen zu öffnen. Dies sowie die Möglichkeiten, wie Helfer die Selbstöffnung in Gruppen und Einzelgesprächen erleichtern und fördern können, haben wir am Schluß dieses Kapitels dargestellt.

Was ist Selbstöffnung? Eine Person offenbart einer anderen wesentliche Teile ihres Selbst. Sie sagt Wesentliches davon, was sie fühlt und empfindet, was für eine Person sie ist. Sie gibt dem anderen Einblick in ihre innere Erlebniswelt, in die für sie bedeutsamen Erfahrungen.

Diese Selbstöffnung, diese Bereitschaft und Fähigkeit einer Person, ihre bedeutsamen Erlebnisse und Erfahrungen einem andern mitzuteilen und ihn daran teilhaben zu lassen, ist gleichsam die Voraussetzung, daß sie mit Unterstützung einer helfenden Person sich mit ihren Erfahrungen und mit sich selbst in förderlicher Weise auseinandersetzt.

Selbstöffnung ist häufig nicht deutlich von Selbstauseinandersetzung zu trennen. Manche Menschen öffnen sich einem anderen und setzen sich dabei gleichzeitig mit ihren Erfahrungen und mit sich selbst auseinander. Bei anderen aber folgt eine intensive Auseinandersetzung erst nach ihrer Selbstöffnung. Aus Gründen der Übersichtlichkeit haben wir die beiden Vorgänge getrennt dargestellt.

Übersichtsskala für Selbstöffnung: Eine Person äußert bedeutsame persönliche Erlebnisse und Erfahrungen. Die folgende Skala von uns demonstriert unterschiedlich starke Selbstöffnung. Eine Person äußert also in unterschiedlichem Ausmaß für sie bedeutsame persönliche Gesprächsinhalte. Die Stufen 2 und 4 sind aus Platzersparnis fortgelassen. Bei hoher Selbstöffnung äußert sich ein Mensch über das Zentrum seiner Person, über sein Ich und über die hiermit zusammenhängenden bedeutsamen Wahrnehmungen, Gefühle und Erlebnisse. Häufig drücken Personen hierbei ihre erlebten Belastungen, Schwierigkeiten und seelischen Beeinträchtigungen aus, die für ihr derzeitiges Leben bedeutsam sind.

Stufe 1: Eine Person gibt einer anderen keine Information über sich. Sie redet über Dinge, Personen oder Ereignisse, ohne daß zu erkennen ist, was diese für sie bedeuten. Aus ihren Äußerungen erhält der andere keine wesentliche Kenntnis über sie. Sie spricht etwa über Bücher, das Wetter, politische Auffassungen, über andere Personen oder über äußere Ereignisse, mit denen sie in Kontakt kam. Sie gibt nicht zu erkennen, welches Fühlen und welche persönlichen Erfahrungen mit ihren Schilderungen eng verbunden sind oder in welchem Umfang es ihre persönlichen Auffassungen sind. Insgesamt: Eine Person redet unpersönlich. Ihre Äußerungen geben keinen Einblick in ihre innere Welt.

Stufe 3: Eine Person spricht von sich selbst, von ihrer eigenen Person, von ihrem Fühlen und Empfinden zu Personen, Problemen oder Sachen. Aber die Inhalte, die sie äußert, sind nicht sehr bedeutsam für sie, für ihr Erleben und Fühlen. Insgesamt: Eine Person redet zwar persönlich, aber meist über Inhalte, die nicht bedeutsam für sie sind.

Stufe 5: Eine Person äußert sich unmittelbar über sich selbst, über ihre eigene Person. Sie äußert ihr bedeutsames Fühlen, bedeutsame Erlebnisse und Erfahrungen, etwa Erfahrungen und Erlebnisse zu Personen, die für sie von großer Bedeutung sind. Die Inhalte der Äußerungen stehen in engem Zusammenhang mit ihrem Selbst, mit dem, was ihre Person ausmacht, wie sie sich selbst sieht, wie sie sich fühlt. Insgesamt: Eine Person redet sehr persönlich. Die Gesprächsinhalte sind für sie selbst von großer Nähe und gefühlsmäßiger Bedeutung.

Die Inhalte der Selbstöffnung können sein: □ Vergangene Erfahrungen und vergangenes Erleben, z. B. „Ich hatte solche Schuldgefühle, daß ich nächtelang nicht schlafen konnte." □ Augenblickliches Fühlen, z. B. „Jetzt, während ich das sage, habe ich furchtbare Angst." □ Wahrnehmungen über das gegenwärtige Selbst, z. B. „Ich bin leicht abhängig von anderen" „Ich bin jemand, der sehr verschlossen ist." □ Zukünftige vermutete Erlebnisse, z. B. „Ich werde es nicht schaffen, und ich werde wieder völlig verzweifelt sein."
Gleich ob Vergangenheit oder Gegenwart, für die Selbstöffnung ist bedeutsam: Die Erfahrungen und Erlebnisse werden von einer Person in ihrem derzeitigen Zustand für sie selbst als sehr bedeutungsvoll empfunden.

Einschätzungsskala für Selbstöffnung. Diese von Carkhuff entwickelte Skala (1969, II, S. 321), die wir verkürzt haben, beschreibt Selbstöffnung und gestattet die Feststellung, wieweit eine Person sich im Gespräch mit einer anderen über sich selbst öffnet:

Einschätzungsskala für Selbstöffnung einer Person gegenüber einem anderen

Stufe 1: Eine Person ist angestrengt bemüht, dem anderen gegenüber gleichgültig zu bleiben. Sie zeigt nichts von ihren eigenen Gefühlen oder ihrer Persönlichkeit. Beispielsweise versucht sie mehr oder weniger geschickt, die Aufmerksamkeit des anderen von persönlichen Fragen, die sie betreffen, abzulenken.

Stufe 2: Eine Person gibt nicht freiwillig Informationen über sich selbst, obwohl sie nicht immer angestrengt bemüht ist, Selbstöffnung zu vermeiden. Beispielsweise geht sie kurz auf direkte Fragen über sich selbst ein, die vom anderen an sie gerichtet werden. Jedoch tut sie das nur sehr zögernd und gibt nie mehr Informationen über sich selbst, als der andere von ihr unbedingt erwartet. – Der andere erfragt entweder nichts über die Persönlichkeit dieser Person oder aber, wenn er es tut, erhält er nur ein Minimum an kurzen, vagen, seichten Antworten.

Stufe 3: Eine Person gibt freiwillig persönliche Informationen über sich selbst. Aber die Information ist oft vage und zeigt wenig von der Einmaligkeit ihrer Persönlichkeit. Obwohl sie freiwillig persönliche Informationen gibt und nie den Eindruck erweckt, als wolle sie sich nicht öffnen, ist der Inhalt ihrer Äußerungen trotzdem im allgemeinen zentriert in ihren Reaktionen auf den anderen Menschen; und ihre Gedanken beschäftigen sich mit dieser Interaktion. – Sie mag tiefsinnige persönliche Vorstellungen einführen. Dennoch kennzeichnen sie diese Ideen nicht als einen einmaligen Menschen.

Stufe 4: Eine Person teilt unaufgefordert ihre persönlichen Gedanken, ihr Verhalten und ihre Erfahrungen mit. Die Person diskutiert ihre persönlichen Vorstellungen in Tiefe und Breite. Ihre Äußerungen enthüllen sie als ein einmaliges Individuum. – Die Person kann frei und spontan persönliche Informationen über sich selbst geben und ganz vertrauliche Dinge über ihre eigenen Empfindungen und Gedanken enthüllen.

Stufe 5: Eine Person gibt unaufgefordert vertrauliche und oft detaillierte Schilderungen über ihre eigene Persönlichkeit. Eine Person erweckt den Eindruck, mit nichts zurückzuhalten, ihre Empfindungen und Gedanken voll und ganz dem anderen Menschen zu offenbaren.

Beispiele für Selbstöffnung. Wir sehen es als seelische Stärke von Menschen an, wenn sie ihr Selbst, insbesondere ungünstige Aspekte ihrer eigenen Person, offen einer helfenden Person mitteilen können, ohne sich zu verteidigen, ohne Unangenehmes fortzulassen oder zu beschönigen. Viele Menschen, die sich ihren Mitmenschen gegenüber oder im öffentlichen Leben stark und sicher geben, haben diesen Mut und diese Stärke der Selbstöffnung nicht. – Die meisten der folgenden Beispiele sind gefilmten Gruppen- oder Einzelgesprächen entnommen.[1] Einige Personen sprechen dabei zunächst über ihre vergangenen Erfahrungen, die jedoch für ihr jetziges Fühlen und Verhalten und für ihr Selbst von großer Bedeutung sind.

Eine 17jährige in einem Gruppengespräch: „Ich meine, das ist irgendwie so, daß ich da nicht rauskomme. Daß ich aufgegeben habe. Ich hab' irgendwo echt keine Hoffnung mehr. Und ich weiß nicht, ob Du das weißt: Ich hab' am 27. Dezember versucht, Selbstmord zu begehen. Schlaftabletten geschluckt. Aber die Situation oder das, was ich denke, hat sich überhaupt nicht geändert. Ich hab' das

---

1 Die Abschrift der gefilmten Gruppengespräche erfolgte durch Frau Helga Mueller. Wir danken ihr sehr für diese Arbeit.

bloß wegen meiner Eltern nicht nochmal gemacht, weil ich weiß, daß meine Mutter, obwohl sie mir keine Schuldgefühle eingesetzt hat, aber doch indirekt so gezeigt hat, wie kaputt sie dadurch gegangen ist. Und das hält mich eigentlich davon jetzt ab. Aber es ist auch 'ne blöde Situation, ich muß zu Hause mich jetzt immer reichlich verstellen. ... Ich meine, ich weiß, daß sie das belastet, und deswegen versuche ich so ein bißchen hoffnungsvoll und so zu sein, obwohl mir gar nicht so ist. ... Ich muß ja nun eins sagen: Wenn ich – wenn das nichts jetzt bringt, ich mein', dann hab' ich mir eins überlegt: Wenn ich nun schon leben muß, dann muß ich auch irgendwie versuchen, da rauszukommen. Sonst –. Und wenn ich also ein halbes Jahr alles mögliche versuche oder so, und ich pack das nicht, dann – bringt das auch wirklich nichts mehr."

Ein Partner im Gruppengespräch: „Ja, sicherlich. Und um dieses Mißtrauen zu vervollkommnen, mache ich mir meine eigenen Schubladen jetzt. Und die werden dann gefüllt und im selben Moment, wo es jetzt darauf ankommt, und ich seh', der andere wird dann bloßgestellt, dann öffne ich meine Schubladen und präsentiere wieder."
Anne-Marie: „Aha, so daß Du schon 'ne Menge Waffen – (Partner: „Ja, richtig.") ein Waffenlager hast, was Du entsprechend ziehen kannst („Richtig, genau!"). Du, ist das so, daß Du viele Menschen so als Gegner erlebst?"
Partner: „Ach, ich würde sagen: Nur!"
Anne-Marie: „Hast Du so Menschen, die irgendwo Dir nahe sind?"
Partner: „Nein."
Anne-Marie: „Hast Du – Du lebst so ganz für Dich hin, in Deinem –"
Partner: „Ja, ich hab' Bekannte, ich hab' Freunde, was man so sagt. Aber das ist jetzt – das ist alles nicht, was ich Freunde oder Bekannte sagen könnte. Ich habe keine Worte oder dergleichen, in die ich sie, wo ich sie eintaxieren könnte. Das ist ein – das ist ein schöner Eimer Wasser, wollen wir mal sagen. Aber das Wasser ist vergiftet. ... Auch die Bekannten und die Freunde jetzt. Das sieht ja alles so schön klar und nett aus. Aber das ist wirklich was Faules, ich könnte daran sterben."

Hilde, eine ca. 50jährige Frau: „Ich habe ein Problem. Ich habe Minderwertigkeitskomplexe und leide schwer darunter. ... Es ist meine Sprachschwierigkeit, unser Dialekt. Das macht mir ganz viel zu schaffen, so daß ich oft das Gefühl habe, nicht jeder versteht mich, wenn ich spreche. ... Also bei mir ist das sagenhaft schwer. Ich leide sehr darunter, und deshalb habe ich auch gestern nicht viel gesprochen. ... Aber jetzt in der Gemeinschaft hier denke ich immer, ich falle auf. ... Überall wo ich hinkomme, taucht das Problem bei mir auf. ... Also ich schäme mich."

Karl-Heinz: „Was ich gestern gesagt habe, das hat so 'ne Richtung bekommen, wo ich dann um die Dinge rumgegangen bin. ... Und deshalb möchte ich an sich drauf zu sprechen kommen. Und zwar ist das das Problem meiner eigenen Person und meiner Person in meiner Ehe. Wir sind seit 18 Jahren bekannt und seit 10 Jahren verheiratet, 2 Kinder, 4 und 9 Jahre alt, und haben zur Zeit erhebliche Probleme, totale Probleme. ... Totale Sendepause. Total nichts. ... Hergekommen ist es im Grunde von dem Thema sexuelle Probleme. ... Wir haben sehr viel gesprochen, wir haben nächtelang gesprochen und sagen uns heute rückblickend, ja, wir haben an bestimmten grundlegenden Dingen wahrscheinlich immer wieder vorbeigesprochen oder sie überhaupt nicht angesprochen."

Eine Frau, Mutter von zwei kleinen Kindern: „Ich muß dazu sagen, daß mein Mann also – daß ich also auch immer auf der Lauer saß nach seinen Schwächen, nicht? Und wenn ich eine hatte, dann habe ich auch voll reingehackt, nicht? Das war ... ein ewiges Austeilen und Einfangen. ... Ja, und ich habe dann auch nicht aufgehört, bevor ich eine Blöße hatte und ihn dann am Boden hatte. Und so haben wir uns dann getrennt. Die letzten Szenen, die da passierten, die waren besser als die von Ingmar Bergmann eigentlich. Die haben wir noch

sehr übertroffen. ... Die waren unübertroffen. Und da ging's eigentlich wirklich nur noch, den anderen wirklich in die Knie zu zwingen, und dann den besten Abgang zu haben. ... Ich hab' eigentlich gesehen, für die langen Demütigungen und so, die wir doch miteinander aushalten mußten, daß ich da irgendwo endlich mal Genugtuung hatte und so'n Abschluß hatte. ... Vor 3 Jahren oder so hab' ich die Beziehung zu einem andern Mann angefangen. ... Und dann hab' ich meinem Mann das gesagt, daß ich jetzt eine Beziehung hätte, und daß ich die auch sehr bräuchte. Und da hab' ich ihn – also da war er sehr fertig, erledigt und hat fürchterlich geweint, also die dollsten Geschichten angestellt. Und das ging so weit, daß er den andern also erschießen wollte. Also furchtbare Szenen gab es da. Und das hab' ich dann also noch auf die Spitze getrieben, indem ich ihm also genau erzählt hab', was ich mit dem andern erlebt habe. Und dann hab' ich ihn rausgeworfen aus der Wohnung. ... Ja, und obwohl ich eigentlich die ganze Zeit das gemein und schrecklich fand, was ich da getan habe. Aber ich war auch wie von Sinnen in dem Moment, wo ich wußte, jetzt habe ich es endlich erreicht. Und da habe ich reingehauen. ...
Also das ist eigentlich auch bis heute so irgendwo so geblieben, daß ich dadurch also auch nicht viel Selbstwertgefühl habe. Ich glaube, das basiert allein auf dieser ganzen Geschichte, daß wir einfach schrecklich miteinander umgegangen sind, daß keiner eingeschritten ist und gesagt hat: Du, wir sind hier beide zusammen. Und eigentlich mögen wir uns wirklich. Laß' uns aufhören. Und eben das – ich hätte eigentlich leicht die Waffen strecken können, nicht, weil es im Grunde gar nicht meine Art ist. Aber es wurde bis zum Exzeß zu Ende geführt."

Ein ca. 30jähriger Mann spricht von seiner früheren Ehepartnerin: „Meine Frau kommt aus einer sehr heilen Familie. Und das habe ich dann akzeptiert und bin sicherlich zeitweise auch in dieser Beziehung geblieben, mehr wegen der Schwiegereltern als wegen meiner Frau. ... Und meine Schwiegereltern, die haben jetzt eben 2 Häuser und rund 6000 qm Garten dabei. Und das war eben eine Sache, die hat mir auch sehr ins Auge gestochen. ‚Hast du was, bist du was' oder so. Und da hab' ich mich also voll da reinbegeben und hab' versucht, ihre Lebensform anzunehmen, und eben der gute Schwiegersohn zu sein. Ich hab' meine Wünsche sehr zurückgestellt, ich habe sie kaum artikuliert. ... Ich hatte vielleicht das Gefühl, daß da was nicht stimmt. Aber ich hab's mir erstens nicht bewußt gemacht, weil ich Angst hatte, das alles zu verlieren. Und das war meine einzige Sicherheit.
Und ich habe dann auch meiner Frau das gesagt, daß ich wohl Bedenken hab'. Es ging dann eben soweit, daß wir gesagt haben, wir wollen ein Kind haben. Und als meine Frau im 3. Monat war, habe ich dann eine andere Beziehung aufgenommen. Dann war ich bei der Geburt des Kindes noch dabei. Und 8 Wochen später bin ich aus dem Haus gegangen im vorigen Jahr. Und das ist natürlich eine Sache, die ich mir jetzt unheimlich zum Vorwurf machen muß, daß ich damals noch ja zum Kind gesagt habe. ... Und sie versucht jetzt eben, den Kontakt von dem Kinde zu mir und umgekehrt auf ein Minimum zu reduzieren. Sie sagt eben, ich habe da nichts mehr zu suchen und möchte das Kind vor sämtlichen Männern schützen. ... Das ist ganz klar. Weil sie ja selbst auch seelisch enttäuscht worden ist durch mich, nicht? ... Wenn du ein Kind in die Welt setzt, dann ist es eine Schuld, würde ich schon sagen. Auch dem Kind gegenüber. Ich empfinde das doch als ziemlich verantwortungslos, was ich da noch gemacht habe. Überleg mal: Wenn eine Frau schwanger ist im 3. Monat, und dann sagst du ihr auf einmal: Du, ich hab' 'ne Freundin, und ich möchte Dich verlassen. Was ist das für ein Schlag für eine Frau, die sich auf das Kind freut und die davon ausgegangen ist, wir werden – wir wollen das Kind haben, und wir werden es gemeinsam haben."

Ein Mann, verheiratet, Vater von 2 Kindern: „Ja, ich muß ziemlich viele Mittel nehmen. Und gerade letzte Woche, bevor ich hierher gefahren bin, habe ich noch eine Spritze gekriegt, um eine sich anbahnende Depression abzufangen. Und die dämpfen sehr stark, die Mittel. ... Es drückt sich bei mir in ziemlicher Müdigkeit aus, mit der ich dann kämpfe. ... Ich nehm' das Zeug jetzt schon 3 Jahre. Und ich kann da nicht so ohne weiteres von los. Das kann nur ganz langfristig abgebaut werden, es ist schon stark reduziert worden. Aber ich habe einen Versuch unternommen, das Zeug zu reduzieren, das führt gleich zu Einbrüchen in meine psychische Stabilität. ... Erst einmal krieg ich so'n ängstliches Flattern, so eine unheimliche Unruhe, Angst. Ich bin dann auch depressiv, d. h. überhaupt nicht mehr – ohne jeglichen Antrieb, ohne Spontaneität und ohne Interesse an irgendwelchen Begegnungen. Ja ganz apathisch werde ich dann. Und das wird mit diesen Dingern eben verändert. ... Ich war ein begeisterter und unheimlich engagierter Architekt. Und heute ist die Architektur für mich so tot wie noch nie. Es interessiert mich überhaupt nichts mehr daran. Ich mache das, was von mir gefordert wird. Aber daß ich da für die Architektur sterben würde, wie ich das früher vielleicht mal getan hätte, das ist nicht mehr der Fall. ... Und dann kommt noch hinzu, daß die letzten 3 Jahre für mich so'n Vakuum waren, beruflich, wo ich überhaupt nichts mehr geleistet habe, wo ich nichts mehr zum Vorzeigen entwickelt habe. Ich kann ja nirgends hingehen und kann sagen: Ich war 3 Jahre krank, ich möchte bei Euch anfangen. Das ist ja keine Empfehlung."

Jemand kann sich auch in Briefen einem anderen öffnen. Eine Zuschauerin schreibt uns: „Von allen Fernsehsendungen, die ich gesehen habe, haben mich Ihre Gruppengespräche am tiefsten ergriffen. Bei der ersten Sendung vergaß ich vollständig, wo ich war. Ich war im Kreis bei Ihnen, ich weinte mit, ich zitterte und ich schwitzte, aber ich war doch so innerlich einsam dabei, keine Hand ergriff die meine, niemand antwortete mir. Jedes Mal wollte ich Ihnen schreiben, heute tue ich es, und ich bitte Sie von ganzem Herzen, lesen Sie meinen Brief, bitte! ... Meine Kindheit und Jugend waren schrecklich, mit 21 Jahren zwei Selbstmordversuche. Ich glaubte, in der Ehe sei alles gut, die Vergangenheit begraben, die Depressionen weg. Aber sie kamen wieder. Es ist so schlimm, ich möchte nicht leben, ich wollte es nie. Ich finde das Leben eine unheimliche Last, ein unheimliches Müssen, obwohl ich sehr gut das Schöne sehe und auch nicht den Sinn des Lebens an und für sich ablehne. Aber ich will mich nicht, ich möchte so furchtbar gerne sterben, wenn ich nur dürfte!
Nun habe ich aber zwei Kinder, und wenn ich sie ansehe und sie nach mir rufen, dann fühle ich die riesige Schuld in mir, daß ich ständig den Wunsch hege, zu sterben und die riesige Verantwortung, die ich trage. Ich will doch, daß sie glücklich sind, ich will, daß alle Menschen, die mir begegnen, glücklich sind. Ich muß stark sein, ich will eine liebe Frau, eine liebe Mutter sein, will Geborgenheit geben. Aber ich fühle mich selbst wie ein Kind, ich möchte in den Armen gehalten werden und – wie es einmal eine Teilnehmerin in Ihrer Gruppe sagte – so lange gehalten werden, bis ich selbst sagen kann. so jetzt reicht es. Meine Gefühle sind so mächtig in mir, ich weiß nicht, wie ich sie meistern soll. ...
Ich weiß nicht mehr weiter, ich sehe keinen Weg mehr. Ich habe jetzt 120 Schlaftabletten zu Hause, aber ich weiß nicht, ob sie ausreichen zum Sterben, oder ob ich wieder erwache, wie auch schon mit anderen Mitteln. Ständig nehme ich wieder die Rasierklinge hervor und will mir die Pulsadern durchschneiden, und dann, dann denke ich an die Kinder. Aber es gibt Momente, da vergesse ich alles, da wird der Todeswunsch übermächtig. Wie heute abend Sabine in der Sendung sagte, es gehe nicht ohne Rettungsring, sonst versinke sie ins Bodenlose. So empfinde auch ich, ich fühle mich fremd. Manchmal ist alles weit weit weg, ich selbst sehe mich ‚von außen', ganz fremd.
Furchtbare Angst habe ich, wenn ich daran denke, wie viele Jahre mir wahrscheinlich noch bevorstehen, und ich finde meine 30 Jahre unendlich lang, ich bin so müde, schwer, alt, ich kann doch nicht mehr weiterleben. Heute abend war oft die Rede von Schuld. Ja, ich fühle mich so schuldig, ich müßte doch glücklich, dankbar, fröhlich, lebensbejahend sein, ‚es geht mir ja gut'. Aber wie soll ich leben, wenn mein Innerstes ‚Nein' ruft. Ich wollte noch nie leben, schon als Kind. Kaum hatte ich erfaßt, daß man den Tod auch selbst wählen kann, war ich ständig in dieser Versuchung. Kann ich wohl jemals zu einer anderen Einstellung gelangen, oder werde ich früher oder später doch den Suizid wählen?
Wenn ich jetzt noch ledig und kinderlos wäre, dann wäre der Fall ganz klar, ich würde nicht mehr leben. Aber die Kinder, mein Gott, ich kann sie doch nicht so unglücklich machen! Ich nehme mich unheimlich zusammen, ich weine nicht, ich bin lieb zu allen, geduldig, stark gegen außen, aber müde, sterbensmüde. Ich fühle mich so einsam, alles macht mir Angst. So wie ich Sie in den Sendungen erlebt habe, habe ich Sie sehr lieb gewonnen, irgendwie erhoffe ich von Ihnen Hilfe. Wieviel gäbe ich, wenn mal jemand zu mir käme und mich in die Ar-

me nehme, einfach so, ohne ‚Signal'! Am meisten habe ich mich mit Sabine und Klaus identifiziert, Klaus sagte: ‚Ich seh' Dich an, naja – und ich mag Dich!' Ja, so geht es mir so oft, ich liebe viele Menschen. Aber es kommt kein Echo, oder ich wünsche mir ein tieferes größeres Echo, ich erwarte wahrscheinlich viel zu viel. Was soll ich nur tun, ich *muß* und ich kann doch nicht mehr, ich habe wirklich das Gefühl, daß ich ins Bodenlose sinke."

Eine ca. 30jährige Frau äußert sich in einer gefilmten Gesprächsgruppe in Gegenwart ihres Partners über die Schwierigkeiten einer Heirat: „Es ist so, daß es Zeiten gegeben hat, wo ich mich sehr darüber gefreut hätte. Und daß er einfach zu lange gewartet hat. Und jetzt bin ich, wie gesagt, innerlich erstarrt und muß erst wieder mürbe geklopft werden. Und ich weiß gar nicht, ob ich das noch möchte, und das ist mein Problem. Ich weiß nicht, ob mir noch daran liegt. ... Ich hatte an und für sich bereits innerlich abgeschlossen (kämpft mit den Tränen). Und vielleich bin ich deswegen irritiert. Ich hatte ja das Ende unserer Beziehung bereits klar vor mir gesehen. Und ich leb' schon Monate damit, mit diesem Gedanken, daß es zu Ende geht. Das heißt eigentlich Jahre. ... Ich hatte mir damals keine Gedanken darüber gemacht, was aus uns werden könnte oder sollte. Für uns war von Anfang an die Verbindung eigentlich keine recht tiefe. Wir hatten nicht vor, irgendwie was Tiefes daraus werden zu lassen. (Pause) Bedingt schon durch die Tatsache, daß er verheiratet ist, noch nicht geschieden, und ich bereits eine Ehe hinter mir habe. Und ich hatte an und für sich nicht den Wunsch verspürt, noch einmal eine Gemeinsamkeit aufzubauen. Das ist so ein Schutz, ja, damit ich nicht verletzt werde."

Margret in einer gefilmten Paar-Gruppe über ihre Ängste in ihrer Beziehung zu ihrem jüngeren Partner: „Ich bejahe die Angst. Ich leb' damit, ich weiß, daß ich sie hab', und ich leb' damit. Ich möchte sie irgendwie in den Griff bekommen. Und ich weiß, daß mir geholfen wird. Und wenn es einmal soweit ist, daß er eben nicht mehr da mitmachen will, dann hoffe ich, daß ich so stark bin, das auch irgendwie zu akzeptieren. Aber dadurch, daß ich nun diese Angst hab', will ich doch nicht drauf verzichten, daß es nun heut' so ist?!"
Reinhold: „Das ist unser Problem. Von Anfang an haben wir gesagt: Wir haben Angst, anzufangen. Was ist in 10 Jahren? Jetzt haben wir uns lieb. Da hab' ich gesagt: Okay, fangen wir jetzt an. Und wenn wir in 3 Jahren nicht mehr können, nicht mehr wollen oder in 5 Jahren, dann kann man halt in 5 Jahren nicht mehr. Aber dann haben wir wenigstens 3 Jahre uns geliebt. Versteht Ihr?"
Margret: „Und in dem, wie ich lebe, ich kann nicht auf die Gegenwart verzichten, um die Zukunft zu überwinden, weil ich Angst habe, daß in der Zukunft irgend etwas passiert, was mich vollkommen fertigmacht. ... Ich versäume ja dann laufend etwas. Ich will nicht nur im Wartezimmer sitzen. Ich möchte jetzt und hier intensiv leben. Ganz egal, was dabei rauskommt. Ich möchte investieren, ganz egal, was dabei rauskommt. ... Wozu lebe ich denn überhaupt? Um das, was ich an Zärtlichkeit zu einem spüre, was ich auszudrücken vermag, irgendjemand zu geben! Aber dann kann ich nicht damit rechnen: Ich hab' so viel investiert, und so viel bekomme ich nun zurück, nein."

Eine Frau, 27 Jahre: „Ich muß wohl etwas an mir haben, was mich besonders abstoßend macht. Ich habe seit meiner Kindheit Menschen um Zärtlichkeiten angebetet und habe sie nie bekommen. Ich bin so leer. Alles, was ich noch an Kraft hatte, ist aufgezehrt. Ich kann daher kein Verständnis, keine Einfühlung für andere aufbringen. Ich habe einfach nicht die Kraft, mich sozial zu verhalten. ... Ich habe meinen Mann auch nur unter Druck dazu gebracht, mich zu heiraten. Er hätte es aus freien Stücken nie getan. Ich wollte damals beweisen, daß ich einen Menschen halten könnte, weil ich immer dafür gehänselt wurde, daß ich Freundschaften nicht halten konnte und weil andere, und auch selbst meine Mutter, gesagt haben, daß wohl niemand auf der Welt etwas für mich übrig hätte. Das stimmt, leider. ... Es ist ein langsames Sterben in mir."

Eine Frau, 39 Jahre, schreibt uns: „Um die Wahrheit zu sagen, ich bin traurig über mich. Ich habe – nach ein paar Jahren als Schauspielerin – nicht mehr das rechte Berufsglück in der öffentlichen Bücherei gefunden. Im Rückblick gesehen war es mehr eine Zuflucht vor dem

Leben. Und so haben mir die meiste Zeit die Erfahrungen mit Büchern die Erfahrungen mit Menschen ersetzen müssen. Ich habe noch meine Mutter und die Schwester meiner Mutter, für die ich aus der Ferne verantwortlich bin. Sonst bin ich ganz allein.“

Eine 27jährige Frau sagt: „Ich habe eine besondere Art an mir, alles zu problematisieren und zu dramatisieren. Das wird mir immer von neuem vorgehalten. Aber so sehr ich auch bemüht bin, dies zu ändern oder abzubauen, es gelingt mir einfach nicht. Im Gegenteil, es wird noch schlimmer mit mir, je älter ich werde.“

Eine 23jährige Frau in einer Gesprächsgruppe: „Ich bin in einer ähnlichen Situation. Ich hab' einen Mann, der ist ein paar Jahre älter als ich. Er hat eine schlechte Kindheit und Gefängnis hinter sich. Das war für mich auch der erste Mann. Und er ist sadistisch veranlagt. Er versucht, mich durch seine Vergangenheit zu quälen. Ich häng' auch sehr an ihm. Ich bin immer noch mit ihm zusammen. Aber ich hab' so das Gefühl, er reizt mich bewußt, bis ich gezwungen bin, ihm den Laufpaß zu geben, oder ich verlier meinen Stolz. ... Ich war verheiratet mit ihm. Ich bin geschieden. Seit einem halben Jahr. Ich hab' auch ein Kind von ihm. Aber er war dermaßen betrunken und aggressiv, also da hab' ich immer vor Angst gezittert. Und eigentlich habe ich ihn dann doch wieder gerne. Er ist Alkoholiker. Das hat ihn so richtig kaputtgemacht. Aber irgendwie seelisch bin ich so von ihm abhängig. Also wenn er da ist, dann fühl ich mich so richtig zu Hause irgendwie. ... Manchmal wünschte ich, ich könnte mich so rächen, ihn so verletzen, wie er mich manchmal verletzt. Und es gelingt mir auch. Nachdem ich lange Zeit alles so geschluckt habe, gelingt mir ein Hieb. Ja, und dann hab' ich solche Schuldgefühle, daß ich nächtelang nicht schlafen kann. Ja, und dann bieg ich alles wieder hin, bis es gut ist.
Also ich hab' das Gefühl, als wenn ich mit dem Kopf gegen die Wand rennen würde, so, als ob ich gegen ihn anrennen will. Er quält mich ja so, er erkennt mich nicht an. Aber er hat so eine Ausstrahlung irgendwie. Also wenn das kommt, dann fühle ich mich so richtig warm und wohl. Und wenn er wieder beleidigt mit mir ist, dann habe ich eiskalte Hände und Füße und so. Na ja, vielleicht ist es ja auch so, weil ich keine anderen Freunde habe. Und mit meinen Eltern ist das ja auch nicht so. Daß er eben die einzige Person ist für mich, die da ist. Wenn er dann so kam, dann hab' ich dann irgendwie Kraft getankt. ... Oft geht es immer drum, wer stärker ist. Ja, er will mich immer in die Knie zwingen. Ich kann ihn nicht in die Knie zwingen, aber – ich muß einen festen Stand haben.
Ich finde, im Grunde genommen sind wir uns sehr ähnlich, er und ich – wir könnten Geschwister sein. Er kann wahnsinnig stolz sein, und ich bin auch so. Wir können beide nicht nachgeben. Es gab Zeiten, da haben wir tagelang nicht miteinander gesprochen. Unsere Spannungen, die drehen sich ja hauptsächlich ums Kind. Ich bin ja aus dem Grund ausgezogen, weil er so gewalttätig wurde. Ich mußte unter Polizeischutz das Haus verlassen. Na, und da hat er der Polizei das später so dargestellt, als ob ich spinne. Denen hat er erzählt, daß ich mal in der Psychiatrie war. Und die grinsen heute noch, wenn sie mich sehen. An die kann ich mich auch nicht mehr wenden.“

Ein 31jähriger schreibt uns: „Ich habe Angst vor der Zukunft, weil ich glaube, daß sie genauso sein wird, wie die Vergangenheit war: Ich bin im Heim aufgewachsen, habe nichts gelernt, sondern mich als Hilfsarbeiter schlecht und recht durchgeschlagen. Zwei Jugendstrafen, mehrere Gefängnisstrafen. Geschieden, 2 Kinder. Seefahrt und wieder Gefängnis. Gefängnis meist wegen Lapalien, aber mit langwierigen Strafen. Ich bin 31 Jahre alt. Ich bin überempfindlich. Wenn ich irgend etwas Positives erreicht habe, zerstöre ich es mir wieder selbst durch irgendeine Dummheit, die ich im Nachhinein bereue. Andere versuchen, etwas zu erreichen. Aber bei mir ist es so, daß ich mich von Tag zu Tag verschlechtere. Ich habe keine Freunde, noch nie gehabt. Und ab und zu versuche ich, mir Freunde zu erkaufen. Ich hasse mich oft selber, weil ich nicht bin wie die anderen, denen es leicht fällt, Freundschaften zu schließen, und die sich mit anderen Menschen ungezwungen unterhalten können. Ich habe das Gefühl, daß ich ein Mensch bin, den man nicht mag, dem man aus dem Weg geht. Ich habe zweimal ernsthaft versucht, mir das Leben zu nehmen, weil ich es einfach nicht mehr ertrage, weil ich davon überzeugt bin, daß es immer schlimmer wird, wenn nichts geschieht. Ich habe meine Frau sehr geliebt, aber ich brachte es nicht fertig, ein normales Leben mit ihr zu führen. Ich fühle mich so, als wenn ich jeden Tag mehr an Substanz verliere. Ich kenne meine Fehler sehr gut, aber ich allein kann nichts dagegen unternehmen."

Eine 20jährige: „Das ist so: Als ich so 17 Jahre alt war, daß ich mich immer mehr zurückgezogen hab' und immer mehr für mich war, stundenlang alleine auf meinem Zimmer war. Meine Eltern sind dann mit mir zum Arzt. Na, und der hat mich dann mit viel Tabletten verkorkst. Dann hab' ich dann einen Selbstmordversuch gemacht. Der ist mir mißglückt. Da haben sie mich wieder aufgepäppelt. Kurz danach hab' ich die Schlafkur gemacht. Da ging's mir dann an und für sich wieder besser. Danach wollte ich dann Sozialpädagogik studieren. Ich hab' dann in einem Kinderheim ein Praktikum gemacht. Das war eine unheimlich nervige Arbeit. Acht Stunden am Tag. Abends um 7 bin ich dann nur ins Bett gesunken. Ich hab' mich wieder abgeschlossen von allem. Da hab' ich dann wieder einen Selbstmordversuch gemacht. Ich bin dann wieder in der Klinik gewesen. Dann war's eben so, daß ich meinen Eltern doch wahnsinnig viel zugemutet hatte. Und da hab' ich dann ein sehr schlechtes Gewissen ihnen gegenüber bekommen. Schließlich sah ich ein, daß es Scheiße war. Daß ich gerne leben möchte. Ich hab' dann meinen Krankenaufenthalt selber bezahlt. Das war ziemlich viel, aber weil ich eben so ein Schuldbewußtsein meinen Eltern gegenüber hatte. Und alles das war diesen Februar."

Eine geschiedene Mutter mit 2 Kindern bei einem Minuten-Gespräch am Telefon: „Ich habe eine Mauer um mich und meine Kinder gebaut. ... Ich habe Angst vor einer zweiten Enttäuschung. Ich habe Angst vor einer festen Partnerschaft."

In den folgenden Beispielen äußern sich Personen über ihre gegenwärtigen Gefühle und unmittelbaren Erfahrungen und Gedanken, meist in Gruppengesprächen:

Eine Studentin in einer gefilmten Gruppe von Carl Rogers äußert ihren Wunsch nach Wärme und ihre Empfindung von Feindseligkeit in der Gruppe: „Ich sitze hier und mir geht nur ein Satz im Kopf herum: Warum hören wir nicht auf, uns gegenseitig zu beschimpfen? Und gestehen uns ein, daß wir einander brauchen? Ich dachte, was muß ich machen, um Euch sagen zu können: Ich brauche Euch! Ich brauche Liebe, und ich brauche Menschen! Und ich brauche jemand, der manchmal meine Hand hält und ... Es macht mich verrückt, Diane, daß Du mich nicht ansiehst. Weil ich bin, wie ich bin. Du sprichst über Dich, wie Du bist. Hier bin ich! Es macht mich erschrocken, weil ich dachte: Breite dein Inneres vor ihnen aus und sage ihnen: Ich brauche Euch! Aber was geschieht? Es kümmert diese Leute nicht. Und warum auch? Sie kennen dich nicht. Aber ich habe Menschen, die mich gern haben, da draußen habe ich Menschen, die sich um mich kümmern. ... Aber George, ich weiß nicht, ich fühle nicht, daß Du jemals auf mich zugekommen bist, meine Hand gestreichelt hast und gesagt hast: Ich habe Dich gern. Vielleicht ist auch das nicht so wichtig, vielleicht gehe ich morgen weg von hier und werde Dich nie wiedersehen. Damit muß ich fertig werden. Aber vor einigen Augenblicken hatte ich das Bedürfnis, von niemanden von Euch zurückgewiesen zu werden. Ich wollte, daß jemand zu mir kommt und meine Hand hält, aber ..."

Eine junge Frau äußert in einer gefilmten Gesprächsgruppe ihr Gefühl des Alleinseins und ihren Wunsch nach stärkerer Zuwendung durch die Gruppe:
Gisela: „Ich hätte am liebsten draußen bleiben sollen. Ich weiß nicht, ich möchte richtig schreien: Wendet Euch mir zu! Und ich weiß nicht, was ich bringen kann. Und ich hab' das Gefühl, ich hab' hier überhaupt nichts zu suchen mit meinem Scheiß. ... Es ist ein Problem, immer mit dieser Scheißkrankheit zu leben. (weint) Ja, ich will ja so viel tun und glaub' immer, alles hilft. Ich seh' aber auch hier kein Land für mich. Das macht mich fertig. Ich hab' immer das Gefühl, daß ich so weit aushole, um Zuwendung zu kriegen. (weint heftig) Und dann wird mir das leid. Ich mag mich dann auch nicht leiden, wenn ich so bin. Aber ich bin so. Ich weiß auch nicht. Ich möchte irgendwo was tun für mich. Vorhin sagtest Du, wenn mehrere sich mit Dir befassen würden oder so da auf Dich eingehen würden, dann würdest

Du das als Einengung empfinden. Und ich dachte, in dem Moment hätte ich am liebsten schreien mögen: ‚Mensch, befaßt Euch doch mit mir! Fragt mich doch mal!' Vielleicht komm' ich dann irgendwo näher ran. Oder vielleicht gibt's auch gar kein Näher ran. Ich weiß es nicht. Das ist so – das macht mich so müde." (weint, Pause).
Sybille: „Gisela, fühlst Du Dich entfernt von uns?"
Gisela: „Ich, ich möcht' so gern irgendwo – hier –, also nicht, daß ich gegen irgend jemanden was hätte hier. Aber, ich weiß nicht. ... Mir fehlen irgendwie die Worte. Ich möchte dazugehören. Ich möchte was für Euch tun, und ich möchte was für mich tun oder beides. Und irgendwie habe ich das Gefühl, ich bin hier auf verlorenem Posten. Das macht mich ganz fertig. Ich wollt' gar nicht wieder reinkommen eben. Dann hatt' ich wieder Angst da draußen. Dann ging ich hin und her. So habe ich mich allein gefühlt. Dann bin ich wieder reingekommen. Ich empfand doch heute irgendwann, ich hatte so das Bedürfnis, dazu zu gehören. Und ich empfand mich als draußen. Das steigerte sich so. Und irgendwie hab' ich einfach den Wunsch zu sagen: ‚Ich brauche Euch! Wendet Euch mir zu!' Aber auf der anderen Seite hat mein Verstand gesagt: Ja, aber, du kannst doch nicht sagen: So, nun befaßt Euch mit mir. Wo gibt's denn sowas, also das finde ich unmöglich!"
Karl-Heinz: „Das kannst Du sagen."
Reinhard: „Das ist Dein Wunsch. Und ich glaube, jeder von uns hat das Recht zu sagen: Bitte, befaß Dich mit mir."
Gisela: „Irgendwie mag ich mich dann nicht, wie ich das ausdrück'. Und ich glaube, ich möchte immer gerne, daß die von selbst kommen, ohne daß ich das ausdrück'."
Anne-Marie: „Weil Du immer schon investieren mußt, daß die Leute sich Dir zuwenden, weil Du sie so brauchst?"
Reinhard: „Du magst nicht den Leuten mitteilen, daß Du uns brauchst? Du möchtest, daß wir von alleine kommen?"
Gisela: „Ja, das möchte ich, glaube ich, gerne. Obwohl ich mir vorstellen kann, daß es für den andern schwer ist, weil er das ja kaum spüren kann. Aber mir fällt es so schwer, auf jemand andern zuzugehen. Es ist irgendwo so ein Teufelskreis. ... Mein Problem ist ja, daß ich Ängste hab' und die begleiten mich seit über 20 Jahren. Und immer wenn diese Ängste kommen, dann brauch' ich Menschen. Ja, nun mach' das mal, verwirkliche das mal."
Renate: „Du schaffst es dann nicht so, auf die andern zuzugehen."
Gisela: „Aber ich möchte auch nicht irgendwie anecken. Ich möchte, wenn ich – also irgendwo sah ich hier keine Möglichkeit, weil alles auch irgendwie wichtige Dinge sind, die jeder von sich sprach. Und da sah ich einfach nicht die Möglichkeit, zu sagen: ‚So, das mag ja alles ganz schön und gut sein, aber jetzt wendet Euch mir mal zu!' Das fand ich blöd. Und wenn ich jetzt nicht so fürchterliche Beklemmungen gekriegt hätte, dann hätte ich das jetzt auch nicht sagen können."
Rolf: „Hast Du befürchtet, so irgendwie als störend empfunden zu werden?"
Anne-Marie: „Als aufdringend?" Reinhard: „Als zu egoistisch?"
Gisela: „Ja, ich glaube schon, daß ich sehr egoistisch bin."
Reinhard: „Also ich empfinde das nicht so, wenn Du sagst: ‚Bitte wendet Euch mir zu!' Ich empfinde das nicht als egoistisch. Ich bin Dir dankbar für dieses Signal."

Selbstöffnung erstreckt sich auch auf den Ausdruck des positiven gegenwärtigen Fühlens gegenüber Gesprächspartnern.

Sybille, 32, Mutter von 3 Kindern, zu den Helfern: „Ich hab' doch – es war vorgestern – geträumt, daß ich bei Euch eine Woche als Tochter war. Doch, so hab ich mich bei Euch angenommen gefühlt. Da ist mein Wunsch in Erfüllung gegangen. Es war ein schönes Erlebnis für mich, diese Wärme, wenn man sie selber spürt. Dann kann man sie auch weitergeben."

Mitglieder aus anderen Gruppen: „Das fand ich gestern ganz toll, als Du mich umarmt hast." „Ich glaube, Rolf, daß Du hier in der Gruppe einen großen Wert für jeden von uns hast." „Das ist mir auch aufgefallen: Weißt Du, Du hast kein hartes Gesicht mehr." „Ich glaub,

Du brauchst es nicht mehr. ... Jedenfalls hier, wollen wir mal sagen." „Du, Gabi, ich möchte Dir nur sagen, daß ich unheimlich froh bin, daß Du geredet hast. Das hätte ich nämlich auch sagen können. Das hab' ich mich nur nicht getraut."

Die Folgen der Selbstöffnung für eine Person. Teilt jemand seine für ihn selbst sehr bedeutsamen Erlebnisse und Erfahrungen einer sehr verstehenden, anteilnehmenden und aufrichtigen Person gegenüber mit, so tritt im allgemeinen folgendes ein:

□ Eine gefühlsmäßige Entspannung tritt ein. Die Person fühlt sich weniger allein, weniger eingeschlossen, weniger in einem Panzer eingeschnürt. Diese Erleichterung, Entspannung und Befreiung erfahren viele unmittelbar nach der Selbstöffnung. „Ein Gefühl von Erleichterung, Glück, Freude! Du hast es geschafft, über Dich zu sprechen." „Das Aussprechen half mir bei der Beseitigung meines seelischen Mülls." „Für mich war das wichtigste: Offen mich und meine Probleme darlegen zu können und danach erleichtert sein, keine Angst vor Ablehnung oder vor Lachen zu haben." „Das Gefühl, in der Gruppe aufgenommen zu werden, verstanden und akzeptiert zu werden, das war unheimlich." Benno in einer Nachbetreuungsgruppe: „Ja, ich muß sagen, was ich da in der vergangenen Woche hier in der Gruppe losgeworden bin, das hat mir etwas gegeben, das finde ich herrlich. Es hat mich regelrecht unheimlich entlastet, ja. Es hat mich so ruhig gemacht. Der Druck, dem ich ausgesetzt war, ist plötzlich rausgegangen. Das erste, was ich getan habe, als ich nach Hause gegangen bin: Sprich mal zu dir selbst und sprich mal deine Probleme dir selbst aus! Das hab ich dann zu Hause getan. Ich kam mir zwar relativ dumm dabei vor, aber ich hab's trotzdem versucht. Und ich habe durch diese Gruppe und danach eine größere Öffnung für mich selbst bekommen."

Oft ist es das erste Mal, daß sich Menschen über sehr belastende Erlebnisse und Erfahrungen andern gegenüber äußern. Ein Teilnehmer einer Gesprächsgruppe beschreibt dies so.: „Bei vielen Mitgliedern hatte ich das Gefühl, daß es für sie seit langer Zeit das erste Mal war, daß sie mit jemanden über sich selbst redeten. Es war für mich erschreckend. Und da sie es jetzt endlich nach langer Zeit zum ersten Mal taten, da sprudelte es nur so aus ihnen heraus." Ein anderer Teilnehmer einer Gesprächsgruppe beschreibt in der Nachbefragung einige Monate später sein Haupterlebnis (er hatte noch nie bisher mit irgendjemanden darüber sprechen können, daß er seit vielen Jahren zur sexuellen Befriedigung Damenwäsche gebrauchte): „Ich trug dieses Problem die ganzen Jahre mit mir alleine herum, bis zu dem Tag, als ich es einem Gruppenmitglied und dann meiner Freundin erzählte. Es hat mir sehr gut getan. Es fiel mir zwar schwer, aber ich dachte, daß ich da schließlich nichts zu verlieren hätte. Nun ist es so, daß ich diese Art des Verkleidens und des Onanierens seit 2 Monaten nicht mehr gemacht habe, und daß das Gefühl des ‚Tun-Müssens' immer weniger auftritt."

□ Durch die Selbstöffnung begegnet eine Person sich selbst, kommt sich selbst näher. „Ich habe durch die Gespräche leichteren Zugang zu mir selbst bekommen." Die Selbstöffnung ist ein erster Schritt, daß jemand seine sehr bedrücken-

den Erfahrungen und Erlebnisse als ein Stück seiner Selbst ansieht und akzeptiert. Viele haben über Jahre hindurch ihre belastenden Erlebnisse anderen gegenüber verschwiegen und haben sie auch für sich selbst weitgehend abgelehnt und unterdrückt. Mit der Akzeptierung der eigenen Erfahrungen als zugehörig zur eigenen Person ist eine wertvolle Chance der Änderung gegeben, ihre seelische Erstarrung gerät in Bewegung.
Ein Gruppenmitglied schreibt in einer Nachbefragung: „Konnte ich mich öffnen? Ja, aber leider nicht ganz. Ich freue mich aber trotzdem, daß es überhaupt möglich war. Für mich war es bereits sehr wichtig, hinter einer Mauer aus Spott, Zynismus und Ironie hervorzukommen, was wohl durch die Helfer als auch durch die Gruppe und mich selbst möglich war. Ich hatte es mir auch für die Tage fest vorgenommen, es zu tun. ... Das Gefühl, ohne Alkohol oder Haschisch ehrlich von mir und meinen Gefühlen erzählen zu können und auch auf andere eingehen zu können, das war sehr wichtig. Das heißt, ihnen Dinge sagen zu können, die ich mich sonst nicht getraut hätte, auch auf die Gruppenmitglieder zugehen und sie berühren. Das Gefühl, daß auf mich und meine Art positiv reagiert wurde, daß Interesse an mir bestand."

□ Selbstöffnung erleichtert es einer Person, sich mit sich selbst auseinanderzusetzen. Es ist der Beginn des Weges zu sich selbst. Durch das Aussprechen erhält eine Person mehr Einblick in ihre innere Welt. Ihre Art zu fühlen und zu denken werden ihr deutlicher. Ihre Erlebnisse, Erfahrungen und ihr Fühlen werden zumindest in der Sprache für sie besser „greifbar". Sie kann besser mit ihren Erfahrungen umgehen. Und: Eine Person macht durch die Selbstöffnung neue innere Erfahrungen mit sich selbst.

□ Helfende Personen in der Umwelt erhalten eine Ansatzmöglichkeit, in tieferen Kontakt zu einer sich selbst öffnenden Person zu kommen. Sie erhalten die Möglichkeit, den anderen zu verstehen, ihn in seiner inneren Welt zu erreichen und seine Auseinandersetzung mit seinen Erfahrungen zu fördern. Bei einfühlenden und anteilnehmenden Partnern erhält eine Person mit Selbstöffnung die Chance, Geborgenheit bei anderen Menschen zu erleben.

□ Die Selbstöffnung einer Person bereichert häufig andere Personen. Durch die Selbstöffnung von Gruppenmitgliedern entsteht bei qualifizierten Helfern schnell ein Klima von großer Nähe zueinander, von großem Vertrauen, von Sympathie und Furchtlosigkeit voreinander. Durch die Selbstöffnung gewinnen Personen häufig die deutliche Zuneigung und Achtung der anderen. Andere gehen auf sie zu, sie gehen auf deren innere Welt ein. „Wenn die einzelnen Leute über sich selbst und ihre Schwächen sprachen, dann dachte ich: Die sind dir näher als deine eigene Familie. Das sind deine besten Freunde." „Die Gruppenmitglieder gewannen um so mehr Zugang zu mir, je mehr es mir gelang, mich zu meiner Gefühlsverfassung zu bekennen." „Ich wurde gefühlsmäßig immer engagierter und war sehr berührt von den Problemen der anderen, obwohl es nicht meine waren."

Untersuchungsbefunde stützen die Annahmen über die günstigen Auswirkungen bei Personen, die sich Helfern öffnen, z. B.: □ Personen mit größerer Selbstöffnung in 2 ½tägigen intensiven Gesprächsgruppen änderten sich deutlich konstruktiv, verglichen mit Personen mit geringer Selbstöffnung. Zugleich waren sie für andere Gruppenmitglieder eher helfend (A. Tausch, Schiefelbein-Heitmann, Schwab u. Doßmann, 1975). □ 20 Mitglieder aus dreizehn 2 ½tägigen Gesprächsgruppen, die sich deutlich positiv geändert hatten und mit den Gruppen zufrieden waren, waren nach ihren eigenen Angaben gegenüber der Gruppe und dem Helfer mehr selbst geöffnet als 20 Mitglieder aus den gleichen Gruppen mit geringeren Änderungen und geringerer Zufriedenheit. „Für mich selbst war das Ergebnis der 2 ½tägigen Gruppengespräche nicht befriedigend. Vermutlich, weil ich mich in die Gruppe mit meinen Problemen nicht eingegeben habe." (Westermann, Kremer u. Tausch, 1977). □ Klienten einer Psychotherapeutischen Beratungsstelle, die an 2 ½tägigen Gesprächsgruppen teilnahmen und die sich ihren eigenen Angaben nach wenig öffnen, änderten sich im allgemeinen nur gering, im Vergleich zu Klienten mit hoher Selbstöffnung (Bruhn u. a., 1978.) □ Klienten, die vor Beginn von psychotherapeutischen Einzelgesprächen angaben, sie wären bereit, sich in den Gesprächen voll zu öffnen, änderten sich konstruktiver und waren zufriedener mit den Einzelgesprächen, im Vergleich zu Personen mit geringer Bereitschaft zur Selbstöffnung (Feindt, 1978). Ähnliches ergab sich bei halbstündigen Gesprächen mit Versuchspersonen (Schwab, 1978). □ Alte Menschen, die sich in Gruppengesprächen selber stärker geöffnet hatten, erlebten noch 6 Monate nach dem 2 ½tägigen Gruppengespräch eine Verminderung ihrer emotionalen Schwierigkeiten (Bergeest, Steinbach u. Tausch, 1978a). □ Personen, die in belastenden Situationen die Möglichkeit erhielten, ihre belastenden Gedanken und ihr Fühlen hierzu auszusprechen, fühlten sich danach weniger ängstlich und furchtsam. Dies äußerte sich auch in körperlichen Reaktionen (z. B. Haggard, 1943; Worchel, 1957).

Vielen Menschen fällt es schwer, sich anderen zu öffnen, auch bei günstigen Bedingungen in Einzel- und Gruppengesprächen. Wir nehmen an, daß ein größerer Prozentsatz von Menschen niemals helfende Personen aufsucht und sich ihnen öffnet, weil sie Angst davor haben oder sich unfähig fühlen. Menschen, die dies Wagnis auf sich nehmen und zu Helfern gehen, sind in dieser Hinsicht gleichsam stark und funktionsfähig. Personen, die an einem psychotherapeutischen Einzel- oder Gruppengespräch teilnahmen, gaben uns in Nachbefragungen oder Briefen Einblick in die Schwierigkeiten der Selbstöffnung:

Eine etwa 35jährige Mutter von 3 Söhnen: „Daß ich damals überhaupt nicht sprechen konnte, das war ja das schlimmste. Daß ich Jahre gebraucht habe, um sprechen zu können. Ich konnte mich überhaupt nicht mitteilen. Ich hab' früher nie von mir erzählt und von meinen Schwierigkeiten. Deshalb griff ich ja auch zum Selbstmord, weil ich nicht mehr wußte, was mit mir ist. Ich konnte nichts äußern. Ich wollte ganz einfach leise davon. Ich wußte nichts mehr. Ich war total zugedeckt. Ich habe alles gemacht, alles getan, aber ich habe nichts sagen können."

Eine 40jährige im Einzelgespräch über ihre Beziehung zu ihrem Ehepartner: „Ich kann das auch nicht vermitteln. Ich kann das nicht aussprechen. Eben aus der Angst heraus. Ich habe Hemmungen, ich habe Angst, abgewiesen zu werden. Es ist ein Risiko dabei, abgewiesen zu werden. Daß das verletzt, was ich sage, was ich im Augenblick wirklich fühle und empfinde, und wenn es auch noch so wenig ist."

„In der Gruppe und auch bei der Helferin entstand der Eindruck, ich rede in gewisser Distanz zu mir selbst. Die andern sagten mir dann auch, daß ich mich sehr in Allgemeinsätzen kund tue und mich nicht richtig einbringe."

„Was mich sehr beeindruckt hat in der Gruppe, das war ein Mann, der völlig isoliert zu leben schien, der sich völlig eingemauert hat und so ganz druckreif sprach. Das war für mich sehr eindrucksvoll. Er sagte nicht: ‚Ich bin ganz traurig über meine Freundin.' Er sagte: ‚Das Verhalten meiner Freundin ist nicht angemessen.' Er nimmt seine Gefühle völlig weg."

„Es war Trauer, was ich spürte, daß ich nicht aus mir rauskonnte, daß ich so allein war. Dann war ich auch über mich selbst ärgerlich, daß ich das immer verschoben hab' und zu mir gesagt hab': Nach der Pause – oder morgen, da sagst du, wie dir zumute ist. Ich hab' mich dann so richtig festgefahren gefühlt. Ich war richtig geschlaucht. Als dann Schluß war, war ich so ziemlich fertig. Ich konnte nicht begreifen, daß es zu Ende war. Ich mußte einfach weglaufen, als die Verabschiedung war."

Einige Gründe für geringe Selbstöffnung haben wir im folgenden zusammengestellt: □ Personen sind gefühlsmäßig sehr eingeengt, verarmt, verödet. Manchmal lebten sie lange Zeit in Entfremdung und Distanz zu sich selbst. Sie verleugneten ihr Selbst über lange Jahre. Sie achteten nicht auf ihr Fühlen, sie ließen ihr Fühlen und Erfahren nicht zu, sie „drückten es ab", „schwiegen es tot".

□ Personen leben hinter einem Schutzpanzer, sie errichten eine Fassade, sie sind wenig unmittelbar und echt. Sie wagen nicht, sie selbst zu sein, ihr Ich zu leben. Sie haben kein Vertrauen in sich und andere. Sie haben Angst, sich selber abzulehnen und abgelehnt zu werden. „Ich habe mich eigentlich fassadenhaft gegeben. Und so wußte ich nicht, was ich in der Gruppe sagen sollte." „Ich bin doch sehr selten offen, weil ich Angst habe, verletzt zu werden. Man merkt mir eigentlich kaum an, wenn ich unglücklich bin." „Durch die vielen Jahre der Selbstbeherrschung kann ich lachen, wenn ich innerlich weine."

„Ich bin vom Kopf her Verschleierungskünstler, auch so im Auftreten. In der Gruppe wurde mir dann klarer, daß ich Gefühle stark wegrationalisierte. Am Sonnabendabend nach dem Gruppengespräch, da konnte ich toll mit drei, vier Leuten reden. Ich konnte da auch echt sein. Da wurde mir klar, daß ich meist nur eine Rolle spiele."

„Ich glaube, daß es mir wegen meiner Angst, nicht akzeptiert zu werden, nicht gelungen ist, meine Gefühle und Einstellungen in der Gruppe zu äußern. Und daß ich mich hinter Fassaden und Masken versteckt habe. Das war besonders am Anfang der Fall. Und deswegen glaube ich, war ich auch nach den ersten Sitzungen mit mir selbst unzufrieden. Ich fühlte mich anfangs entsetzlich verwirrt und enttäuscht."

„Ich mußte da also immer meine Mitteilungen über mich verschlüsseln, und das war sicherlich nicht hilfreich für mich in der Gruppe."

„Ich habe einfach Angst gehabt, mich so darzustellen, wie ich wirklich bin. Mich zu offenbaren. Ja, mein wahres Gesicht zu zeigen. Und aus dem Grunde möchte ich auch weiter in eine Gruppe gehen. Um jetzt diese Erfahrungen zu machen. Ich könnte dann über die Angst sprechen, die jetzt auch schon wieder auf mir lastet. ... Warum trage ich eigentlich eine Maske? Warum lasse ich sie nicht fallen? ... Das möchte ich gerne. Weil ich weiß, in Wirklichkeit bin ich ganz anders. Die Menschen sehen mich nicht, wie ich in Wirklichkeit bin. ... Ich habe immer das Gefühl, daß ich mich eigentlich nur von einer guten Seite zeige. Aber in Wirklichkeit stimmt das überhaupt nicht. Viele Leute haben Angst vor mir. ... Ich möchte doch so leben, wie man in Wirklichkeit ist. Und auch von den andern nach Möglichkeit so erlebt werden. ... Ich versuche, mich freundlich zu geben, zu lächeln, nach außen hin wohl nicht zu zeigen, daß ich häufig recht traurig bin und problembeladen. Ich möchte meine Umwelt damit nicht konfrontieren. Und das ist wohl ganz verkehrt."

□ Viele empfinden es als angsterregend und bedrohlich, mit unangenehmen Aspekten in ihrer Person konfrontiert zu werden und sie deutlicher zu sehen. Sie fühlen sich hierdurch in ihrer Selbstachtung und in ihrem Selbst bedroht. Sie fürchten, sie könnten ihr Selbst mit den unangenehmen Erfahrungen nicht akzeptieren. Sie könnten die seelischen Belastungen, die aus der Selbstöffnung nach jahrelanger Verleugnung ihres Selbst auf sie zukommen, nicht ertragen. Sie haben Angst vor sich selbst, Angst, etwas zu erfahren, was sie selbst noch nicht genau wissen, was aber in ihnen ist. Sie haben Angst, gewissen geleugneten Teilen ihrer Person zu begegnen. Manche Personen haben jahrelang die Konfrontation mit dem Selbst vermieden. Sie sind den unangenehmen Aspekten ihrer eigenen Person jahrelang ausgewichen. Sie haben Angst, dem Ungewissen in ihnen zu begegnen.

Ein 18jähriger aus einer Gruppe schreibt uns: „Es fällt mir sehr schwer, über mich und meine Probleme zu sprechen. Es ist alles so diffus. Ich habe Angst vor mir selbst, vor dem Unberechenbaren in mir. Ich weiß gar nicht, wie ich mir das erklären soll. Vielleicht war ich auch deswegen gestern so sauer auf Dich, weil Du mich aus meinem oberflächlichen Glück herausgerissen hast. Du sagtest, Du erlebtest mich so nach Macht in der Gruppe strebend, und Du hättest Angst vor mir. Zuerst war ich so wütend auf Dich. Jetzt muß ich – nein, ich will es Dir schreiben, ich habe Angst, Du könntest Recht haben."

„Wenn ich jemandem sage, wie aggressiv ich bin, dann bekommt der ein schlechtes Bild von mir. Und deshalb verberge ich es und kontrolliere mich. Und vielleicht verberge ich es damit gleichzeitig vor mir selbst. Vielleicht, wenn ich es vor einem anderen verberge, etwa auch meine Tränen, dann ist das alles auch für mich schwer faßbar."

„Als ich am Samstag das Gespräch in der Gruppe mehr auf die gefühlsmäßige Ebene verschob, bekam ich große Angst. Angst davor, in eine Situation zu geraten, in der meine Gefühle nicht mehr durch den Verstand kontrolliert werden, obwohl dies eigentlich sehr erstrebenswert für mich ist."

□ Viele Personen fürchten: So wie sie sich vor sich selbst schämen und sich selbst gering achten, so würden andere wenig Achtung für sie haben und überwiegend Geringschätzung empfinden, wenn sie sich öffneten und offenbarten. Es ist eindrucksvoll für viele Mitglieder in Gruppengesprächen, meist das Gegenteil zu erfahren: Sie empfangen viel Anteilnahme, Wertschätzung, Zuwendung und Hilfe.

□ Personen haben Angst, nicht „aufgefangen" zu werden, wenn sie sich öffneten, wenn sie ihre Kontrollen und Sperren aufheben würden. Sie fürchten, in ungewisse Tiefen zu stürzen. Sie fürchten, mit der Selbstöffnung könnten gewisse Wandlungen eintreten, die für sie unüberschaubar wären. Sie fürchten, nach Verlassen des bisherigen Ufers – Selbstverleugnung, Nichtöffnung – das neue Ufer nicht zu erreichen. Sie fürchten, ihre Kräfte würden für das Bild, das sie danach von sich hätten, nicht ausreichen:

„Ich werde nie in irgendeine Gruppe gehen. Denn da würde ich alle meine Stützen verlieren. Und wenn ich erst eine Stütze verliere, kann mein ganzes Gerüst einstürzen. Und dann stehe ich völlig hilflos da. Ich kann es mir wirklich nicht leisten, in eine Gruppe zu gehen, meine Stützen zu verlieren und zusammenzubrechen."

„Wenn ich mich fallenlasse, wirklich dann tief durchhänge, dann ist da ein tiefer Abgrund mit Depressionen und Warnbildern, die mich dann nicht mehr loslassen."

„Ich habe nicht von mir gesprochen, das wäre mein Zusammenbruch. ... Das ist so furchtbar für mich, weil ich nicht weiß, fange ich mich wieder. ... Ob ich den Dreh wieder bekomme. ... Ich weiß gar nicht, wie es ist, wenn ich die Kontrolle verliere. Man weiß da gar nicht, was kommt da alles raus. Ich heule auch nicht vor anderen. Ich finde das schamlos."

„Ich wußte, ich mußte zurück in meine Einsamkeit. Und darauf stellte ich mich in der Gesprächsgruppe ein. Damit ich nicht nachher in ein Loch falle."

„In die erste Gruppe bin ich in voller Schutzbekleidung hineingegangen. Aber dann wurde es plötzlich brandheiß, so daß ich verbrannt, verkohlt bin. ... Dieses Mal bin ich aber ziemlich nackt hineingegangen, und meine Schutzbekleidung wurde immer weniger. ..."

„Die Probleme der andern haben mich aufgewühlt. Von mir selbst habe ich eigentlich keinen Piep gesagt. Ich konnte meine Probleme nicht so rauskramen. ... Ich hätte wahnsinnig gerne was gesagt. Kurz vor Schluß, wo zum ersten Mal bei mir in der Gruppe die Tränen flossen, war es leider zu spät. Ich weiß nicht, ob ich es gekonnt hätte. Ich kann schlecht von mir reden, das ist auch mein Problem."

□ Manche fürchten, ihre Schwierigkeiten seien zu belanglos im Vergleich zu denen anderer. „Ich hatte ein schlechtes Gewissen, weil ich dachte: Na ja, du erzählst da deine Probleme. Vielleicht sind das gar keine Probleme, du machst vielleicht nur irgendwelche Probleme daraus. Und andere Leute haben ja viel größere Probleme und Sorgen."

□ Einige Personen setzen sich unter „Leistungsdruck", sich in wohlgeformten Worten zu äußern. „Ich hatte ein unbehagliches Gefühl. Ich dachte: Guck mal, dazu mußt du noch etwas sagen. Dann sagte schon der nächste etwas. Ich dachte, es paßt aber immer noch. Ich habe unbewußt immer auf die anderen gewartet. Je weiter ich das wegdrückte, desto mehr Prüfungsangst hatte ich. Es ging mir im Kopf herum: Wie sagt man es? Wie soll ich es formulieren? Das war ein unbehagliches Gefühl, auch körperlich im oberen Magenbereich. Und am nächsten Tag, da wurde es ein Angstgefühl, immer schlimmer: Jetzt mußt du was leisten! Die andern erzählten. Ich dachte: Prima, die können alle ihre Sachen einbringen. Es klingt alles so herrlich. Und ich war sehr unzufrieden."

□ Einige Personen fürchten, sie würden nicht gehört in ihrer inneren Welt. „Vielleicht bin ich immer an Leute geraten, die, wenn ich mal gesprochen habe, gar nicht richtig zugehört haben. Sie fangen dann sofort an und sprechen von ihren eigenen Problemen. Und da bin ich schon wieder abgewürgt und habe mir nur die Schwierigkeiten anderer anzuhören."

□ Einige haben selten Menschen in ihrer Lebensumwelt erfahren, die sich ihnen oder anderen öffneten. So wurden sie selbst wenig dazu angeregt. „Das war ich irgendwie nicht so gewohnt. Das hab' ich nie gekannt so von zu Hause aus, so von meinen Eltern. Mir war viel geläufiger, so ruhig zu sein, so einzustecken, so anzupassen. Das war eben der Umgang, wie ich ihn lebte. Hier hab' ich das Gefühl kennengelernt, daß man sich offen äußert, so offen miteinander umgeht."
„Ich weiß von mir selbst: Ich durfte nie weinen. Mein Vater konnte das nicht ertragen. Er konnte das nicht sehen. Also, es war der Teufel los, wenn wir weinten. Ich habe das ganze Weinen runterschlucken müssen. ... Ich war traurig als Kind, aber wehe, mein Vater sah Tränen, dann sah er rot!"

□ Anderen fehlte ein Mensch, dem sie sich öffnen konnten. „Ich brauche doch einen Menschen, mit dem ich reden oder überhaupt mich anvertrauen kann. Alle Bemühungen, die ich in den letzten Jahren unternommen habe, einen Freund oder eine Freundin zu gewinnen, waren bisher vergebens. Vermutlich stößt eine Freundschaft mit mir auch deshalb auf Schwierigkeiten, weil ich einfach nicht genug aufgeschlossen bin und manche Dinge einfach zu kompliziert sehe."

□ Einige haben gelernt, anderen mißtrauisch gegenüber zu sein und sich nicht zu öffnen, wie es das folgende Gespräch in einer gefilmten Gesprächsgruppe verdeutlicht: „Ich bin noch immer vorsichtig, immer ‚einen im Sinn'. ... Ich leg' mich selten ganz voll hin. Ich leg' die Karten nie voll hin. Ich behalt' immer einen hier drinnen. Das hat mich meine Zeit gelehrt. Man soll sich nie ganz austun. Das ist so'ne Art Schutzpanzer." Anne-Marie: „Hast Du Angst, daß wenn Du die Karten hinlegst, daß dann so ein paar Karten gegen Dich gespielt werden?" Hans: „Das ist mir schon passiert. Ich habe jemand vertraut und habe auch gewisse Sachen, die harmlos waren, erzählt oder gebeichtet. Und eines Tages ist das ein Bumerang geworden. Und kam wieder zurück. Und dieses Zurückkommen. Heut' sage ich: Machen wir es anders." Reinhard: „Ich sehe es so: Um den Bumerang zu verhindern, bist Du grundsätzlich ———" Hans: „Nein, nicht grundsätzlich. Nein, aber ich bin vorsichtig." Benno: „Also ich würd' für mich sagen: Grundsätzlich!" Anne-Marie: „Bei Dir ist es immer, daß Du einen im Sinn behälst?!" Benno: „Ja!" –

Manchem Gruppenmitglied wird es erst in einer zweiten Gruppe möglich, die Hemmungen zu überwinden und sich zu öffnen:

„Ich habe nur daran gedacht, daß ich irgendwie über mich sprechen wollte und den andern auch meine Gefühle zeigen wollte. Ich hatte sehr das Bedürfnis nach Zärtlichkeit. In der zweiten Gesprächsgruppe, die ich mitgemacht habe, ging's mir ja dann besser. Da konnte ich meine Gefühle auch zeigen. Ja, und jetzt seh' ich auch eher, daß ich es zulasse, meine Gefühle bewußt zu spüren."

„In der Gesprächsgruppe, da war alles total fremd für mich. Und da wußte ich gar nicht, was kommt und wie das so vor sich geht. Das war so extrem. Da kamen Weinausbrüche. Da hab' ich mich ziemlich mies und unbeholfen gefühlt. Da wußte ich gar nicht, was ich machen sollte. Da konnt' ich nichts machen, nichts sagen, gar nichts. Das war fremd für mich. Ich war überrascht, wie die über ihre Probleme gesprochen haben. Wie die das konnten. So richtig freimütig. Ich selbst hatte für mich immer einen anderen Grund, warum ich nun doch nicht über mich sprechen konnte. Da war ich dann doch irgendwie gehemmt. Ich hatte auch Angst, ob meine Probleme überhaupt akzeptiert würden. Inzwischen habe ich noch an einer anderen Gesprächsgruppe teilgenommen. Da hab' ich auch über mich reden können und konnte auch besser mit den andern mitfühlen. Das konnte ich vorher ja auch nicht."

Förderliche Bedingungen für Selbstöffnung. Sie sind den Bedingungen ähnlich, die wir später bei der Förderung der Selbstauseinandersetzung eingehend dargestellt haben:

□ Die Haltungen von Achtung-Anteilnahme-Wärme, von sensiblem einfühlendem nicht-wertendem Verstehen in die Erlebniswelt des anderen sowie von Echtsein des Helfers und der Gruppenmitglieder erleichtern und fördern die Selbstöffnung des einzelnen wesentlich. Wenn der Helfer in der Gruppe diese Haltungen deutlich leben kann, so werden bald die übrigen Mitglieder auch hierzu angeregt. Und es entsteht in der Gruppe ein seelisches Heilklima, das die Selbstöffnung sehr erleichtert. So erfahren die Gesprächspartner positive Zuwendung, ein Gefühl von Achtung und Nähe, von Verständnis und nicht von Bestrafung und Ablehnung. Sie erfahren bei ihrer Selbstöffnung zum Teil auch körperliche Zuwendung und Nähe durch andere Gruppenmitglieder. Dieses annehmende sorgende Klima, diese Bereicherung im Seelischen und auch in körperlicher Zärtlichkeit erleichtert Selbstöffnung sehr. „Wenn ich mich bei Leuten sicher fühle, dann kann ich es, mich fallenlassen und mich öffnen. Wenn ich mich aber unsicher fühle, dann bin ich in einer Rolle. Sicherheit ist für mich, daß ich die Leute kenne oder das Gefühl von Zuwendung habe. Daß ich vertrauen kann, daß sie mich auch mögen, wenn ich mich anders gebe. Daß sie mich nicht unter Druck setzen." „Ich habe mich so sicher unter Euch gefühlt, daß ich es zum ersten Mal schaffte, offen und ehrlich zu mir selbst zu sein. Eure Reaktion darauf hat mich sehr ermutigt und darin bestätigt, die Veränderung anzustreben. Dabei wurde mir so erschreckend mein Eingeengtsein klar."

□ Mißverstehen, Geringschätzung, Fassadenhaftigkeit, dirigierende Belehrungen von Helfern und Gruppenmitgliedern beeinträchtigen dagegen die Selbstöffnung erheblich. „Es war sehr unbefriedigend für mich. Ich konnte mich nicht einbringen. Ich glaube, es lag an der kühlen Atmosphäre."

□ Fragen des Helfers oder der Gruppenmitglieder, die aus Anteilnahme, Sorge und Verstehenwollen erwachsen, erleichtern es manchen Personen erheblich, aus sich herauszugehen und sich zu öffnen. „Am Montagabend hatte sich meine Unsicherheit und Aufregung soweit gesteigert, daß ich es nicht mehr ausgehalten habe. Ich hatte bis dahin kaum etwas gesagt und fühlte mich sehr allein. Außerhalb der Gruppe. Es lag mir aber sehr viel daran, dazuzugehören. Ich habe geweint, und es hat mir sehr gutgetan, als sich der Helfer dann sehr intensiv mir zuwendete. Der Druck, etwas sagen zu müssen, ließ nach. Und ich bekam das Gefühl, daß die anderen an mir interessiert sind. Ich merkte, daß ich von mir erzählen wollte."

□ Manche sind zunächst zaghaft, sich mit ihrer inneren Welt anderen zu öffnen. Häufig erfolgt dies zuerst außerhalb der Gruppe, etwa in der Pause gegenüber einem Gruppenmitglied, das als sehr vertrauensvoll und sehr selbstgeöffnet wahrgenommen wird.

□ Die Wahrnehmung, daß andere Gruppenmitglieder sich öffnen, ist meist sehr fördernd und ermutigend für den einzelnen, sich ebenfalls zu öffnen. „Als Werner über seine Gefühle sprach, hatte ich sehr große Angst. Ich habe den Raum verlassen, um alleine zu sein. Später hat dieses Erlebnis dazu geführt, daß *ich* über meine Ängste überhaupt sprechen konnte." „Wie da einer von den Schwierigkeiten mit seiner Frau erzählte, na, da mußte ich plötzlich das von mir erzählen, da hab' ich plötzlich den Mund aufgemacht. Ich war hinterher richtig erleichtert, daß ich das sagen konnte. Ich fühlte mich richtig frei und unbeschwert. Ich weiß auch nicht, das war völlig neu für mich."

□ Der Helfer wird vom Gesprächspartner – insbesondere bei längerdauernden Gruppengesprächen – als selbstgeöffnet erfahren (z. B. Dies, 1973). Eine Frau in einer gefilmten Gruppe von uns: „Das fand ich so toll, als Du das von Dir sagtest, von Deinen Schwierigkeiten, wie Du Dich fühlst. Das hat mich unheimlich erleichtert, daß Du auch nur ein Mensch bist wie wir. Und das hat es mir erleichtert zu sprechen, und deshalb fühle ich mich auch in dieser Gruppe so wohl. Ich war über 3 Jahre in einer anderen Gruppe in der ...-Klinik. Der Therapeut da, der sagte nie etwas von sich. Und zum Schluß habe ich ihm gesagt: ‚Herr Doktor ..., Sie sind für mich ein Neutrum, kein Mensch.' "

Wesentliche Bedingungen für Selbstöffnung liegen auch in den Personen selbst. Klienten und Versuchspersonen, die vor den Gesprächen auf Fragebogen angaben, keine Angst zu haben, Gefühle zu zeigen, die bereit waren, ihr Erleben anderen anzuvertrauen und in den Gesprächen persönlich zu lernen, waren deutlich selbstgeöffneter als Personen mit geringer Bereitschaft hierzu (A. Tausch u. a., 1975; Feindt, 1978; Schwab, 1978). Diese Bereitschaft ist häufig bei denjenigen Personen groß, die sehr unter ihren Schwierigkeiten leiden und die sich eine Änderung ihrer Persönlichkeit durch Gespräche dringend wünschen.

Selbstauseinandersetzung
Ein förderlicher Vorgang bei Gesprächspartnern

Dies ist ein wesentlicher, „heilsamer“ Vorgang bei einem Partner im förderlichen Gespräch: Er setzt sich mit seinen bedeutsamen gefühlsmäßigen Erfahrungen und Erlebnissen, mit seinem gegenwärtigen Fühlen, mit seinem Selbst, mit den Wahrnehmungen, wie er sich sieht, wie andere ihn sehen, wie er sein will, mit seinen Wünschen und seinen Vorstellungen auseinander. Er vergleicht seine Erfahrungen, sein Fühlen, seine Vorstellungen. Er wägt ab; er sucht sie unter den günstigen Bedingungen, die ihm der Helfer gewährt, zu klären.

Eine Einschätzungsskala und Gesprächsausschnitte veranschaulichen, was Selbstauseinandersetzung ist, zumindest, wie sie anhand der Äußerungen des Partners ersichtlich wird.

Was ist offenes Auseinandersetzen einer Person mit dem eigenen Erleben? Eine Person ist voll und tief auf sich selbst, ihr eigenes Erleben gerichtet. Sie setzt sich aktiv mit ihrem eigenen Erleben, ihren Erfahrungen, ihrem Fühlen, mit ihrem Selbst auseinander. Sie erforscht und sucht zu klären: Was bedeuten für mich diese Erfahrungen und Erlebnisse? Was fühle ich jetzt dabei? Manche Personen beschreiben diesen Vorgang als ein „Auf-sich-selbst-Kommen“, „Sich-selbst-Näherkommen“, „An-sich-selber-Arbeiten“.

Eine Person sucht aktiv ihr Erleben und Fühlen zu klären. Sie setzt sich mit den erlebten Bereichen ihrer Person und auch mit den nicht vorhandenen oder unlebendigen Aspekten ihrer Person auseinander. Sie klärt die Bedeutung, die ihre persönlichen Erfahrungen und Erlebnisse für sie selbst haben. Sie horcht in sich hinein. Eine Person stellt Fragen an sich. Sie befragt andere über sich. Sie stellt Bereiche ihrer Person in Frage. Sie setzt sich vor allem mit den Erfahrungen auseinander, die direkt ihr Selbst betreffen. Sie vergleicht die verschiedenen Aspekte von sich selbst, sie denkt nach und sucht zu klären, etwa welche Erlebnisse sie betroffen machen und welche sie mag. Sie zieht hierzu ihr gegenwärtiges Fühlen heran, etwa ihre Ängste, ihre Wünsche und Erwartungen.

Dieses offene Auseinandersetzen einer Person mit ihrem Erleben und mit ihren inneren Erfahrungen sehen wir als einen sehr bedeutungsvollen Vorgang an. Bedeutungsvoll für die seelische Gesundheit einer Person, für die Besserung ihrer seelischen Funktionen, für die Verminderung ihrer seelischen Schwierigkeiten, für ihre Selbstentwicklung und für ihr selbstverantwortliches Handeln. Bei dieser offenen Auseinandersetzung findet bedeutsames persönliches Lernen statt. Hier entwickelt sich eine Persönlichkeit weiter. Es ist ein Vorgang, der eine Person bereichert. Sie macht hierbei neue innere Erfahrungen.

Die Bedeutsamkeit der Selbstauseinandersetzung – häufig auch Selbstexploration genannt – geht aus vielen Untersuchungsbefunden hervor. Intensives Auseinandersetzen eines Klienten mit der eigenen Person ist in der Gesprächspsychotherapie derjenige Vorgang, der am deutlichsten mit seinen späteren konstruktiven Wandlungen am Ende der Gespräche zusammenhängt. Personen mit geringer Selbstauseinandersetzung ändern sich im allgemeinen wenig oder gar nicht.

Die Auseinandersetzung einer Person mit sich selbst wird wesentlich gefördert durch hilfreiche Bedingungen in Gesprächen, insbesondere durch einfühlendes Verstehen sowie echte Anteilnahme und Akzeptierung der helfenden Personen. Viele Menschen suchen sich mit sich selbst, mit ihren erniedrigenden und schwierigen Erlebnissen und Erfahrungen in langen Stunden einsamen Nachdenkens auseinanderzusetzen. Aber ohne eine helfende Person drehen sie sich häufig im Kreise. Sie kommen in der Auseinandersetzung mit sich selbst nur wenig voran, sie können ihre Erfahrungen oft nur wenig klären.

Offenes Auseinandersetzen einer Person vollzieht sich in ihr. Geschieht dieses Auseinandersetzen jedoch in hilfreichen Gesprächen mit anderen oder berichtet uns eine Person nachträglich darüber, so werden wir dieses Vorganges mehr teilhaftig. Wir können einiges darüber erfahren, wie sich eine Person mit sich selbst auseinandersetzt, wie sie ihr Fühlen mehr spürt und es verwendet, wie sie ihre Empfindungen und Erfahrungen zu klären sucht.

Offenes Auseinandersetzen mit dem eigenen Erleben ist mehr als Selbstöffnung. Auseinandersetzung mit der eigenen Person schließt meist Selbstöffnung mit ein: Eine Person äußert persönliche Erlebnisse und Erfahrungen, die für ihr Erleben und Verhalten, für ihr Selbst sehr bedeutsam sind. Etwa Erlebnisse und Erfahrungen, unter denen sie leidet, die wesentlich für ihr gegenwärtiges Erleben und Fühlen sind. Aber derartig persönliche Selbstöffnungen allein sind für konstruktive Wandlungen einer Person oft nicht hinreichend. Entscheidend ist: Eine Person setzt sich damit aktiv auseinander.

Die Inhalte der Auseinandersetzung einer Person sind ihre Erlebnisse und Erfahrungen, die für ihre eigene Person, für ihr Selbst, von großer Bedeutung sind. Die Inhalte können wie bei der Selbstöffnung sein: □ Frühere Erfahrungen und Erlebnisse. □ Gegenwärtige Erlebnisse, z. B. gegenwärtige Schwierigkeiten mit dem Partner. □ Unmittelbare gefühlsmäßige Erfahrungen während des Gespräches. □ Zukünftige Ereignisse. – Gleich ob Vergangenheit, Gegenwart oder Zukunft: Die Auseinandersetzung mit dem eigenen Erleben und den Erfahrungen ist immer dann wesentlich, wenn diese Inhalte für das jetzige Fühlen, Erfahren, Wahrnehmen und Verhalten einer Person sehr bedeutungsvoll sind.

Ein weiterer Gesichtspunkt: Personen, die sich intensiv in der Gesprächspsychotherapie mit sich selbst auseinandersetzten und deutlich änderten, äußerten in den Gesprächen nicht nur ihr eigenes Erleben. Sie äußerten sich über sich selbst *und* konkret über Personen, die für sie von großer Bedeutung waren, zu denen sie bedeutungsvolle Beziehungen hatten. Sie äußerten etwa, wie sie von diesen Personen wahrgenommen wurden, wie sie selbst diese Personen wahrnahmen und wie sie ihnen gegenüber fühlten (z. B. Leitner, 1968).

Eine weitere Beschreibung des Auseinandersetzens einer Person mit dem eigenen Erleben. Dieser Prozeß ist von folgender Art:

Eine Person konfrontiert sich selbst mit ihrem bedeutsamen Wahrnehmen, Erlebnissen, Erfahrungen, mit dem Fühlen über ihre eigene Person. Sie ist in ihrem Erleben zentriert. Sie rückt also ihre Wahrnehmungen, ihre Erfahrungen und ihr Fühlen ins Zentrum ihres Erlebens. Wahrnehmungen und Gefühle, die sie für ihre Person, für ihr Selbst als sehr bedeutungsvoll und wichtig empfindet. Dabei denkt sie über ihr Erleben und ihre Erfahrungen mit ihrer eigenen Person nach, stellt sie in Frage, wägt ab, vergleicht sie mit ähnlichen oder gegensätzlichen Erfahrungen oder Gefühlen, gewichtet und bewertet sie. „Ich frage mich, laufe ich tatsächlich mit einer Maske herum? Wie sieht meine Maske aus? Solche Gedanken kamen mir. Ist die Maske notwendig? Ich glaube, daß ich da Erhebliches ändern kann, wenn ich offener werde und auch mehr auf die Leute zugehe."

Eine Person klopft gleichsam ihre Wahrnehmungen und Erlebnisse auf die für sie selbst darin enthaltenen Bedeutungen ab. Sie horcht in sich hinein und bemüht sich herauszufinden, was ihr Erleben und ihre Erfahrungen für sie selbst bedeuten und wie sie jetzt darüber fühlt. Ihr Fühlen dient ihr als ein hilfreiches Mittel auf der Suche nach Klärung des Erlebens. Sie zieht ihr Fühlen und die gespürten Bedeutungen für ihre Auseinandersetzung mit dem Erleben als bedeutsame Gesichtspunkte für ihr Denken und Handeln heran. „Ich habe mich angesprochen gefühlt, als eine Frau davon sprach, daß sie in Beziehungen mehr gibt, als sie bekommt. Das hat mich getroffen, obwohl es bei mir umgekehrt ist. Getroffen, ja, die Unfähigkeit, daß ich es nicht schaffe. Ich bin zu ängstlich, daß ich zu schnell Beziehungen aufnehme. Ich fühlte, daß diese Frau im emotionalen Bereich mehr lebte als ich. Ich fühle mich starr, so tot, als ob ich nicht lebe."

Eine Person erwägt und diskutiert für sich die Richtigkeit verschiedener Möglichkeiten ihres Handelns oder die Bedeutungen ihrer Erfahrungen und Erlebnisse. Sie sieht sie allmählich differenzierter. „Ich habe da eine große Schwierigkeit bei den sog. Gefühlsmenschen, die mir überlegen sind. Daß diese gefühlsstarken Leute mehr haben, eine Sicherheit haben. Diese Sicherheit müßte ich mir konstruieren. Diese Leute strahlen eine gewisse Wärme aus, und diese Ausstrahlung habe ich nicht und das bedaure ich. ... Die Leute sagen, ich hätte eine grenzenlose Freundlichkeit. Ich erleb' mich auch als Menschenfreund. Aber es ist eben so, daß hieraus den Menschen zu wenig Positives erwächst. Das ist mein Problem. Es genügt eben nicht, freundlich zu sein mit ihnen. Irgendwie scheint mir da etwas zu fehlen." „Daß ich mir eigentlich im Augenblick keinen Selbstmord mehr gestatte. Weil ich weiß, was es den Kindern ausmacht. Daß ich ihnen, weiß Gott, genug angetan habe auf diese Weise. Insofern, daß ich jetzt zu allem bereit bin, eher als früher, daß ich sie irgendwie nicht noch einmal beschatte. Das tut sie nur beschatten. Das ist das Schlimme. Ich kann nicht weggehen oder was mit mir tun. Es geht immer durch die Kinder."

Eine Person integriert ihre bisherigen Erfahrungen, die oft gegensätzlich miteinander sind, sucht nach neuen Erfahrungen im inneren Erleben und setzt sich mit neuen Perspektiven ihres Selbst auseinander.
Eine Person ist also bei der Selbstauseinandersetzung sehr in ihrem bedeutsamen Erleben zentriert und sucht intensiv zu erfahren und es zu klären. Die personenzentrierte Gesprächspsychotherapie ist also gleichsam eine „Erlebnistherapie", wie sie Pongratz bezeichnet hat (1973, S. 369).

Was Selbstauseinandersetzung einer Person n i c h t ist: □ Es ist keine Auseinandersetzung einer Person, die für sie unverbindlich ist. Es ist auch kein dauerndes

Sich-im-Kreis-Herumdrehen, kein Grübeln und Hervorbringen immer derselben Gedanken. □ Es ist kein oberflächliches unverbindliches Andeuten von Erfahrungen und anschließendes Ablegen in „Schubladen" oder ein unverarbeitetes Abschieben ins Vergessen. „Ich habe sonst immer sehr schnell erlebt, daß die neuen Erfahrungen weg waren. Die Gründe lagen in mir. Ich habe ein hervorragendes Talent gehabt, Probleme zu vergessen. ... Ich habe es sonst sehr schnell geschafft, sie in den Untergrund zu versenken. Hier aber nicht." □ Es ist kein kausales Erklären, Interpretieren oder abstraktes Analysieren eigener Erfahrungen. Es sind keine intellektualisierenden, akademischen, abstrakten, weitgefaßten, verallgemeinernden Äußerungen. Sondern bei hoher Auseinandersetzung einer Person mit sich selbst drückt sich eine Person sehr konkret aus (überwiegend mit Äußerungen in der 1. Person Gegenwart, im Unterschied zum sonst üblichen Sprachstil; R. Tausch, 1973). □ Es ist kein Berichten über die eigene Person, sondern eine Äußerung der Erfahrungen mit hoher unmittelbarer gefühlsmäßiger Beteiligung. □ Es ist kein Sich-Verteidigen, kein Dem-andern-die-Schuld-Geben. Im Gegenteil: Eine Person wendet sich ihrem Selbst zu, sucht die Verantwortung für sich selbst zu übernehmen, beschönigt nichts, sie sucht selbst nach Lösungen und wünscht, sich selbst zu verändern.

Die folgende Übersichtsskala für die Auseinandersetzung einer Person mit ihrem Selbst haben wir zum besseren Verständnis dieses Vorganges entwickelt. Sie schließt die Selbstöffnung einer Person weitgehend mit ein. Die Skala kann auch zur Einschätzung der Selbstauseinandersetzung anhand von Tonaufnahmen psychotherapeutischer Gespräche verwendet werden:

Eine Person setzt sich mit ihrem Erleben und ihrem Selbst auseinander

Keine Selbstauseinandersetzung	Intensive Selbstauseinandersetzung
• eine Person äußert nichts von ihrer persönlichen Welt. Sie äußert keine für ihr Selbst bedeutsamen Inhalte. Sie äußert sich etwa über Ereignisse oder Sachverhalte, die in keiner Beziehung zu ihrem Selbst stehen, bzw. sie vermeidet jede Aussage darüber, welche Bedeutung diese Ereignisse oder Sachverhalte für sie haben	• eine Person äußert sich über ihre persönliche innere Welt. Sie äußert bedeutsame Erfahrungen und Wahrnehmungen, die mit ihrem Selbst in engerem Zusammenhang stehen
• sie geht bei ihren Äußerungen gefühlsmäßig nicht mit, sie erlebt keine deutlichen Gefühle während ihrer Äußerungen. Entweder weil die Inhalte für ihre Person unbedeutend sind, oder weil sie distanziert bleibt. Ihre Worte und ihr sonstiger Ausdruck entsprechen nicht ihrem Fühlen	• sie ist gefühlsmäßig deutlich bei ihren Äußerungen beteiligt, sie geht gleichsam innerlich mit. Die geäußerten Erlebnisse, Erfahrungen und Wahrnehmungen rufen in ihr ein merkliches Fühlen hervor. Ihre Worte und ihr sonstiger Ausdruck stimmen mit ihrem Fühlen überein
• sie ist nicht offen für andersartige Erfahrungen, Erlebnisse und Bedeutungen, etwa für unangenehme Aspekte	• sie ist offen für die Fülle ihrer Erfahrungen, Wahrnehmungen und Erinnerungen zu ihrer Person, auch für un-

ihrer Person. Sie vermeidet die Äußerung bedeutsamer Erfahrungen und Erlebnisse ihres Selbst, die sie in tieferer Weise mit ihrem Selbst konfrontieren könnte. Wenn gegensätzliche Aspekte geäußert werden, so verteidigend, beschönigend. Sie sucht nicht zu erfahren, wie sie wirklich ist	angenehme Aspekte ihrer Person. Sie sucht sich nicht zu verteidigen, nichts zu beschönigen. Sie ist offen dafür, zu erfahren, wie sie wirklich selbst ist. Sie ist offen für neue Erfahrungen und neues Fühlen, die sie selbst und ihre persönliche Welt betreffen. Sie ist aufrichtig sich selbst gegenüber
• sie setzt sich nicht mit ihrem Fühlen, ihren Wahrnehmungen, Erlebnissen und Erfahrungen ihrer Person auseinder. Sie ist gleichsam ein passiver Empfänger von Wahrnehmungen und Erfahrungen und gibt sie so weiter. Oder sie berichtet in Form von unpersönlichen Feststellungen. Oft äußert sie sich so, als ob das, was sie erlebt hat, Dinge außerhalb von ihr sind. Sie nimmt ihre Wahrnehmungen und Urteile gleichsam passiv hin. Sie „rüttelt“ nicht an ihnen. Sie sieht ihre Erlebnisse und wahrgenommenen Bedeutungen als fest, nicht änderbar an. Man hat den Eindruck, sie äußert sich eher, um ihren Helfer zu informieren, statt sich mit ihrem Erleben auseinanderzusetzen	• sie setzt sich aktiv mit ihren Wahrnehmungen, Erlebnissen und Erfahrungen, insbesondere über ihr Selbst auseinander. Sie sucht herauszubekommen, was die Erlebnisse und Erfahrungen für sie bedeuten, sie sucht sie zu verstehen und bemüht sich um Klärung. Sie denkt über Erlebnisse und Erfahrungen nach, sie wägt ab, wertet, ändert, stellt in Frage. Sie erwägt die Richtigkeit verschiedener Möglichkeiten und Bedeutungen ihrer Erfahrungen. Man erhält des öfteren den Eindruck, sie spricht mehr zu sich selbst als zu ihrem Helfer
• sie horcht nicht hinein auf ihr gegenwärtiges Fühlen. Entweder verleugnet sie ihr gegenwärtiges Fühlen, oder sie ignoriert es. Das gegenwärtige Fühlen findet auch keinen Niederschlag in ihren Äußerungen	• sie horcht in sich hinein, auf ihr Fühlen. Sie zieht ihr gegenwärtiges Fühlen heran, um die Bedeutung von Wahrnehmungen und Erfahrungen für ihre jetzige Person zu erfahren. Sie zieht ihr gegenwärtiges Fühlen als eine wichtige Information in die Auseinandersetzung mit ein
• sie integriert ihre Erlebnisse und Erfahrungen nicht in ihre bisherigen Erlebnisse und Erfahrungen, sondern läßt sie isoliert, unverarbeitet als Geschehnisse stehen	• sie integriert ihre Erlebnisse und Erfahrungen mit ihren anderen Erlebnissen und Erfahrungen, ändert diese, nimmt differenzierter wahr

Keine Selbstauseinandersetzung	1	2	3	4	5	Intensive Selbstauseinandersetzung	*

* Stufe 1 = keine Selbstauseinandersetzung
Stufe 3 = mäßige Selbstauseinandersetzung
Stufe 5 = intensive Selbstauseinandersetzung

Offenes Auseinandersetzen einer Person mit ihrem Selbst (Selbstexploration), Einschätzungsskala von Carkhuff (1969, S. 327–328). Diese Skala wird häufig in der Psychotherapieforschung verwendet. Beurteiler schätzten das Ausmaß der Selbstauseinandersetzung der Klienten anhand von Tonaufnahmen der Gespräche ein. Klienten mit hoher Selbstauseinandersetzung änderten sich wesentlich konstruktiver als Klienten mit geringer Selbstauseinandersetzung.

Einschätzungsskala für offene Auseinandersetzung einer Person mit ihrem Erleben und ihrem Selbst (sog. Selbstexploration)

Stufe 1: Eine Person spricht nicht über persönlich bedeutsame Inhalte, entweder weil sie keine Gelegenheit dazu hat oder weil sie aktiv das Gespräch darüber vermeidet, auch wenn ihr das vom Helfer nahegelegt wird. Beispiel: Eine Person vermeidet jede Selbstbeschreibung, Selbstexploration oder direkte Äußerungen des Fühlens, die sie dazu bringen können, sich gegenüber dem Helfer zu öffnen. Zusammengefaßt: Aus einer Vielzahl von möglichen Gründen zeigt eine Person keine Ansätze von Selbstexploration.

Stufe 2: Eine Person geht auf die persönlich bedeutsamen Inhalte ein, die der Helfer ihr zuführt, aber sie macht es nur mechanisch und ohne wirkliche Gefühle zu zeigen. Beispiel: Eine Person spricht nur über die Inhalte, ohne den Versuch zu machen, näher und tiefer auf die Bedeutung der Inhalte einzugehen, oder ohne das Bemühen, das damit verbundene Fühlen zu offenbaren. Zusammengefaßt: Eine Person antwortet mechanisch und vage auf persönlich bedeutsame Gefühlsinhalte, die der Helfer ihr zuführt.

Stufe 3: Eine Person bringt das Gespräch von sich aus auf persönlich bedeutsame Inhalte, aber sie macht es mechanisch und ohne Ausdruck echten Fühlens. Beispiel: Die Art und gefühlsmäßige Ferne, mit der eine Person über ihr Fühlen spricht, wirken wie ein mechanisches Hersagen. Zusammengefaßt: Eine Person bringt das Gespräch auf persönlich bedeutsame Inhalte, aber sie tut dies ohne Spontaneität, gefühlsmäßige Nähe und ohne den inneren Wunsch, neues Fühlen zu entdecken und neue Erfahrungen zu machen.

Stufe 4: Eine Person führt das Gespräch auf persönlich bedeutsame Inhalte mit Spontaneität und gefühlsmäßiger Nähe. Beispiel: Die Stimmqualität und andere Merkmale einer Person entsprechen dem von ihr geäußerten Fühlen. Zusammengefaßt: Eine Person verbindet die geäußerten bedeutsamen Inhalte mit Spontaneität und gefühlsmäßiger Nähe, aber ohne die Tendenz, neues Fühlen zu erkennen und neue Erfahrungen zu machen.

Stufe 5: Eine Person ist deutlich und aktiv bemüht, neues Fühlen zu erfahren und Erfahrungen über sich selbst und ihre Umwelt zu machen. Beispiel: Eine Person sucht nach neuem Fühlen und nach Erfahrungen, die sie selbst und ihre Umwelt betreffen, auch wenn sie es zur Zeit vielleicht angstvoll und versuchsweise tut. Zusammengefaßt: Eine Person ist voll und aktiv auf sich selbst gerichtet, sie exploriert sich und ihre Umwelt.

Zur Veranschaulichung der Selbstauseinandersetzung haben wir einige Gesprächsausschnitte dargestellt, überwiegend aus gefilmten Gesprächsgruppen. Sie zeigen zugleich die Förderung der Selbstauseinandersetzung durch Helfer und

Gruppenmitglieder. Weitere Veranschaulichungen findet der Leser bei dem folgenden Kapitel über Merkmale der Selbstauseinandersetzung.

Eine Frau setzt sich mit sich und ihren Erfahrungen im Zusammenleben mit ihrem Mann auseinander: „Es ist so, daß ich mich dagegen auflehne. Er macht es so schulmeisterlich. Er will, daß ich mich in bestimmter Weise äußere und in bestimmter Weise fühle. Er nennt mein Auflehnen dann aggressiv. Das sehe ich aber eigentlich nicht als aggressiv an, wenn ich mich dagegen wehre, gegen irgend etwas, was ich als zuviel empfinde. Auf der anderen Seite komme ich mir dann vor: Mensch, was bist du für ein mieser Typ, daß du dir alles so sagen lassen mußt, daß du das so hinnehmen mußt. (Helferin: „Einerseits fühlen Sie sich unterlegen, andererseits fühlen Sie aber auch Auflehnung in sich?") Ja, ja, da sind immer zwei Gefühle da. Ja, weil immer diese Forderung da ist: Du mußt Dich jetzt damit befassen oder Du mußt Dich dazu äußern, Du mußt dazu etwas sagen! Und dann ist es aus, denn ich kann nichts sagen, obwohl ich mir in einem oder im anderen Fall sage: Das ist gar nicht so gewesen. Oder ich hab' gedacht, das ist gar nicht so schlimm. Aber das kann ich dann gar nicht mehr bringen. Ich kann gar nichts dazu mehr sagen. Irgendwie habe ich dann das Gefühl: Ich lauf' da gegen eine Wand. Es scheint mir dann so sinnlos, mich noch irgendwie zu bemühen, irgendwas dazu sagen zu wollen. Also laß ich's von vornherein dann ganz sein."

Einige Minuten später äußert sie, daß sie ihr Selbst, ihre Person, wie sie ist, aufrechterhalten will, statt sich den Forderungen des Mannes anzupassen; „Das ist einfach dieses Gefühl, diese Übermacht. Das ist das, das mich vollkommen bedrückt. Und das wird mir von meinem Mann her angetragen. Das ist mir unmöglich, daß ich das bringe, wie er es haben will, daß ich jemals irgend etwas ändern kann daran. Ich müßte mich dann eben ganz aufgeben, wenn ich diesen Wünschen entgegenkomme. Aber dann verliere ich mich irgendwie dabei. Dann bin ich eben nicht mehr das, was ich war oder gewesen bin, auch mit meinen Fehlern und allem, was ich gewesen bin. Ich bin nicht mehr ich selbst (weint). Ich hab' dann irgend etwas angenommen. Ja, und gegen diese Forderung oder gegen diese Veränderung, ja, dagegen wehre ich mich."

Manfred: „Meine Frau sagt zum Beispiel, sie empfindet, wenn ich wütend bin, daß ich äußerst kühl und kalt werde und nicht aufbrause. Und sie merkt das auch anfangs gar nicht, wenn ich anfange, wütend zu werden. Es kann also durchaus sein, daß ich in bestimmten Situationen etwas von mir zeige, das sie nicht deuten kann. Daß ich also Fehler mache in meinem Verhalten zu meiner Frau und hinterher zu ihr hingehe und sage: ‚Du bist schuld'."

Eine über 50jährige Frau in einer Gesprächsgruppe: „Ja, weißt Du, ich bin in letzter Zeit eigentlich so dahintergekommen, daß die Ansprüche, die ich an meinen Mann stelle, im Grunde genommen die Ansprüche sind, die meine Mutter oder meine Eltern an mich gestellt haben. So daß das vielleicht auch gar nicht meine eigenen sind. Aber ich habe eben meine eigenen Bedürfnisse nicht so richtig erkannt. Ich weiß noch nicht richtig, was ich will. Und die, die vielleicht wirklich meine eigenen sind, ja, da habe ich immer so ein Mißtrauen im Hinterkopf: Ja, Mensch, ob meine Mutter das nicht als zu primitiv ansieht?"

Eine ca. 55jährige Frau in einer Nachbefragung: „Ja, ich werde meine Situation überdenken. Was ist, wenn mein letzter Sohn auszieht? ... Nach dem Gruppengespräch habe ich mir überlegt: Diese Filmrolle ist abgelaufen, die der Mutter. Jetzt mußt du die neue belichten. Es gibt zwei Alternativen: Entweder ich binde mich beruflich stark ... oder ich würde den Versuch starten, noch einmal eine Partnerschaft einzugehen. ... Nur der pädagogische Bereich, das liegt nicht drin, dazu lebe ich zu intensiv. Nachdem ich das abklärte, habe ich meinen Bekanntenkreis abgesucht und festgestellt, daß ich keine Freundin habe. Eigentlich kennt jede nur einen Teil von mir. Aber das ist auch nicht gut. Ich werde den dritten Bereich in Angriff nehmen. Von einem Freundesehepaar ist die Frau gestorben. Der Mann interessiert sich für mich. Ich fühle mich dabei unwohl. Ich kann ihn augenblicklich nicht zurückweisen. Ich halte ihn mir aber vom Leib. Das Unbehagen ist im Sexuellen begründet. Es gibt aber einen Mann, zu dem ich bedenkenlos gehen würde. Wir denken genauso. Er hat eine krebskranke Frau. Es ist etwas, das laufen wird, weil sie nicht mehr gesund wird. ..."

„Ich bin immer sehr offen zu anderen, wohl zu offen. Ich sag' denen: Sie Schwein, geh'n Sie weg! Nicht zu denen, die meine Hilfe brauchen. Aber zu den anderen Leuten, die ich schlecht finde und die ich nicht mag. Aber wenn *mich* jemand kritisiert, dann bin ich sehr verletzt, dann heule ich häufig. Das finde ich nicht richtig. Aber ich finde es richtig, offen zu sein. Auf der andern Seite leide ich, daß es Zwietracht gibt, etwa in einer Gesellschaft, und daß ich es bin, der dazu den Anlaß gegeben hat. ... Aber warum tu' ich es bloß? ... Weswegen ich es am meisten nicht mag, ist, weil ich denke, daß dieses „Schießen", das vergiftet mich, das gehört nicht zu mir als Frau. Ja, ich möchte wirklich eine Frau sein."

Rolf sagt in einem Gruppengespräch zu Klaus, der traurig geworden ist, nachdem sich Susanne über ihre Traurigkeit und über ihre innere Fremdheit geäußert hat: „Aber ich find' trotzdem, Klaus, Du machst auf mich heute irgendwie so einen sehr nachdenklichen Eindruck. ... Ich würd' einfach gern mal von Dir wissen, wie Du das so erlebst im Augenblick hier. (Pause) Ja, es interessiert mich sehr." (Pause)
Klaus: „Na, das ist nichts Besonderes. Ich hab's schon zu Susanne gesagt, daß ich auch nicht weiß, warum. Aber so eine gewisse Traurigkeit ist in mir. Ich kann's nicht so ganz genau sagen, warum und wieso. Aber es ist halt so. Aber es ist keine unruhige Traurigkeit, sondern eine sehr ruhige."
Reinhard zu Klaus: „Es hat Dich sehr berührt, Susanne hat Dich berührt?!"
Klaus: „Ja, es hat mich sehr berührt, ja, es stimmt. Eigentlich unheimlich sogar. Und zwar wie Ihr zwei miteinander gesprochen habt, das hat mich – ich habe dies so gespürt, daß da –. Ich weiß auch nicht warum, aber es ist halt geschehen. Aber das ist keine unruhige Traurigkeit. Ich hab' eigentlich bisher immer Traurigkeiten verdrängt. So etwas hab' ich noch nicht gemacht."
Reinhard: „Du läßt sie jetzt zu?!"
Klaus: „Ja, ich fühl' mich dabei nicht sehr schlecht. Das heißt aber, das sind wahrscheinlich mehrere Gründe. Ich kann's nicht so genau analysieren."
Susanne: „Mir geht's jetzt genauso wie Dir."
Klaus: „Dies ist nämlich auch was Interessantes. Ich fühl' meinen Körper plötzlich so wahnsinnig schwer. Dies ist, wie Du gesagt hast: Du sinkst ab. Ich habe mir gedacht, also irgendwie, sie sinkt bodenlos ab, hat sie gesagt. Also ich spür' den Boden schon."
Susanne: „Im Moment habe ich das auch so. Ich kann mich auch gar nicht mehr dagegen wehren. Also ich habe auch gar keine Lust mehr dazu. Es ist auch so, wie Du sagst, es ist ruhiger irgendwo. Das sehe ich auch. Ich meine, gut, das ist jetzt im Moment. Aber ich seh' das auch so wie Du. Ich kann das gut verstehen, das Gefühl."
Anne-Marie zu Susanne: „Und das ist bei Dir auch nicht bodenlos?"
Susanne: „Im Moment nicht, kann ich nicht sagen. Sonst hätte ich auch unruhiger gewirkt, nicht? Oder dann hätte ich bestimmt wieder irgendwie nach einem Rettungsring geschrien."

Eine ca. 30jährige Frau, Mutter von 2 Kindern, in Scheidung lebend, setzt sich in ihrer Gruppe mit ihrem Alleinsein und mit ihrem Bedürfnis nach Nähe und Zärtlichkeit auseinander:

„Gestern abend habe ich mich so unwahrscheinlich alleine gefühlt. Ich hab's auch vorhin wieder gemerkt, daß das noch ein ziemliches Problem für mich ist. Daß ich auf der einen

Seite unwahrscheinlich gerne auf eigenen Füßen stehen möchte, gefühlsmäßig. Und daß mir das oft auch ganz gut gelingt. Daß ich da doch ziemlich viele Bedürfnisse habe, die ich in der Regel ganz gut kontrollieren kann. Manchmal aber, wenn ich ein bißchen Alkohol getrunken habe oder so, dann bricht das ziemlich durch. Dann merke ich, daß ich doch mitunter eben Nähe und Zärtlichkeit und sowas brauche. (Pause) Und ich hab' im Moment halt niemand. (Pause) Heute fühl' ich mich ja schon ziemlich gut als Bestandteil der Gruppe, und ich fühl' mich Euch ziemlich nah dadurch, daß ich die Gespräche sehr intensiv verfolgt habe. Gestern abend hatte ich das noch nicht, weil ich eben vorher niemand von Euch hier kannte. Dann kam noch so stark die Erinnerung an die andere Gruppe, wo ich sehr intensive Kontakte hatte. Und da überwältigte mich das Gefühl des Alleinseins unwahrscheinlich. (Pause)
Und ich hab', bedingt durch meine Ehe, einen unwahrscheinlichen Horror jetzt davor, zu irgend einem Menschen eine festere Beziehung einzugehen. Weil ich solche Angst habe, daß der wieder was von mir will, was ich ihm nicht geben kann. Und noch einen Menschen unglücklich zu machen, wie ich meinen Mann unglücklich gemacht habe, nein. Deswegen halte ich mir eigentlich im Moment alle Menschen so ein bißchen vom Leibe. (Pause)
Aber auf einigen Gebieten komme ich eben doch zu kurz dabei. Das ist irgendwo – hier in der Gruppe ist es möglich, sich zu umarmen und sich mal an jemanden anzulehnen, ohne daß da irgendjemand gleich was bei denkt. Aber das ist eben sonst nicht möglich. Ich kann keine Frau umarmen, ich hab' unwahrscheinliche Angst, eine Frau zu umarmen. Ich weiß selbst, wenn normalerweise also ohne diesen Schonraum Gruppe eine Frau auf mich zukäme und mich umarmen würde, dann würde ich denken, die ist lesbisch, die will dich jetzt vereinnahmen. Oder wenn ich also meinetwegen jetzt einen Mann umarme, dann mache ich das eigentlich nur, wenn ich mich stark genug fühle, die Sache im Griff zu behalten. Wenn ich weiß, daß ich die kontrollieren kann. Und ich mag das eben sonst nicht tun, weil ich Angst habe, daß ich da irgendwie Hoffnungen erwecke, die ich nicht erfüllen kann und nicht erfüllen will."
Ulrich: „Wenn ein Mann Dich umarmt, und Du Dich so kontrollierst, wie fühlst Du Dich dabei?"
„Unwahrscheinlich zwiespältig. Ich möchte das gerne genießen, aber ich will es auch wieder nicht. Weil ich Angst habe, daß ich mich darin verliere. Ich möchte eigentlich ohne das auskommen können. Aber es geht scheinbar nicht."
Ulrich: „Ohne das Umarmen oder ohne diese Kontrolle?"
„Ich wünschte mir, daß es möglich wäre, körperliche Nähe zu jemandem zu haben, ohne daß das gleich eine unwahrscheinlich intensive Beziehung sein muß, weil ich mich emotional doch relativ unabhängig fühle und das auch so schnell nicht wieder aufgeben will. Ich hab' das Gefühl, daß ich da noch auf sehr dünnem Eis stehe, und ich möchte mich jetzt nicht an irgend jemand wieder verlieren und dann abhängig werden von jemand. So wie ich früher abhängig war von meinem Mann, daß ich immer Angst hatte, alles falsch zu machen und dann seine Liebe und seine Zuwendung zu verlieren."

Hans-Werner, ca. 28 Jahre, in einer gefilmten Gesprächsgruppe: „Ich mein', bei mir ist im Grunde auch ein Bedürfnis da, mich mit anderen auszutauschen. Aber ich habe gemerkt, ich habe oft nicht die Gelegenheit."
Reinhard: „Du bist irgendwie auf Dich allein zurückgeworfen und versuchst, mit Dir allein fertig zu werden, weil Du keinen anderen hast oder bekommen kannst?"
Hans-Werner: „Ich meine, zur Zeit erlebe ich das eigentlich ziemlich stark, daß ich mich damit konfrontieren muß. In dieser Situation, wo ich jetzt allein lebe. Und ich merke, daß die Kontakte, die ich jetzt habe, daß die oft nicht mehr genügen. Daß ich dann halt mit dem, was ich allein habe, daß ich mich nicht damit abfinden muß, sondern vielleicht daraus das Beste zu machen."
Reinhard: „Und fühlst Du, daß Du damit irgendwie klarkommen wirst, zumindest eine Zeitlang, indem Du mit Dir alleine lebst oder mit Dir alleine zurechtkommst?" (Pause)
Hans-Werner: „Das kann ich also nicht voll bejahen, weil –." (Pause)
Reinhard: „Ist es schwer, ja?" (Pause)

Hans-Werner: „Weil da immer gleichzeitig eine Kraft in mir da ist, die eigentlich dahin zieht, daß ich mit anderen Kontakt haben möchte. Und das läßt mir keine Ruhe. Und dann komm' ich in einen Konflikt und denke dann: Mit mir alleine kann ich ja nicht richtig glücklich sein. Oder kann gar nichts richtig erleben. Wenn ich daran denke, wenn ich einen Sonntag allein Skilanglauf mache, dann denke ich, so äußerlich ist das eine tolle Landschaft, und das ist eine sportliche Sache, die ich mache, und das sieht toll aus, und das müßte doch eigentlich etwas sein, was mir etwas gibt. Okay. Dann habe ich im Moment so ein bißchen glückliche Gefühle. Aber dann fängt es sofort dann wieder in meinem Kopf jetzt an zu arbeiten: Mensch, im Grunde genommen bist du ja hier allein. Und du bist irgendwo ein elender Mensch."
Anne-Marie: „Du vermißt eigentlich den anderen, um Dich mit ihm auszutauschen?" (Pause)
Hans-Werner: „Ja, ich meine, wenn ich mir vorstelle, daß ich irgend jemand hätte, dann könnte ich aus mir vielmehr selbst Kraft schöpfen und könnte irgendwie Dinge, die ich alleine mache, aus diesen Dingen könnte ich Spaß und Freude haben, glaube ich. Das heißt, da ist so ein Grundübel da. Dieses Grundübel ist, daß ich alleine bin, daß ich dann irgendwie orientierungslos bin."
Rolf: „Weißt Du, ich versteh' Dich so, daß Du irgendwo den Hafen vermißt, wo Du hin zurückkehren kannst so."
Hans-Werner: „Naja, ich hab' auch eben gerade daran gedacht, ich möchte mich da irgendwo so an einen Rockzipfel hängen oder so an jemanden. ... Und wenn ich mich erinnere an eine Freundschaft, dann muß ich sagen, daß ich das auch wirklich so gemacht habe, ganz krampfhaft. Und eigentlich müßte ich mir dann sagen. daß das keinen Sinn hat, weil das ja auch so schief gegangen ist. Aber dennoch, ich muß sagen, ich brauche Geborgenheit. Und ich kann einfach ohne das – ich möchte ohne das nicht leben."

Sybille zu Werner, einem fast 70jährigen Gruppenmitglied: „Ich hab' die ganze Zeit schon das Gefühl, als wenn der Werner mit irgendetwas kämpft. Werner, stimmt das, oder wirkst Du auf mich jetzt nur so? (Werner: „Nein. Nein.") Ich habe die ganze Zeit das Gefühl, als wenn Du mit Dir nicht so ganz zufrieden bist oder irgendetwas, ich weiß auch nicht."
Werner: „Ich kämpfe eigentlich im Moment gar nicht. Sondern ich bin eigentlich etwas abwesend, ja. Ich habe die Sache jetzt hier im Moment gar nicht so verfolgt. Also insofern kann ich im Moment gar nicht direkt was dazu sagen."
Reinhard zu Werner: „Hast Du an so was Bestimmtes gedacht? An Dich oder an Deine Familie?"
Werner: „Ja, Du kommst der Sache etwas näher. Denn die Renate, die eben gesprochen hat, die sieht meiner Frau etwas ähnlich, wie sie vor 20 Jahren aussah. Und ich habe nun das folgende verglichen: Also meine Frau hätte es nie fertiggebracht, da einen fremden Mann auf dem Bahnhof anzusprechen. ... Und das hat Renate gemacht. ... Und das hätte meine Frau nicht gemacht. Und das habe ich jetzt gerade eben mal so gedacht, also daß Du doch da ganz enorm mutig warst."
Reinhard: „Du hättest gerne gewünscht, daß Deine Frau irgendwie mehr mutiger oder selbstgeöffneter –?"
Werner: „So in diesem Sinne. Daß sie etwas auch sich mal gezeigt hätte. Und das war eigentlich, weswegen ich so abwesend war und so Jahre zurückverfolgte. Also das waren so meine Gedanken. ..."
Reinhard: „Du wünschst Dir sehr, daß die Beziehung zu Deiner Frau sich noch bessert? Es liegt Dir noch viel da dran?"
Werner: „Ja, selbstverständlich, denn man ist ja nun zumindest in meinem Alter ziemlich auf Gedeih und Verderb da miteinander verbunden. Also da muß man doch sehen, das so günstig und so reibungslos wie möglich zu gestalten. Ich meine, ich hätte vielleicht manches anders anpacken sollen. Aber ich bin ja nun auch sehr impulsiv. Das habe ich eben vielleicht in vielen Dingen auch übersehen. Daß es dann vielleicht etwas anders, besser gelaufen wäre. Aber das ist nun nicht mehr zurückzuholen, nicht mehr einzuholen, nicht mehr rückgängig zu machen. Und so kann ich eben nur –."

Reinhard: „Du denkst, daß Du vielleicht auch etwas dazu beigetragen hast, daß sie sich nicht –."
Werner: „Ja. Weil ich natürlich immer auf dem –, daß ich Anregungen haben wollte, auch wenn sie nur kleiner Art sind, daß ich auf diesem Steckenpferd immer zu stark rumgeritten bin. Und wenn ich das früher erkannt hätte, dann hätte ich das eben fallengelassen, ich hätte gesagt: Gut, das geht nicht, ich muß sehen, ändern kann ich sie nicht, ich muß sehen, wie ich mit dem Menschen auf andere Art und Weise auskomme. Und da bin ich eben vielleicht zu stur gewesen und habe immer nur gedacht: Na, kann sie nicht mal irgendwie mit irgendeiner kleinen Idee dich so ein bißchen anregen oder dergleichen?"
Anne-Marie: „Daß Du denkst, Du hättest ihr auch irgendwelche Bedingungen bieten können, daß sie sich so ein Stück aus sich heraus entwickelt? So hast Du immer nur darauf gewartet?"
Werner: „Ich habe immer nur gewartet, ja. Vielleicht hätte ich da irgendwie so einen kleinen Teppich legen können, so aufzubauen. Aber einmal habe ich mir nicht die Zeit genommen, ich hatte sie vielleicht auch gar nicht. Es kamen alle möglichen Umstände hinzu. Und die Zeit ist gerast, ja, die Jahre. Und so ist die Sache eben verfahren. Und heute durch diese Gespräche und die Überlegungen, die ich anstelle, da sage ich mir: Ja, das ist so. Und so wäre es gelaufen. Ich hätte vielleicht eben mehr Positives herausziehen können, wenn ich ihr da irgendwelche Wege besser geebnet hätte oder überhaupt geebnet hätte, was ich nicht gemacht habe. Wie gesagt, ich will – und ich habe es auch teilweise gemacht – ich will mal versuchen, ob ich nicht zumindestens jetzt für die weitere Zeit da auf dem Wege ein bißchen besser vorankomme, das Verhältnis etwas besser gestalten kann. Also das ist das Positive, was ich hier aus diesen Gruppengesprächen für mich mitnehme. Ich merke es an mir selber, also ich stehe den Sachen oder diesen Dingen gelassener oder ruhiger gegenüber, als es noch vor einem halben Jahr der Fall war. Und komme dabei zu anderen Erkenntnissen, nicht wahr, und ich mache meine Frau jetzt irgendwie unsicher etwas, ja. Sie weiß jetzt nicht, was ist nun los mit dem. Auf einmal ist er doch irgendwie anders, und das merke ich daran, daß sie unbewußt doch etwas erschreckt ist. Dort, wo sie vielleicht irgendeine harte Antwort erwartet hat, da sage ich das gar nicht mehr, sondern etwas anderes. ..."
Anne-Marie: „So daß Du da eigentlich noch versuchst, dabei zu bleiben. Du versuchst, noch irgendetwas aus Deinem Stückchen Leben zu machen mit Deiner Frau? (Werner: „Ja, ja.") Das bewundere ich eigentlich, also, daß Du nicht aufgibst, ja. Zeitweise klang das für mich so. Wir haben ja manchmal telefoniert."
Werner: „Ich bin – ich steh' auf, ich bin himmelhochjauchzend oder zu Tode betrübt. Ja, ich fall dann auf der anderen Seite mal wieder ganz runter. Aber irgendwie ist's dann so, daß ich langsam wieder hochkomme."
Anne-Marie: „Ja. Und Du gibst ihr einfach auch noch eine Chance und Dir auch. Euch zusammen."
Werner: „Ich geb' ihr eine Chance, ja. ... Ich hatte auch gestern gleich wieder die Idee, ich will meiner Frau ein Geschenk mitbringen. Das hätte ich auch nicht gemacht, wenn ich da nicht so eine gewisse andere Einstellung dazu gefunden hätte."
Reinhard: „Und das finde ich auch so beeindruckend, daß Du noch auf dem Wege zu Dir selbst bist. Daß Du auch noch versuchst, persönlich voranzukommen wie Susanne, die fast 50 Jahre jünger ist als Du."
Werner: „Ja, unbedingt. Ich hab' noch enorm viel vor."
Reinhard: „Ja, daß Du also auch noch im Werden oder im Kommen bist."
Werner: „Ja, ja. Ich bin so eine Art Spätentwickler." (Die Gruppe freut sich.)
Susanne, ca. 20 Jahre: „Da hab' ich ja noch Hoffnung für mich."
Anne-Marie: „Ja, aber ich hör bei Dir auch, Werner, nicht nur auf dem Weg zu Dir, sondern auch auf dem Weg zu anderen."
Werner: „Ja, ja. In meiner Beziehung."
Anne-Marie: „Auch da investierst Du zu Deiner Frau oder auch hier zu uns hier?"
Werner: „Ja, hier auch, ja."

Die Einschätzungsskala für Selbstauseinandersetzung bei Jugendlichen (Pixa-Kettner, Ahrbeck, Scheibel u. Tausch, 1978) gibt eine weitere Veranschaulichung dieses Vorganges:

Stufe 1: Der Jugendliche sagt nichts über sich selbst, weder über sein Verhalten noch über sein inneres Erleben. Er spricht ausschließlich über Tatbestände, die unabhängig von seiner Person sind. Beispiel: „Da draußen wird gebaut, vielleicht wird da wieder so'n Haus gebaut wie die andern vier."

Stufe 3: Der Jugendliche spricht über sein eigenes Verhalten oder äußere Vorgänge, die zu ihm in Beziehung stehen. Seine spezifisch persönlichen inneren Erlebnisse werden nur kurz erwähnt. Beispiel: „Am Sonnabend haben wir den ganzen Tag ferngesehen, und da gab es wieder einen Krimi, war der spannend."

Stufe 5: Der Jugendliche äußert ausführlich seine spezifisch persönlichen inneren Erlebnisse. Zusätzlich ist ein Ansatz zu erkennen, seine inneren Erlebnisse weiter zu klären: Etwa sie in neuem Zusammenhang zu sehen, sich zu fragen, woher gewisse Einstellungen kommen, Widersprüche zu entdecken u. ä. Beispiel: „Ich weiß, daß ich keine Angst vor der Schule haben müßte. Aber ich hab' einfach immer wieder Angst. Ich geh' ja auch so schrecklich ungern zur Schule, weil ich früher immer so ausgeschimpft worden bin."

Beispiele zur Veranschaulichung der Selbstauseinandersetzung bei Jugendlichen. Sie zeigen, daß sich Jugendliche in förderlichen Gesprächen mit sich selbst und ihren Erfahrungen ähnlich wie Erwachsene auseinandersetzen. Weitere Beispiele haben wir in dem Buch „Erziehungspsychologie" dargestellt (Tausch u. Tausch, 1977a).

Ein Ausschnitt aus einem Einzelgespräch einer 12jährigen mit einem Psychologischen Helfer. Das einfühlende Verstehen ermöglicht es der Schülerin, sich über ihre Sorgen und verletzten Gefühle auszusprechen und sich damit auseinanderzusetzen:

Schülerin: „Und die Martina hat das nur gesagt, um mich von dem Jungen abzubringen. Die Martina, die sagt und erzählt viel, was ich gar nicht gesagt habe. Die sagt auch, ich mach' immer schnell Schluß und so mit Jungens, und ich knutsch' mich nur ab, jeden Tag mit 'nem Neuen und sowas alles. Das hat die der Freundin wahrscheinlich erzählt, und die soll es ihrem Bruder erzählt haben. Und dadurch ist das dann gekommen, daß er es weiß."
Helfer: „Ah ja, Du bist sauer. Du denkst, da hat die Martina etwas Falsches über Dich erzählt."
Schülerin: „Hat sie auch. Der hatte ja schon eine Freundin, der Bruder von ihr. Und da hat sie auch immer gesagt: ‚Mit der kann er nie was machen. Die ist viel zu feige und so.' Ja – das hat sie getan. Und da hat er sie auch sitzengelassen."
Helfer: „Eigentlich findest Du den ganz nett, den Bruder von ihr, aber –."
Schülerin: „Ich finde ihn sogar sehr nett."
Helfer: „Ja, und Du hast jetzt den Eindruck: Dadurch, daß sowas Falsches über Dich erzählt wurde, kommst Du nicht an ihn heran oder bist nicht mit ihm befreundet."
Schülerin: „Mhm, ich will auch gar nicht mit ihm befreundet sein'"
Helfer: „Jetzt magst Du nicht, obwohl Du ihn sehr nett findest?!"
Schülerin: „Nee, weil er falsch ist, genau wie Martina. Jedes gutaussehende Mädchen, was ihm über den Weg läuft, das nimmt er. Er hat zu mir gesagt, wenn er – wenn seine Freundin nicht mehr will, dann will er mich als Freundin nehmen. Ich hab' ihn ja gefragt gehabt. Und

dann hab' ich gesagt: ‚Ja, wenn Du Lust dazu hast, ich zwing' Dich nicht.' Dann hat er gesagt: ‚Nein, ich nehm Dich jetzt.' Und er hat's mir noch in die Hand versprochen. Und dann lief ihm Martina über den Weg, und dann war's aus."
Helfer: „Du bist traurig, weil er sein Versprechen nicht gehalten hat."
Schülerin: „Nee, weil er gelogen hat."

Ein Ausschnitt aus dem Gespräch einer 11jährigen Schülerin:
Schülerin: „Ich fand das auch irgendwie richtig gemein, daß sie das gemacht haben."
Helfer: „Das hat Dich traurig gemacht?"
Schülerin: „Ja. Und wenn ich dann mal so mitgespielt habe bei welchen, dann kam Thorsten oder wer dazu, dann waren wir zu fünft. Und dann hatten wir wieder – also vier Felder und in der Mitte stand einer, und dann konnt' man wechseln und das alles. Dann kam der Thorsten, und ich hab da mitgespielt, und das war grade auch in dem Moment lustig."
Helfer: „Ja, das hat Dir auch Spaß gemacht."
Schülerin: „Und dann kam der Thorsten dazu, und dann sagte die Sabine: ‚Eh, jetzt kannst Du weggehen. Ich hab' jetzt keine Lust mehr, mit Dir zu spielen.' Und dabei hat sie vorher immer gefragt: ‚Spielst Du mit?' Sie will einen irgendwie, finde ich – ich bin richtig ausgesetzt von der ganzen Klasse."
Helfer: „Das tut Dir weh, daß Du Dich da allein fühlst."
Schülerin: „Ja, manchmal hab' ich mal so eine – da sind zwei, die eine Sabine, die da mitgespielt hat. Die sagt immer was Schlechtes gegen mich, entweder zu Petra oder zu den andern."
Helfer: „Ja, daß – ja, ich weiß nicht, wie Du das findest, ob Dich das traurig macht? (Schülerin: „Ja") oder ärgerlich oder – irgendwie mehr traurig (Schülerin: „Ja"), daß sie so viel Schlechtes über Dich sagen?"
Schülerin: „Ja, und dann hab' ich einfach keinen Mut, dann zu sagen – da so zu sagen: ‚Die ist doch selber doof!' "
Helfer: „Ja! Dann fühlst Du Dich sehr traurig und geknickt."

Ein Ausschnitt aus dem Gespräch von zwei 11–12jährigen Schülerinnen mit einem Helfer:
Helfer: „Ja, das ist wichtig, daß man zumindest noch ein paar Leute hat, denen man vertrauen kann. Ist es das?"
Anneli: „Och, vertrauen kann ich meinen Eltern sowieso nicht."
Helfer: „Ach ja. Vertrauen hast Du eigentlich nicht. Da ist noch etwas anderes?"
Anneli: „Nee, nach dem, was passiert ist, hab' ich da keine Lust mehr zu. Meine Mutter hat bei mir verschissen und mein Vater auch. Außer mein richtiger Vater."
Carola: „Hast du zwei?"
Anneli: „Ja, meine Eltern sind geschieden."
Helfer: „Wenn Du das so sagst, hab' ich den Eindruck: Da hat man Dir ganz schön wehgetan oder was mit Dir gemacht, was schlimm für Dich war."
Anneli: „Ja, mhm. Ich laß mir auch nichts mehr gefallen. Ich laß mir sowieso nichts mehr gefallen von meiner Mutter. Wenn meine Mutter mir eine runterhaut, kriegt sie eine wieder."
Carola: „Das find' ich aber nicht gut."
Anneli: „Wieso? Wenn meine Mutter mich dahin steckt, wo man – wo man sein Kind nicht hinsteckt, wenn es nichts gemacht hat."
Carola: „Wohin denn?"
Anneli: „Sag' ich nicht."
Helfer: „Sie hat Dich irgendwie –"
Anneli: „Dann laß ich mir das nicht mehr gefallen. Ich bin – wenn sie mich da schon hinsteckt, dann bin ich auch nicht mehr ihre Tochter. Ich kann sowieso machen, was ich will. Meine Mutter wagt sich gar nicht mehr, mich zu hauen, weil sie genau weiß, dann kriegt sie blaue Flecke."
Carola: „Wenn ich es auch schon krieg', dann tret ich auch nicht wieder. Meine Mutter, die hatte schon mal 'ne Ader geplatzt und hatte so'n dickes Bein, oh!"
Helfer: „Ja, bei Dir ist es, glaub' ich, so, daß Du Deine Mutter ganz gern magst und ihr auch

hilfst. Aber Du, Anneli, hast keine richtige Beziehung mehr zu Deiner Mutter?!"
Anneli: „Doch, ich helf' meiner Mutter auch, und manchmal gehorch' ich ihr auch, aber ich –"
Helfer: „Du kannst ihr eben nicht mehr so vertrauen oder Dich nicht mehr auf sie verlassen."
Anneli: „Nein, warum auch? Ist doch kein Verlaß darauf. Meine Mutter hat mir versprochen, sich nicht scheiden zu lassen. Aber jetzt läßt sie sich schon wieder scheiden."
Carola: „Igitt! Man! Man! Man!"
Helfer: Du findest das nicht schön."
Anneli: „Nein, denn sie hält ja ihr Versprechen überhaupt nicht, man. Das laß ich mir nicht gefallen. Das find' ich blöd. Wenn man was verspricht, muß man das auch halten."
Carola: „Meine Mutter, die wird von meinem Vater jetzt richtig vernachlässigt. Mein Vater, der hat jetzt nur noch meinen großen Bruder. Ich weiß nicht, immer wenn abends – im Wohnzimmer sitzen die beiden und unterhalten sich. Meine Mutter verkriecht sich jetzt schon immer bei uns."

Auch Kindergarten- und Grundschulkinder können durch einfühlsame Helfer befähigt werden, sich gegenüber einer anderen Person mit ihren Erfahrungen zu öffnen und sich damit auseinanderzusetzen. Hierfür haben wir ebenfalls in dem Buch „Erziehungspsychologie" viele Beispiele gegeben.

Förderlicher Merkmale der hilfreichen Selbstauseinandersetzung

In diesem Kapitel haben wir einige förderliche Merkmale der Selbstauseinandersetzung dargestellt: □ Eine Person ist hierbei aktiv, engagiert und intensiv bemüht. □ Eine Person ist offen gegenüber ihren Erfahrungen, sie verteidigt sich nicht, sie ist ehrlich gegenüber sich selbst. □ Eine Person drückt ihr Fühlen aus und ist gefühlsmäßig beteiligt. □ Eine Person hört auf ihr unmittelbar gegenwärtiges Erleben und zieht es zur Klärung ihrer Erfahrungen und ihres Selbst heran.

Es ist günstig, aber nicht unbedingt notwendig, daß eine Person alle förderlichen Merkmale bei der Auseinandersetzung mit sich selbst aufweist.

Die Kenntnis dieser förderlichen Merkmale stammt aus Forschungsbefunden: Die Äußerungen von Personen in psychotherapeutischen Gesprächen, die sich danach deutlich konstruktiv geändert hatten und seelisch funktionsfähiger waren, wurden mit Äußerungen von Personen mit geringen oder keinen Änderungen verglichen. So wissen wir: Bestimmte Arten, sich zu äußern und sich mit sich selbst auseinanderzusetzen, sind förderlich für konstruktive Wandlungen von Personen.

Eine Person ist bei der Selbstauseinandersetzung aktiv, intensiv bemüht und engagiert

Sie bemüht sich intensiv, ihre eigene Person, ihr Selbst in möglichst vielen Aspekten und Bereichen kennenzulernen und ihr Fühlen vollständiger zu erfahren. Sie sucht intensiv, ihre Erfahrungen und Wahrnehmungen sowie ihr Fühlen zu klären.
Sie bemüht sich intensiv, etwa herauszufühlen, was die verschiedenartigen, zum Teil gegensätzlichen und sie beängstigenden Erlebnisse und Erfahrungen für sie bedeuten. Sie bemüht sich um Klärung, Ergänzung und bessere Differenzierung ihrer Erfahrungen und Erlebnisse. Sie denkt intensiv nach, wägt ab, schränkt ein, vergleicht, wertet oder verwirft Alternativen.

Ein Beobachter erhält nicht den Eindruck, daß der Gesprächspartner sich äußert, um den Helfer über seinen seelischen Zustand zu informieren und dann Ratschläge oder Handlungen des Helfers für sich zu erwarten. Vielmehr hat es den deutlichen Anschein, daß der Gesprächspartner gleichsam zu sich selbst redet, daß er stark an sich selbst interessiert ist, sich intensiv um sich selbst bemüht und sich mit sich selbst gefühlsmäßig auseinandersetzt, mit dem Strom seines Erlebens. Der Gesprächspartner vermittelt auch nicht den Eindruck, daß er gleichsam ein passiver Empfänger von Erfahrungen, Wahrnehmungen und Gefühlen ist, daß er sie als unabänderlich hinnimmt und daß er seine Erfahrungen gleichsam dem Helfer nur weitergibt. Sondern er spricht, um sich selbst zu klären. Er will sich erforschen, er sucht neue Aspekte des eigenen Erlebens und Fühlens zu erfahren, z. B. ‚Wie fühl' und denk' ich wirklich darüber?' ‚War ich nicht früher eigentlich eine andere?' ‚Wer bin ich nun eigentlich?' ‚Was suche ich denn?' ‚Würdest du auch so dich verhalten?' ‚Warum bin ich eigentlich so?' ‚Fühl' ich vielleicht doch was anderes?' ‚Was ist das, was ich noch in mir fühle und noch nicht kenn'?' ‚Fühl' ich mich vielleicht besser, wenn ich es doch tue?' ‚Wozu lebe ich denn?'

Der Gesprächspartner dreht sich nicht im Kreise mit seinen Gedanken und wiederholt mehrfach die gleichen Erfahrungen und Erlebnisse unverändert. Er ist fortlaufend bemüht, sich in sich selbst einzufühlen und diese Wahrnehmungen genauer zu klären, woraus sich für ihn neue Bedeutungen ergeben. Ähnlich wie der Helfer sucht er seine innere Welt einfühlend zu verstehen und schreitet darin fort.
Diese engagierte Aktivität drückt sich oft auch in seiner Mimik, Gestik und seinem Fühlen aus. Seine Worte und Sätze sind nicht perfekt geschliffen. Sie entsprechen seinem spontanen, augenblicklichen Fühlen und Denken. Er unterbricht sich oft selbst, wenn ihm neue Gedanken kommen.

In Untersuchungen wurde die Bedeutung des aktiven engagierten Bemühens bei der Selbstauseinandersetzung geprüft. Klienten mit erfolgreicher Einzelpsychotherapie hatten gemäß Einschätzung der Tonaufnahmen durch Beurteiler mehr ernsthaftes Bemühen (Wienand-Kranz, 1977), setzten sich intensiver mit ihrem Erleben, ihren Einstellungen und ihrem Selbst auseinander (Feindt, 1978; Schwartz u. a., 1978). Ferner: Hatten Klienten am Beginn der Psychotherapie ein großes Bedürfnis, sich in den für sie bedeutsamen Bereichen zu ändern, waren sie also stark motiviert, dann änderten sie sich deutlich konstruktiv. Klienten mit geringem Bedürfnis zeigten meist keine Verbesserung und brachen häufiger die Gespräche ab (Cartwright u. Lerner, 1963).

Diese Befunde stimmen mit vielen Erfahrungen von uns überein: Personen, die intensiv bemüht waren, sich in förderlichen Gesprächen zu klären, persönlich zu lernen und persönlich voranzukommen, wandelten sich häufig deutlich, ungeachtet ihrer erheblichen Beeinträchtigungen, im Vergleich mit geringen Wandlungen von Personen ohne den intensiven Wunsch nach Selbstauseinandersetzung.

Die folgenden Beispiele veranschaulichen engagierte Aktivität bei der Selbstauseinandersetzung nur begrenzt. Angemessen ist dies nur anhand von Film- oder Videoaufnahmen möglich.
Gabriele äußert sich in einer Gruppe zu Anke über sich selbst und über ihre Schwierigkeiten in zwischenmenschlichen Beziehungen: „Ich bin eben von Freundinnen so enttäuscht worden. Ich hab' sie angerufen. Klar, ich hab' dann auch häufig angerufen, wenn's mir dreckig ging. Die eine war mal richtig erstaunt, als ich anrief und nicht heulte. Aber die hat sich überhaupt nie gemeldet und auch die anderen. Wer was unternimmt, bin ich. Den ersten Schritt mache ich. Immer

muß ich machen ... Aber andererseits kann ich das auch nicht annehmen, wenn einer auf mich zugeht. Dann krieg ich Schuldgefühle. Denn gegenüber den Menschen muß ich dann auch – das verpflichtet. Ich möchte das auch mal so nehmen dürfen, ohne was zu geben dafür. Ich hab' das auch so satt. Weißt Du, alles was mir Spaß macht, das wird mir vermiest. Aber irgendwie ist das ein Zustand, den ich seit eh und je gewohnt bin. Daß ich auch früher schon als Kind irgendwie das, was ich gerne wollte, das durfte ich nicht. Das wurde nicht akzeptiert, und das haute dann nicht hin. Dann hab' ich das erst – ich weiß nicht, wann das angefangen hat – aber ich hab' dann einfach das getan, was ich wollte. Ich hab' mir das genommen, ich hab' mir heimlich das genommen und bin bestraft worden dafür. Und dieses Glücksgefühl oder etwas Angenehmes zu kriegen, das ist bei mir grundsätzlich mit Strafe verbunden. ... Weißt Du, ich hab' nie Depressionen gehabt wie Du – ich schaff' es so. Ich bin ein unheimlicher Kämpfer, glaube ich. Ich glaube auch, daß ich irgendwie unheimlich viel Kraft habe. Aber ich find' es Scheiße, daß mich das alles immer erstmal so aufreibt und daß ich praktisch meine Kraft verplempere für Unsinnigkeiten. ... Ich laß das alles auf mich zukommen, weißt Du. Ich warte und warte, da mache ich nichts. Aber ich bin dann auch – oder ich warte eben, daß ich immer noch auf einen Menschen warte, der mir da hilft. Obwohl ich das selber machen möchte. Weißt Du, so'n Zwiespalt: Ich möchte irgendwie die Kraft kriegen, daß ich die Kraft habe oder den Mut habe, aktiv zu werden oder aktiv zu sein. Weißt Du, ich glaub' schon, daß ich teilweise noch zu viel mehr in der Lage wäre als zu dem, was ich mache."

Anke: „Du machst eigentlich das, was ich auch immer gemacht habe: Du achtest sehr auf die Bedürfnisse Deines Mannes und Deines Kindes. Aber wir haben auch Bedürfnisse."

Gabriele: „Genau! Das ist mir auch klar geworden. Aber das fällt mir wirklich verdammt schwer, so meine Bedürfnisse erstmal – das hab' ich gemerkt, wie schwer das ist, erstmal meine Bedürfnisse zu erkennen. Mir ist erst vor kurzem klar geworden, daß ich mich eigentlich gar nicht kenne! Ich weiß überhaupt gar nicht, was ich will, was ich brauche! Ich weiß nur das eine: Daß ich unheimlich viel Zärtlichkeit brauche oder haben möchte. Ich weiß nicht, wie lange ich sie brauche, aber danach sehne ich mich. Aber ich weiß überhaupt nicht, wer ich bin! Ich habe das nie gelernt."

Eine ca. 30jährige Frau: „Ich hatte mir vorgenommen, mich total zu ändern, meine ganze Einstellung. Ich wollte einfach ein anderer Mensch werden. Und in den Gesprächen jetzt bei Euch, da hab' ich jetzt eher das Gefühl: Ich möchte immer mehr mein Ich entdecken. Entdecken und mit meinem eigenen Ich fertig werden."

Jemand schreibt uns: „Es ist so schwer, mich verständlich zu machen. Ich bräuchte 1000 Seiten, um alles zu sagen. Es gibt so viele Fragen, die ich glaube, beantworten zu müssen. Und ich suche und glaube zu finden. Und ich falle wieder zurück ins Schwarze und muß wieder ganz alleine aufstehen und muß wieder suchen. Wann werde ich es finden und was suche ich eigentlich? Und wann kommt eine Hand und hilft mir wieder hoch?"

Ein ca. 35jähriger Mann im Gruppengespräch: „Wenn ich jetzt aufgebe, dann kann ich die restlichen 30 Jahre streichen. Und dann kann ich sagen, dann muß ich mir wirklich ein absolutes Versagen eingestehen und mich mit allem abfinden, was auf mich zukommt, ohne daß ich überhaupt darauf in irgendeiner Weise Einfluß nehmen kann. Das muß ich mir eingestehen. Und das will ich nicht. Das kann ich auch nicht."

Eine ehemaliger Rocker, 26 Jahre, der längere Zeit in Haft war, sucht im Gespräch mit seiner Helferin seine Schwierigkeiten und seine Bedürfnisse („... der so'n bißchen auf mich eingeht" „... auch mal auf mein Gespräch hört") zu klären: „Ich hab' sonst alles gepackt! Ich hab' 'ne neue Wohnung und so. Aber mit der Arbeit, da ist noch nichts los. Ich hab' im letzten Jahr nur eine Firma gehabt und dann nichts mehr. Man wird ja älter, ist ja logisch. Man muß es ja packen! Im allgemeinen schaff' ich es auch so. Nur mit der Arbeit eben. Wenn ich mich vorstelle, dann mache ich einen guten Spruch. Da bringe ich alles. Aber dann so mit Leuten arbeiten und so. Dann wird's zu privat und alles so. Ich zieh' mich dann immer schnell zurück. Ich zieh' mich zurück in mein eigenes Häuschen. Und darum hat's eben bisher noch nicht geklappt. Ich hab' zu meinem Vermittler auf dem Arbeitsamt gesagt: Wenn ich so was mach', dann brauche ich so'n älteren Menschen, der so'n bißchen, so also, der so'n Vater, Du weißt ja, wie es ist, der so'n bißchen auf mich eingeht. Ich mein, ich bin eben noch etwas verwildert. Der eben ein bißchen eingeht auf mich, der auch ein hartes Wort mal sagt, ist klar. Aber auch mal auf mein Gespräch hört, was ich so bring'. Weil ich doch ruhig bin. Und der nicht gleich sagt: ‚Was ist mit Dir los? Was ist das für 'n Typ?' So hinterhältig! Wenn ich nicht sabbel, der nicht gleich zum andern Kollegen sagt: ‚Was ist denn das für einer? Der hat bestimmt was auf'n Kerbholz und so.' Sowas denk' ich dann eben im Moment. ... Und damit hab' ich schon Tausende von Mark in den Sand gesetzt. Ja, ich bin ja eben mißtrauisch, ich seh' wahrscheinlich immer das Falsche. Ja, ich hab' bis jetzt eigentlich alles gepackt: 60 % der Bewährung hinter mir, eigene Bude und so. Bloß mit der Arbeit, da hab' ich's noch nicht gepackt. Das ist es."

Im nachfolgenden Ausschnitt aus einem Gruppengespräch wird deutlich: Der Weg zum eigenen Selbst und die Auseinandersetzung mit der eigenen Person ist oft ein schwieriges, manchmal fast gefährliches Suchen, mit viel intensivem Bemühen. Dies wird erleichtert und gefördert durch das gefühlsmäßig sichere, nahe Klima einer Gruppe. Susanne setzt sich mit sich selbst auseinander. Wie sie gerne sein möchte, daß sie Angst bei der Selbstauseinandersetzung empfindet, daß sie sich manchmal selbst als fremd empfindet, mit ihren Todeswünschen und mit ihrer Angst, von anderen nicht angenommen zu werden:

Reinhard zu Susanne: „Könnten wir etwas tun, daß Du Dich wohler fühlst? Woran liegt es? Könntest Du uns das sagen?" (Pause)

Susanne: „Ich hatte vorhin schon mit Anne-Marie darüber gesprochen. Das Dumme ist, daß der Fall bei mir umgekehrt liegt als bei den anderen. Es ist nicht so, daß mich die Reaktion der Umwelt einengt. Sondern die ist grade eigentlich sehr offen. Sondern das bin *ich, ich* eng mich ein. Ich möchte anders sein, als ich bin. Ich bau' mir so ein Idealbild von mir auf und möchte dem entsprechen. Und ich kann das nicht. Ja, dann fühl' ich mich unwohl. Obwohl ich weiß, daß es vollkommen bescheuert ist, und Ihr braucht mir jetzt nicht zu sagen, daß ich anders lebendiger und echter wirke. Das weiß ich alles. Aber das ändert nichts."

Reinhard: „Könntest Du etwas sagen, wie Dein Idealbild ist? Oder wie Du's nicht erfüllen kannst?"

Susanne: „Mein Idealbild ist, ruhig zu sein, ausgeglichen zu sein, auf andere eingehen zu können, aber mich selbst auch kritisch beurteilen zu können. Auch auf mich eingehen. Meine Fehler und meine guten Seiten sehen. An dem was geändert werden muß, zu arbeiten. Ich möchte nicht dauernd Angst haben. Ich möchte stark wirken. Auf andere etwas ausstrahlen, daß sie sagen: ‚Ach, Du hilfst mir, und Du bist so sicher und so stark, und das gibt mir was.' Ja, all den ganzen Quatsch, den man so will. Ich halte es irgendwo für Quatsch. Ich halt's echt für Quatsch. Jedenfalls für mich jetzt. Ich bin ja nicht so, das weiß ich. (Pause) Ich mein', das ist nicht das einzige, warum ich mich unwohl fühle. Da kommt im Grunde noch hinzu, daß ich hier in so einer Situation stehe, wo ich nicht weggehen kann. Ich sitz'

jetzt hier, und die Leute erzählen von ihren Problemen, und das meiste betrifft mich irgendwo auch oder jedenfalls Teile. Und ich merk', daß sich in mir immer mehr aufstaut. Dinge, die ich überhaupt nicht verarbeitet hab'. Probleme, die sonst vielleicht gar nicht so stark in den Vordergrund treten. Aber jetzt plötzlich sind sie alle auf einmal da. Und ich hab' wie sonst auch Angst davor, mich davon überrollen zu lassen, daß es mich so zudeckt." (Pause)
Reinhard: „Du fürchtest, das könnte schwieriger für Dich werden, wenn Du Dich intensiv damit auseinandersetzt oder darüber sprichst?"
Susanne: „Ich müßte mich ja mit mir auseinandersetzen. Und Du hast ja nun oft genug gemerkt, ich kann das nicht lange durchhalten, immer nur mit dem Kopf zu reden, wenn das so lange Stunden sind wie hier. Und ich will mich selbst einfach nicht sehen."
Reinhard: „Fürchtest Du, es könnte zu ungünstig sein, was Du siehst von Dir?"
Susanne: „Es *ist* zu ungünstig."
Reinhard: „Du bist Dir sicher?"
Susanne: „Natürlich nicht alles. Ich weiß, daß ich positive und negative Dinge in mir habe, die ich nicht kenne. Aber die negativen Dinge, die ich bis jetzt erlebt habe, wenn sie mal so rauskamen, die waren für mich derartig überschwemmend, daß ich das einfach nicht wieder erleben will. Ich meine, darunter leiden die positiven Sachen. Ich will das einfach nicht. Ich sehe da so eine Spitze von so einem Eisberg, von allem, was da ist. Und ich will das andere einfach nicht sehen, weil ich glaube, daß ich damit nicht fertig werde. Und ich hab' auch Angst, hier irgendwie durchzudrehen."
Reinhard: „Ja. (Pause) Ich kann es auch akzeptieren, Susanne, daß Du Dir nur soweit selbst näher trittst, wie Du das Gefühl hast, daß es Dich nicht zu sehr bedroht."
Susanne: „Ja, das ist richtig. Aber das ist eben doch nicht richtig. Weil ich mich damit dauernd selbst unterdrücke. Deswegen habe ich teilweise Ängste. Ich hab' manchmal Gefühle, daß ich überhaupt nicht da bin. Ich geh' dann irgendwo rum und denke: Was ist hier eigentlich los? Was sollst Du? Ich nehm' das nicht richtig wahr. Ich seh' das vielleicht. Aber ich – ich bin nicht da. Ich bin nicht da drin. Manchmal geh' ich durch irgendwelche Gänge oder Straßen und guck immer bloß und denke: ‚Was ist das eigentlich?' Ich hab' keine Beziehung manchmal zur Außenwelt. Und manchmal auch nicht zu anderen Menschen. Das erreicht mich nicht. Ich bin total blockiert. Ich hör' das denn, aber –."
Reinhard: „Und Du vermutest, daß Du irgend etwas unterdrückst?"
Susanne: „Sicher. Ich unterdrück' mich, so wie ich bin, weil ich mich so absolut nicht leiden kann. Jedenfalls nicht normalerweise. Das ist nicht immer so. Aber das ist wohl recht häufig so. Und im Moment werde ich damit konfrontiert. Und das macht mir Spannungen." ...
Ulrich zu Susanne: „Ich möcht' Dich mal fragen: Wie würdest Du sagen, wie bist Du jetzt? Also wie erlebst Du Dich hier in diesem Kreis?" (Susanne: „Jetzt im Moment?") Ja. Also ich meine, Du hast gesagt, das Bild, so wie Du bist, das ist negativ. Was sind die negativen Eigenschaften, die Du bei Dir feststellst und bei Dir siehst?"
Susanne: „Das sind Eigenschaften, vor denen ich Angst hab'. Einmal ist es zum Beispiel eine ungeheure Zerstörungswut, die ich in mir hab', die meistenteils gegen mich selbst gerichtet ist. Und eben auch Ängste. Im Grunde das, was mir am meisten zu schaffen macht, ist – wie soll ich das jetzt sagen, daß das nicht so bescheuert klingt: Ich hab' manchmal das Gefühl, ich will nicht mehr leben. Ich hab' keine Lust mehr dazu. Auf der anderen Seite sage ich aber: Es gibt vieles, was mich am Leben hält. Ich hab' zum Beispiel ja meinen Freund oder die Leute oder so, das ist mir unwahrscheinlich wichtig, oder meine Arbeit. Aber weißt Du, Du kannst nicht immer so leben, daß Du immer das von anderen in Dich reinnimmst, und Dich das ausfüllt. Wenn die andern nicht mehr da sind, was wär' ich dann? Denn wenn ich dann nur noch eine Höhle wär' oder so'n Block von Ängsten und negativen Eigenschaften, das wäre schlimm. Und das, das macht mir im Moment zu schaffen, daß ich immer so von anderen zehre. Von äußerlichen Dingen, die ich dann für mich nehme. Ich möchte selber ‚ja' sagen können. Nicht nur immer wegen dem oder wegen dem, sondern wegen mir." (Lange Pause. Susanne verkrampft sich, weint.)
Gabi: „Mich würde jetzt interessieren, entschuldige bitte, was jetzt in Dir vorgeht?"
Susanne: „Ach, ich hab' das Gefühl, ich geh' total unter." (Lange Pause)

Reinhard zu Susanne: „Fühlst Du Dich sehr traurig?" (Pause)
Susanne: „Nein, ich bin im Moment total angespannt. Ich bin in meinem Kasten drin und kann nicht raus. Das ist so: Du kommst aus so einem Meer ein Stück hoch. Das ist dann, wenn jemand mit mir spricht. Sobald die Leute nichts mehr sagen, dann rutscht Du wieder runter. Dann ist alles wieder da. Ich habe versucht dagegen anzugehen, aber ich gleite mir aus den Fingern."
Gabi: „Kannst Du Dir vorstellen, daß Dir jemand im Moment dabei helfen kann, da rauszukommen?" (Pause)
Susanne: „Jetzt momentan nicht. Momentan bin ich wieder ein bißchen oben. Ich tauch' wieder auf. Aber sobald ich dann alleine bin, dann geh' ich wieder runter. Insofern ist das auch keine Hilfe, das ist eine Überbrückung. Die mir vielleicht momentan gut tut, aber –. Ach, ich weiß nicht, warum das im Moment ist. So stark ist es eigentlich nicht oft. (Pause) Ich hab' diese Angst jetzt, in mich reinzutauchen und wegzusein, daß mich keiner mehr erreichen kann. Ich mich auch nicht."
Reinhard: „Daß Du Dir entgleitest?"
Susanne: „Ich hab' das Gefühl, es gibt Teile in mir, wenn ich mich in denen befinde, wenn ich dann schreie, dann verhallt das, ich bin dann überhaupt nicht mehr. Ich hab' überhaupt keinen Bezug. Ich fühl' mich überhaupt nicht hier im Kreis. Es ist so komisch. (Pause) Ich meine, jetzt im Moment geht es wieder grade. (Pause) Es ist nicht mehr so schlimm. ...
Anne: „Tut es Dir gut, darüber zu reden?"
Susanne: „Es macht mir Angst, darüber zu reden, es macht mir überhaupt alles Angst."
Renate: „Wahrscheinlich brauchtest Du einen Rettungsring."
Susanne: „Ich bin viel zu oft mit einem Rettungsring zugange. Wenn ich mal versuche, loszulassen, dann habe ich wieder die Angst, weil das Meer so tief ist, so unergründlich. Ich mag nicht ohne Rettungsring sein. Es gibt mehrere, glücklicherweise."
Sybille: „Ist doch schön, ein Rettungsring. Ich möchte Dir gerne einer sein. Ich möchte mich gern vor Dich hinsetzen und sagen: Ich mag Dich, ich mag Dich. Solange, bist Du's wirklich glaubst." ...
Gabi zu Susanne: „Du willst selber um Hilfe rufen?!"
Susanne: „Ja, ich möchte das selber sagen können. Ich möchte mir sagen können, Du willst leben, Du findest Dich in Ordnung, Du nimmst Dich an. Und dann kann ich mich vielmehr darüber freuen, daß die andern das auch tun."
Sybille: „Vielleicht schaffst Du das über eine Hilfe, das hinzukriegen?!"
Susanne: „Das glaube ich auch. Ich bin auch für diese Hilfe unwahrscheinlich dankbar, auch die ich so im Privatleben hab'. Die würde ich also echt nicht unterschätzen. Und ich weiß, daß ich die brauch'. Und ich nehm' sie ja auch irgendwo an. Aber, ich kann das nicht immer so machen. Ich mag die Leute nicht benutzen, nicht? Das ist eine einseitige Beziehung, nicht? ... Das würde mir momentan sicherlich auch was geben. Und wenn Ihr jetzt nicht gewesen wärt, dann wär' das vielleicht anders gelaufen. Das sehe ich auch so, und das finde ich auch in Ordnung. Und irgendwo nehme ich es wohl auch an. Nur –."
Sybille: „Drinnen ist irgendwo eine kleine Wand, die muß ich nur noch durchstoßen, hab' ich das Gefühl, dann bin ich da, dann bin ich dran an der Susanne."
Gabi zu Sybille: „Du kommst nie zu ihr ran. Sie kann nur zu Dir rankommen, glaube ich. Den Eindruck habe ich. Ich glaube, Susanne muß den ersten Schritt machen."
Susanne: „Das ist eine einseitige Tür, die ich aufmachen muß. Jedenfalls bis zu einem gewissen Grade. Und die kriege ich einfach nicht. Das packe ich nicht. (Gabi: „Pack's doch mal hier!") Ich guck da durch und seh', was in dem Zimmer ist. Und dann mag ich sie nicht aufmachen."

Aktive Auseinandersetzung mit den eigenen Erfahrungen und der eigenen Person findet auch im Alltag vieler Menschen statt. Hilfreich ist, wenn Personen die „Ergebnisse" ihrer inneren Selbstkonfrontation anderen mitteilen und sich selbst so weiter dabei klären können. Hierfür ein Beispiel aus einem sog. Minutengespräch am Telefon.

Eine Frau, Anfang 40: „Ich glaub' schon, daß mein Mann 'ne andere hat. Letzte Woche, da kam er von der Spätschicht erst so um eins oder zwei Uhr nach Hause. Dann hat er auch Kaffee und sowas mitgenommen. Und auch noch gefragt: ‚Kann ich auch'n Stück Kuchen mitnehmen?' Hab' ich gedacht: Meinen Kuchen für die andere! Der denkt bestimmt: Ich weiß nichts, ich bin doof, ja, das denkt er bestimmt. Aber ich weiß es doch. Soll er! Wenn er auszieht, hab' ich wenigstens die Wohnung. Natürlich, er kriegt seinen Teil mit. Das steht ihm ja auch zu. Eine Zeitlang, da wollte ich auf und davon. Nur mit ein paar Sachen. Nur weg, kein Meckern mehr hören, Ruhe um mich, Frieden! Aber jetzt denk ich: So jung bist du auch nicht mehr. Warum sollst du die schöne Wohnung aufgeben. Mein Jung' ist groß, ich könnt mir doch mit ihm ein schönes Leben machen. Ja wirklich – das könnt ich wirklich. Immer dieses Meckern. Ich kann's nicht mehr hören. Das ist das Schlimmste. Immer Mekkern, über alles Meckern! Er meckert auch über sich selber. ... Ich hab so nachgedacht: Ich bin eigentlich wie meine Mutter. Obgleich ich sie darin verurteil', ich mach's wie sie, aber ich kann nicht, ich kann nicht mich da so hinlegen und mit ihm schlafen, wenn er grad noch mit mir gemeckert hat. Kann ich nicht, wirklich nicht. Wir machen's höchstens 4 mal im Jahr. Ihm ist es recht. Das geht so seit 2 Jahren, ja, seit 2 Jahren. Soll er geh'n, wenn er will. Er weiß auch, daß er gehen kann."

Eine Person ist bei der Selbstauseinandersetzung offen gegenüber den vielfältigen Erfahrungen ihrer Person und deren Bedeutungen

Eine Person ist offen für ihre Empfindungen und Wahrnehmungen aus ihrer Umwelt und aus ihrem Organismus, die bedeutsam für ihr Selbst sein können. Sie ist offen gegenüber ihrem Fühlen, offen für die Fülle ihrer Erinnerungen, Erfahrungen und Vorstellungen. Grundsätzlich können viele der unzähligen Empfindungen, Wahrnehmungen und Erfahrungen ihrem Bewußtsein ohne Behinderung oder Verleugnung zugänglich sein und zu einer wesentlichen Information für sie werden.

Ein Gesprächspartner ist also ehrlich und echt sich selbst gegenüber. Er ist bereit, sich selbst zu begegnen, sich selbst zu erforschen. Er läßt nichts aus, er beschönigt nichts. Er ist offen für sein eigenes Fühlen und sucht es nicht zu ignorieren. Er ist so auch offen für ungünstige Erfahrungen, ungünstige Empfindungen, Vorstellungen und Gedanken, die sein Selbst betreffen. So mag er sich etwa eingestehen und äußern: „Ich fühl' mich mies, so wie ich ihn behandelt habe." „Bekomm' ich nicht eigentlich zuviel Geld für meine Tätigkeit?" „Ehrlich gesagt, ich habe in den letzten Monaten kaum etwas geschafft." „Offen gesagt, ich kann manchmal über andere Leute unheimlich herziehen. Ich kann dann so'n Typ richtig hochnehmen und ihn ziemlich kalt fertigmachen. Nachher, dann finde ich mich selbst widerwärtig, und ich mag das nicht bei mir." „Ich frage mich: Vergeude ich nicht wichtige Tage und Wochen meines Lebens?"

Der Gesprächspartner ist bei der Konfrontation mit seinem Selbst ohne Verteidigungshaltung offen für den Strom seines unmittelbaren Erlebens und Erfahrens. Er läßt diesen Strom des Erlebens ohne Abwehr auf sich wirken. Dieses Offensein äußert sich auch in spontanem, wenig kontrolliertem Sprechen. „Hier sitze ich, dann sprudelt es so aus mir heraus, und erst nachher sehe ich, was es war."

Wenn eine Person offen ist für ihr Erleben und Erfahren und sich nicht verteidigt, so hängt damit meist zusammen, daß sie sich für sich selbst verantwortlich fühlt. Sie nimmt ihre Schwierigkeiten wahr. Sie erkennt sie als ihre Schwierigkeiten. Sie fühlt sich für ihre Schwierigkeiten verantwortlich. Sie sieht sie nicht als Schwierigkeiten von anderen an. Sie sucht nicht nach Ausreden oder nach entschuldigenden Gründen, die in anderen liegen könnten. Sie ist bereit, nach Lösungsmöglichkeiten zu suchen. Ein Partner lehnt also seine Erfahrungen und Wahrnehmungen nicht ab. Er verteidigt sich nicht. Er ignoriert oder verzerrt die Bedeutung seiner Erfahrungen nicht. Er schiebt die Schuld für sein Fühlen nicht anderen zu, z. B. seinen Eltern oder seinem Ehepartner. So kommt er bedeutsam in seiner Selbstentdeckung und im Verstehen seiner eigenen Person voran. Wenn er sich nicht verteidigt, offen für sein Erleben ist und Verantwortung für sich übernimmt, so bedeutet dies häufig, daß er sich so zu akzeptieren bereit ist, wie er ist und bereit ist, sich mit seinen Fehlern anzunehmen. Häufig steht dies am Ende eines Weges von langer Verteidigung und Verleugnung, langjähriger Ablehnung von Verantwortung für sich selbst. Bis eine Person schließlich deutlich erfahren hat, daß sie sich so zunehmend mehr beeinträchtigt fühlt und keinen Schritt weiterkommt.

Geringes Offensein einer Person, größere Verteidigung und geringe Verantwortung für sich selbst äußert sich häufig in intellektualisierenden, akademischen, abstrakten, weitgefaßten erklärenden Äußerungen. Diese Personen sprechen auch häufig eher von Sachen oder von ihrem Wissen als von ihrem gefühlten Erleben. Sie machen kaum Aussagen über sich selbst oder gar über ihr gegenwärtiges Fühlen. Dieses Verschließen gegenüber den eigenen Erfahrungen drückt ein 25jähriger in einem Einzelgespräch so aus: „Ich möchte jetzt nichts mehr an mich rankommen lassen. Sondern immer, wenn's schwierig wird, dann stehe ich auf, mache Schluß, mach nicht mehr weiter. Das ist alles, was ich noch kann." Er verschließt sich gegenüber seinen inneren und äußeren Erfahrungen und gegenüber seinem Fühlen. Er wünscht keine weiteren Informationen über unangenehme Seiten seines Selbst.

Diese Abwehr von Erfahrungen und diese Verteidigung der eigenen Person vor Erfahrungen geht auch aus dem folgenden Minutengespräch am Telefon hervor, das sich zwischen einem Fremden und einem von uns entwickelte. Hier wird deutlich, daß die Abwehr wesentlicher Erfahrungen die körperliche Gesundheit beeinträchtigen können:

„Es darf mich nicht deprimieren, sonst lande ich in der Klappsmühle. Meine gefühlsmäßigen Erfahrungen, die kann ich nicht durchlassen, sonst drehe ich durch. Ich muß mich eben bemühen, daß es mir nicht unter die Haut geht. Und das ist nicht immer einfach. Damit schütze ich mich selbst. Ich kann ja nicht alle möglichen Dinge, meine Familie und mein Privatleben, damit belasten. Nein, das ist ausgeschlossen! Ich kann es einfach nicht. Ich muß mir eine dicke Pelle anschaffen, das muß ich als Selbstschutz. Ich muß also soweit sein, daß ich also im Moment, wo ich meine Arbeit hinter mir lasse, abschalte und sage: ‚So, verdräng' es!' Aber im letzten August, da kriegte ich plötzlich also hier Leibkrämpfe, so daß ich gedacht habe: Mit mir geht's zu Ende! Und dann bin ich im Barmbecker Krankenhaus gelandet. Na ja, die Leute haben nichts festgestellt. Organisch fehlt mir nichts. Bis man dann sagte: ‚Haben Sie viel Ärger?' Und ich habe ihnen gesagt: ‚Ich hab' nur Ärger.' Die haben gesagt, das kann zu gesundheitlichen Störungen führen. Früher hätte ich darüber gelacht. Aber jetzt hab' ich's am eigenen Leibe mitgemacht."

Beispiele für ein weitgehend verteidigungsfreies Offensein einer Person gegenüber ihren Erfahrungen und ihrem Selbst, für ihre Bereitschaft, sich für sich selbst verantwortlich zu fühlen. Es wird deutlich, daß eine Person bei offener Selbstauseinandersetzung häufig auch ungünstigen Aspekten ihrer Person begegnet. Dies ist oft schmerzvoll. Viele unterlassen deshalb eine offene Auseinandersetzung mit ihrer Person. In förderlichen Gesprächen allerdings erhalten Personen erleichternde fördernde Bedingungen, sich mit sich selbst auseinanderzusetzen:

Eine junge Frau spricht von ihren Schwierigkeiten in ihren Beziehungen zum Ehepartner. Sie kommt dabei mehr auf sich selber und sieht ihre Verantwortung und ihre Beziehung zu den Schwierigkeiten: „Als mein Mann mich neulich mal umarmte, da dachte ich: ‚Mensch, das ist doch ein netter Mensch!' Irgendwie habe ich da richtig Zärtlichkeit ihm gegenüber empfunden. Aber das kommt sehr selten vor. Das liegt vielleicht ja auch an mir. Ich hab' eine Zeit gehabt, da hab' ich nur ihm die Schuld gegeben. Jetzt fang' ich an, in mir die Schuld zu suchen. Ich versuche von mir aus, die Situation zu ändern. Jedenfalls meinen Teil dazu beizutragen, daß es sich ändert. Früher hab' ich immer nur von ihm erwartet, daß er sich ändert, daß er mich mit meinen Fehlern akzeptiert. Jetzt denke ich, daß ich versuchen möchte, meine Fehler abzubauen."

Eine Frau spricht über ihre Schwierigkeiten mit ihrem Ehepartner. Sie ist dabei ehrlich sich selbst gegenüber, offen für die verschiedenen Aspekte und Fehler ihrer Person, bereit, Verantwortung für sich zu übernehmen: „Als wir dann miteinander lebten, da kamen seine Forderungen. Daß er mich aufforderte, mich dazu zu äußern. Das habe ich alles nicht so ernst genommen und für nicht so wichtig gehalten. Nur im Laufe der Jahre hat sich das verstärkt. Jetzt, wo ich die Auswirkungen sehe, erkenn' ich natürlich, was da geschehen ist. Was durch mein Dazutun geschehen ist, durch meine Unterlassungen, wozu ich mich nicht früher bereitgefunden habe. Vielleicht hätte es auch gar nicht dazu kommen können, ich weiß es nicht. Wahrscheinlich mußte es so massiv kommen. Denn sonst hätt' ich's ja schon früher getan, denn seine Aufforderungen dazu waren ja schon immer da. ... Daß ich jetzt erst merke, was mir fehlt, daß ich eigentlich etwas hätte tun müssen, was ich unterlassen habe. Ich habe etwas versäumt. Ich habe mich um etwas nicht gekümmert, worum ich mich hätte kümmern müssen. Und daß mich jetzt erst diese bedrückenden Umstände dazu gebracht haben. ... Ja, daß es etwas ist, worum ich mich jetzt kümmern möchte, womit ich mich befassen möchte. Ich empfinde jetzt, daß da im Grunde etwas ist, was mir fehlt. Was ich vorher nicht empfunden habe. Jetzt merke ich, daß mir etwas fehlt."

In einem gefilmten Gruppengespräch von Carl Rogers wendet sich ein Mann sich selbst zu und sucht offen und ehrlich zu erforschen: Wer bin ich? Was ist mit mir los? Warum tue ich das immer wieder?: „Deshalb kam ich ins Gefängnis. Laßt Euch sagen, was mir Spaß gemacht hat: Ich war ein Verbrecher, ein kaltblütiger Verbrecher. Und sie knieten und sie bettelten um ihr Leben. Das gefiel mir ungeheuer! Es kümmerte mich nicht, wer jene waren: Meine eigenen Leute oder Weiße. Ich brauchte das, versteht Ihr? Ich glaube, die Gesellschaft hat mich dazu gebracht, daß ich das brauchte. ... Und ich dachte, ich könnte auch töten. Und einmal geschah es dann auch. Aber nachdem es geschehen war, dachte ich, ich sei ein Tier. Was haben sie aus mir gemacht? Kann ich zulassen, daß sie das aus mir machen? Warum brauche ich Revolver und Messer? Um mir zu beweisen, daß ich ein Mann bin? Warum muß ich einen unschuldigen Mitmenschen, einen, der mir nichts getan hat, dazu bringen, mich anzuflehen und um sein Leben zu betteln? Um mein Ich aufzublasen? Das frage ich Euch alle. Ich fühlte in mir, daß ich krank war. Ich brauchte Hilfe. ... Ich weiß, ich wurde nicht mit so viel Haß geboren. Aber aus zweifachem Unrecht wird nicht Recht. ... Dies ist es, was ich sagen wollte: Werde ich stark genug sein, daß mich das nicht zerstört? Bin ich stark genug, daß ich das überwinde?"

Ein Gruppenmitglied zu einem anderen: „Weißt Du, ich habe immer einen Weg gefunden am Weg vorbei. Und ich hab' mich immer gedrückt und ich hab' immer ein freundliches Gesicht gemacht und hab' gehofft, daß dann noch irgendwie ein kleiner Weg an der Seite vorbeigeht. Ich bin lieber meilenweit um den Berg herumgelaufen als ihm einmal den Fußtritt zu geben, daß er zur Seite geht. Ich hab's ja soweit gebracht, daß diese Depressionen gekommen sind. Weil ich nicht gehandelt habe. Nachher, als die Depression soweit war, da blieb mir nichts mehr übrig. Da gab's nur noch, den Weg doch zu gehen, den Berg zu versetzen oder aus dem Fenster zu springen. Und weil ich auch Angst hatte, aus dem Fenster zu springen, dachte ich: ‚Dann hast du noch weniger Angst, den Berg zu versetzen.' ... Ich leb' erst seit einem halben Jahr. Zwar unter Krämpfen, aber es ist immerhin mein eigenes Leben."

Ein ca. 30jähriges Gruppenmitglied: „Ich bin sehr zurückhaltend. Also meine Gefühle drücke ich an und für sich selten aus, sie kommen auch selten zum Ausdruck. Also ich erkläre Gefühle immer mit dem Gehirn. ... Ich habe meine Probleme mit anderen Menschen. Also im Zusammenspiel mit anderen. Ich hoffe, daß durch dieses Gespräch hier, in dem man frei redet, das aufhört. Also nicht aufhört, aber daß man dadurch etwas gewinnt, und daß ich das abbaue. ... Ja, mir fällt es schwer, Kontakt zu anderen herzustellen. Selbst wenn andere auf mich zukommen, versuche ich das immer irgendwie abzublocken, indem ich also jemand anderem sofort mißtrauisch gegenüberstehe und auch sofort durch irgendwelche Bemerkungen versuche: Rühr mich nicht an! Sieh' zu, daß Du wieder weggehst! Das ist, wenn irgendwie in meinen Bereich jemand kommt, dringt da ein und versucht, mich aus irgend etwas herauszureißen oder irgend etwas von mir zu wollen oder zu fordern. ... Ich hab' da so'n Kreis oder so'n kleinen Wall aufgebaut. Und jeder, der versucht, den einzureißen, der wird eben abgelehnt, nicht?"

Hedwig, 70 Jahre, in einer gefilmten Gesprächsgruppe: „Ich kann's ja sagen, mein Mann ist ein Trinker. Und da habe ich manchmal gedacht: ‚Das geht doch nicht!' Aber ich hab' immer wegen der Kinder wieder zusammen mit ihm gehalten. Immer wieder. ... Ich füg' mich und schluck' es. Ich hab' sowieso immer nachgegeben, wollen wir sagen. Ich bin nicht ein Mensch, der aus sich herauskommt. Das hat mir auch der Arzt gesagt: ‚Sie müssen mal mit der Faust auf den Tisch hauen!' Aber der Mensch bin ich nicht. Ich kann nicht über meinen eigenen Schatten springen. Ich kann es eben nicht."

Reinhard: „Und Du hast es nicht fertig bekommen, Dich von Deinem Mann zu trennen?"

Hedwig: „Hab' ich schon mal. Und dann war ich wieder so dumm, ich bin wieder zusammen gegangen."

Reinhard: „Du bereust es, daß Du wieder –?"

Hedwig: „Ja, ich hätte noch schöne Jahre machen können, nicht?"

Jürgen, 24 Jahre, ehemaliger Rocker und Strafgefangener in einem Minutengespräch: „Im Bus neulich, da wollte jemand zeigen, daß er der Stärkere ist, der hat seine Frau oder seine Mutter dabei gehabt. Ich weiß auch nicht, na ja, den hab' ich umgepustet. Normalerweise tue ich die Leute anlachen, grins' sie an: ‚Hier mein Jung!' Ich lach' ja immer, wenn ich in Verlegenheit bin. Wenn ich in Druck bin, dann lache ich immer. Also, was heißt lachen, ich grins' immer. Das ist so ein Versteckspiel bei mir. Wenn ich unsicher bin und so. Die Leute sehen das ganz anders, Du weißt, wie das ist. Ab und an, dann flattern mir die Beine, und dann kommt der Nullpunkt. Dann werde ich plötzlich ruhig, und dann geht das ab, dann haue ich aber gleich zu. Weil ich dann gar keinen Sinn mehr sehe in einer Sache. Dann seh' ich nur noch einen Ausweg: Reinschlagen! Draufhalten das Ding! Aber letzte Zeit habe ich nur einmal sowas gehabt, sonst nichts mehr. Ich meine, ich hab's mir zugetraut, nicht? Ich kann nur sagen, zu 80 % habe ich es erreicht."

Fremde Menschen schreiben uns: „Die Trennung von meinem Mann brachte mir eigentlich Selbständigkeit. Aber die seit früher bestehende Angst, abgelehnt zu werden, die ist geblieben. Sie hindert mich, frei und unbekümmert zu leben. Sie hindert mich, meinem Empfinden nach, auch in meinem Beruf als Krankengymnastin den Patienten ein Stück mehr Freiheit zu vermitteln." „Ich wollte erkunden, ob ich etwas für meine Bildung tun könnte. Es wäre schön. Aber es würde mir aus meinem für nichts und niemand verantwortlichen Alleinsein nicht heraushelfen, finde ich. Ich weiß, daß ich mehr mit anderen und für andere etwas tun sollte, um meine Vereinzelung ertragen zu können. Was mich davon abhält, sind meine neurotischen Empfindlichkeiten und Depressionen, die ich ein Leben lang vor mir und anderen versteckt habe. So gut, daß ich nicht einmal selbst die Wahrheit wirklich kenne. Deshalb bin ich immer auf der Suche nach jemand, der sie mir mitteilt."

Eine 27jährige Frau sucht im Einzelgespräch zu klären, mit welchem Fühlen und Erfahrungen es für sie zusammenhängt, daß sie dem Gespräch mit ihrem Mann immer ausweicht: „Ich habe noch darüber nachgedacht. Das letzte Mal sagte ich Ihnen, oder Sie haben es mir nahegelegt, und ich bin drauf eingegangen, aber das stimmt doch nicht: Ich hätte das Gespräch irgendwie gesucht mit meinem Mann. Mir ist doch allmählich klar geworden, daß ich das doch nicht tue. Ich bin nur darauf eingegangen, wenn mein Mann die Forderung stellt: ‚Hier, sag' was dazu! Dann äußere ich etwas dazu. Dann habe ich es versucht. Das, was ich sagen konnte, war oft nicht viel. Das muß ich wirklich zugeben. Das kam aber da nicht an. Von mir aus, das muß ich doch sagen, habe ich eigentlich das Gespräch nicht gesucht, um irgend etwas zu klären. Sondern: Ich hab's nur immer dann versucht, wenn die Forderung meines Mannes dazukam. Aber was ich dann produzierte, das kam mir oft recht gekünstelt vor. Und ich hab' das Gespräch immer weggeschoben. Also ich wußte, es war da etwas Bestimmtes, was nicht klar ist. Da hatte ich auch so'n Unbehagen. Aber ich hab's beiseite geschoben in der Hoffnung, das ergibt sich von selbst, ach, das regelt sich schon. Ich hab' immer zu ihm gesagt: ‚Du, das verstehe ich nicht, was meinst Du eigentlich damit?' Das war so wie ein Block."

17jähriger Heimjugendlicher aus der Drogenszene, der vor einer Woche versucht hat, sich das Leben zu nehmen, bei einem 1. Telefongespräch mit einer Helferin: „Also im Grunde genommen nehm ich ja die Drogen, um glücklich und zufrieden zu sein. Und wenn ich dann mal ohne Drogen glücklich und zufrieden bin, dann ist das ja noch viel mehr wert. Das ist so dann auch 'n echtes Glück. Weil das andere, das ist ja so'n aufgezogenes Glück. Weil, du hast ja soviel Drogen genommen. Und wenn Du soviel Drogen genommen hast: Dann mußt Du eben glücklich sein. Kannst ja nicht unglücklich sein, dann wären ja 50 Mark in 'n Wind geschossen. Aber wer schießt schon 50 Mark in'n Wind. Aber wenn man nun mal so richtig glücklich ist, ohne Drogen, ohne Kohle, ohne alles, das ist ja dann der wahre Frieden. Das halt ich auch wieder 'ne Woche durch, wenn ich so'ne Nacht dann hinter mir hab'. Aber dann kommt wieder der kleinere Kram und bam bam bam. Dann kommt das andere alles wieder, dieses beschissene Leben."
Helferin: „Wenn Du das 'n bißchen stärker ausbauen könntest, dieses Zufriedensein ohne Drogen?"
„Ja, das wär' wahnsinnig gut, das klappt einmal im Monat. Da muß ich Glück haben, wenn ich so'n Tag erwischt habe. Dann wach' ich auf: Tolles Wetter, ja, ich fühl' mich erst mal wunderbar. Gut geschlafen. Dann kommen so kleine Überraschungen, also dann ist Mittwoch, dann gibt's Brötchen statt hartem Brot in dem Heim. Und dann freu' ich mich schon mal, und dann sag' ich mir: Mensch, mit Brötchen hast du gar nicht gerechnet, das ist 'ne richtige kleine Freude. Und denn gibt's statt der häßlichen Marmelade Honig. Und das ist schon der kleine gute Pluspunkt. Und dann klappt's bei der Arbeit auch noch. Denn ist die Arbeit eben schneller vorbei, der Meister sagt: Jetzt gibt's Mittagessen. Dann denk ich: Was schon Mittagessen? Klasse! Und denn zack rüber Mittag machen. Und um 1 brauchen wir erst wieder rüber. Und denn geh' ich wieder rüber. Und denn ist nicht richtig was zu arbeiten da. Denn steh'n wir da 'n bißchen rum, und das schöne Wetter, und denn geh'n wir 'n bißchen raus, und denn mit einem Mal ist wieder Feierabend. Und denn sag ich: Mensch, Feierabend! Rein in die Feierabendsklamotten und bißchen amüsieren und denn hab' ich vielleicht auch noch 'n bißchen Taschengeld. Denn sag ich: Heute kannst mal verzichten auf'n Hauptbahnhof. Und denn sag' ich: Es geht auch ohne Drogen. Aber das sind eben Ausnahmefälle. (Helferin: „Die erlebst Du so als Sternstunden in Deinem Leben, und es gibt sie zu selten.") Ja, genau, wahnsinnig selten. Mein letzter Sterntag, der liegt unwahrscheinlich lange zurück. Ich hab auch gar keine Zeit zu Sterntagen. Ich hab' mich schon mal richtig drauf konzentriert auf'n Weg zur Arbeit: Die Bäume zu sehen, jeden Tag konnt' ich mal denselben Strauch angucken. Aber der muß sich doch verändert haben, er kann doch nicht mehr so

sein, wie er gestern ist, es ist doch schon wieder 'n Tag rum. Die Knospen müssen also weiter rausgekommen sein. Will ich doch nicht nur so stur vorbeigehen, sondern angucken: Hier, was hat es gebracht, okay: Die Knospen sind größer, die Blätter sind größer usw., nicht."
Helferin: „So daß Du auch den Blick für die Natur so in Dir erlebst."
„Ja, für die Freuden des Lebens. Ich bin ja Naturmensch. Freu' ich mich drüber. Oder wenn da mal 'n Hase sitzt, 'n kleines bißchen länger angucken, nicht, und sich freuen. Ja aber dann, ja dann kommen wieder die Probleme, weil – ich hab' keine Zeit, dahin zu gucken. Ich hab' keine Zeit, den Baum nochmal anzusehen. Sondern ich muß mir Gedanken darüber machen: Wie krieg ich den Tag rum? Was mach' ich, wenn ich 18 bin usw. usw.
Helferin: „Die verdammten Sorgen sind es eigentlich, die Dir die Zeit nehmen, das Schöne, was Du ohne Geld geschenkt kriegst, was Dir eigentlich am Wegrand begegnet, und wovon Du die Gabe hast, schön zu finden, die Zeit hast Du einfach nicht. Weil Du Dir so unheimlich viel Sorgen über Dich machst."
„Ja, genau, und meistens ist es so, daß ich mir Sorgen über andere Leute mach'. Und zwar, um meine eigenen Sorgen zu verdecken, guck' ich mir die Probleme anderer Leute an. Daß ich dann so wahnsinnig viele Leute hab', die zu mir kommen, und die sich bei mir ausweinen, und wo ich mich selber dann auch 'n bißchen bestätige, wo ich denn so'n Rat gebe usw. Aber dann kommen wieder Leute an: Du hast dem und dem unwahrscheinlich geholfen dadurch, daß Du ihm zugehört hast. Aber Du hast nun das gleiche Problem, wirst aber nicht damit fertig. Also ich hab' schon dreimal jemand zurückgeholt, also, der auch Selbstmord machen wollte. Aber habe nie geglaubt, daß ich das selber mal machen würde. Aber das ist eben so: In anderer Leute Probleme kann ich mich unheimlich gut hineinsteigern, kann ihnen also kleine Ratschläge geben. Ich kann ihnen unwahrscheinlich viel auch von mir erzählen oder einfach mal zuhören, weil ich einfach aus Erfahrung weiß: Einfach nur zuhören, das hilft auch schon unwahrscheinlich. ... Wenn ich aber denn das gleiche Problem hab', dann kann ich nicht zu mir selber sagen: Das und das. Ich kann doch keine Selbstgespräche führen. Ich kann mir doch nicht selber zuhören. Und deswegen muß ich das eben alles schlucken, alles fressen, und so ist das qualvoll, jeden Tag. Und denn ist das eben an einem Tag mal übergelaufen. Da hatte ich denn eben nur noch Platz für 'n paar Tabletten. Aber irgendwo finde ich das denn jetzt auch schon wieder blöd. (Helferin: „So kannst Du dazu nicht mehr stehen, daß Du Dich da so ganz aufgegeben hast?!") Ja, eben."

Im folgenden Gesprächsausschnitt äußert eine ca. 30jährige Frau in selbstehrlicher Weise ihre Bedürfnisse, ihre Befürchtungen und ihre negativen Erfahrungen mit ihrer eigenen Person. Sie bemüht sich, herauszufinden, woran dies bei ihr liegt: „Ich weiß nicht, ich hab' immer noch Schwierigkeiten, ich kann meine Bedürfnisse nicht richtig äußern. Ich meine, meine sexuellen Bedürfnisse. Ich hab' dann Angst, daß es meinem Freund so geht, wie mir jahrelang. Daß er nur mit mir schläft, weil ich es möchte. So manchmal, wenn wir verschiedener Meinung sind und uns gekabbelt haben, dann ist mein Bedürfnis besonders stark. Ich muß dann einfach wissen, daß er mich noch mag. Das Gefühl brauch' ich. Ich habe mir jahrelang Zuwendung und Anerkennung in meiner Ehe erschlafen. Davon komm' ich nicht los. Mein Mann war darin unersättlich. Ich war immer heilfroh, wenn er nichts von mir wollte. Aber das war selten, daß er sich rumdrehte und gleich einschlief. Jetzt ist es bei mir eher umgekehrt. Jetzt ist mein Freund froh, wenn ich nichts von ihm will. Ja, darüber hat's schon ziemliche Aussprachen zwischen uns gegeben. Ich brauch' eben so verdammt nötig Zuwendung und Zärtlichkeit. Ich hab' auch gemerkt, wenn ich von anderen mehr Zuwendung und Beachtung bekomme, dann ist mein sexuelles Bedürfnis geringer. Das ist ganz eigenartig. Aber das ist so. Ich komm' nur nicht klar, wie ich es meinem Freund sage, daß ich sexuell erregt bin. Da ist immer die Angst in mir, er macht es nur, weil ich es möchte. So wie ich mich darin jahrelang meinem Mann angepaßt habe. Ich weiß nicht, wie ich dahinterkomme, daß wir uns darin verständigen."

Ein Jugendlicher mit homosexuellen Neigungen, der beginnt, hierfür offener zu werden und sich zu akzeptieren, äußert in einem psychotherapeutischen Gespräch: „Ich merke auch, also wenn ich mich nicht mehr so dagegen sträube, auch jetzt im Moment, dann finde ich das irgendwie schön und entspannend. Ich merke so, meine Gefühle können ja durchkommen, ich kann meinen Gefühlen nachgeben. Ich brauche da nichts abzudrängen und die Augen zu verschließen. Das finde ich schon so ganz schön, daß das so in mir durchkommt. Auf der anderen Seite ist es auch wieder erschreckend, daß das so durchkommt. Aber gut ist es doch, daß ich endlich einmal festgestellt habe, was in mir ist."

In einer gefilmten Gesprächsgruppe äußert sich ein beurlaubter Strafgefangener über sich selbst. Die Gruppe hilft ihm dabei, sich selbst mehr zu erforschen, sich weniger zu verteidigen und mehr Verantwortung für sich zu spüren:
Bernd: „Ja, irgendwelche kriminellen Handlungen. War mir einfach egal."
Anne-Marie: „Was hast Du gemacht?"
Bernd: „Oh, man, alles mögliche, alles was kriminell ist. Kam mir auch nicht irgendwie darauf an, mich materiell zu bereichern an irgendwelchen Sachen. Das hab' ich einfach nur so –"
Ulrich: „Geklaut hast Du da, oder was meinst Du?"
Bernd: „Ja, alles mögliche. Ich war auf jedem Gebiet tätig: Überfall, Einbrüche und mit allem möglichen Kram."
Leonie: „Messerstecherei hast Du auch mal gehabt?"
Bernd: „Hab' ich auch mal gehabt, ja."
Ulrich: „Ja, und wie stehst Du heutzutage – ist immer noch diese Wut in Dir oder was? Ich meine, das ist –"
Bernd: „Nein, ich hab' mich an und für sich ziemlich beruhigt. Bin irgendwie gleichgültig geworden, weißt Du. Ich laß das alles so."
Ulrich: „Gleichgültig geworden?"
Bernd: „Ja, so, so –"
Ruth: „Abgestumpft irgendwie?!"
Bernd: „Ja, irgendwie fühl' ich mich gar nicht mehr dazugehörig. Ich laß das so alles an mir vorbeilaufen."
Ulrich: „Also Du gibst Dich jetzt schon auf oder was immer. Ich meine, Du bist jetzt schon ein Spielball Deiner Umwelt."
Reinhard: „Wir sprachen heute morgen miteinander. Und Bernd erzählte mir, daß er seit 4 Jahren in einer Anstalt ist. Und ich glaube, wenn ich 4 Jahre in einer Anstalt sein würde, ich würde vollkommen abstumpfen."
Leonie: „Bernd, Du hast mir erzählt, wenn Du über diese Dinge nachdenkst, dann könntest Du gar nicht mehr schlafen. Also, das ist ja auch –"
Bernd: „Das ist so: Manchmal komm' ich abends in der Zelle so ins Grübeln und so. Und dann renn' ich da immer hin und her. Und das sind immer 5 Schritte hoch und 5 Schritte runter. Stundenlang, und kann einfach nicht schlafen. Kann auch nichts anderes machen. Nur total weg bin ich. Kann nicht lesen und nicht schreiben und so irgenwie so total ausgeklinkt, ja."
Leonie: „Und um das zu vermeiden, da läßt Du die Karre eben laufen?!"
Bernd: „Ja. Und das ist manchmal ganz schön schwierig, das irgendwie zu vermeiden."
Ulrich: „Was zu vermeiden? Die Karre laufen zu lassen oder was?"
Bernd: „Nein, sich keine Gedanken darüber zu machen."
Anne-Marie: „Weil sie dir immer wiederkommen, die Gedanken?"
Bernd: „Ja, Du, ich hab' manchmal so richtig das Bedürfnis, meine Zelle in Stücke zu schlagen."
Anne-Marie: „Du, das glaub' ich, hätte ich auch."
Bernd: „Oder wenn irgendein Schließer reingrinst, einfach reinzutreten in den Mann oder so. Na aber, das ist immer nur ganz kurz, dann verkrampft sich das alles. Ich möchte dann angreifen und – und dann ist das alles wieder schnell vorbei. Dann unterdrücke ich das wieder. Dann denke ich immer nicht mehr darüber nach."
Anne-Marie: „Die Gefühle, die Du eigentlich hast, die kannst Du noch gar nicht einmal leben. (Bernd: „Nein.") Also, daß Dir gar nicht gestattet ist, eigentlich Deine Gefühle zu leben, denn sonst würdest Du Deine Situation irgendwie noch verschlimmern?"

Bernd: „Ja, manchmal hab' ich richtig Angst, irgendwie zu reagieren. Ich denk' immer: ‚Das ist verkehrt!' Ich hab' Angst, daß ich mal so richtig abdrehe und dann da irgend etwas Schlimmes anrichte, so daß ich tatsächlich mal einen angreife und den dann tatsächlich in Stücke reiße oder so. Ich hab' immer so – manchmal kommt das so über mich, dann fehlt nur noch, daß ich dann anfange zu knurren oder so. Dann wär' das Bild perfekt als Untier."
Ulrich: „Sag' mal, magst Du Dich eigentlich selber leiden?"

Bernd: „Wie soll ich das jetzt auffassen? Das ist sehr kompliziert."
Ulrich: „Ja, Du sprichst immer – wenn Du von Dir sprichst, hast Du gesagt: ‚Untier'. Und das hat für mich einen negativen Beigeschmack. Meinst Du, Du bist ein Untier oder so etwas?"
Bernd: „Ja, wenn ich das tun würde, was ich manchmal denk', dann ja. Aber ich tue es ja nicht und darum nein."
Ruth: „Darum unterscheidest Du Dich eben von einem Untier. (Bernd: „Darin ja.") Indem Du abschätzen kannst, was Du machen darfst und was eben nicht."
Horst (auch aus einer Strafanstalt beurlaubt): „Wie waren Deine Gefühle Deinem Vater damals gegenüber? Denn er war ja nun ein Trinker?"
Bernd: „Ach, Du, den hätt' ich auf deutsch gesagt am liebsten umgelegt, und das wär' keine Frage gewesen, warum. Der mußte irgendwie weg. ... Der vegetiert jetzt irgendwo im Gelände rum oder so. ... Ja, ich haß' den Mann irgendwie abgrundtief so. Wenn ich ihn sehen würde, denn – wenn ich ihn mal gesehen habe, dann war das wie so'n Prickeln, vorne im Zahnfleisch. Ich habe gedacht, alles wird tot, alles stirbt ab. Ich habe gedacht, jetzt geht es gleich los, jetzt. ... Du mußt – Du kannst Dir vielleicht nicht vorstellen, was für ein Verhältnis das war. Immer wenn er volltrunken nach Hause kam, dann hat er die Bude auseinandergeschlagen und laufend Krieg gehalten mit meiner Mutter. Und uns hat er auch geschlagen, meinen Bruder und mich, und er ist immer auf uns losgegangen und so. Und darum."
Reinhold: „Bernd, ich hab' aus Deinen Äußerungen immer so etwas gespürt wie: Du büßt etwas ab und kannst im Grunde genommen keine Schuld empfinden. Oder Du siehst die Schuld nicht bei Deiner Tat, ja?"
Bernd: „Ja, das stimmt. Ich seh' da echt keinen Sinn mehr, weil – ich hab' immer das Gefühl, daß ich dadurch abgestorben bin."

Ein Kapitän in einem Minutengespräch am Telefon mit der Helferin: „Ich habe meine Menschlichkeit verdrängt durch mein Strebertum. ... Ich war so einer, der alles leisten wollte, was man von außen von ihm erwartet. Ich machte alles mögliche. Ich bin noch nach N.... gegangen und hab' da noch Prüfungen abgelegt. Das waren alles nur Selbstbestätigungen. Wenn ich feststellte, wie die ausgefallen waren, dann war ich wieder für kurze Zeit befriedigt. Aber dann setzten wieder die Zweifel ein. Nur in meinem Job, da war ich erfolgreich. So im Menschlichen, da war ich voller Hemmungen. ... Ich hab' mir 'n ziemlich dickes Schild aufgebaut. Ich brauch' da einen dicken Bohrer, um ein Loch reinzukriegen. ... Mitgefühl, das kenn' ich nicht, aber in der Gruppe, da fand ich das richtig erleichternd."

Ein Mitglied einer Gesprächsgruppe schreibt in einem Brief an uns über seine frühere Einstellung, seine Schwierigkeiten zu ignorieren. Nach einer ehrlichen Auseinandersetzung mit sich selbst fühlte er sich fähiger, zu wachsen und zu reifen: „Mir hat dieses Wochenende mit dem Gruppengespräch sehr geholfen, mir über bestimmte Empfindungen Klarheit zu verschaffen. Ich hatte in den vergangenen Monaten alle meine Probleme sauber in Kapseln verpackt. Ich konnte jedem Auskunft über meine Gefühlslage geben, ohne ihm dabei wirklich meine Gefühle preiszugeben. An diesem Wochenende sind wohl die meisten Kapseln aufgesprungen. Zwei oder 3 Tage lang fast nur in Gefühlen zu baden, ist ein so ungeheueres Erlebnis, daß selbst ich mit all' meiner Skepsis mich dem nicht entziehen konnte. Mir wurde klar, daß ich, wie zuvor in meiner Ehe, bestimmte Rollen spiele. In dem Gruppengespräch ist mir bewußt geworden, daß ich eine ganze Menge Bedürfnisse verdrängt hatte. Mit dem Knacken der Kapseln bin ich mal wieder in die Nähe des Nullpunktes gekommen. Ich fühle mich in vielen Dingen nicht mehr so sicher wie vor diesem Gruppengespräch. Aber ich glaube, meine Chancen für einen Neuanfang sind damit besser."

Eine Person ist bei der Selbstauseinandersetzung gefühlsmäßig beteiligt und äußert ihr Fühlen

Dies ist ein weiteres bedeutsames Merkmal hilfreicher Selbstauseinandersetzung. Während eine Person sich äußert, läßt sie ihr Fühlen zu. Sie äußert teilweise ihr Fühlen, etwa ihre Trauer, ihren Schmerz, ihre Freude, ihren Ärger oder ihr Verletztsein. Dieses Fühlen kann zusammenhängen mit früheren Erfahrungen und wird teilweise wiedererlebt. Oder es kann zusammenhängen mit Erfahrungen im derzeitigen Leben oder mit der unmittelbaren Gesprächssituation.

Die gefühlsmäßige Beteiligung eines Gesprächspartners ist ein Anzeichen, daß die geäußerten Erlebnisse, etwa auch zurückliegende Erfahrungen, für ihn jetzt unmittelbar persönlich bedeutsam sind. Gelegentlich wird manchen Personen die große persönliche Bedeutung besonders bewußt. Sie sind gefühlsmäßig erschüttert und weinen, wenn sie in große Nähe zu ihrer eigenen Person kommen und sich selbst begegnen. Sie spüren die große Bedeutung, die diese Selbstöffnung und die Auseinandersetzung mit ihrem Selbst jetzt für sie hat. Gelegentlich sind auch Personen zusätzlich gefühlsmäßig erregt, weil sie in diesem Moment nicht wissen, wohin sie der Weg ihrer Selbstöffnung und Selbstauseinandersetzung führt. Sie fühlen sich etwa sehr ängstlich, weil sie zum ersten Mal vor anderen Menschen ihre langjährig gehüteten Schutzpanzer verlassen.

So werden also Gesprächspartner durch die Äußerung ihrer persönlich bedeutsamen Gedanken und gefühlsmäßigen Erlebnisse innerlich bewegt, sie werden gefühlsmäßig berührt.

Geringe gefühlsmäßige Beteiligung eines Gesprächspartners bei der Auseinandersetzung mit sich selbst und auch beim Hören der Äußerungen anderer ist häufig ein Zeichen, daß die Inhalte für seine Person nicht bedeutsam sind oder er sich in hohem Maße kontrolliert und einen Teil seiner Person unterdrückt.

Geringe gefühlsmäßige Beteiligung eines Gesprächspartners äußert sich etwa so: □ Er wirkt eher distanziert und unterkühlt bei seinen persönlichen Äußerungen, so als ob es für ihn nichts Wesentliches oder Bedeutsames sei. Er wirkt wie ein Unbeteiligter oder ein Nachrichtensprecher, der sich mit irgend etwas „Sachlichem" beschäftigt, das gleichsam außerhalb von ihm liegt. Er berichtet eher im Stil eines Erzählers über seine Erlebnisse. Seine Stimme klingt teilnahmslos, mechanisch oder eintönig. Horst, in einer gefilmten Gesprächsgruppe zu einem anderen Mitglied: „Ich glaube, bei Dir ist das so: Du hast immer denselben Ton, immer dieselbe Lautstärke und so weiter. Das glaube ich. Also ich empfinde das jetzt so, daß Du vielleicht, wenn Du eine Frage herzlicher meinst, auch etwas anders sprechen solltest und nicht so sehr im nüchternen Ton." □ Der Gesprächspartner äußert sich oft so, als ob er die Erlebnisse einer a n d e r e n Person berichtet oder als ob er seine Erlebnisse aus der Vogelperspektive sieht. Er wird von seinen Äußerungen innerlich nicht berührt, sie machen ihn nicht betroffen. Zum Beispiel spielt er frühere Gefühle und Erlebnisse herunter und macht sie kleiner.

Beispiele für Äußerungen mit bewegtem inneren Fühlen, meist aus gefilmten Gruppengesprächen. Auch wenn es sich teilweise um vergangene Erlebnisse handelt, sind sie für den Gesprächspartner im Augenblick des Sprechens von hoher Bedeutung.

Rolf, nachdem Mario sich über die schlechten Beziehungen zu seinen Eltern geäußert hat: „Ich kann das unwahrscheinlich nachempfinden, und es geht mir un-

wahrscheinlich nahe, das zu erleben. Ich hab' da auch ein unwahrscheinliches Problem, zu meinen Eltern (weint). Ich fühl' mich nicht als Mensch von ihnen angenommen. Ich fühl' mich – wenn ich gut bin, wenn ich stark bin, ja, wenn ich gute Leistungen bringe, dann okay, dann bejaht man mich. Aber wenn ich schwach bin, dann: Wer bist Du denn? Ich kann das nicht. Das kann ich nicht akzeptieren, daß ein Mensch nur den Wert hat, wenn er die Leistungen bringt, das kann ich irgendwie nicht. Ich finde, niemand hat das Recht, jemand anders in seinem Wert herabzumindern, nur weil er das eben nicht so macht, wie die andern es sich vorstellen. Ich wein' jetzt zwar, und das bewegt mich auch unwahrscheinlich stark, aber ich habe den unwahrscheinlich festen Willen – und ich hab's bis jetzt auch immer so gemacht, aber es bedrückt mich gleichzeitig: Ich bin nicht bereit, nach den Vorstellungen anderer zu leben. Das kann ich nicht akzeptieren. ...
In mir ist das Gefühl hochgekommen, was vielleicht schon sehr, sehr lange in mir ist. Und was ich irgendwo nie erkannt habe. Ich kann das bei Mario so nachempfinden. Ich kann ihm das nachfühlen, wie beschissen das ist und wie er das vielleicht auch empfindet. Aus mir ist das bisher auch nie rausgekommen. Aber jetzt in diesem Augenblick (weint) bin ich sehr dankbar dafür, daß ich das so fühlen kann, diese Traurigkeit."

Eine Mutter von 2 Kindern: „Das ist genau in dem Ton, wie ich es dauernd von meinem Mann und anderen zu hören kriege: ‚Nimm Dich doch mal zusammen, Mensch! Nun kannst Du doch nicht hier so sitzen und Dich so hängen lassen!' Irgendwo wird mir dann immer nur um so bewußter, wie ich versagt habe, daß ich das ganz einfach nicht schaffe, mich jetzt zusammenzureißen. Dann werde ich um so wütender auf mich selber, daß ich das einfach nicht bringe. Ich weiß, ich sollte das tun und ich müßte das tun, und alle Welt verlangt es von mir. Und ich bring's einfach nicht. Das macht mich wahnsinnig wütend auf mich selber und häufig auf meine Umwelt, und dann mach ich es noch schlimmer."

Bernd, ein ehemaliger Rocker, aus jahrelanger Einzelhaft auf Urlaub zur Teilnahme an einer Gesprächsgruppe, äußert seine Schwierigkeiten unter Menschen, z. B. auch in dieser Gruppe zu sein: „Ich bin verhaftet worden und saß im Knast. Ich krieg irgendwie Angstzustände, wenn ich mit mehreren Menschen so zusammen bin, die ich so gut wie überhaupt nicht kenne oder noch nie gesehen habe. Das war zu Anfang, da hab' ich erst 'nen bißchen Hemmungen gehabt. Jetzt geht es etwas besser. Aber so z. B., wenn ich auf Urlaub fahr', und ich geh' in 'ne Diskothek rein, Du, ich werd' wahnsinnig da drin! Ich kann das gar nicht beschreiben, wie das ist. Ich werd' verrückt, ich krieg' keine Luft mehr, ich dreh' ab da drin, ich schmeiß' mit Tischen um mich, wenn ich da nicht rauskomme."
Hilde: „Du hast mir das erzählt heute morgen. Du hast das Gefühl, ein jeder würde Dir ansehen, wo Du herkommst. Ich hab' versucht, Dir das auszureden."
Bernd: „Ja, das habe ich, das bilde ich mir manchmal auch ein irgendwie. Dann bilde ich mir ein, die Leute, die starren mich alle an. Und dann werde ich verrückt dann. Ich weiß nicht, ich kann das jetzt so schlecht beschreiben. Es ist so kompliziert, aber ich werde wahnsinnig dann."

Eine 62jährige Frau wird in einem Gruppengespräch gefühlsmäßig sehr von den Eheschwierigkeiten eines Mannes berührt. Sie kämpft mit den Tränen und sagt nichts. Nachdem Claudia, ein Gruppenmitglied, sie angesprochen hat, sagt sie weinend: „Ja, ich möchte das auch können. Ich habe eine ähnliche Situation zu Hause. Und ich möchte das gerne los werden. Aber ich kann's nicht! Ich bin das erste Mal in einer Gruppe. Und das sind Dinge, die sehr lange zurückliegen und jetzt plötzlich akut werden. Die belasten mich immer noch. Das ist sehr schwer. Ich hoffe, daß ich morgen die Kraft haben werde, es zu sagen."

Claudia: „Du fühlst Dich im Moment so schwach, weil Du Angst hast, Du fängst gleich an zu weinen?!"
Die Frau: „Ja, deshalb, ich möchte heute nicht (weint). Morgen hab' ich mich vielleicht etwas an Euch gewöhnt. Und die Dinge, die heute zur Sprache kamen, die hab' ich dann auch verarbeitet, so daß ich selbst Worte finde, über meine Probleme zu sprechen (weint)."
Die Gruppe akzeptiert ihren Wunsch. Und am Nachmittag des nächsten Tages spricht sie. Ihr Mann und sie würden nicht mehr zusammen reden. Ihr Mann habe sie häufig geschlagen. Unter Tränen sagt sie: „Mein Sohn hat oft zu mir gesagt: ‚Warum wehrst Du Dich nicht, wenn er Dich so kränkt und so unterdrückt?' Da hab' ich nur gesagt, wenn ich ihn anfassen würde, dann würde ich keine Achtung mehr vor ihm haben. Ja, damals hatte ich noch Achtung vor ihm. Aber jetzt nicht mehr. Seit einem halben Jahr ist es ganz schlimm, wirklich ganz schlimm. Wenn du mit ihm über etwas redest, auch in anderer Gesellschaft, dann redet nur er. Nur er hat Recht. Und wenn jemand anders Recht hat, dann fängt er an zu zittern und schreit: ‚Nein, das stimmt nicht!' Ja, ich seh das so richtig vor mir. Ich habe ihn öfters schon herausgefordert, indem ich gesagt habe: ‚Nein, das finde ich aber anders.' Da kriegt er einen riesigen Wutanfall. Ja, ich darf überhaupt nicht antworten, ich bin ein Stückchen Dreck für ihn. Ich bin so kaputt!" (weint und kann nicht mehr weitersprechen. Die Gruppe sitzt um sie herum, einige streicheln sie; einige Minuten später spricht sie weiter).

„Ich bin Euch so dankbar, daß ich das mal los geworden bin. Das hat mich so bedrückt. Es saß so fest in mir. Ich habe nirgends Verständnis gefunden. Aber wie finde ich den Ausweg, ich muß da raus!!! (weint) Vor der Scheidung, vor diesem endgültigen Schritt, habe ich Angst. Ich habe Angst davor, wie er reagiert. Ich weiß es auch für mich nicht. Ich bin immerhin 62 Jahre. Was hab' ich noch vom Leben zu erwarten? Vielleicht Ruhe? Ja, aber werde ich damit fertig, alleine zu sein? ... Ich weiß nicht. Er brachte mich hier her und sagte: ‚Ich weiß gar nicht, was Du hier willst.' Ich sag: ‚Ich hab' Dir das doch erklärt.' ‚So'n Quatsch', sagt er, ‚was willst Du denn hier?' Dann knallt er mir die Tasche vor die Füße und fährt weg. Ich finde zu anderen Leuten ja auch schneller Kontakt als zu meinem eigenen Mann. Die Beziehung ist tot. Mein Mann sagt oft zu mir: ‚Wer bist Du denn? Du bist ja doof oder Du spinnst ja, Du kämst ja draußen alleine überhaupt nicht mehr zurecht.' Ich meine, ich kann mich ja auch mit andern verständigen, und ich könnte mit ihm auch sprechen, aber er will das gar nicht. Ja, ich bin aber so froh, daß ich das loswerde. – Mir ist wohler jetzt."

Gerda setzt sich in einer Gesprächsgruppe sehr gefühlsbeteiligt mit sich selbst und ihrem Fühlen in ihrer Ehe auseinander: „Ich spür's, ich tu ihm weh, wenn ich ihm klarmach: ‚Du, was Du mir gibst, das gibt mir nicht genug!' Ich komm' mir vor wie so ein Monster. Was will ich eigentlich? (weint) Dann tut es mir weh, daß ich ihm weh tue. ... Er ist besorgt um mich. Aber er kann mir das, was ich brauche, irgendwo nicht geben. Ich bin soweit, daß ich weiß, daß ich das nicht von ihm verlangen kann, genauso wenig, wie ich ja mich seinetwegen ändere. Er bräuchte vielleicht auch eine ganz andere Partnerin als mich. ...
Mein Mann, der war mein Typ, äußerlich. Und ich glaube nun, daß er eben wesensmäßig gar nicht zu mir paßt. Und was mich so sehr traurig macht ist: Je mehr ich entdecke, was für ein Mensch ich bin oder glaube, zu mir zu finden oder meine Interessen wiederentdecke und etwas für mich tue, je mehr entferne ich mich irgendwo von ihm. Das spüre ich. Das tut mir andererseits wieder so weh, weil ich merke, er liebt mich mehr als ich, so daß ich mich manchmal frage, was will ich eigentlich? Was bin ich bloß für eine Ziege, verstehst Du das? Ich glaube, daß ich irgendwo zuviel verlange.
Ich bin eigentlich manchmal in der letzten Zeit recht egoistisch. Ich geh' weg und fühl' mich ohne meinen Mann häufig sehr wohl. Früher ist mir das dadurch immer schwer gefallen, daß er so gut sprechen konnte und er immer die Kontakte knüpfte. Und jetzt versuch' ich es auf eigene Faust, und manchmal gelingt es mir, das macht mich dann sehr stolz. Und dann denke ich überhaupt nicht an ihn. Und wenn er dann sagt, daß er mich ja so sehr lieb hat und ohne mich sein Leben verpfuscht wär' und so, dann hab' ich eben Schuldgefühle. ... Ich möchte so sehr gerne, das mag jetzt blöde klingen für Euch, aber ich möchte so gerne auch mal verwöhnt werden. Ich möchte nicht immer so theoretisch gesagt bekommen: ‚Ich liebe

Dich. Weißt Du überhaupt, daß Du eine schöne Frau bist? Du bist rassig. Mensch, ich hab' Angst um Dich, hoffentlich verknallt sich nicht jemand in Dich." Das ist alles bla-bla-bla! Naja, man hat 2 Kinder zusammen und irgendwo tut mir das schon weh (weint). Aber ich weiß, daß diese Gefühle in mir sind. Also mein Glück ist eigentlich – ich bin viel weggegangen in der letzten Zeit, allein, und hab' zum Glück nur Männer kennengelernt, die mit mir ins Bett wollten. Und das ist das, was ich gerade nicht suche. Und das ist mein Glück! Ich kann mir nur wünschen, daß ich nicht einem begegne, der mir mal das gibt, was ich so sehr brauche."

Gertrud (50 Jahre, Wirtschafterin) setzt sich in einer gefilmten Betriebs-Gesprächsgruppe in Gegenwart ihres Firmenchefs und anderer Firmenmitglieder mit ihrer Beziehung zu ihrem Chef unter starker gefühlsmäßiger Beteiligung („Jetzt krieg' ich Herzklopfen") auseinander: „Ja, ich hab' das auch schon morgens gehabt, wenn ich Brötchen raufbringe. Dann hab' ich den Chef auf der Treppe getroffen. Dann ist er dran vorbeigegangen. Da knaus ich den ganzen Tag dran. Sagt er nicht ‚Guten Morgen!' "
Max (45 Jahre, Unternehmer): „Was?" (Gruppe lacht)
Vera (30 Jahre, Sachbearbeiterin): „Das stimmt! Aber wir haben Dir das immer gesagt."
Gertrud: „Also das tut so weh! Das tut sehr weh!"
Vera: „Nein, nein, das meint der aber nicht so."
Gertrud: „Nein, Sie meinen es nicht so. Das hab' ich jetzt auch schon rausgefunden. Aber man knaust irgendwie den ganzen Tag daran."
Vera: „Ja, er kommt ja auch morgens bei uns rein, geht durch, und wir gucken uns an und sagen: ‚Was hat er denn nur schon wieder?!' "
Max: „Aber ich glaub', Ihr sagt es mir dann meistens, nicht?"
Gertrud: „Ja, aber ich würde das nie wagen. ... Ihr dürft nicht vergessen: Wir sind von zu Hause – naja, wir mußten gehorchen. Wir kamen ins Pflichtjahr. Wir mußten in den Arbeitsdienst. Es war ewig ein Gehorchen, nicht? ... Ich könnte nie ein Gespräch mit dem Chef anfangen, obgleich ich manchmal das möchte, wenn wir mal so zusammensitzen oder so, dann möchte ich mal rangehen und sagen: ‚Herr Klumpp'. Trotzdem Herr Klumpp ja sehr oft sich neben uns setzt. Und dann habe ich das Gefühl, ich möchte mal mit ihm reden, persönlich. Ich kriege es nicht fertig, trotzdem ich schon 50 geworden bin. ... Ja, dann würde ich bange sein, würde der Chef sich denken: Was will die denn? So – dieses Gefühl! (Lachen) Das ist alles blöd! Aber das ist gar nicht irgendwie so – ich finde das gar nicht lächerlich. ... Der Chef empfindet das gar nicht. Das ist irgendwie sehr hart manchmal für mich!"
Anne-Marie: „Das ist etwas, was Dir eigentlich unheimlich zu schaffen macht. (Gertrud: „Ja, wirklich!") Ich meine im Augenblick lachen wir, aber Du sagst eigentlich, Dir ist gar nicht nach Lachen zumute."
Gertrud: „Nein, ist mir nicht. Und das bedrückt mich sehr oft. Und dann sag' ich zu Karl-Heinz immer: ‚Warum hat der Chef nun eigentlich nicht gegrüßt?' Das ist manchmal sehr hart. Ich knaus da sehr dran. ... Ja, wir haben vielleicht eine zu harte Erziehung gehabt. Wir mußten immer sehr gehorchen. Wir durften nicht aus der Reihe tanzen. Und ich finde, das steckt auch irgendwie in einem drin. Ich möchte mich gerne mal mit dem Chef persönlich unterhalten. Auch gerade jetzt, wo ich ganz ganz schwere Probleme hab'. Und ich möchte das mal mit ihm besprechen."
Anne-Marie: „Du würdest einfach gerne mal jemand haben zum Reden?!"
Gertrud: „Genau – aber das kriege ich nicht fertig."
Klaus (43 Jahre, Verkaufsleiter): „Aber ich glaube, Du hast ein echtes Problem darin, daß Du Dich zu wenig bedeutsam siehst. Daß Du Dich einfach zu sehr in den Hintergrund selbst schiebst. ... Die Sperre ist da, da komm' ich nicht raus oder nicht drüber weg."
Gertrud: „Ja – ja, die möcht' ich manchmal überspringen. Aber ich schaff' es nicht. Und ich frag' mich selbst eigentlich immer: Warum? Ich hab' doch eigentlich schon sehr viel gesehen – war doch nicht nur in Hamburg. Ich war schon auch im Ausland und hab' auch so einiges schon mitbekommen. Aber ich schaff' es nicht, da drüber wegzukommen. Und abends dann

meistens, wenn man dann so sitzt, dann sag' ich: Warum hast du das eigentlich wieder nicht gemacht? Warum nicht? Also ich frage mich dann selbst: Warum kannst du es nicht?"
Klaus: „Und wie ist die Antwort?"
Gertrud: „Und die Antwort kann ich mir nicht geben. – Also es ist irgendwie so traurig. Und dann habe ich schon versucht, daß ich gesagt habe, wenn ich dann mal einen Cognac getrunken habe, einen, zwei. Und dann habe ich gedacht: Vielleicht schaffst du es dann. Aber dann schaffe ich das erst recht nicht. Und ich frage mich eigentlich immer: Warum? Ich schaff' es nicht. Ich komme über dieses Warum nicht weg. ... Na, ich weiß es nicht. – Ich möchte manchmal Menschen etwas sagen, zum Beispiel, wer für mich was Gutes getan hat. Und ich möchte dann spontan drauf losgehen. Das schaff' ich nicht. Das schaff' ich einfach nicht!"
Anne-Marie: „Hast Du irgendwie Angst, Du weißt nicht, wie das ankommt? (Gertrud: „Ja, so sieht es aus.") So, daß Du irgendwo spürst: Ich kann das nicht in der Art bringen, wie ich's eigentlich möchte? (Gertrud: „Ja – möchte.") Und wie nimmt es der andere überhaupt auf? Das heißt, Du bist Deiner selbst nicht ganz sicher, wie Du es anbringen sollst?!"
Vera: „Ja, aber im Grunde genommen ist sie ja gar nicht bereit, auch ein Risiko mal einzugehen, nicht. Sie sagt einfach denn, oder Du sagst denn einfach: ‚Das schaff' ich nicht!' "
Gertrud: „Ich wär' bereit, aber ich schaff' es nicht!"
Anne-Marie: „Ja, – nicht, Du untertaxierst Dich immer."
Gertrud: „Wie zum Beispiel jetzt. Denn bin ich vorher schon klitschnaß!"
Vera: „Ja, ich mein', jetzt seh' ich auch nicht anders aus." (lacht)
Gertrud: „Fang' irgendwie an zu zittern, denk': Nein, jetzt mußt du einen Zurückzieher machen, das schaffst du nicht!"
Klaus: „Ja, aber ich weiß nicht, das ist ein Phänomen für mich. Du machst doch hier eine phantastische Figur. Sprichst im Grunde völlig frei und bist überhaupt nicht gehemmt. Und hier bringst Du es raus in so einem netten Kreis, wie wir hier zusammensitzen. (Gertrud: „Ja eben.") Und einer Einzelperson gegenüber bist Du gehemmt, hast eine Sperre."
Gertrud: „Ja – und diese vielen Menschen hier, die machen mich frei. Ich weiß nicht warum. Aber alleine schaff' ich's nicht."

Eine junge Frau, Ärztin, hat sich vor wenigen Stunden endgültig von ihrem Freund getrennt. Sie steht noch ganz unter dem Eindruck dieses Abschiedsgespräches, um das sie seit Jahren ringt: „Ich hatte diesen Druck, ich mußte mit meinem Freund sprechen. Ich mußte dieses Abschiedsgespräch mit ihm machen. Und ich merkte, ich war auch dazu in der Lage. Und jetzt ist der Druck weg. Jetzt ist aber der Schmerz da. Als ich von ihm ging, ich fühlte mich wie in einer anderen Wirklichkeit. Das kann man überhaupt nicht beschreiben, das Gefühl. Ich hatte so'n Gefühl, ja wie war das, so erstmal so ganz allein, so ganz wirklich allein. Ich kann's nicht in Worte fassen, was das für'n Gefühl ist. Wie in einer anderen Wirklichkeit. ... Ich bin mit mir eins, ja eins. Aber ich habe etwas erlebt, was für mich so tiefgreifend ist. Ja, das eine Gefühl, das ist die Verzweifelung. Das ist so schwer zu benennen. Das ist so gleichzeitig, ich bin jetzt so. Ein Abschnitt meines Lebens, der ist beendet. Es kann ein neuer beginnen. Was beginnt, weiß ich überhaupt nicht. Es ist alles wie eine leere Ebene, da kann viel reinkommen. Aber ich kann auch alleine durch diese Ebene gehen."
Helferin: „Aber es ist keine Dunkelheit („Nein, es ist keine Dunkelheit."), es ist weder Licht noch Dunkel."
Junge Frau: „Richtig, richtig, das ist der richtige Ausdruck. Es ist weder Licht noch Dunkel, aber ich, ich spüre mich."
Helferin: „Du spürst Dich und Du fühlst Dich wohl mit Dir, obgleich –."
Junge Frau: „Ja weißt Du, wie betäubt, wie betäubt auch. Also betäubt – nicht ich betäube mich, sondern –."
Helferin: „Benommen? So wie nach einem tiefen Erlebnis – benommen?
Junge Frau: „Benommen, ja, das ist der richtige Ausdruck. Benommen. Mich erreicht es noch gar nicht, was so um mich geschieht. Ich bin noch so absorbiert von dem, was ich grad' erlebt, durchlebt habe."

Helferin: „Aber ich denke, so ohne Furcht bist Du."
Junge Frau: „Ja, ohne Furcht. Vorher war immer die Angst, wenn ich jetzt ihn verlasse, mit dem Gedanken: Hoffentlich sehe ich ihn bald wieder – vielleicht sehen wir uns auch nicht, und es gibt wieder so'ne Spannungen. Er hatte ja so viel Angst vor mir oder was auch immer. Und diesmal weiß ich, ich werde ihn nicht wiedersehen."
Helferin: „Du, ich denke, es ist auch ein Stückchen Zufriedenheit mit Dir selbst dabei, so daß dieser Druck, Du selbst sein zu wollen, der ist weg."
Junge Frau: „Ja, genau, der ist weg. Vorher fühlte ich mich irgendwie ausgeliefert. Diesmal bin ich so, ja, nicht ausgeliefert. Ja, daher keine Furcht. Die Benommenheit, die ist einfach nur so, wie ein Kind, das da mit großen Augen steht: So dies Erstarren, daß etwas geschehen, das war wichtig und gut. Na ja, es ist aber ein Abschied. Das ist die Realität."

Gefühlsmäßiges Erleben und inneres Bewegtsein in der Erinnerung von Gesprächspartnern. Einen Einblick in die Vorgänge, die beim gefühlsmäßigen Erleben und dem gefühlsmäßigen Mitbeteiligtsein in Personen stattfinden, geben die folgenden Aussagen:

Ein Lehrer berichtet in einer Nachbefragung über seine Erfahrungen in einer Gesprächsgruppe: „Ich selbst hatte sehr intensive Erlebnisse in dieser Gruppe. Das hing damit zusammen, daß ich anderen gegenüber so 'ne Fassade aufbaue, so'n starken Mann spiele. Und mich eigentlich nicht traue, mich in meiner Verletzlichkeit oder Schwäche zu zeigen. Und das hat einer in der Gruppe sehr gut gespürt. Und hat mir das immer vorgehalten. Ich hab' das aber überhaupt nicht kapiert, was damit gemeint war. Das haben mir zwar vorher auch schon mal Leute gesagt, daß ich irgendwie so nach außen wie ein Eisberg wirke. ... Also, das war für mich nun ein sehr wichtiges Ereignis, daß mir das gefühlsmäßig gelungen ist, das aufzubrechen."

Wie dies geschah, beschreibt er und gibt damit einen tiefen Einblick in die Vorgänge der menschlichen Begegnung in der Gruppe:

„Ja, der eine empfand mich also als unheimlich unecht und aufgesetzt. Ich würde ja nicht mich selbst äußern und mich selbst darstellen, sondern mich eben immer so über andere Sachen aufregen und so, ob das nun politische oder Schulprobleme sind. Also über solche Aufhänger erst aktiv werden, ohne tatsächlich mich selbst zu zeigen und darzustellen. Ich fühlte mich stark angegriffen und ging dann auch gleich in Alarmhaltung, wie ich das bei mir so bezeichne. Ich merkte das auch körperlich: Blutdruck, hellwach, total, bin voll da. Richtig so gespannt, jetzt auf Zurückschlagen-Wollen. Und da war nun das Tolle von der Gruppe, auch verstärkt durch die Psychologische Helferin, daß die sagten: ‚Nein, auf die Masche, da spielen wir nicht mit. Auf die Masche fallen wir nicht rein.' Ich sagte nämlich so was von Reinkämpfen und so. Daß ich das so'n bißchen bräuchte. Wenn dann einer angreift, dann O. K. Dann können wir ja einen ausboxen, nicht? Und dann stellen wir mal fest, wer Sieger bleibt. Ich bin auch bereit zu verlieren, aber erstmal wird gekämpft. Und das ist, glaube ich, auch so meine Haltung immer. Auch jetzt noch teilweise. Erst auf Abwehr zu gehen. Wenn einer auf mich zukommt, ja mißtrauisch zu sein. Na ja, die Gruppe sagte: ‚Wir wollen nicht so angreifen, daß Du zurückschlägst.' Sondern sie haben immer wieder darauf beharrt, mir das zu sagen, wie sie mich sehen. Und nachdem der eine das gesagt hat, haben das offensichtlich mehrere gemerkt, daß das nicht so ist. Sondern daß ich mich sehr stark verstecke, statt mich zu zeigen. Na ja, irgendwann kam ich nicht weiter. Ich sagte: ‚Also mir reicht's jetzt. Ich seh' das jetzt, wie Ihr das versteht. Aber ich kann damit nichts anfangen so. Ich glaub', Ihr verschwendet weiter Zeit.' Und dann gingen sie auch auf ein anderes Problem ein.

Ich merkte aber die ganze Zeit, daß das unheimlich in mir arbeitete. Und dann klingelte es zum Mittagessen, und die waren eigentlich auch fertig mit ihrem Gespräch. Und einige wollten schon aufstehen, da sagte ich nur, daß alle sitzenbleiben: Ich wollte der Gruppe gerne mitteilen, wie ich mich jetzt fühle. Irgendwie merkte ich: Irgend etwas ist jetzt anders geworden. Du kannst Dich tatsächlich hier mal einer Gruppe zeigen. Ich sah, daß ich keine

Angst haben müßte, daß die mich ablehnen deswegen. Das stieg dann in mir hoch. Da kam eigentlich ein unheimlicher Schmerz auf mich zu. Ich hatte so in dem Moment den Gedanken, als kleiner Junge auf dem Stein zu sitzen, unheimlich verlassen. Ich hab' dann wahnsinnig geheult, was ich einerseits als eine Erleichterung empfunden habe, weil ich gar nicht mehr wußte, daß ich noch so weinen kann. Ich hab' geschluchzt wie so'n Kind. Daß man so wie so'n Kind noch weinen kann, das war mir neu. Wenn dann der Schmerz wieder nachließ, dann guckte ich wieder hoch und in die Gesichter der andern. Und wenn ich wieder hochguckte, kam eigentlich dieser Schmerz wieder. Und ich fing wieder an zu weinen. Aber dann konnte ich es eigentlich ertragen, daß ich die andern anguckte. Und dann ging auch dieses Schluchzen und Weinen, das ging dann auch so in Lachen über. Das war so ganz seltsam. Derselbe Rhythmus also im Grunde, den man beim Schluchzen und Geschütteltwerden hat, der ging in so ganz schönes und befreiendes Lachen über. Ich fühlte mich sehr wohl und geborgen. Es kam auch ein – und das war sehr wichtig – ein Gruppenmitglied auf mich zu, als ich so weinte. Also ich merkte das gar nicht, wer das war. Ich spürte nur, daß so jemand da war. Es war auch sehr gut, so Haare und wuschlig und so. Das war der zweite Helfer in der Gruppe, den ich bisher gar nicht so akzeptierte. ... Als ich dann hochguckte und merkte, daß er es war, war ich unheimlich erstaunt. Ich hätte nie gedacht, daß der es war. Ich hatte sowieso vermutet, daß es nur 'ne Frau war. Das ist vielleicht auch typisch, daß ich in diesem Moment höchstens Hilfe, also Mitgefühl von einer Frau erwartet hab' und überhaupt nicht von einem Mann."

Ein 46jähriger Vater von zwei Kindern, der geschieden ist, erinnert sich 6 Monate später an seine Gesprächsgruppe: „Als ich anfing zu weinen, das war so, daß die Gefühle in dem Moment ganz spontan kamen. Ohne daß ich es dann noch steuern konnte. Es kam einfach aus mir raus. Ich wäre nicht in der Lage gewesen, mich anders zu verhalten. Das Entstehen dieses Zustandes kann ich schwer beschreiben. Es war so, als ob sich einiges in mir zusammengezogen hat. Dadurch wurden spontane Reaktionen so dominierend, daß ich nicht anders konnte als losweinen. Ich hab' mich zuerst dagegen gewehrt, gegen dieses Weinen. Das hab' ich gespürt und kann mich auch noch daran erinnern. Aber es hat nichts genützt. Ich habe über mich selbst geweint. ... Das war ganz unabhängig von dem, was sich gerade in der Gruppe abgespielt hat. Es war das Nachwirken des Gedankens, ausgelöst durch die Konfrontation mit mir selbst: ‚Unechtsein'. Das hab' ich erkannt, daß ich also offensichtlich wieder was tue, was ich nicht will. Und dann verfiel ich also in irgendeinen Zustand, über den ich inhaltlich jetzt nichts sagen kann. Es war ein Zustand, wo das Gefühl in mir wirkte. Es wirkte wie ganz schwere Traurigkeit über mich selbst. So kann ich das beschreiben. Ich habe dieses Gefühl ganz direkt und intensiv erlebt. Es ging auch nicht auf irgendein bestimmtes Problem oder irgend etwas. Ein Helfer sagte zu mir: ‚Und Du möchtest wohl so gerne richtig leben.' Das hat es genau getroffen. Und ich fühlte mich danach sehr befreit. Ich sehe das heute für mich so, daß ich mir durch dieses Erlebnis in der Gesprächsgruppe meine eigenen Gefühle einfach mehr zugestehe und sie mir bewußter geworden sind."

Lehrer: „Ich glaube, daß ich da so'ne neue Stufe für mich erreicht habe. Ich war in diese Gruppe gekommen mit dem Gefühl, irgendwo hast du vielleicht noch Probleme, aber im Grunde bist du ganz in Ordnung. Ich hatte so ziemlich verdrängt, daß ich früher gespürt hatte, so irgendwie so'nen Eisenreifen ums Herz. Also ich erinnere mich da immer so an die Geschichte ‚Der eiserne Heinrich'. Und da heißt es als Antwort: ‚Es war ein Eisenreifen, der um sein Herz geschmiedet war, weshalb er nicht aus sich herauskommen konnte.' Und so'n Gefühl hatte ich oft in vielen Situationen, wenn's darum ging, Gefühle zu zeigen. Daß ich irgendwo eingeengt war. Und das Gefühl war in der Gruppe weg. Und da fühlte ich mich wirklich total frei, ich selbst. Ich kann nicht sagen, daß es jetzt in jeder Situation noch so ist. Aber ich glaube, es ist sehr wichtig, daß ich das einmal so erlebt habe."

„Ich habe es mir nicht zugetraut, ausführlich über meine Probleme sprechen zu können. Mir fehlen oft die Worte, wenn ich sprechen möchte. Ich wollte gerne in der Gruppe sprechen, hatte aber Angst. Ein Gruppenmitglied merkte, daß es so war und brachte mich unmerklich so weit, daß ich begann. Und nun sprudelte es aus mir hervor. Es war für mich ungeheuerlich, welche Worte ich fand. Es kam ganz von selbst. Ich brauchte gar nicht nachzudenken. Ich war aufgeregt und zitterte, aber war sehr glücklich darüber, daß ich alles mit Worten erfassen konnte, was in mir vorging. Mir kamen vor Glück fast die Tränen. Danach verstand ich erstmals den Ausdruck ‚Befreiung'."

„Es brach heraus mit meinen augenblicklichen Gefühlen. Ich weinte. Alles brach über mir zusammen."

Das intensive Fühlen und die entsprechenden Äußerungen einzelner Gruppenmitglieder führen bei den anderen häufig zur gefühlsmäßigen Betroffenheit, zu größerer Beachtung und geringerer Einschränkung des eigenen Fühlens. „Als eine junge Frau anfing zu weinen, hat es in mir einen Strom ausgelöst. Ich mußte selbst viel weinen."

Ein junger Mann erinnert sich ein halbes Jahr später an ein intensives Erlebnis im Gruppengespräch: „Das war eine ganz extreme Erfahrung, die ich da gemacht hatte in der Phase, wo Ella aus sich herauskam. Als wir da am Nachmittag noch zusammensaßen, und als sie da immer mehr aus sich herauskam, da hab' ich mich im Moment total identifiziert damit. Und hab' das so unwahrscheinlich intensiv miterlebt, was sie von sich erzählt hat. Und da hab' ich mich da so eins mit ihr gefühlt in dem Augenblick. Ich habe gedacht, das ist etwas, was mir auch so passiert. Deshalb hab' ich das vielleicht so stark mit nachvollziehen können. Und als sie dann in Tränen ausbrach, das ging dann bei mir völlig parallel vonstatten. ... Das hab' ich ungeheuer direkt empfunden. Ich fand das unheimlich gut für mich. Ich weiß noch, daß die andern plötzlich auf mich einstürmten, und ich überhaupt nicht sagen konnte, was mit mir los war. Das Gefühl ist so stark geworden, daß es aus mir herausgekommen ist. Das hat diesen Gefühlsausbruch ausgelöst bei mir. Als ich eben so merkte, wie alles auf mich zukam, und alle mir plötzlich so unwahrscheinlich nahe kamen, und ich überhaupt nicht mehr die Möglichkeit hatte, die Distanz zu gewinnen, dadurch ist es dann irgendwie so total herausgekommen aus mir. Und das war in der Situation wohl so die Möglichkeit, die ich da hatte. Indem ich da total zusammengebrochen war. Das hatte sich so verstärkt in mir in dieser Situation, daß ich mit meinem Weinen sagen wollte: ‚Nun hört mir mal zu!' Das Gefühl, das ich spürte, das war der Druck, den ich spürte bei mir. Der wurde so stark, daß es eine Art Ventil war, dem ich mich in diesem Augenblick auch voll hingegeben habe. Danach war ich erleichtert, weil ich die Möglichkeit gehabt hatte, diesen Gefühlsausbruch so zu erleben, ohne daß da jetzt irgend jemand das Gefühl haben mußte: ‚Was ist denn nun mit dem Jungen los?' Das ist einfach akzeptiert worden und hingenommen worden. Und ich konnte nachher darüber reden."

„Wenn die anderen über sich und ihre Schwierigkeiten erzählten, dann hab' ich mitgezittert. Anfänglich hatte ich Kopfschmerzen und sogar Verkrampfung im Nacken. Meine eigenen Probleme, die kamen manchmal bei den anderen durch. Und in dem Augenblick, wo die Leute das sagten, steckte ich in ihnen drin und habe das miterlebt."

„Ich war tief beeindruckt von den Leiden, die einige Gruppenmitglieder berichteten. Mit vielem, was andere erzählten, konnte ich mich identifizieren und mir war so, als ob Gefühle aus meinem eigenen Leben vorgetragen wurden."

„Ich war tief betroffen, als Roland geheult hat. Wenn eine Frau heult, kann ich das ja noch verstehen. Aber wenn ein Mann – ich weiß nicht, da hab' ich irgendwie abgeschnallt. Ich fühlte mich richtig fertig. Ich hab' solche Situationen noch nie erlebt. Es war nicht ein Darüberreden, sondern das war ein nochmal Erleben. Und das ist ein weiter Unterschied."

„Zwei Männer haben ihre Probleme offen geäußert. Ich habe sie einerseits bewundert, andrerseits: Oh Gott, was kommt da auf mich zu! ... Ein unwahrscheinlich wachsendes Spannungsgefühl. ... Ich habe nachher auch geheult."

Die intensive, nahe, unmittelbare und weitgehend fassadenfreie Begegnung der Gruppenmitglieder führt gleichsam zu gefühlsmäßiger Berührung und gefühlsmäßiger Begegnung. Eine Kontrolle ihres Fühlens können die Mitglieder zunehmend weniger aufrechterhalten. Sie erfahren sich hierbei selbst. „Als ich am Sonnabendabend in eine Situation geriet, in der ich wiederum sehr starke Angst empfand, Angst vor körperlicher Nähe, da war es mir nicht mehr möglich, den Verstand einzuschalten. Und da mußte ich den Gefühlen freien Lauf lassen."

„Mit Ursula konnte ich voll nachvollziehen. Ich konnte mich in sie reinversetzen. Es hat mich getroffen. Für mich war wichtig, daß ich ohne Überlegung Gefühle gezeigt habe. Das hat mich sehr erstaunt, denn ich bin eher rational. Es hat mich erstaunt, daß mich die Gruppe als emotional erlebt hat."

„Interessant war für mich ein junger Mann, der vorher katholischer Priester war. Er saß so starr da. Ich hatte eine Abneigung gegen ihn. Als er erzählte, gewann er so an Sympathie. Ich hatte so eine Welle von Zärtlichkeit. Das hat mich erstaunt. Ich hätte ihn gern in den Arm genommen. Aber ich habe mich nicht getraut. Aber ich habe es ihm gesagt. Und ich habe nachgedacht, wie es wäre, wenn ich diesen gefühlsmäßigen Bereich so abschneiden würde. Da habe ich mich sehr angesprochen gefühlt."

Gabriele zu Alwine, die sich äußerte, wie sie ihren 40jährigen Sohn behandelt: „Weißt Du, Alwine, ich werd' unheimlich wütend oder aufgeregt. Weißt Du, ich unterstell Dir überhaupt nicht, daß Du irgendwelche schlechten Absichten hast. Im Gegenteil, ich sehe, wie sehr Du Dich bemühst um Deinen Sohn. Wie Du im Grunde genommen das Gute für ihn willst. Du möchtest wirklich, daß er glücklich wird. Das ist wirklich Dein allergrößtes Ziel. Aber gleichzeitig geht es mir so, daß ich mich irgendwie mit Deinem Sohn identifizieren kann. Und unheimlich wütend werde dadurch, daß Du so überfürsorglich bist. Wenn Du jetzt meine Mutter wärst und so fürsorglich bist, daß Du auf mein Gehalt achtest, daß Du darauf achtest, daß ich auch mitkriege, wie die neue U-Bahn-Station heißt. Dann hab' ich doch überhaupt keine Möglichkeiten, mal selber was rauszukriegen. Also mir würde dadurch jeglicher Weg genommen, mal wirklich selbständig zu leben, selber was zu machen. Mensch, ich werde ja völlig von Dir abhängig. Das geht mir so. Ich kann Dir da nicht böse sein. Ich kann Dich verstehen. Du willst das nicht. Vielleicht ist das auch meine Situation, irgendwo, daß meine Eltern das Beste für mich wollen, daß sie alles Gute für mich wollen, früher alles Gute für mich getan haben. Aber daß sie damit jetzt eigentlich gerade das Verkehrte erreicht haben, daß sie mich so abhängig gemacht haben, daß ich jetzt nicht alleine in meinem Leben stehen kann. Ich habe solche Schwierigkeiten, das zu machen, was ich möchte."
Anne-Marie: „So daß das Problem von Alwine und ihrem Sohn Dir sehr nahegeht."
Gabriele: „Ja! Sehr nahe! Es macht mich eben so wild, wenn ich mitkriege, wie diese Fürsorglichkeit der Mutter, diese überschwengliche Liebe, ja mich erdrückt. Im Moment, wenn Du das äußerst, Alwine, das ist so, als ob Du mich gegen 'ne Wand drückst, und ich so dasitze."

Am 2. Tag einer intensiven Gesprächsgruppe kommen sich zwei Gruppenmitglieder gefühlsmäßig sehr nahe. Der eine sagt dann zur Gruppe: „Kommt doch alle näher zusammen!" Die meisten Gruppenmitglieder rücken heran. Aber Petra äußert plötzlich ihr Fühlen in dieser unmittelbaren konkreten Situation: „Ich fühle mich jetzt kolossal allein. Ich kann da nicht so mit hinein. Ich spür' das jetzt. Ich bin allein. Es bedrückt mich und belastet mich, wenn ich das bei Euch beiden sehe, und ich dann nicht weiß, wie ich das machen kann. Ich meine, wie ich näherkommen kann. Ich fühle mich hilflos und bedrückt. Ich wüßte einfach nicht, wie ich das für mich machen kann, daß ich Euch näherkommen kann. Mich bedrückt meine eigene Hilflosigkeit."

Manche Personen werden auch als Zuschauer einer Gesprächsgruppe im Fernsehen mit ihrem Selbst gefühlsmäßig konfrontiert. Eine Zuschauerin schreibt:

„Mein Leben kommt mir vor, als wäre es bisher ein Spiel gewesen. So war es in dieser Sendung. Ich wünschte mir nichts sehnlicher, als auch da zu sein und jemand anderem ein Stück von mir zu geben und ihm dadurch zu helfen. Ich wollte auch aufstehen und umarmen und Zärtlichkeit geben. Ich wollte auch umarmt werden und Dinge sagen, die mir so zum ersten Mal durch den Kopf gingen. Ich wollte auch mit Euch weinen und lachen."

Warum ist das gefühlsmäßige Bewegtsein bei der Selbstauseinandersetzung eines Gesprächspartners und der Ausdruck seines Fühlens so bedeutsam? Wir vermuten folgendes:

□ Die gefühlsmäßige Bewegung und das gefühlsmäßige Berührtsein vermindert oder beendet die seelische Erstarrung und Verkrampfung. Häufig ist es der Beginn eines intensiveren bewegteren seelischen Lebens. „Ich habe mich lange Zeit hindurch bis zu dem Gruppengespräch seelisch tot gefühlt." „Ich war völlig leer, innerlich verödet." Die gefühlsmäßige Einengung und Verödung vermindern sich. Personen werden in ihrem Fühlen und Erleben aktiviert und bereichert. So ergab sich bei einer Gruppe von 26 Lehrern ein Zusammenhang zwischen Selbstauseinandersetzung und reicherem Erleben, eingeschätzt an Hand von Nachbefragungsinterviews, 4 Monate nach ihrer Teilnahme an Gesprächsgruppen (Wittern u. a., 1978).

□ Personen kommen in größeren Kontakt mit einem wesentlichen Teil ihrer Person, mit ihrem Fühlen. Manche Personen ignorieren ihr Fühlen lange Zeit, sie beachten es nicht oder unterdrücken es. „Ich habe mich zum ersten Mal seit langer Zeit wieder gefühlt. Ich war ‚ich', sonst war es meine Hülle, mein Kopf."

□ Gefühlsmäßiges Berührtsein und Ausdruck dieses Fühlens bedeutet größeres Echtsein, spontaner sein, mehr sich selbst sein, weniger Fassade sein. „Irgendwann werde ich es bestimmt schaffen, wieder zu meinen Gefühlen zurückzufinden. Und dann werde ich mich auch freier und echter und auch wärmer anderen Menschen gegenüber verhalten können, so wie ich es mir selbst wünsche."

□ Die intensive gefühlsmäßige Berührung und der unkontrollierte Ausdruck des eigenen Fühlens wird – häufig nach langen Jahren des Verschweigens, Unterdrückens oder der gefühlsmäßigen Leere – als „Befreiung" empfunden, als tiefe Entspannung. „Nachdem ich das alles so rausgebracht hatte und nach den echt betroffenen und mitfühlenden Reaktionen der Gruppe, fühlte ich mich wie in einem Glücksrausch. Ich war erstaunt, wie schnell sich Verzweiflung in Freude verwandelte." Oft wird auch nach dem Weinen eine starke Entspannung empfunden, wie es auch aus Untersuchungsbefunden hervorgeht (Bindra, 1972). Christel in einer Gruppe zu Peter, der weint, als er von seinen Kindern spricht, von denen er seit der Scheidung getrennt lebt: „Das Weinen befreit manchmal. Das hast Du an mir gestern gesehen, wie weich ich wurde nach den Tränen. Es tut schon gut." Peter: „Mir tut es auch gut, daß Du das gesagt hast. Meine Nerven sind irgendwo – weißt Du, dieses ewige Kaspern von mir. ... Ich mache es einfach, weil ich das alles überspielen will (weint). Es tut mir leid. ... Aber es ist ja dumm, sowas zu

machen hier." Christel: „Es ist nur ganz natürlich." Reinhard: „Du findest es nicht gut, Peter, daß Du Dir selbst nachgibst, Dir selber vor Augen führst, wie unglücklich Du eigentlich manchmal selber bist?" Peter: „Doch, eigentlich finde ich es doch gut."
Diese Entspannung nach der gefühlsmäßigen Berührung und dem Bewegtsein geht häufig mit deutlichen körperlichen Empfindungen einher, z. B.: „Ich spürte, meine Nervenenden verschoben sich." Die Gesprächspartner sprechen von einem „körperlichen Aufladen", „einem Wohlbehagen im ganzen Körper."

□ Der Gesprächspartner lebt mehr und voller im „Hier und Jetzt". Er läßt einen breiteren Erlebnisstrom zu, er lernt mehr sein Fühlen zu beachten.

□ Erlebt der Gesprächspartner das Fühlen noch einmal, das mit den früheren, meist belastenden Erfahrungen und Situationen verbunden ist, läßt er es voll zu, dann erfährt er wesentliche Teile dieses früheren Erlebnisses. Und zwar meist anders und umfangreicher als früher in der Originalsituation, in der er sich gefühlsmäßig stark kontrollierte oder voller Angst war. In einem Gesprächsklima von starker gefühlsmäßiger Sicherheit, Verständnis und Vertrauen kann er das mit den damaligen Situationen zusammenhängende Fühlen umfassender noch einmal erfahren.
Damit stehen ihm für die Selbstauseinandersetzung mehr Informationen zur Verfügung: Er kann sich umfassender und besser verstehen, er kann seine gefühlsmäßigen Erlebnisse besser klären und sie als einen Teil der eigenen Person mehr akzeptieren. Dieses Heranziehen des unmittelbaren Fühlens bei der Selbstauseinandersetzung haben wir im folgenden Kapitel eingehend dargestellt. Durch dieses nochmalige Erfahren des ursprünglichen Fühlens in der gefühlsmäßig sicheren Gesprächssituation vermindern sich die angsterregenden und verwirrenden Gefühle in ihrer Bedeutung für den Gesprächspartner.
Durch das deutlichere Wahrnehmen des Fühlens, auch vergangener Erfahrungen und Erlebnisse, kommt eine Person in engeren Kontakt mit den Anteilen ihrer Person, die mit diesen Erfahrungen zusammenhängen.

□ Der Gesprächspartner kann das Fühlen, das mit seinen vergangenen oder gegenwärtigen Erfahrungen verbunden ist, besser in seine Person integrieren, mit seinen anderen Erfahrungen, mit seinen Einstellungen oder Wünschen.

□ Dem unmittelbaren gefühlsmäßigen Berührtsein und dem Ausdruck dieses Fühlens folgt häufig eine Änderung, Differenzierung oder Umstrukturierung der wahrgenommenen und gefühlten Bedeutungen. Häufig erfolgt auch nach dem Ausdruck heftiger negativer Gefühle der Ausdruck auch vorhandener positiver Auffassungen, wie es das folgende kurze Beispiel etwas verdeutlichen mag: Ein kaufmännischer Praktikant äußert sich im 1. Gespräch über das Verhältnis zu seinen Eltern: „... Ja, wissen Sie, daß ich bin, wie ich bin, daran haben meine Eltern große Schuld. ... Ich habe ja seit eh und je im Schatten meiner Eltern gestanden. Ich durfte ja nie ich selbst sein, nie mein eigenes Leben leben. Ich habe ja überhaupt gar kein eigenes Leben, was ich leben könnte. ... Meine Eltern treffen alle Entscheidungen für mich. Ich bin dazu gar nicht fähig. ... Daß ich so gehemmt bin, daran sind zum größten Teil auch meine Eltern dran schuld. Das ist direkt kausal bedingt. Es mußte bei dieser Art von dominanter Erziehung notgedrungen eintreten, daß ich in vielen Dingen gehemmt bin. An allem sind überhaupt meine Eltern schuld. – (Pause) – Na ja, sie haben es auf ihre Weise ja auch gut gemeint. Aber daß ich so bin, wie ich eben bin, das ist ihre Schuld. Meine Eltern haben zu egoistisch in vielen Dingen gedacht. ... Wenn man es vielleicht einmal mit ihren Augen sehen würde, könnte man sie – vielleicht besser verstehen. Und wenn ich ihnen immer – (Pause) – nur die Schuld gebe, nutzt das mir eigentlich gar nicht. Ich komme dabei nicht weiter."

Untersuchungen stützen die Annahme, daß gefühlsmäßige Bewegtheit und Ausdruck des Fühlen bei der Selbstauseinandersetzung sehr bedeutsam sind, z. B. □ Klienten, die sich in Einzelpsychotherapie konstruktiv änderten, nahmen gemäß der Einschätzung der Tonaufnahmen durch Beurteiler in ihren Äußerungen gegenüber ihren Gefühlen eine akzeptierende Haltung ein und gingen mehr gefühlsmäßig innerlich mit. Klienten mit geringen oder keinen Änderungen wirkten bei ihren Äußerungen gefühlsmäßig mehr distanziert und nahmen gegenüber ihrem Fühlen eine mehr abwehrende Haltung ein (Schwartz u. a., 1978). □ Waren die Gespräche zwischen Psychotherapeut und Klient sehr verstandesmäßig, dann waren die Änderungen der Klienten nach der Psychotherapie häufig gering. Eine deutlich rationale Art des Gespräches deutet nach Auffassung der Untersucher auf defensive, verteidigende Einstellungen von Sprechenden hin (Wargo u. a., 1971).

Eine Person hört bei der Selbstauseinandersetzung auf ihr unmittelbar gegenwärtiges gefühlsmäßiges Erleben und zieht es zur Klärung ihrer Erfahrungen und ihres Selbst heran

Dieser wichtige Vorgang ereignet sich oft nur undeutlich und vermengt mit anderen Vorgängen. Aber ein Helfer kann diesen wichtigen Vorgang in seinem Gesprächspartner fördern. Worum handelt es sich?

Einige Beispiele mögen diesen Vorgang zunächst demonstrieren. Sie veranschaulichen im begrenzten Umfang: □ Gesprächspartner beziehen sich auf ihr unmittelbar gegenwärtiges Fühlen. □ Das gegenwärtige Fühlen enthält gewisse Bedeutungen, die gespürt werden. □ Die Bedeutung dieses unmittelbar gegenwärtigen Fühlens verwendet der Gesprächspartner bei seiner Selbstauseinandersetzung. Im Fortschreiten des Gespräches werden ihm die Bedeutungen bewußter, werden von ihm präzisiert und werden zutreffender.

Ein Mann äußert sich in einem Gespräch unklar über seinen Vater. Der Helfer sagt: „Es klingt, als ob Du ärgerlich auf Deinen Vater wärest." Partner: „Nein, ich glaube nicht." Helfer: „Möglicherweise bist Du unzufrieden mit ihm?" Partner: „Ja, vielleicht" (ziemlich zögernd). Helfer: „Vielleicht bist Du enttäuscht von ihm." Rasch antwortet der Partner: „Das ist es! Ich bin enttäuscht, weil er nicht stark ist. Ich glaube, ich bin schon seit meiner Kindheit enttäuscht von ihm." (Rogers, 1976, S. 36)

In diesem Beispiel bot der Helfer dem Partner einige Gefühlsbedeutungen an, die dieser seinem Vater gegenüber fühlen könnte. Der Gesprächspartner prüfte die angebotenen Gefühlsbedeutungen auf ihre Richtigkeit. Woran? Er prüfte sie an dem fortlaufend gespürten Erlebnisstrom in sich selbst. Er prüfte, ob die angebotenen Gefühlsbedeutungen „ärgerlich", „unzufrieden", „enttäuscht" mit der von ihm unmittelbar gespürten Erlebnisbedeutung übereinstimmten. Er verwendete also den gespürten, gefühlten Erlebnisstrom in sich mitsamt seinen Bedeutungen als eine Information, als Referenz, als Bezugspunkt. „Ärgerlich" paßt überhaupt nicht zu seiner gespürten Gefühlsbedeutung. „Unzufrieden" kam dem gespürten Erleben schon näher, war aber noch nicht richtig. „Enttäuscht" traf das gespürte Erleben genau und veranlaßt ihn, sich weiter mit dieser jetzt präziser erfahrenen Bedeutung auseinanderzusetzen.

In einem anderen Gespräch äußert ein Partner: „Ich möchte auf keinen Fall dort in dieser Gegend wohnen! Das wäre mein Untergang, ich brächte das nicht fertig." Je stärker er das zu diesen Worten und Symbolen zugehörige Fühlen bei sich erfährt und offen für dieses Gespürte und Gefühlte ist, um so mehr kann er es zur Klärung heranziehen. So äußert er kürzere Zeit später: „Ich glaube, ich würde das einfach nicht aushalten! Ich würde kaputtgehen. ... Ich denke, ich muß zu sehr mit den Leuten mitleiden, ich könnte mir selbst keine Vergnügungen mehr gönnen." Im Laufe der Selbstauseinandersetzung kommt er dann dahin, daß er eine Person ist, die zu mitleidend mit anderen ist. Und etwas später äußert er, daß manche Leute dort in dieser Gegend nicht so leiden, wie er es annimmt. Daß *er* nur vermutet, andere Leute würden dort so leiden, wie *er* leiden würde. Und etwa eine Viertelstunde später sagt er recht unvermittelt: „Ich glaube, ich würde das packen, dort zu leben. Ich möchte das nicht. Aber ich glaube, ich würde damit auch fertig."

Was ist unter Hinhören und Verwerten des unmittelbar gegenwärtigen gefühlsmäßigen Erlebens einer Person bei ihrer Selbstauseinandersetzung zu verstehen?

□ Eine Person ist geöffnet für ihr unmittelbar gegenwärtiges Fühlen und gefühlsmäßiges Erleben, das mit ihren Äußerungen, Handlungen oder ihrem Zustand in unmittelbarem jetzigen Zusammenhang steht. Sie läßt dieses gefühlsmäßige Erleben ihrem Bewußtsein zu, wendet ihre Aufmerksamkeit darauf. Sie erfährt es bewußter und deutlicher.

□ Eine Person sucht die genaue *Bedeutung* dessen, was sie gefühlsmäßig spürt, voller zu erfahren und voller teilhaftig zu werden. Sie horcht gleichsam in ihr Inneres – einschließlich ihrer Körperempfindungen – hinein, was ihre Äußerungen oder ihre Erfahrungen für sie persönlich gefühlsmäßig bedeuten. Würde sie dies bewußt tun, so würde sie sich etwa fragen: ‚Was fühle ich hierbei?' ‚Was bedeutet mir diese Erfahrung?' ‚Habe ich eigentlich Angst, mir eine Niederlage einzugestehen? Oder was ist es wirklich, was ich empfinde?' ‚Irgendwie fürchte ich das, aber es gibt doch manches, was ich dabei noch als angenehm erlebe?!'

□ Die gespürten Bedeutungen von Erfahrungen und Erlebnissen sind einer Person häufig zunächst nur diffus, undifferenziert, vorbegrifflich zugänglich. Sie kann sie jedoch gefühlsmäßig spüren. Und sie spürt sie um so besser, je mehr sie dem gefühlten Erleben in sich gleichsam freie Bahn gibt.

□ Das, was der Gesprächspartner jeweils unmittelbar gegenwärtig fühlt, äußert er. Und er zieht dieses Gespürte und Gefühlte, diese erahnten Bedeutungen bei seinem Auseinandersetzen mit seinem Erleben und seinen Erfahrungen heran. Er drückt also das Gespürte und gefühlsmäßig in seiner Bedeutung Erfaßte sprachlich aus und diskutiert es. Er äußert sich über sein Fühlen und die gefühlten Bedeutungen. Und danach prüft er wiederum direkt an seinem unmittelbaren gefühlsmäßigen Erleben, ob er mit seinen Äußerungen die gespürten Bedeutungen wirklich getroffen hat. Ob seine Äußerungen und die gespürten Bedeutungen übereinstimmen. Er vergleicht also das in der bewußten Auseinandersetzung Gewonnene mit seinem unmittelbaren Erleben. Er benutzt das unmittelbar gespürte Erleben als eine Korrektur seiner Äußerungen und als eine Information in der Auseinandersetzung mit sich selbst. So werden ihm allmählich die persönlichen Bedeutungen seiner Erfahrungen, wie sie in ihm spürbar sind, bewußter. Und so schreitet er bei der Auseinandersetzung mit seinen Erfahrungen und seiner Person fort und erweitert diese Auseinandersetzung jeweils durch die unmittelbar gespürten persönlichen Bedeutungen.

□ Eine Person zieht also ihr unmittelbar gegenwärtiges gefühlsmäßiges Erleben und die gefühlten Bedeutungen als „Referenz" heran, als etwas, auf das sie sich hilfreich beziehen kann. Als ein hilfreiches Mittel und eine hilfreiche Information bei ihrer Suche, sich zu klären, ihr Selbst kennenzulernen, die eigenen Erfahrungen und Erlebnisse voller zu verstehen. So kann etwa jemand äußern: „Ich spüre, da muß noch etwas anderes sein, aber ich find' nicht heraus, was es ist!?" Durch sein Hinhören auf sein frei in ihm strömendes gefühlsmäßiges Erleben und die gefühlsmäßig immer deutlicher gespürten Bedeutungen kann er dem näherkommen, wonach er noch sucht. Sein gefühlsmäßiges Erleben kann ihm anzeigen, ob seine vermuteten Möglichkeiten und Bedeutungen richtig sind, ob also seine gedanklichen Vermutungen mit seinem Fühlen und seinen gespürten Bedeutungen übereinstimmen.

Ereignisse, Erfahrungen, Personen und Sachen haben für jeden von uns eine Bedeutung. Durch ein Hinhorchen auf unser gefühlsmäßiges Erleben und auf unser Spüren werden wir dieser Bedeutungen genauer und umfassender teilhaftig. Auch dann, wenn wir vergangene Erfahrungen äußern, können wir durch Hinhorchen auf unser jetziges unmittelbares gefühlsmäßiges Erleben herausbekommen, in welcher Weise diese Erfahrungen wirklich für uns jetzt bedeutsam sind.

Die Auseinandersetzung einer Person mit sich selbst, ihre Urteile und Schlüsse, werden so durch ein Heranziehen ihrer gefühlsmäßig gespürten Bedeutungen wesentlich bereichert und ergänzt.

Es handelt sich nicht um neue Gefühle, um neue gefühlsmäßige Bedeutungen. Aber selten haben Gesprächspartner diese so deutlich gefühlt, sie haben diese selten oder nie ausgelebt. Da Personen etwa ihre Erfahrungen und ihr Fühlen als angstvoll und beeinträchtigend spürten, haben sie es vermieden, auf sie deutlich hinzuhorchen. In dem sicheren Klima des Gespräches und durch das förderliche einfühlende Verstehen des Helfers werden sich Partner ihrer gefühlten Bedeutungen zunehmend bewußter, und sie können diese mehr akzeptieren. Sie können diese gefühlten Bedeutungen durch die Interaktion von ihrem Gefühlten und Gespürten mit ihren Worten sowie den im Hintergrund stehenden Erfahrungen näher klären und voller erfahren.

Weitere Beispiele. Ein Gesprächspartner sagt in einem psychotherapeutischen Einzelgespräch (Gendlin, 1961):

„Ich muß heute abend zu einer Verabredung. Aber aus irgendeinem Grunde möchte ich nicht hingehen." Warum er nicht hinzugehen wünscht, ist in dieser Äußerung nicht enthalten. Aber der Gesprächspartner hat die Möglichkeit, sich auf sein unmittelbar gegenwärtiges gefühlsmäßiges Erleben zu beziehen. Dazu wird er angeregt durch die Äußerung seines Helfers, etwa: ‚Etwas hält Sie davon ab, hinzugehen'. Gesprächspartner: „Ja, ich weiß nicht, was es ist. Aber ich bin sicher, daß ich nicht hingehen möchte." Er wird sich weiter auf sein unmittelbar gegenwärtiges gefühlsmäßiges Erleben beziehen und die gespürten Bedeutungen bei seiner Selbstauseinandersetzung verwenden, wenn der Helfer etwa zu ihm sagt: ‚Warum das so ist, ist Ihnen unklar. Aber Sie fühlen deutlich, daß Sie nicht hingehen wollen.' Gesprächspartner: „Ja, ich will nicht hingehen, weil Herr X. dort sein wird. Und er wird Streit mit mir anfangen, und ich hasse das." Diese Klärung erreichte er durch Bezugnahme und Verwendung der unmittelbar gespürten Bedeutung. Doch es ist noch nicht die ganze Bedeutung. Wenn der Helfer sagt: ‚Diesen Streit mit ihm hassen Sie. Und das hält Sie davon ab, hinzugehen', dann mag der Gesprächspartner sagen: „Oh, es ist nicht so, daß ich den Streit mit Herrn X. hasse. Eigentlich habe ich es irgendwie gern, mit ihm zu streiten. Aber ich fürchte, ich werde mich bei diesem Streit aufregen. Und er wird sich über mich lustig machen."

So klärt also der Gesprächspartner seine Vorstellungen und Erfahrungen durch direkte Bezugnahme auf sein gespürtes Erleben und die darin enthaltenen Bedeutungen. Er findet durch diese Bezugnahme auf das gefühlsmäßige Erleben neue Aspekte und Bedeutungen, die ihm vorher nicht bewußt waren. Sie sind nur diffus in seinem unmittelbar gegenwärtigen Erleben gegeben. Indem er sich darauf bezieht und sie äußert, unterstützt durch hilfreiche Äußerungen des Helfers, kann er sie klären und differenzieren. Während er am Anfang sich nur darüber klar ist, daß er nicht hingehen mag, klärt er sich schließlich dahingehend: Er wird sich in dem Streit aufregen. Und er empfindet es als sehr unangenehm, wenn er mit seiner Aufregung zum Gespött des anderen wird.

Ein Mann, 31 Jahre, kommt in einer gefilmten Gesprächsgruppe zu einer Klärung der gespürten Bedeutungen seines Fühlens: „Ich versuche zu erfahren, wie einzelne aus dieser Gruppe ihre Gefühle äußern. Ich meine, mit welchen Mitteln und Methoden. Und wie sie es geschafft haben, ihre Schwierigkeiten zu überwinden. ... Weil ich es bisher nicht geschafft habe, ja, weil das für mich problematisch ist. ... Wenn eine große Distanz überschritten ist, also dann versuche ich wieder den Abstand. ... Es ist also genau ein Widerspruch. Ich versuche, Nähe zu gewinnen. Und wenn ich Nähe gewonnen habe, ja, dann versuche ich, wieder den Freiraum zu vergrößern. ... Ja, ich fürchte, zurückgestoßen zu werden. Oh ja, das fürchte ich."

Die folgenden Äußerungen von Partnern nach ihren psychotherapeutischen Gesprächen geben eine Andeutung, wie sie diesen Vorgang des Heranziehens des Fühlens erleben oder wie er sich bei ihnen im Erleben auswirkt:

„Ich glaube aber, es ist die Richtung, in die ich schon immer gehen wollte. Bis jetzt hat alles für mich noch eine rein gefühlte Bedeutung. Und es läßt sich noch nicht absehen, welch ein Produkt ich eines Tages ausbrüten werde. Aber ich bin überzeugt, es wird etwas Vernünftiges sein, weil es durch und durch gefühlt u n d gedacht wurde."

Eine Studentin, ca. 30 Jahre alt, schreibt uns: „Oft gehe ich von Seminar zu Seminar und suche verzweifelt nach Wörtern zum Anfassen. Aber niemand gibt sie mir. Dann durchwühle ich mich selbst danach, bis ich aus vielen Wunden blute. Ich habe den Eindruck, daß mein Verstand nur angesprochen wird. Aber mein ganzer übriger Organismus kommt zu kurz. Hier in der Psychotherapie habe ich festgestellt, daß ich meinen Bildern, die in mir aufsteigen, meinen unklaren und fließenden Vorstellungen mehr vertrauen kann als Begriffen, die mich in einen Käfig sperren. Begriffe und Definitionen töten mein seelisches Leben. Aber ich bin noch nicht in der Lage, mich von diesen Begriffen und Definitionen zu trennen, wenn es notwendig ist, und ihnen den richtigen Stellenwert zu geben. Vor einiger Zeit habe ich das Buch von Carl Rogers „Lernen in Freiheit" gelesen. Seine Worte fühlten sich für mich an wie menschliche Haut."

Warum ist das Hinhören auf das Fühlen und Heranziehen von unmittelbar Gespürtem bei der Selbstauseinandersetzung bedeutsam? Hierdurch erfährt eine Person genauer und umfassender die persönlichen Bedeutungen ihrer Erfahrungen, die Bedeutungen für ihr Selbst. Auf Grund dieser bedeutungsvollen persönlichen Information kann sie sich reicher, tiefer und genauer mit ihren Erfahrungen und mit sich selbst auseinandersetzen, sie kann neue Bedeutungen aufspüren und erfahren. Dies ist etwas anderes und wichtigeres, als es eine etwa nur intellektuelle Auseinandersetzung wäre.

Auch wenn die persönlichen Schwierigkeiten und ungünstigen Erfahrungen einer Person mit einem frühen Lebensstadium zusammenhängen sollten: Dieser Vorgang des Fühlens und des Erspürens der Bedeutungen früherer Erfahrungen findet in der Gegenwart statt. Eine Person erfährt die gegenwärtigen gefühlsmäßigen Bedeutungen dieser früheren Erfahrungen. So werden frühere Erfahrungen in ihren jetzt für die Person wichtigen Bedeutungen gleichsam zugänglich und klärbar. Sie können „durchgearbeitet" werden, und zwar durch das Heranziehen dessen, was die Person heute unmittelbar gegenwärtig dazu fühlt und welche Bedeutung sie spürt.

Dieses Heranziehen von gefühlsmäßigem Erleben und gespürten Bedeutungen erweitert und bereichert die Selbstauseinandersetzung wesentlich. Es ist eine starke Quelle persönlichen Lernens. Nicht eines Lernens *über* die eigene Person. Sondern ein Lernen, wie die eigene Person fühlt, was ihr für ihr Selbst bedeutsam ist. Eine Person lernt so, sich selbst und ihre Erfahrungen besser verstehen. Nicht in intellektueller Weise, nicht in Form von abstrakten Begriffen. Sie lernt verstehen, wie sie empfindet und was für sie gefühlsmäßig von Bedeutung ist.

Bei vielen seelisch beeinträchtigten Personen ist dieses Hinhören auf ihren unmittelbaren Erlebnisfluß und das Heranziehen von Gefühlen bei ihrer Selbstauseinandersetzung erheblich beeinträchtigt. In den förderlichen Gesprächen lernen Personen auch im Alltag ihr Fühlen mehr zuzulassen, die gefühlten Bedeutungen mehr für sich zu verwerten. Sie werden in stärkerem Umfange folgende Feststellungen bejahen können (Caspari u. Tausch, 1978): Ich suche häufig in mich hineinzuhören, was ich fühle. Ich achte auf das, was ich fühle. Ich versuche oft zu erfahren, was mein Fühlen mir sagt, ob es mich warnt, was es bedeutet. Oft spüre ich etwas ganz allgemein und undeutlich, bevor es mir vom Verstand her klar wird. Ich höre häufig in mich hinein, um herauszufinden, was die Erfahrungen und Dinge für mich bedeuten.

Durch das aufmerksame Hinhören auf unser unmittelbar gegenwärtiges Fühlen und das Heranziehen der gespürten Bedeutungen können wir uns echter, mehr entsprechend unserem Erleben und unserer Person, ausdrücken. Wir können eher falsche Äußerungen von uns korrigieren. So mag jemand sagen: ‚Ich glaube, das macht mir manchmal vielleicht etwas Angst.' Wenn er mit Unterstützung einer helfenden Person deutlicher in sich hineinhört, welche Bedeutungen er gefühlsmäßig spürt, dann wird er etwa sagen: ‚Nein, es ist nicht manchmal, und es ist nicht nur vielleicht ein wenig Angst. Ich fühle mich wirklich davon bedroht. Es ängstigt mich sogar sehr. Mir ist häufig heiß vor Angst.' Wenn also eine Person ihre Äußerungen über ihr Erleben mit ihrem entsprechenden wirklich gefühlten Erleben vergleicht, dann kann sie sich im allgemeinen deutlicher, genauer und ihrem Selbst entsprechender und angemessener äußern. Und sie wird selten etwas äußern, was ohne Zusammenhang oder gegensätzlich zu ihrem Fühlen ist. Sie kann gleichsam die Richtigkeit ihrer Äußerungen über sich selbst durch Heranziehen ihrer gefühlsmäßig gespürten Bedeutungen überprüfen und notfalls korrigieren.

Beim Urteilen, Werten und bei Handlungen von Personen ist das Heranziehen des eigenen Fühlens und der gespürten Bedeutungen wesentlich. Eine Person kann erfahren, was für sie selbst, für ihren Organismus von Bedeutung ist. Sie richtet sich weniger nach den Normen und Dogmen anderer, sondern nach sich selbst. Sie ist aufrichtig und ehrlich sich selbst gegenüber. Sie spürt, welche Bedürfnisse und Wünsche sie selbst hat und was für sie ohne Bedeutung ist. Sie kann bei ihrem Handeln ihr Fühlen und die gespürten Bedeutungen gleichsam als Kompaß heranziehen, zur Klärung dessen, was sie selbst möchte.

Ein früherer Rocker, der längere Zeit im Gefängnis war, äußert sich einige Zeit nach förderlichen Gruppen- und Einzelgesprächen zu seiner Helferin; dabei wird deutlich, daß er teilweise sein Fühlen zur Steuerung seines Verhaltens mit heranzieht: „Ich hab's zum ersten Mal geschafft, daß die mir jetzt 6 Monate lang nichts anhängen konnten. Ich merk' immer mehr: Da hab' ich keinen Bock mehr drauf. Manchmal kommt's so über mich. Dann muß ich zu meinen alten Kumpels. Aber wenn die dann so ein Ding dreh'n wollen, dann hau' ich vorher ab. ‚Na, hat Dich der Knast doch ganz schön klein gekriegt', so sagen die denn. Das ärgert mich. Für die bin ich dann gleich so ein Schwächling. Aber ich selbst merke: Ich hab' da keine Lust mehr zu. Ich will das nicht mehr. Dann kriegen die mich auch nicht mehr dazu."

Nach der Auffassung des amerikanischen Psychotherapeuten Gendlin (1970) ist das unmittelbar gegenwärtige Fühlen und Heranziehen der gespürten Bedeutungen *der* zentrale und notwendige Vorgang in der Psychotherapie. Unserer Erfahrung nach ist es nicht notwendig, daß sich jeder Partner in psychotherapeutischen Gesprächen des eigenen Fühlens deutlich bewußt wird und bei seinen Äußerungen die gespürten Bedeutungen für den Außenstehenden beobachtbar heranzieht. Dies wird gestützt durch Untersuchungsergebnisse (z. B. Bommert, 1976; Olsen u. Tausch, 1978). Wir sehen das Heranziehen der unmittelbar gefühlten Bedeutungen als *einen* wichtigen wünschenswerten Vorgang bei der Selbstauseinandersetzung an, als *einen* Bereich der Prozeßskala von Carl Rogers (1961).

Entscheidend ist unserer Auffassung nach: Der Gesprächspartner ist bei seiner Selbstauseinandersetzung deutlich gefühlsmäßig beteiligt, ohne Abwehr, Verteidigung und Ignorierung. Und er äußert wesentlich sein Fühlen. Das Gefühlte wird seine Selbstauseinandersetzung beeinflussen. Oft nicht in klar bewußter, für den Außenstehenden während der Gespräche beobachtbarer Weise, sondern häufig in einer subtilen, äußerlich wenig bemerkbaren Weise. Oft auch gleichsam unterschwellig während der Stunden und Tage zwischen den Gesprächen. Dieser Vorgang mag ähnlich wie das Denken verlaufen: Wir können intuitiv zu angemessenen Lösungen kommen, indem wir viele Einzelheiten und viele Erfahrungen, die uns beeinflussen, berücksichtigen, ohne daß wir klar bewußt die einzelnen Schritte gehen.

Untersuchungen über das Heranziehen gefühlsmäßig gespürter Bedeutungen liegen erst in geringem Umfang vor. Dies hat vermutlich zwei Gründe: ▫ Viele Helfer fördern diesen Vorgang erst wenig bei ihren Gesprächspartnern. ▫ Dieser Vorgang erfolgt beim Gesprächspartner oft in subtiler, gleichsam verdünnter, wenig konzentrierter Form. Er ist schwer in den Äußerungen beobachtbar. Und oft ist dieser Vorgang schwer zu trennen von anderen Merkmalen der Selbstauseinandersetzung.

Die unmittelbare Zuwendung von Klienten in psychotherapeutischen Gesprächen zu ihrem gegenwärtigen Fühlen und das Heranziehen der gespürten Bedeutungen bei der Selbstauseinandersetzung hing mit konstruktiven Wandlungen der Klienten am Ende der Psychotherapie zusammen (Kiesler, 1971; Bommert, 1976). Allerdings war dieser Vorgang zumindest nur teilweise trennbar von anderen Merkmalen der Selbstauseinandersetzung.

In diesen Untersuchungen wurde eine Einschätzungsskala für das unmittelbare gefühlsmäßige Erleben verwendet (Bommert u. Dahlhoff, 1974). Die höchste Stufe, die höchste Ausprägung in den Äußerungen eines Gesprächspartners ist hiernach derart definiert: „Der Klient verfügt über ein klares Bild von seinem unmittelbar ablaufenden Erleben und kann dieses in seinen Äußerungen vermitteln. Er ist in der Lage, sich in seinem wechselnden Erleben zu bewegen, die Bedeutung des Erlebens für sich selbst zu verstehen und Bedeutungsänderungen in seinen Bezugsrahmen zu integrieren. Sein unmittelbares aktuelles Erleben, der Wechsel von Bedeutungsschwerpunkten und auftretende Bedeutungsänderungen sind ihm eine vertrauenswürdige Basis für Änderungen in seinem Erleben und Verhalten."

Helfer können das unmittelbar gefühlsmäßige Erspüren von persönlichen Bedeutungen bei der Selbstauseinandersetzung ihres Gesprächspartners fördern. Der Helfer bezieht sich bei seinen einfühlenden Äußerungen auf das unmittelbar gegenwärtige Fühlen und die gespürten Bedeutungen des Partners. So bereichert der Helfer die Selbstauseinandersetzung des Gesprächspartners (Pfeiffer, 1976). Der Helfer wird also etwa das äußern, dessen sich der Partner in gefühlsmäßig spürbarer und vorbegrifflicher Form halbwegs bewußt ist, z. B.: ‚Es ist Ihnen unangenehm, mit ihm zusammen zu sein?' Diese Äußerung des Helfers erleichtert es dem Gesprächspartner, die persönliche Bedeutung seiner Erfahrung an seinem unmittelbar gegenwärtigen gefühlsmäßigen Erleben zu prüfen. Er kann deutlicher die für ihn persönlich wichtigen Bedeutungen seiner Erfahrungen und Erlebnisse herausfühlen und sich mit ihnen auseinandersetzen. Dies kann der Helfer etwa auch durch folgende Äußerungen fördern: ‚Mich würde es interessieren, was Du jetzt im Augenblick fühlst.' ‚Welche Bedeutung fühlst Du, hat das für Dich?' ‚Was bedeutet Dir das?' ‚Könntest Du es näher sagen, was bei Dir das ausmacht?'

In Gesprächs*gruppen* können Helfer häufig auch darauf eingehen, was die Mitglieder der Gruppe unmittelbar gegenwärtig in ihrer persönlichen Begegnung zueinander spüren, also ihre Angst voreinander, ihre Spannung oder ihr gegenseitiges Zutrauen oder ihr Fühlen von Erleichterung und Zuneigung. Hierdurch lernen die Mitglieder, ihrem Fühlen Beachtung zu schenken und es bei ihrer Selbstauseinandersetzung und bei ihren unmittelbaren Handlungen in der Begegnung mit anderen heranzuziehen.

Auch in sog. Beratungsgesprächen können Äußerungen des Helfers, die sich auf das unmittelbare Fühlen von persönlichen Bedeutungen des Gesprächspartners erstrecken, sehr förderlich sein. Nehmen wir an, ein Student sucht eine Beratungsstelle mit der Frage an den Berater auf, ob er die Universität verlassen soll oder nicht. Je mehr der Helfer auf das unmittelbare Fühlen und die vom Partner gespürten unmittelbaren Bedeutungen eingeht, etwa was er fühlt, wenn er die Universität verlassen würde, und was es für ihn persönlich bedeutet, was er dabei empfindet, an der Universität zu bleiben, um so mehr erleichtert er es dem Gesprächspartner, selber eine angemessene Entscheidung zu treffen. So kann der Helfer für den Gesprächspartner förderlich sein, ohne Direktiven oder Ratschläge zu geben, die er nicht verantworten kann.

Bedeutsame Begleit- und Folgevorgänge bei der Selbstauseinandersetzung

Wenn sich ein Gesprächspartner mit sich selbst auseinandersetzt, dann hat dies bedeutsame Begleit- und Folgevorgänge. Die günstigen Auswirkungen der Selbstauseinandersetzung, die wir schon gelegentlich erwähnt haben, haben wir auf den folgenden Seiten zusammenfassend dargestellt.

Viele Untersuchungen bestätigten die Zusammenhänge zwischen Selbstauseinandersetzung und günstigen Wandlungen von Personen. Einige der Untersuchungen haben wir angeführt.

Die förderliche Selbstauseinandersetzung eines Gesprächspartners wird entscheidend durch Helfer und Gruppenmitglieder erleichtert und gefördert. Die wichtigsten Gesichtspunkte hierzu haben wir zusammengesellt.

Deutliche Selbstauseinandersetzung eines Partners in Gesprächen führt, zusammen mit den förderlichen Erfahrungen in der zwischenmenschlichen Beziehung, zur Verbesserung seelischer Funktionen, zur Minderung seelischer Beeinträchtigungen und zu einem verstärkten persönlichen Lernen:

□ Bei intensiver Selbstauseinandersetzung äußert ein Gesprächspartner vorwiegend seine bedeutsamen inneren Erfahrungen und Erlebnisse. Er wendet sich seinem Selbst zu, er spricht über sich selbst in tiefer, echter Weise. Seine bedeutsamen gefühlsmäßigen eigenen Erfahrungen sind Inhalt seines Sprechens. Dies ist entscheidend. Denn er selbst mit seiner inneren Welt ist zugleich die zentrale Möglichkeit der eigenen Änderungen.

□ Die intensive gefühlsmäßige Auseinandersetzung mit der eigenen Person wird vom Gesprächspartner seelisch und zum Teil auch körperlich als sehr befriedigend erfahren, unter der Bedingung, daß Helfer und Gruppenmitglieder die dabei gehörte innere Welt ohne zu werten verstehen und in echter Weise achten und umsorgen. – So füllten Klienten nach jedem psychotherapeutischen Einzelgespräch einen Fragebogen mit ihren Erfahrungen aus. Klienten mit hoher Selbstauseinandersetzung – festgestellt durch Beurteiler an Hand der Tonaufnahmen – machten folgende deutliche Erfahrungen und Empfindungen: So wie das Gespräch heute lief, hat es mich befriedigt. Ich sehe nach dieser Stunde den kommenden Tagen zuversichtlich entgegen. Während des Gespräches und auch jetzt noch fühle ich mich körperlich entspannt. Ich bin optimistischer, was die Lösung meiner Probleme angeht. Pausen während unseres Gespräches haben mich wenig belastet (Eckert, Schwartz u. Tausch, 1977; s. a. Feindt, 1978).

□ Bei der Selbstauseinandersetzung kommt der Gesprächspartner in intensiven Kontakt mit seinem bedeutungsvollen Fühlen und mit seinem Selbst. Er begegnet sich selbst gefühlsmäßig. Das löst bei vielen Gesprächspartnern ein starkes gefühlsmäßiges Bewegtsein aus, eine seelische Berührung. Es trägt zur Verminderung ihrer seelischen Taubheit und Erstarrung und zu einem Neubeginn ihrer seelischen Entwicklung und des persönlich bereichernden Lernens bei.

□ Bei der Selbstauseinandersetzung äußert der Gesprächspartner offen und konkret seine furchterregenden, ihn beeinträchtigenden Erfahrungen, insbesondere das dazugehörige Fühlen. Er setzt sich hiermit intensiv auseinander, d.h. er äußert und diskutiert mehrfach, zum Teil von verschiedenen Gesichtspunkten, sein Fühlen und seine Erfahrungen. Dabei erfährt er weder Wertung noch Bestrafung. Er wird tief in seinem Fühlen und in seiner Person gehört, geachtet und verstanden. Er erfährt, daß er in seinen Schwierigkeiten nicht allein ist. Hierdurch erfolgt eine Minderung seiner Ängste und Befürchtungen (sog. Desensitisierung, Gegenkonditionierung). Er wird fähiger, diese furchterregenden Aspekte seiner Person und seiner Erfahrungen zu akzeptieren.

□ Bei hoher Selbstauseinandersetzung wendet sich eine Person intensiv ihrem gegenwärtigen Erfahren und Fühlen zu. Diese deutliche Zuwendung und Beachtung des unmittelbar gegenwärtigen Erlebens scheint häufig ein Charakteristikum gesunder seelischer Funktionen zu sein. Seelisch beeinträchtigte Personen dagegen wenden sich eher vergangenen Ereignissen sowie ungünstigen Vorstellungen über ihre Zukunft zu (Shostrom, 1966). Mit ihrem Selbst sich auseinandersetzende Personen lernen, mehr zu fühlen. Sie werden hierdurch lebendiger und sind weniger von einem wesentlichen Vorgang ihrer Person abgeschnitten.

□ Die Bedeutungen, die die Erfahrungen und Umweltwahrnehmungen für den Gesprächspartner persönlich haben, ändern sich für ihn häufig bei seiner intensiven Selbstauseinandersetzung. „Durch die Diskussion meiner Probleme mit anderen ergaben sich neue Gesichtspunkte, die ich vorher nicht gesehen habe." Er nimmt sich selbst und seine Umwelt weniger verzerrt wahr. Sein Erlebnisfeld lockert sich auf. Die von ihm wahrgenommenen Bedeutungen strukturieren sich teilweise um. Während die Eltern etwa am Beginn der Gespräche von einem Studenten sehr negativ wahrgenommen wurden, sieht er bei Fortschreiten der Gespräche einige positive Aspekte; er sieht seine Eltern in einigen neuen Bedeutungen. Die Änderung in den wahrgenommenen Bedeutungen erfolgt häufig durch das wiederholte Aussprechen und Diskutieren der Erfahrungen und gefühlsmäßigen Bedeutungen. „Wenn das Problem auf dem Tisch liegt, kann man es von allen Seiten betrachten." Die Erfahrungen und das Fühlen werden für den Gesprächspartner irgendwie „greifbarer". So lösten z. B. Personen in Untersuchungen auch sprachfreie Intelligenzaufgaben besser und schneller, wenn sie dabei sprachlich die einzelnen Schritte äußerten (z. B. Franzen u. Merz, 1976).
Diese Annahme über die Wahrnehmung neuer Bedeutungen nach der Selbstauseinandersetzung wird etwa auch durch folgenden Befund gestützt: Klienten mit hoher Selbstauseinandersetzung in psychotherapeutischen Einzelgesprächen

machten folgende Erfahrungen gemäß ihren Angaben im Fragebogen nach jedem Gespräch: Im heutigen Gespräch erschienen mir einige meiner Probleme in neuem Licht. Heute sind wir irgendwie weitergekommen (Eckert u. a., 1977). Und: Diese neuen geänderten Bedeutungswahrnehmungen führen zu einem geänderten Fühlen, oft zur Verminderung von Ängsten und unangenehmen Gefühlen. Und aufgrund des geänderten Fühlens kommt es zu weiteren Änderungen in der Bedeutungswahrnehmung.

□ Das Selbst (Selbstkonzept) des Gesprächspartners ändert sich durch die intensive Selbstauseinandersetzung. Der Gesprächspartner sieht sich selbst umfassender, er sieht neue Bedeutungen. Er klärt sich selbst, ohne wesentliche Fassaden und Verteidigungen. Er erfährt mehr, wie er wirklich fühlt und denkt. Er erhält Rückmeldungen von Gruppenmitgliedern, wie er von ihnen wahrgenommen wird und vergleicht dies mit seinem eigenen Erleben. Und es wird ihm deutlicher, wie er selbst ist, einschließlich der Rückseiten seiner Persönlichkeit. Bisher hatte er zum Teil von sich das Bild, das Lehrer, Eltern, Ehepartner und andere von ihm hatten. Er akzeptiert zunehmend sich selbst, seine gefühlsmäßigen Erfahrungen mit sich selbst. Die Widersprüche und Unvereinbarkeiten seiner Person, zum Teil bedingt durch Ignorierung oder verzerrte Wahrnehmung von Bedeutungen, werden geringer. Mit zunehmender Echtheit vermindern sich seine Spannungen erheblich. Er benötigt keine Energien zur Aufrechterhaltung von Fassaden, Verteidigungen und Panzern. Sein Fühlen, sein Denken, seine vergangenen und gegenwärtigen Erfahrungen, sein Wissen und sein Handeln sind integrierter. Er kommt sich selbst näher, er findet sich gleichsam selbst. Er wird vertrauter mit der Person, die er wirklich ist. Die Schmerzen und irritierenden Gefühle der Selbstentfremdung vermindern sich.

□ Durch die intensive Selbstauseinandersetzung wird der Gesprächspartner offener für die Vielzahl von Erfahrungen, die aus seinem Organismus und aus der Umwelt kommen. Er spürt deutlicher sein Fühlen, seine gefühlsmäßigen Reaktionen. Und im Zusammenhang mit seiner differenzierteren Wahrnehmung kann er jetzt angemessener denken und urteilen. Seine Urteile sind weniger rigide Wertungen, von anderen Personen übernommen. Sondern seine Urteile und Auffassungen sieht er mehr als persönliche Produkte an, weitgehend auf der Basis seiner eigenen gefühlsmäßigen Erfahrungen. Sie werden als *seine* Wertungen angesehen, mit der Möglichkeit von Fehlern, Erweiterungen und Änderungen, wenn neue Erfahrungen vorliegen.

□ Im Zusammenhang mit dem veränderten und erweiterten Selbst, mit der differenzierteren, weniger verzerrten Umweltwahrnehmung und mit Wertungen und Urteilen weitgehend auf der Basis der eigenen gefühlten Erfahrungen spürt eine Person mehr innere Freiheit und wird fähiger zu angemessener Selbstbestimmung.

□ Der Gesprächspartner macht die ermutigende Erfahrung, daß er sich mit sich selbst auseinandersetzen kann, er erfährt dies als befriedigend. Und er vertraut sich selbst hierbei zunehmend mehr. Er hat weniger Angst, daß er das Puzzlespiel seiner Erfahrungen mit ihren Bedeutungen und Widersprüchen nicht mehr zusammenbekommt. Viele Personen unterlassen eine Selbstauseinandersetzung aus Angst, diese „Teile" ihres Ichs nicht mehr zusammenzubekommen. „Zuerst wußte ich gar nicht, wohin es ging. Es sprudelte so aus mir heraus. Und ich hatte Angst, was an Unbekanntem und Bedrohlichem herauskommen würde. Aber allmählich entdeckte ich, daß es mich irgendwie befreite und mir Mut machte, mich selbst zu erforschen, einfach rauszubekommen, wie ich wirklich bin."

□ Gesprächspartner werden nach intensiver Auseinandersetzung mit sich selbst und ihrem Fühlen und der dabei erfahrenen Entlastung und Entspannung fähiger zu befriedigenderen Kontakten mit anderen. Sie neigen weniger dazu, ihre Schwierigkeiten und Beeinträchtigungen in andere hineinzuverlegen. Sie sehen deutlicher, daß sie selbst zu den Problemen beitragen. So ergab sich auch in einer Untersuchung ein Zusammenhang zwischen dem Ausmaß der Selbstauseinandersetzung und dem Ausmaß, wie sich Personen für sich selbst verantwortlich fühlten (Wittern u. a., 1978). – Ein Gruppenmitglied drückt seine besseren Beziehungen zu anderen nach der Selbstauseinandersetzung so aus: „Das ist ganz seltsam. Jetzt, nachdem ich all meinen Haß und meine Bitterkeit herausgeschleudert habe, jetzt fühle ich mich innerlich ruhiger, viel freier. Jetzt erlebe ich auch andere Gefühle: Mehr Verständnis für andere."

Heinz äußert am Ende einer Paar-Gruppe die Bitte an seine Partnerin Christel, mehr sie selbst zu sein: „Ja, ich möchte auch der Christel sagen: Daß Du Du selbst sein sollst. Daß das eigentlich mein größter Wunsch wäre, wenn Du Du selbst wärst. Denn dann wäre ich sicherlich wesentlich zufriedener. Und wir beide wären zufriedener, weil ich nie gewollt habe, daß Du ein anderer bist. Du hast nur immer gemeint, ich würde haben wollen, daß Du Dich anders benimmst oder was anderes tust und sagst. Dieses straffrei Ich-selbst-sein-Dürfen, das wär' für mich ein ganz großer Wunsch, daß Du das wieder wirst. Das heißt, wenn ich dann mal 'ne dumme Bemerkung mach', dann mache ich sie eben, weil ich eben nicht immer so richtig nachdenke oder weil ich halt mal unüberlegt irgend so'n Wort raussage. Das mein' ich aber gar nicht so. Das ist aber immer noch meine Art so, so einfach so rauszuposaunen, ich denk' mir halt nichts. Ich sag' so halt was daher. Und daß aber Du Dich nicht gleich wieder zurückziehst in Dein Schneckenhaus, sondern eben dann auch versuchst. ‚Warum sagst Du das?', mit mir da auch redest. Aber jedenfalls nur das: Sei Du selbst. Du würdest mir also jedenfalls bestimmt den größten Gefallen damit tun. Und vor allen Dingen Dir selber. Und das ist eigentlich doch mir dann am meisten wert. (Pause) Selbst wenn das für mich negativ wäre, das möchte ich also auch sagen."
Christel (zu Heinz): „Hilfst Du mir dabei? (Heinz: „Ja sicher.") Ich versuch's."

Die Vorgänge und Auswirkungen der Selbstauseinandersetzung entsprechen der Persönlichkeitstheorie von Carl Rogers (1951, S. 481 ff.). Von hier aus wird theoretisch einleuchtend, daß die Selbstauseinandersetzung sehr bedeutsam für die Persönlichkeitsentwicklung und die Minderung von seelischen Beeinträchtigungen einer Person ist. Wir möchten einige der Annahmen kurz anführen:

Jede Person existiert in der inneren Welt ihrer Erfahrungen. Sie selbst ist Mittelpunkt dieser inneren Erfahrungen.

Das innere Wahrnehmungs- und Erfahrungsfeld ist für eine Person Realität. Sie reagiert auf die Welt, die sie wahrnimmt.

Ein Teil des inneren Wahrnehmungsfeldes ist das Selbst. Es ergibt sich als Resultat der Begegnung mit der Umwelt, insbesondere der Begegnung mit anderen Personen. Es sind die Charakteristika und Eigenschaften, die die eigene Person betreffen.

Die Erfahrungen und Wahrnehmungen einer Person stehen in Beziehung zu ihrem Selbst. Dementsprechend werden manche Ereignisse nicht wahrgenommen oder in ihren Bedeutungen geleugnet oder verzerrt symbolisiert.

Der beste Ausgangspunkt zum Verständnis des Verhaltens und Erlebens einer Person ist ihre innere Welt, so wie sie sie wahrnimmt und erlebt.

Psychische Beeinträchtigungen ergeben sich, wenn eine Person wichtige Sinnes- und Körpererfahrungen nicht in offener Weise in ihr Selbst eingehen läßt.

Unter bestimmten Bedingungen, z. B. völligem Fehlen der Bedrohung des Selbst, können Erfahrungen, die nicht mit dem Selbst übereinstimmen und ignoriert oder verzerrt wahrgenommen wurden, überprüft werden und in eine geänderte Struktur des Selbst eingehen.

Änderungen des inneren Erlebnisfeldes, der wahrgenommenen Bedeutungen und des Selbst sind im wesentlichen nur dem Klienten selbst möglich. Der Psychologische Helfer kann ihm die geeigneten Bedingungen bieten, eine Reorganisation seines Selbst und seiner inneren Welt vorzunehmen. Dies geschieht am besten durch die Auseinandersetzung des Klienten mit seiner inneren Welt und seinem Selbst, ohne Verteidigung, mit engem Kontakt zu seinem Fühlen.

Untersuchungsbefunde zur Auswirkung der Selbstauseinandersetzung. Intensive Selbstauseinandersetzung einer Person in psychotherapeutischen Einzel- oder Gruppengesprächen ist derjenige Vorgang, der in fast allen Untersuchungen deutlich mit konstruktiven Wandlungen dieser Personen nach den Gesprächen zusammenhängt. Personen mit geringer Selbstauseinandersetzung dagegen änderten sich wenig oder gar nicht. Einige Befunde:

Die Selbstauseinandersetzung von über 100 Klienten in personenzentrierter Einzelpsychotherapie wurde durch Beurteiler an Hand der Tonaufnahmen im Anfangsstadium der Psychotherapie eingeschätzt. Klienten mit hoher Selbstauseinandersetzung wiesen am Ende der Psychotherapie deutliche Verbesserungen in ihren seelischen Funktionen auf, so Zunahme von Extraversion und Verminderung von Neurotizismus und Introversion, Verbesserung in verschiedenen Skalen des MMPI sowie Verbesserung in der Selbsteinschätzung (Bommert u. a., 1972; Minsel u. a., 1972; Sander u. a., 1973; Hermann u. a., 1974).

Die Selbstauseinandersetzung von 25 Klienten mit deutlich positiven Gesamtänderungen nach der Einzelpsychotherapie war deutlich größer als bei 25 Klienten mit geringen Änderungen. Ferner war ihre Selbstauseinandersetzung intensiver, gefühlsmäßig näher sowie von größerer Akzeptierung ihres Fühlens (Schwartz u. a., 1978).

45 Klienten erhielten psychotherapeutische Einzelgespräche von insgesamt 20 personenzentrierten Psychotherapeuten über Telefon. Klienten mit größeren konstruktiven Änderungen in ihren seelischen Funktionen am Ende der Psychotherapie setzten sich gemäß Einschätzung der Tonaufnahmen durch Beurteiler mehr mit sich selbst auseinander, waren ernsthafter bemüht, ihre Situation zu klären, äußerten sich problembezogener hinsichtlich der Probleme, derentwegen sie in Psychotherapie gekommen waren, im Vergleich zu Klienten mit geringerer Selbstauseinandersetzung (Wienand-Kranz, 1977).

Die Selbstexploration von 14 Klienten eines einzigen personenzentrierten Psychotherapeuten wurde anhand der Tonaufnahmen durch Beurteiler eingeschätzt. Klienten mit größerer

Selbstauseinandersetzung wiesen einige Jahre nach Ende der Psychotherapie deutlich konstruktivere Änderungen auf (R. Tausch u. a., 1969).

Klienten mit größeren konstruktiven Änderungen am Ende der Einzelpsychotherapie äußerten sich in den Gesprächen häufiger in der 1. Person Gegenwart als Klienten mit geringen oder keinen Änderungen. Diese Unterschiede bestanden schon in den anfänglichen Gesprächen (R. Tausch, 1973).

14 Patienten eines Psychiatrischen Krankenhauses mit Diagnose Schizophrenie erhielten Einzelpsychotherapie von insgesamt 7 Gesprächspsychotherapeuten, Dauer 6 Monate bis 3 ½ Jahre. Patienten mit größerer Selbstauseinandersetzung änderten sich konstruktiv, festgestellt sowohl in Tests als auch durch die Aufenthaltsdauer im Hospital. Allein die Selbstauseinandersetzung aufgrund kurzer Tonbandstichproben des zweiten Psychotherapiegespräches hing deutlich mit dem Endergebnis der Psychotherapie zusammen (Truax u. Carkhuff, 1965b).

Klienten der Einzelpsychotherapie mit häufigen Äußerungen über ihr persönliches Selbst in der unmittelbaren Gegenwart waren am Ende der Psychotherapie konstruktiv geändert (Braaten, 1961). Äußerungen dieser Art waren etwa: „Ich wundere mich, was sich bei mir in der nächsten Zeit ereignen wird.“ „In meiner Arbeit jetzt bin ich nicht wirklich glücklich.“ „Ich fange an, so etwas wie eine neue Lebendigkeit bei mir selbst zu spüren.“ Personen mit geringen oder keinen Änderungen äußerten sich dagegen häufiger ohne Bezug auf ihr persönliches Selbst, z. B.: „Taxifahrer sind höflich.“ „Sie ist eine Frau, die in Wirklichkeit nicht zu arbeiten braucht.“ „Das Schulsystem sollte besser den Bedürfnissen des einzelnen angepaßt werden.“

Eine ähnliche Untersuchung führten Kirtner u. Cartwright (1958) durch. Klienten mit größeren Änderungen nach der Psychotherapie äußerten sich häufiger in Form der Kategorie I: „Der Klient beschäftigt sich unmittelbar mit sich selbst und seinen gefühlsmäßigen Problemen. Er ist intensiv dem zugewandt, was er sagt, wie er reagiert, wie er fühlt. Er ist internal zentriert und äußert offen und deutlich sein Fühlen und Denken.“ Klienten mit geringen oder keinen Änderungen äußerten sich dagegen bedeutsam mehr in Form der Kategorie V: „Der Klient beschäftigt sich mit seinen Problemen, als wären sie gleichsam völlig außerhalb von ihm. Die Quelle der Schwierigkeiten wird von ihm deutlich außerhalb der eigenen Person gesehen.“

Gefängnisinsassen mit größerer Selbstauseinandersetzung bei ihren psychotherapeutischen Einzelgesprächen über Telefon wiesen eine größere Verminderung von Psychoneurotizismus, Angst und Selbstaggression auf, als Gefängnisinsassen mit geringer Selbstauseinandersetzung (Doll u. a., 1974).

Mitglieder mit intensiver Selbstauseinandersetzung in 2 ½tägigen Gruppengesprächen waren 6 Wochen danach weniger pessimistisch im Umgang mit sich selbst und zufriedener mit dem Gruppengespräch, als Mitglieder mit geringer Selbstauseinandersetzung (A. Tausch u. a., 1975).

Alte Menschen mit einem Durchschnittsalter von 72 Jahren, die an 2 ½tägigen Gruppengesprächen teilnahmen, und die sich dabei mit größerer gefühlsmäßiger Nähe deutlich mit sich selbst auseinandersetzten, hatten danach weniger Einsamkeitsgefühle, ein weniger resignatives Bild vom Altern, verglichen mit Gruppenmitgliedern mit geringer Selbstauseinandersetzung und Äußerungen von geringer gefühlsmäßiger Nähe (Bergeest, Steinbach u. Tausch, 1977).

Seelisch beeinträchtigte Hauptschüler, die sich in personenzentrierten Einzel- und Gruppengesprächen stärker mit ihrem Selbst auseinandersetzten, nahmen deutlich an sozialer Reife zu, verglichen mit Schülern mit geringer Selbstauseinandersetzung (Pixa u. a., 1978).

Bei 26 Lehrern mit Teilnahme an 2 ½tägigen Gesprächsgruppen (je 2 – 4 Lehrer zusammen mit Psychotherapieklienten) hing gemäß Beurteilereinschätzung von Nachbefragungsinterviews die Selbstauseinandersetzung mit den Veränderungsmerkmalen „Reicheres inneres Erleben“ sowie „Förderlicher für sich selbst werden“ zusammen (Wittern u. a., 1978).

Selbstauseinandersetzung kann entscheidend durch Helfer und Gruppenmitglieder gefördert werden

Die Selbstauseinandersetzung ist sehr wichtig für günstige Wandlungen einer Person, für eine stärkere persönliche Selbstentwicklung. Es ist somit naheliegend, daß ein Helfer diese Selbstauseinandersetzung bei seinem Gesprächspartner erleichtert und fördert.

Diese Förderung erfolgt weitgehend durch die 3 Haltungen des Helfers: Achten-Wärme-Sorgen, einfühlendes Verstehen sowie Echtheit. Diese 3 Haltungen haben wir eingehend im ersten Teil des Buches dargestellt. Wir möchten im folgenden einzelne Gesichtspunkte betonter zusammenfassen:

□ *Das einfühlende Verstehen* des Helfers fördert unmittelbar und direkt die Selbstauseinandersetzung des Gesprächspartners, vorausgesetzt, daß der Partner aufgrund der übrigen Haltungen des Helfers ein vertrauensvolles Klima spürt. Worüber sich auch der Gesprächspartner äußert, der Helfer sucht die darin enthaltenen Einstellungen, Erfahrungen und persönlichen Bedeutungen des Gesprächspartners zu hören. Er sucht in den Äußerungen das Selbst des anderen zu hören. Und er teilt dem anderen das mit, was er in diesen Äußerungen vom Selbst des anderen, von seinen bedeutsamen Erfahrungen verstanden hat. Naturgemäß spricht dann der Partner als Folge der einfühlend verstehenden Äußerungen des Helfers mehr über seine inneren Erfahrungen, mehr über sein Selbst und setzt sich damit auseinander.

Dieser Zusammenhang zwischen Selbstauseinandersetzung des Gesprächspartners und einfühlendem nicht-wertendem Verstehen des Helfers ist durch viele empirische Untersuchungen in psychotherapeutischen Einzel- und Gruppengesprächen mit Erwachsenen sowie in Gesprächen mit Jugendlichen und Kindern nachgewiesen worden (z.B. Bommert u.a., 1972, 1975; Minsel u.a., 1972, 1973; Schwartz u. a., 1978; A. Tausch u. a., 1972; Wienand-Kranz, 1977).

Je weniger ein Gesprächspartner bereit oder fähig ist, sich über sich selbst, seine persönlichen inneren Erfahrungen zu äußern, um so bedeutsamer ist es, daß der Helfer den Gesprächspartner hören kann, daß er die Anteile des Selbst versteht, die in den Äußerungen des anderen verschlüsselt und spärlich vorkommen. Ein Beispiel:
Eine Klientin, 37 Jahre, im Einzelgespräch: „Und die ganze Familie, wie gesagt, macht mir – meine Schwester und alle – auch noch den Vorwurf: ‚Du bist dem Kind gegenüber nicht hart genug.‘ Obwohl sie aus ihren Erfahrungen mit mir ja wissen müßten, daß ich – wenn jemand zu mir kommt – zu helfen versuche. Also, sie verlangen da von mir eine – ‚Das nutzt alles nichts, Du mußt Dich durchsetzen, und wenn Du jeden Tag draufhaust!‘ Wo kriegt man aber das Rückgrat her, wenn man eben – oder wo kriegt man diese – das her, wenn man's nicht hat?“

Wenn der Helfer wirklich in dem Erleben des anderen zentriert ist und ihn in seinem Selbst zu hören sucht, dann kann er dessen Selbstauseinandersetzung und

Selbstöffnung mit mannigfaltigen einfühlend verstehenden Äußerungen fördern, zum Beispiel: ‚Ist das richtig, Sie möchten den Erwartungen der anderen folgen und härter werden, aber Sie schaffen es nicht?' ‚Sie fühlen sich von Ihrer Familie wirklich nicht verstanden, sondern Sie spüren meist nur ihre Vorwürfe?!' ‚Dieses Draufhauen, ist das etwas, was Sie sich von sich selbst wünschen?' ‚Wünschen Sie sich irgendwie stärker zu sein? Weil Sie es selbst wünschen oder die andern es von Ihnen möchten?' ‚Die anderen möchten, daß Sie härter werden. Und ich suche zu verstehen, wie steht es bei Ihnen damit, was möchten Sie?'

In Gesprächsgruppen mit hochqualifizierten Helfern werden meist nach kürzerer Zeit zumindest einige der Gruppenmitglieder fähig, die innere Welt der anderen bei deren Äußerungen zu hören und ihnen das Verstandene mitzuteilen. Manche Gruppenmitglieder können des öfteren für andere einfühlend verstehender sein als der Helfer. Etwa weil sie sich einander persönlich näherstehen oder weil sie ein ähnliches Schicksal haben, etwa ehemalige oder beurlaubte Gefängnisinsassen sind oder Menschen, die in Scheidung bzw. in Eheschwierigkeiten leben. So kann Anke in einer gefilmten Gesprächsgruppe aufgrund ihrer eigenen Erfahrungen Gabriele einfühlend verstehend sagen: „Du machst etwas, was ich auch immer gemacht habe: Du achtest sehr auf die Bedürfnisse Deines Mannes!" Gabriele: „Ja." Anke: „Und Deines Kindes. Aber wir haben auch Bedürfnisse." Gabriele: „Genau! Das ist mir auch klar geworden. Aber das ist – das fällt mir verdammt schwer, so meine Bedürfnisse erstmal ..."

□ *Anteilnehmende Fragen* des Helfers oder der Gruppenmitglieder können die Selbstauseinandersetzung eines Gesprächspartners deutlich erleichtern. Wichtig ist: Diese Fragen entspringen dem Bemühen, die innere Welt des anderen zu verstehen. Die Fragen dirigieren den anderen nicht, bewerten ihn nicht und dienen nicht der Diagnose. Sie erfolgen in einem Klima guter zwischenmenschlicher Beziehungen, sie entspringen der Sorge um den anderen. Der Angesprochene kann sich frei fühlen, nicht zu antworten. Entscheidend ist: Die Fragen erfolgen, um das Fühlen und die persönliche Welt des anderen zu hören. Sie richten sich nicht auf äußere Ereignisse oder Nebensächlichkeiten. Diese Fragen der Gruppenmitglieder oder des Helfers sind in der inneren Person des anderen zentriert, z. B.: „Könntest Du näher sagen, was das für Dich bedeutet?" „Bist Du Deiner da nicht so sicher?" „Hast Du hier auch Angst zu sprechen?" Durch eine Frage oder Bitte, sich über die belastende Beziehung zum Ehepartner näher zu äußern, kann sich eine Person mehr mit sich selbst auseinandersetzen. Oder ein Gruppenmitglied wird gebeten, in der Gruppe das zu sagen, was es vorher nur einem einzelnen zu sagen wagte. Diese Fragen oder Bitten sind hilfreich, wenn sie dem Bemühen entsprechen, die innere Welt des anderen besser zu verstehen und ihm bei der Klärung seines Selbst zu helfen. Manche Gesprächspartner in Einzel- und vor allem in Gruppengesprächen wagen häufig erst über sich selbst zu sprechen, wenn sie gefragt werden.

Wenn Gruppenmitglieder nicht bedeutsame Fragen an andere stellen, so tun wir dies als Helfer in Gruppengesprächen. Es ist die Folge unseres einfühlenden Verstehens in den anderen, unserer Sorge um ihn und unseres echten Bedürfnisses, seine innere Welt näher kennenzulernen. Wir vermitteln ihm dabei deutlich: Er hat die Entscheidung, auf diese Fragen einzugehen oder nicht. Er wird auch akzeptiert, wenn er schweigt. In Nachbefragungen äußerten sich viele Personen insbesondere von Gruppengesprächen dankbar, daß wir Fragen an sie stellten. Und schließlich: Es wäre auch unecht, wenn eine helfende Person einem Gesprächspartner längere Zeit nur zuhören würde, ohne ihm etwa mitzuteilen, daß sie ihn schwer verstehen könnte, und ohne ihn um nähere Informationen zu seinem Fühlen zu bitten.

□ *Äußern des persönlichen Eindrucks.* Helfer und Gruppenmitglieder teilen einem Gesprächspartner mit, wie sie ihn persönlich erleben, wie sie seine innere Welt wahrnehmen und empfinden. Diese Konfrontation mit dem persönlichen Eindruck eines anderen ist für die Selbstauseinandersetzung des Gesprächspartners förderlich, wenn ein akzeptierendes freies Klima herrscht und der Gesprächspartner anschließend mit seiner inneren Welt einfühlend gehört wird. Helfer und Gruppenmitglieder lassen in ihren Äußerungen deutlich werden, daß es ihre persönlichen Eindrücke sind und daß es ein Teil ihrer Echtheit und ihrer Selbstöffnung ist, wenn sie sich äußern.

Helfer in einer gefilmten Betriebsgruppe zu Klaus, dem 42jährigen Verkaufsleiter: „Also, das ist mein sehr persönlicher Eindruck und ich glaube das sogar fast: Ich erleb' Dich oder ich seh' Dich als einen recht starken Menschen. Möglicherweise ist das falsch. Aber sehen Deine Kinder und Deine Frau, sehen die Dich auch so stark?"

Helferin in einer gefilmten Paargruppe zu Gisela: „So daß ich Angst habe ..., daß Du Klaus gar nicht kommen läßt, weil es Dich so drängt zu sprechen. ... Und ich denke so: Wenn Euer Problem ist, daß Klaus sprechen sollte, damit Ihr überhaupt miteinander sprechen könnt ..., schaffst Du ihm auch die Bedingungen genug dafür? ... Er kann es nicht so heraussprudeln, wie Du es kannst. ... Ob Du ihn auch wirklich hörst? Ob Dir das wirklich wichtig ist, ihn zu belassen: So viel, so wenig und wann auch immer er es kann, zu reden?"
Gisela: „Ja, das glaube ich, das glaube ich sogar, daß ich es lernen muß. ... Ich muß es lernen, zu schweigen. Das weiß ich ..., weil ich weiß, was für Probleme ich mir selber damit geschaffen habe schon."

Karl, 66 Jahre, in einem Gruppengespräch: „Ich habe über Dein Problem sehr viel nachgedacht. Weißt Du, was mein Gefühl ist? Ich habe bei Dir manchmal das Gefühl, daß es Dir schwerfällt, Deine Eltern zu verstehen, weil Du zu sehr über Deine eigenen Probleme nachdenkst. Du bist so sehr verstrickt in Dein eigenes Problem."
Hartmut, 26 Jahre: „Mhm, ja, das kann wohl sein."
Karl: „Du verlangst das Verständnis von Deinen Eltern. Aber Dir fällt es selber schwer, Deine Eltern so zu verstehen. Ich meine, da müssen sich beide Seiten mehr bemühen."
Hartmut: „Ja, schon. Aber das ist auch das Problem, weil ich glaube, meine Eltern können das nicht verstehen."
Karl: „Weißt Du, Hartmut, dazu kann ich aus meiner eigenen Erfahrung sagen, da hat sich viel geändert. Es ist jetzt, ich meine heute, so, da ist es auch gar nicht so einfach für einen älteren Menschen. Schau mal, ich mußte mich da auch bemühen, Dich zu verstehen. Ich wußte am Anfang gar nicht, was Dir eigentlich so zu schaffen macht."
Hartmut: „Mhm, ich verstehe das. Vielleicht verlange ich da zu viel von ihnen."

Eine Schülerin, 17 Jahre, in einer gefilmten Gruppe zu einem Gesprächspartner, der nicht verstehen kann, daß sie aus Verzweiflung versucht hat, sich das Leben zu nehmen: „Hör doch mal zu! Ich habe bei Dir das Gefühl gehabt, das hab' ich jetzt nicht mehr, vielleicht nicht mehr – aber Du hast dagesessen und fandest das alles wie ein tolles Abenteuer. Und die Menschen, die hast Du zerpflückt und hast die Schwächen irgendwo so ohne Gefühl gesehen, weißt Du! So nur mit Verstand. Mensch, ich könnt schon wieder heulen, wenn ich daran denke. Das ist echt so."

Partner: „Ich hab' da kein Gefühl! Ich sehe und beobachte was, ich nehme für mich was heraus jetzt."

Schülerin: „Eben! Du hast kein Gefühl! Aber Du kannst doch Menschen nicht ohne Gefühle betrachten!"

Partner: „Natürlich! Gut: Welche Art von Gefühl haben sie? Gefühle regelrecht geben, regelrecht zerpflücken und dann weg damit! Mehr ist es doch nicht!"

Mit den persönlichen Wahrnehmungen des anderen kann sich der Gesprächspartner auseinandersetzen. Je weniger bedrohlich das Klima im Gespräch ist, um so mehr kann er es wagen, verteidigungsfrei und offen hierbei zu sein. Diese Konfrontation befähigt den Partner, sich mehr seinem Selbst zuzuwenden, und etwa zu vergleichen, wie seine Wahrnehmungen über sich mit den Wahrnehmungen anderer übereinstimmen. Die folgenden Erlebnisäußerungen von Gruppenteilnehmern in einer Nachbefragung veranschaulichen das:

„Also Helga sagte zu mir, daß alles, was ich sagte, das klänge für sie so unecht, so aufgesetzt. Und da wurde mir bewußt, daß das tatsächlich wieder so ist. Das war für mich ein Signal. Ich entdeckte dann nämlich, daß ich diese Gruppe wieder als Sache gesehen hatte. In der zweiten Hälfte ging es mir dann damit besser. Ich konnte mehr so sein, wie ich wirklich war."

„Aber mir haben die das auch in der Gruppe gesagt: ‚Warum lächelst Du eigentlich so, wo Du doch so traurige Sachen von Dir erzählst? Und wir spüren, daß Du traurig bist?' Da ist mir das richtig bewußt geworden. Ich will ja dieses Lächeln gar nicht. ... Warum geb' ich mich nach außen so anders, als wie ich innerlich empfinde? Mir ist ja gar nicht nach Lächeln zumute. Warum hab' ich mir so'ne Fassade aufgesetzt? Ich hab' das früher gar nicht so gemerkt."

„Da ist die Sache mit meiner Stimme. Und ich weiß, ich kriege manchmal eine Stimme wie eine Hexe. Und daß die in der Gruppe sagten, ich hätte eine ganz normale Stimme, das war für mich sehr angenehm."

„Ich habe zum Beispiel ein Problem, alle Dinge zu stark rational in den Griff zu kriegen. Ich weiß nicht, ob es zu stark ist. Auch über meine Gefühle reflektiere ich so, daß ich das Gefühl habe, sie sind weg. Das habe ich auch in der Gruppe angesprochen. Ich hatte immer das Gefühl, das ist nicht normal und du bist dann kalt, gefühllos. Die andern haben gesagt: ‚So wie Du hier reagierst und reagiert hast, das war sehr gefühlsmäßig.' Das hat mir auch geholfen. Auch gerade, weil ich das, was in der Gruppe ablief, so durchdachte und mir sagte: ‚Du läßt dich von deinem Verstand leiten. Und das ist nicht richtig."

□ *Die Selbstöffnung und Selbstauseinandersetzung der Mitglieder* in einer Gruppe fördert die Selbstauseinandersetzung des einzelnen. Der einzelne erfährt in der Gruppe, wie andere sich öffnen und sich aufrichtig mit sich selbst auseinandersetzen. Sie nehmen wahr, wie befriedigend dies für andere ist, sich selbst näherzukommen. Und dies vermindert ihre eigenen Hemmungen. „Als es so plötzlich losging, hat es mich richtig mitgenommen. Die Spannung übertrug sich auf mich, und ich bin eingestiegen." „Ein junger Mann warf sich vehement in die Gruppe. Das hat mich sehr bewegt und so konnte ich mich öffnen."

□ *Die Kenntnis der inneren Welt und der seelischen Schwierigkeiten anderer Gruppenmitglieder* fördert die Selbstwahrnehmung und Selbstauseinandersetzung des einzelnen, z. B.: □ Der einzelne sieht seine eigenen Schwierigkeiten oft anders, wenn er sie mit den Schwierigkeiten anderer vergleicht. „Gut war für mich, die Probleme anderer Leute zu hören, dadurch konnte ich meine eigenen relativieren." „Die Gewichtigkeit meiner eigenen Probleme hat sich verringert, die anderen hatten noch viel schwerwiegendere Probleme." „Ich habe gesehen, daß ich nicht so problembeladen bin, wie ich immer glaubte. Ich habe das so verglichen mit den anderen in der Gruppe." Ein Kranführer, der mit Anneli, einem jungen gelähmten Mädchen im Rollstuhl, zusammen in der Gruppe war: „Ich hab' auch Sorgen. Und Ihr erzählt da: ‚Ich hab' Bauchschmerzen, Bauchnabelsausen!' Mensch, und ich hab' andere Sorgen. Aber Anneli, das ist mir so an die Nieren gegangen. Anneli, die bewundere ich. Aber die anderen, da würde ich sagen: Müssen einen Hammer auf den Kopf kriegen, daß sie vernünftig werden. Die müssen von morgens um 6 bis abends um 7 arbeiten, daß sie ruhig schlafen können, dann haben sie diese Sorgen nicht. Das sind so kleine Probleme. Und seit der Zeit, wo ich bei dem Fest bei der Anneli war und die andern Behinderten alle gesehen habe, ich schwör Dir: Seit der Zeit stöh'n ich nicht mehr, wie schlecht mir das geht. Mir geht's gut!" □ Die Kenntnis ähnlicher Schwierigkeiten von anderen Gruppenmitgliedern gibt dem einzelnen das Gefühl, nicht alleine dazustehen. „Ich stellte die Frage, wie die anderen das Alleinsein empfinden. Es war für mich wichtig, zu erfahren, daß es den anderen Leuten auch so geht, auch wenn man ihnen das nach außen hin nicht ansieht." „Schwierigkeiten, Partnerprobleme, die meinen eigenen sehr ähnlich sind. Das nahm mir das Gefühl, mit so etwas alleine dazustehen." „Ich habe Menschen kennengelernt, die mir aufgezeigt haben, daß ich nicht die einzige bin, die Probleme hat. Das hat mich erleichtert und mich ermutigt zu versuchen, diese Schwierigkeiten zu vermindern, und dieses wenn möglich mit ihnen zusammen zu tun. Ich habe nicht das Gefühl, alleine dazustehen." □ Die Kenntnis von dem Fühlen anderer und ihren inneren Erfahrungen ist bereichernd für die eigene Selbstauseinandersetzung. „Es hat mich berührt, wie die Männer ihre Frauen so schilderten. So sehe ich mich. Bei dem einen konnte ich mich voll mit seiner Frau identifizieren. Bei allem, was die Männer sagten, habe ich mich immer gefragt, ob es bei mir so ist. ... Ich habe ja vorher nie mit meinem Mann gesprochen, wie er sich gefühlt hat, wenn er so eine aktive Frau hat, die so alle Entscheidungen fällt. Insofern habe ich doch einen ganz wichtigen neuen Eindruck gekriegt."

□ *Die intensive, nahe, unmittelbare persönliche Begegnung der Mitglieder* in einer Gesprächsgruppe fördert es, daß der einzelne sich selber deutlicher erfährt und sich damit auseinandersetzt, wenn in der Gruppe ein Klima von weitgehender Freiheit und Akzeptierung herrscht. Der einzelne kann sich so als eine Person erfahren, die etwa ängstlich im Kontakt mit Menschen ist, mit ihren Gefühlen zurückhaltend oder geöffnet, vertrauensvoll oder mißtrauisch. Dies wird oft etwas unklar unter dem Wort „Selbsterfahrung" gemeint. „Ich stelle jetzt vieles bei mir in Frage. Die Gruppe war der beste Spiegel, den ich je hatte. Ich nehme mich endlich wahr." „Mein Rollenspiel ist mir bewußt geworden gegenüber den anderen."

□ *Informationen, Empfehlungen und Ratschläge* können gelegentlich in Gruppengesprächen die Selbstauseinandersetzung fördern. Mit dem Ratschlag oder der Empfehlung kann sich der einzelne in einem akzeptierenden verstehenden Gruppenklima auseinandersetzen. Er kann sich mit sich selbst auseinandersetzen, warum es ihm nicht möglich ist, diesem Ratschlag zu folgen, was ihn etwa daran hindert, warum er es nicht will. Unangebrachte Informationen oder Empfehlungen, denen eine geringe Einfühlung des Helfers oder des Gruppenmitgliedes zugrunde liegt und die für den anderen wenig angemessen sind, werden häufig von anderen Gruppenmitgliedern korrigiert. Denn vielen Informationen und Ratschlägen liegt zugrunde, daß der Ratgeber den andern zu wenig gehört hat, daß er zu wenig einfühlend ist und daß er als zu dirigierend empfunden wird. Zum Glück kommt es dann meistens in einer Gruppe zu einer deutlichen Ablehnung dieses Vorgehens.

Zwei Beispiele für die vielfältige Anregung und Förderung der Selbstauseinandersetzung einer Person durch Gruppenmitglieder:

Ein Teilnehmer, Karl-Heinz, hat von seinen Schwierigkeiten mit seiner Partnerin berichtet. Manche Teilnehmer können dies verstehen, andere nicht. Und sie konfrontieren Karl-Heinz mit Fragen und Anforderungen, jedoch in einem weitgehend akzeptierenden Gruppenklima:

Anne-Marie zu Ulrich: „Du würdest es so gerne wie 'ne mathematische Formel gelöst haben."

Horst: „Ja, Du kannst keine Formel machen."

Ulrich: „Nein, aber ich will das nicht immer so nach allen Seiten offen haben."

Karl-Heinz zu Ulrich: „Doch es ist offen. Das mußt Du auch mal sehen. Das ist offen. Es tut mir außerordentlich leid, lieber Ulrich, es ist offen, und das bitte akzeptiere."

Gerd zu Karl-Heinz: „Karl-Heinz, ich würde Dir mal gerne die Frage stellen: Ich vermisse immer das Wort in Deiner Schilderung, das Wort ‚Liebe'."

Karl-Heinz zu Gerd: „Ja genau, das ist ein echtes Problem. Wir haben auch das Wort Liebe seit 10 Jahren nicht mehr gebraucht."

Ruth zu Karl-Heinz: „Dann war das also, wovon Du eben gesprochen hast, daß Ihr nächtelang wahrscheinlich aneinander vorbeigeredet habt – ich wollte nur mal wissen, ob das wirklich auf die reine Sich-Verstehens-Basis beschränkt war oder eben auch die sexuellen Beziehungen, daß die nicht stimmten."

Karl-Heinz: „Das hab' ich ja eben gesagt, daß da Probleme waren. Es sind sexuelle Dinge gelaufen, aber sie sind nicht problemlos gelaufen, sicherlich."

Reinhard zu Karl-Heinz: „Also ich bin sehr beeindruckt von Deiner Ehrlichkeit Dir gegenüber. Du sagtest: Ja, liebe ich sie wirklich? Was ist –."

Karl-Heinz: „Naja, das ist durch diese totale Äußerung, die kam für mich überraschend. Dies hatt' ich nicht erwartet. Und insofern hat mich das also so ziemlich total getroffen. Und von daher für mich die Notwendigkeit eben, da im Grunde völlig neu anzusetzen. – Und dann ist die Frage des Berufes im Moment nicht die entscheidende."

Anne-Marie zu Karl-Heinz: „Versteh' ich Dich da richtig, daß Du hier eigentlich vor einem Scherbenhaufen Deines Selbst stehst und nun versuchst, die Stücke wieder zusammenzusetzen? Gar nicht vor dem Scherbenhaufen des Berufes. Sondern als sie Dir gesagt hat: ‚Es ist aus!' Da war also wirklich so'n Erdbeben, und irgendwo stehst Du jetzt vor diesen Stücken."

Karl-Heinz: „So als neuen Anfang und ich versuch' da was Neues draus zu basteln. Basteln ist kein schönes Wort, aber –"

Anne-Marie: „Aber irgendwie so: Wo bin ich? Wo sind die Scherben, damit ich wieder etwas zusammensetzen kann?"

Karl-Heinz: „Ja, genau, genau so."

Im folgenden Beispiel setzt sich Gloria, 35 Jahre, mit sich selbst auseinander, und sie erfährt dabei vielfältige Anregung durch die Gruppe:

Gloria: „Und das hat auch etwas mit dem Körper, finde ich, zu tun. Ich bin groß und kräftig und mir traut man viel zu. Einer Kleinen traut man wenig zu. Und das verfolgt mich eigentlich schon von meiner Kindheit her."

Leoni: „Ich empfinde Dich als stark. So der erste Eindruck, der ist nicht so, daß Du hilflos bist."

Gloria: „Ich bin es sicher auf irgendeine Art und Weise nicht. Weil ich mir im Laufe der Zeit so ungeheuer viele Panzer angeschafft habe. Aber das ist ein Urproblem überhaupt für mich, nicht. Das habe ich nie akzeptieren können, daß es so ist. Und wenn mir dann einer sagt: Ich hab' eigentlich Angst vor Dir, dann, ja dann ist alles zu spät. Das ist der Punkt dann, dann hat er von meinem Innersten überhaupt nichts verstanden."

Marianne: „Du kannst Dir gar nicht vorstellen, daß ein anderer sich Dir unterlegen fühlt, daß er darunter leidet?"

Gloria: „Ja warum denn aber –"

Anne-Marie: „Gloria, ist es so, Du fühlst Dich so im Keller, so daß Du Dir gar nicht vorstellen kannst, daß sich Dir einer unterlegen fühlt, daß er Dich stark erlebt, nur weil Du einen Kopf größer bist?"

Thomas: „Weil Du Dich nicht stark fühlst, Gloria, bist Du doch in einer Verteidigungshaltung und wirkst darum aggressiv und stark, auch auf mich. Ich muß Dir sagen: Ich habe manchmal Angst vor Dir. Das tut mir leid, wenn ich jetzt wieder in die Wunde hau'. Ich habe in ganz einfachen Situationen Angst vor Dir. Zum Beispiel als wir zum ersten Mal zum Schwimmen fuhren, da hast Du Dich nicht angeschnallt. Ich diskutier' mit jedem, der sich nicht anschnallt bei mir. Bei Dir hab' ich es nicht gewagt. Weil ich dachte, ich kriegte so'n kalten Satz und denn ist die Sache gelaufen. Ich hab' Angst mit Dir zu diskutieren. Das hat nichts mit Deiner Körpergröße zu tun. Aber es kann daraus resultieren, daß Du laufend in der Verteidigungshaltung bist und sofort auf die Leute aggressiv wirkst."

Leoni: „Eben, es ist nicht Deine Körpergröße, es ist Deine Art, die Du Dir angezüchtet hast."

Anne-Marie: „Als Schutz, um Dir nicht reingucken zu lassen, wie mies Du Dich fühlst und wie hilflos?"

Leoni: „Du gibst Dich nicht so, wie Du einfach bist. Das hast Du Dir weggenommen. (Gloria: „Mhm") Und wenn das wäre, dann würde man Deine Körpergröße einfach gar nicht bemerken, dann würde man Dir genauso wie jemand, der klein ist, abnehmen, daß Du in Not bist und Hilfe brauchst."

Gloria: „Okay – hab' ich verstanden."

Weitere heilsame Erfahrungen und Vorgänge von Partnern in Gesprächen

Selbstöffnung und Selbstauseinandersetzung sowie die Erfahrungen des Verstandenwerdens und echter Anteilnahme in der Beziehung zur helfenden Person sind bedeutsame Bedingungen der Selbstentwicklung und der Verminderung seelischer Beeinträchtigungen in Gesprächen. Daneben gibt es noch weitere Erfahrungen und Vorgänge, die für Partner in Gesprächen entscheidend hilfreich sein können.

Diese weiteren heilsamen Erfahrungen und Vorgänge, meist nur in Gruppengesprächen möglich, sind: □ Gesprächspartner können anderen helfen. □ Sie erfahren seelische Gemeinsamkeiten mit anderen. □ Sie können ihre eigene Person in der unmittelbaren Begegnung mit anderen erfahren. □ Sie können neue Ansätze des Erlebens und Verhaltens versuchen. □ Sie spüren, daß sie für sich selbst verantwortlich sind. □ Sie erfahren seelische Bewegung und Änderung bei sich und anderen.

Gesprächspartner können anderen helfen. Erfahren Personen, daß sie für andere in der persönlichen Begegnung und im Gespräch hilfreich und wertvoll sind, so ist dies für ihre Selbstachtung, für ihre Selbstentwicklung und die Minderung ihrer seelischen Schwierigkeiten sehr förderlich. So änderten sich Gruppenmitglieder, die anderen in der Gruppe halfen, deutlich konstruktiver als Mitglieder ohne diese Aktivität (A. Tausch u. a., 1975).

Die Hilfe für den anderen erfolgt häufig durch Hinhören und Anteilnahme, durch einfühlendes verstehendes Hineinversetzen in die seelische Welt des anderen und durch Äußerung des Verstandenen. Häufig sind Personen erstaunt darüber, daß dies für den anderen so hilfreich ist. Und sie sind beglückt, daß sie die Fähigkeit und Möglichkeiten haben, andere erreichen zu können. Sie sind nicht nur Nehmende im Gespräch, sie können auch Gebende sein. „Außer zwei Personen in der Gruppe haben mir alle etwas geben können. Ich habe auch selbst etwas geben können, und das war mir sehr wichtig." Dieses Helfen kann auch außerhalb der Gruppengespräche gegenüber Gruppenmitgliedern, der Familie und anderen Mitmenschen stattfinden.

Das folgende Beispiel veranschaulicht, wie tief ein derartiges Helfen von *beiden* Gruppenmitgliedern erlebt wird.

Gisela: „In der Kirche, das war unheimlich schön. Was Sybille mir damit gegeben hat, das wird auch ewig drinbleiben in mir. Weil es da so ganz konkret auftrat. Und sie sagte: ‚Gisela, laß diese Angst zu, sie ist ein Teil von Dir.' Und sie war so ganz gütig, ganz lieb. Und so können wir uns eben untereinander auch helfen."

Sybille: „Ach, es ging Gisela in der Kirche so schlecht. Sie hätte am liebsten das Weihwasser ausgetrunken, um ihre Valium zu nehmen. Es war so schlimm. Sie hat dann wirklich die Antenne zu mir gehabt. Ja, das hat wirklich gut geklappt. Und hinterher war sie wieder frei, nicht völlig frei, aber sie sagte, es ist Stückchen für Stückchen besser geworden, auch ohne Tablette. Es ist besser geworden nur mit Reden, mit Annehmen, mit Zuhören. Ich hab' zu ihr gesagt, sie soll mal die Angst zulassen, sie soll sie zulassen, nicht wieder verdrängen mit Valium und so. Und das hat ihr wirklich ganz gut getan. Doch, ich war richtig froh darüber. Für mich war das ein unheimlicher Erfolg, daß ich das so erlebt habe. Und das hat Gisela und mich sehr zusammengeschweißt."

Aber auch Gisela kann hilfreich für andere sein, wie sie in einer Nachbefragung berichtet: „Eine Kollegin im Büro hat mir Dinge erzählt. ... Also, die sagte nachher: ‚Gisela, Du bist prima. Also Du, was Du mir gibst. Ich hab' noch mit keinem Menschen so reden können wie mit Dir!' Das, was ich immer so sehr gerne möchte, daß andere es mir geben, das kann ich ja komischerweise gelegentlich auch vermitteln."

Manche Psychotherapeuten ermöglichen ihren Klienten nicht diese wertvolle und hilfreiche Chance, da sie überwiegend nur Einzelpsychotherapie durchführen. Andere Psychotherapeuten oder sonstige Helfer sind in Gesprächsgruppen sehr dominierend und geben sich als Fachexperten, so daß den Gruppenmitgliedern keine Möglichkeit bleibt, anderen zu helfen. Ein Gruppenmitglied in einer Nachbefragung:

„Wir hatten zwei Psychotherapeutinnen in der Gruppe. Geärgert hat mich das Verhalten der einen Psychotherapeutin. Ich hatte Aggressionen gegen sie. Dagegen mochte ich eigentlich die Gruppenmitglieder alle. Einige waren mir spontan sympathisch. Bei der Psychotherapeutin dauerten die Aggressionen fast bis zum Schluß. Sie nahm mir oder der Gruppe jede Chance zu reagieren. Sobald etwa jemand Tränen zeigte, war sie auf dem Sprung. Aber um selbst etwas zu sagen, brauch' ich etwas Zeit, besonders wenn es vor allen geschieht. Und so fiel mir die Psychotherapeutin maßlos auf die Nerven."

Gesprächspartner erfahren Geborgenheit und Gemeinsamkeit mit anderen. Dies ist fast nur in Gruppengesprächen möglich und wird von vielen Gesprächspartnern in der Nachbefragung als sehr wesentlich angegeben:

„Das verband uns alle, die Geborgenheit. Und ich weiß, daß ich sehr theoretisch bin und tiefe Gefühle lange nicht mehr gehabt habe. Ich habe wirklich den anderen zuhören können."

„Was mich beeindruckte war, daß ich mich bei diesen relativ fremden Leuten wohlgefühlt habe. Früher hatte ich vor fremden Leuten eher Angst. Sie gaben mir hier ein Gefühl der Sicherheit. Keine Angst, daß jemand mit Fragen über mich herfallen würde."

„Fast alle hatten ihre schwere Krise. Wir waren uns sehr nahe, wenn der andere weinte und sich darstellte. Es ereignete sich so viel Tiefes, wie selten im Leben, ganz menschliche Augenblicke. Die Nähe zum einzelnen war unbeschreiblich. Die Gesichter veränderten sich zum Teil. Die Kraft und Stärke und die Schwäche der einzelnen wurde sichtbar. Es war unvergeßlich."

„Für eine ganze Reihe von Gruppenmitgliedern empfand ich ein Gefühl von Zärtlichkeit. Ich konnte jetzt die andern noch besser wahrnehmen als vorher."

„Ich fühlte ein tiefes Gefühl für alle, zeitweilig wie seltenes Glück in Form von Erleichterung."

„Die Gruppe war für mich sehr wichtig. Ich fühle, daß ich endlich etwas gefunden habe, was mir helfen kann. Ich hatte ein entscheidendes Erlebnis mit mir. Seitdem hat sich etwas in mir geändert. Mein Schmerz ist zwar noch da, aber ich bin etwas ruhiger geworden. Ich bin dankbar, daß mich eine Reihe von Menschen mögen, trotz meines Schmerzes."

„Da sagte jemand, wir sollten uns mehr zusammensetzen. Und es wurde auch getan. Ich fühlte mich sehr viel wohler. Ich war mehr drin. Ich hatte mit den Leuten mehr gemeinsam. Das Verhältnis zu dem, der das sagte, hat sich bei mir unheimlich zum Positiven verändert.

Er kam irgendwann an, knuffte und boxte mich. Das war seine Form der Anerkennung. Ich fühlte mich von da ab in der Gruppe geborgen und hatte das Bedürfnis, meine eigenen Sachen einzubringen."

„Es war für mich sehr wichtig, auch außerhalb des Gruppengespräches mit den Gruppenmitgliedern zu sprechen. Es hat mir sehr geholfen, daß ich zu zwei Mädchen eine sehr enge Beziehung finden konnte. Diese Sicherheit hat mir geholfen, mich in der Gruppe besser verständlich zu machen und meine Hemmungen zu nehmen."

„Die Gruppengespräche vermittelten mir bisweilen ein so schönes Gefühl von Gelassenheit und Entspanntheit, wie ich es selten erlebt habe."

„Ich fühlte mich während des gesamten Gruppengespräches nicht allein gelassen oder isoliert. Damit war für diesen Zeitraum ein Teil meiner Probleme nicht mehr vorhanden."

Dieses Gefühl der Geborgenheit und Zusammengehörigkeit ermöglicht es vielen, sich mit ihrem Inneren zu öffnen:

„Ich war bereit, über mich selbst zu reden, weil ich wußte, daß ich da nicht alleine stehe. Das hab' ich dort erfahren, und deshalb konnte ich es."

„Als ich mich öffnete, haben viele Gruppenmitglieder etwas dazu gesagt. Wenn ich es so bedenke, fing da die Gruppe für mich an zu existieren."

„Es war gut, daß viele zugehört haben, daß ich Rückmeldung kriegte, und andere sagten, das geht mir auch so."

Eine Frau, die eine personenzentrierte Gesprächsgruppe im Fernsehen sah, schreibt uns: „Ich bewundere alle Teilnehmer, die so in aller Öffentlichkeit über ihre Schwächen reden konnten. Ich glaube nicht, daß ich es könnte. Das heißt, wenn ich mir die Gemeinschaft dieser ganzen Gruppe vorstelle, vielleicht könnte ich es dann. Man spürte die Ausstrahlung aller Beteiligten am meisten, wenn einmal für Augenblicke gar nicht geredet wurde. Ich kann es nicht gut ausdrücken, aber es ging von diesen stillen Augenblicken etwas aus von der Gruppe, ich mußte den Atem anhalten, um nicht zu stören. Den meisten Beteiligten sah man dieses Glück der Zugehörigkeit, des Verstandenseins und der Zuneigung an. Ich glaube, nur zwei davon fühlten es nicht. Man sah es, man spürte es über den Bildschirm sogar."

Dieses Gefühl der Gemeinsamkeit führt häufig auch zu körperlicher Nähe. Hierdurch verstärkt sich oft das Gefühl der Geborgenheit:

„Ich habe noch nie erlebt, daß ich spontan auf einen Menschen, der etwas von sich erzählt, zugehe und ihn in die Arme nehmen kann. Dieses Gefühl sehr großer Nähe zu einem Menschen, den ich verstehe, hatte ich am Dienstagnachmittag. Und dieses Gefühl, sehr nahe bei jemandem zu sein, habe ich von da an öfter gehabt."

„Ich ging runter vom Abendbrot, da konnte ich die weinende Ursula umarmen und konnte auch weinen. Das war für mich unheimlich schön."

„Vielleicht kannst Du jetzt verstehen, welche Bedeutung Deine Umarmung in der Gruppe für mich hatte. Es war diese Erfahrung von außen, die sich mit meiner Sehnsucht und mit meinem Schmerz verband. Die Erfahrung, daß ich, wenn auch jetzt nur von einem einzigen einzelnen Menschen, Zärtlichkeit annehme und dabei wirklich etwas empfinden kann. Das läßt mich hoffen, daß ich es vielleicht eines Tages auch bei anderen Menschen kann."

Diese gefühlsmäßige Erfahrung der Zugehörigkeit und Geborgenheit in einer Gruppe hat viele Quellen: Die gegenseitige echte tiefe Anteilnahme, die gemeinsam erlebten bedeutungsvollen Augenblicke der Preisgabe der persönlichen Schwierigkeiten und die Besorgnis, einander helfen zu wollen. Die Begegnung der Menschen von ihrer Innenseite her, in der Landschaft des Fühlens, Empfindens, Erspürens, der inneren Lebendigkeit verbindet. Äußere Merkmale der Zugehörigkeit zur sozialen Schicht, Religion, sog. Bildung, zum Beruf, Alter, Geschlecht oder Rasse verblassen hinter diesem Gefühl der Gemeinsamkeit, Nähe und Geborgenheit.

Ein Teilnehmer aus einer unserer Gesprächsgruppen, in der Menschen ganz verschiedenen Alters (25–75 Jahre) und aus 8 Nationen teilgenommen haben, schreibt uns: „Was ich erfahren habe, hat mich nicht nur bereichert, es war für mich auch eine entscheidende Erfahrung, wahrnehmen zu können, daß zwischen Menschen in so kurzer Zeit so tiefe und oft innige Beziehungen entstehen können. ... Ich bin sehr glücklich, daß die Begegnung mit Inge in diesem Rahmen stattgefunden hat. Für mich ist etwas sehr Wertvolles damit verbunden, daß sich unser Kennenlernen gleichsam von innen nach außen vollzogen hat. Sonst ist es ja fast immer umgekehrt: Man erfährt sich zuerst äußerlich, in Rollen und Funktionen und gewinnt erst allmählich (vielleicht) einen Zugang zum Inneren. Durch die intensive Konfrontation und die Nöte in der Gruppe ist es möglich, die anderen auf Anhieb in einem wesentlichen Teil ihres Selbst wahrzunehmen. Das ist mir auch bei den anderen Gruppenmitgliedern so ergangen. Bloß fiel es mir weniger auf, weil ich mich nicht dafür interessierte, auch nach der Gruppe so intensive Beziehungen mit ihnen aufrechtzuerhalten. Bei Inge ist das anders, und ich denke, daß dieses innige Beteiligtsein schon im ersten Kennenlernen sich auf den weiteren Verlauf unserer Beziehung positiv auswirken durfte. Wir fühlen uns jedenfalls sehr stark miteinander verbunden und wir setzen beide sehr viel Hoffnung in diese neue Liebe. Ich freue mich auch sehr darüber, daß Du daran beteiligt bist – wie eine gute Fee. ...“

Nach dem Gruppentreffen vermindert sich naturgemäß dieses intensive Fühlen von Gemeinsamkeit, Geborgenheit und Nähe. Häufig bleibt folgendes:

□ Die Erinnerung an die erfahrene Gemeinsamkeit und Geborgenheit. Die Erinnerung, daß der einzelne fähig war, diese Gruppe zu erfahren, in ihr zu leben, geachtet zu werden und für andere Verständnis und Achtung zu empfinden. „Der Alltag wird vieles auslöschen, aber in stillen Stunden denke ich zurück, und es hilft mir, meine Probleme zu meistern.“ Viele Personen halten diese Erfahrungen an ihre Gesprächsgruppe wach. Sie erinnern sich bewußt daran, sie sind ihnen Trost und Ermutigung in schwierigen Zeiten. Für sie ist es ein großer Reichtum, diese Nähe und Geborgenheit bei anderen erfahren zu haben.

□ Manche Gruppen treffen sich nachträglich, etwa wöchentlich oder im Abstand von 4 Wochen. Das ist oft dann der Fall, wenn die Mitglieder der Gruppe aus einer Stadt oder Gegend stammen. Häufig treffen sie sich ohne Helfer als sog. Selbsthilfegruppen.

□ Manche Teilnehmer benötigen keine weiteren Gruppentreffen. Des öfteren haben sie Kontakte zu einzelnen.

„Also, ich hab' unheimlich viel bekommen. Also, was Ihr gesagt habt, wirklich von der Gruppe und von unseren Gesprächen, daß ich so viel mitgenommen habe, daß ich es eben alleine versuchen wollte. Und ich brauchte auch nicht, ich wollte auch nicht zu den Nachtreffen. Ich weiß nicht, ich brauchte das nicht. Für mich war es einfach mal die Umsetzung. Es gab viele Sachen, die ich sehen wollte, wie gehe ich mit denen um. Und so hab' ich das auch versucht. Ich fühle mich stabiler. Ich schaff' das jetzt von innen heraus.“

„Die Gruppe war ja nicht oft gewesen. Aber ich glaube, die Gruppe hat mich doch ganz schön weitergebracht. Den Rest hab' ich dann auch alleine geschafft. So viel Kraft hab' ich dann gehabt, obwohl ich mir das gar nicht zugetraut habe.“

„Ich habe festgestellt, wenn ich die Leute von meiner früheren Gruppe anrufen kann und mich ausspreche, dann entwickeln sich meine Schwierigkeiten nicht so bombastisch, dann kann ich sie einfacher sehen.“

„Mir brachte die Gesprächsgruppe einzelne neue Freunde. Und seit dieser Zeit bin ich aus der Isolation herausgekommen."

Gesprächspartner begegnen der inneren Welt anderer. Dies führt zur wertvollen seelischen Bereicherung, zum inneren Bewegtsein, zu mehr Fühlen, zu größerer gegenseitiger Nähe, zu besserer Auseinandersetzung mit sich selbst. Der Einzelne findet sich selbst in einigen anderen wieder, er kann sich mit anderen vergleichen, er erhält Informationen über erfolgreiche Aktivitäten von anderen in ähnlichen Schwierigkeiten.

„Ich empfinde es als Bereicherung, andere Menschen und ihre Probleme und Gefühle kennenzulernen. Jede Bereicherung meiner Selbst stellt auch eine Bereicherung meiner Beziehungen zu anderen dar, auch meiner Arbeit mit Kindern."

„Ich war betroffen und angerührt von meinen Gruppenmitgliedern. Ich selbst fand meine eigenen Probleme verglichen mit anderen sehr klein."

„Ich war betroffen, ergriffen und erschüttert von den schwierigen Problemen, die einzelne Gruppenmitglieder hatten. Die Sympathie den anderen gegenüber wuchs."

„Ich habe den ganzen Abend mich selbst vergessen und sehr intensiv das in mich aufgenommen, was andere Gruppenmitglieder über sich äußerten. Ich war ungeheuer überrascht und absorbiert, es war für mich eine völlig neue Erfahrung, Menschen so offen und uneingeschränkt über ihre inneren Probleme sprechen zu hören. ... Ich war sehr berührt."

„Und ich habe mich in vielen Teilaspekten meiner Person in anderen wiederfinden können."

„Es hat mir gutgetan, zu hören, daß andere ähnliche Probleme haben wie ich, und ich kann sie so leichter akzeptieren."

„Ich habe viele meiner eigenen Probleme in anderen wiedergefunden und konnte sie dadurch besser von außen, von der anderen Seite kennenlernen."

„Ich habe festgestellt, daß jeder Mensch anders leidet. Ich kann jetzt akzeptieren, daß zwei Menschen zwei verschiedene Gefühle haben."

„Die Gruppengespräche haben mir geholfen, meine Probleme von der Gegenseite betrachtet zu sehen, zum Beispiel junge Leute, die sich vom Elternhaus lösen. Zum Teil habe ich es als Warnung aufgefaßt, wenn zum Beispiel einer berichtet, wie schwer er und sein Partner es haben, aus dem Schweigen herauszukommen."

„Meine eigenen Probleme verloren an Gewicht, sie wurden mit einem anderen Stellenwert von mir versehen."

„Ich fühlte mich in meine Vergangenheit zurückversetzt. In einem kranken Studenten fand ich plötzlich meinen kranken Vater wieder. Meine Gefühle wurden sehr erschüttert. Es hat mich oft mitgenommen bis zur Grenze des Erträglichen."

„Es war für mich ein großer Gewinn, zu hören, wie andere Menschen von sich und ihren Problemen sprechen können. Ich bin durch diese Gesprächsgruppe selbst nicht frei, aber anderen Menschen gegenüber offener geworden."

Gesprächspartner erfahren sich selbst, ihre eigene Person in der intensiven Begegnung mit anderen. Die Mitglieder einer Gruppe haben bei hoher Selbstöffnung und großer Nähe sowie einem gefühlsmäßig sicheren und freien Klima eine große Anzahl unmittelbarer echter mitmenschlicher Begegnungen, mit geringer Verteidigung. Sie erfahren sich selbst, was sie in der Begegnung mit anderen sind oder nicht sind. Was sie anderen gegenüber empfinden, welche Ängste sie haben. Sie erleben, daß sie gegenüber anderen Zärtlichkeit empfinden, daß sie z. B. aktiv drängend oder hilflos und passiv sind. Die Selbstöffnung und Echtheit der Mitglieder in ihren Äußerungen und ihrem Verhalten ermöglicht es so dem einzelnen, sich zu erfahren, auch in der Wahrnehmung der anderen.

„Ich habe in der Gruppe ein besseres Gefühl dafür bekommen, was ich bin und wann andere mich beeinflussen."

„Da war ein junger Mann, der war so verwirrt. Ich mochte ihn und reagierte auf ihn heftig. Er ist nachher in recht lockerer Weise zu so vielen Sachen gekommen, daß ich merkte: Durch meine heftige Reaktion kann ich Leute abschrecken. Ich nehme ihnen etwas vorweg. Daß es besser ist, wenn sie selbst kommen, weil es ihre eigene Sache ist."

„Ich habe in dem einen meinen Vater gesehen. Ich hab' es ihm dann auch gesagt. Ich hatte von Anfang an eine Aversion gegen ihn und er gegen mich. Wir haben es dann ausgetragen."

„Ich habe dort in der Gruppe eine Menge Dinge entdeckt. Ich habe dort stärker erfahren, zum Beispiel auf Fremde zuzugehen. Da habe ich Schwierigkeiten. Und ich weiß, daß ich die körperliche Spannung, die sich dann im Magen bemerkbar macht, dadurch überwinden kann, indem ich aktiv werde. Daß ich nicht in der Passivität verharre, sondern aktiv tue und das tue, was ich eigentlich möchte, nämlich auf jemanden zugehen. Das war dort in der Gruppe mein Schlüsselerlebnis, das zu erfahren, was ich noch nie so stark erlebt habe. Das war gleichsam ein Konzentrat für die Situationen, denen ich sonst sehr oft gegenüberstehe."

„Meine wichtigste Erfahrung war, daß ich auch ohne die Maske des starken Mannes akzeptiert werde oder sogar echtere Anerkennung finde. Ich bin seither ehrlicher, ich bemühe mich, mich nicht vor den anderen zu verbergen."

„Ich wußte nie, wie andere Leute mich finden. ... Das Verhalten der Leute in der Gesprächsgruppe war sehr direkt. Ich habe so gemerkt, daß ich auf andere beruhigend wirkte."

„Völlig neu war die Erfahrung, daß ich jemandem zuliebe zurücktreten kann, meine Wünsche hinter seine stelle, wenn es für ihn besser ist."

„Zum ersten Mal ist mir bewußt geworden, daß ich in jeder Beziehung zu Menschen mich als zwiespältig empfinde."

„Ich habe mich konzentriert, mitzudenken und die andern zu verstehen. Und ich habe da erst erkannt, daß ich dem anderen erst zuhören muß, und erst dann meine Meinung sagen. Es ist mir aber nicht gelungen, mitzufühlen."

So erfahren sich die Gruppenmitglieder – Facharbeiter, Manager, Lehrer, Sekretärinnen oder Professoren – gleichsam in ihren persönlichen Qualitäten als Person, unverzerrt durch Beruf, Stellung, Prestige oder Vorurteil.

Im folgenden Beispiel erfährt sich in einer Gruppe Elisabeth selbst deutlicher und kommt sich selbst näher. Zwei Mitglieder in ihrer Gruppe hatten eine unfreundliche Auseinandersetzung. Elisabeth äußert zu dem einen Mann, wie sie ihn wahrnimmt, und sie kommt zunehmend darauf, wie sie selbst ist:

„Weißt Du, was Du plötzlich ausstrahlst? Also eine ganz starke Aggression. Ich denk', ich krieg' jeden Moment eine geknallt. Ich fühl' mich also richtig von Dir bedroht, Du! Es ist wahr, ich spür' das ziemlich stark. Ich hab' plötzlich richtig Angst vor Dir. Ehrlich! – Ich hab' das oft gehabt, wenn mein Mann plötzlich ankam. Ich fühlte mich plötzlich dermaßen bedroht von ihm. Ich hab' also gerade ein ganz komisches Gefühl. Ich hab', glaub' ich, auch aufgestaute Aggressionen. Mein Mann hat mich mal gefragt, als ich ihn kennenlernte: ‚Sag mal, hast Du eigentlich Angst vor mir?' Da hab' ich nein gesagt. Aber inzwischen hab' ich Angst vor ihm, weil er mir so viel gedroht hat. Manchmal bin ich dann völlig fertig. Vielleicht dreh' ich dann völlig durch. Also ich denke, ich bin zu sensibel, mit einem Bein steh' ich immer in der Psychiatrie."

In einer Gruppe kann eine Person in der Begegnung mit anderen in einem Klima von Freiheit und Akzeptierung versuchen, sich selbst mehr oder anders zu verwirklichen, so zu sein, wie sie es eher möchte. „Das Gruppengespräch hat für mich eine sehr wichtige Funktion gehabt: Als Auslöser für meine eigene Veränderung. Als sog. Spielplatz zum Ausprobieren von neuem Verhalten, das ich jetzt in meinem eigenen Lebensfeld übernehme."

Gesprächspartner können im unmittelbaren Umgang mit anderen neue Möglichkeiten ihres Selbst entdecken und entwickeln, von denen sie bisher wenig wußten oder die verschüttet waren. Dies wird durch das akzeptierende und offene Klima einer förderlichen Gruppe gefördert:

„Wir saßen immer nebeneinander. Mir ist es sehr schwer, jemand in den Arm zu nehmen. Es ist mir gelungen. Das fand ich gut. Das war ganz eigenartig befreiend, wichtig. Das waren keine sexuellen Gefühle."

„Ich habe Hemmungen, auf jemand zuzugehen. Aber ich habe meine Angst überwunden und es getan."

„Viele Dinge, die ich bisher so störend an mir fand, brauchte ich da gar nicht in der Gruppe. Mich so in den Vordergrund zu drängen, was mir so liegt, viel zu reden. Ich brauchte das hier in der Gruppe nun auf einmal gar nicht mehr zu tun. Ich war anteilnehmend an den anderen und konnte so gut stille sein. Ich war in dem Gefühlsbereich so aufmerksam. Während ich sonst immer nur aufmerksam bin im sachlichen Bereich. Es sind sehr viele Dinge da persönlich von mir zum Klingen gebracht worden."

„Ich habe Schwierigkeiten, eine Frau anzufassen oder auf einen Mann zuzugehen oder zu äußern, daß ich von jemandem etwas will. Ich wollte mich am Abend beim Umtrunk mehr zur Liese setzen. Ich konnte es nicht. Sonntagmorgen in der Gruppe, da dachte ich: Probier' es doch mal aus. Es geht nicht, daß ich nur darüber nachdenke. Ich wollte mich aber auch nicht über den Hinterkopf dazu zwingen. Ich dachte: Du mußt echt das Bedürfnis dazu spüren. Das dauerte dann eine ganze Weile."

„Als die Helferin auf ein Gruppenmitglied zuging und es umarmte, das löste unterschiedliche Reaktionen aus. Einige gingen raus, sie konnten die direkten körperlichen Kontakte nicht ertragen. Sie waren irritiert. Bei mir war es so, ich konnte den Zustand nicht ertragen, daß einige Leute der Gruppe sich zusammensetzten und sich umarmten. Es war schwierig für mich anzusehen, daß einige Leute dadurch peinlich berührt waren. Ich sagte es der Helferin. Da meinte die Helferin, ich solle meinen Bedürfnissen nachgehen. Ich sagte nämlich, daß da jemand war, mit dem ich mich auch gerne zusammensetzen würde. Ich habe mich immer noch rumgedrückt, ich habe so geredet von wegen Verantwortlichkeit für die ganze Gruppe. Schließlich habe ich dann mich mit einer Frau zusammengesetzt. Das war wesentlich. Denn ich bekam Spannungszustände und Magenkrämpfe. Um mich zu befreien, setzte ich mich zu der einen Frau. Ich habe schon vorher in der Gruppe mit der Frau gesprochen, sie hatte ähnliche Probleme. Für mich löste sich dann die körperliche Spannung."

„Ich habe entdeckt, daß, wenn ein Konflikt ist, es sinnlos ist, wenn ich den anderen angreife. Ich sollte lieber ansprechen, was *er* empfindet. Nicht ihm mit fertigen Erklärungen ankommen, ihn einordnen. Oder moralischen Druck auf ihn ausüben. Besser, wenn der Betroffene das selber sagt. Das habe ich jetzt mitbekommen und das kann ich jetzt in Gesprächen schon einsetzen."

Für viele ist das förderliche Gruppenleben eine erlebte Vision für einen humaneren förderlicheren Umgang miteinander. Es ist für sie sehr wichtig, dies überhaupt einmal bei sich erlebt und bei anderen wahrgenommen zu haben. Viele erfahren zum ersten Mal, daß eine Gruppe von 10 oder 20 Menschen eng zusammenleben kann auf der Basis von großer Offenheit und Echtheit, von Wärme, Respekt und Akzeptierung, von einfühlendem Verstehen sowie von großer Befriedigung für alle. Und daß auftretende Konflikte in dem Heilklima der Gruppe sinnvoll gelöst werden können. Auf dem Hintergrund dieser Wahrnehmungen und Erinnerungen an das Gruppenleben sehen dann viele die Verkrampftheit und Unnatürlichkeit des üblichen Lebens zwischen Menschen, und sie bemühen sich, sich selbst in Beziehungen zu Menschen zu ändern. „Ich hatte eine menschliche Zusammenkunft in dieser Form noch nie erlebt. Ich war zwar sehr zurückhaltend mit meinen Problemen. Aber ich bin doch durch die Gruppe anderen Menschen gegenüber offener geworden."

Gesprächspartner erfahren, daß sie für sich selbst verantwortlich sind. In Einzel- und auch in Gruppengesprächen erfahren Personen, daß sie die Freiheit zu Äußerungen und Handlungen haben, daß niemand sie dirigiert. Es ist ihre Entscheidung, wie und was sie äußern. „Ich konnte mich selbst und meine Gefühle ohne bestimmtes Konzept frei äußern." Viele Personen merken plötzlich, daß sie Verantwortung für sich selbst haben. Sie können schweigen; dies wird akzeptiert. Aber sie können auch reden, und zwar das, was für sie bedeutsam ist. Für einige ist diese Erfahrung, für sich selbst verantwortlich zu sein, diese Freiheit zu spüren, sich zu äußern und sich verhalten zu können, gleichsam ein Schlüsselerlebnis. Sie werden mutiger, sich selbst und ihren Aktivitäten zu vertrauen.

In der Gruppe erfahren Personen zusätzlich, daß sie verantwortlich sind für ihre Tätigkeit, was ihrer Meinung nach in der Gruppe geschehen oder nicht geschehen sollte, daß es an ihnen liegt, ihre Wünsche und Empfindungen zu äußern und in die Gruppe einzubringen. Sie erfahren, wenn sie sich nicht äußern und nichts unternehmen, daß dann keine Änderungen für sie in der Gruppe eintreten. Und sie erfahren bei ihren Aktivitäten, daß sie mehr das erreichen, was sie möchten. „Ich glaube, daß die Gruppe mir nur so viel geben kann, wie ich selbst bereit bin, zu geben." Reinhold in einer gefilmten Gruppe: „Ich merk' das beim Reinhard. Also Ihr sagt uns überhaupt nichts, was wir tun sollen. Und plötzlich kommt in uns selber, was wir tun sollen. Versteht Ihr? Das ist richtig, verspür' ich selber." Sie erfahren unmittelbar das, was für ein humanes Zusammenleben von Menschen so wichtig ist: Daß sie sich verantwortlich fühlen für *ihre* Aktivität in einer Gruppe.

Diese Zuwendung zu sich selbst und die Übernahme der Verantwortung für sich selbst drückt sich z. B. auch in Einzelheiten ihrer Äußerungen aus. Anfänglich neigt manches Mitglied dazu, andere für sein Fühlen verantwortlich zu machen, etwa zu sagen: „Ihr nervt mich" „Es bringt nichts, was Ihr redet". Zunehmend kommen sie mehr auf sich selbst. Sie sehen ihr Fühlen als bedeutsam an und fühlen sich dafür verantwortlich, z. B.: „Mich nervt, was Du redest. Ich habe Schwierigkeiten, Dir zuzuhören. Ich erlebe, daß Du so entfernt von Dir sprichst."

Gesprächspartner erleben seelische Bewegung in sich und eine Wandlung ihrer Person während der Gespräche. Sie erleben sich selbst und andere in der Gruppe nicht als starr. Sie erfahren und nehmen wahr, daß Änderungen in ihrem Erleben möglich sind. Zuerst geschieht dies zaghaft, und manche sind zunächst skeptisch gegenüber den Wandlungen bei sich. Aber sie können es zunehmend auch bei anderen in der Gruppe sehen. Dieses Erlebnis der Bewegungen und Wandlungen in sich zu spüren, ist außerordentlich wichtig. Manche Personen spüren seit langen Jahren zum ersten Mal wieder deutlich ihr Fühlen. Manche Personen glaubten nicht, daß sie sich selbst gegenüber irgendeinem Menschen öffnen könnten, geschweige denn gegenüber einer Gruppe. Manche fühlen sich in tiefer Weise verstanden, was ihnen noch nie zuvor passierte oder was schon lange Jahre her ist. Diese Wandlungen während der Gespräche, etwa von Beginn bis Ende eines 2 ½-tägigen Gruppengespräches oder innerhalb von 10 Einzelgesprächen, sind enorm. Und dieses Spüren der ersten Änderungen veranlaßt viele, mutiger zu werden, bereiter zu sein, sich zu ändern, sich weniger deprimiert zu fühlen und eine Änderung für möglich zu halten.

Daß diese Änderungen in Erleben und Einstellungen während der Gespräche von Beginn bis zum Ende erfolgen, kann aus vielen empirischen Untersuchungen geschlossen werden. Hierzu wurden die auf Tonband aufgezeichneten Äußerungen von Klienten psychotherapeutischer Einzel- und Gruppengespräche von Beurteilern im unwissentlichen Verfahren nach Merkmalen eingeschätzt: □ Im Verlauf der psychotherapeutischen Einzelpsychotherapie ergab sich zum Beispiel bei Klienten mit günstigen Änderungen am Ende eine bedeutsame Abnahme innerer Spannungen, eine Akzeptierung des Selbst, Verminderung von Verteidigungshaltungen u. a. (z. B. Kauffmann u. Raimy, 1949; Haigh, 1949). □ In Einzel- und Gruppengesprächen ergab sich von Beginn bis zum Ende ein Anwachsen des Echtseins sowie eine Zunahme intensiven Fühlens (Tomlinson u. Hart, 1962; Meador, 1971; A. Tausch u. a., 1975). □ Die positiven Empfindungen von Klienten in Einzelpsychotherapie, die sie nach jedem Gesprächskontakt angaben, nahmen zu, so ihre innere Ruhe, Entspannung, ihre Zuversicht u. a. (Doll u. a., 1974; Eckert u. a., 1977).

Seelische Wandlungen durch einfühlsame hilfreiche Gespräche

Wie wirken sich einfühlsame hilfreiche Gruppen- und Einzelgespräche bei Personen aus, die sich gegenüber hochqualifizierten Helfern öffneten, sich mit sich selbst auseinandersetzten und heilsame Erfahrungen machten?

Der Gesamteindruck dieser komplexen vielfältigen Auswirkungen und Wandlungen ist: Personen werden seelisch lebendiger, wesentliche seelische Funktionen, z. B. Fühlen und Empfinden, gesunden und als Folge davon einige ihrer körperlichen Funktionen. Ihre Persönlichkeit – ihr Selbst – entwickelt sich weiter. Der seelische Allgemeinzustand dieser Personen bessert sich. Sie wachsen und reifen innerlich, sie erleben reicher, fühlen sich innerlich freier und ihre seelischen Verkrampfungen und Einengungen vermindern sich. Eine allgemeine seelische Wiederbelebung tritt ein.

Diese Wandlungen von Menschen führen häufig von seelischer Erstarrung zu seelischem Lebendigsein, von seelischer Lähmung zu seelischer Bewegung, von Empfindungslosigkeit zu sensiblem Fühlen und fließendem Erlebnisstrom, von Ängstlichkeit zu Risikofreudigkeit im Gefühlsbereich, vom Widerstand gegenüber Veränderungen zur Akzeptierung von Veränderungen als Lebendigsein, von sozialer Taubheit zum Hören und Verstehen von anderen. Insgesamt: Von ‚schlechtem' seelischen Allgemeinzustand zu ‚gutem' seelischen Allgemeinbefinden mit entwickelteren seelischen Funktionen.

Diesen Gesamteindruck einer seelischen Wiederbelebung möchten wir hier etwas näher durch spontane Äußerungen von Personen nach Gesprächen charakterisieren, da in den folgenden Kapiteln die Besserung seelischer Funktionen nach einzelnen Bereichen geordnet ist. Manche Menschen fühlen sich seit langen Jahren wieder „lebendig", sie erleben ihre „seelische Geburt". „Bei mir hat sich furchtbar viel umgekrempelt." „Ich habe die Gespräche als einschneidendes Erlebnis erfahren, das Kräfte freisetzt, von denen ich vorher kaum etwas ahnte." 75jähriger: „Ich fühle mich rundherum wohler." 62jährige: „Was ich eben gut finde, ist eben, daß auch wenn man älter ist, die Möglichkeit eben noch ist, daß Veränderungen möglich sind. Das finde ich das Beste, was man erleben kann. Vorher habe ich mich eher als statisch erlebt."

„Was mich persönlich am meisten bewegt, ist die Chance, für mich zu wachsen, mich zu entwickeln, zu lernen."

„Ich habe viel gelernt. Ich fühle, mein inneres System hat sich geändert."

„Das war ein Wendepunkt in meinem Leben. Ich spüre so etwas wie einen Kurswechsel."

„Ich hatte nur wenige Phasen in meinem Leben, wo ich mich persönlich und menschlich weiterentwickelt habe. Im Studium bin ich heruntergekommen. Die Gesprächsgruppe hat mir geholfen, mich menschlich weiterzuentwickeln."

„Das Gruppentreffen war ein tiefer Einschnitt, eine Wende in meinem bisherigen Leben. Zu dieser Erkenntnis kam ich aber erst, als ich etwas Distanz zu diesem Ereignis gewonnen hatte."

„Ich fühle mich erwachsener."

„Ich kann vielleicht meine stark verschütteten Fähigkeiten noch positiv entwickeln."

„Mir ist bei den Gruppengesprächen immer deutlicher geworden, daß ich dort eine Möglichkeit habe, zu einer größeren persönlichen Reifung zu kommen. Daß ich mich in erster Linie und andere in zweiter Linie kennen und schätzen lernen kann. Und daß ich dadurch eine größere Zufriedenheit mit mir, dem Leben und den Mitmenschen erreichen kann."

„Das Gruppengespräch bildet eine bestimmte Stufe, von der ich ausgehen kann, um den Mut zu finden, mich freier und unabhängiger zu entwickeln."

„Ich fühle, daß ich reifer geworden bin."

„Ich habe bestätigt bekommen, daß es doch noch möglich ist, Mensch unter Menschen zu sein. Ich habe neue Hoffnung und Kraft geschöpft für die Arbeit an mir selbst."

„Ich glaube, nein ich weiß, die Tage mit der Gruppe waren entscheidend dafür, daß ich mich weiterentwickeln werde. Ein Pfropfen wurde durch mein Weinen losgerissen. ... Ihr könnt Euch nicht vorstellen, wie ich seit dem Gruppengespräch mich und meine Umgebung, besonders aber meine Lehrertätigkeit in Frage stelle, das heißt überdenke. Lawinen haben diese Tage in mir losgerissen. Dinge, die ich instinktiv nicht mehr so haben wollte, konnte ich nun klarer sehen."

Bei vielen Personen bilden sich die oft in langen Jahren zuvor gelernten seelischen Beeinträchtigungen ganz zurück oder mindern sich erheblich. Zum Beispiel sog. Depressionen, Isolierungsängste, sexuelle Schwierigkeiten oder auch psychosomatische Beeinträchtigungen wie Schlaflosigkeit, sogenannte Nervosität, Magenbeschwerden. „Es ist mir während und durch die Gruppengespräche gelungen, einen Teil meiner Ängste abzubauen. Das ist von elementarer Bedeutung für mich." „Für mich waren die Gespräche wie die Entstehung eines Fundaments, auf dem ich aufbauen will. Ich glaube auch gelernt zu haben, wie ich's machen kann. Dies bedeutet, daß ich nicht mehr an Selbstmord denke." „Ich fühle mich in meinen sexuellen Problemen – Versagensängsten – stark gebessert. Ich bin nach der Gruppe und auch jetzt eng befreundet mit der Frau. Es gibt da keine Probleme mehr."

In den folgenden Kapiteln haben wir die Auswirkungen der Gespräche, die seelischen Wandlungen von Personen, eingehend dargestellt. Diese Wandlungen sind äußerlich sehr unterschiedlich, je nach Eigenart der Personen, ihren persönlichen Schwierigkeiten, ihren persönlichen Erfahrungen in den Gesprächen. Sie erstrekken sich oft bis in Hunderte von Einzelheiten hinein.

Wir haben die Wandlungen von Personen nach bedeutsamen seelischen Funktionsbereichen geordnet, z. B.: Echtsein, Fühlen, Nähe zum eigenen Selbst,

Selbstachtung und Selbstakzeptierung, einfühlsamer Umgang mit sich selbst. Diese Funktionsbereiche haben wir unter der Überschrift zusammengefaßt: „Personen können besser mit sich selbst leben." Ferner haben wir die Besserung seelischer Funktionen im Zusammenleben mit anderen geordnet, z. B.: Nähe zu anderen, offeneres Mitteilen des Fühlens und Denkens an andere, einfühlsamer hilfreicher Umgang mit anderen. Diese Funktionsbereiche haben wir unter der Überschrift „Personen können besser mit anderen leben" zusammengefaßt.
Die Wandlungen in diesen seelischen Funktionsbereichen haben wir durch viele wörtliche Erlebnisäußerungen von Personen 1 ½, 6 und 12 Monate nach Beendigung der Gespräche veranschaulicht.

Unsere Gründe für diese Ordnung in wesentliche seelische Funktionsbereiche: □ In diesen seelischen Funktionsbereichen findet häufig die Selbstentwicklung und das bedeutsame persönliche Lernen von Menschen statt, ihre humane „Bildung". Immer mehr Menschen wünschen, sich in diesen seelischen Bereichen zu entfalten und seelisch reicher zu leben.

□ Sind Menschen in diesen seelischen Funktionsbereichen beeinträchtigt, z. B. sind sie unecht-fassadenhaft, haben sie geringe Selbstachtung, unterdrücken sie ihr Fühlen, können sie sich selbst nicht fördern, dann ist ihr seelisches Leben, ihre seelische Gesundheit meist erheblich bedroht. Häufig äußert sich dieses auch in Störungssymptomen wie: Allgemeine Ängste, Kontaktarmut, sexuelles Versagen, sog. Konzentrations- oder Arbeitsschwäche, Nervosität, psychosomatische Erkrankungen. Die sog. neurotischen Störungssymptome sind unserer Auffassung nach äußerlich sichtbare Zeichen geringer seelischer Funktionsfähigkeit.

□ Eine Besserung der Funktionsfähigkeit in diesen Bereichen, also reicheres Fühlen, größeres Echtsein, intensivere Selbstauseinandersetzung, nähere zwischenmenschliche Beziehungen führen zur Verminderung dieser neurotischen Störungssymptome, zur Abnahme seelischer Schmerzen und Spannungen.

□ Diese seelischen Funktionsbereiche, z. B. Echtsein sowie intensives Fühlen stimmen weitgehend überein mit den seelischen Bereichen, die als bedeutsame Prozeßvorgänge *während* der Einzel- und Gruppengespräche in Forschungsuntersuchungen aufgewiesen wurden (Rogers u. Rablen, 1958; Rogers, 1961; Tomlinson u. Hart, 1962; Meador, 1971; A. Tausch u. a., 1975; Wittern u. Tausch, 1978). Personen, die sich in diesen seelischen Funktionsbereichen *während* der psychotherapeutischen Gespräche günstig änderten, hatten deutliche seelische Änderungen *nach* den Gesprächen, z. B. in Tests und in der Minderung sog. neurotischer Beeinträchtigungssymptome. Änderungen in diesen grundlegenden seelischen Funktionsbereichen hängen entscheidend mit der Minderung und dem Fortfall neurotischer Symptombeeinträchtigungen zusammen. – Die Prozeßmerkmale und ihre Änderungen sind wesentlich gleichbedeutend mit den Ergebnismerkmalen. Dagegen hängt das Ausmaß der seelischen Wandlungen nach Gesprächen nicht mit Art und Ausmaß der neurotischen Symptome oder mit Persönlichkeitscharakteristika in Tests vor den Gesprächen zusammen.

□ Bei dieser Ordnung in seelische Funktionsbereiche gibt es keine strikte Trennung zwischen den Wandlungen der Personen „drinnen", also während der Gespräche, und „draußen" im alltäglichen Leben während und nach den Gesprächen. Lernt eine Person in einfühlsamen Gesprächen sich selbst und anderen gegenüber z. B. echter zu sein, intensiver zu fühlen und mehr Selbstachtung zu empfinden, so sind das Vorgänge, die deutlich zu ihrem Selbst gehören, sowohl in Gesprächen als auch außerhalb von Gesprächen.

□ Die Wandlungen in diesen seelischen Funktionsbereichen erstrecken sich gleichermaßen auf Personen, die wegen seelischer Beeinträchtigungen zu Psychotherapeutischen Institutionen kommen, als auch auf Personen ohne wesentliche Beeinträchtigungen, die den Wunsch nach größerer Persönlichkeitsentwicklung und seelischer Reife haben und deshalb z. B. an Gesprächsgruppen teilnehmen.

Einige weitere Gesichtspunkte zu den seelischen Wandlungen von Personen nach Gesprächen: □ Häufig sind die Wandlungen der Beginn einer über Jahre andauernden Selbstentwicklung und eines persönlich bedeutsamen Lernens. Die Wandlungen in den wesentlichen Funktionsbereichen sind häufig nichts Abgeschlossenes, nichts Endgültiges. Vielmehr spüren manche Personen deutlich, daß sie seelisch zu wachsen und zu reifen beginnen. Diese Weiterentwicklung verläuft des öfteren unterschiedlich, mit Höhen und Tiefen bei einigen, langsamer bei dem einen und schneller bei dem anderen, mit Pausen und besonderen Schüben.

□ Zentraler Wandlungsbereich ist das Selbst von Menschen, ihre geänderten Einstellungen, Wahrnehmungen und Haltungen sich selbst gegenüber. Dies hat bedeutsame Konsequenzen für ihre innere Welt und ihr Verhalten zu anderen. Insbesondere werden ihre Wahrnehmungen von der eigenen Person und von anderen unverzerrter und vollständiger. So treten Änderungen in Bereichen ein, die der Gesprächspartner niemals in den Gesprächen zur Sprache brachte. Als Folge davon ändern sich seine Wahrnehmungen, sein Erleben und Verhalten, und damit „lösen" sich seine „Probleme".

□ Faßt man die Besserungen der seelischen Funktionen in den wesentlichen Bereichen zusammen, so ergibt sich gleichsam das Bild einer seelisch weitgehend voll funktionstüchtigen Person. Nicht jede Person mit heilsamen Erfahrungen und größerer Selbstöffnung und Selbstauseinandersetzung in Gesprächen erfährt deutliche Wandlungen in *allen* Bereichen. Aber viele Personen sehnen sich danach, sich auf dieses Ziel zuzubewegen, sich diesem Ziel zu nähern. Vom Erlebnisstandpunkt dieser Personen aus gesehen ist das Ziel: Innerlich zu wachsen, persönlich voranzukommen, seelisch reifer zu leben, die eigene Person durch Selbstentfaltung und Selbstfindung zu verwirklichen. Vom äußeren Gesichtspunkt aus betrachtet ist das Ziel: Seelische Gesundheit und volle seelische Funktionsfähigkeit.

Im Schlußkapitel haben wir Untersuchungsbefunde über die Änderungen von Personen nach einfühlsamen hilfreichen Einzel- und Gruppengesprächen zusammengestellt. Diese Untersuchungen geben eine gewisse Berechtigung, daß hochqualifizierte Personen in helfenden Berufen auf breiter Basis Gesprächspsychotherapie ausüben.

Personen können besser mit sich selbst leben

In diesem Kapitel haben wir folgende seelische Wandlungen dargestellt, die nach förderlichen Gesprächen eintreten:

- Eine Person wird echter, fassadenfreier, innerlich übereinstimmender.
- Eine Person fühlt und erlebt reicher und verwertet ihr Fühlen stärker bei ihrem Handeln und Urteilen.
- Eine Person kommt sich selbst näher, sie entdeckt und findet mehr sich selbst.
- Eine Person achtet und akzeptiert sich mehr.
- Eine Person geht einfühlsamer hilfreicher mit sich selbst um.

Die Wandlungen in diesen seelischen Funktionsbereichen haben wir durch viele Erlebnisäußerungen von Personen nach Gesprächen veranschaulicht. Meist haben wir zuvor durch Erlebnisäußerungen die geringe Funktionsfähigkeit von Personen in diesen Bereichen vor den Gesprächen oder am Beginn der Gespräche veranschaulicht.

Wir haben in diesem Kapitel selten empirische Untersuchungen angeführt. Statt dessen haben wir in den Mittelpunkt der Betrachtung das Erleben der Wandlungen von Gesprächspartnern gerückt. Untersuchungsbefunde sind in einem späteren Kapitel angeführt.

Eine Person wird echter, fassadenfreier, innerlich übereinstimmender

Dies ist eine beeindruckende Wandlung von Personen mit größerer Selbstöffnung und Selbstauseinandersetzung in Gesprächen: sie werden echter, fassadenfreier. Ihre Äußerungen und Handlungen, zum Teil ihre Mimik und Stimme entsprechen mehr ihrem inneren Erleben. Ihre verschiedenen seelischen Vorgänge, wie Fühlen und Denken, Fühlen und Handeln sind weniger widersprüchlich. Personen verleugnen keine wesentlichen Aspekte ihrer Person mehr. Sie handeln weniger entsprechend den Normen oder Erwartungen anderer, wenn diese ihrem Selbst widersprechen. Sie öffnen sich leichter gegenüber anderen. Und Personen, die echter werden, weniger mit einer Fassade oder Maske leben, die mehr sie selbst werden, weniger sich selbst entfremdet sind, ändern sich als Folge davon in vielfältiger Weise.

Empirische Untersuchungen bestätigen die Wandlungen von Unechtheit-Fassade zu größerer Echtheit, Fassadenfreiheit und größerer Übereinstimmung bei Personen *während* förderlicher Einzel- und Gruppengespräche (Walker u. a.,

1960; Tomlinson u. Hart, 1962; Meador, 1971) sowie auch bei über 300 Personen nach Gesprächen (Bruhn, 1978; Kremer u. Tausch, 1978; C. Tausch, 1978; Westermann u. a., 1977; Haertel, 1977; A. Tausch u. a., 1975). In diesen Untersuchungen wurden zugleich günstige Vorgänge bei Zunahme von Echtheit festgestellt. Ein Beispiel: Teilnehmer von Gesprächsgruppen, die gemäß Einschätzungen der Tonaufnahmen in den Gesprächen ehrlich sie selbst waren, sich nicht verleugneten und sehr selbstgeöffnet waren, fühlen sich während der Gespräche stärker gefördert und waren 6 Monate später seelisch funktionsfähiger und deutlich in ihrem seelischen Befinden gebessert (Bergeest u. a., 1977).

Geringes Echtsein, geringe innere Übereinstimmung und größere Fassadenhaftigkeit vor oder am Beginn der Gespräche. Hierüber haben wir überwiegend Kenntnis von Personen, die sich in einem vertrauensvollen Klima während und nach den Gesprächen hierzu äußerten. Wir erfuhren: Viele Personen leben in ihrer Umwelt häufig mit Masken, Panzern, hinter Mauern, Fassaden. Sie sind häufig unecht und sich selbst entfremdet. Wenig echte, häufig fassadenhafte Personen geben sich in Verhalten, Äußerungen, Stimme und Mimik anders als sie fühlen, empfinden und denken. Sie geben sich z. B. sicherer und perfekter, während sie sich innerlich unsicher und unterlegen erfahren. Sie geben sich distanziert und unterkühlt, während sie innerlich voller Angst, Erregung und Spannung sind. Unechte Personen möchten nicht, daß andere Kenntnis von ihrem Inneren haben. Sie spielen gegenüber anderen eine Rolle. Sie sind nicht bereit, das zu sein und sich so zu verhalten und zu äußern, wie sie wirklich sind. Viele ihrer Äußerungen und manche ihrer Handlungen dienen ausschließlich der Verteidigung und haben den Zweck, andere nicht an ihr eigentliches Selbst herankommen zu lassen. „Ständig habe ich das Gefühl, daß es in mir brodelt. Es kostet mich ungeheuer viel Anstrengung, das meine Umgebung nicht merken zu lassen.“ Eine unechte Person verleugnet sich in Teilen ihres Erlebens und ist so nicht voll sie selbst. Sie läßt andere glauben, daß sie anders ist, als sie wirklich ist.

Unechtsein, Fassadenhaftigkeit und Nicht-Übereinstimmen kann durch folgende Feststellungen charakterisiert werden (Caspari u. Tausch, 1978): Ich lasse andere Leute meist nicht sehen, wie ich wirklich bin. Ich verstecke mich hinter einer Fassade. Ich neige dazu, vor anderen eine Rolle zu spielen oder eine Fassade zu errichten. Ich bin ängstlich bemüht, mich anderen nicht so zu zeigen, wie ich wirklich bin. Ich halte es für besser, mein Fühlen und Denken zu verbergen. Eigentlich bin ich ein ganz anderer Mensch, als ich mich nach außen zeige. Ich sage oft etwas anderes, als ich denke und fühle.

Die folgenden Erlebnisaussagen veranschaulichen Unechtsein und Fassadenhaftigkeit mancher Personen am Beginn der Gespräche. Sie stammen von Personen, die während der Gespräche oder in der Nachbefragung sehr selbstgeöffnet sind: „Ich habe Angst davor, daß man mir das anmerkt. Und deshalb verhalte ich mich bewußt so, daß man mir das nicht ansehen soll. In meinem ganzen Umgang achte ich immer sehr bewußt darauf, daß niemand etwas merken und daß niemand etwas sehen kann.“ „Ich habe mir in den letzten Jahren eine Fassade der Selbstsicherheit nach außen hin zugelegt, die andere indifferent gegen mich macht, weil sie nicht echt ist. Andererseits schützt mich diese Fassade vor Übergriffen."

„Ich meine, ich hab' irgendwo immer eine Maske auf. Wenn ich etwa abends mit Leuten zusammen bin, dann bin ich lustig und bin fröhlich und die sagen ‚Das ist bei Dir gut und schön'. Aber irgendwie fällt dann die Maske ab, wenn ich nach Hause fahre. Nein, die anderen kennen mich nicht. Die lernen mich auch nicht kennen. Die haben auch alle Masken auf. Das ist wirklich so. Die legen ihre Masken eben nicht ab. Manchmal kann ich jetzt schon meine Maske ablegen, hier und da. Und ich kann schon etwa sagen, wie ich mich wirklich fühle. Da kaschiere ich nicht mehr so viel wie früher."

„Durch die vielen Jahre der Selbstbeherrschung kann ich lachen, auch wenn ich innerlich weine."

„In Situationen, in denen ich Angst habe und mich unsicher fühle, gebe ich mich arrogant."

„Im Seminar, da gebe ich mich ganz überlegen, distanziert und sicher. Ich tue so, als ob mich das alles kaum etwas angeht, und als ob ich alles wüßte und beherrschte. Aber wenn ich dann nach Hause komme, dann bricht in mir alles zusammen. In Wirklichkeit fühle ich mich so unsicher und so unterlegen. Aber ich wage nicht, jemandem das zu sagen." Ein Gruppenmitglied: „Ist es nicht sehr schwer für Dich, immer diese Fassade aufrechtzuerhalten und niemals Du selbst zu sein?" Der Angesprochene: „Ja, das stimmt. Aber ich habe eben diese wahnsinnige Angst, wenn ich mich wirklich gebe, wie ich bin, wenn ich sage, wie ich mich wirklich fühle, daß mich dann keiner versteht und mich alle ablehnen. Ich kann nicht von den Leuten, von den Studenten und vom Dozenten verlangen, daß sie in einem Seminar, wo über fachliche Dinge gearbeitet wird, sich mit meinen Problemen beschäftigen."

„In der Wohngemeinschaft, in der ich wohne, da fällt es mir ganz schön schwer, so meine Meinung zu sagen. Ich brauche ganz schön viele Anläufe, bis ich das schaffe, und dann tue ich immer so, als ob mir das alles nichts ausmacht."

„Also ich weiß von mir, daß ich in vielen Situationen eine Rolle spiele. Ich möchte gerne davon wegkommen. Ich versuche damit fertig zu werden."

„Ich selber habe in der Schulzeit immer sehr sicher, selbstbewußt und sogar fröhlich getan. Dabei fühlte ich mich einsam, unglücklich und unsicher. Auf die andern habe ich wohl fast arrogant gewirkt, auf die Lehrer sehr selbstbewußt. Und die Folge: Ich bekam keinen guten Kontakt zu anderen, ich fühlte mich ständig unter Spannung."

Eine Frau äußert sich in einer Nachbefragung über ihr Unechtsein und über ihre Schwierigkeiten damit während des Gruppengespräches. Sie kann schwer zu sich selbst stehen. Sie kann sich selbst wenig akzeptieren: „Ich habe einfach Angst gehabt, mich so darzustellen, wie ich wirklich bin. Mich zu offenbaren, mein wahres Gesicht zu zeigen. Aus dem Grunde möcht' ich auch weiter in eine Gruppe gehen. Ich könnte dann irgendwie über die Angst sprechen, die jetzt auch schon wieder auf mir lastet. Dann würd' ich immer klarer sehen: Warum habe ich diese Angst? Warum trage ich eigentlich eine Maske? Warum laß' ich sie nicht fallen? ... Ich weiß, in Wirklichkeit bin ich ganz anders. Die Menschen sehen mich nicht, wie ich in Wirklichkeit bin. ... Da sagte ein Gruppenmitglied zu mir: ‚Ja, weißt Du, Ingrid, wenn ich das so höre, was Du erzählst und wie Du das erzählst, dann hab' ich Angst vor Dir.' Das hat mich unheimlich geschockt. Die hat gesagt: ‚Du bist mir unheimlich. Du sprichst da mit lächelndem Gesicht über Schwierigkeiten, die Du hast, und bietest das dar, als wenn Du von irgendeinem anderen Menschen eine Geschichte erzählst.' ... Man möchte doch so leben, wie man in Wirklichkeit ist. Auch von anderen so erlebt werden nach Möglichkeit. Ich versuche, mich freundlich zu geben, zu lächeln. Nach außen hin nicht zu zeigen, daß ich wohl häufig recht traurig bin und problembeladen. Ich möchte meine Umwelt damit gar nicht konfrontieren. Und das ist wohl ganz verkehrt. Ich sollte wohl doch ruhig zeigen, daß ich auch Schwierigkeiten irgendwo habe. Das möchte ich manchmal ganz gerne. Aber nach außen hin kann ich das immer nicht. Ich versuche nach Möglichkeit, damit selber fertig zu werden. Aber man schafft's dann doch nicht immer. ... Wenn ich nicht in diese Gruppe gegangen wäre, dann wär' es wohl nie bei mir an die Oberfläche gekommen. Das hätte ich wohl nie erkannt. ... Ich bin sehr froh, daß ich das mal gemacht habe. Es ist für mich ein Lernprozeß gewesen, den man wohl gar nicht bezahlen kann."

„Und ich hab das Gefühl, daß ich immer eine Rolle spiele. Es ist nichts, was mich eigentlich wirklich interessiert. Es gibt nichts, wo ich also wirklich echt dahinter stehe. Ich tu' das, weil ich meine, na ja, das muß irgendwie getan werden. ... Aber, es ist nichts, wo ich wirklich dahinter stehe, was ich tue. Ich hab' immer das Gefühl, ich bin aufgezogen, und ich lauf ab, ja. Oder ich werde getan. Ich weiß natürlich, ich tue mich selbst."

„Ich habe ja auch dieses Lächeln an mir, dieses verbindliche, freundliche um Gunst heischende Lächeln. Das hab' ich sehr leicht, daß ich lächle und im Grunde traurig bin. Ich wüßte gar nicht, wie ich mein Gesicht einordnen sollte, wenn ich zum Beispiel jemanden begrüßen sollte. Das ist die einfachste Art für mich, das Lächeln."

Häufige Widersprüche in wesentlichen Bereichen am Beginn der Gespräche sind charakteristisch für eine gewisse Unechtheit, z. B.: □ Die verschiedenen Äußerungen einer Person sind zueinander widersprüchlich, meist ohne daß die Person dies bemerkt. □ Die Äußerungen sind widersprüchlich zu den Handlungen einer Person. □ Die Äußerungen sind widersprüchlich zur Mimik einer Person. So sagt jemand lachend: „Es ist mir sehr peinlich und fällt mir sehr schwer, hier zu sprechen." □ Die Äußerungen einer Person sind widersprüchlich zu ihrem Fühlen. So äußert jemand: „Es macht mir ein bißchen Angst." In Wirklichkeit empfindet er sehr große Angst. – Je offener ein Gesprächspartner sich im Laufe der Gespräche mit sich selbst auseinandersetzt, um so mehr wird er mit den in ihm existierenden Widersprüchen konfrontiert. Mit zunehmender Selbstauseinandersetzung und größerer Echtheit vermindern sich diese Widersprüche.

Unechtsein und Fassadenhaftigkeit wirken sich ungünstig auf eine Person aus. Ihre seelischen und zum Teil körperlichen Funktionen werden hierdurch oft erheblich beeinträchtigt:

□ Eine unechte Person erlebt viele innere Spannungen. Sie investiert viel seelische Energie, um ihre Fassaden und Verteidigungspanzer aufrechtzuerhalten. „Irgendwie hab' ich die Vorstellung der Rolle, die ich annehmen muß. Dieses Bild muß ich darstellen. Das ist mir sehr bewußt, wenn ich das bin. Dann muß ich alles andere überspielen. Und das belastet mich." Eine unechte Person lebt und arbeitet gleichsam an zwei Fronten: An ihrer Fassade, ihrem Schutzpanzer nach außen und an ihrem inneren Erleben. Beides ist häufig deutlich unterschiedlich. Etwa 70 % der Personen mit deutlicher Fassadenhaftigkeit und Unechtsein (z. B. „Ich verhalte mich nach außen hin anders, als ich innerlich fühle und denke") waren zugleich erheblich neurotisch beeinträchtigt (Caspari u. Tausch, 1978). Durch den Energieaufwand und die Spannungen sind Personen erheblich belastet: „Weil man ständig eine Rolle einnehmen muß, ständig aufpassen muß, kämpfen muß, das ist einfach zu viel für mich!" Und durch die Fassadenhaftigkeit und durch den Wechsel zwischen ihrer Fassade und ihrem inneren Erleben sind diese Menschen verwirrt. Sie wissen oft wenig, wer sie wirklich sind. Sie sind sich selbst entfremdet. „Ich weiß gar nicht, wie ich eigentlich richtig bin. Ich hab' mich also über Jahre wahrscheinlich ständig vergewaltigt und mir ständig das anerzogen. Wie ich wirklich bin, das weiß ich gar nicht mehr."

□ Unechte Personen leben in der Befürchtung, andere könnten ihre Fassade, ihre Verteidigungswand durchschauen und durchbrechen. Sie haben Angst, bloßgestellt und durch andere abgelehnt zu werden.

□ Eine unechte Person wird durch ihre Fassade, ihre Schutzwand unbeweglich. Der Panzer „schützt" sie zwar vor anderen. Aber zugleich engt er sie ein. „Ich weiß nicht, wie ich aus dem Panzer rauskommen oder wie ich den ein bißchen lockern kann. Ich fühl mich auch so. Manchmal habe ich das Gefühl, ich wäre verschnürt, ich kann mich kaum bewegen." Eine Person ist dann nicht mehr fähig zu einem spontanen, ursprünglichen Verhalten. Nach einigen Jahren des Lebens in einem derartigen Schutzkäfig kann sie häufig diesen Schutzkäfig nicht mehr verlassen, also ihr Fühlen spüren und ausdrücken, auch wenn sie dies wünscht. Diese Personen fühlen sich dann oft innerlich leer und tot.

□ Unechte Personen werden durch innere Spannung, Angst, Unsicherheit und ihre geminderten seelischen Funktionen zu noch stärkerer Selbstkontrolle und Abwehr, zu noch stärkerem Energieaufwand und größerer Fassadenhaftigkeit gezwungen. Hierdurch wird ihre seelische Funktionsfähigkeit weiter eingeschränkt. „Ich fühle mich wie in einem Kreis. Also ich habe immer das Gefühl, ich bin in einem Kreis und ich komm' aus dem Kreis nicht raus. Und ich laß aber auch niemanden in den Kreis herein."

□ Unechte Personen sind kaum zu einer tieferen, freien, menschlichen Begegnung mit anderen fähig. Häufig glauben sie auch, daß sich andere ähnlich verhalten wie sie selbst, daß andere sich ihnen gegenüber verstellen. Sie sind mißtrauisch und argwöhnisch anderen gegenüber. „Ich bin immer sehr skeptisch anderen gegenüber, wenn die zu mir freundlich sind."

Zunahme von Echtsein und geringere Widersprüchlichkeit von Personen in und nach Gesprächen. Ihre Äußerungen, Handlungen und Maßnahmen stimmen mehr mit dem überein, was sie fühlen und denken. Sie verstellen sich kaum mehr. Sie wagen es mehr, sie selbst zu sein, ohne Fassade. Sie geben Schwächen oder Gegensätzlichkeiten bei sich selbst in freier Weise zu, ohne damit zu kokettieren. Ihre Äußerungen und Handlungen sind wirkliche Bereiche ihrer Person, sie verleugnen nicht negative Aspekte ihrer Person. Sie sind zunehmend bereit, das zu sein und zu leben, was sie wirklich sind, ohne Maske, ohne Panzer. Alle Aspekte ihrer Person, die zutage treten, sind weitgehend reale und nicht fassadenhafte Aspekte von ihnen. – Gruppengespräche scheinen Echtsein stärker zu fördern als Einzelgespräche. In der Gruppe erfahren die Mitglieder im konkreten Umgang mit anderen unmittelbar die Freiheit und Befriedigung, sie Selbst sein zu können, ohne dafür gestraft zu werden, ohne Ablehnung, Liebesentzug und Demütigungen.

Das erreichte Ausmaß von Echtsein, Frei-sein-von-Fassade und innerer Übereinstimmung nach den Gesprächen ist bei den einzelnen Personen unterschiedlich. Es hängt unter anderem davon ab, inwieweit eine Person selbst wünscht, echter zu sein und dies als bereichernd empfindet, inwieweit sie hierin von ihrer Umwelt unterstützt wird, zum Beispiel durch Mitmenschen, die Echtsein wünschen. Wohl niemand erreicht ein Stadium völligen Echtseins und Einsseins seines inneren Erlebens mit seinem äußeren Verhalten. Personen können sich jedoch auf dieses Ziel zubewegen. Sie werden echter und sind nur gelegentlich widersprüchlich. Sie fühlen bei Fortschritten die unmittelbare Befriedigung durch geringere

Spannungen, reicheres Erleben und größere seelische und teilweise größere körperliche Funktionsfähigkeit.

Echtsein und innere Übereinstimmung kann durch folgende Feststellungen charakterisiert und erfaßt werden (Caspari u. Tausch, 1978): Ich mache keine Anstrengung, anders zu sein als ich bin. Ich verhalte mich gegenüber anderen so, wie ich bin. Ich suche, ganz ich selbst zu sein. Ich verstecke mich nicht hinter einer Fassade. Ich zeige meine Unzulänglichkeit und zeige, daß ich eine Menge Fehler mache. Ich zeige mich so, wie ich bin, oft ohne mich zu verteidigen und ohne Panzer.

Erlebnisaussagen für die Zunahme von Echtsein und Fassadenfreiheit in und nach Gesprächen. Sie geben zum Teil auch Aufschluß, wie sich diese Zunahme des Echtseins in den Gesprächen ereignete. Die meisten Äußerungen stammen aus Nachbefragungen 6 Monate nach den Gesprächen.

„Ja, ich brauche mich nicht so stark und problemlos zu stellen, wie ich es bisher getan habe. Ich habe erfahren, daß meine Zur-Schau-Stellung von Stärke und Unverletzlichkeit mich von andern isoliert und entfernt. Die Nähe, die ich brauche, wird gerade dadurch unmöglich gemacht."

„Meine Einstellung anderen Menschen gegenüber war immer auf Abwehr von Angriffen gerichtet, weil ich glaubte, meine Schwächen verbergen zu müssen. Bei der Gesprächsgruppe erlebte ich, daß ich auch ohne Abwehrmauern akzeptiert werde. Ich komme mir jetzt zwar wehrloser, aber doch stärker vor. Ich brauche nicht mehr anzugeben und den starken Mann zu spielen. Ich bin mir und den anderen gegenüber ehrlicher."

„Ich will mir auch nicht immer selber etwas vormachen. Denn ich mach' mir nämlich auch gern selbst was vor und blende mich dann und andere. Und das möchte ich nicht. Und ich habe das Gefühl, ich brauche innerlich etwas Ruhe, und es kann nicht schaden, wenn die andern auch mal Ruhe haben."

„Mein Innenleben gleicht jetzt mehr meiner Außenwelt: Es ist gebirgiger."

„Ich habe immer gedacht, wenn ich vor der Klasse stehe, ich müßte ein Lehrer sein. Und hier habe ich erfahren, ich kann Kindern ein Mensch sein. Und diese Echtheit fasziniert mich."

„Ich habe einfach mehr Mut, die Fassade fallenzulassen, weil ich so viele schöne Erfahrungen damit gemacht habe."

„Mich hat es richtig gefreut und mich freut's heute noch, wie ich sein kann. Daß ich mich endlich so geben kann, wie ich bin."

„Also ich habe festgestellt in diesen 3 Wochen, ich denk' mir nicht bei jedem Satz und bei allem, was ich tue, wie sieht nun der andere mich. Sondern ich sehe, wie ich bin, und so bin ich eben."

„Ich bin echter geworden. So daß ich jetzt meinen Angehörigen sage, wenn mir etwas gefällt oder wenn mir etwas nicht gefällt. Ich vertrete öfter meine Meinung. Zwar mit einem großen Unsicherheitsgefühl, aber ich geb' mir dann richtig einen Ruck und denke, einmal mußt du es ja lernen. Ich merke auch, wie es mir jetzt oft leichter fällt, einfach mal was von mir zu erzählen."

„Die Gruppe half mir, die Maske der Überlegenheit abzulegen."

„Ich wurde mir selbst gegenüber ehrlicher, und andern gegenüber mutiger."

„Mein Mann hat mir gesagt: ‚Du sprichst jetzt ganz anders. Du redest weniger, aber Du sagst mehr. Ich bin froh, daß Du nicht mehr so abgekapselt bist.'"

„Vor allen Dingen habe ich mich meinem Freund gegenüber geändert. Also früher, als wir Auseinandersetzungen hatten, da hab' ich oft gemerkt, ich werde unruhig und fühl' mich nicht mehr wohl. Und dann hab' ich versucht, Fragen zu stellen. Also ich hab' irgendwie versucht, das eher sachlich zu machen. Ich hab' eher Fragen gestellt und nicht von mir was erzählt. Ich hab' dann gemerkt, wie gut das ist, wenn ich ihm nichts vorspiele, sondern das rauslasse, was in mir ist. Das ist auch heute noch so für mich. Ich habe ein größeres Selbstwertgefühl bekommen. Ich habe kein schlechtes Gewissen mehr, wenn ich mal etwas nicht kann."

„Manchmal kam ich mir ein bißchen albern vor. Ich hatte Angst, das alles so rauszugeben, weil ich denke, daß es kitschig oder romantisch oder versponnen oder was weiß ich ist. Aber ich kann jetzt eigentlich dazu stehen. Weil ich denke, das ist so, wie ich es wirklich empfinde. Und ich denke, da ist es mir eigentlich auch egal, wenn die anderen darüber lachen. Früher hab' ich immer Angst gehabt, man lacht mich aus. Deswegen mochte ich das nie rauslassen."

Eine junge Frau berichtet, wie sie es fertigbrachte, ihrem Freund Klaus, der sich von ihr trennte, bei einer erneuten Zufallsbegegnung kein Theater mehr vorzuspielen und keine Fassade zu errichten. Ihm nicht mehr unterkühlt zu sagen: „Mir geht's gut!" „Klar, alles in Ordnung!" Vielmehr berichtete sie: „Neulich begegnete ich ihm wieder. Und ich konnte ich selber sein. Ich freute mich, als ich ihn sah. Und ich teilte ihm diese Freude mit. Ich mußte sie nicht mehr unterdrücken wie früher. Früher war ich traurig, verzweifelt und voller Angst, wenn ich ihn sah, weil ich dachte: Dich seh' ich nicht wieder, aber ich lieb Dich doch so sehr! Aber dieses Mal, ja, ich habe es bewältigt. Es war irgendwie so: Da bin ich jetzt, es war schön, ich stehe dazu, ich stehe zu meinem Gefühl, daß ich diesen Mann gern habe, auch wenn er mich nicht gern hat. Ich hab' jetzt auch keine Phasen mehr, wo ich so voller Haß bin. Das war so ein Ausbrechen aus der Verzweiflung. Also für mich war das eine unheimlich wichtige Erfahrung, daß ich voll ich selbst sein konnte."

„Ich hab' gemerkt, ich überfordere mich, wenn ich ihm nicht sage, wie ich da drüber denke und fühle. Ich halt das ja einfach auch gar nicht aus, mich so zu verstellen, daß er es nicht merkt, daß ich was hab'. Ich hab' auch gemerkt, daß ich ihn unterfordere, wenn ich's nicht ehrlich sage. Er kann die Wahrheit nämlich besser vertragen als das Versteckspiel von mir."

Echtsein, Ohne-Fassade-Sein wirkt sich förderlich für eine Person aus. Echte, fassadenfreie Personen sind im allgemeinen offener für ihr inneres Erleben, seelisch gesünder und weniger beeinträchtigt. Einige Gesichtspunkte:

□ Eine weitgehend echte fassadenfreie Person verursacht sich selbst keine nennenswerten Spannungen und Verkrampfungen. Sie benötigt keine Energien, um ihre Fassaden, Verteidigungen und Panzer aufrechtzuerhalten. Sie führt keinen Kampf mit sich selbst. Sie hat keine Angst, ob und wann ihre Verteidigungen durchbrochen werden. Ihre Energien sind frei für die vielen Möglichkeiten, die in ihr liegen, für das, was sie ist und was sie werden möchte. Sie benötigt keine Energien, keine Zeit und kein Nachdenken, wie sie sich besser in den Augen anderer darstellen und verstellen könnte oder wie sie die Meinung anderer über sich selbst günstig korrigieren könnte. „Ich brauche mich nicht mehr anzustrengen, wer zu sein." Gabriele, Mitglied einer gefilmten Gesprächsgruppe, auf die Frage, ob sie dabei nicht sehr gehemmt gewesen sei: „Nein, überhaupt nicht. Ich habe so geredet und das gesagt, was ich fühlte. Ich war nur ich selbst. Ja, wenn ich irgendein Gedicht hätte aufsagen müssen oder irgend etwas anderes hätte bringen müssen, dann wäre ich sehr aufgeregt und gehemmt gewesen. ... Aber hier brauchte ich nur ich selbst zu sein." Je echter und fassadenfreier, offener und ehrlicher sich selbst gegenüber eine Person in Gesprächen wird, um so größer ist die Wahrscheinlichkeit, daß sich ihre inneren Spannungen, Verkrampfungen, ihre innere Zementierung mindert, ihre Verschnürung lockert.

□ Eine echte Person spürt ihr Fühlen und die gefühlten Bedeutungen voller und nimmt sie deutlicher wahr. Sie wehrt im Innern ihre Erfahrungen nicht ab und verstellt sich nach außen. Der Strom ihres Fühlens und Erlebens ist nicht eingeengt. Sie ist mehr im Kontakt mit ihrem Fühlen und mit den spürbaren Bedeutungen.

□ Eine weitgehend offene, fassadenfreie Person wird ihre verschiedenen seelischen Bereiche mehr miteinander integrieren, auch die ungünstigen Aspekte von sich. Sie hat so mehr Freiheit über ihr eigenes Handeln und wird nicht von unklaren Spannungen getrieben. Sie ist vertraut mit dem, was in ihr vorgeht. Häufig geschieht dies, indem sie in offener Weise über ihr Fühlen und ihre ungünstigen Bereiche spricht. So sagt eine Frau in einer Gruppe: „Fred ist mir so unsympathisch. Ich fühle mich so durch ihn gereizt! Wenn er jetzt hier wäre, ich könnte ihn schlagen, so widerlich ist er mir." Während dieses Fühlen von den anderen akzeptiert wird und allmählich auch von ihr selber, während sie sich eingesteht, daß *sie* es ist, die derartig gereizt, unzufrieden und ärgerlich ist, sagt sie kürzere Zeit später: „Ich kann jetzt rübergehen in seine Gruppe und mit ihm sprechen, was zwischen uns beiden ist. Ich fühle mich jetzt freier. Ich brauche ihn nicht mehr zu schlagen – ich glaub', ich könnte es auch gar nicht mehr." Eine offene, echte Person drückt ihr Fühlen aus. Sie ist ehrlich auch sich selbst gegenüber, macht sich nichts vor. Sie akzeptiert Gegensätze in sich und gibt sie zu. Sie schafft somit die Bedingungen, diese Gegensätze in sich zu ändern.

□ Eine weitgehend echte offene Person kann ihr eigenes Fühlen im Kontakt mit anderen häufig konstruktiv gebrauchen. Sie bringt ihr eigenes Fühlen dem anderen als *ihr* Gefühl zum Ausdruck, z. B.: „Ich fühle mich hier sehr unwohl. Ich weiß nicht, aber mich belastet irgendwie diese Spannung hier." „Irgendwie habe ich Angst vor Dir. Ich habe Furcht, daß ich in Deiner Gegenwart nicht so sein kann, wie ich bin und wie ich sein möchte." Aber auch ihr befriedigendes Fühlen wird eine offene und freie Person ausdrücken: „Ich bin heute glücklicher, besonders nach diesen Spannungen am Anfang, die mich fast fertig gemacht haben." „Ich bin gern mit Euch zusammen. Und ich fühle, daß mir dieses Zusammensein mit Euch etwas bedeutet." „Ich habe heute nacht davon geträumt, eine Woche lang Eure Tochter sein zu dürfen."

□ Eine fassadenfreie Person ist flexibler, kreativer. Sie unterdrückt nämlich nicht Teile ihres Erlebens. Sie kann durch Hineinhorchen in sich zu angemesseneren Lösungen für sich selbst und für die Belange anderer kommen.

□ Gewiß ist das Leben von mehr echten, mehr fassadenfreien Personen nicht bequem. Aber sie haben keinen nennenswerten Kampf mit sich selbst, mit ihrer Fassade. Sie sind verwundbar, sie haben keinen Panzer. Aber sie sind flexibel. Sie werden von vielen echten Personen Beistand erhalten. Ihre Wunden können heilen. Sie unterdrücken nicht ihr Fühlen oder fressen es in sich hinein. Sie sind frei, ihr Fühlen zu äußern, zu leben und zu akzeptieren. „Nach den Gruppengesprächen versuche ich halt, etwas aufrechter durch die Straßen, das für mich so komplizierte Leben zu gehen."

Diese Annahmen über die günstigen Begleitvorgänge von Echtsein stimmen überein mit einer recht umfassenden Untersuchung: Weitgehend echte fassadenfreie Personen waren deutlich seelisch gesünder und weniger neurotisch, verglichen mit eher unechten Personen (Caspari u. Tausch, 1978).

Eine Person fühlt und erlebt reicher, sie verwertet ihr Fühlen stärker bei ihrem Handeln und Urteilen

Geringes, verarmtes Fühlen und Erleben mancher Personen vor oder am Beginn von Gesprächen. Manche Personen, insbesondere mit seelischen Beeinträchtigungen und dem Wunsch nach Psychotherapie achten wenig auf ihr Fühlen und werden sich ihres Fühlens wenig bewußt. Sie sind wenig im Kontakt mit ihrem Fühlen. Sie sind häufig gleichsam innerlich verödet, abgestorben. Sie erleben ihr Fühlen nur schwach.

Manche Personen drücken im Gespräch selten oder gar nicht aus, wie sie unmittelbar fühlen und was sie im Augenblick empfinden. Sie beziehen sich im Gespräch selten auf ihr unmittelbares Erleben, sie sind von diesem entfernt, entfernt von persönlicher unmittelbarer Erfahrungsbildung. Oft sind sich diese Menschen gar nicht bewußt, daß so etwas wie unmittelbar gegenwärtiges Erleben, Erfahren und Fühlen in ihnen existiert, und daß dies mit ihren Handlungen und auch ihren Schwierigkeiten in Zusammenhang stehen könnte. Manche erleben ihr Fühlen als fremd, als nicht zugehörig oder als etwas, was für sie gefährlich werden könnte.

Folgende Aussagen charakterisieren ein geringes sensibles Offensein einer Person gegenüber ihrem Fühlen (Caspari u. Tausch, 1978): Über mein Fühlen weiß ich nicht genau Bescheid. Ich kann mich auf mein Fühlen nicht verlassen. Mein Fühlen ist für mich zu unzulänglich, als daß ich es als Maßstab für mein Handeln heranziehe. Mein Bewußtsein ist meist ausgefüllt von Denken, Wissen und wenig von meinem Fühlen. Ich lasse mir meine Sachlichkeit nicht durch Gefühle vernebeln. Ich halte mein Fühlen bei meiner Arbeit heraus. Meine Gefühle verstecke ich. Bei meinen Entscheidungen spielt mein Fühlen ganz selten eine Rolle. Meine Gefühle unterdrücke ich lieber. Meine Gefühle behindern mich.

In den anfänglichen Gesprächen wird das geringe Fühlen mancher Personen an der Form ihrer Äußerungen erkenntlich. Das Fühlen wird verallgemeinert, unpersönlich und gleichsam absolut ausgedrückt, z. B.: „Das war wirklich eine ganz dumme Sache." „Da war ein Gefühl von Ärger." „Das Schamgefühl war da." „Es ist so tot im Haus." „Man wehrt sich dagegen." „Die Reaktion war eine Art von Depression." „Ein Gefühl von Traurigkeit war da." „Da war sehr viel Frustration da.“ Anstatt: „Ich bin wirklich verzweifelt und weiß nicht, wie ich herauskomme.“ „Ich bin verdammt ärgerlich.“ „Ich fühle mich sehr allein und nicht verstanden.“ Gefühle und gefühlsmäßige Erlebnisse werden also in einer *unpersönlichen* Form geäußert, so, als ob sie gar nicht zum Sprechenden gehörten.

Manche Personen sprechen selten an, was sie unmittelbar im Gespräch gefühlsmäßig erleben. Extreme Intellektualisierung tritt oft an die Stelle unmittelbaren Erfahrens und Fühlens. Personen sprechen dann häufig in intellektualisierenden Abstraktionen oder rigiden Begriffen des Erlebens, die sie oft in der Vergangenheit gewonnen haben. „Ich habe eine Art Minderwertigkeitskomplex.“ Aussagen über das gegenwärtige Erleben sind, wenn überhaupt, weitgehend unpersönlich. Das eigene Verhalten oder die eigenen Ansichten werden mit großer gefühlsmäßiger Ferne zum eigenen Erleben geäußert. Häufig ist dies die Folge von langjähriger Nichtbeachtung des eigenen Fühlens.

Das geringe Fühlen und geringe unmittelbare Erleben veranschaulichen die folgenden Aussagen von Gesprächspartnern zu Beginn von Einzel- und Gruppengesprächen. Diese Personen merkten, daß ihnen etwas fehlte. Sie konnten sich während der anfänglichen Gespräche über ihre Empfindungslosigkeit und Gefühlsleere äußern:

„Ich vermisse das so sehr, daß ich meine Mitmenschen nicht so fühlen kann. Das ist furchtbar. Also ich tapp’ wie ein Blinder. Ich kann keine Empfindungen aufnehmen von anderen Menschen. Also ich fühl’ nicht, wie Dir zumute ist oder Dir – es ist furchtbar. Und ich hab’ das nie gewußt, bis ich eine kurze Phase mal hatte, in der ich es konnte. Und da hab’ ich es erst erfahren, daß so etwas möglich ist. Das ganze Leben war anders, viel interessanter und reizvoller, ich brauchte keine Tabletten und so. Und das ist wieder verschwunden. Ich hatte schon Angst davor, daß es wieder weggeht, und es ist tatsächlich wieder weggegangen. ... Das fehlt mir jetzt so, weil ich es erst jetzt kennengelernt hab’. Und vorher hab’ ich das gar nicht gewußt, daß andere Menschen so empfinden. Heute weiß ich eben, daß man vieles erfühlen und ertasten kann. Ich kann auch nicht mehr richtig lachen, nicht mehr richtig weinen, nicht mehr richtig zornig sein. ... Ich weiß überhaupt nicht mit mir umzugehen. Ich bin immer, daß ich mich im Zaum halte. Immer bremse. Und das ist wohl schon so, daß ich gebremst bin, ohne zu bremsen.“

„Der Grund für meine Bitte um Psychotherapie ist es, daß ich des öfteren an mir eine starke Gleichgültigkeit feststelle und das Leben manchmal sinnlos empfinde. Es wirkt sich dann manchmal so aus, daß ich mir die Hände zerschneide und mir Schnittwunden zufüge. Es ging bereits schon einmal so weit, daß ich versuchte, mir das Leben zu nehmen.“

„Als ich da mein Praktikum gemacht hab’, da hab’ ich ja schon noch gedacht: ‚Mensch, Ideen hast du ja noch und du wirst auch was.‘ Aber innerlich hab’ ich nichts mehr gespürt. Da war ich wie tot. Und dann hab’ ich zur selben Zeit auch noch unheimliche Schwierigkeiten mit meinen Freunden gehabt. Ich hatte einfach keine Kraft mehr. Einmal sagte jemand zu mir, ich sei wie eine 97jährige Oma, einfach leblos.“

„Da ist mir eingefallen, es stimmt: Ich hab’ seit 10 Jahren nicht mehr geweint. Irgendwie hab’ ich das verlernt. Wie kommt das nur, hab’ ich mich gefragt. Wieso kann ich nicht mehr weinen? Warum kann ich das nicht ausdrücken, was ich fühle, so diese Traurigkeit? Ich hab’ dann lange darüber nachgedacht und dann hab’ ich gedacht: Vielleicht liegt es daran, daß ich schon so lange mir meine Gefühle nicht gestatte, daß ich sie so habe unterdrücken müssen, daß ich einfach verlernt habe, diese Gefühle zu leben? Verlernt habe zu weinen.“

„Die Gefühlsverkrüppelung der Einzelnen in der Gruppe – mich eingeschlossen – war erschreckend. Wir waren ‚zementiert‘!“

„Ich habe mir lange nicht mehr die Erfahrung gegönnt, daß ich sehr intensive Gefühle entwickeln kann. Ich habe jahrelang meine Gefühlswelt auf ein Minimum reduziert, um nicht verletzt werden zu können."

„Das ist schon viele Jahre her, also ich möchte sagen, 20 Jahre bestimmt. Ich hab' mir eigentlich nie erlaubt, daß ich traurig war. Also die anderen Menschen, die brauchten das ja nicht zu wissen. Und dann hab' ich das mit mir selbst ausgemacht. Das ging also über so viele Jahre. Natürlich, ich will das nicht generell sagen, es gab sicher auch mal Augenblicke, wo andere Menschen das mitbekommen haben. Aber das hab' ich mir dann schon sehr schwer übel genommen. Daß ich mich in meinen Augen habe also hängenlassen. Und ich meinte, ich müßte immer schön stark sein; und immer diejenige sein, die da sein muß. Ich habe mich gezwungen, diese Rolle zu spielen."

In einer Gesprächsgruppe sagt eine Frau, daß sie keine Gefühle empfindet. Sie äußert sich darüber, womit dies zusammenhängen könnte: „Ich habe das Gefühl, daß eine Seite in mir verschüttet worden ist. Ich kann mich gefühlsmäßig nicht ausleben, weder richtig wütend sein oder spontan sein. Ich fühle mich gar nicht richtig lebendig."

Als etwas später darauf ein Gruppenmitglied mit seinen Tränen kämpft und von anderen aufgefordert wird, seinen Gefühlen freien Lauf zu lassen, äußert die Frau, warum sie das nicht gut findet und was eine solche Öffnung für sie im Augenblick bedeuten würde:

„Ich finde, irgendwie braucht man so eine kleine Mauer, die man vor sich aufbaut. Damit das Ganze nicht so weh tut. Wenn man alles runterreißt und sich bloßstellt und den echten Schmerz fühlt, den man in sich hat, ich finde, dann ist man völlig ausgeliefert, das kann man nicht ertragen. ... Ich seh' das so, daß es sehr schwer ist, diesen Schmerz zu durchleben, und daß man sich vor seinem eigenen Schmerz schützen muß. Ich hätte Angst, daß man mich verletzen könnte. Aber das ist Theorie. Vielleicht hab' ich nur Angst, einen ganz tiefen Schmerz zu empfinden. Das ist ein Schutz vor mir selber, die Mauer, die ich aufbaue. Ich bin sehr oft traurig und depressiv. Aber ich glaube, das so ganz tief zu durchleben, das könnte ich nicht. (Ein Gruppenmitglied: „Vorhin, als Du von Dir erzählt hast, hast Du das Gefühl gehabt, in der Nähe Deines Schmerzes zu sein?") Da war ich ziemlich weit weg davon, das waren eigentlich konkrete aktuelle Probleme. Aber die Wunden, der Schmerz, der ganz tief unten sitzt, das muß irgendwie was anderes sein, irgendwie auf einer tieferen Ebene. Eigentlich möchte ich da mal hinkommen in diese Tiefe. Ich möchte da auch nicht nur leiden, sondern ich möchte da auch versuchen, was Positives daraus zu machen für mich." – In der Nachbefragung äußert sie, daß sie nach den Gruppengesprächen ihr Fühlen weniger verleugnet und ihre Gefühle mehr leben kann.

40jähriger Wirtschaftler: „Mein Beruf brachte eine starke Verödung in meine mitmenschlichen Kontakte. ... Ich lebe nur noch als Mumie. ... Es ist die Tiefe, die mir fehlt. Ich bin auf das und das geeicht. Und alles andere, das existiert für mich förmlich nicht. Die Schmalheit meiner Wahrnehmung, die ist es, die im Grunde eine Kommunikation verhindert. Es existiert für mich nur das, was ich theoretisch nun eben erwarte zu sehen. ... Ich bin nicht offen, es ist alles so ungeheuer einseitig. ... Meine Erfahrungen sind keine sinnliche Wirklichkeit, sie sind nur Teile einer Theorie. ... Wirkliche Erfahrungen sind warm. Ich nehme aus der Wirklichkeit nur kühle Destillate. ... Mein Fühlen ist so abgehoben, so verarbeitet, nicht spontan. ... Ich spüre dann so eine Isolierung von den Menschen. ... Meine Erfahrungen haben eben nicht die volle Dimension. Ich erfahre nicht gefühlsmäßig, sondern nur theoretisch, was ich erwarte. Und das ist nicht die volle Wahrheit. Ich bewerte alles, einerseits um überhaupt etwas wahrnehmbar zu machen, andererseit um zu überleben."

Die Gründe für geringes Offensein für das eigene Fühlen und geringes gegenwärtiges gefühlsmäßiges Erleben sind vielfältig. Wir haben sie in einem anderen Buch näher dargestellt (Tausch u. Tausch, 1977a). Einige Gesichtspunkte:

□ In den ersten zwei Jahrzehnten des Aufwachsens, insbesondere in der Schulerziehung und auch bei manchen beruflichen Tätigkeiten wird das Nichtbeachten des Fühlens, die Leugnung des Selbst und die rationale Hinwendung zu „Sachverhalten“ sehr gefördert. „Ich mach’ einfach zu viel mit dem Kopf. Der Verstand beeinflußt mich und die Gefühle sind bei mir verkümmert. Zumindest dominiert immer noch der Verstand. Gefühle sind da, aber ich kann sie sehr leicht unterdrücken.“ Eine Teilnehmerin einer gefilmten Gesprächsgruppe von Carl Rogers: „Man hat uns beigebracht, alle Gefühle zu verstecken, aus Furcht vor Zurückweisung. Die Gesellschaft hat uns beigebracht, Schutzwände um uns zu bauen. Nun beginnen wir, sie allmählich abzubauen. Das ist gut, man fühlt sich viel besser. Ganz deutlich fühle ich mich jetzt besser.“ Ein Student äußert, wie er durch die Art seines Studiums immer gefühlloser geworden ist: „Gerade durch das lange Studium und die Beschäftigung mit den geistigen Sachen hat sich das so verschärft in mir. ... Ich weiß – ich merk’ das einfach, wie ich allmählich erstarre. Ich tue alles fast rein mechanisch, wie ich lerne und so. Das fällt mir alles schwer, das macht keine Freude mehr. ... Ich glaube, daß ich – also ich fühle mich sehr tot im Moment. Ich halte mich nur noch dadurch am Leben, daß ich mir immer sage: ‚Du mußt durchhalten!‘ Aber das kann nicht mehr lange gehen.“

□ Manche Personen vermeiden das sensible Hinhören auf ihr eigenes Fühlen. Dieses Hinhören ist zunächst für sie schmerzvoll. Es bereitet ihnen Angst, ihrem eigenen Fühlen zu begegnen. Denn ihr Fühlen besteht häufig aus Angst, Minderwertigkeit, Bedrohung. So vermeiden manche Personen allmählich, sich ihrem Fühlen zu öffnen. Sie verschließen sich zunehmend mehr. Denn sie können ihr eigenes Fühlen nicht akzeptieren. Aber mit zunehmender Vermeidung des Fühlens schnüren sie sich auch dort von ihrem Fühlen ab, wo sie es nicht mehr wünschen.

□ Personen, die unecht, fassadenhaft oder rollenhaft sind, ignorieren dabei oft ihr eigenes Fühlen. Sie bemühen sich, nach außen hin anders zu wirken, als sie innerlich fühlen. Je mehr sie ihr eigenes Fühlen vernachlässigen oder ignorieren, um so mehr gelingt ihnen die Täuschung anderer.

□ Manche Personen fürchten, von anderen verletzt zu werden, wenn sie sich gefühlsmäßig öffnen. Und so haben sie über Jahre hindurch vermieden, anderen ihr Fühlen zu offenbaren. „Gefühlsmäßig lasse ich mich noch zu oft vom Verhalten anderer verletzten, ohne daß ich schon einen Schutz dagegen entwickeln könnte. Ich möchte weniger verletzlich sein, ohne mir gleich einen Panzer zulegen zu müssen, der mich vor Angriffen schützt, der mich aber auch gefühlsmäßig einschnürt.“

□ Manche Personen mißachteten und kontrollierten ihr Fühlen absichtlich. Sie dachten, durch strenge Kontrolle und Unterdrückung des Fühlens würden sie verstandesmäßig besser handeln und urteilen können, größere Erfolge erreichen können. „Wissen Sie, innerlich spüre ich nichts. Wenn ich weine, dann ist das ein Zeichen, daß mich irgend etwas wirklich stark bewegen muß. Dann kann ich dieses greifbare, sichtbare Zeichen dafür nehmen, es wird schon etwas Wichtiges gewesen sein. In mir selber ist diese Sicherheit nicht drin. ... Ja, ich kontrolliere meine Gefühle stark. Wenn ich weine, komme ich mir vor wie eine Heulsuse. Die heulen kann, aber keine Probleme bewältigen kann. Ich hatte immer den Wunsch, alles ganz klar durchdenken zu können. Und ich möchte nicht, daß dabei etwas ist, meine Gefühle, mit denen ich nicht umgehen kann. Wenn ich sie verwerten könnte, daß etwas damit in Gang gesetzt wird, ja. Aber das ist nur dieses kurze Gefühl, dieses starke Weinen, und dann folgt nichts Richtiges nach. Es ist keine Erfahrung, von der ich spüre, daß ich irgendwie weitergekommen bin."

Personen bemühen und wünschen sich in einfühlsamen hilfreichen Gesprächen, mehr zu fühlen und unmittelbarer zu erleben. Nach einigen Einzelgesprächen oder einigen Stunden intensiver Gruppengespräche äußern Personen ihr Fühlen zunehmend häufiger, wenn auch zunächst zögernd und angstvoll. Zunehmend mehr wird das Fühlen in „Ich"-Äußerungen und in der Gegenwart ausgedrückt, statt in allgemeiner Form und in der Vergangenheit. Gelegentlich werden Gesprächspartnern die Gefühle, die sie in der Vergangenheit ignorierten, in sehr schmerzlicher Weise bewußt. Dies geschieht manchmal gleichsam fast gegen ihren Willen. Manchmal ahnen sie, daß die früher dem Bewußtsein eher verweigerten Gefühle jetzt durchbrechen könnten, was sie zunächst als furchterregend wahrnehmen. Insgesamt nimmt mit Fortschreiten der Gespräche die Bereitschaft und Fähigkeit zu, das Fühlen und gegenwärtige Erleben voller zu erfahren und mitzuteilen.

„Die Richtung, in der ich mir eine Veränderung erhoffe, ist die: Ein Stück weniger Angst zu haben vor meinen eigenen Gefühlen. Ich bin in einer preußischen Familie, Offiziersfamilie, erzogen worden, in der keine Gefühle zu haben Trumpf war. So konnte ich in meiner Ehe meinem Mann nicht mit der Geborgenheit helfen, die er gebraucht hätte, noch wurde ich von ihm aus meinem Schneckenhaus herausgeholt."

„Ich möchte meine Gefühle mehr ausdrücken können. Hauptsächlich die positiven, die negativen und die aggressiven kenne ich schon ganz gut."

Im folgenden Gesprächsausschnitt äußert sich eine ca. 50jährige Frau über sich selbst und ihre Familie (Haertel, 1977). Sie redet zunächst überwiegend *über* ihr Fühlen: „Ja, das ist eben ein Gefühl. Man kann ja alles tun für den Partner, ihn bemuttern usw. Aber das letzte Gefühl kann ja fehlen. Man kann sich Mühe geben, aber man hat nicht dieses warme, überströmende Gefühl. Ja, ich meine eben alles insgesamt. Ich leide ja darunter. Ich habe inzwischen herausgefunden, daß das Wärmegefühl fehlt. Das hat aber lange gedauert, bis ich dahintergekommen bin."
Sie äußert sich entfernt von ihrem unmittelbaren Fühlen. Es ist eher ein Sprechen über ihr Fühlen. Und das Wissen darüber, was ihr fehlt, bringt sie ihrem Fühlen wenig näher. Am Abend des nächsten Tages aber wird sie von einem Gruppenmitglied angesprochen. Mit großer Heftigkeit bricht es aus ihr heraus. Sie kommt sich hierbei selbst näher, sie *fühlt* jetzt mehr, was ihr fehlt:
„Ich möchte meine Gefühle gerne rauslassen. – Ich fühl' mich dadurch nicht vollwertig. Und das Leben ist langweilig dadurch. Unwillkürlich greift man zu Hilfsmitteln, man nimmt Tabletten oder versucht sich sonst irgendwie hochzubringen. Ja, ich nehme eigenartigerweise Beruhigungstabletten. Komischerweise wird dann etwas frei, wenn ich diese Beruhigungstabletten nehme. Die nehmen mir eine gewisse Hemmung weg. Ich hab' alles mögliche schon gemacht. Ich geh' einmal die Woche zur Gymnastik, obwohl ich gar keine richtige Lust hab'. Das tut mir ganz gut. Hinterher fühle ich mich einigermaßen. Ich hab' autogenes Training gelernt. Ich praktiziere das schon seit 1 ½ Jahren und glaub' auch, daß ich es richtig mache.

Aber das nützt auch nicht viel. Ich bin körperlich vollkommen verspannt. Völlig verkrampft, innerlich und äußerlich. Darum auch meine starre Haltung. Das merke ich gar nicht, wenn ich so gerade sitze, aber das ist tatsächlich meine Haltung. Ich versuche immer zu kämpfen. Wenn ich mich z. B. für meine Töchter einsetzen mußte. Da bin ich hartnäckig drin. Und ich krieg' auch einiges durch. Das ist dann die einzige Kraft, die ich entwickeln kann, wenn es darum geht, hauptsächlich was zu verteidigen. Dafür ist meine Haltung sehr wahrscheinlich gut. Das kann ich. (Gruppenmitglied: „Und mit Deinen Gefühlen?") Ich hab' das ganze Gefühl hauptsächlich im Rücken und im Nacken und ich merk' es komischerweise in der Zunge, so als ob ich es zurückhalten wollte. Und in dem Moment habe ich auch Angst, daß Menschen das merken. Da hab' ich Angst, daß ich eins draufkrieg. Ja, ich merk' das ja immer mehr, wenn andere Menschen Gefühle von sich geben. Also ich kriegte das z. B. nicht fertig, den Arm um Sigrid zu legen, obwohl sie mir ganz bestimmt sehr leid getan hat. (Gruppenmitglied: „Du hättest es gern getan?") Ja, ganz bestimmt. (Gruppenmitglied: „Dann war ja ein Gefühl da!") Ja, das ist dann aber mehr theoretisch, daß ich mein', jetzt muß man sie doch trösten. Wenn mich das nun überwältigt hätte, dann hätt' ich's ja gekonnt. Das hat mich alles sehr aufgeregt. Ich hätte gar nicht gedacht, daß ich mich überhaupt so aufregen kann. Ich hab' so das Gefühl, daß ich meine Gesichtszüge gar nicht jetzt beherrschen kann. (Gruppenmitglied: „Jetzt im Moment?") Ja, das zittert alles."

In einer Nachbefragung 6 Monate nach dem Gruppengespräch sagt diese Frau: „Was mich am meisten beeindruckt hat, war, daß ich überhaupt reden konnte. Ich hatte solche Angst davor, in der Gruppe angesprochen zu werden und dann stumm wie ein Fisch zu sein. Und dann war ich so erstaunt über meinen Redefluß, der plötzlich aus mir herausbrach. Das war für mich ein großes Erlebnis. Normalerweise kann ich all' das nur in einem Satz sagen. Das war wie ein Wunder. Ich kam richtig in einen Rausch rein während des Sprechens. Ich war sehr aufgeregt, aber gleichzeitig sehr glücklich, den Tränen nahe. Also es war ein ganz eigenartiger Zustand. Ich fühlte mich nachher unheimlich erleichtert. ... Ich habe das bisher in dieser Intensität nicht wieder erlebt. Aber insgesamt finde ich, daß es seither besser geworden ist, daß ich besser meine Gefühle zeigen kann. Allerdings bin ich manchmal noch verkrampft, und diese Verkrampfung bewirkt, daß alles etwas eingeengt wird, und die Gefühle nicht so frei herauskommen. Aber ich merke, ich habe Gefühle. Und das ist gut."

„Ich war echt tief traurig, mich von bestimmten Leuten nach der Gruppe zu trennen. Das habe ich bewußt erlebt. Das war gut, weil ich merkte, daß ich noch Gefühle hatte."

In Untersuchungen wurden diese Wandlungen von Personen w ä h r e n d der Gespräche zum stärkeren unmittelbaren Erleben und Fühlen und die günstigen Auswirkungen hiervon festgestellt, z. B.: □ In Einzel- und Gruppengesprächen drückten Klienten zunehmend mehr ihr Fühlen aus, bezogen sich mehr auf das unmittelbar gegenwärtige Erleben und hatten eine anwachsende Bewußtheit ihres eigenen Erlebens (Walker u. a., 1960; Tomlinson u. Hart, 1962; Meador, 1971). □ Die Äußerungen von Klienten in Einzelpsychotherapie erfolgten im Verlauf der gesamten Psychotherapie und der einzelnen Gesprächsstunden zunehmend mehr in der Gegenwart und in der 1. Person, während Äußerungen mit Verben der Vergangenheit deutlich abnahmen (R. Tausch u. Schmitz, 1964).

Nach einfühlsamen hilfreichen Gesprächen fühlen und erleben Personen lebendiger. Sie sind offener für ihr Fühlen und unmittelbares Erleben und lassen es mehr in ihr Verhalten eingehen. Diese Wandlung möchten wir näher charakterisieren:

□ Personen erleben ihr Fühlen deutlicher, sie vernachlässigen es weniger. Sie horchen mehr in sich hinein, auf die gefühlten Bedeutungen ihrer Erlebniserfahrungen. Ihr Fühlen ist ihrem Bewußtsein in höherem Maße zugänglich. Sie sind eher fähig, ihr Fühlen zu leben, zu akzeptieren und ihm zu vertrauen.

„Ich bin mir meiner Gefühle bewußter geworden. ... Ich lebe seitdem bewußter. ... Mein Gefühlspegel ist gestiegen. Alles ist voller."

„Ich kann jetzt in einer akzeptierenden Atmosphäre intensive Erlebnisse haben, die mich gefühlsmäßig stark berühren und mein gefühlsmäßiges Sein intensivieren."

„In meinem Bewußtsein ist heute: Diese Gefühle sind *deine Gefühle,* du hast ein *Recht* auf *deine* Gefühle. Und ich erinnere mich daran, daß es Menschen gab, die mir dieses Recht zugestanden, es achteten, und mich nicht zwangen, von diesen Gefühlen Abstand zu nehmen."

75jährige Sozialrentnerin, 3 Monate nach ihrer Teilnahme an einer intensiven Gesprächsgruppe: „Einfach aussprechen. Das habe ich auch im Elternhaus nie dürfen. Bei uns waren Gefühle, na ja: Wenn einem nach Heulen zumute war, mußte man lachen. Und wenn man das ein ganzes Leben übt, ist es sehr schwer, anders zu sein. Und das ist mir heute leichter. Es ist mir eigentlich nicht mehr so wichtig, ob die Leute das schön finden oder nicht schön finden. Früher hab' ich Wert darauf gelegt, daß nur der Eindruck nach außen richtig war. Heute weiß ich: Leg' das doch ab, dann lebst du doch leichter!"

90jährige: „Ich bin eben dauernd innerlich in Bewegung."

„Ich habe neue Gefühle bei mir kennengelernt." „Ich habe meine Gefühle entdeckt."

Klaus, in einer gefilmten Nachbefragung, 4 Wochen nach Teilnahme an einer Paar-Gruppe: „Ja, die Entwicklung hat angehalten. So erstaunlich das klingt, wir können miteinander sprechen, und zwar ruhig sprechen. ... In den Alltag, in den ich dann so reinkam, bin ich doch so'n bißchen skeptisch zum Betrieb gegangen und denk': Na, Gott, was erwartet dich jetzt da! Doch dasselbe wie jeden Tag auch, wenn du hingehst. Aber selbst da hab' ich mit einem anderen Auge geschaut. ... Die Aufnahme des anderen, was ich da bekommen hab', das erschien mir doch viel mehr, was ich vorher gar nicht gesehen hab'. ... Ja, die Personen – die haben sich nicht anders benommen als sonst auch. Nur hab' ich da etwas herausgehört. Ich hab' es gespürt und ich habe es denn mit nach Hause genommen und habe dann zu Hause gesagt: ‚So, guck mal, so habe ich das bei den Leuten gesehen!' Ich fühl mich also freier. Ich bin nicht ein anderer Mensch geworden jetzt. Ich reagiere genauso. Ich arbeite genauso. Ich bin eigentlich genauso alltäglich wie sonst auch. Nur daß ich eben in mir freier bin. Daß da also so'n Stein weg ist, und ich jetzt aufnahmefähiger bin. Daß da also doch mehr Platz jetzt ist für Erleben. ... Daß ich das auch weitergeben und vor allem zurückgeben kann."

„Für mich war das Gruppenerlebnis ein großer Anfang. Es hat mich wachgerüttelt und völlig durcheinandergebracht. Manche mögen fragen: ‚Was, die geht da hin, um sich durcheinanderbringen zu lassen?' ‚Ja', kann ich da nur sagen, ‚genau das ist es!' Ich habe dabei alles in Frage gestellt und geriet dabei oft in tiefste Trauer. Aber dadurch bin ich wieder lebendig geworden."

Einige charakteristische Erlebnisaussagen für sensibles Offensein für das eigene Fühlen gemäß einer Untersuchung (Caspari u. Tausch, 1977): „Ich achte auf das, was ich fühle." „Ich versuche oft zu erfahren, was mein Fühlen mir sagt, ob es mich warnt, was es bedeutet." „Oft spüre ich etwas ganz allgemein und undeutlich, bevor es mir vom Verstand her klar wird." „Ich höre häufig in mich hinein, um herauszufinden, wie mein Fühlen zu einer bestimmten Sache ist, und was für mich wichtig ist." „Ich wehre mich nicht gegen ungünstige gefühlsmäßige Erfahrungen mit mir selbst."

Nicht gemeint ist mit engem Kontakt zum eigenen Fühlen: Eine Person vertraut blindlings einem Gefühl, etwa dem Gefühl von Furcht oder Sympathie und sieht ihr Fühlen jeweils als „richtig" an. Vielmehr ist gemeint: Eine Person spürt fortwährend die jeweiligen, wechselnden Gefühlsbedeutungen ihres Erlebens und ihres Organismus.

□ Personen können anderen mehr ihr Fühlen mitteilen. Denn sie spüren mehr ihr gefühlsmäßiges Erleben. Und durch die Äußerung ihres gefühlsmäßigen Erlebens wenden sie sich diesem mehr zu, und es wird ihnen bewußter.

„Es fällt mir leichter, meinem Gefühl nachzugehen, es anderen offen mitzuteilen."

„Ich konnte Zuneigung stärker zeigen als bislang. Ich konnte erstmals zärtliche, warme Gefühle für eine Frau empfinden und ihr das vermitteln."

„Als ich wegen einer Auseinandersetzung mit dem Rektor meiner Schule deprimiert war und die Klasse das auch mitgekriegt hat, da konnte ich denen das auch sagen. Alles ist jetzt offener und selbstverständlicher geworden."

„Gefühle zu zeigen, das machte und macht mir auch noch Schwierigkeiten. Weinen ist schwer für mich, etwas leichter jetzt nach dem Gruppengespräch. Ich habe seitdem schon ein paar Mal geweint."

„Heut seh' ich das so, daß ich schon mal eher sagen kann, wie's mir geht und was in mir drin los ist. Vor allen Dingen kann ich jetzt Traurigkeiten sagen. Also wenn ich mich mies fühle, das kann ich sagen. Das erleichtert mich auch."

„Ich kann mir an der Hemmgrenze einen Ruck geben, um auch etwas zu sagen. Zum Beispiel meiner Neigung, jemanden zu berühren, nachzugeben oder mich öffentlicher Beachtung auszusetzen oder meine Gefühle, auch negative, auszudrücken."

„Bei mir ist es so, ich kann jetzt meiner Frau eher sagen, in welcher Stimmung ich bin. Früher war das so, daß sie mir überhaupt nicht angemerkt hat, etwa wenn ich mißgelaunt oder aggressiv war. Das hat sich bei mir dann eher so geäußert, daß ich ganz kalt und eisig wurde. Aber sie hat das mißdeutet, falsch verstanden oder aber erst sehr viel später gemerkt, daß ich eigentlich aggressiv war. Jetzt versuche ich einfach zu sagen, wie mir zumute ist. Ich kann das jetzt auch eher herausfinden. Ich weiß jetzt eher, was ich fühle. Ich kann das jetzt eher erkennen. Früher hab' ich das überhaupt nicht in mir wahrgenommen. Ich wußte tatsächlich nicht, welche Gefühle ich hatte. Das war nur irgend sowas, so eine Stimmung oder auch Verstimmung."

„Ich sag' jetzt meiner Partnerin, wie ich mich fühle. Ich sag' etwa: ‚Du, ich bin jetzt mißgelaunt oder wütend oder sowas.' Auch andere Gefühle kann ich äußern, ich meine so eher positive. Ich meine, wenn ich so eher freundlich bin, wenn ich mich froh fühle, dann kann ich ihr auch schon das sagen."

„Neulich rief Maren an, eine aus einer anderen Gruppe, die ich nur den einen Gruppenabend gesehen hatte. Sie wollte hören, ob ich wieder zum nächsten Gruppentreffen komme. Als sie anrief, sagte sie: ‚Du ich weiß gar nicht, ob das so richtig ist, daß ich Dich hier anrufe.' Da hab' ich zu ihr gesagt: ‚Das ist ganz sicher richtig, daß Du anrufst. Ich bin froh darüber. Das zeigt mir doch, daß sich jemand um mich kümmert.' So etwas hätte ich vor der Gesprächsgruppe niemals über die Lippen bekommen, nein, niemals zu fremden Menschen, sowas zu sagen. Ich glaub', ich hätt's auch gar nicht in mir gefühlt. Insofern bin ich jetzt, ja, es ist alles lebendiger in mir geworden. Ich merk' es richtig."

„Ja, das glaub' ich schon, daß ich eben keine Scheu mehr habe, wenn ich merke, da kommt irgend etwas in mir hoch, das nicht abzuwürgen. Und daß ich auch gerade bei Leuten, die ich nicht so gut kenne, das Risiko eingehe, zu sagen, was ich in dem Moment empfinde. Früher dachte ich immer, ich stoße damit die anderen vor den Kopf. Also, daß ich mir von vornherein so überlegt habe, wenn ich jetzt das mache, dann sehe ich den vielleicht nie wieder. Ich habe keine Angst mehr davor, meine Gefühle zuzulassen."

Eine Frau in einer gefilmten Gruppe: „Daß ich in mir plötzlich etwas fühle für meine Kinder, was ich vorher in mir nicht wahrgenommen hab'. Das heißt also, daß ich die Kinder rein gefühlsmäßig nicht so richtig angenommen hatte, und daß ich jetzt eine Beziehung aufbauen konnte, die für mich – glaube ich, jede Mutter zu ihren Kindern hat. Die ich aber jetzt erst spüre für mich. ... Die ersten zwei Kinder, O. K., das war wirklich gut, ja. Und dann, nach einem Jahr kam plötzlich das dritte Kind. Und ich hab' das dritte Kind unheimlich abgelehnt. Und ich steckte selber in einem Gefühlswust drin. Das ist ein Kind – das hab' ich gekriegt, und ich – ich will's gar nicht haben. Und da waren keine Gefühle da für das Kind. Und das war – für mich also entsetzlich, ja. Habe ich zwei Kinder und für die empfinde ich sehr viel, und habe ich ein drittes Kind, für das empfinde ich nichts. Das war entsetzlich für mich. Und heute bin ich erleichtert und bin irgendwo glücklich, daß ich für dieses Kind jetzt sehr viel empfinde. ... Daß ich das Kind angenommen habe. Daß ich das wirklich liebe, und daß ich das vorher abgelehnt hab'. Das ist das, was in mir gewachsen ist, und worüber ich mich heute freue."

„Ich muß sagen, das Gruppengespräch hat sehr viel in mir aufgebrochen. Vorher war ich irgendwie erstarrt und leblos. Während der Gruppe und die ersten Monate danach, da war ich so ein ungeordnetes Bündel von Gefühlen – ohne Verstand. Und jetzt kann ich beides mehr in Einklang bringen. Ich laß' mich nicht nur einfach von Gefühlen überschwemmen. Ich kann anderen mehr von mir zeigen, denn ich merke, ich brauch' nicht mehr so viel zu verbergen."

Margreth in einer gefilmten Nachbefragung: „Und ich kann nur berichten, daß ich eigentlich sehr viel mehr den Mut hab', meine Gefühle zu äußern. Und wenn auch vielleicht manchmal holprig, aber innerlich zu äußern. Und irgendwie versuch' ich es auch bei anderen Menschen – also, die mir so am Tag begegnen. ... Nicht, was man so immer gleich früher reinhörte oder meinte, so müßte es jetzt in dieser Richtung gehen, sondern ganz einfach nur hören und empfinden, was gemeint ist.

□ Personen verlieren ihre gefühlsmäßige Einengung und Verödung. Ihr Fühlen ist ihnen eine wichtige Lebensfunktion, um die sie sich zu kümmern beginnen. „Ich werde gefühlsmäßige Sachen ernster nehmen und wesentlich stärker akzeptieren. Sonst habe ich immer versucht, Gefühle wegzurationalisieren und mit einem anderen auf dieser Eben umzugehen."

„Ich glaube, daß ich da so'ne Stufe für mich erreicht habe. Ich war in diese Gruppe gekommen mit dem Gefühl, irgendwo hast du vielleicht noch Probleme, aber im Grunde bist du ganz in Ordnung. Ich hatte so ziemlich verdrängt, daß ich früher gespürt hatte, so irgendwie so 'nen Eisenreifen ums Herz. Also, ich erinnere mich da immer so an die Geschichte ‚Der Eiserne Heinrich'. Und da heißt es als Antwort: ‚Es war ein Eisenreifen, der um sein Herz geschmiedet war, weshalb er nicht aus sich herauskommen konnte.' Und so'n Gefühl hatte ich oft in vielen Situationen, wenn's darum ging, Gefühle zu zeigen; daß ich irgendwo eingeengt war. Und das Gefühl war in der Gruppe weg. Und da fühlte ich mich wirklich total frei, ich selbst. Ich kann nicht sagen, daß es jetzt in jeder Situation noch so ist. Aber ich glaube, es ist sehr wichtig, daß ich das einmal so erlebt habe."

„Lange habe ich es als unangenehm und gefährlich angesehen, Gefühle zu haben. Erst in den letzten Jahren gelang es mir Schritt für Schritt, diese Kräfte und Gefühle nicht mehr als absolut negativ anzusehen. Und ich vermute hoffnungsvoll, daß diese Energien auch positiv sein können."

„Bis zu meinem 38. Lebensjahr habe ich wie ein Automat funktioniert. Ich war ein pflichtbewußter, festgefügter Ehemann mit allen möglichen Störungen. Das Gruppengespräch hat bei mir eine 2. Lebensphase ausgelöst. Jetzt erfahre ich mich als fühlender Mensch mit einer Seele und interessiere mich dafür."

□ Durch das Hinhören auf das eigene Fühlen erfahren Personen mehr die Bedeutungen ihres Erlebens. Sie erhalten mehr Informationen, auch für ihr Verhalten. Sie können mehr Bezug nehmen auf ihr unmittelbar gegenwärtiges Erleben. Sie können sich mit ihrem inneren Erleben auseinandersetzen und Folgerungen für sich ableiten. Sie sehen dieses gegenwärtige Erfahren als einen Prozeß an, der in unklarer Weise in ihnen vor sich geht. Der aber zunehmend mehr eine Instanz wird für Auskunft und Richtlinien, für die verschiedenen Bedeutungen ihrer Wahrnehmungen und Erfahrungen und für ihr Handeln. Personen leben zunehmend mehr in diesem wechselnden Fluß ihres Erlebens und vertrauen diesem Prozeß und ziehen ihn gleichsam als Kompaß für ihr Verhalten heran.

„Ich hör' jetzt schon manchmal in mich hinein. Früher hörte ich nur irgend so ein Gemurmel in mir. Aber jetzt in der letzten Zeit hör' ich deutlicher. Ich spür' irgendwie, ich bin auf dem richtigen Pfad. Aber wo der nun so genau hinführt, das weiß ich nicht. Manchmal spür' ich: Ich bin vollkommen eins mit mir. Auch heute so im Betrieb. Da dachte ich plötzlich: Sieh' mal, so beschissen ist deine Arbeit gar nicht. Du kannst dich sogar hier wohlfühlen."

„Ich verlasse mich stärker auf meine innere Stimme, meine Intuition und mein Einfühlungsvermögen und beachte weniger den Druck von außen. Dadurch fühle ich mich wohler und die Kinder auch. Das ist ein längerer Prozeß, der schon vor den Gesprächen begonnen hat."

„Ich bin mir durch diese Gespräche klar geworden, daß ich mich mehr mit den Gefühlen auseinandersetzen muß, mit den Gefühlen anderer und mit meinen eigenen."

Ein Mann, 39 Jahre, wegen erheblicher seelischer Beeinträchtigungen in Einzelpsychotherapie, sagt in den beiden letzten Gesprächen: „Mir ist eigentlich jetzt ein ganz anderer Gedanke gekommen: Es wäre eigentlich eine wunderbare Sache, wenn ich meinen Gefühlen als Maßstab vertrauen könnte. Aber ich wag' es eigentlich noch gar nicht zu glauben. Richtig wäre es ja wohl auf jeden Fall. Das wäre eigentlich so die Erlösung von alledem. Aber meinen eigenen Gefühlen trauen zu können – es ist mir vollkommen neu. Ich meine, meine Gefühle bestanden bisher aus – aus dogmatischen Grundsätzen. Also meinen Gefühlen zu trauen, eigentlich heißt das, so die ganze – alles bisherige über Bord werfen."
„Ich hab' in der vergangenen Woche noch viel darüber nachdenken müssen, das Gefühl – so nach dem eigenen – das eigene Gefühl mehr so als Maßstab für meine Entscheidungen zu nehmen. Das ist mir auch gelungen in einigen Sachen. Ich muß sagen, daß ich eigentlich so das erstmals erlebt habe, daß verschiedene Sachen sich vollkommen undramatisch, also normal abgewickelt haben. Sowie ich überhaupt den Eindruck habe, daß irgend eine jener Scheiben, die zwischen der Wirklichkeit und mir standen oder mehrere davon, gefallen sind."

„Ich kann jetzt einfach mehr dazu stehen, was ich empfinde und danach handeln. Früher war ich mir immer bewußt, was in einer Situation eine angemessene Reaktion gewesen wäre. Ich war mit meinem Kopf immer bei den Erwartungen der anderen. Jetzt bin ich dabei, immer mehr in mich hineinzuhorchen und nach dem zu handeln, was ich da in mir spüre."

„Ich handele mehr nach meinen Gefühlen. ... Ich habe die Erfahrung gemacht, daß ich mich so verhalten kann, daß ich mich wohlfühle."

Untersuchungen bestätigen die Wandlungen von Personen nach Gesprächen zum deutlicheren, reicheren Fühlen und zum Akzeptieren des Fühlens, z. B. Untersuchungen der Gruppengespräche mit insgesamt mehreren hundert Personen unserer Psychotherapeutischen Beratungsstelle (Bruhn, 1978; Wittern u. a., 1978; Westermann u. a., 1977; Kremer u. Tausch, 1978; Haertel, 1977; C. Tausch, 1978). Nach den Gruppengesprächen fühlen Personen stärker, sie empfinden dies als bereichernd, sie leben mehr in der Gegenwart. – Alte Menschen, die sich in Gesprächen selbst stärker öffneten, erlebten sich längere Zeit danach als gefühlsmäßig stärker lebendig. Diejenigen, die sich in den Gruppengesprächen mehr mit sich selbst auseinandersetzten, gleichzeitig ehrlich sie selbst waren, mit größerer gefühlsmäßiger Nähe zu ihren Erlebniserfahrungen, hatten erheblich weniger bedrückende Einsamkeitsgefühle und waren weniger resignativ und entmutigt vom Altern (Bergeest u. a., 1977). – Stärkeres Erleben in der unmittelbaren Gegenwart ergab sich auch im POI-Test. Während Klienten am Beginn der Psychotherapie mehr in ihren vergangenen Erfahrungen oder in ihrem künftigen Leben häufig in furchtsamer Weise zentriert waren, änderte sich dies nach der Psychotherapie mehr in Richtung gegenwärtiges Erleben.

Die Folgen von größerem Offensein für das eigene Fühlen und von bewußterem gegenwärtigen Erleben sind sehr bedeutsam für die seelische Gesundheit von Menschen. Einige Gesichtspunkte:

□ Unser inneres Erleben wird reicher. Das Fühlen ist ein bedeutsamer Teil unseres Erlebnisstromes. Alles, was an Erfahrungen, Wahrnehmungen und Gedanken für uns von Bedeutung ist, wird vom Fühlen begleitet. Wir werden unseres Selbst mehr teilhaftig und unserer Beziehungen zur Umwelt. Wir leben mehr in der unmittelbaren Gegenwart unseres Erlebens. Wir sind unserem Selbst näher.

□ Unsere Äußerungen, Handlungen, Mimik und Gestik stimmen mehr mit unserem Erleben überein. Wir sind echter, wir neigen auch unbewußt weniger zum Rollenverhalten, Amtsgehabe und zur Fassadenhaftigkeit. Wir sind weniger von außen beeinflußbar, nehmen weniger, etwa durch Wahrnehmungslernen, ungünstiges Verhalten an, wenn es nicht unserem Fühlen entspricht. Wir sind uns selbst weniger entfremdet.

□ Wir werden vieler Bedeutungen teilhaftig, die für uns und unseren Organismus wichtig sind. Wir erhalten viele wertvolle Informationen. Wir können die gefühlten Bedeutungen und das gefühlsmäßige Spüren gleichsam als Kompaß in hilfreicher Weise für unsere Wertungen, unsere Urteile und unsere Handlungen heranziehen. Wir werden angemessener denken und uns verhalten. Wir erspüren mehr, was Erfahrungen und Ereignisse für uns bedeuten. Das Fühlen ist gleichsam ein Meßfühler in unserem Organismus, der uns die Bedeutung unserer Erfahrungen anzeigt. „Heute weiß ich, daß ich vieles erfühlen und ertasten kann." „Und es ist jetzt eben so, wenn so Unruhe in mir aufkommt oder sowas, ich kann mich eher selber beobachten, auch für mich selber so feinere Gefühle auffangen. Sonst war's eigentlich so, daß alles so voll war und raus mußte. Und das ist jetzt nicht mehr so."

„Mein Verhalten zu Problemen hat sich gewandelt. Ich weiß zum Beispiel, daß ich in kritischen Situationen, besonders wenn ich zu einer Entscheidung gedrängt werde, sehr leicht Entscheidungen treffe, die nicht meinen Gefühlen entsprechen. Aus dieser Erfahrung gelingt es mir jetzt besser, mir erst einmal Raum zu lassen, um eine bessere Entscheidung zu treffen."

„Ich setze mich mehr mit mir auseinander und sehe es als günstig an. Obwohl mir erst in letzter Zeit deutlicher geworden ist, wie wichtig es dabei ist, bei meinen eigenen Gefühlen zu bleiben, damit aus der Selbstauseinandersetzung kein Grübeln wird."

□ Wir sind in den verschiedenen Bereichen unserer Person mehr integriert. Wir sind weniger getrennt in eine Person vom Kopf bis zum Hals und in eine Person unterhalb des Halses.

□ Wenn wir voll in der Gegenwart leben und uns des Stromes unseres Fühlens und unmittelbaren Erfahrens mehr bewußt sind, dann leben wir existenzieller, wir gebrauchen gleichsam die Ausrüstung unseres Organismus in vollem Ausmaß.

□ Wir sind mehr bereichernd für andere Menschen, indem wir ihnen unser gegenwärtiges Fühlen und Erleben mitteilen können. „Ich kam in eine Beziehung zu Menschen." „Ich kann meine positiven sowie negativen Gefühle anderen offener mitteilen; ich spüre, daß ich anderen so eher näherkomme und schneller eine offene Atmosphäre herstelle."

Eine Person kommt sich selbst näher, sie entdeckt und findet mehr sich selbst

Wird eine Person echter, weniger fassadenhaft, weniger widersprüchlich, öffnet sie sich und setzt sie sich mit sich selbst auseinander, wird sie sich ihres Fühlens bewußter, hört sie in sich hinein, dann kommt sie sich selbst näher, entdeckt sich selbst mehr, sieht sich selbst umfassender.

Am Beginn der Gespräche sind Personen sich oft selbst entfremdet. Sie äußern sich nur selten über sich selbst, sie äußern nur selten etwas, das für ihr persönliches Selbst bedeutsam ist. Sie berichten eher über äußere Geschehnisse. Die Entfremdung zur eigenen Person drückt sich auch häufig im Gebrauch des Wortes „man“ aus, z. B. „Man kann das nicht.“ „Man sollte das ja tun.“ „Man hat Angst dabei.“

Manche Personen äußern, sie seien unfähig, etwas über sich selbst zu sagen oder zu denken: „Es ist auch so: Daß mir selbst, so hab’ ich das Gefühl, die Worte dafür fehlen, wirklich auszudrücken, was ich empfinde.“ Eine Person vermittelt den Eindruck, als ob Teile von ihr abgestorben, taub oder eingeschlossen sind, als ob sie ihr Ich von ihrer Person völlig isoliert erlebt und nicht als das Zentrum ihrer Wertungen und Wahrnehmungen. „Also, wie Du das eben so schön sagtest: ‚Man funktioniert nur.‘ Genau das Gefühl habe ich auch oft, daß ich einfach die Sachen mache, weil sie gemacht werden müssen. Aber daß ich im Grunde gar nicht richtig da bin.“ „Ich habe nicht das Gefühl, daß irgend etwas, was ich tue, daß ich da selbst beteiligt bin. Das ist immer irgendwo ein anderer, der das tut, und dem ich das sage, was er machen soll.“

Die folgenden Äußerungen einer ca. 35jährigen Frau am Beginn der Gespräche sind kaum persönlich, sie zeigen, daß sie ihrem Selbst wenig nahe ist: „Naja, es ist ja so, es hat ja keinen Zweck, wenn man nur immer rumsitzt und vielleicht sich grämt und so. Das bringt ja nichts. ... Man versucht den Mangel jedenfalls manchmal auszugleichen durch übersteigerte Leistung. Meinetwegen im Haushalt, daß man ganz besonders akkurat ist, daß man im Beruf eben ganz besonders viel leisten will oder auch gute Leistungen bringen will. Und das wird ja auch oftmals von der Umwelt erwartet. ... Und manchmal gelingt das ja auch, meistenfalls gelingt es auch.“

Helferin zu Dora: „Ich meine, wer erwartet das? Hat Dir jemand gesagt, Du mußt besonders Gutes leisten? (Dora: „Das nicht.“) Ich hör’ so auch von Dir, so einen Ausgleich schaffen und dann besonders Gutes leisten, weil es für *Dich* dann ein Ausgleich ist. Also, da kam mir der Gedanke: Bist Du es nicht, die es dann will?“

Dora: „Ja, das kann schon sein. Ich meine, jeder Mensch ist verschieden und jeder empfindet das vielleicht auch anders. Und steckt sich da auch selbst andere Maßstäbe.“

Eine Frau, 20 Jahre: „Deswegen habe ich teilweise Ängste, vielleicht habe ich’s deswegen: Ich hab’ manchmal Gefühle, daß ich überhaupt nicht da bin. Ich geh’ dann irgendwo rum, und denke: Was ist hier eigentlich, was sollst du, was? – Ich nehm’ das nicht richtig wahr. Ich seh’ das vielleicht, aber ich bin nicht da. Ich bin nicht da drin. – Manchmal geh’ ich durch irgendwelche Gänge oder Straßen und guck’ immer bloß und denk’: Was, was ist eigentlich? – Ich hab’ keine Beziehung manchmal zur Außenwelt. Und manchmal auch nicht zu anderen Menschen. Das, das erreicht mich nicht. Ich bin – total blockiert. Ich hör’ das denn, aber –.“

Helfer: „Und Du vermutest, daß Du irgendwas unterdrückst?“

Sabine: „Sicher. Ich unterdrück' mich, so, wie ich bin. Weil ich mich absolut nicht leiden kann. Jedenfalls nicht normalerweise. Das ist nicht immer so, aber das ist wohl recht häufig so. Und im Moment werde ich damit konfrontiert, und das macht mir Spannung."

Während der Gespräche begegnen Personen zunehmend sich selbst, kommen sich durch die Auseinandersetzung mit ihrem Selbst und ihrem Erleben näher, sie erfahren sich umfassender, insbesondere in Gruppengesprächen. Sie erforschen ihr Selbst. Sie stellen sich selbst in Frage, statt an einem starren Bild von der eigenen Person festzuhalten. Sie beschäftigen sich mehr mit der Person, die sie gegenwärtig sind, wie sie sich fühlen, wie sie sich erfahren. Die Personen entdecken gleichsam im Zusammenhang mit ihrem stärker werdenden unmittelbaren Erfahren und Erleben wesentliche Bereiche ihrer eigenen Person, wie sie wirklich sind. Sie erleben zunehmend Befriedigung, wenn sie über sich selbst sprechen und sich erforschen. Ihre Angst vor sich selbst nimmt ab. „Ich habe nicht mehr so viel Angst vor Offenheit über mich selbst und meine Probleme."

„Mir ist erst vor kurzem klar geworden, daß ich mich eigentlich gar nicht kenne. Ich weiß überhaupt gar nicht, was ich will, was ich brauche."

„Ich bin sehr unsicher, wie ich wirklich bin."

„Ich weiß nicht, wie ich wirklich bin, wenn ich mich, ich sag's mal für mich, gehen lasse. Ich hab' mich über Jahre aufgebaut, mich nicht gehen zu lassen. Ich hab' mir das nie erlaubt."

„Ich habe so viele vitale eigene Wünsche und verstecke die hinter so viel Innenkultur und hohem Stil. Ich hänge an einer Illusion über mich und meinen Freund. ... Weder bin ich nur edel noch theoretisch oder schöngeistig. Weder möchte ich nur dienen, noch will ich nur verzichten."

„Irgendwie habe ich mich verloren. Und da suche ich eben. Ich bin kein Finder. Ich muß noch herumlaufen, um diese Stücke meines Ichs wieder zusammenzufinden."

„Dieses Bild, das ich denen jetzt gegeben habe, das langt nicht. Das werd' ich auf die Dauer nicht erfüllen können. Ich bin ja nicht so gut. Und ich hab' den Eindruck, ich hab' mich zu gut dargestellt. Und ich muß jetzt immer dieses gute Bild erfüllen."

„Ich identifiziere mich immer mit seinen Lieblingsideen und denke: Das bin ich. ... Wenn ich mit einem Vogelkundler befreundet bin, schwärme ich für Vögel. Wenn ich mit einem Psychologen befreundet bin, schwärme ich für hohe Gefühle. Wenn ich mit einem Lehrer befreundet bin, schwärme ich für Schulunterricht. ... Ich glaube, ich hab's jetzt gepackt: Wenn ich unmittelbar leben will, dann muß *ich* es tun und nicht mich jedem anpassen, mit dem ich mich befreundet fühle. Kann ich irgendwie dahinkommen, daß ich mich jemandem anpasse, aber mich nicht selbst aufgebe?"

„Ich werde mir immer stärker der Tatsache bewußt, daß viele meiner Hemmungen darauf zurückzuführen sind, daß ich Angst habe vor der Reaktion der anderen, Angst habe vor Mißbilligung und Liebesentzug."

„Ich möchte innerlich unabhängiger werden. Keine Angst haben, alleine zu sein. Ich empfinde es als eine Abhängigkeit und Schwäche. Ich möchte so mir selbst genug sein."

„Mit meiner Vergangenheit konnte ich nicht leben. Die habe ich eingesargt. Mit einem Sargdeckel, der total paßte. Ich begann sie, die Vergangenheit, in der Gruppe wieder zu riechen. Das war das erste, worüber ich sprach. Wenn man mich sonst woanders darauf ansprach, dann wußte ich nichts. Ich war kein lebendiger Mensch. Ich war nur ein Bruchstück. Ich war ein Mensch ohne Vergangenheit. Jetzt hier in der Gruppe konnte ich mich wieder daran erinnern. Und ich fand es sehr schön, daß ich mich wieder daran erinnern kann. Denn ich war bisher ein Mensch ohne Vergangenheit."

Eine 30jährige Mutter von 3 Jungen, die von ihrem Mann getrennt lebt, setzt sich mit ihren Bedürfnissen auseinander. Sie erkennt, wie existenziell für sie das Fühlen und „Berührungen" mit anderen Menschen sind: „Die ersten Gruppen habe ich nur so mitgemacht. Aber Sprechen gelernt, das hab' ich erst spät. Und ich bin auch spät sensibilisiert worden für meine eigenen Gefühle. Darauf, daß etwas verschüttet war, daß ich eigentlich auch Wünsche hatte, und Bedürfnisse, viele Bedürfnisse. Wenn ich Bedürfnisse vernachlässige, Gespräche mit den Menschen und Zuneigung, Austausch, ja, dann bin ich ja, weißt Du, so wie Kinder, die sterben, weil sie keine Berührung haben. Und in gewisser Weise glaube ich, daß das mit Erwachsenen auch geschieht. Die leben zwar weiter, aber irgend etwas lebt dann nicht mehr in ihnen. Ich konnte mich bisher weder ausdrücken noch war es mir eigentlich bewußt, was ich brauchte."

„Ich entdecke mich jetzt, so daß ich mir nicht ständig in die Tasche lüge. Erstens bin ich nicht besonders gut, zweitens bin ich nicht besonders edel, drittens bin ich, glaube ich, für mich selbst am wichtigsten. Ja, aber ich bin nicht darin wichtig, indem ich mich für andere erschöpfe. Das ist dummer Unsinn und das ist nicht wahr. Das bin nicht mehr ich. Es ist wirklich nicht wahr, daß es für mich das Liebste und Schönste ist, mich in der Schule zu erschöpfen und furchtbar viel beizubringen. Ich möchte mich dabei wohlfühlen und den Eindruck haben: Mensch, das ist ja sogar interessant, was wir da machen. Und mich nicht dauernd fragen: Wie mach' ich's interessant und bin ich jetzt auch gut?"

„Seit den psychotherapeutischen Gesprächen merke ich eigentlich erst richtig deutlich, daß ich alleine bin. Daß ich nirgendwo zugehöre. Meiner Schwiegermutter bin ich zu links, meinem Schwager bin ich zu sehr Individuum, das bei den gesellschaftlichen Verhältnissen nicht weiß, was Trumpf ist. Meinen Studienkollegen bin ich nicht solidarisch genug und weiß nach ihrer Meinung nicht, daß und warum gestreikt wird. Meine Mutter hofft immer noch, daß doch noch etwas aus mir wird. Einige Leute halten mich für einen Proleten, der sich an die Universität verirrt hat. Andere meinen, ich trüge meine Nase reichlich hoch, seitdem ich studiere."

„Ja, weißt Du, ich bin in letzter Zeit eigentlich so dahintergekommen, daß die Ansprüche, die ich an meinen Mann stelle, im Grunde genommen die Ansprüche sind, die meine Mutter oder meine Eltern an mich gestellt haben, so daß das vielleicht auch gar nicht meine eigenen sind. Aber ich habe eben meine eigenen Bedürfnisse nicht so richtig erkannt. Ich weiß noch nicht richtig, was ich will. Und die, die vielleicht wirklich meine eigenen sind, ja – da habe ich immer so ein Mißtrauen im Hinterkopf: Ja, Mensch, ob meine Mutter das nicht als primitiv ansieht? Deshalb habe ich das irgendwie so ganz gut verstehen können, was Du sagtest."

„Ich glaube, daß ich jetzt manches so mehr für mich mitbekomme. Denn wenn man alles das so zugibt und erkennt, dann ist man immer man selbst. Man braucht nie eine andere Rolle zu sein. Bisher war das so, wenn ich mit Leuten zusammen war, die sehr auf mich einwirkten, also positiv jetzt auf mich einwirkten, dann fühlte ich mich immer hinterher so gewissermaßen als Abbild von denen. Ich fühlte die in mir weiterwirken. Aber letztlich hat das nur angehalten einen Tag oder eine Woche und dann war Schluß. Aber so jetzt, jetzt brauche ich kein anderer zu sein und so irgend etwas anderes zu spielen."

Ein ehemaliges Mitglied einer radikalen politischen Gruppe: „Ich glaube, irgendwie habe ich das alles gemacht, weil ich es so für mich brauchte. Aber ich habe es für mich und die anderen so dargestellt, daß ich es für die anderen tue. ... Ich wollte etwas gelten. Ich glaubte, als Mensch bei den anderen nicht anzukommen. Deshalb wollte ich wenigstens mit meinen Ideen ankommen. Ich lehnte die anderen ab. Der wahre Grund war, daß ich fürchtete, von ihnen abgelehnt zu werden. Ich fürchtete, ich selbst als Mensch komme nicht an."

„Bei mir ist alles offen. Ich weiß nicht, ob ich mich von meiner Frau trennen werde oder ob wir wieder zusammenkommen. Ich weiß nur, daß ich mich selber erst einmal kennenlernen möchte, und das braucht Zeit, viel Zeit sogar."

„Ich habe mich in alles mögliche hineingestürzt: in Körpertraining, Kreativitätstraining und so. Ich wollte mit meinen Schwierigkeiten fertig werden und vorankommen. Aber es hat sich jetzt bis zu einem Punkt verschärft, wo ich nicht mehr kann. Wo ich mir überlege, was hat das alles noch für einen Sinn. Ich hab' den Eindruck, ich mach' alles nur noch für mein Make-up. Und ich finde den Durchbruch nicht. Das ist wie vor einer Wand. Und ich komme auch gar nicht mehr in richtige Beziehungen zu anderen Menschen. Ich werde mit mir selbst immer unzufriedener. Es klingt sehr kitschig, aber ich möchte irgendwie glücklicher werden, einen Faden zu mir finden, der echt ist."

Nach den Gesprächen erleben Personen sich selbst deutlicher. Ihr bewußtes Selbst und ihr unmittelbares Erfahren wird reicher. Es ist keine Bewußtheit über das Selbst als ein Objekt, ein Gegenstand. Sondern es ist eine Bewußtheit der eigenen seelischen Vorgänge: Das Fühlen, das Erfahren, die Einstellungen zur eigenen Person. Das Selbst ist kein wahrgenommenes Objekt, sondern etwas, was in dem Vorgang des Erfahrens und Fühlens unmittelbar gespürt wird. Personen sind mehr sie selbst. Das Bild, das sie von sich haben, und ihre fortlaufenden Erfahrungen stimmen weitgehend überein. Und sie werden mehr die Person, die sie zu sein wünschen. Diese Selbstfindung und Selbstentwicklung ist ein Vorgang, der bei vielen Personen noch lange Zeit nach den Gesprächen andauert. Und der in vielen von uns im Alltag vor sich geht, wenn wir durch Erfahrungen unserm Selbst näherkommen.

„Ich habe hinterher viel entdeckt in mir. Ich bin dann hinterher eigentlich auf mich gekommen."

„Ich lerne, ich selbst zu werden. Ich will die Persönlichkeit leben, die ich gerne sein möchte. ... Ich möchte aus mir heraus mehr Selbstbewußtsein kriegen, das wollte ich schon immer."

„Ich möchte immer mehr mein Ich entdecken. Entdecken, es zulassen, und mit meinem eigenen Ich glücklich werden."

„Ich weiß eben auch, wie wichtig es ist, viel über mich selbst zu erfahren. Wenn ich ein Unbehagen spüre, daß ich das auch irgendwie einordnen kann. Daß ich lerne, was kann ich jetzt tun. Und ich meine auch, mit meinen 40 Jahren müßt' ich einfach schneller vorankommen. Ich hab' zwar noch eine ganze Zeit vor mir, aber ungeduldig bin ich eigentlich auch."

„Ich habe mir vorgenommen, bei meinem Ziel zu bleiben, mich weiter zu öffnen und sensibler zu werden. Und nicht eine Rechenmaschine zu werden."

„In meiner Ehe, da war das so: Wir wollten beide vorankommen. Erst war ich dran, dann meine Frau. Und dann wieder ich. Aber dann kam das Kind, und meine Frau mußte aussetzen. Und bald darauf kam das zweite Kind. Dann war ich ihr weit voraus, der Abstand war zu groß, es war zu ungleich. Wir waren beide ehrgeizig, sie vielleicht noch etwas mehr. Mir war dann mein Beruf und meine Karriere immer wichtiger geworden. Ich hab' mich da richtig drin verrannt, habe alles andere nicht mehr gesehen, meine Frau nicht und auch mich selbst nicht. Nach dem Scheitern unserer Ehe bin ich auf mich selbst gekommen. Ich merkte richtig: Du hast dich ja verloren, du bist auf der Strecke geblieben, irgendwo vorne, da ist deine Karriere. Aber du selbst, du bist auf dem halben Wege steckengeblieben. ... Jetzt weiß ich, daß ich für mich selbst wichtig bin, daß ich da etwas tun muß für mich, daß mir auch Beziehungen wichtig sind, ich meine so mit anderen Menschen, persönliche Beziehungen. Mein Leben hat sich wirklich sehr verändert. Aber ich bin froh darüber. Mein berufliches Vorwärtskommen ist mir jetzt nicht mehr so ausschließlich wichtig."

„Ich bin noch nie so tief in mich hineingetaucht."

Eine Teilnehmerin einer Gesprächsgruppe, 20 Jahre alt, äußert in einer Nachbefragung, wie sie zu sich selbst fand: „Für mich hatte das Gruppengespräch die Bedeutung einer zweiten Geburt. Mein Innenleben, meine Seele, wurde geboren. Ich empfand mein bisheriges Leben als eine Art Tag-Alptraum, von dem ich erwachte. Meine ganze Entwicklung hat mich in eine

Gefühlsisolation gebracht, aus der ich mich nun befreie und befreit werde. Ich war bisher immer nur eine Rolle. Ich artikulierte nie Wünsche und Bedürfnisse, die ich hatte, sondern die, die ich mir angeeignet hatte. Mein Grundbedürfnis nach Zärtlichkeit, Liebe, Geborgenheit befriedigte ich in Ersatzhandlungen wie Essen, Stehlen usw. Die Liebe meiner Eltern drückte sich auch im wesentlichen durch Essen und materielle Geschenke aus. Ich wurde verwöhnt. Das gab mir einen Sonderstatus, der mich mit meiner Situation versöhnte. Mein Bedürfnis nach Aufmerksamkeit verstärkte sich aber nur. Ich lebte schließlich in zwei Welten: Nach außen total angepaßt an Erwartungen, nach innen in permanentem Widerspruch zu den Erwartungshaltungen. Der innere Trotz drang anfangs nur in kleinen Aktionen nach außen, so permanente Unpünktlichkeit. In den letzten Jahren vor dem Gruppengespräch hatte sich durch Streß in der Schule und im Elternhaus eine Trotzreaktion zu ungeahnten Ausmaßen entwickelt: Das Stehlen. Bestahl ich früher nur Eltern und andere Verwandte, so ging ich zum Schluß systematisch in Supermärkten stehlen. Dreimal wurde ich ertappt. Das letzte Mal versetzte mir einen solchen Schock, daß ich den Weg zur Psychotherapie fand. In dem Gruppengespräch wurde mir dann nach und nach klar, was ich oben ansatzweise beschrieben habe. Da ich ohne Rolle akzeptiert wurde, öffnete ich mich auch immer mehr für andere. In diesem Wechselspiel befreite ich mich und wurde befreit aus meiner Isoliertheit, meiner Realitätsferne, meiner Fehleinschätzung meiner selbst und anderer. Ich hatte das erste Mal Selbstbewußtsein."

„Ich komme mir wie ein ganz kleines Mädchen vor. Manchmal habe ich das Gefühl, daß meine Kindheit erst jetzt beginnt. Wenn dies auch einerseits für mich bedeutet, daß ich mich ankuscheln und festgehalten werden möchte, so bedeutet es auf der anderen Seite auch Laufenlernen, Entdecken, Neugierig-Sein und vielleicht – ich wage es kaum zu hoffen – zu wachsen."

„Ich habe meine Umwelt und mich schon lange nicht mehr so bewußt wahrnehmen können. Ich habe mich mehr in der Hand, daß es nicht mehr zu den alten Zuständen kommen kann. Ich bin nicht mehr so ausgeliefert. Ich habe Möglichkeiten dazu, ich kann mich selbst verstärken."

„Ich spüre in mir die Entwicklung zu einer immer autonomer werdenden Persönlichkeit. Ich habe zum Beispiel bewußt erfahren, daß ich gut alleine leben kann, daß ich ohne andere glücklich sein kann. Und ich habe erkannt, daß ich mit anderen ebenso gut glücklich sein kann. Innerlich werde ich zunehmend ruhiger, gelassener, geduldiger. Ich glaube an meine innere Stärke und kann meine Schwächen meistens besser annehmen. Das finde ich gut."

68jährige: „Man sieht, daß es mehr Menschen gibt, die Probleme haben. Man lernt daraus, sich selbst zu verstehen."

65jährige: „Ich sehe manches jetzt anders, versuche, nicht mehr so ungeduldig zu sein. Das gelingt mir dann und wann. Etwas Tiefes hat sich in mir entwickelt. Ob die andern es merken, weiß ich nicht. Aber ich habe es mehr erkannt."

62jährige: „Ich bin der Ansicht, daß man durch solche Gespräche sich seiner Lage sowie der Bedeutung der eigenen Probleme mehr bewußt wird und somit zu einer besseren Selbstbeurteilung kommt. Hier in der Tagesstätte sagten sie, ich sei nicht mehr so traurig, sondern ausgelassener und freundlicher. Ich bin froher gestimmt und fühle mich freier."

Gabriele: „Wichtig ist für mich gewesen, herauszufinden – und da fühle ich mich also noch ganz am Anfang – was will ich, was brauch' ich für mich? ... Der Weg zu mir selbst hin; den Weg rauszufinden, ja, der Weg, mich selber zu lieben, der ist für mich noch unendlich lang."

Als Folge der Auseinandersetzung mit sich selbst sehen sich Personen häufig anders als früher, ihre Einstellungen zum Selbst ändern sich. Und ihre Spannungen in sich verringern sich:

„Mein Bild von mir selbst ist ins Wanken geraten. Vorher hielt ich mich für mitfühlend und ziemlich tolerant. In der Gruppe mußte ich dieses Bild revidieren. Ich glaube, ich habe jetzt eine realere Einschätzung von mir selbst und werde versuchen, mein Verhalten zu ändern. Die Gesprächsgruppe war daher sehr wichtig für mich."

Lehrer: „Ich hatte diese aggressiven Seiten in mir in den letzten Jahren eingemauert. Ich machte immer nur in Verstehen und in Wertschätzung anderen gegenüber. Ich wollte das. Ich sah, daß das gut war. Aber die anderen sagten mir, da stimmt doch was nicht bei Dir. So wie Du z. B. Deine Freundin behandelst, da bist Du doch ganz anders. Und ich hab' erkannt, daß ich diese aggressiven Seiten jahrelang versteckt habe. Sie kamen zwar nicht offen raus, aber sie kamen überall so dünn mit hinein. Und allmählich lerne ich, auch diesen Teil meiner Person zu sehen und mich damit auseinanderzusetzen."

„Durch die Gesprächsgruppe vor 6 Monaten ist mir deutlicher geworden, wie ich auf andere Menschen wirke, wie ich mich noch verändern muß."

Ein Psychologie-Student, der an Seminaren zur Gesprächspsychotherapie bei einem von uns teilnahm, äußert sich in einem Bericht rückblickend ein Jahr später, wie er sich in dieser Zeit entwickelte, wie er echter wurde, wie er mehr zu sich selbst fand:

„Ich spüre, ich kann in diesen Seminaren etwas lernen, das mir gänzlich neu ist. Ich kann für mich noch nicht ausmachen, was ich lernen werde. Im Seminar bei Reinhard höre ich etwas von Haltungen: Offenheit gegenüber sich selbst, Verstehen und Wärme. Die Bücher schildern mir den Inhalt dieser Haltungen. In Gesprächen lerne ich, was diese Einstellungen anderen bedeuten. In meinem Kopf beginnt es zu arbeiten. Gedanken und Ideen wirbeln in ihm herum. Ich mache mich auf den Weg, Offenheit, Verständnis und Wärme zu ergründen.

Der erste Schritt: Offenheit bedeutet für mich, über mich zu berichten. Ich berichte anderen meine Einstellung und meine Erlebnisse. Berichten hieß damals für mich: Analysieren, rationalisieren, mich selbst genau zu beobachten. Ich trete neben mich, schaue mich an und berichte anderen und mir, was ich sehe. Heraus kommt ein abgeklärter Bericht über mich, der es mir und anderen noch nicht ermöglicht, eine Auseinandersetzung mit meinem Selbst zu führen. Ich kann mich begründen und erklären. Das Begründen und die Erklärungen aber hindern mich, mich selbst zu erfahren. Dennoch, es ist für mich ein erster Schritt. Früher konnte ich wenigen nur etwas über mich berichten. Es war für mich wichtiger, daß sie ein positives Bild von mir hatten.

Der zweite Schritt: In Gesprächen mit Cornelia und in anderen Gesprächen höre ich das Erleben anderer über meine Berichte. Sie empfinden mich in großer Ferne von meinen Schilderungen, als redete ich über etwas Belangloses, wenn ich über mich rede. Ich fühle mich unsicher: Ist meine neugewonnene Offenheit keine Offenheit? Unbehagen steigt in mir auf, ich fühle mich unwohl. Es arbeitet in mir, nicht nur in meinem Kopf, sondern in *mir*.

Die Gesprächsgruppe am Wochenende kommt. Ich freue mich darauf! Doch als ich in der Gruppe lebe, erscheinen mir alle Menschen dort fremd. Ich kann nichts von mir einbringen. Ich bin in einer Gruppe und komme mir wie im Kino vor. Ich schaffe es nicht, Kontakt zu ihnen herzustellen. Ich fühle mich wie gelähmt, ich kann in das Geschehen nicht eingreifen. Ich habe Angst, in das Geschehen hineingezogen zu werden. Ich bin verletzbar und will nicht verletzt werden. Ich schaffe es nicht, der Gruppe irgend etwas von mir zu zeigen. Erst jetzt wird mir klar, was das für mich bedeutet. Ich wollte *mich* niemandem zeigen. Ich wollte mich mir und der Gruppe nicht zeigen, denn ich kannte mich nicht. Ich wußte nicht, wie ich aussah. Ich kannte nur meine Fassade, um bei anderen ein gutes Bild von mir zu hinterlassen. Meine Fassade hat mit meinem Selbst wenig gemeinsam, dessen war ich sicher. Doch ich wußte nicht, wie mein Selbst aussieht. Ich habe der Gruppe gegenüber Mißtrauen empfunden. Aber es war Mißtrauen gegen mich selbst. Nicht andere konnten mich verletzen. Ich hatte Angst, mich so zu erfahren, wie ich bin; mein Selbst in den Äußerungen anderer zu sehen. Zu dieser Zeit konnte ich mein Erlebnis im Gruppengespräch noch nicht klären. Aber die Gruppe war mir sehr nahe gegangen. Ich hatte die Angst vor mir selbst konkret erlebt.

Weitere Schritte: Am Sonntagabend nach dem Gruppengespräch allein zu Haus. Ich fühle mich leer. Ich erlebe Einsamkeit und Hilflosigkeit für mich selbst. Ich verspüre Sehnsucht nach anderen Menschen und bin traurig. Gleichzeitig kann ich diese Gefühle nicht unter-

drücken. Ablenkungen, die früher funktionierten, haben keinen Erfolg. Ich erlebe mich seit langer Zeit wieder so, wie ich bin.
Meine Erlebnisse in den folgenden Wochen werden konkreter. Ich bin an ihnen anders beteiligt, als ich es bisher kannte. Ich registriere meine Mitmenschen und viele Dinge, die ich höre und lese, nicht nur in meinem Kopf, sondern ich verspüre sie. Ich beginne mich kennenzulernen.
Heute gelingt es mir viel besser – oder vielleicht zum ersten Mal? – mit mir selbst eins zu sein. Ich beginne mich zu nehmen, wie ich bin.
Ich verstehe heute den Unterschied zwischen Verstehen und Erklärung. Erklärungen halfen mir, die Verantwortung für mich auf irgend welche Ursachen zu übertragen. Seitdem ich mich zu verstehen suche, begreife ich, daß ich selbst für mich verantwortlich bin. Ein Erlebnis mit meinem Vater hat mir dies deutlich werden lassen. Ich habe zum ersten Mal in meinem Leben mit ihm über mich geredet. Ich machte ihn früher dafür verantwortlich, wie ich war, hatte aber Schuldgefühle, es ihm zu sagen. Ich konnte mit ihm nicht über mich sprechen. Ich fühle mich heute für mich verantwortlich und beginne zu verstehen, warum er mich so erzogen hat, wie er es für richtig hielt. In dem Gespräch konnte ich ihm sagen, wie ich seine Erziehung erlebt habe. Ich brauchte ihn nicht anzugreifen, ich brauchte mich nicht zu verteidigen, ich konnte mich ihm mitteilen.
Ich bin froh, daß ich mich auf den Weg gemacht habe, die ersten Schritte gegangen bin. Ich habe erste Antworten auf die Frage gefunden: Wer bin ich?"

Eine Person achtet und akzeptiert sich mehr

Dies ist eine weitere deutliche Wandlung von Personen durch einfühlsame hilfreiche Gespräche: Sie empfinden mehr Achtung vor sich selbst. Sie nehmen sich selbst mehr an, so wie sie sind, einschließlich ihrer Schwächen und Eigenarten. Diese Wandlungen sind häufig gegensätzlich zu den Befürchtungen am Beginn der Gespräche: Viele fürchten, wenn sie sich selbst näherkommen, wenn sie sich umfassender sehen, so wie sie wirklich sind, dann würden sie sich selbst weniger mögen und achten. Das Gegenteil ist der Fall. Sie achten sich mehr. Und: Mit größerer Selbstachtung und größerer Selbstakzeptierung werden sie fähiger, mehr so zu werden und sich so zu ändern, wie sie es wünschen.

Am Beginn der Gespräche haben viele Personen geringe Selbstachtung und Selbstakzeptierung. Sie können sich nicht als die Person annehmen, die sie sind oder die sie zu sein fürchten. „Ich kann mich nicht so akzeptieren! Da sträubt sich alles in mir!" „Ich habe keine gute Meinung von mir." „Ich fühle mich als Trümmerhaufen." „Ich habe mich dauernd mit meinen Schwestern verglichen. Die waren schön und die waren klug und die waren gewandt. Und was waren sie noch alles! Alle waren mehr als ich!" „Über mich selber da denke ich nicht sehr gut." „Wenn ich vorhin weinte, dann war ich wirklich ärgerlich auf mich. Weil ich das so affig finde, daß mir zu leicht die Tränen kommen. Darüber ärgere ich mich fürchterlich."

Geringe Selbstachtung wird durch folgende Feststellungen eines Befragungsbogens charakterisiert (s. Tausch u. Tausch, 1977a): Ich mag mich selbst nicht leiden. Ich wünsche oft, ich wäre jemand anders. Ich schäme mich über mich. Ich bin ein Versager. Ich sehe keinen Grund, warum mich jemand gern haben sollte. Ich habe eine negative Einstellung zu mir selbst. Ich fühle mich nur wohl, wenn ich anderen gefalle. Ich fühle mich unwohl, wenn ich etwas nicht perfekt gemacht habe.

Geringe Selbstachtung und geringe Selbstannahme sind ein deutliches Charakteristikum vieler Personen mit seelischen Schwierigkeiten. Der Kurswert, den sie für ihre Person fühlen, ist sehr gering. Dies mögen die nachfolgenden Gesprächsausschnitte verdeutlichen:

Gloria: „Ich empfinde, geschieden zu sein, auch so als negativ. Ich habe Angst in die Gesellschaft zu gehen, weil ich denke, daß die Leute mich nicht akzeptieren können, so wie es jetzt ist. Da hab' ich 'ne wahnsinnige Angst, da mal hinzugehen und zu sagen: ‚Hier bin ich, und ich bin geschieden. Und ich lebe so und so.' Ja, das ist so'n richtiger Komplex von mir. Ich trau' mich auch nicht irgendwo hin, so alleine hin. Nach wie vor nicht. Mir haben diese zwei Jahre überhaupt noch nichts gebracht. Ich bin nicht allein im Stande, spazieren zu gehen, nichts. Und dann ist es doch kein Wunder, daß ich immer noch alleine sitze."

Helferin: „Daß Du den Wert Deiner Person so niedrig einschätzt, daß Du Dir nicht vorstellen kannst, daß sich jemand freut, wenn Du anrufst oder Dich irgendwo irgendwie blicken läßt?"

Gloria: „Mhm – das ist eine Sache, die laß ich mir nicht anmerken eigentlich. Das merkt ja eigentlich keiner so schnell, daß es im Grunde so ist."

Helferin: „Daß Du den Leuten was ganz anderes signalisierst? Daß sie sich gar nicht vorstellen können, daß Du, Gloria, jemand bist, der es nicht schafft, alleine spazieren zu gehen oder andere Leute anzurufen. Du könntest es nicht preisgeben?!"

Gloria: „Das schon – aber ich mach' mir ja oft selber etwas vor. Dann rede ich mir Mut zu. Dann geh' ich eben ran. Aber im Grunde stehe ich nicht dahinter. Das ist im Grunde so, als hätt' ich mir Mut angetrunken oder so. Und deshalb hab' ich auch oft schon gedacht, daß ich eine Therapie mache, damit ich mich mehr akzeptiere und ein bißchen mit mir umgehen kann."

„Dann sind wieder diese Schuldgefühle da, dieses Sich-Mies-Fühlen, dieses Sich-als-Versager-Fühlen, dieses Gefühl: Was bist du eigentlich? Was leistest du eigentlich? Du machst ja nicht viel! Du lebst ja doch nur so vor dich her! Was hast du eigentlich für ein mieses Leben zu erwarten!"

„Ich kann mir gar nicht vorstellen, daß ein Mensch mich persönlich akzeptieren würde. Das fällt mir sehr schwer. Ich kann mir vorstellen, daß mich jemand für einen kurzen Zeitraum akzeptiert, aber auf die Dauer nicht. Weil ich denke, irgendwann werd' ich schon was machen, daß der mich ablehnen kann, nicht genug Qualitäten zu haben. Wenn ich mich anderen öffnen würde, das ist mir unvorstellbar, daß die mich dann akzeptieren. Dieses Bild, das ich denen gebe und so, daß das nicht langt. Das werd' ich auf die Dauer nicht erfüllen können. Ich bin ja nicht so gut."

„Wenn ich mein Leben wie bisher betrachte, so muß ich eigentlich sagen, daß alles so eingetroffen ist, was man so unter einem Fluch versteht, weil so viel schiefgegangen ist. ... Also auch heute noch, mit fast 40 Jahren, habe ich oft instinktiv den Eindruck, als würde mich gleich jemand schlagen. Ich muß immer daran denken, daß das von früher her datiert, von meiner Mutter. Wenn's so ums Widerwort ging oder irgend etwas, dann sagte sie: ‚Muß ich Dich wieder hauen' oder ‚Muß ich wieder den Klopfer nehmen' oder ‚Muß ich Dir eine runterhauen' oder sie sagte dann so: ‚Komm her, daß ich Dich hauen kann'."

„Ich vermeide darum auch, wenn ich nicht einen Anlaß habe, irgend etwas zu sprechen oder wohin zu gehen. Ich kann es eigentlich nur dann wagen, wenn mit Kollegen über eine bestimmte *Sache* gesprochen werden soll. Weil ich dann immer denke: Ich steh' so bloß da. Ich bin innerlich so leer. Ich habe nichts, was ich jemandem bieten kann. Daß ich eigentlich keine richtigen Qualitäten habe. Und dann nur Angst und solche Dinge empfinde. Aber menschliche Qualitäten oder jemandem helfen, das glaube ich, habe ich nicht. Ich möchte, daß es so ist, aber ich fürchte, daß ich das nicht habe."

„Was ich eben denke ist, daß meine Angst nur oberflächlich ist. Und das, was hinter der Angst ist, da ist eben überhaupt nichts. Und dann schäm' ich mich vor dieser Leere in mir."

Ein ehemaliger Rocker: „Aber wenn ich jetzt zur Arbeit gehe, so bin ich doch da ganz alleine. Dann gucken die: Was macht der nun, was bringt der? Das ist immer so unheimlich schwierig für mich da. Ich hab' da auch Minderwertigkeitskomplexe oder sowas. Manchmal geht's auch gut. Dann freu' ich mich. Dann sag' ich: ‚Klasse, Meier, das hast du gut hingekriegt.' Aber dann auf einmal, ich weiß nicht wie: ‚Man Meier, was hast du da wieder für'n Bock gebaut! Sieh' mal, du bist gar nicht so'n Klassetyp.' Ich weiß gar nicht, durch irgendeine Kleinigkeit, minimal. Aber dann sind diese miesen Gefühle sofort wieder da. Und hinterher, da weiß ich gar nicht: Was war da eigentlich los, wo war der Punkt? Und dann tret' ich mir am liebsten wieder selber in'n Asch. Du bist so beknackt! Ja dann ärgere ich mich wahnsinnig darüber, daß ich einfach die Arbeit hingeschmissen hab' und so einfach umgestiegen bin."

Nach hilfreichen Gesprächen empfinden Personen mehr Selbstachtung für sich und mehr Selbstakzeptierung. Sie nehmen sich selbst mehr an. Sie empfinden die folgenden Feststellungen (Tausch u. Tausch, 1977a) für ihre Person mehr zutreffend als zu Beginn der Gespräche: Ich fühle, daß ich eine Person von Wert bin. Ich kann mich selbst leiden. Ich fühle mich frei und habe keine Furcht, ich selbst zu sein. Ich fühle mich wohl, auch wenn ich nicht perfekt bin. Wenn ich etwas tue, so muß es nicht immer perfekt sein. Ich glaube, ich habe die Fähigkeit, mit meinem Leben fertigzuwerden. Ich fühle mich auch wohl, wenn ich anderen nicht immer gefalle.

Die folgenden Äußerungen veranschaulichen, daß sich Personen nach förderlichen Gesprächen mehr achten, mehr akzeptieren und zufriedener mit sich sind:

„Bisher war ich mir selber gegenüber gleichgültig, haßte mich oder bemitleidete mich. Deshalb glaubte ich immer, eine Rolle spielen zu müssen. In der Gruppe wollte ich zum ersten Mal keine Rolle mehr spielen, trotzdem wurde ich akzeptiert. Und so begann ich, mich selber zu akzeptieren, so wie ich bin."

„Ich lerne, ich selbst zu werden, mich zu akzeptieren, mich zum Beispiel nicht abzulehnen."

„Früher empfand ich meine Sensibilität nur negativ, als Verletzlichkeit. Jetzt sehe ich sie auch positiv, als Möglichkeit, auf andere besser zu reagieren."

„Ich kann es jetzt besser akzeptieren, daß sich jemand von mir überfahren fühlt."

„Manchmal ist da schon der Moment in mir: Ich bin eben so! Es ist nichts Schlimmes! Aber die Selbstbehauptung ist noch nicht so groß, wie ich sie mir wünsche. Im Moment ist die Selbstachtung, das Selbstgefühl doch noch nicht so ganz hoch, wie ich gern möchte. Dann merke ich doch, daß das doch noch ganz schön weit unten ist. Das kann sich ja auch in den paar Wochen nicht so stark ändern."

„Alleinsein, Traurigsein: Ich wollte das nicht als einen Teil von mir annehmen. Ich war zuviel allein als Kind. Ich hatte zuviel geweint. Das wollte ich nicht mehr! Jetzt habe ich gelernt, da hindurchzugehen, es mit mir auszuhalten. Ich glaube, ich bin oft vor meiner Einsamkeit weggelaufen. Ich konnte das nicht akzeptieren. Endlich habe ich keine Angst mehr davor. Ich bin einsam. Ich habe zu mir gefunden, und das ist ein unheimlich schönes Gefühl. Und mehr noch: Es gibt Menschen, die mich mögen, die genau so traurig sind, so einsam wie ich. Die mich echt mögen und mich ganz in Ordnung finden mit meiner Unfähigkeit."

17jährige: „Ich behandle mich jetzt besser – ich hab' richtig Achtung vor mir."

24jährige: „Früher wußte ich oft gar nicht, was ich war. Ich hatte Angst, mich zu sehen, wie ich wirklich war, weil mich dann andere nicht mehr mögen könnten. Und meine Erfahrung in der Gruppe war: Wenn andere mich so mögen, wie ich bin, dann kann ich mich doch auch selbst mögen."

„Diese Trennung von meinem Freund, die machte mich so traurig. Ich dachte: Setz' dich jetzt hin und betrink' dich. Aber dann wird dir nur noch schlechter. Dazu bist du viel zu vernünftig, viel zu sehr bedacht, dich nicht vor dir selbst zu ekeln."

„Außerdem fällt es mir jetzt leichter, mich zu akzeptieren, vor allem meine negativen Seiten. Ich schäme mich nicht mehr so meiner selbst wegen."

„Ich finde mich angenehmer. Ich kann es annehmen, wenn man mir sagt, daß man mich mag."

„Ja, ich bin rundum etwas sicherer geworden. Ich kann mit meinen Schwächen besser zurechtkommen."

„Vielleicht bin ich doch nicht ganz so eklig und hexig, wie ich immer dachte. Vielleicht gibt es doch Menschen, die mich trotz meiner Fehler mögen."

„Ich glaube jetzt nicht mehr, daß nur äußere Schönheit zählt, um beim Mann zu wirken. Ich stelle mein Licht nicht mehr unter den Scheffel, sondern rede. Während ich früher aus lauter Bescheidenheit immer schwieg."

„Ich kann akzeptieren, daß ich Gefühle habe, positive und negative. Meine Einstellung zu mir selbst hat sich verändert. Ich kann netter und nachsichtiger zu mir sein. Aber gleichzeitig weiß ich, daß nur ein winziger Anfangsschritt getan ist. Nichts ist gefestigt. Ich verlange aber von mir nicht, daß ich morgen ein anderer Mensch bin."

„Ich bin zur Gesprächspsychotherapie gekommen, wo ich wöchentlich einmal spreche. Dadurch habe ich ein besseres Verhältnis zu mir gewonnen, nicht mehr so negativ. Und kann die Schwierigkeiten besser anpacken, die mir ohne Hilfe wohl unüberwindbar erschienen wären. Ich fühle mich geschützt und gestützt durch die wöchentliche Aussprache mit dem Helfer, dem ich sehr viel verdanke."

69jährige: „Nachdem man mir bekundet hat, daß man mich versteht, fühle ich mich ein bißchen freier. Ich war zu überlastet, zu überfordert. Und das ist es auch gewesen, womit ich nicht zurecht kam. Die Belastungen sind nach wie vor da. Aber es wirft mich nicht mehr nieder. Ich kann mich schon ein bißchen selbst fassen."

„Ich kann mich jetzt selbst besser ertragen und meine tausend Fehler besser akzeptieren. Ich habe gelernt, daß ich mit Menschen wirklich sprechen kann. Ich erlebe sehr deutlich, wie wichtig mir meine persönlichen Gefühle sind. Ich weiß jetzt, daß ich so liebenswert bin, wie ich mich selbst finde."

„Ich hab' dabei gespürt, und das hab' ich noch niemals in meinem Leben gespürt, daß ich für mich ein ganz guter Partner sein kann, ein ganz irre guter Partner."

Arbeiterin, 40 Jahre: „Ich bin jetzt endlich was geworden, was ich schon immer wollte. Ich freue mich, daß ich so geworden bin. Ich hab' hier was gekriegt, wie nennt man das, ja Selbstvertrauen. Ich hab' jetzt eine Meinung. Die kann ich auch meinem Mann gegenüber sagen. Das hab' ich mich früher nie getraut."

Ein Gruppenmitglied, ca. 50 Jahre, schreibt uns: „Mir kommt in dem Moment für mich das Bild, daß ich versuche, mir ein stärkeres Fundament zu schaffen, daß ich daran baue. Dieses stärkere Fundament wird es zunehmend überflüssig machen, daß ich nur in Anlehnung an andere stehe."

„Ich habe irgend etwas Entscheidendes für mich gewonnen. Ich glaube, ich bin zufriedener mit mir. Es ist ein intensives und wunderschönes Gefühl."

20jähriger: „Ich habe ein besseres Gespür dafür bekommen, was ich bin und wie andere mich beeinflussen. Ich bin selbstsicherer geworden."

„Es ist jetzt eine andere Art von Kritik, die ich mir gegenüber habe. Sie ist nicht mehr zerstörerisch. Ich kann jetzt öfter über mich lachen und diese Momente bauen mich auf. Ich hab' manchmal, wenn ich depressiv bin, einen ziemlichen Selbsthaß, aber der ist nicht mehr so zerstörerisch. Denn ich weiß auch in solchen Augenblicken ganz genau, daß ich trotzdem liebenswert bin und mich andere und ich mich auch selbst dann mögen."

„Es fällt mir leichter, mir Mißerfolge einzugestehen."

„Ich kann mich eher schwach, unwissend zeigen, stehe nicht so häufig wie sonst unter dem Streß, etwas leisten zu müssen. Ich kann mich etwas besser akzeptieren, so wie ich im Moment bin."

Eine Frau, 35 Jahre: „Ich hatte nach der Gruppe ein wichtiges Erlebnis. Mein Gefühl, aus Vertrauen und Zuneigung zu Ulrich, ging dann auch auf die Sexualität über. Ich hab' mich dann das erste Mal in meinem Leben voll erlebt, mich ganz und gar gehen lassen. Dies war für mich ein völlig neues Gefühl, das ich auch behalten will. Das hat etwas in mir geweckt, wodurch ich mich auch als Frau akzeptieren kann."

„Die Gruppengespräche haben für mich dazu beigetragen, daß ich mich als Mensch sicherer fühle. Früher hab' ich immer gedacht, andere sind besser. Jetzt bin ich mir meines Wertes bewußt geworden, und welche Fähigkeiten ich habe. Ich sehe jetzt einen Ansatz, wie ich selbständig werden kann. In den Gruppengesprächen hab' ich gelernt, wie ich meine Probleme angehen kann, nämlich, sie als Probleme zu akzeptieren. Und ich habe gelernt, wie ich nach Lösungen suchen kann. Ich fühle mich kräftiger."

„Früher hab' ich Angst gehabt, panische Angst, abends allein zu Haus zu sein. Ich hab' immer noch'n bißchen Angst. Aber ich kann ganz ehrlich sagen, die ist so auf ein Minimum zurückgegangen. Seitdem ich selbst mich sicherer fühle, seitdem ist auch die Angst geschwunden. Doch, das hat sicherlich – also unmittelbar damit was zu tun, mit mir. Also die Selbstunsicherheit."

„Irgendwie fühle ich mich sicherer, ich meine selbstsicherer durch die Gespräche. Irgendwie fühle ich mich nicht mehr so klein oder so als so etwas besonders Nichtshaftes. Ich fühle mich ganz wohl wieder und fühle mich auch als vollwertiger Mensch in stärkerem Maße. Natürlich schwankt das noch."

„Was ich auch so gut finde, daß ich mit mir zufrieden bin, obgleich die Gefühle stärker in mir durchgekommen sind, die ich gar nicht will. Ich glaub', das ist der größte Erfolg, wenn ich mal Zwischenbilanz machen soll. Etwas anders ist eben passiert: Daß ich mich im Moment eben so auch mag, wie ich bin, doch im großen und ganzen schon. Ich empfinde eher die Leute etwas oberflächlich, die, wenn sie mich kennen, sagen würden: Du bist ein ziemlich minderwertiger Typ."

In empirischen Untersuchungen wurde die Zunahme von Selbstachtung und Selbstakzeptierung während und nach förderlichen Gesprächen mehrfach geprüft und bestätigt, z. B.: □ Die Äußerungen von Klienten während der Einzel- und Gruppenpsychotherapie, eingeschätzt anhand der Tonaufnahmen durch Beurteiler, wiesen eine deutliche Zunahme der Akzeptierung der eigenen Person und anderer Personen auf (z. B. Sheerer, 1949; Haigh, 1949; Doll u. a., 1974; A. Tausch u. a., 1975). □ Nach psychotherapeutischen Einzelgesprächen (Rogers u. Dymond, 1954) sowie nach der Gruppenpsychotherapie psychiatrischer Patienten, psychoneurotischer Klienten und jugendlicher Delinquenten (Truax, Schuldt u. Wargo, 1968) näherte sich das reale Selbstbild der Personen mehr ihrem Idealbild an. Dies hing mit anderen günstigen Wandlungen der Personen nach der Psychotherapie zusammen. □ Das persönliche Selbst von über 50 Klienten einer Beratungsstelle in Einzelpsychotherapie, erfaßt durch die Tennessee-

Selbst-Konzeptskala, wurde nach der Psychotherapie erheblich günstiger (Boeck-Singelmann, 1978; Schön, 1978).

Eine Person geht einfühlsamer hilfreicher mit sich selbst um

Achtet eine Person sich selbst mehr, nimmt sie sich selbst anders wahr, ist sie offener für ihr Fühlen, echter und fassadenfreier, dann ändert sich sehr vieles in ihrem Verhalten und in ihren Aktivitäten sich selbst gegenüber.
Personen gehen dann rücksichtsvoller mit sich selbst um, sie nutzen die Hilfsquellen in sich und in ihrer Umgebung besser. Sie sind aktiver, statt sich passiv fallen, „durchhängen" zu lassen oder sich selbst zu zerstören. Sie lernen mehr aus ihren eigenen Erfahrungen und nutzen sie. Sie fühlen sich verantwortlicher für ihr psychisches Wohl. Sie lernen mehr, welche Vorgänge und Bedingungen für sie gut oder beeinträchtigend sind. Auf Grund ihrer verminderten Spannung, größeren Fühlens und größeren Echtseins werden sie hilfreicher für sich selber. Sie entdecken mehr förderliche Möglichkeiten und Aktivitäten bei sich, in Freizeit und Beruf. Zugleich werden diese Personen selbstbestimmter, sie können befriedigender mit sich selbst umgehen. Sie fühlen sich mehr für sich selbst, für ihr Fühlen und Verhalten verantwortlich.
Dies wurde auch in Untersuchungen bestätigt, z. B.: □ 6 Wochen nach der Teilnahme an 2 ½tägigen Gruppengesprächen gab die Mehrheit der 114 Teilnehmer an, sie könnten jetzt besser mit sich leben, könnten ihre Schwierigkeiten besser akzeptieren und sehen ihnen gelassener entgegen (Wohllebe, 1977). □ Intensive Selbstauseinandersetzung hing bei den Teilnehmern von Gruppengesprächen damit zusammen, daß sie förderlicher für sich selbst wurden, ein reicheres inneres Erleben hatten und sich für ihre Schwierigkeiten mehr selbst verantwortlich fühlten (C. Tausch, 1978).

Vor den Gesprächen und am Gesprächsbeginn sorgen viele seelisch beeinträchtigte Personen wenig für sich selbst und ihren Körper, sie sind für sich selbst wenig förderlich, leben wenig selbstbestimmt und fühlen sich für sich selbst, für ihre Schwierigkeiten, wenig verantwortlich. Sie bringen häufig nicht die Kraft auf, sich mit sich selbst auseinanderzusetzen. Sie fühlen sich zu entmutigt dazu. Sie sind passiv, sie geben sich auf. Ihre Schwierigkeiten halten sie für überwiegend durch äußere Umstände bedingt. Dieser passive, wenig förderliche Zustand ist naheliegend. Denn es sind Personen, die etwa folgende Feststellungen überwiegend für sich als zutreffend ansehen: Ich verachte mich selbst. Es ist schwer, mit mir auszukommen. Ich mag nicht mehr. Mein Verhalten ist unsozial. Ich bin hassenswert. Ich bin mit mir unzufrieden. Ich bin ein Nichts. Ich bin unruhig und unverträglich. – Diesen seelischen Zustand veranschaulichen die nachfolgenden Äußerungen von Personen am Beginn von förderlichen Gesprächen:

„Ich weiß, daß ich mehr mit anderen und für andere etwas tun sollte, um meine Vereinzelung ertragen zu können. Was mich aber davon abhält, sind meine neurotischen Empfindlichkeiten und Depressionen, die ich ein Leben lang vor mir und anderen versteckt habe. So gut versteckt, daß ich nicht einmal selbst die Wahrheit wirklich kenne.“

„Ich bin ein solcher Hintergrundtyp geworden. Die nächste Stufe ist nur noch Null und dann kommt die Wand.“

„Ich vertraue mir auch wenig selbst. Ich traue mir auch nicht. Ich traue mir auch nicht, daß das, was ich hier in der Therapie sage, in Ordnung ist. Ich möchte immer 100%ig überzeugt sein.“

„Ich fühle mich irgendwie immer unfrei und bin auch, ehrlich gesagt, dann nie direkt frei, sondern irgendwie immer unter Druck gestellt.“

„So außerhalb der Szene und der Diskotheken, da ist immer das Gefühl in mir, weniger zu sein als die anderen. Und deshalb zieht es mich so dort dahin. Dann weiß ich, da bin ich einer von ihnen. Nur hinterher, wenn alles vorbei ist, jeder geht seinen einzelnen Weg: Dann möcht' ich mich möglichst schnell ins Bett verkriechen und schlafen.“

„Ich glaub', daß ich zu wenig über meine Probleme nachdenke. Deswegen rassel ich auch immer wieder rein. Also ich weiß gar nicht, was überhaupt gefährlich für mich ist. Und da bin ich manchmal so verdutzt, wenn da so ein Gefühl in mir hochsteigt. ... Ich denke zu wenig nach, daß ich z. B. nicht belastbar bin. Ich belaste mich mit Problemen von anderen Leuten und merke gar nicht, daß ich mal bei mir anfangen müßte. Und dann schlagen die Wellen über mir zusammen. Vielleicht hab' ich auch Angst, mich mit mir zu beschäftigen.“

„Ich finde irgendwie nicht so'ne innere Ruhe, eine Stärke in mir selbst, daß ich wirklich eine Entscheidung treffen kann oder eine Meinung zu irgendeiner Sache habe, die auch wirklich feststeht. Ich werde immer wieder umgeworfen, also ich werf' mich selbst um. Dann kommen Dinge, daß ich wieder alles über den Haufen werfe und ich sage: ‚Das will ich gar nicht, das kann gar nicht sein, das ist gar nicht so, das ist unmöglich!‘ So dieser riesengroße Zwiespalt in mir, dieses Gegeneinander. ... Ich möchte gerne zu einem festen Standpunkt kommen. Und das fällt mir unheimlich schwer. Das ist so, daß ich das gar nicht überein bringen kann. Und mir immer wieder Zweifel kommen daran, an dem, was ich gerade denke oder meine. Dann bin ich zu irgend einer Meinung gekommen, bums, dann sind wieder die Zweifel da. Dann fühl' ich mich vollkommen unsicher. ... Ich muß sagen, daß das Vernunftmäßige das Gefühlsmäßige übersteigt. Daß ich dann ganz bewußt einfach Dinge wegschiebe, weil es mir jetzt zu viel wird. Ich muß ja irgendwo über die Runden kommen. Daß ich dann das einfach wegschiebe. Aber irgendwo kommt's dann doch wieder und wurmt mich, daß da irgend etwas sich tut, daß ich da irgendwo nicht im Reinen mit mir selbst bin. Daß ich nicht eine feste Meinung habe, daß ich mich da nicht selbst klar in der Hand habe.“

„Nein – einen Menschen, der mich besonders berührt, den gibt's bei mir nicht, schon lange Zeit nicht mehr. Ich war mal verlobt, ja – seitdem ist der Hahn zu. Ich hab' ihn ganz fest zugedreht, ja. Nur manchmal, da tropft er. Ja, das tut weh dann.“

„Mir geht es ja genauso, daß ich eine Minute so ganz oben bin wie Renate, und eine Minute bin ich wieder ganz unten im Keller. Also – insofern geht's mir genauso. Und ich würde mich genauso lieber heute als morgen irgendwo vor einen Zug schmeißen und weg bin ich. Und ich hab' überhaupt keinen Jemand, mit dem ich mich ausreden kann zu Hause.“

Silvo (27 Jahre, Jugoslawe, Maschinenbauer) versucht in einer Betriebs-Gesprächsgruppe mit Unterstützung der Gruppenhelfer seine psychosomatischen Beschwerden („Da kommt so'n Druck in der Brust, und dann denkt man, man zerspringt gleich“) zu klären: „Ich hab' viele Ärzte in letzter Zeit besucht. Und die haben das auch alle auf verschiedene Art und Weise erklärt. Aber viel konnte ich mir daraus nicht erklären. Und die sagen, daß es irgendwie von innen, unterbewußt da ist. Und das überträgt sich dann auf organische Teile. Und dann ist man natürlich richtig krank. (Reinhard: „Ja – Du sagtest vorhin in der Pause, daß Du an Deinem Arbeitsplatz viel runterschluckst?“) Ja, das kommt dann auch mitunter. Vielleicht also fehlt mir das nötige Durchsetzungsvermögen. (Reinhard: „Bist Du immer ruhig und schweigst zu den Dingen?!“) Also im wesentlichen würd' ich sagen. Also in Dingen, wo ich nichts sagen sollte, sag' ich nicht viel. Ich bin sonst nicht ruhig, sag' immer viel. Ich hab' auch guten Kontakt mit den Arbeitskollegen und so. Aber – in einigen Beziehungen, würde ich sagen, hätte ich mich ruhig durchsetzen können. (Reinhard: „Und Du fürchtest, wenn Du Dich durchsetzen würdest, Deine Interessen, dann könnte sich das schädlich auswirken für Dich?!") Das habe ich vor kurzer Zeit erlebt. Also ich hab' zum Beispiel erlebt: Enge Beziehungen mit einem Arbeitskollegen – auch also privat gut zusammengekommen. Und auf einmal: Verkehrtes Wort gesagt, in dem Moment war's ja verkehrt. Für mich war's aber gut, daß ich das gesagt habe. Es ist zwar nichts dabei rausgekommen, aber es war eine Erleichterung für mich. Und die Wirkung ist, daß der Kontakt ausgeblieben ist, hat irgendwo einen Knacks gegeben. Vorher war zwar das private Leben und so in Ordnung. Ich hab' nichts gesagt im Betrieb. Und nun sag' ich trotzdem nichts, und das private Leben ist auch nicht mehr da. (Anne-Marie: „So daß das fast so ein Trümmerhaufen ist, vor dem Du stehst: Du hast privat nichts mehr, und das andere ist aber auch nur aufgebrochen und nicht geklärt.") Ja, so ungefähr ist es auch. (Anne-Marie: „Und ist es das, was Dir auch irgendwie so körperlich dann zusetzt?") Ja also, ich würde sagen sehr."

Ein 25jähriger äußert, daß er überwiegend nach den Erwartungen und Vorstellungen anderer lebt: „Ich hab' so'n Bild von mir, das sich meine Mutter von mir gemacht hat. Es ist der ruhige, solide und häusliche Sohn. Ich sucher immer, dieses Bild zu leben. Wenn jetzt etwas kommt, das von diesem Bild abweicht, etwa zu verreisen, woanders zu schlafen oder mit anderen zusammenzusein, da hab' ich die Angst: Mensch, wie bringst du's ihr (der Mutter) bei? Wenn du das erst geschafft hättest! Und wenn ich es ihr sage, immer mit dem Ton der Entschuldigung: ‚Ist Dir das auch recht?' ‚Versteh' das doch bitte!' Irgendwie kommt mir das aber komisch vor. Es hat sich eben so eingespielt. Wenn ich etwas tue, das nicht ihrem Bild entspricht, dann fühle ich mich sehr belastet!"

„Meine Mutter hat es eigentlich bisher noch immer fertiggebracht, mich zu beeinflussen, so daß ich letzten Endes sozusagen nach ihren Wünschen handelte."

„Also, wenn ich mit Menschen zusammen bin, zu denen ich über mich spreche, dann kommt Angst in mir hoch. Denn was ich erzähle, das kann ja in den andern Ärger auslösen. Ich selber hab' auch nicht die Sicherheit, ob ich die Erwartungen, die die anderen haben, erfülle. Daß das, was ich tue und was ich sage, in Ordnung ist. Ich kann das unmöglich mit dem Gefühl herausfinden. Ich merke auch hier in dieser Situation, als ob ich mich irgendwie rechtfertigen oder verteidigen müßte, daß ich in Menschen einen anderen Eindruck erwecke, als ich es selber will."

Ein 17jähriger, der in einem Erziehungsheim wegen Drogenmißbrauchs lebt, äußert sich im psychotherapeutischen Einzelgespräch. Es wird deutlich, daß er sich selbst wenig kennt, kaum selbstbestimmt handelt, leicht ein genormtes Verhalten annimmt, eher fassadenhaft ist und wenig Vertrauen in seine eigene Person hat: „Also wenn ich z. B. in Diskotheken reingehe, ich versuch' das dann nüchtern. Dann ertappe ich mich selber dabei, daß ich mich also echt auch selber nicht mehr kenne. Irgendwie läuft das dann anders. Ich kenn' mich dann selber nicht mehr genau. Ich bin dann nicht sicher. Wenn ich nicht nüchtern bin, dann sage ich zu mir: ‚Du hast jetzt Captagon geschluckt, dann fühlst du dich so und so. Oder du hast jetzt Haschisch geraucht, dann fühlst du dich so und so.' Dann richte ich mich danach. Wenn ich das jetzt nun nicht drin hab', dann muß ich so sein, wie ich wirklich bin. Und dann kenne ich mich nicht genau. Und dann bin ich unsicher. Und diese Unsicherheit, die steigert sich dann immer mehr. Dann braucht mich nur einer anzusehen, dann denke ich, was ist denn jetzt schon wieder los. Wenn ich aber voll wäre mit Captagon oder Hasch, dann würde mir das überhaupt nichts ausmachen. Dann bin ich eben voll. Ich bin dann so akzeptiert.
Aber wenn ich eben nicht voll bin, dann fühl' ich mich selber nicht wohl. Ich kenn' mich eigentlich nur angeknallt mit Drogen. Und wenn ich die nun nicht drin hab', wenn ich dann in den Spiegel guck', keine großen Pupillen und so, dann irgendwie kenne ich mich gar nicht. Ich bin dann unsicher. Das ist dann immer furchtbar für mich, so U-Bahn-fahren und so. So vollkommen neu. Dann denke ich immer: Mensch, was denken die jetzt über dich. Wenn ich

so nüchtern bin, dann muß ich ja so sein, wie ich bin. Und ich kenn' mich doch nicht. Wenn ich mich kennen würde, dann kann ich darauf eingehen. Und wenn ich das kenne, wenn ich weiß, die erwarten das und das, dann kann ich mich so verhalten. Aber ich weiß ja nicht, was die erwarten. Ich weiß auch nicht, wie ich mich verhalten soll. Meistens verhalte ich mich so, irgendwie so, wie es die Leute von mir erwarten. Denn wenn ich mich so verhalte, wie ich wirklich bin, dann hab' ich häufig schon so erlebt, die Leute sind wie vor'n Kopf geschlagen. Weil ich dann ein völlig anderer Mensch bin. Ich bin dann eben so, wie sie's nicht erwarten. Ich bin dann ein komischer Mensch."

Nach den Gesprächen können Personen mehr für sich selbst sorgen, sie leben selbstbestimmter, sie haben mehr Vertrauen zu sich. Sie können in sich hineinhorchen, was sie für sich selbst benötigen. Sie können einen sinnvolleren Gebrauch ihrer Möglichkeiten machen. Sie sind weniger konformistisch, weniger abhängig von den Auffassungen anderer. Sie lernen mehr aus ihren Erfahrungen. Sie leben weniger in extremer Erstarrtheit und extremer Labilität. Sie sehen die Ereignisse ihres Lebens mehr als Konsequenzen ihres eigenen Verhaltens als durch äußere Kräfte verursacht. Sie erleben wacher mit weniger dumpfen Gefühlen. Ihr Leben ist keine Filmrolle, die vor ihnen abspult, sondern sie sind die Regisseure ihres Lebens. Im folgenden einige Gesprächsausschnitte hierzu aus Nachbefragungen.

Eine Person ist förderlicher für sich selbst, sie sorgt besser für sich

„Ich kann jetzt mehr an mich selbst denken. ... Ich bin offener geworden, liebevoller auch gegen mich selbst. ... Ich komme mit mir selbst besser aus."

„Ich glaube, daß ich jetzt eher weiß, was für mich wichtig ist."

„Ich war im Urlaub eine Woche ganz allein. Da konnte ich nachher sehr viel lockerer und ruhiger mit den anderen sein. Ich konnte, wenn die sich nicht entschließen konnten was zu machen, sagen: ‚Ich aber mach' das und das'."

„Ich bin kreativer geworden. Ich sehe mehr Wege, mehr Möglichkeiten, ich habe mehr Lust auch zu meiner Arbeit."

„Ich merke jetzt schneller, wenn ich wieder Fehler mache. Ich reagiere auf gemachte Fehler schneller und aufrichtiger. Ich habe etwas mehr Geduld mit mir und anderen."

„Ja, ich bin eher bereit, Schwierigkeiten anzusprechen. Ich bin besser dazu in der Lage, Hilfe zu erbitten und anzunehmen."

„Die Gespräche förderten die Sensibilität für mich. Sie halfen mir, aus meiner Routine auszubrechen und nach neuen Möglichkeiten zu suchen. Sie ermutigten mich und gaben mir Schwung über lange Zeit."

„Ich entdeck' überhaupt sehr viel im Moment. Sehr viel Schönes. Ja, ich kann das auch viel besser zulassen als vorher. Ich kann das viel besser genießen als vorher. ... Ich bin mir gegenüber aufgeschlossener geworden."

„Ich kann versuchen, mir selber Erfahrungen zu vermitteln, die mich lehren, die Welt anders zu sehen und mich dadurch zu verändern. Dies ist ein großer Unterschied, als wenn ich so passiv bin oder nur mit mir monologisiere."

„Es gelingt mir besser, mich von der Arbeit ganz zu entspannen."

„Ich habe Selbstvertrauen entwickelt und mir eine Gitarre gekauft. Ich will lernen, meine Gefühle auch in der Musik auszudrücken."

„Ja, ich nehme meine Gefühle intensiver wahr und das ist positiv für mich. Ich verneine sie nicht mehr, was ich früher besonders stark im sexuellen Bereich getan habe. Heute ist das anders. Wenn ich zum Beispiel ein Mädchen attraktiv finde, kann ich es mir gestehen und ihr auch sagen. Das ist eine sehr wichtige Erfahrung, die ich durch die Gruppe gewonnen habe."

Ein 27jähriger: „Ich bin froh, daß bei mir mehr Unordnung eingetreten ist. In meinem Leben war einfach alles viel zu sehr geordnet. Ich bin so erzogen worden: ‚Mach, was die anderen von Dir erwarten! Dann kommst Du voran.' Aber ich hab' doch gar nicht gelebt. Ich nenn' das mal „leben". Ich mein', so für mich Zeit haben. Ich hab' eigentlich immer nur gearbeitet. Manchmal lasse ich jetzt schon einfach Dinge liegen und denk': ‚Laß sie man!' Ich entdecke, daß mich das gar nicht so belastet, mir gar nicht mal so'n schlechtes Gewissen macht. Ja, ich will jetzt mehr leben, mir mehr für mich Zeit nehmen. Ich sehn' mich irgendwie stärker jetzt nach diesem Leben."

In dem nachfolgenden Ausschnitt wird deutlich, daß sich eine Person besser mit sich selbst auseinandersetzen kann, besser mit sich selbst umgehen kann, sich selbst besser klären kann. „Zum Beispiel neulich zu Hause sagte die Inke in meiner Wohngemeinschaft, in der Wohnung müßte was gemacht werden. Ich war sauer. Ich fühlte mich bedrängt. Sie setzte mich unter Druck. Ich wehrte es stark ab. Dann habe ich überdacht, was bei mir abläuft. ‚Wieso machst du das nicht' dachte ich. Ich dachte: ‚Vielleicht machst du das doch'. Ich habe dann in mir selbst umgeschaltet. Ich dachte mir, ich hätte ja an sich Zeit. Und ich sagte Inke dann, daß ich abschalten wollte und das abwehrte. Das war sehr hilfreich, daß ich dann das auch brachte, das auszusprechen. Solche und ähnliche Sachen gab es dann auch noch weiter."

„Ich hab' erst jetzt, es ist gar nicht lange her, zum ersten Mal in meinem Leben erlernt, meine Einsamkeit zu leben. Ich war im Zimmer alleine und ich bin nicht weggerannt wie sonst. Ich habe diese Einsamkeit, dieses Alleinsein mir erlaubt. Ich habe es gespürt. Ich bin nicht weggelaufen irgendwohin, wie sonst. Früher bin ich aus dem Zimmer gerannt, ich konnt' es nicht ertragen, ich mußte unter Leuten sein. Ich war dann unter Leuten, und ich war auch alleine. Ich fühlte mich auch da einsam, aber ich hatte wenigstens Menschen um mich. Als ich das nicht mehr ertragen konnte, habe ich's mit dem Alkohol versucht. Ich habe einfach meine Einsamkeit hinunterkippen wollen, vergessen, sie nicht wahrhaben wollen. Und ich mußte so alt werden, 40 Jahre, mehr als 40 Jahre, um endlich den Schritt zu tun, diese Einsamkeit in mir hochkommen zu lassen.
Ich wußte eigentlich immer gar nicht recht, was das war, was mich so wegtrieb, aus dem Haus, aus dem Zimmer, hin zu Menschen. Und neulich, als ich allein im Zimmer bleiben konnte, da wurde mir bewußt: Du bist alleine, du hast so viel Zurückweisung in deinem Leben erfahren, auch da warst du alleine. Und es wurde mir eigentlich auch erst dann klar, daß ich, wenn ich Menschen suchte, irgendwo in Kneipen, oder wenn ich versuchte, alles zu vergessen mit Alkohol, daß ich dann auch unglücklich war. Ich war ja alleine und ich konnte diese Einsamkeit mir nicht erlauben. Ich litt unter irgend etwas. Ich wußte nicht, was es war. Ich rannte vor irgend etwas weg, versuchte irgend etwas zu vergessen. Ich wußte nicht, was es war. Aber da in meinem Zimmer alleine, da war zum ersten Mal ganz klar: Ich fühle mich allein, und ich bin einsam, das ist irgendwo ein Teil von mir. Und ich muß Euch sagen, ich war in dem Augenblick gar nicht so – so unglücklich wie sonst immer – wenn ich vor irgend etwas wegrannte, irgend etwas vergessen wollte und nicht wußte, was es war."

„Ich brauche nicht mehr zu rennen und zu suchen. Ich finde immerzu was, überall sind Menschen, denen ich begegne."

„Früher war es mir wichtig, wie ich vor den andern dastehe. Jetzt ist mir wichtig, wie ich in meinen Augen dastehe.

Bruno: „Ich bin jetzt so weit, daß ich meinen Terminkalender wegwerfe. Ich wußte gar nicht, ob ich heute (zum Gruppengespräch) kommen sollte oder nicht kommen sollte. Ich hatte zuerst keine Lust, das muß ich zugeben. Ja, ich lebe intensiver jetzt. Ich habe das Gefühl, dadurch, daß ich offen bin, geht's mir mit den andern auch besser. Ich erinnere mich jetzt schon an mehrere Gelegenheiten, wenn ich in der S-Bahn nach Hause fahre und die Leute ansehe. Ja, ich hab's heute wieder erlebt. Da war ein Mann mit Blumen in der S-Bahn, und ich sagte mir: ‚Was hat der für schöne Blumen. Siehst dir mal an, was er da hat!' Und ich

sah, daß er unsicher und verlegen war. Und ich kam dann gleich direkt mit ihm ins Gespräch. Und das durch diese Offenheit, die ich gewonnen habe in meinem Privatleben. Da ist es mir aufgegangen: Es ist gar nicht alles so bedrückend. Es ist gar nicht alles so bedrückend, was auf einen zukommt.
Helfer: „Du siehst die Welt und die Menschen etwas freundlicher?“
Bruno: „Doch, ein bißchen freundlicher. Ich muß sagen, daß ich die freundlicher sehe, das erleichtert es mir doch sehr. Auch bei mir selbst, ich habe da nicht nur eine Lösung gespürt, sondern so eine Art Auflösung. Die Probleme, die dich betreffen, du siehst immer nur den andern in dem Problem. Aber dich selbst kannst du nicht sehen. Und ich habe mir gesagt, was der mal tut, das tust du auch mal so. Jetzt ist es aber ein unheimliches Erlebnis für mich, das auszuführen. Zunächst bin ich da in eine Phase unheimlicher Unsicherheit geraten. Und ich bin abends in eine Wirtschaft gegangen und ich habe mir gesagt, wenn die andern sich besaufen, das kannst du auch mal tun. Ich habe es dann wirklich getan. Ich muß sagen, ich fühlte mich nicht bei wohl. Nächsten Tag hatte ich einen dicken Schädel. Aber es war schön für mich, das auch einmal zu erleben. Ich habe mal diese ganze Woche so richtig auf mich zukommen lassen, auch bei der Arbeit, auch privat. Ich hab' die Dinge mehr laufen lassen. Und es hat mir eine ruhige Ausgeglichenheit gegeben.“
Helfer: „So daß Du mehr in Dich vertraust?“
Bruno: „Ja, ich werde selbstsicherer dadurch. Da sind keine Regelvorschriften mehr für mich, diese Regelvorschriften, die ich immer beachtet hatte und in die ich mich hineinzwängte. So die Regelvorschrift, möglichst wenig sagen, und das auch noch versteckt. Das habe ich alles fallen lassen. Ich hab' noch lange darüber nachgedacht, ob ich es tun soll. Aber dann hab' ich doch diese Regelvorschriften fallengelassen. Und diese Gelöstheit, die hat mich die Woche durchgehend begleitet. Und diese Woche war es ungefähr dasselbe, aber es war schon selbstverständlicher. Zuerst versuchte ich noch immer nachzudenken, warum das so ist. Aber dann sagte ich mir: ‚Verkrampf dich nicht darein!‘ So bin ich auch weniger verkrampft. Ich sage mir nicht mehr: ‚Denke dies und denke das, und das mußt du so einordnen!‘ Früher habe ich es abgelehnt, aus Prinzipien heraus, das zu tun, was andere machen, so ein Bier in der Wirtschaft trinken. Es war nicht schön, dieses Vollaufenlassen, aber es war ein Erlebnis, eine Erfahrung für mich. ... Ich kann mich jetzt besser persönlich entfalten. Es geht jetzt alles flüssiger vor sich bei mir.“
Helfer: „Du lebst etwas mehr, statt Dich zu reglementieren und nach Prinzipien zu leben?“
Bruno: „Ja, es ist etwas mehr Leben.“

Eine Person lebt selbstbestimmter und selbstverantwortlicher

„Mir ist klar geworden, *ich* muß handeln und nicht hier in meiner Bude sitzen und grübeln.“

„Aufgrund dieser Gruppenerfahrung ist es leichter für mich im Alltag, im Entscheidbaren so zu sein, wie ich will. Mir ist aufgefallen, daß ich über eine relativ große Zeit tun kann, was *ich* will.“

„Dann habe ich festgestellt, entweder muß ich die Verhältnisse oder mich ändern. Die Verhältnisse kann ich nicht ändern, dann muß ich also mich verändern.“

„Ich kann jetzt gelockerter reden und nicht so verkrampft, ohne das ‚Wie denken die jetzt?‘ Wenn ich nach außen übertragen kann, was mein Gefühl mir sagt, dann bin ich innerlich zufrieden.“

„Ich werde mit Mathematik aufhören. Ich glaube, ich hab's zu einem großen Teil studiert, weil sich das so toll anhörte und die Leute sagten: ‚Oh, Sie machen Mathematik!‘ Ich muß ein Stück von meinem eigenen Prestige abschneiden. Wenn ich ehrlich bin, interessiert mich Grundschulpädagogik eigentlich viel mehr. Ich habe mich geändert. Vielleicht ist das auch eine gute Entwicklung bei mir selber. Ich sehe erst jetzt, wo mein Weg hingeht.“

„Ich hab' mir jetzt vorgenommen, also wenn ich die Lehre beendet habe, daß ich dann das machen werde, was mich interessiert. Also, ich hoffe jedenfalls, daß ich das machen werde.

Ich habe es mir fest vorgenommen und im Augenblick schon eine ganze Menge Sachen aufgegeben, die ich sonst immer getan hab'. Und nur getan habe, weil andere es machen oder weil man das macht oder überhaupt nur, um irgend etwas zu tun."

„Ich habe es gelernt, mit andern zu kämpfen. Sonst war ich immer nett, weil mir zum Kampf die Kraft fehlte. Dadurch fehlte mir die echte Nähe zu den Menschen, die ich meistens floh, weil sie mir ganz besonders in Gruppen zu anstrengend sind. Ich verkrampfte mich dann so, daß ich nicht mehr denken und atmen konnte. Das hat sich gebessert."

„Ich habe mehr Mut bekommen, mich mehr durchzusetzen. Nachdem ich fast 25 Jahre hier in S... lebe und wirklich ganz abgeschlossen lebe, habe ich in der Gruppe erlebt, daß ich selbst versuchen muß, auf die Menschen zuzugehen, als abzuwarten, daß mich jemand anspricht."

„Ich habe mich erstmals selbst gesehen und in mich hineingehört. Ich will jetzt meine Bedürfnisse sehen und mich von ihnen aus orientieren. Ich will mit mir selbst in Kontakt bleiben, in mich hören und von dort nach außen gehen. Nicht wie bisher, daß ich mich wie ein Ball verhalten habe, der sich überall hinwerfen ließ. Jetzt bestimme ich über mich, was für mich wichtig ist, und wende mich dem zu. Jetzt kann ich auch akzeptieren, was andere für sich beanspruchen. ... Ich erkenne jetzt, daß ich mich besser auf eine Sache einstellen kann, weil ich es will, weil es mein Bedürfnis ist, das ich akzeptiere. ... Ich spüre jetzt in mir Gefühl und kann mit ihm Kontakt aufnehmen und darüber sprechen. Daß ich froh bin oder traurig oder aufgeregt oder ängstlich oder hilflos oder neidisch. Ich fühle mich nicht mehr schuldig, wenn ich nicht das tue, was andere von mir erwarten, wenn es für mich in dem Augenblick nicht wichtig ist. ... Die Erfahrung, die ich in der Encountergruppe gemacht habe, vermittelt mir ein neues Lebensgefühl. Ich kann jetzt wieder fröhlich sein, aktiv, weil ich in mich hineinhören kann."

„Das ist mir da zum erstenmal klar geworden: Daß sich schwach zeigen eine Stärke bedeutet. Daß dieses, was bei uns so allgemein an Stärke gezeigt wird, eigentlich recht wenig Stärke ist. Weil sie eben nur mehr oder weniger auf Kraftmeierei beruht. Nicht eigentlich darauf, wirklich Schmerz empfinden zu können, verwundbar sein zu können und eben auch ertragen zu können. Irgendwie war es dann auch 'ne logische Sache, daß man als Schwächling tatsächlich eben auch stark sein kann. So unlogisch das vernunftmäßig zwar klingt. Aber gefühlsmäßig ist das schon logisch. Ich glaube auch, daß ich das danach meinen Schülern vermitteln konnte. Zumindest haben einige sehr stark darauf reagiert. Bei anderen gab's Schwierigkeiten, bei denen, die sonst ganz andere Männlichkeitsbilder als Vorbilder haben. Ja, und immer provozieren, um zu sehen, wann haut der nun doch zurück."

„Ich habe mir früher nicht gestattet, Dinge zu sagen, die ich fühlte. Und mich so zu geben, wie ich wirklich war. Aber seitdem ich gelernt habe, mehr mich so anzunehmen, wie ich wirklich bin, etwa meine Kopfschmerzen anzunehmen oder meine Müdigkeit, fällt es mir leichter, mehr so zu sein, wie ich bin."

„Ich kann mich jetzt besser behaupten. Damit bin ich ein unbequemerer Mitarbeiter geworden. Ich hab' schon zweimal mit der Faust auf den Tisch geschlagen. Ich bin nicht mehr der so Angepaßte, der alles runterschluckt und einsteckt. Meine Frau war ganz erschrocken, wie ich zurückgekommen bin. Sie ist fast überwältigt worden und hat den Boden unter den Füßen verloren. Ich hab' mich dann wieder etwas zurückgenommen. Ich hab' zu ihr gesagt: Wir müssen mehr miteinander reden. Wir müssen unsere Beziehung miteinander beleben. Es war also für mich wirklich ein bereicherndes Erlebnis. Wovor ich teilweise vorher schon Angst hatte. Also jedenfalls mich da so in die Gruppe reinzugeben. Aber – hinterher muß ich sagen – es hat sich gelohnt."

„Ich habe die Vorstellung vom späteren Leben mit meinen Söhnen durchgesprochen. Ich habe dadurch ein Gefühl der Freiheit bekommen, mir das Leben zu beenden, wenn ich den Wunsch habe. ... Mit der Freiheit ist allerdings der Wunsch verschwunden."

Ein ehemaliger Rocker, mehrmals vorbestraft, seit 1 ½ Jahren ohne Rückfall auf Bewährung, sagt einer Helferin am Telefon: „Bis 26 Jahre muß man noch lernen. Also ich meine die Hauptsächlichkeiten. Man lernt ja nie aus, davon abgesehen. Also die Hauptsächlichkeiten, ich meine, die lernt man schon bis dahin. Dann muß man sehen, daß man was drauf hat. Sonst sackt man ab, sonst bleibt man auf der Strecke. Oder man muß in den Untergrund gehen. Ich mein', ich hätt' da schon manchmal einen Bock darauf, auf sowas. Sowas liegt mir schon ab und an mal. Aber ich meine, wenn man sich das so überlegt, was das so allgemein einbringt, dann doch nicht. Da hab' ich dann keinen Bock drauf. Das bringt nichts."

Heinz in einer gefilmten Nachbefragung: „Wenn ich mich aktiviert fühle, und das wollt' ich eigentlich zum Ausdruck bringen, genau das ist aber passiert. Daß ich eben jeden Tag dran denke, mal mehr, mal weniger, aber daß ich eben daran denke: *Ich* muß irgendwas tun! *Ich* muß was tun! Und das ist doch schon sehr viel. Denn bislang habe ich doch oft gemeint: Ach Gott, was soll ich denn schon tun! Sollen andre was tun! Oder was weiß ich. Ich bin so wie ich bin! Da soll schauen, wer mit mir zurechtkommt!"
Christel: „Die Bereitschaft allein macht es schon."
Heinz: „Also – die Bereitschaft, die Einsicht, daß man eigentlich an dem Glück ‚arbeiten' muß."
Wolfgang: „Naja, das ist klar, aber ich wollte sagen: Du hast auf mich den Eindruck gemacht, als Du das eben sagtest, daß Du das nicht spontan tust, daß Du es nicht aus Dir heraus tust, sondern daß Du Dich dazu zwingen mußt."
Heinz: „Nein, also spontan habe ich es schon getan, aus mir heraus auch. Nur es war nicht ganz leicht, weil's vor allen Dingen so ungewohnt war. Es war für mich ungewohnt, vor allem noch viel mehr für die andren ungewohnt, daß ich plötzlich so bin."

Inge: „Ja, ich hab' auch gemerkt, daß ich in der Sexualität relativ wenig noch empfinde, weil ich merke, daß ich – ja, ich hab's zwar gern getan, so auf ihn einzugehen – ich hab' aber gemerkt, daß ich mich dabei verloren hab'. Das hab' ich sehr stark gespürt. Nun will er mir das als totales Problem bei mir unterjubeln, weil er bei sich da eine Stärke spürt. Da versucht er also jeden Tag in irgendeiner Form ... Daß ich aber merke, daß ich mich sexuell von ihm entferne, daß ich da für ihn nichts mehr empfinde, ihn sogar ablehne."
Helferin: „Daß Du's ihm zuliebe nur getan hast und spürst, Du fühlst Dich dabei nicht wohl?"
Inge: „Ja, daß ich eigentlich gar nicht ich selbst war. Das habe ich gemerkt, ganz deutlich."
Helferin: „Daß Du gegen Dich gehandelt hast. Du warst es nicht wirklich, die da –"
Inge: „Genau, das hat sich in der Sexualität gezeigt. Wenn ich es auch mir nicht eingestehen wollte. Und er versucht diese Stärke, die er bei sich spürt, weil er weiß, das ist mein totales Problem. Und es ist eben früher nicht mein Problem gewesen, deshalb, daß hier irgend etwas vorliegt, versucht er aber auch jeden Tag dies irgendwie hochzuspielen. Das ist eben das, was mich so traurig stimmt, also daß er permanent Bestätigung sucht. Letztens hab' ich's ihm auch gesagt. Er hat's auch zugegeben. Er sucht permanent Bestätigung. ... Das ist für mich, ja wie soll ich sagen, sehr einengend, weil er einfach zuviel von mir verlangen will."

„Ja, daß ich mir jetzt Freunde suche, egal ob mein Mann es gutheißt oder nicht. Das hat es auch noch nicht gegeben. Und ich verstelle mich auch nicht mehr, so wenn wir zu mehreren Gespräche führen, bei denen mein Mann dabei ist. Ich sag' dann, was ich meine, ohne zu zensieren, ob es mein Mann hören mag oder nicht. Ich habe da jetzt eine eigene Meinung und kann sie vertreten."

„Wenn ich zum Beispiel tanzen gehen möchte, gestatte ich es mir eher. Und ich kann das Tanzen auch viel besser ausleben. Es ist mir viel egaler seit der Gruppenbegegnung, was die Leute dazu sagen."

Mehr Vertrauen zur eigenen Person

„Ich bin beweglicher im Beruf, kontaktfreudiger, vertrauensvoller. Auch das Leben sehe ich positiver."

„Ich habe das Gefühl, daß ich mehr Selbstbewußtsein bekommen habe. Ich komme mehr aus mir heraus."

„Wo ich jetzt das neue Ziel ins Auge gefaßt habe, das hat mich also unwahrscheinlich aufgeregt. Denn ich meine, ich hab' jetzt auch noch öfter solche Phasen, wo ich sag': ‚Was soll das alles?' Wo man so ganz tief drunten ist und: ‚Schaffst du das überhaupt alles? Und hast du dich nicht übernommen?' Aber dann habe ich auch wieder Phasen, wo ich sag': ‚O.K., irgendwie läuft das schon.' Ich hab's eigentlich immer bei mir erlebt, daß dieses Auf und Ab immer mal abwechselt. Da vertrau' ich eigentlich irgendwie drauf. Ich fühl' jetzt so: Das ist mein Weg, da hab' ich Vertrauen drin. Das hab' ich unwahrscheinlich tief sogar. Ja, das ist so der Sinn, weißt Du, und das gibt mir auch unwahrscheinliche Kraft."

„Irgendwie ist die Sache angepackt und rollt. Wie sie nachher ausrollt, das weiß ich im Moment selbst noch nicht. Aber das beunruhigt mich merkwürdigerweise gar nicht mehr so."

„Ich habe seit dieser Leidenszeit großes Vertrauen zu mir selbst gewonnen und fühle, wie die Feindseligkeit zu mir und anderen Menschen immer mehr abnimmt. Seitdem ich weiß, daß ich mich mag, bin ich nicht mehr pausenlos mit mir beschäftigt, sondern habe aufrichtiges Interesse an anderen Menschen. Ich habe an innerer Ruhe und Zufriedenheit gewonnen."

„Ich habe mich wieder ‚angepackt', bin wieder zum Leben erwacht. Ich glaube, daß ich etwas tun kann, etwas ändern kann. ... Ich habe weniger Ängste und habe jetzt etwas mehr Selbstvertrauen."

„Ich bin zeitweise verletzlicher, weil ich mehr an mich heranlasse. Ich bin in bestimmten Bereichen offener. Ich kann besser über mich sprechen. Ich sehe meine Schwächen besser und sehe einen weiten Weg, sie zu ändern. Ich habe kaum noch aggressive Gefühle."

Eine Person kann besser mit ihren persönlichen Schwierigkeiten umgehen

In Nachbefragungen berichten manche Personen, daß sie jetzt eine andere Einstellung zu ihren persönlichen Schwierigkeiten und Problemen haben. Es ist für sie selbstverständlicher geworden, Schwierigkeiten zu haben. Manches, was sie vorher als „Problem" betrachteten, können sie jetzt an sich akzeptieren, es bekommt einen anderen Stellenwert. Sie sehen ihre persönlichen Schwierigkeiten in neuen Bedeutungen.

„Ich habe viel über mich und meine Probleme kennengelernt, fühle mich freier und stärker, gehe geschickter mit meinen Problemen um."

„Ich kann meine Schwierigkeiten jetzt von mehreren Seiten betrachten und vielleicht einen neuen Lösungsweg finden."

„Ich fühle mich selbstsicherer als früher. Ich habe mich bisher um Dinge bemüht oder gekümmert, die mich sinnlos belastet haben. Und das versuche ich abzubauen und zu ändern. Ich bemühe mich, mehr die positiven Eindrücke und Einflüsse in meinem Leben hervorzuheben und zu beachten, ohne aber das Negative zu verwischen. Denn ich möchte eine noch stärkere positive Einstellung zu meinem Leben finden."

„Ich sehe einfach meine Situation klarer und setze mich mehr damit auseinander. Ich kann mir meine Probleme besser eingestehen. Ich habe mich vorher auch schon viel mit mir auseinandergesetzt, aber jetzt ist das eine andere Art der Auseinandersetzung. Früher habe ich es mehr für mich allein gemacht, und mich dadurch meistens im Kreis gedreht, weil ich keinen Erfahrungsaustausch mit anderen gehabt habe. Das hat sich seitdem geändert. Ich kann jetzt mehr mit Leuten darüber reden und dadurch auch selbst weiterkommen. Ich dreh' mich nicht mehr im Kreis."

„Das Gruppengespräch hat für mich sehr viel gebracht. Es war das auslösende Moment, mich weiter mit mir zu beschäftigen. Früher habe ich das nur für mich allein gemacht. Seitdem ist

Wichtiges gelaufen. Jetzt kann ich mit meinem Mann auch ohne Dritte über uns sprechen. In der Gruppe habe ich erstmals erlebt, daß man Dinge sagen kann, ohne daß etwas passiert. Es war für mich der Stein des Anstoßes für das Umgehen mit meinen Problemen. Es hat mich erst auf die Idee gebracht, etwas zu tun."

„Ich erkenne jetzt besser Zusammenhänge. Ich weiß zum Beispiel genau, was ich tun muß, um glücklicher zu werden. Aber ich habe Schwierigkeiten, das in die Tat umzusetzen und die Konsequenzen auf mich zu nehmen. Die Male, die ich konsequent war, habe ich damit beste Erfahrungen gemacht, aber die Male sind noch selten."

„Jetzt habe ich die Einstellung, daß alles wertvoll ist, auch negative Gefühle: gerade darin steckt eine starke Energie, und dahinter liegen immer positive Gefühle. ... Letzten Sommer hatte ich eine Krise, da hab' ich gar keinen Sinn mehr in meinem Studium gesehen. Ich hab' das damals als Arbeitsstörungen gesehen. Jetzt steh' ich positiv dazu: daß ich das nicht weitermachen wollte."

„Wenn ich jetzt über mich nachdenke, dann nicht mehr in Begriffen, wie Probleme. Es gibt nicht Probleme. Früher hab' ich gerne problematisiert, wollte alles im Kopf klären. Heute weiß ich, daß es keine Lösungen in dem Sinne gibt. Ich versuch' eher zu fragen: was liegt da für ein Gefühl zugrunde?"

Eine Person sorgt besser für ihr körperliches Wohlbefinden

Viele Teilnehmer einfühlsamer hilfreicher Gruppengespräche berichteten uns: □ Während und nach den Gesprächen fühlten sie sich körperlich wohler, entspannter, weniger beeinträchtigt, ungeachtet geringen Schlafes während der Gruppengespräche. □ Nach den Gesprächen lebten sie gesünder, sorgten mehr für ihren Körper. – Leider haben wir diesem Gesichtspunkt der Verminderung körperlicher Beeinträchtigungen durch größeres seelisches Wohlbefinden und angemesseneres Sorgen für den eigenen Körper erst wenig Beachtung geschenkt. Wir glauben, daß dieser Sachverhalt für viele sog. psychosomatische Erkrankungen und manche medizinische Behandlung körperlicher Erkrankungen von großer Bedeutung ist. – Bei einer Nachbefragung von 26 Lehrern, die zu zweit oder dritt an Gesprächsgruppen zusammen mit Psychotherapieklienten teilgenommen hatten, spürte ein großer Teil nach den Gruppengesprächen körperliche Auswirkungen, wie Entspannungs- und Wärmegefühle, körperliches Ruhegefühl, Müdigkeit, guten Schlaf, gute Durchblutung, Kraftgefühle (C. Tausch, 1978). Im folgenden möchten wir den Sachverhalt durch Erlebnisaussagen veranschaulichen:

Während und kurz nach den Gesprächen erleben Personen ein größeres körperliches Wohlbefinden durch ihre stärkere seelische Entspannung und Erlebnisaktivierung. Zum Beispiel Schlaf- und Konzentrationsstörungen werden geringer, Kopfschmerzen, Magendrücken oder Schweißausbrüche treten nicht mehr auf.

„Ich fühle mich viel entspannter, viel entspannter als im autogenen Training, das ich sonst gemacht habe."

„Körperlich war ich sehr entspannt. ... Ich konnte viel besser schlafen. Ich habe mich ruhiger gefühlt und zuversichtlicher, sonst regt mich leicht etwas auf."

„Ich konnte besser schlafen, ich war völlig entspannt, auch so Kopfschmerzen, die waren nicht mehr vorhanden. Ich hab' mich auch viel ruhiger gefühlt."

„In der Gruppe fühlte ich mich getragen von einer Welle der Sympathie. Ich fühlte mich akzeptiert. Ich war mir zum ersten Mal angenehm. Und ich spürte das körperlich: Mir war angenehm warm, ich war gelöst und entspannt, leicht. Ich fühlte mich jünger werden. Ich sah mich lachen."

„Es hat mich erstaunt, wenn ich mich seelisch gut fühlte, dann wirkte es sich auch körperlich aus."

„Ich hatte den Eindruck, bei meinem Weinen im Gruppengespräch, daß irgendwelche Nervenenden sich anders lagern würden, es blubberte irgendwie. Es ging dann weiter auch in den Magen, das störte mich nicht. Ja, körperlich habe ich mich dann sehr wohl gefühlt. Vorher also, da hatte ich immer hier so'n Gefühl im Magen."

„Als ich zurückkam, haben wir gleich mit den Nachbarn Tennis gespielt. Die haben nach wenigen Minuten gesagt: ‚Das kann doch nicht sein, daß Sie auf Ihrer Reise nicht gespielt haben!' Aber es stimmt: Ich war schon am Ball, bevor ich überhaupt gedacht habe. Früher habe ich immer erst gedacht und dann war der Ball meist schon weg. Ich bin lockerer geworden, habe eine bessere Koordination zwischen Verstand und Körper. Oder: Ich spiele besser Tennis mit der personenzentrierten Therapie."

„Die angenehme Erfahrung der körperlichen Ruhe, und locker und entspannt sein zu können, das war ein wichtiges Erlebnis für mich in der Gruppe. Zu merken, daß es möglich ist, die Verkrampfungen, die ich oft verspüre, selbst auflösen zu können. Diese Verkrampfungen tauchen oft auf, wenn ich meine Gefühle nicht so akzeptiere, wie sie sind. Dies gilt besonders für meine negativen Gefühle. Ich habe sonst immer versucht, sie auszuklammern, was mich dann sehr blockiert hat. Diese Blockierung und ihre Auflösung zu erleben, war ein wichtiges Erlebnis in der Gruppe für mich."

„Ich brauchte während der 2 ½ Tage wahnsinnig wenig Essen und Schlaf. Und doch fühlte ich mich satt und frisch. Ich war so erstaunt darüber, aber ich war auch erfüllt von so vielem anderen."

„Ich spürte, daß irgendwas in meinem Innern in Bewegung kam. Vorher – da floß nichts mehr, alles sackte in meine Beine ab. Sie waren so schwer, fast steif. Ich hab' seit 12, nein fast 15 Jahren nicht mehr mit meinem Mann geschlafen. Ich bin seine Heilige. ... In der Gruppe fühlte ich, wie zweimal eine sexuelle Erregung in mir hochkam. Ich konnte dann kaum weitersprechen."

„Die haben mir in der Gruppe gesagt: ‚Du siehst von Tag zu Tag jünger aus!' Ich hab' richtig gemerkt, daß ich mit meinen fast 50 Jahren noch eine attraktive Frau bin, auch sexuell."

„Körperlich habe ich mich nach dem Gruppengespräch warm und locker gefühlt und wohlig durchblutet."

Wir finden diese bessere körperliche Funktionsfähigkeit von Personen, ihr größeres Wohlbefinden und geringeren körperlichen Beeinträchtigungen erstaunlich. Denn während der Gespräche erleben sie sehr intensiv, oft weinen sie, sind gefühlsmäßig oft sehr aufgewühlt und berührt. Sie äußern ihre Ängste und Befürchtungen und erleben sie zum Teil wieder. Häufig schlafen sie auch in den 2–3 Tagen wenig. Wir deuten dies so: Trotz dieser körperlichen seelischen Bewegungen und Anforderungen wirken sich das sehr förderliche seelische Klima und die heilsamen Erfahrungen verbessernd auf die körperlichen Funktionen dieser Menschen aus.

Diese Zunahme körperlichen Wohlbefindens wurde auch in einigen Untersuchungen nachgewiesen, denen wir bisher zu wenig Beachtung geschenkt haben, und die wir zu wenig gefördert haben: Bei Klienten der Einzelpsychotherapie ergab sich im Vergleich zu Kontrollpersonen ein signifikantes Anwachsen des sog. Erholungsfaktors. Er setzt sich u. a. aus der hautgalvanischen Reaktion und verminderter Variabilität des Herzschlages in schwierigen Situationen zusammen

(Thedford, 1949). In und nach Einzelgesprächen fühlen sich Klienten gemäß Befragungsbogen körperlich entspannter, ferner fühlen sie mehr innere Ruhe (Eckert u. a., 1977; Doll u. a., 1975). Diese körperliche Entspannung und größere innere Ruhe haben wir bisher zu wenig beachtet, vermutlich auch deshalb, weil wir als Helfer von den Menschen während der Gespräche eher den Eindruck großer seelischer Belastung hatten, etwa durch den Inhalt ihrer Äußerungen. Wir haben zu wenig beachtet, daß sich ganz offensichtlich die Äußerung derartig belastender Gedanken und Gefühlsausbrüche, etwa heftiges Weinen, anschließend auch körperlich positiv auswirkt.

Nach den Gesprächen sorgen Personen mehr für ihren Körper. Dies mag im Zusammenhang mit dem stärkeren Hinhören auf das eigene Fühlen und das gegenwärtige Erleben stehen. So fühlen Personen auch mehr die Vorgänge in ihrem Körper. Sie spüren eher Unruhe, Spannungen, Verkrampfungen, Mattigkeit, Übersättigung oder Hunger. Sie beachten diese Informationen und Signale aus ihrem Organismus mehr und berücksichtigen sie in ihrem Verhalten. Sie suchen etwa mehr die Situationen und Vorgänge, die ihnen Entspannung, innere Ruhe, Zufriedenheit und Einssein mit ihrem Körper geben. Sie merken eher, in welchen Situationen, bei welchen Erfahrungen oder gegenüber welchen Personen Unruhe und Angst in ihnen hochkommt. Sie beachten mehr diese Erfahrungen. Sie gönnen sich eher Erholungsphasen und vermeiden Streß. Wir möchten dies an einigen Äußerungen veranschaulichen:

„Ich spüre, daß es mir zunehmend gelingt, Angst und Reserviertheit abzubauen. Ich kann offener sein, freier, die Nähe anderer Menschen suchen. Ich brauche nicht mehr so oft den Schutz einer Rolle. Ich entdecke zunehmend meine Körperlichkeit wieder und freue mich über meine wachsende Beweglichkeit. Das alles will ich weiterentwickeln und weiß, daß es mir jetzt gelingen kann."

„Mein Calciumspiegel ist wieder in Ordnung, seitdem ich erkannt habe, daß mein Freund auf eine ganz subtile Art sadistisch ist. Wie solche Dinge ins Körperliche eingreifen können, das weiß ich jetzt erst."

„Die Asthmaanfälle sind gebessert. Sie sind noch immer da, aber sie sind nicht mehr so schlimm."

„Für mich war z. B. wichtig, meinen Tablettenkonsum aufzugeben. Ich bin seither fast tablettenfrei."

„Ich habe seitdem 10 Kilogramm bei mir runter."

„Ich erhalte seit einigen Wochen Krankengymnastik und Massage gegen meine Wirbelsäulenverkrümmung. Allmählich fängt mein Rücken an zu leben, wahrscheinlich weil die Muskeln nicht mehr so gespannt sind. Aber jetzt merke ich auch in manchen Situationen, wie mein Rücken schmerzt. Am Anfang war das unangenehm. Aber jetzt lerne ich daraus: Was sind das für Situationen, die mir diese Spannungen im Rücken machen? Was kann ich in diesen Situationen tun? Manche dieser Situationen kann ich vermeiden. Aber in anderen Situationen, warum gerate ich da in Spannung? Und allmählich lerne ich, auf mich selbst, auf meine Spannungen zu achten. Und ich merke oft, daß ich in unnötiger Spannung bin, beim Essen, beim Schreiben, beim Zuhören. Ich merke es an meinen Händen, an meinem Körper und an meiner Mundmuskulatur. Und so allmählich lerne ich, mich entspannter zu verhalten und mehr auf meinen Körper hinzuhorchen."

„Das ist eine ganz neue Erfahrung für mich. Ich merke, daß ich mir so diesen sexuellen Bereich erschließe und ich merk' auch, daß der mich auch ein Stück mehr lebendig macht. Daß ich zu meinem Körper wieder eine neue Beziehung bekomme und irgendwie auch da lebe und nicht nur bis zum Herzen hin und dann nicht weiter. Das ist so wichtig für mich, diese Erfahrung, daß ich da auch mal etwas zulassen kann."

„Ich kann jetzt eher diese innerlichen Verkrampfungen wahrnehmen, wenn ich bemüht bin, so gut zu sein, wie andere es von mir erwarten. Es kommt leider noch öfters vor. Ich aber spüre dann ziemlich schnell, wie hinderlich dies ist. Es fällt mir noch schwer, so ganz davon loszukommen. Aber das angenehme Gefühl, wenn ich es geschafft habe, spornt mich an. Wichtig ist dabei auch, negative Gefühle jetzt schneller zu erkennen und somit einbringen zu können."

„Ich bin weniger verkrampft, ich sehe eher die Möglichkeit, meine eigenen Bedürfnisse zu äußern und zu befriedigen."

„Ich komme wieder zu mir. Ich fühle mehr. Ich habe weniger Depressionen. Ich spreche mehr mit anderen."

„Wenn ich unruhig werde, weiß ich, daß ich Schwierigkeiten habe. Dann versuch' ich, damit klar zu kommen, indem ich mich still hinsetze und in mich reinhorche. Meistens stimmt dann auch irgend etwas im Körper nicht."

„Ich finde mich heute hübscher." „Ich gestehe mir zu, daß ich älter geworden bin." „Ich bin einfacher geworden. Heute mache ich viel mehr körperliche Arbeit. Und ich pflege mich selber. Ich bin weniger luxuriös und unkomplizierter, viel unabhängiger von äußerlichen Dingen geworden."

„Ich merke, daß ich mir vertrauen kann. Ich kann jetzt mein Gewicht halten. Früher, wenn ich etwas mehr gegessen habe, habe ich mich dafür bestraft. Ich habe mir dann gesagt: ‚Nächste Mahlzeit ißt du nichts.' Das hat dann dazu geführt, daß ich vorher viel mehr gegessen habe als nötig war, wohl auf Vorrat. Es war ein Teufelskreis. Jetzt kann ich auch mal ein bißchen mehr essen ohne ein schlechtes Gewissen und ohne Strafe. Ich vertrau' jetzt meinem Körper mehr, daß er es reguliert. Natürlich achte ich schon noch sehr auf das, was ich esse. Aber ich peinige mich nicht mehr mit Strafen und ewigem Kontrollieren."

„Ich hab' es früher geliebt, mich zu hetzen, viel zu schaffen, Punkte von meinem Tagesprogramm abzuhaken. Manchmal ist es auch heute noch so in mir drin, dieses Fieber nach Hektik. Aber heute erkenn' ich es, kann es stoppen und mir sagen: ‚Nein, das willst du ja gar nicht mehr! Du willst nicht mehr diesen inneren Streß. Du willst dich ja nicht mehr in eine solche Lage bringen, daß dir die Hände zittern, alles innerlich so bebt, du nicht mal mehr Luft kriegst zum Sprechen.' – Soweit hab' ich's getrieben mit mir! Ja, wirklich! Früher brauchte ich diese eindringlichen Warnsignale meines Körpers, um mich endlich zu stoppen. Heute nehm' ich rechtzeitiger wahr, wenn so Unruhe in mir hochsteigt oder ich mich verkrampft fühle. Vor allem eins: Heute brems' ich mich von vornherein ab. Ich mach' mir einfach nicht mehr so'n Superprogramm. Und hab' erfahren: Manches erledigt sich dann von alleine, also ohne mich. Das hätt' ich nie gedacht vorher. Ich hätt' auch nie geglaubt, daß ich mich auch ohne erledigte Programmpunkte wohlfühlen kann, keine Schuldgefühle habe. Aber das ist tatsächlich so. Ich kann auch so jetzt vor mir bestehen und vor allem: Ich fühl' mich körperlich besser so."

In den Wochen nach Fertigstellung dieses Abschnittes haben wir uns häufiger mit dem Zusammenhang körperlicher und seelischer Änderungen nach Gesprächen beschäftigt. Uns wurde klar, daß sich viele Klienten unserer Psychotherapeutischen Beratungsstelle auch in körperlichen Funktionen verbesserten, was wir aber bisher nicht so deutlich zur Kenntnis genommen hatten. So füllt jeder Klient unserer Psychotherapeutischen Beratungsstelle zum Zwecke einer möglichen Kontrolle durch Ärzte am Beginn und bei der Nachbefragung einen Bogen mit seinen körperlichen Beeinträchtigungen aus. Die Auswertung dieser Bogen zeigt deutliche körperliche Änderungen bei Klienten nach den Gesprächen, z. B.: □ 66 % der Klienten gaben am Beginn der Einzelpsychotherapie körperliche Beschwerden an. In der Nachbefragung einige Wochen nach der Psychotherapie waren bei 42 % von ihnen in den angegebenen Beschwerden deutliche Besserungen eingetreten. Ferner ergaben sich günstige Änderungen im körperlichen Selbst der Selbstkonzept-Skala. Bei der Wartegruppe ergaben sich keine Verbesserungen. Es handelte sich bei den körperlichen Beeinträchtigungen um Magenschmerzen, Herzbeschwerden, Kreislaufstörungen, Kopfschmerzen, Schlaflosigkeit u. a. (Boeck-Singelmann, 1978). □ 41 % der insgesamt 150 Teilnehmer an 2 ½tägigen Gesprächsgruppen mit Nachtreffen empfanden günstige körperliche Veränderungen, z. B. größere Entspannung, weniger Magenbeschwerden, weniger Migräne (Westermann, Schwab u. Tausch, 1978). □ 4 Monate nach der Teilnahme an Gesprächsgruppen fühlten sich Lehrer körperlich wohler. Dies ging einher mit der Verminderung ihrer Schwierigkeiten in der Schule (Wittern u. a., 1978).

Personen können besser mit anderen leben

Die Wandlung, daß Personen besser mit sich selbst umgehen können, also mehr Selbstachtung empfinden, echter sind, mehr ihr Fühlen hören, für sich selbst ein besserer Partner sind, geht häufig mit der Wandlung einher: Personen werden fähiger zu hilfreichen Beziehungen zu anderen, etwa zur Familie, zu Arbeitskollegen, zu Mitmenschen. „Also, ich hab' an mir erfahren: Ich kann besser mit anderen zusammensein, seitdem ich besser mit mir alleine sein kann."

Die Zunahme dieser seelischen Funktionsfähigkeit von Menschen nach Gesprächen haben wir in diesem Kapitel in folgende Bereiche geordnet:

- Eine Person nähert sich anderen, sie ist freier in ihrer Beziehung zu anderen.
- Eine Person teilt anderen offener ihr Fühlen und Denken mit.
- Eine Person geht einfühlsamer hilfreicher mit anderen um, sie befähigt andere zu einfühlsamerem hilfreicherem Verhalten.

Die Wandlungen in diesen seelischen Bereichen haben wir durch viele Erlebnisäußerungen von Personen während und nach Gesprächen veranschaulicht. Befriedigende Beziehungen zu anderen werden insbesondere in Gruppengesprächen gefördert: „In einer Gruppe lernt man zu leben. Da braucht man nicht nur hin, wenn man Probleme hat." „In diesen Gruppen können Menschen lernen, mehr miteinander auszukommen, besser miteinander zu leben."

Durch diese verbesserten Beziehungen zu anderen verbessern sich ihre seelischen Funktionen weiter, ihre seelische Gesundheit wird stabiler. Es besteht eine Wechselbeziehung zwischen zunehmender eigener seelischer Funktionsfähigkeit und befriedigenderen Beziehungen zu anderen.

Eine Person nähert sich anderen, sie ist freier in ihren Beziehungen zu anderen

Vor Beginn und am Anfang der Gespräche nehmen Personen nahe Beziehungen zu anderen häufig als gefährlich wahr. Sie fürchten und vermeiden ein engeres Engagement mit anderen. Viele Personen fühlen, daß sie anderen wenig zu „bieten" haben. Ihre eigenen Spannungen und Unzufriedenheit mit sich selbst blockieren den Zugang zu anderen. Sie sind überzeugt, andere Menschen würden sie ebenso wenig achtungsvoll und liebenswert finden, wie sie sich selber. Sie fühlen sich mit ihrer geringen Selbstöffnung und ihrer gefühlsmäßigen Eingeschnürtheit unzulänglich. Häufig sind sie mißtrauisch gegenüber anderen. Sie sind überzeugt, andere würden – wie sie selbst – hinter einer Maske, Fassade oder Schutzmauer leben und handeln. So können sie den Worten und Handlungen von anderen wenig trauen.

Auch in Untersuchungen waren Personen, die sich selbst als eher unecht und fassadenhaft charakterisierten, überwiegend mißtrauisch gegenüber anderen (Caspari u. Tausch, 1978), z. B.: Ich kann keinem wirklich vertrauen. Ich bin von anderen nur enttäuscht worden. Mir fällt es schwer, mit Fremden zu sprechen. Ich meide enge Freundschaften, weil ich zu viel Persönliches aufdecken müßte. In Gesellschaft anderer bin ich gehemmt.

Die folgenden Äußerungen geben Einblick in die häufig verarmten, verschlossenen und distanzierten Beziehungen von Personen zu ihren Mitmenschen, und auch teilweise Einblick in die Gründe hierfür:

„Ich habe Angst vor anderen, die mich gefühlsmäßig berühren könnten. Ich kann mit Leuten nicht reden, das strengt mich wahnsinnig an."

„Jedenfalls ist es so, ich kann keinen anderen bereichern. Wissen Sie, ich kann mir nicht vorstellen, wie das anders sein könnte oder wie das anders werden könnte."

„Ich habe Angst, mich herauszulassen, weil ich Angst habe, wie werden die andern das ansehen."

„Ich bin unsicher, wenn ich mit Leuten zusammen bin. Ich habe ein wahnsinniges Spannungsgefühl. Ich bin im Kollegium und habe das Gefühl, ich kann mich nicht unterhalten, außer daß ich rausplatze und feststelle, was falsch ist. Etwas anderes fällt mir nicht ein. Ich habe den Druck und gehe dann weg."

„Ich habe eine Mauer um mich und meine Kinder gebaut. Ich habe Angst vor einer zweiten Enttäuschung. Ich habe Angst vor einer festen Partnerschaft."

Ein etwa 30jähriger Mann sagt in einer Gesprächsgruppe: „Also, ich könnte keinem vertrauen, also grundsätzlich nicht. Es bleibt immer etwas hängen, wo ich sage: Also, ich muß ihm mißtrauen. ... Da kann ich kein Vertrauen mehr finden. ... Da bei mir Gutmütigkeit grundsätzlich mißbraucht wird, so wie ich's erleben durfte bisher jetzt. ... (Helferin: „Und irgendwo nagt da eigentlich ständig so ein Mißtrauen in Dir?!") Ja, sicherlich. Und dieses jetzt praktisch, um dieses Mißtrauen zu vervollkommnen, mache ich mir meine eigenen Schubladen jetzt. Und die werden dann gefüllt. Und im selben Moment, wo es jetzt darauf ankommt, und ich seh', der andere wird dann bloßgestellt, dann öffne ich meine Schubladen und präsentiere wieder. (Helferin: „So daß Du 'ne Menge Waffen, ein Waffenlager hast, was Du dann entsprechend ziehen kannst?") Richtig, genau! ... Ich hab' Bekannte, ich hab' Freunde, was man so sagt. Aber das ist ja – das ist alles nicht, was ich Freunde oder Bekannte sagen könnte. Das ist ein schöner Eimer Wasser, woll'n wir mal sagen, aber das Wasser ist vergiftet. Auch die Bekannten und die Freunde jetzt. Das sieht ja alles schön und klar und nett aus, aber das ist wirklich was Faules, ich könnte daran sterben."

„So habe ich meine Spontaneität weitgehendst unter Kontrolle genommen, habe mich um Anpassung und Unauffälligkeit bemüht. Natürlich auf Kosten der Spontaneität. Anpassung war mir wichtig zum Überleben. Es geht mir um die Wertschätzung der Menschen, die ich mag und auf die ich angewiesen bin. Wenn ich spontan bin, laufe ich Gefahr, Menschen, die ich mag, mit Gefühlen zu überrollen. Nicht mit körperlicher Beschädigung. Ich unterdrücke meine Spontaneität sofort weitgehend, weil ich fürchte, den anderen so zu schockieren, daß er Zutrauen und Vertrauen verliert. Und daß ich so das Gegenteil von dem bewirke, was ich wollte, mich ihm zu öffnen, ihm etwas zu geben, ihn näher zu mir zu bringen."

„Ich möchte Beziehungen zu anderen Menschen aufbauen können, ohne Angst, daß der andere mich schluckt oder daß ich zu stark bin."

„Beim Arbeiten muß ich immer mit Menschen zusammensein, in der Firma und so. Und da habe ich große Schwierigkeiten. So daß ich bewußt oder unbewußt immer auf Arbeitslosigkeit zugesteuert bin. Weil ich dann alleine sein kann und nicht mit Menschen zusammen bin. ... Der geregelte Arbeitsablauf hat mir eigentlich ganz gut getan, obwohl die Arbeit da

so stumpfsinnig war: Kartei-Ordnen, Zahlenschreiben. Aber ich habe da auch gesessen mit anderen Frauen. Und dann sitze ich da und rede mit denen nicht. O. K., wenn ich meine Arbeit zu tun habe, bin ich damit beschäftigt. Aber das kann man nicht den ganzen Tag sein, soviel Arbeit war auch nicht da. Irgendwann gab es Pausen, und da ist immer Gelegenheit zu sprechen. Und wenn man so dasitzt wie ich, das macht mir dann immer so große Schwierigkeiten,.wenn ich so dasitze und weiß nichts zu sagen. ...
Ja, mit der Zeit ist es so geworden, daß ich nichts zu sagen habe. Also gar nicht wüßte, was ich sagen soll. Die andern haben, wenn sie eine Zeitung lesen, die haben zu dem, was sie lesen, eine Beziehung, die freuen sich oder ärgern sich, was da so passiert. Und mir ist das eigentlich alles egal, was da so ist. (Helferin: „Dich berührt das gefühlsmäßig nicht, also beschäftigt es Dich auch hinterher nicht, so daß Du gar nichts loswerden mußt und also gar nichts zu reden weißt?") Ja, genau. Und irgend etwas geht da auch so von den Menschen aus. Daß ich die Menschen irgendwie erlebe als etwas Gefährliches. Und lieber sag' ich gar nichts. Also irgend etwas ist dahinter. ... Denn nichts sagen ist noch das Sicherste. Denn wenn ich was sage, dann können sie mich irgendwie darauf festnageln oder auslachen oder was. So erlebe ich mich eigentlich also immer in einer Verteidigungshaltung, wenn sie mich ansprechen. Ich habe es auch erlebt, daß, wenn sie sich mit mir beschäftigen, dann muß ich mich rechtfertigen, muß mich verteidigen. Ich merke es ja auch, daß ich irgend so etwas provoziere, daß ich so irgend etwas mache, was die andern in Rage bringt."

„Das wirkt sich dann auch so aus, daß wenn ich nicht in Stimmung bin, wenn ich also geistig innerlich irgendwie verklemmt bin und kein vernünftiges Wort herausbringen kann, dann auch die Umwelt vollkommen schief und verklemmt sehe."

Annäherungen an andere während der Gespräche. Sie wird vielen zuerst gegenüber den Mitgliedern ihrer Gesprächsgruppe möglich. Sie nehmen andere wahr, die zueinander Nähe, Sympathie und Vertrautheit ausdrücken, die sich anderen furchtlos nähern. Sie lernen andere zu akzeptieren, auch wenn diese sehr unterschiedliche Einstellungen haben. Sie erfahren, daß ausweglos erscheinende Situationen in zwischenmenschlichen Beziehungen in der Gruppe sich oft sehr plötzlich ändern. Sie erfahren, wie wichtig es ist, anderen helfen zu können. Sie erfahren, wie sich ihr Gefühl der Abneigung zu einzelnen bei größerer Offenheit ändert. Die Beziehungen zu anderen existieren weitgehend auf der Grundlage des unmittelbar gegenwärtigen Fühlens. Viele spüren ihren Wunsch, ihr Bedürfnis, ihren Hunger nach menschlicher Nähe und geben diesem nach. Manchmal geben sie sich einen Ruck, auf andere zuzugehen; sie übertreten die Schwelle ihrer Angst und Hemmungen. Viele Personen erfahren häufig, daß sie sich gegenseitig auch ohne sexuelle Beziehungen außerordentlich nahe kommen können. Dies erleben Frauen sowie Männer oft als Erfüllung einer langgehegten Sehnsucht. Außenstehende, etwa einige Zuschauer bei unseren Gesprächsgruppen im Fernsehen, die diese Nähe der Menschen zueinander wahrnahmen, standen dieser Tatsache manchmal recht ungläubig gegenüber. Manche Zuschauer konnten auf diese nahen Beziehungen nur mit dem Einstellungsraster reagieren, daß Umarmungen und Zärtlichkeiten nur bei sexuellen Beziehungen möglich sind oder diese unmittelbar zur Folge haben.

Auch in Nachbefragungen ergab sich, daß die Teilnehmer von Gesprächsgruppen sehr bedeutsam für die eigenen Wandlungen wahrgenommen wurden, daß sie gefühlsmäßig bedeutsam waren, daß sie von ihnen lernten und daß sie zu ihnen enge Beziehungen aufnehmen konnten (z. B. Wittern u. a, 1978; C. Tausch, 1978).

„Ich habe vieles besser verstehen können, was die anderen fühlten. Ich konnte sie ohne Angst berühren. Ich konnte jemandem durch meine Zuwendung helfen. Ich habe viel von anderen Mitgliedern gelernt."

„Ich habe erkannt, wie wichtig es für mich ist, Kontakt zu anderen Menschen zu haben."

„Ich hatte weniger Angst vor den Äußerungen und den Reaktionen der anderen."

„Ich habe zum ersten Mal erfahren, daß fremde Menschen in kurzer Zeit Freunde werden können. Vielleicht gelingt es mir auch jetzt, über meinen Schatten zu springen und die Menschen anders zu sehen und ihnen positiv entgegenzutreten."

„Ich habe erfahren, daß ich zu Männern einen gefühlsmäßigen Kontakt haben kann. ... Vielleicht hat sehr weit zurück in meiner Jugend die Angst vor Homosexualität eine Rolle gespielt."

„Ich sagte: ‚Von mir aus kannst Du reden, wie Du willst. Rede und ich versteh' Dich!' Darauf kam Dieter auf mich zu und nahm mich in den Arm. Es war toll. Ich konnte das gut aushalten. Aber danach mußte ich rausgehen."

„Ich habe da vor allem zu Frauen ein gutes Verhältnis gehabt. Von einem Mädchen, da weiß ich es auch, daß sie es zu mir hatte. Wir haben über Zärtlichkeiten zwischen Frauen geredet. Dann haben wir die Männer gefragt. Da kam sehr wenig, und die, die was sagten, sagten nur, daß es für sie nicht in Frage käme."

Eine 72jährige Gruppenteilnehmerin: „Frau M. und ich hatten Zimmer an Zimmer und konnten uns nach den Gruppensitzungen besprechen und alles ausreden. Dadurch sind wir uns nähergekommen. Sie durfte sich mir gegenüber aussprechen, und ich hatte Verständnis dafür. Wir kommen jetzt auch mal außerhalb der Altentagesstätte zusammen."

75jährige: „Gerade eben mit Jüngeren. Es sind viele Jahre dazwischen. Aber ich sage mir: ‚Du denkst doch so, du fühlst doch so, geradeso wie sie!' Und auch der Kontakt, dieses Überblitzen, dieses Fröhlichsein, das fehlt einem ja. Und das hat man eher mit Jüngeren. Ich hänge dadran, ich möchte das immer gern. ... Dieser junge Mann sagte zum Abschied: ‚Ich mag Dich gern.' Und da habe ich ihm einen Kuß gegeben."

„Ich habe sonst Schwierigkeiten, andere so zu kritisieren, daß der andere das auch annimmt. Ich konnte es hier so vermitteln, ohne daß sich der andere angegriffen fühlt. Das war sehr wichtig für mich."

„Eine Behinderte, eine Gelähmte, die saß neben mir. Ich hätte gerne woanders gesessen. Ich habe mich nicht getraut, Mitgefühl zu zeigen, sie anzufassen. Am Ende hatte ich eine andere Einstellung. Ich konnte sie anssehen, sah sie nicht als Behinderte, sondern sah sie eben an. Ich konnte sie berühren, den Arm um sie legen. Vorher hatte sie mich verunsichert. Ich dachte immer, warum muß sie gerade in unserer Gruppe sein."

Eine Teilnehmerin sagt am Anfang des Gruppengespräches, wie „halblebig" sie sich empfinde und wie unnahbar. Und daß das ein Grund wäre, warum sie hierhergekommen sei.
„Ich kann zwischen mir und anderen keine echte Beziehung aufbauen. Da ist immer so eine Glaswand zwischen. Ich bin immer auf Distanz. Die Gesichter sind immer verschwommen. Vor dem Aufbau einer richtigen Beziehung schrecke ich zurück. Ich möchte hier die Beziehung zu der Gruppe auch gefühlsmäßig erleben können. Am meisten Angst habe ich vor Hautnähe, also wenn jemand wirklich nahe auf mich zukommt."
Sie stellt sich selbst als unnahbar dar. Im Verlaufe der Gesprächsgruppe baut sie besonders zu der einen Helferin allmählich eine herzliche Beziehung auf. Am letzten Tag sagt sie, daß sie ihr gerne näherkommen wollte, steht plötzlich auf, läuft auf sie zu und umarmt sie. Sie sagt, daß sie das sehr viel Mut und Überwindung gekostet habe, weil sie Angst hatte, abgelehnt zu werden. Aber sie fühle sich sehr glücklich und erleichtert. In einer Nachbefragung einige Monate später sagt sie:
„Als ich mir damals den Ruck gegeben habe und zur Helferin rübergekommen bin, um sie in den Arm zu nehmen, war ich anschließend sehr erlöst und erleichtert. ... Ich fühle mich heu-

te nicht mehr so isoliert wie früher. Schwierigkeiten habe ich noch, wenn jemand eine Abwehrhaltung mir gegenüber einnimmt. Wenn jemand mir gegenüber Aggressionen hat, dann hab' ich noch nicht den Mut, auf ihn zuzugehen."

„In der Gruppe habe ich mich weniger einsam gefühlt. Das hing vor allem damit zusammen, daß ich zum ersten Mal erlebt habe, daß andere Menschen ähnliche Schwierigkeiten haben. Immer war etwas daran schuld. Aber man kam nie zu sich selber, zu dem Eigentlichen dabei. Und das fand ich gut bei der Gesprächsgruppe, daß es mir da anders ging. Ja, ich konnte mich nach der Gruppe besser in die Leute einfühlen."

„Jedes Gruppenmitglied war für mich sehr wichtig, hat mir viel bedeutet. Meistens dann, wenn es sich irgendwie in seiner Schwäche offenbart hat. Am Anfang waren wir uns fremd, zum Schluß sehr nahe."

„Es waren insbesondere zwei Gruppenmitglieder, deren Erlebnisse in der Gruppe mich sehr stark bewegt haben. Und die mir den Weg freimachten, mich der Gruppe anzuvertrauen. Ich habe gelernt, daß ich schwach sein darf."

„Die Gruppenmitglieder rückten mir näher, je mehr sie von sich sprachen und ihre Probleme wurden mir wichtig. Ich habe von ihnen gelernt, daß auch andere ähnliche Gefühle haben wie ich, und das hat mir gutgetan."

Ein Zuschauer schreibt: „Ich glaube, was mich am tiefsten beeindruckte, ist dieses Feststellen, daß innerhalb von Stunden auch bei Personen, die völlig verschlossen und verschüttet wirken, jahrealte Krämpfe sich zu lösen scheinen und eben dann plötzlich ganz unerwartet intakte Menschlichkeit förmlich hervorbricht – man fragt sich, woher? Ich könnte mir jedenfalls kein beweiskräftigeres Indiz denken, um die Einsicht zu erlangen, daß nicht irgendwelche ausgedachten Psycho- oder Verhaltenstechniken zum Erfolg führen, sondern daß hier grundlegende und auf dem Grunde jeder Seele brachliegende menschliche Fähigkeiten angesprochen sind."

Nach den Gesprächen können sich Personen anderen leichter nähern, sie sind in Beziehungen zu anderen weniger ängstlich, sie sind freier, gelockerter. Zu ihrem Erstaunen sind sie fähiger, zu anderen Menschen in befriedigendere Kontakte zu treten, was ihnen oft jahrelang nicht möglich war. Diese Verbesserung der Beziehung zu Mitmenschen ergab sich in vielen Untersuchungen, z. B.: □ 186 Personen nahmen an 2 ½tägigen Gesprächsgruppen unserer Beratungsstelle teil. Bei 55 % verbesserten sich 6 Wochen nach den Gesprächen die Beziehungen zu den Eltern (Verschlechterung: 7 %); bei 39 % zu dem Partner, mit dem sie zusammenlebten (4 %); bei je 26 % zu den Freunden (2 %) bzw. zu den Mitarbeitern (5 %); bei 18 % zum Ehepartner (3 %) und bei 11 % zu den eigenen Kindern (2 %) (Kremer u. Tausch, 1978). □ 19 Lehrer, die zu zweit oder zu dritt jeweils an einer Gruppe mit Klienten der Beratungsstelle teilgenommen hatten, äußerten in der Nachbefragung 4 Monate später: Jeder 2. erlebte seine zwischenmenschlichen Beziehungen zu seinen Schülern und Kollegen verbessert, keiner verschlechtert; jeder 3. hatte besseren Kontakt zu Vorgesetzten, zu Freunden, zum Lebenspartner und jeder 4. zu den eigenen Kindern. Nur je einer erlebte seine Beziehung negativ verändert zum Lebenspartner, zu seinen Eltern und zu seinem Vorgesetzten (Wittern u. a., 1978).

„Im Gespräch mit anderen Menschen fühle ich mich nicht mehr so gehemmt. ... Ich bin eher bereit, auf andere Menschen zuzugehen."

„Anderen Frauen gegenüber fühle ich mich jetzt freier. ... Es fällt mir leichter, mich nach einem Ärger wieder zu versöhnen."

„Ich strebe weniger danach, mich bei anderen um jeden Preis in ein gutes Licht zu stellen."

„Im Gespräch mit anderen wage ich das zu sagen, was ich denke."

„Meine Neigung, mich zurückzuziehen, ist geringer geworden."

„Meine Frau, die holte mich nach der Gruppe ab. Zusammen mit einer ehemaligen Schülerin, die unheimlich problembeladen ist, die einen Selbstmordversuch gehabt hat. Und mit der hatte ich weiteren Kontakt. Meine Frau hatte sie an dem Wochenende mitgenommen. Ich habe meine Frau dann in den Arm genommen, was wir ja auch nicht mehr jeden Tag tun. Und dann die Johanna (die ehemalige Schülerin) auch. Beide waren perplex. Abends nach der Gruppe habe ich eine ehemalige Referendarin und Freundin angerufen. Die fand es putzig, daß ich am Telefon sagte, daß ich jetzt weine. Sie war erstaunt. Meine Frau war entsetzt. ... Den ersten Schultag überstand ich prächtig. Nachher war ich zu einer Versammlung. Ich habe es prächtig verkraftet. In der Mittagspause sprach ich offen mit einer älteren Sekretärin. Wir umarmten uns, sie sprach offen aus, daß sie alleine sei. Ich hatte vorher nie bemerkt, daß sie sich freute, wenn sie mich sah. Nachts sprach ich mit meiner Frau, die sagte, ich wirkte überkandidelt. Wir nahmen es humorvoll. Sie beschloß, mir ein Buch zu schenken, wo ich einschreiben sollte, wen ich wann umarmte, so daß sie denjenigen Entschuldigungsbriefe schreiben könnte."

„Ich habe Angst vor anderen Menschen verloren. Ich kann offener und freier sein. ... Ich habe mehr Mut, auf andere zuzugehen. Ich warte nicht mehr immer, bis andere auf mich zukommen."

„Ich kann mit mir selbst besser umgehen, bin ehrlicher, kann mich selbst besser verstehen und finde bessere Ansatzpunkte, mich zu ändern. Ich kann anderen freier und wärmer begegnen und besser auf sie eingehen."

„Ich habe enge Beziehungen zu sehr verschiedenen Menschen aufgenommen. Ich fühle mich in den Beziehungen ziemlich frei und gelassen. Ich fühle mich ausgesprochen wohl. Ich denke, ich habe Menschen noch nie so sehr gemocht wie jetzt."

„Der Kontakt zu Freunden ist stärker geworden. Die Beziehung tiefer. Ich glaube, ich bin für einige umgänglicher und mehr beachtenswert geworden."

„Diese Erfahrung, andere Menschen und mich in Ehrlichkeit und Offenheit zu erleben, hat mich selbst von den mannigfachsten Vorurteilen, Enttäuschungen und Zynismen befreit, die ich anderen entgegenbrachte, beziehungsweise meinte, daß sie mir mit solchen Handlungen gegenübertreten. Ich habe gelernt, jeden Menschen zu achten, ich versuche mit Erfolg, Menschen vorurteilsfrei auf mich wirken zu lassen. Ich habe quasi gelernt, die Menschen kennenzulernen."

„Ich kann's jetzt ertragen, daß alles so furchtbar bei meinem Mann rauskommt. Weißt Du, es haut mich nicht mehr um. Ich weiß jetzt, daß ich trotzdem einen Wert hab', auch wenn er mir sagt, daß er oft schrecklich unter mir leidet. Das haut mich nicht um. Ich weiß trotzdem, daß ich Ich bleiben kann. Ich sehe es jetzt mehr, daß es sein Problem ist. Ich habe etwas mehr Distanz dazu. Dadurch kann ich meinen Mann überhaupt so sehen. Sonst war es immer so, daß ich mich sofort angegriffen fühlte und überhaupt keinen Wert mehr in mir verspürte. Und dann hab' ich überhaupt nicht gesehen, wie er leidet. Ich kann nicht sagen, daß es mich jetzt kalt läßt. Es trifft mich sehr, wenn er es sagt. Aber es rasselt nicht mehr sofort wie'ne Jalousie bei mir runter. Ich sehe, daß es keine Angriffe sind, um mich zu verletzen. Sondern, daß er es sagt, weil er wirklich darunter leidet. Ich glaube schon, daß es ihm hilft, daß er es jetzt sagen kann."

„Nach der Gesprächsgruppe habe ich mich sehr wohlgefühlt. Ich konnte Menschen offen und frei ohne Angst begegnen und ohne daß ich Angst haben müßte. Früher hatte ich immer eine gewisse Abwehr: ‚Erstmal sehen, was du tust'. Ich begegnete den Menschen mit einem Stück Mißtrauen. Ich hatte immer die Angst, verletzt zu werden, und daß der andere mir zu nahe kommt. Meiner Frau gegenüber habe ich nicht solches Mißtrauen, obwohl es mir nicht leicht fällt, ehrlich zu sein in allen Bereichen."

„Ich finde, ich bin offener. Die Leute reagieren anders. Ich fühl' mich einfach unverwundbarer, angstfreier. Ich bin nicht mehr von den Reaktionen der Leute abhängig."

„Ich hab' mich danach sehr wohlgefühlt. Ich habe den Eindruck, daß ich allen Menschen erstmals offen und frei begegnen konnte. Nicht mehr Angst haben zu müssen. Ich kann nicht sagen, daß ich früher nicht auf Menschen zugehen konnte. Aber immer mit so einer gewissen Abwehrhaltung von vornherein dabei."

„Ich bin ganz guter Stimmung. Ich muß sagen, ich bin etwas entschiedener und etwas gelöster in meinem Verhalten. Wobei ich nicht sagen kann, was dieses ‚Entschiedener' eigentlich genauer ist. Aber ich empfinde mich selbst so. ... Ich habe auch meine Umwelt im Büro genauer beobachtet und mich auch. Und seltsamerweise habe ich das Gefühl, ich habe ein bißchen mehr Abstand. Ja, das ist nicht so bedrohlich und so bedrückend. Ich sehe eigentlich – und ich hoffe, daß das so bleibt – Menschen freundlicher. ... Bisher hat das angehalten. Ich weiß nicht, wie das werden wird. Aber im Moment – über diese Zukunft sollte man sich vielleicht nicht solche Gedanken machen. Erleben kann man ja nur im Moment. Und dieser Moment ist besser als der, den ich vor der Gruppe hatte."

„Ich habe persönliche Schwierigkeiten abgebaut. Mein Unterricht ist fröhlicher und spannungsreicher geworden. Ich kann mit meinen Schülern geduldiger und fröhlicher sein."

„Es ging mir wie in meinen besten Zeiten. Intakter, ruhiger, ausgeglichener. Daß nicht jeder kleine Konflikt mich aus der Bahn wirft. Abstand nehmen können, zu Leuten entspannter sein."

„Ich habe stärker das Bedürfnis, mit meiner Familie was zusammen zu machen. Ich weiß nicht, ob ich es schaffe. Ich möchte das, was mit meinen eigenen Kindern zusammenhängt, intensiver betreiben."

„Als ich nach Hause kam, da war ich unheimlich duldsam. Ich hatte mich auf etwas gefreut, was dann nicht klappte. Da konnte mein Freund nichts für. Ich wäre sonst bestimmt muffig gewesen und hätte es verstandesmäßig eingeordnet. Jetzt konnte ich das prima ertragen, ich konnte es akzeptieren."

Eine 65jährige 6 Monate nach der Gesprächsgruppe: „Ich habe jetzt Kontakt mit einer älteren Dame. Wir treffen uns jetzt jeden Mittwoch zum Kaffee. Dann habe ich noch eine ältere Dame, die ist über 70. Mit der stehe ich telefonisch in Verbindung. Wir treffen uns auch öfter. Und dann hab' ich noch eine jüngere Dame. Und wenn uns mal so danach ist, dann treffen wir uns. Also ich kann das nicht so allgemein sagen. Das ist nur so bei Leuten, zu denen ich Vertrauen habe, so wie bei diesen 3 Frauen jetzt. Ich bin sehr froh, daß ich sie kennengelernt habe. Das ging auch von mir aus. Zuerst nach der Gesprächsgruppe habe ich mich sehr allein gefühlt. Noch mehr als vorher, weil ich den Unterschied gesehen habe. Und dieses Einsamkeitsgefühl hat lange angehalten."

„Ich habe zum ersten Mal, als alleinstehende Frau mit Kind, Ehepaare eingeladen. Es ging gut. Ich hatte immer Angst davor. Um jedem Verdacht zu entgehen, habe ich mich immer zurückgehalten. Mit der Zurückhaltung ist jetzt Schluß."

„Ich hätte also nie erwartet, daß ich so umgekrempelt würde in einer Gesprächsgruppe. Das hat sich unwahrscheinlich ausgewirkt, so auf alle möglichen Leute. So zum Beispiel mit einer Kollegin, mit der war sonst immer so'ne Wand zwischen uns."

„Vielleicht ist es interessant für Euch zu erfahren, welche Wirkungen Ihr bei uns ausgelöst habt. Ich sehe positive Auswirkungen, freiere Personen und geänderte Beziehungen bei allen Professoren, die daran teilgenommen haben. Was ich aber täglich erfahre, ist, mit mir selbst und anderen besser auszukommen. Davon bin ich einfach nach wie vor begeistert."

„Ich habe mit meiner Mutter ein offenes Gespräch gehabt, was Wunden aufgerührt hat, was ich sonst gescheut hätte."

„Ich habe durch die Gruppenbegegnung eine positive Veränderung erfahren in meinem Verhalten, z. B. gegenüber meinen Mitschülern und Vorgesetzten. Ich bin insgesamt etwas aufgeschlossener geworden. Die Gruppe hat mich empfindsamer gegenüber meinen eigenen Gefühlen gemacht. Außerdem nehme ich die Gefühle anderer eher wahr. Ich habe die Erfahrung gemacht, daß meine Mitmenschen oft ähnlich empfinden wie ich. Daraus hat sich ein größeres Interesse an meiner Umwelt entwickelt. Ich spüre weniger Distanz als vorher zu anderen Menschen. Ich kann jetzt andere besser verstehen, habe aber gleichzeitig etwas über meine eigenen Gefühle gelernt. Das Gruppengespräch bewirkte bei mir eine leichte Besserung meiner Kontaktschwierigkeiten. Außerdem fällt es mir nicht mehr ganz so schwer, meine Gefühle zu äußern. Meine Schüchternheit und meine Hemmungen sind abgeschwächt."

„Ich meine, es sind mitunter nur winzige Kleinigkeiten. Aber ich merke doch, daß es irgendwie möglich ist, und daß ich nicht mehr so diese Angst habe, andere könnten Schlechtes von mir denken oder mich bloßstellen oder ich hätte was Ungeschicktes gesagt."

„Da ist eine gewisse Besserung. Obwohl das früher bei mir total nicht ging. Das hat sich nach der Gesprächsgruppe so ganz allmählich entwickelt. Und dann ging es einmal auch einen ganzen Ruck nach oben. Ich hab' da in dem Betrieb mal jemand angesprochen. Den hab' ich später auf einem Fest wiedergetroffen und bin wieder auf ihn zugegangen. Wir haben ganz toll miteinander reden können, auch über persönliche Probleme. Mit ihm bin ich heute befreundet. Aber auch in der Kneipe kann ich heute mit jemandem kurzfristig mal sprechen. Das geht viel besser als vorher. Ich hab' da jetzt weniger Hemmungen. Ich kann jetzt einfach mal auf jemand zugehen."

66jähriger: „Ich bin großzügiger geworden. Auch der Jugend gegenüber. Auch den Kindern gegenüber. Früher habe ich immer vom Balkon heruntergeschimpft. Da bin ich anders geworden."

„Ich bin jetzt in der Schule gelockerter. Bin nicht so verkrampft. Ich bin etwas legerer. ... Mir geht es darum, daß man sich gibt, wie man ist, nicht so verbissen. ... Ein Schüler meinte: ‚Ach, Sie sind ja jetzt wieder lustig'. ... Im Kollegium war ich immer Beobachter, nie Handelnder. Jetzt fange ich an zu handeln."

„Also es waren jetzt 3 Kollegen von unserem Kollegium in Gruppengesprächen. Ich muß sagen, in unserem Kollegium hat das sehr viel ausgelöst. Es ist direkt eine Revolutionierung der Beziehungen. Obwohl, wie gesagt, von 22 Leuten nur 3 da waren, hat es sehr viel aufgebrochen. Nicht in der Beziehung zu allen, aber es hat doch mindestens die Hälfte des Kollegiums miterfaßt. Für die Beziehungen innerhalb der Kollegen, da sehe ich jetzt direkt einen großen Fortschritt."

„Ich habe mehr Körperkontakt zu den Schülern, daß ich mal jemand die Hand auf den Kopf gelegt habe. Das ist mir irgendwo wichtiger geworden."

„Am Montag hatte ich mit Kollegen, mit denen ich Kontakt hatte, die nicht in einer Gesprächsgruppe waren, Schwierigkeiten ‚Sie' zu sagen. Ich konnte nicht mehr ‚Sie' sagen zu Leuten, die ich mochte. Dann hab' ich es angesprochen. ... Das liegt so völlig außerhalb meiner bisherigen Linie. Ich hielt soviel vom ‚Sie'. Ein gutes ‚Sie', dachte ich, ist besser als ein schlechtes ‚Du'. Was ich eigentlich damit meinte, war mir nicht klar."

„Was ich auch so herrlich empfand ist, daß ich ganz deutlich das Gefühl bekam, daß ich den Partner auch belasten kann, ohne ein schlechtes Gewissen zu bekommen. Ich kann ihn belasten mit dem, was ich empfinde, auch wenn's nicht gerade positiv für ihn ist. Aber das weiß ich, es wird verstanden."

Reinhold in einer gefilmten Nachbefragung einer Paar-Gruppe: „Dies mit der Angst, Klaus, empfinden wir ähnlich. Eine Ehe kann nicht in einem Schonraum leben. Und ein potentieller Partner kann immer da sein. Es kann also jeder auf jeden irgendwo zugehen. Da müßte also immer eine jede Ehe mit der Angst leben: Bringt mein Partner einen Partner mit. ... Aber die Erfahrung, die wir auch machen, ist, daß diese Angst eigentlich weg ist. Dieses Erleben, dieses frei erleben: Den anderen auch so aufnehmen, akzeptieren."

Heinz in der gefilmten Nachbefragung einer Gruppe: „Ja also ich würde sagen, die Zuversicht, die ich an diesem Tag hatte, am Sonntagnachmittag, die hat sich eigentlich bewahrheitet. Nicht, daß ich jetzt konkret irgendetwas vorweisen könnte: Es hat sich in diesen 3 Wochen das und das getan. Aber an so vielen Kleinigkeiten mußte ich doch feststellen, dieses Erlebnis hier, dieses Gruppengespräch, hat mir persönlich doch sehr viel gegeben. Ich bin zu meinen Mitmenschen etwas offener, etwas verständiger. Ich begegne dem einen – einfach mit einer größeren Offenheit. Ich laß' die anderen vielleicht ein bißchen mehr so in mich hineinschauen und habe eigentlich schon an kleinen Dingen feststellen können, daß da irgendwo eine Erwiderung auch kommt, speziell in der Firma. Da ist es mir eben am meisten aufgefallen. Bislang bin ich eben hier morgens – das ist so ein ziemlich langer Gang und links und rechts sind Büros, und da sitzen ja Menschen morgens, weil ich meistens etwas später komme. Und bislang bin ich also immer ziemlich gerade durchgegangen, so mehr oder weniger ‚Guten Morgen' gemurmelt, auf den Boden gesehen, bis ich in meinem Büro war und hingesetzt und Schluß. Und nach diesem Gruppengespräch bin ich also nun vorn angefangen, nach rechts und nach links gegrüßt: ‚Guten Morgen! Guten Morgen!' Am ersten Tag war's also ein bißchen komisch. Aber ich hab' es eigentlich bis jetzt mehr oder weniger fast durchgehalten. Und es macht eigentlich richtig Spaß. Also das mein' ich jetzt auch mit Offensein. Denn dieses eigentlich, ja Guten-Morgen-Sagen ist ja recht wenig. Und trotzdem ist es für mich viel gewesen. Es hat mich nämlich schon etwas Anstrengungen gekostet, sowas zu tun eben. ... Ich habe in diesen 3 Wochen eigentlich mit meinen Kollegen und Kolleginnen mehr gesprochen als in den 1 ½ Jahren, wo ich in der Firma bin."

Eine Person teilt anderen offen ihr Fühlen und Denken mit

Personen, die sich in Gesprächen stark selbst öffnen und mit sich selbst auseinandersetzen konnten, ihr eigenes Fühlen intensiv spürten und ausdrückten, sind häufig fähiger zu reicherer, tieferer und befriedigender Mitteilung an andere. Sie können persönlich bedeutsame Erlebnisse anderen eher mitteilen. Sie lassen dadurch andere an ihrem seelischen Reichtum teilnehmen. Sie werden so für andere bedeutungsvoller. Und durch das Mitteilen und Darübersprechen werden ihnen viele Erfahrungen und Wahrnehmungen bewußter. Sie können mehr auf andere Menschen zugehen. Sie teilen ihnen gegenüber ihre Wahrnehmungen und Empfindungen mit. Und sie sind fähig, auch ihre ungünstigen Empfindungen dem anderen mitzuteilen, mit Rücksicht und Takt. Insgesamt verhalten sich Menschen anderen gegenüber offener, gefühlsmäßiger, persönlicher.

Eine Person ist offener und persönlicher im Umgang mit anderen

„Ich versuche, im Umgang mit meinen Mitmenschen offener und direkter zu sein. Soweit es geht. Und es geht eigentlich immer."

„Ich gehe mehr auf andere Menschen zu. Ich lasse sie in vieler Hinsicht mehr an mir teilhaben."

„Ich hab' eine lange Zeit bei jedem Menschen immer gedacht: Wie gut ist der eigentlich? Wieweit kannst du dem eigentlich trauen? Immer habe ich jedem Menschen gegenüber gleich Angst gehabt. Erst allmählich habe ich mich davon freigemacht und ich hab' gelernt: Wenn ich offen bin, gewiß, dann wird's nicht leichter, aber irgendwie komme ich dann besser mit den anderen klar."

„Die Gespräche mit den Schülern waren schon immer offen. Aber ich kann jetzt gefühlsmäßig offener sein. Meine eigenen Empfindungen so reingeben in die Klasse. Ich hab' z. B. sehr ausführlich von meinen Erlebnissen in der Gesprächsgruppe erzählt. Das hat die Schüler ganz stark berührt. Ich kann jetzt weniger kontrolliert sein, wirklich. Ich kann mich eher reingeben und hab' damit automatisch positive Erfahrungen gemacht."

„Zu den Kollegen, glaube ich, daß sich da schon einiges geändert hat. Auch daß man jetzt offener spricht über die Probleme, die man hat. Das merkt man auch. Gerade heute wieder, als ich nach der 6. Stunde reinkam ins Lehrerzimmer, da saß noch eine Kollegin. Wir haben noch 'ne halbe Stunde geklöhnt. Weil sie einfach so fertig war. Sie hat mit einer speziellen Klasse Schwierigkeiten."

„Früher hielt ich öfter meinen Mund und ließ das nicht so einfach alles raus. Das ist vorbei. Ich möchte aber eine Gruppe noch einmal mitmachen, vielleicht ja auch mit meiner Frau zusammen."

„Ich kann den Menschen freier und offener entgegentreten und meine eigenen Wünsche und Gedanken besser äußern."

„Ich kenne einfach viele Leute jetzt, mit denen ich mich sehr gut unterhalten kann. Ich kann jetzt einfach über mich reden und muß nicht immer auf Sachen ausweichen, z. B. ‚Ich möchte mir einen Fotoapparat kaufen, weißt Du nicht, welches da der beste ist?' Ich kann auch eher auf den andern eingehen. Und ich kann jetzt von mir aus mal jemand einfach ansprechen. Das finde ich gut."

„Für mich war es ein sehr überraschendes Erlebnis, daß ich fähig wurde, zu mehreren Personen gefühlsmäßige Beziehungen aufzunehmen. Irgendwie fühlte ich mich bestätigt und bestärkt, offener mit meinen Gefühlen umzugehen."

„Auch mit meiner Mutter konnte ich jetzt viel reden."

„Seit der Gruppenerfahrung fällt es mir wesentlich leichter zu sagen, was in mir vorgeht. Das fällt mir besonders bei den Nachtreffen auf, wo es mir jetzt besser möglich ist, meine Erlebnisse und Gefühle mitzuteilen und genauer hinzuhören, wie es den anderen ergeht, zu sehen, was sie bedrückt."

„Es ist z. B. so, in der Beziehung zu meiner Freundin, daß ich da eher auch mal merke, was meine Bedürfnisse sind. Daß ich spüre, was ich möchte, und daß ich in der Lage bin, das anzusprechen, zu sagen: ‚Das ist das, was ich möchte!' Ich kann mich da besser artikulieren und mich so besser in eine Beziehung einbringen. Ich war früher eher zurückhaltend in dem, was ich für mich haben möchte."

Lehrer: „Ich hab' das deutliche Gefühl, mein Unterricht ist heute sehr, sehr viel besser. Ich habe vor der Gesprächsgruppe sicher einen guten Unterricht gemacht. Der wäre sicherlich von Seminarleitern gut beurteilt worden. Aber es war von mir persönlich nichts drin. Ich habe einen hervorragenden Kopf-Unterricht gemacht, auch für die Schüler. Und das ist heute ganz anders, wirklich ganz anders."

Lehrerin: „Also meine Person im Unterricht und der Kontakt zu den Schülern, das ist persönlicher geworden."

Eine Person teilt spontan anderen mit, was sie für sie empfindet

„Mir ist es leichter gefallen, spontaner zu sein oder eher zu sagen, was ich so ganz im Moment empfunden habe. Wenn ich zum Beispiel Leute gesehen habe, die mich irgendwie interessiert haben, die von mir aus anzusprechen, daß ich da so meine Hemmungen abbauen konnte. Und daß ich bei anderen Kontakten, die ich schon länger habe oder die ja sowieso intensiver waren, daß ich da ehrlicher geworden bin. Daß ich nicht mehr Angst davor hatte, irgendwie abgewiesen zu werden."

„In der Gesprächsgruppe konnte ich zum ersten Mal spontan ausdrücken, was ich anderen gegenüber empfinde. Früher war ich viel gehemmter. Ich kann jetzt viel mehr auf andere Leute zugehen. Ich getraue mich das jetzt. Ich empfinde mich da als offener und direkter. Ja, den Eindruck habe ich von mir. Einfach so, daß ich nicht mehr gucke, wie andere gucken. Sondern daß ich erstmal sowas von mir erzähle und dann erst sehe, was dann so passiert. Und wenn überhaupt nichts passiert, daß ich dann versuche, das eben auch hinnehmen zu können. Und nicht so geknickt zu sein und das als Mißerfolg zu werten."

„Ich gehe auf Menschen zu und ich zeige, daß ich etwas für sie empfinde. Es fällt mir leichter, jemanden danach zu fragen, was ihn bedrückt, und viele schenken mir ihr Vertrauen."

„Es gelingt mir auch etwas besser, daß ich manche Dinge ausdrücken kann, in Worte fassen kann, wozu ich mich früher nicht getraut hatte oder wozu mir die Worte gefehlt hätten, wovor ich Angst gehabt hätte."

„Ich habe in der Gruppe gemerkt, daß ich zu wenig auf meine eigenen Bedürfnisse achte, damit es mir gutgeht. Und wenn ich das tue, dann bin ich auch hilfreich für andere. So kann ich jetzt zum Beispiel besser auf meine Gefühle achten, wenn ich mit jemandem zusammen bin. Dadurch werden diese Gefühle noch intensiver, was bewirkt, daß meine Beziehung zu dem anderen ehrlicher wird."

„Ja, ich habe gelernt, genauer bei mir hineinzuhören und anderen auch genauer mitzuteilen, was mit mir ist. Nach der Gruppenbegegnung bin ich viel unbefangener und risikoreicher auf andere Menschen zugegangen."

„Ich zeige anderen Menschen heute mehr, was in mir vorgeht und habe den Eindruck, daß ich mehr angenommen werde. Ich stellte fest, daß sich andere durch meine Fassade aus Souveränität von mir distanzierten. Jetzt spüre ich, daß die Bekannten, die mir wichtig sind, mich mehr akzeptieren. Dies bedeutete aber auch in manchen Fällen eine Auflösung von Beziehungen."

„Eine Frau bei der Gewerkschaft, der konnte ich sagen, daß ich sie, wie sie die Arbeit macht, bewundere. Sie konnte es kaum annehmen. Nachher gab sie doch etwas preis: Daß es für sie schwer sei, das anzunehmen, weil ihre Mutter sie immer kleingehalten habe. Früher hätte ich mich nicht getraut, das zu sagen."

„In der Gesprächsgruppe ist mir meine vorschnelle Hilfsbereitschaft deutlich geworden, die so losgelöst von meinen eigenen Gefühlen war. Jetzt kann ich meine Grenzen klarer erkennen und bin weniger belastet von dem Druck, anderen helfen zu müssen. Ich fühle mich aufrichtiger, wenn ich meine eigenen Gefühle erkenne und sie in die jeweilige Beziehung mit einbringe."

„Ich traue mich jetzt, mich anderen Menschen gegenüber zu öffnen und stelle fest, daß die anderen das sehr mögen."

„Ich kann mich jetzt meinem Ehepartner besser mitteilen."

„In Beziehungen und in Gesprächen mit Freunden und Bekannten, da merke ich häufiger, daß es gut ist, wenn ich das sage, was ich tatsächlich meine, denke und fühle und empfinde den andern gegenüber."

„Ich dachte, ich könnte es im Umgang mit Leuten in meinem Beruf nicht bringen. Aber es geht doch. Ich habe es z. B. gestern gemerkt. Meine Elternvertreterin rief an. Meine Klasse hatte Flohmarkt, und ich war krank. Die haben alles selbst gemacht, vor allem die Mutter. Ich sagte ihr, wie gut ich das finde, daß sie das macht. Ich merkte, wie dankbar sie war, daß ich ihr das so offen sagte. Ich sagte ihr's persönlicher, nicht so'n üblicher Dank. Ich merkte hinterher: Du hast mit ihr ganz anders geredet als sonst. Das möchte ich gerne beibehalten. Ich weiß nicht, ob ich es kann. Man trägt sonst häufig gerade im Beruf eine Maske. Im Freundeskreis fällt es mir leichter."

„Ich versuche, da auch Leute anzustupsen, auf den Kern zu kommen oder auch mal direkt etwas zu fragen oder zu sagen. Mehr zu sagen als zu fragen. Ich habe gute Erfahrungen damit gemacht. Einem Bekannten fiel es auf. Der sagte: ‚Du sagst einem so Sachen, da weiß man da gar nicht, was man darauf antworten soll.' Dabei hatte ich ihm etwas Nettes gesagt, was mir an ihm aufgefallen war. Ich sagte: ‚Weißt Du, das denke ich immer von Dir. Warum soll ich es Dir nicht sagen?' Es erstaunte ihn, weil er es nicht gewohnt war."

„Seit 2 Jahren mache ich eine Entwicklung durch – eigentlich meistens nur zum Besseren. Es fiel mir leicht, auf Leute zuzugehen und mit ihnen zu reden, was mir wichtig ist. Ich konnte mehr das tun, was ich eher wollte, aber sonst nicht bringe. Z. B. die Putzfrau wollte ich in den Arm nehmen, die mir etwas abnahm. Jetzt habe ich eher das Gefühl, daß ich es wagen kann, weil die Leute positiver reagieren, als ich es früher dachte."

„Ich glaube, ich bin tatsächlich in der Lage, andere Menschen nicht nur zu akzeptieren, sondern auch sehr liebevoll und zärtlich zu ihnen zu sein. Dies ist eine Fähigkeit, von der ich früher nie geglaubt habe, daß ich sie besäße, aber ich habe sie."

„Ich kann anderen schon besser sagen, was ich fühle, daß ich jemanden mag. Ich kann Körperkontakte aushalten, erwidern ohne Angst, oder Abwehr, aus eigenem Bedürfnis heraus."

Eine Person geht einfühlsamer hilfreicher mit anderen um, sie befähigt andere zu einfühlsamerem hilfreicherem Verhalten

Personen, die besser mit sich selbst umgehen, werden fähiger zu hilfreicheren Beziehungen zu anderen. „Wenn ich ein Stück mehr mit mir selber ins reine komme, bin ich auch in meinem Verhalten harmonischer. Dann hinterlasse ich nicht bei anderen einen Scherbenhaufen." „Die Gesprächsgruppe hat mir bewiesen, daß ich innerlich stark genug bin, um nach Außen gehen zu können. Energien, die ich früher für mich selber brauchte, werden frei. Ich kann mich besser für andere einsetzen." „Ich bin doch dann nicht nur so, daß ich nur was für mich dann tue, also automatisch geb' ich das dann weiter an andere."

Eine Person nimmt stärker Anteil an anderen, sie kann mehr das Erleben anderer hören

Dies ist eine recht augenscheinliche Wandlung: Teilnehmer von Gesprächen, insbesondere Gruppengesprächen, können die gefühlsmäßige Welt anderer mehr hören und nehmen an ihr Anteil. Dies hängt häufig damit zusammen, daß sie in der Gruppe den Helfer und andere Mitglieder wahrnahmen, wie diese sich in die innere Welt anderer versenkten und daran Anteil nahmen, wie dies als hilfreich empfunden wurde und wie sie es bei sich selbst als hilfreich erlebten. Dieser Wandel größerer Anteilnahme und tieferen Verständnisses für andere tritt häufig schon während der Gruppengespräche ein. Einige Erlebnisäußerungen hierzu: „Ich brauchte mich nicht mehr wie früher in den Vordergrund zu spielen." „Ich konnte mich mehr in andere reindenken. Ich konnte sehr beteiligt sein. Ich war im Gefühlsbereich sehr aufmerksam. Vorher war ich mehr verstandesmäßig gewesen." 84jähriger: „Ich habe in die Schwierigkeiten, die diese Jung's haben, einen tiefen Einblick genommen. Den hatte ich nicht in dem Maße. Und das hat mich tief bewegt und bewegt mich heute noch." „Jeder hat dem andern Freiheit gegeben, anders zu sein. Das finde ich gut. Daß bei den Leuten, die so verschieden sind und sich auch nicht kennen, daß die einander zuhören und auf einander eingehen, das fand ich gut." „Alle haben ihr Problem in die Gruppe reingegeben, ich auch. Die haben sich dann in das Problem des anderen reingefühlt und sind dann darauf eingegangen. Und ohne Augenblinkern ist das Gespräch gut gewesen. Es ist erstaunlich, daß jeder bereit war, auf andere einzugehen. Und das stößt eigentlich die Theorie um, die ich vorher gehabt habe, mit dem ausgesprochenen Egoismus."

Die folgenden Äußerungen aus Befragungen mehrere Wochen oder Monate nach den Gesprächen veranschaulichen, daß Personen verständnisbereiter, anteilnehmender und zugewandter für die gefühlsmäßige Welt anderer werden:

„Ich kann mich seitdem auf das, was andere sagen, besser einstellen."

„Dieses Sich-Annehmen einer anderen Person, ich hab' das als ungeheure Bereicherung erfahren."

„Ich hatte das Gefühl der Anteilnahme am Schicksal meiner Mitmenschen schon seit langem verloren gehabt. Durch die Gruppe ist es wieder lebendig geworden. Für mich ist das sehr viel."

„Ich habe mehr Verständnis für die Probleme anderer und auch für meine eigenen bekommen. Ich habe erkannt, wie wichtig Zuwendung, Zuneigung für viele ist und daß Zurückhaltung oft nur die Unfähigkeit ist, selbst offen zu sein und Zuwendung zu zeigen."

„Mir ist aufgefallen, daß ich jetzt sehr viel mehr Wärme abgeben kann und mehr auf andere Leute zugehen kann und daß die Leute mehr zu mir kommen. Ich kann den Leuten etwas ganz spontan sagen."

„Ich finde, daß ich toleranter und weitherziger geworden bin. Ich wurde mir klarer, wie beurteilungswütig man werden kann."

„Ich neige dazu, mir schnell ein Urteil zu bilden, schnell zu werten und nicht genau zuzuhören und mich nicht genau einzustellen. Ich will mich bemühen, wenn ich mit anderen rede, alles andere abzuschalten und mich in sie einzufühlen."

„Daß wenn ich wieder einen Partner habe, daß ich vorsichtiger bin, ihn in ein Schema einzuordnen. Daß ich ihn nicht gleich abqualifiziere."

„Ich konnte mehr auf die Probleme meines Sohnes eingehen. Sonst nehme ich die Probleme anderer durch meine innere Hektik weniger wahr. Ich konnte andere mehr annehmen, mir mehr anhören."

„In der Familie ist vieles noch lebendig. Ich kann meinen älteren Sohn anders verstehen und sehen. Wir haben hier ein Gespräch gehabt, das anders lief als früher."

„Ich unterhielt mich mit meiner Mutter. Sie hat ein Haus, 3 Kinder, ist aber nicht zufrieden. Ich sagte, ich kann sie verstehen, daß sie eine Leere spürt. Das konnte ich in der Deutlichkeit sagen, weil ich es in der Gruppe erfahren hatte. Früher hätte ich Schwierigkeiten gehabt, das nachzuvollziehen und zu verstehen."

„Ich meine, behutsamer sein zu müssen, wenn Leute, mit denen ich umgehe, sich nichts anmerken lassen. Ich müßte Zwischentöne heraushören können, ob die ohne Hilfe durchs Leben gehen können."

„Mein Mann und ich waren sehr weich, verletzlich und offener für andere nach der Gesprächsgruppe."

„Heute ist es ganz anders, wenn ich mit jemand zusammen bin. Da habe ich einen viel innigeren Kontakt mit ihm, weil ich viel empfindsamer geworden bin. Ich merke nämlich jetzt, daß ich dem anderen auch was geben kann. Auch urteile ich nicht mehr so schnell wie früher über andere Leute. Früher habe ich sie immer schnell abgeurteilt oder klassifiziert. Damit bin ich jetzt sehr sehr vorsichtig geworden. Es ist nämlich viel schöner, eine Situation zu genießen, als sie zu beurteilen und zu klassifizieren."

Ein Ehepaar in einer Nachbefragung: „Wir hören mehr einander zu, haben Verständnis und urteilen nicht gleich." „Wir führen unsere Gespräche offener und fühlen uns auch für Gespräche fähiger. Wir empfinden es herrlich, in dieser Offenheit zu uns leben zu dürfen."

„In der Schule hatte ich ein tolles Erlebnis. Ich konnte sehr gut auf einen Schüler, den Jens, eingehen. Er sagte, daß er sich seit der 3. Klasse einsam fühlte. Ich sah die Tränen in seinen Augen. Es ist komisch, er fühlte sich so verstanden. Ich habe immer versucht, auf Kinder einzugehen. Aber ich konnte es nie so intensiv. Ein anderer Schüler war schon mehrmals rausgeflogen, er verkloppte viele. Dieses Kind kommt zu mir und sagt: ‚Mir geht's genauso wie dem Jens.' Das hat mich umgehauen, daß dieses schwierige Kind zu mir kam."

„Als ich mit den großen Schülern in der Schule Kaffee trank, konnte ich eher wahrnehmen, in welche Richtung sie Lust hatten zu denken und zu fühlen. Ich konnte sie eher ermutigen mit Worten und Gesten, das zu tun, was sie wollten. Es war nützlich, was ich fragte und behauptete. Ich würde lieber mehr auf die Schüler eingehen, was die Schüler wollen."

„Ich bin mir der Gefühle anderer bewußter geworden."

„Gefühlsäußerungen und Gefühlsausbrüche anderer erlebe ich nicht mehr als bedrohlich, sondern verspüre eher ein Mitgefühl."

„Ich gehe jetzt noch mehr auf Menschen ein. Wenn ich jetzt spüre, meine Frau fühlt sich unwohl, sage ich jetzt öfter: ‚Laß uns mal zusammen sprechen.' Ich kann es auch ganz banal sagen: Ich bringe ihr eher mal was mit, was sie gerne mag. ... Ich sehe, was ich habe, und was ich verlieren kann."

Ein Sozialarbeiter, der in einer Wohngemeinschaft Schwerbehinderte betreut: „Ich lege jetzt die Entscheidung darüber, was läuft, bei den Leuten und nicht bei mir. Bisher hab' ich den Experten herausgekehrt. Ich hab' keine andere Möglichkeit gesehen als die, andere zu führen und ihnen erst später mal Selbstbestimmung zu geben. Aber jetzt weiß ich: Wenn etwas wirklich laufen soll, dann muß die Führung bei den anderen liegen. Dann müssen *sie* sagen: ‚Das wollen wir.' Ich hab' bisher schon einige Trainings und sowas mitgemacht. Aber erst in dieser Gesprächsgruppe ist mir klar geworden, die andern über ihr Leben bestimmen zu lassen."

„Also meine Ruhe beeinflußt die Schüler doch sehr günstig. Die Schüler haben sich selber auch viel wohler gefühlt die letzten 14 Tage nach der Gesprächsgruppe. Es war so irgendwie eine ganz andere Atmosphäre. Bei einem Schüler, da hat sich's deutlich gezeigt. Mit dem liege ich eigentlich schon seit 2 Jahren, eigentlich liegt jeder mit dem seit 2 Jahren im Clinch. Er hat irgendwie so'n Lehrerhaß, so'n Autoritätshaß. ... Ich hab' wohl einfach wahrscheinlich den richtigen Ton gefunden. Ich hab' ihm auch gezeigt: Ich halte was von Dir, was Du machst. Und ich hab' gesehen, daß Du Dich angestrengt hast. Ja, das ist wichtig, daß ich das tue. ... Ich seh' jetzt mehr die Bemühungen der Schüler, ihr persönliches Engagement. Und das ist da ganz deutlich geworden, daß ich das besser erkennen konnte und ihnen auch sagen konnte."

„Ich nehme jetzt viel wacher wahr, was für Menschen um mich herum sind, teilweise wie resignativ die doch sind. Die einfach nicht mal Ausschau halten: Was will ich eigentlich oder so? Ja, die sind da so eingepflanzt, weiß Du: Hier bin ich nun, und hier muß ich bleiben. Schlimm manchmal. Das hab' ich auch heut' so gedacht: Ich hatt' heut' nicht soviel zu tun. Und wenn Du dann so um Dich guckst im Betrieb und guckst Dir Deine Kollegen an: Wieviel Trauer aus den Gesichtern teilweise spricht. Wenn Du mit ihnen darüber redest, ist ihnen das gar nicht klar. Sie sagen: Ich muß hier halt meinen Job machen. Meine Familie sitzt zu Hause. Mir ging's ja auch unwahrscheinlich lange so, muß ich sagen."

Arzt: „Ich denk' da so an Gespräche mit Leuten, die sterben müssen. Diesen Gesprächen bin ich früher immer ausgewichen. Ich hör' immer noch meinen Chef sagen: ‚Nur nicht drüber reden, sonst dreht der Patient durch.' Meine Erfahrung ist, daß solche Gespräche durchaus 'ne Hilfe für den Patienten sein können. Nicht für alle Patienten. So'n bißchen glaub' ich aus den Kranken herausspüren zu können, was sie hören können. Es ist ein Vertrauen, das man da geschenkt bekommt. Es ist ein anderes Vertrauen als sonst. Was man sonst so bekommt, das ist so die Frage: ‚Tut die Spritze weh?' Das ist so 'ne andere Sache, während hier das auf menschlicher Ebene ist. So von Mensch zu Mensch."

Dozentin: „Ich habe ein mehr lockeres Seminar gemacht. Es ging mir vor allem darum, zu erfahren, was für die Teilnehmer wichtig ist."

„Da war so manchmal die Überlegung, mehr Psychologen an unsere Klinik zu holen. Aber ich meine, das ist dann für uns Ärzte eine Alibi-Funktion. Es entbindet uns davon, uns um mehr Menschlichkeit im Kontakt mit den Patienten zu bemühen."

Sybille, aus einer gefilmten Gesprächsgruppe von uns: „Ach, es ging Gisela in der Kirche furchtbar schlecht. Sie hätte am liebsten das Weihwasser ausgetrunken, um ihre Valiumtablette zu nehmen. Es war so schlimm. Sie hat dann wirklich die Antenne zu mir gehabt. Ja, das hat wirklich gut geklappt. Und hinterher war sie wieder frei. Nicht völlig frei, aber sie sagte, es ist Stückchen für Stückchen besser geworden, auch ohne Tablette. Es ist besser geworden nur mit Zuhören, mit Annehmen, mit Reden. Ich hab' zu ihr gesagt, sie soll mal die Angst zulassen, sie soll sie zulassen, nicht wieder verdrängen mit Valium. Und das hat ihr wirklich gutgetan. Doch, ich war richtig froh darüber. Für mich war das ein unheimlicher Erfolg, daß ich das so erlebt habe. ... Ein anderer fing an, der wollte sie ablenken. Und dem hab' ich gesagt: ‚Dann kann sie ja eine Valium schlucken, das lenkt sie auch ab.' Der hat sich dann auch ganz zurückgehalten. Für mich war das ein unheimlicher Erfolg, das war wirklich schön." – Gisela sagt in einer Nachbefragung über dieses Erlebnis: „In der Kirche, das war unheimlich schön. Was Sybille mir damit gegeben hat. Das wird ewig drinbleiben in mir, weil es so ganz konkret auftrat. Und sie sagte: ‚Gisela, laß diese Angst zu, sie ist ein Teil von Dir.' Und sie war so ganz gütig, ganz lieb. Und so können wir uns eben untereinander helfen."

„Meine Schwierigkeiten, anderen Menschen zuzuhören, aus Angst, selbst zu kurz zu kommen, haben sich gegeben."

„Ja, speziell auch die Gefühle anderer, was ich früher nicht konnte. Ich sehe es als Wechselbeziehung, meine Gefühle wahrzunehmen und die Gefühle anderer wahrzunehmen. Ich kann Gefühle, die so im Raum stehen, besser erkennen."

„Früher war es so, daß wenn ich mit jemand anderem zusammen war, habe ich dem Menschen meistens irgend etwas angetan, und er mir. Aber ich habe etwas Demut gekriegt vor dem Leben und den Menschen. Das hat nichts mit Religion zu tun. Ich bin nur irgendwie stiller geworden."

„Ich hab' das heute auch wieder so erlebt, weißt Du, in unserer Firma. Ich finde, nach so einer Gesprächsgruppe ist man etwas übersensitiviert. Und zwar hab' ich das zum ersten Mal bewußt miterlebt, diesen feindseligen Ton in der Firma. Der so von unbewußten Anspielungen gespickt ist und der eben so immer unwahrscheinlich hart ist. Ich hab' das als sehr unangenehm erlebt. Obwohl ich weiß, wie ich anfing zu arbeiten, da war ich eigentlich auch, wie soll ich sagen, sehr weich, sehr unbedarft. Und hab' mich durch sowas leicht verletzt gefühlt. Und dann hab' ich eine Zeitlang mir dieses Verhalten regelrecht angewöhnt, mich genau so zu verhalten wie die andern. Auch zu kämpfen, hart zu sein. Und jetzt nach einer gewissen Zeit, wo ich die Gruppe mitgemacht habe, empfinde ich das plötzlich, wie unangenehm das ist. Da entwickle ich mich wieder zurück, muß ich sagen, aber ohne diese Ängste, die ich früher dabei hatte. Wenn du anfängst da in so einem Unternehmen, da fühlst du dich vollkommen erdrückt. Das ist mir heute so richtig aufgegangen im Betrieb. Deshalb empfand ich auch das Bedürfnis, Dich jetzt eben anzurufen, weil ich weiß, daß Du ganz andere Werte hast."

Eine Person nimmt andere angemessener, realistischer wahr

Sie sehen – ebenso wie sich selbst – jetzt auch ihre Mitmenschen häufig anders. Sie sehen andere weniger feindselig und spüren weniger den Wunsch, andere zu bewerten.

„Ich habe gesehen, daß andere, die mir sehr selbstsicher und selbstbewußt schienen, diese Selbstsicherheit teilweise nur zur Schau tragen, um persönliche Schwierigkeiten mit sich selbst zu verdecken."

„Die Gesprächsgruppe hat mir z. B. gezeigt, wie man sich durch die äußere Erscheinungsweise täuschen läßt. Das weiß ich zwar. Mir ist aber klar geworden, wieviel dann oft hinter dieser Barriere steckt. ... Als die Männer über ihre Ehefrauen sprachen, die sie verlassen hatten, ist mir nochmal verdeutlicht worden, wie Männer darunter leiden. Ich bin jetzt aus der Trotzphase heraus. Ich habe Mitgefühl mit meinem Mann. Ich weiß, daß er darunter leidet."

„Ich habe erfahren, daß andere liebenswerter, freundlicher, problembeladener, hilfloser und hilfreicher sind, als ich je gedacht habe. Diese verstärkte Fähigkeit, andere und sich selbst besser zu erkennen und zu verstehen, wirkt sich auch in meinem Beruf positiv aus."

„Ich habe mich selbst durch die Gesprächsgruppe etwas besser kennengelernt, sehe auch meine nächsten Angehörigen klarer. Durch die Fragen der Gruppe ist mir ein kleines Licht aufgegangen."

80jähriger: „Ich beurteile die jungen Leute doch ein bißchen anders, verstehe das ein bißchen mehr, wenn die anders denken als ich. Denn sonst sagt man ja immer, die haben doch heute alle Fehler, bloß wir nicht. Und wir haben wieder Fehler in den Augen der jungen Leute. Ich schätze sie heute anders ein, und ich bin froh darüber."

„Ich zehre noch heute von der Erfahrung, daß andere ähnliche Probleme haben wie ich, daß sie überhaupt Probleme haben. Und auch nicht immer so selbstsicher sind, wie sie sich geben. Mein Vertrauen zu anderen Menschen ist seit der Gesprächsgruppe größer. Meine Angstgefühle und mein Mißtrauen sind nicht mehr so groß."

„Bei den Kollegen bin ich mit den Frauen besser ausgekommen. Wir haben da einige ‚Ziegen' im Kollegium. Ich sehe Frauen jetzt anders, ich habe lieb zu ihnen sein können. Wenn ich was Schönes gesehen habe, konnte ich denen das auch sagen. Früher hätte ich es nicht gesagt, weil zuviel zu überwinden wäre, weil man auch deren Reaktionen nicht wußte."

Eine Person reagiert förderlicher bei Konflikten mit anderen

Auch in schwierigen Situationen oder Konfliktsituationen können viele offener und angemessener ihr Fühlen ausdrücken. Sie weichen diesen Situationen nicht mehr aus, sie haben mehr Mut, andere hierin anzusprechen.

Lehrer: „Ich hab' jetzt eine unwahrscheinlich hohe Toleranzschwelle. Das, was mich sonst also schon genervt hätte, das kann ich jetzt noch gut ertragen. Und auch den Schülern sagen: ‚Du, jetzt gehst Du mir auf die Nerven!' Also, sie rechtzeitig ansprechen. Früher konnte ich manchmal gar nicht anders als schreien. Das wirkte dann wie so'n Keulenschlag, und die Schüler waren dann entsprechend sauer. Aber wenn die Schüler permanent auf gerade so einem bloßgelegten Nervenstrang herumtraten, das tat mir dann sehr weh."

„Nach der Gesprächsgruppe stand ein Familienproblem an. Trotz der Anstrengung war ich motiviert, das Problem aufzuarbeiten. Wir haben bis 4 Uhr gesessen. Es betrifft meinen ältesten Sohn. Er war das erste Mal bereit, seine Schwierigkeiten auszubreiten. Vielleicht sah er auch eher einen Gesprächspartner als eine Mutter in mir. Sonst dachte ich immer: Nimm Rücksicht, und sprich es nicht an! Ich habe die Lehre daraus gezogen, das offener zu sagen und mich nachher nicht unwohl zu fühlen und nur die Hälfte zu sagen. ... Das Verhältnis zu diesem Sohn ist besser aufgearbeitet. Wenn wir da mal wieder zurückfallen, erinnern wir uns daran. Jetzt sprechen wir direkter miteinander. Das ist für meine Familiensituation wichtig."

„Mir ist aufgegangen, daß ich anderen deutlicher signalisieren muß, was ich empfinde. Daß ich dann vielleicht etwas ändere, statt wie bisher gar nichts zu sagen oder die Konflikte in meiner Phantasie durchzuspielen oder meine Wut ungezielt in den Raum zu schreien."

Lehrer: „Die Eltern haben auf mich zunächst auf dem Elternabend mit Stirnrunzeln reagiert. Das war für sie etwas Fremdes. Das hab' ich so bei ihnen beobachtet. Und das hab' ich auch zum Ausdruck gebracht. Und ich hab' ihnen gesagt: ‚Ich möchte Ihnen mal einfach so erzählen, was ich erlebt habe.' Denn ich wollte den Eltern klarmachen, was jetzt in der Klasse anderes passiert. Und dann habe ich einfach losgelegt. Wie mir das so kam. Und je mehr ich davon erzählte, desto interessierter wurden die Eltern, betroffener, ja emotional berührter. Und das Gespräch, was danach in Gang kam zwischen den Eltern, das war plötzlich ganz anders, als was es sonst immer war. Und ich konnte manchen Eltern auch so Dinge sagen, die sie sich vielleicht noch nie haben anhören müssen. Das ist mir eigentlich erst nachher klar geworden. Da war so ein Vater, der zum ersten Mal auf 'nem Elternabend war. Und der war so unwahrscheinlich aggressiv, als der so losschoß. Na ja, und dem hab' ich gesagt, wie ich das so empfand. Daß er auch versuchte, andere Eltern fertigzumachen und so. Und danach war er ganz anders. Er war völlig anders. Und er sagte nachher auch: ‚Das will ich natürlich gar nicht. Ja, und das berührt mich, daß ich so bin, daß Sie mich so empfinden.' Nachher kam seine Frau zu mir: ‚Ach', sagte sie, ‚das war ja ein Erlebnis für mich. So hab' ich ja meinen Mann noch nie verändert gesehen.' Also die andern Eltern, die waren plötzlich so interessiert. ‚Wir wollen uns doch mal treffen und so.' Oder die sagten: ‚Das möchte ich auch mal gern machen."

„Ich spüre in mir eine ungeheure Ruhe, wenn ich auf die Menschen zugehe, z. B. in der Schule. Ganz bewußt äußere ich meine Empfindungen und merke, wie ich plötzlich nicht mehr fordern oder anklagen oder verurteilen muß. Bei der Lehrerkonferenz am Mittwoch: Ein paar Situationen, in denen ich früher mich entweder verkrochen oder laut geworden wäre. Ich konnte ruhig bleiben und war in der Lage zu äußern, was ich empfand. Da aber eine ganze Reihe von Kollegen ebenso empfand, dies aber nicht aussprach, spürte ich die Verbundenheit mit ihnen, indem ich das aussprach ‚was in der Luft lag'. Und siehe da, die Luft wurde wieder ‚befreit'."

„Ich glaube, sensibler zu werden für die gefühlsmäßigen Prozesse, die innerhalb von Beziehungen auftreten. Ich kann erkennen, daß es Möglichkeiten gibt, auftretende Spannungen zu lösen. Ich habe erfahren, wie anfängliche Antipathie und Sympathie sich mit dem Grad der Vertrautheit verändern und sehe damit, daß ich mich mit meiner Antwort über Menschen nicht so schnell festlegen sollte."

„Ich habe mich mit einem Kollegen angelegt. Ich war sehr hart und erregt. Ich habe mich mit ihm gestritten. Ich hatte aber keine Aggressionen dabei. In einer anderen Situation habe ich eine Entscheidung getroffen, die mir Angst gemacht hat, der ich vor 2 Monaten ausgewichen wäre. Mit dem Kollegen, das hätte ich früher auch in meinen guten Phasen nicht gemacht. Ich bin ihm nachher normal begegnet, ich bin ihm nicht ausgewichen."

„Ich habe etwas mehr Kraft jetzt. Ich habe massive Auseinandersetzungen mit meinem Vorgesetzten gehabt, und hatte da eine größere gefühlsmäßige Sicherheit gewonnen. Ich konnte auch zurückklotzen und Vorwürfe stärker abwehren. Ich habe aber das Gespräch mit ihm gesucht. Früher hätte ich vielleicht den Schwanz eingekniffen. Ich habe sehr spontan und sehr gut reagieren können."

„Ein Kollege, der hatte eine andere Meinung und Schwierigkeiten, das mitzuteilen. Ich sagte, daß ich ihn verstehe, aber seine Ansicht nicht akzeptiere und er mich auch verstehen solle. Ich könnte das verkraften, wenn er meine Meinung nicht akzeptiere. Er war ganz dankbar und sagte, wie ich das so sagen könnte."

Studentin: „Wir haben da einen Professor, der ist immer sofort beleidigt, wenn wir Studenten anderer Meinung sind als er. Wir wissen dann beim nächsten Seminar gar nicht, wie wir uns ihm gegenüber verhalten sollen. Da bin ich zu ihm hingegangen. Es fiel mir verdammt schwer, aber ich hab's gewagt. Ich sagte zu ihm: ‚Ich mach' mir Gedanken über Sie. Sie sind immer so leicht gekränkt, wenn wir Studenten etwas gegen Sie sagen. Wie kann ich Ihnen helfen, daß Sie dann nicht immer gleich so gekränkt sind? Wir wollen Sie gar nicht kränken, aber wir merken es erst, wenn es zu spät ist. Ich hab' mir überlegt, ob Sie uns ein Zeichen geben könnten, ob Sie vielleicht Ihre Hand heben könnten, wenn es Ihnen zuviel wird. Dann hören wir auf!?' Und denkt Euch, bei den nächsten Seminaren lief es dann ganz gut mit ihm und uns. Ich weiß nicht, wie das kommt, aber es gab kaum Spannungen."

„Ja, ich bin irgendwie freier geworden. Ich habe nicht mehr soviel Angst, durch meine Reden etwas kaputtzumachen. Ich habe mich immer davor gefürchtet, etwas zu sagen. Weil ich immer glaubte – früher hat mein Mann gesagt: ‚Ich werf' Dich raus!' – so in diesem Ton –

und das war für mich immer der Schock. Dann habe ich schließlich gar nichts mehr gesagt. Nein, ich habe jetzt keine Angst mehr davor. Ich habe früher immer meinen Mund gehalten und nie etwas gesagt. Aber das tue ich nicht mehr. Ich sage jetzt auch meinem Mann mal meine Meinung und sage ihm: ‚Du mußt Dich damit abfinden!' Ich beziehe jetzt seine Wut nicht mehr direkt auf mich. Früher hab' ich das immer ganz persönlich genommen. Und da hab' ich immer gedacht: Wenn du mit einem Menschen so lange zusammen bist, wie kann der jetzt so etwas sagen. Das hat mich immer tief erschüttert."

„Ich habe gelernt, Kritik zu vertragen und als hilfreich zu empfinden. Ich habe gelernt, ein Gespräch über Schwierigkeiten zu führen, ohne zu verletzen oder ohne mich verletzt zu fühlen."

„Ich habe nach der Gruppenteilnahme das Gespräch bewußt gesucht und die Schwierigkeiten bewußt mit meinen Kollegen ausgesprochen. Ja, denn es hat mir gezeigt, daß Aktivität immer besser ist als Passivität. Sie verändert das Leben."

„Ich glaube, die Gruppengespräche haben trotz der Anlaufschwierigkeiten mir geholfen, Probleme und Konflikte zwischen andern und mir, aber auch zwischen zwei anderen Personen im Gespräch besser angehen zu können. Ich habe gelernt, daß es besser ist, zunächst einmal einen anderen ohne Druck reden zu lassen. Und das, was er sagt, zunächst zu akzeptieren. Und anzusetzen an dem, was er selbst als Problem formuliert. Und von mir aus das, was mich bewegt, anzusprechen ohne Angst, deswegen gleich abgelehnt zu werden."

Heinz in einer gefilmten Nachbefragung einer Paar-Gruppe: „Mit der Christel beispielsweise: 2 Tage nach der Gruppe hatten wir ein Gespräch abends. Und wir hatten also angefangen und so nach ziemlich kurzer Zeit, da ging's uns dann so wie meistens vorher auch. Wir haben gesprochen, und ich habe nicht das Richtige gesagt, wie sie sich's also vorgestellt hat. Und das Gespräch wollte sie beenden. ‚Nun komm, hör mal auf! Das gibt doch nichts mehr! Was soll's!' Und ich habe ihr vorgeworfen: ‚Siehst Du, ist genau so wieder wie früher! In der Gruppe war's doch viel anders.' Und dann haben wir eben doch noch weiter gesprochen und haben dann plötzlich die Kurve wieder bekommen. Und haben dann wirklich das Thema an dem Abend zu Ende gebracht. Das erste Mal seit wir uns kennen. Und das führ' ich auch auf diese Runde hier zurück."

Erika in der gefilmten Nachbefragung: „Ich meine, es heißt nicht, daß unter diesem Erlebnis, was wir jetzt hatten, daß nicht auch mal ein Krach stattfinden muß. Ja, nur die Art, wie wir alleine jetzt streiten, das ist anders geworden als vor 4 Wochen. Daß man nicht mehr sowas einfach dahinknallt. Es ist irgendwie eine andere Sache. Wir sind uns bewußt darüber geworden, daß wir uns was zu sagen haben. ... Ich bin nicht groß und stark und kräftig, sondern auch ich habe Sorgen und Probleme. Und wenn er auch sagt, ich kann und möchte die nicht mit Dir besprechen, auch nicht jetzt und vielleicht überhaupt nie. Daß ich aber dann jetzt das erste Mal, glaube ich, gehört habe und gelernt habe, das zu akzeptieren, daß es so etwas tatsächlich gibt. Das gab's bei mir oder gibt es bei mir auch. Aber ich habe immer geglaubt, es ging gegen meine eigene Person. Und jetzt – jetzt habe ich kapiert, daß es also nicht gegen mich geht. Sondern es gibt tatsächlich Dinge, die man einfach mal wirklich gerne für sich behalten muß auch, ja. Und das waren eigentlich die schwerwiegendsten Probleme bei uns in den ganzen 12 Jahren. Ich meine, die Kämpfe und Streitereien, die in jeder Ehe oder Partnerschaft da sind, die werden auch weiterhin auf uns zukommen. Nur eben, daß wir nie in der Lage waren, miteinander zu reden. Selbst bei einem Streit, nicht wie wir's eben früher gemacht haben, sondern daß man dann eben sagt – und wenn selbst eine Woche verstreicht – daß man sagt: ‚Hör mal, wir müssen doch mal drüber reden, damit das Problem aus der Welt geschaffen wird und nicht mehr sich aufstaut auf ein halbes oder ein ¾ Jahr hinaus!' Ich glaube, daß das für uns beide sehr entscheidend für die ganze Zukunft ist."

Einige Beispiele für ein förderliches Verhalten in schwierigen Situationen am Arbeitsplatz. Die folgenden Ausschnitte stammen aus einer Nachbefragung einer Gesprächsgruppe 3 ½ Wochen später im Fernsehen. Die Gesprächsgruppe bestand aus 14 Angehörigen e i n e s Betriebes.

Peter (45 Jahre, Verkaufsleiter): „Wir kannten uns natürlich vorher auch untereinander, aber nicht so intensiv, wie wir das jetzt tun. Ich glaube, ein absolut positiver Effekt daran ist, daß wir wahnsinnig viel Denkanstöße bekommen haben, daß wir jetzt in der Lage sind, viele Dinge, die unausgesprochen waren, tatsächlich zu formulieren. Und auch den Mut haben, den anderen einmal wirklich zu sagen: ‚Das ist etwas, was mir am Herzen liegt. Und sag' Du ruhig zu mir, was Dir nicht an mir gefällt. Und dann setzen wir uns zusammen und werden es bereinigen.' Da ist so zwischen Vera und mir jetzt ein ganz anderes Verhältnis, als es früher war. Und ich finde das so enorm, daß es sich irgendwo so verändert hat. Und wir hatten heute morgen mit Beate ein längeres Gespräch nochmal anschließend daran. Und auch das hat soviel positive Wirkung gehabt, finde ich, daß man eigentlich sagen kann: Wenn das wirklich das Ergebnis ist dessen, was wir da gemacht haben, dann haben wir einen ganz ungeheuren Gewinn daraus gezogen."

Vera (30 Jahre, Sachbearbeiterin): „Ich finde, wir sind irgendwie natürlicher geworden. Es ist nicht mehr so eine ‚verkrampfte Offenheit', nannte mein Mann das. Früher war ich verkrampft und offen, jetzt bin ich natürlich und nicht mehr so künstlich. Daß das vielleicht auch daher kommt. Denn mein Mann sagt, es wäre direkt nach der Gruppe gewesen. Auch zu Hause. ... Und daß wir jetzt auch nicht mehr so rumflachsen, weil das eben mal so unsere Art war. Und jetzt: Entweder flachsen, aber auch mal vernünftig reden. Also nicht nur immer: ‚Jetzt kommt der Metro-Wencko oder was!' Das braucht nicht sein. Und das ist viel schöner so, finde ich jedenfalls!"

Klaus (42 Jahre, Verkaufsleiter): „Ich glaube, man kann das so zusammenfassen unter dem Obertitel: Wir haben uns eigentlich so stärker akzeptiert. Ich sehe Vera heute – sie ist keine andere Frau geworden natürlich, das kann man auch nicht erwarten, das bringt ja nichts. Aber sie ist wirklich anders und für den Betrieb und damit für mich oder unser gemeinsames Verhältnis miteinander, welches wir täglich 8 Stunden haben im Laden, sehr günstig – hat sich das insgesamt entwickelt. Heute ist z. B. überhaupt kein Problem, Vera eine Aufgabe zu geben oder sie um die Erledigung derselben zu bitten, wenn das ein bißchen schwieriger ist. Da hätte ich früher vielleicht eher zurückgesteckt und gesagt: ‚Ach, mach das eben selber. Das machst du aus dem Effeff. Für sie bedeutet es Arbeit!' Aber heute sag' ich mir ganz einfach – weil ich von ihr weiß: ‚Die Arbeit macht sie gerne. Sie macht sie mit Elan. Und die macht sie sicherlich auch richtig!' Denn die Bereitschaft auch von ihr, das mitzumachen und zu akzeptieren, ist größer geworden, und die Bereitschaft von mir – wenn ich das so sagen kann – mehr zu verteilen. Mein Berg ist eigentlich kleiner geworden!"

Karl-Heinz (43 Jahre, Lagerverwalter): „Jeder weiß, daß ich da in einem großen Spannungsfeld gesessen hab', z. T. noch sitz', aus dem einfachen Grund, weil die Probleme ja nicht sofort zu klären sind und nicht sofort abzubauen sind, muß ich sagen. Als ich zurückkam von der Gruppe, habe ich mich mit meinem Kollegen so gut das ging darüber unterhalten. Und ich hab' versucht, das wiederzugeben, was in der Gruppe erzählt worden ist, was ich gesagt hab'. Und wir haben hinterher noch ein sehr hartes Gespräch z. T. geführt. Und da stellte sich doch bei heraus, daß dieses harte Gespräch wohl kaum zustande gekommen wär', wenn nicht diese Gruppenrunde gewesen wär'. Und – ich hab' wirklich die Hoffnung, auch das Gefühl, daß sich das Ganze mit der Zeit etwa alles bessern wird."

Max (45 Jahre, Firmenchef): „Es ist in einer Härte geführt worden, einer offenen Härte, also – wie bisher noch kein Gespräch in einer solchen Runde geführt worden ist. Und es ist gesagt worden: ‚Wir wollen jetzt erstmal alles das auf den Tisch haben, was jeder über diesen Punkt an Sorgen hat und an Schwierigkeiten, unter denen wir leiden!' Das haben wir erst einmal aufsummiert, ohne irgendwie nach Gründen zu suchen. Erstmal haben wir gesagt: ‚Was ist alles auf dem Tisch?' Das haben wir in der klaren Form bisher noch nicht geschafft und noch nicht versucht gehabt. Und es war nicht das einzige Gespräch, es war noch ein anderes da. Das lohnt sich. Und das wird sich lohnen. Wir lassen uns auch seitdem damit nicht mehr so durchgehen. Wir können viel offener sagen: ‚Komm, wir haben uns doch vorgenommen, das anders zu machen!' – also sofort aufeinander zuzugehen!"

Karl-Heinz: „Ja, dann kann ich erstmal dagegen sagen: Wieso war das früher überhaupt nicht möglich von allen Beteiligten, so offen miteinander zu reden? Ein gutes Beispiel dazu ist mit Uwe: Der Uwe und ich haben ja sehr viel miteinander zu tun, und ich möchte auch sehr stark annehmen, daß das in Zukunft so bleiben wird, was sich aus dieser Gruppengeschichte entwickelt hat. Wenn ich mit irgend einem Problem rüberkomme, daß wir schnell einen Termin haben mußten für irgend etwas und so, versucht auch der Uwe, sofort irgendwie zu helfen. Während das sonst doch so gewesen ist, daß man erstmal gesagt hat: ‚Hör auf, wie soll ich's machen!' Jetzt geht's sofort los: ‚Gut,,wollen mal sehen, wie wir helfen können!' Und ich glaube nicht, daß das hier schnell wieder abklingen wird, sondern daß das in Zukunft auch so bleibt."

Uwe (36 Jahre, Arbeitsplaner): „Ja, bei mir ist das etwas schwerer, da ich mit 3 Mitarbeitern enger zusammenarbeite, die nicht an dem Gruppentreffen teilgenommen haben. Somit habe ich mir die Aufgabe gestellt, das, was ich gelernt hab', den Mitarbeitern zu vermitteln. Ich weiß nicht, ob es mir gelingt. Ich hoffe es z. T. und rechne mir ganz gute Chancen da aus. ... Ich habe über das freie Sprechen innerhalb dieser Gruppe erzählt – auch über das Zuhören. Und das Versuchen, sich gegenseitig zu verstehen. Und das halte ich für sehr wichtig. ... Das geht nicht von heute auf morgen. Und wenn es von heute auf morgen gehen würde, könnte es nach meiner Meinung genauso schnell wieder zusammenbrechen."

Max: „Ja, dieses Dienstagsgespräch läuft bei uns seit 3, 4 Jahren und bezieht eigentlich Führungskräfte aus allen Bereichen ein, einschließlich prinzipiell den Betriebsratsvorsitzenden – in diesem Fall nicht als Führungskraft, sondern als Informationsträger in dem Betrieb. – Und es dient eigentlich zur lockeren Information über Auftragslagen usw., über das, was mit uns im Moment los ist. Und dann werden Probleme angesprochen, möglichst so – das ist vielleicht ganz interessant – war die Überschrift am Anfang: Es soll nicht persönlich werden, es sollen eben die Sachprobleme angesprochen werden. Und wenn es persönlich wird: Es darf also keiner sich gekränkt fühlen, weil das natürlich nicht bös' gemeint wird. Man könnte hier natürlich auch ändern und sagen: ‚Soll es ruhig persönlich werden!' Weil wir ja mit dem Persönlich-Werden gute Erfahrungen gemacht haben, vorausgesetzt, daß wir eine Atmosphäre schaffen können, wo dieses Persönlich-Werden eben nicht als Kränkung empfunden wird, wie diese Atmosphäre, die wir in dieser Runde hier zustande gekriegt haben, erstaunlicherweise. ... Das ist ja sowieso ein Phänomen, wir waren vorher der Meinung: Es läuft alles menschlich und sehr gut. Wir waren also hoch zufrieden mit uns und haben dann festgestellt, daß dazu doch viel weniger Anlaß war, als wir vorher geglaubt haben. Und so ist es auch in dieser Dienstagsgruppe. Wenn wir also die verbessern, menschlich verbessern, dann könnte sie in dieser Richtung was bringen."

Eine Person befähigt andere zu einfühlsamerem hilfreicherem Verhalten

Dies ist naheliegend: Nimmt eine Person an der gefühlsmäßigen Welt eines anderen mehr Anteil, hört sie ihn eher, kommt sie ihm näher, kann sie mit sich selbst besser umgehen, dann befähigt sie häufig den anderen, in vielfältiger Weise mehr einfühlsam und hilfreich ihr und weiteren Mitmenschen gegenüber zu werden. Die folgenden Erlebnisaussagen aus Nachbefragungen nach einfühlsamen hilfreichen Gesprächen veranschaulichen dies:

„Ich bin lebensfroher geworden. Das spiegelt sich auch unheimlich auf meine Kinder wieder. Die streiten sich ja bedeutend weniger, kommen ganz anders miteinander aus. Ich auch mit ihnen. Ich weiß nicht, woran es liegt. Ich möchte das eigentlich auch gar nicht analysiert wissen. Sondern ich möchte's so hinnehmen: Es ist besser, es ist anders, es ist schöner. Ich erlebe mich spontan anders, und das ist eigentlich, was mich fasziniert."

„Ja, ich wirke wohl nicht mehr so bedrohlich und unangreifbar und distanziert auf andere. Und andere begegnen mir freundlicher, mitfühlender, wärmer."

„Ich bin spontaner, aufgeschlossener, weniger ängstlich. Und die anderen reagieren auf dieselbe Weise."

„Neulich habe ich mich mit Rolf aus der Wohngemeinschaft auseinandergesetzt. Aber ich habe es anders gemacht. Ich habe gesehen, daß Ratschläge nichts nützen. Ich konnte mich in ihn reinversetzen. Ich konnte ihn dazu bringen, daß er sich nicht verteidigt. Und er sagte dann, er sage vieles nur, um sich zu verteidigen."

„Die Schüler erleben mich jetzt anders. Sie haben mich früher immer als sehr mürrisch empfunden, was ich gar nicht verstehen konnte. Ich hab' mich nie als mürrisch empfunden. Ich hab' das für mich selbst gar nicht so richtig registriert. Ich bin eigentlich ein Mensch, der 'ne Menge aushält. Auch psychisch, glaube ich. Ich halt' das schon aus, auch mal anstrengen. Aber trotzdem, es ist wohl irgendwo so in meinem Gesicht gewesen, daß ich mich unwahrscheinlich anstrengen muß. Das war lange, das haben die immer so empfunden. Ich komm' rein in die Klasse, und ich fühl' mich ebenso, na ja: ‚Guten Tag!' und so. Aber da muß wohl irgendwo so in meinem Gesicht gestanden haben: So, jetzt muß ich dies tun. Jetzt geschieht das wieder! Was mache ich nun? Wie bring' ich das in den Griff? So! Im Grunde so wie jemand, der handeln muß, der das in den Griff kriegen muß, der Verantwortung hat. Wenn ich handelte, wenn ich meinte, die Dinge jetzt für die andern in den Griff kriegen zu müssen, dann kann ich eine Sprache sprechen, sehr bestimmt, sehr beherrscht, sehr laut. Die Schüler wurden im Grunde genommen durch die Sprache in den Griff genommen. Und das merken die Schüler natürlich genau, was da mit ihnen geschieht. Sie können das zwar nicht richtig zum Ausdruck bringen, aber sie sagen es auf andere Weise, so: ‚Du bist mürrisch.' Na ja, das hat mir einen Stich versetzt. Ich wollte nicht mürrisch sein und ich empfand mich nicht als mürrisch. Und trotzdem war es so. Und das ist anders geworden. Das hab' ich jetzt auch ganz stark von den Schülern als Rückmeldung bekommen, daß ich anders in die Klasse gehen kann. Und die Sache auch leichter sehe. Und auch anders aussehe, in der Mimik, in der Sprache. Ganz entscheidend meine Sprache spielt dabei offenbar eine große Rolle."

„Ich hab' jetzt die Erfahrung gemacht, daß ich auf andere zugehen kann. Das war, glaube ich, für mich das Entscheidendste. Und daß die anderen Leute mich offenbar dann auch freundlicher behandeln. Mir kommt das so vor. Offensichtlich habe ich jetzt irgendwie so einen offeneren Ausdruck für andere."

„Wir waren bei Freunden eingeladen. Die Frau ist da stark abhängig. Ich stellte mir vor, daß so eine Frau auf einer Gesprächsgruppe auch was zu erzählen hätte. Ich habe ihr stark engagiert von meiner Gesprächsgruppe erzählt. Das hat sie stark berührt. Sie bekam ein rotes Gesicht, Weinen in den Augen. Das hat mich überrascht."

„Montagabend mußte ich also einen Vortrag halten – ich sag's also bewußt so – mußte Vortrag halten. Und ich hatte das ganze Wochenende mit der Gruppe so in mir und dachte: Mein Gott, ich kann doch nicht jetzt den Leuten da von obenherab –, das schien mir plötzlich so fremd und so hirnmäßig! Und ich hab' mir gedacht: Gut, jetzt riskier' ich's einfach mal! Hab' meine Blätter hingelegt und hab' gesagt: ‚Hier bin ich also. Und ich kann Euch jetzt einen Vortrag halten von einer ½, von einer ¾ oder von 1 Stunde über Konfliktlösung. Aber vielleicht ist es mal besser, wenn jemand den Mut hat – so fing ich halt an, laienhaft – selber einen Konflikt zu formulieren oder zu äußern. Oder wo haben *wir* denn Probleme?' Naja, und es war vielleicht so 1–2 Minuten, so'n bißchen holpernd. Und dann hab' ich auf die Uhr geguckt, und da war es 10 Uhr. Nach 2 Stunden war es ein einziges Gespräch. Das war also nicht mehr ein Vortrag von 1 Stunde und dann ein paar Fragen abgeklopft, mit der Aktentasche nach Haus. Sondern jeder hat das Gefühl gehabt, wir sprechen miteinander über etwas, was in uns steckt und was unser Problem ist. Und das hat mich also sehr glücklich gemacht, muß ich sagen."

Gisela in einer gefilmten Nachbefragung: „Ja, ich hab' 2 Bekannte, zu denen ich also speziell mit einem sehr großen Horror immer hingegangen bin, weil es also für mich eine furchtbare Unterhaltung war. Und an einem Abend waren wir da. Wir waren erst ein bißchen skeptisch gewesen, weil wir gesagt haben: ‚Naja Gott, es muß nicht jeder wissen, daß wir also jetzt da im Fernsehen zu sehen sind!‘ Und dann haben wir also beide drüber gesprochen und gesagt: ‚Was soll der Quatsch! Jeder muß für sich selbst entscheiden, ob er was davon mitnehmen will oder kann oder nicht.‘ Und daraufhin haben wir mit dieser Familie gesprochen. Und speziell diese Frau, die hat das erste Mal, ich glaub' seit 5 oder 6 Jahren, wie ich sie kenne, das erste Mal mir zu verstehen gegeben, daß eigentlich ihre Probleme fast gleich liegen, nur daß sie niemanden gehabt hat, mit dem sie darüber sprechen konnte. Und das, das finde ich auch unheimlich gut, zumal ich jetzt weiß, daß es vielleicht auch mal eine Möglichkeit gibt, daß ich auch mal zu ihr kommen könnte."

Klaus (Lehrer): „Die Teilnahme an einer Gesprächsgruppe war eine Angelegenheit, die mich sehr stark getroffen hat. Es hat mich als Person so stark getroffen, daß es natürlich auch einen Einfluß gehabt hat auf meine Tätigkeit als Lehrer. Was hat mich so beeindruckt? Beeindruckt hat mich bei dieser Begegnungsgruppe, daß man erfahren hat, erstens mal, wie es anderen Menschen wirklich geht. Meistens erfährt man ja nicht, wie es dem anderen geht. Es bleibt ja stark an der Oberfläche. Unter diese Oberfläche zu kommen und sie auch zu erfahren, dieses darunter, das war ein einmaliges Erlebnis. Es war auch etwas sehr Schönes, zu erfahren, daß andere Menschen so viel Verständnis zeigen. Und in diesen 2 Tagen, wo wir beisammen waren, sind wir uns unwahrscheinlich nahegekommen, in dieser Zeit. Und daher war es eben ein so starkes Erlebnis, daß man da unmöglich drüber hinweggehen konnte oder kann.

Die Folge davon war, daß ich also mein Leben mal wieder neu durchleuchtet habe. Und dieses Neudurchleuchten hat vieles zutage gebracht, was wirklich für mich von Bedeutung war. Ich habe mein Verhältnis zu meiner nächsten Umgebung unter die Lupe genommen und bin draufgekommen, daß man vieles tut, was also wirklich nicht notwendig ist und den anderen nur belastet. Da wär' erstmal meine Frau, meine Kinder. Wir haben wirklich einmal Gespräche geführt und ihre Meinungen wirklich gelten lassen. Aber das, was besonders stark auch war, war eben in der Schule. Und zwar ist es eben darum gegangen, daß man eben mehr Menschsein, sein eigenes Menschsein hier mit einbringt und das eben auch den Schüler spüren läßt, daß man eben nicht nur ein Lehrer ist, sondern auch ein Mensch ist.

Als ich von der Gruppe zurückgekommen bin, hab' ich mir überlegt: Es muß sich etwas ändern. *Ich* will etwas ändern. Und das hab' ich eben dann so folgendermaßen gemacht: Ich hab' mich vor meine Klasse hingestellt und hab' ihnen erzählt von dieser Gruppe, von diesen Tagen, und was da mit mir passiert ist, daß sich was verändert hat. Daß ich eben anders sein will, daß ich so sein will, wie ich wirklich bin. Und ihnen das auch zeigen will. Ich hab' dabei ziemlich geschwitzt und es war gar nicht so einfach. Da vor der Klasse zu stehen und denen das zu sagen. Das war schwierig und das hat wirklich viel Überwindung gekostet. Ich hab' auch Angst gehabt, fürchterliche Angst, daß die Schüler hier plötzlich den Lehrer, mich, den sie schon 3 Jahre kennen, daß sie da plötzlich sagen: ‚Was ist da jetzt los mit dem? Es ist ein eigenartiger Knabe! So plötzlich, komisch, geht daher und red' Stumpfsinn oder Unsinn!‘ Und daß sie vielleicht lachen darüber und daß mein Ansehen, meine Stellung als Lehrer darunter leiden würde. Davor hab' ich wirklich Angst gehabt. Aber es war nicht so. Die Schüler haben eigentlich alle aufgehorcht und zugeschaut: Was macht er jetzt dort? Das hat man richtiggehend gesehen, und ganz ganz ruhig war's. Keiner hat gelacht. Und es ist eine gewisse Wärme mir dann entgegengekommen. Sie haben plötzlich umgeschaltet und haben gesagt: ‚Aha, das ist ja doch auch ein Mensch und nicht ein Lehrer.‘ Und die Folge davon war dann, daß wir dann im Laufe der nächsten Wochen und Monate, bis heute noch unser Verhältnis zueinander ganz anders aufgebaut haben. Und wir haben dann viele Gespräche miteinander geführt."

Von einem Gespräch, das Lehrer und Schüler am Tage darauf in der Klasse führten, möchten wir die Äußerungen von 3 Schülerinnen vom Tonband wiedergeben:

Christiane: „Ja, ich glaube auch, daß sich viele dagegen sperren. Viele machen da gar nicht mit. Ich möchte immer meine Gefühle sagen. Ich möcht' sagen: ‚Das muß raus! Das brodelt in mir!‘ So über Angst, das möcht' ich unbedingt sagen. Ich möcht' es unbedingt sagen, daß es jeder weiß."

Maria: „Ich möchte alles für mich behalten. Ich möchte noch nicht mal, daß meine Mama das weiß. Wenn mich was bedrückt, kann ich nicht drüber schreiben. Da muß ich ganz allein mit sein. In der Schule, da bin ich ganz verschlossen. Da kann ich nichts sagen. Da kann ich nicht Gefühle zeigen. Da kann ich nichts sagen, da will ich nichts sagen. Überhaupt, ich kann mich schwer ausdrücken."

Eva: „Ich bin ganz durcheinander gewesen. Zuerst habe ich nachgedacht über das. Zu Hause habe ich mich dann in einen Winkel gesetzt, wo ich alleine gewesen bin und nachgedacht. Ist mir ganz komisch vorgekommen: Der Lehrer, Vertrauensperson zu den Schülern. Wie der Lehrer so ein großes Vertrauen zu den Schülern haben kann. Und daß man das vielleicht falsch verstehen könnte. (Lehrer: „Und das war nicht der Fall.") Nein. Jeder hat's ganz ernst gemeint, was Sie gesprochen haben."

Eine Teilnehmerin schreibt uns: „Für mich waren bei meinem Gespräch mit einem Manager und seinem Mitarbeiterteam meine Gruppenerfahrungen sehr hilfreich. Ich habe erleben können, daß meine Offenheit und mein Vertrauen bei den Kaufleuten auch Echtheit und Offenheit möglich machten. ... Es waren Menschen und nicht Kaufleute. Ich habe erleben können, wenn ich Vertrauen habe und mich öffnen kann, dann werde ich auch Menschen finden mit Echtheit. Da ist keine Schranke gewesen, auch wenn es um Interessenvertretungen ging."

Ein Lehrer: „Ingeborg, eine ehemalige Referendarin, die sagte, was sie so erstaunlich fand, sie hätte sich verändert, weil ich so andere Seiten zeigte. Daß sie sich jetzt im Kollegium ganz anders fühlte und sich anders verhalte. Ich habe mich mit Ingeborg auch umarmt. Das hat mir eigentlich vorher gefehlt, das merke ich jetzt. Ingeborg kann jetzt Probleme in sich erkennen und nicht mehr von sich wegschieben. Ingeborg ist sehr korpulent und leidet darunter, besonders weil ihre Mutter sagt: ‚Dann bekommst Du keinen Mann!' "

Reinhold in einer gefilmten Nachbefragung einer Paar-Gruppe: „Ich glaube sehr an dieses Schneeballsystem. Also, das ist mir so deutlich, daß man etwas, was wir hier erfahren durften, irgendwo weitergeben kann. Wir waren am Freitag drauf eingeladen bei einem Ehepaar. Und es war also ein ganz tolles Gespräch in einer ganz großen Offenheit. Und es hat also bis ½ 2 Uhr nachts gedauert. Dann fuhren wir nach Haus und haben am Sonntag von diesem Ehepaar erfahren, daß das noch weiter ging. Also wir hatten die Erfahrung von hier mit dem Ehepaar irgendwo teilen dürfen. Und die hatten am nächsten Abend dann Besuch von einem anderen Ehepaar und haben von uns erzählt, und daß das so toll war und daß man sich wirklich öffnen konnte, über die eigenen Probleme sprechen konnte. Sie haben dann mit dem anderen Ehepaar bis um ½ 5 in der Früh am Sonntag in aller Offenheit sprechen können, was noch nie da war. Und das finde ich wirklich wunderbar und als Geschenk: Daß wir etwas für uns hier nicht nur so auf 2 Tage behalten können, sondern einfach die Offenheit selber hier bekommen haben über das zu sprechen, was man fühlt, was man empfindet, was man erfahren hat, nicht über eine Sache, die nun außerhalb von einem steht."

Ausblick

In einfühlsamen Gesprächen bei qualifizierten behutsamen Helfern werden viele Personen in wesentlichen seelischen Bereichen funktionsfähiger, sie werden mehr die Persönlichkeit, die sie sein möchten. Viele empfinden insbesondere die Gruppengespräche als ein sehr tiefes Erlebnis, als eine sehr bedeutsame Erfahrung in ihrem Leben. Manche bezeichnen sie bei sich als eine seelische Neugeburt. – Wir möchten jetzt noch zwei langfristige Folgewirkungen kurz herausstellen:

Die Selbstentwicklung und das stärkere persönliche Lernen hält in den Monaten und Jahren nach den förderlichen Gesprächen an. Bei einem Teil der Personen sind die Gespräche gleichsam der Beginn einer Weiterentwicklung ihrer Person. Ihr seelisches Leben ändert gleichsam seinen Kurs. Diese Menschen tasten sich auf einem neuen eigenen Weg vorwärts. Sie sind auf einem Wege, mehr persönlich zu lernen, mehr seelisch zu reifen, sie lernen mehr aus ihren Erfahrungen, sie aktivieren mehr die in ihnen brachliegenden seelischen Kräfte.

Sie „arbeiten" weiter an sich. Sie haben zunehmend weniger Angst vor dem Unbekannten in sich. Sie gestatten sich mehr Nähe zu sich selbst und zu anderen. Sie suchen echter zu werden, sie hören mehr ihr Fühlen und verwerten es mehr bei ihren Handlungen. Sie lassen die innere Welt in sich und anderen mehr zu Wort kommen, gönnen sich und anderen einen größeren persönlichen Lebensraum. Sie leben seelisch lebendiger und reicher mit sich selbst und anderen. Viele nehmen auch an neuen Gruppen teil. Sie sehen dies als einen Weg, noch mehr zu lernen.

„Ich habe gelernt, daß ich an mir selbst weiterarbeiten muß." „Ich lebe seitdem noch bewußter und versuche, ehrlicher zu andern zu sein. Ich gehe Konflikte mutiger an. Ich setze mich bei Auseinandersetzungen entschiedener durch. Ich sage klarer ‚Ja' oder ‚Nein' und gebe so allen, die mit mir zu tun haben, eine bessere Orientierung. Dies und vieles andere ist aber eine lange Entwicklung. Es ist ein Prozeß des Erwachsenwerdens, des Fähigseins für Partnerschaften, der harten Arbeit an mir selber. Immer wieder muß ich darum ringen und werde mit Sicherheit noch lange nicht fertig sein."

Ihr Leben ist nicht frei von Tiefen und Schmerzen. Des öfteren nehmen sie jetzt Einengungen und Beeinträchtigungen deutlicher wahr. Eine Frau schreibt uns 2 Jahre nach der Teilnahme an der Gesprächsgruppe: „Mein Leben mit meinem Ehepartner ist schwieriger durch die Veränderung geworden. In dem Wort schwieriger soll enthalten sein: Schöner genauso wie trauriger. Ich verstehe ihn zwar viel besser, meine Verletzungsflächen ihm gegenüber aber sind größer geworden, ebenso umgekehrt. ... Ich habe zwar erkannt, daß sein Leben anders ist, aber mein Wunsch, so viele Teilbereiche wie möglich gemeinsam und ähnlich zu empfinden, ist groß. Und daher erlebt unsere Ehe starke Krisen, denn ich und auch er möchte unsere Wünsche nicht verleugnen. Ich kann ihn gut verstehen, auch seine Vorstellungen. Aber das nimmt mir nicht den Schmerz und das Gefühl manchmal der Ausgeschlossenheit."

Manche ängstigt anfangs diese Weiterentwicklung und Erneuerung ihrer inneren Welt. Sie haben das alte Ufer des Abgeschnürtseins von Gefühlen, von Fassadenhaftigkeit, von einem Leben nach den Werten anderer verlassen. Sie ahnen das neue Lebensufer, können ihm aber nur schwer näherkommen. Trotzdem empfinden viele diese Schwierigkeiten in der Strömung zwischen beiden Ufern und die Richtung auf das neue Ufer hin befriedigender als ein Verharren am unlebendigen sterilen alten Ufer.

Die innere Umwälzung vollzieht sich bei vielen Personen nach Gesprächen langsam, gleichsam schrittweise über lange, lange Zeit. Im Laufe von Jahren werden sie in sich selbst gesicherter, erfahren deutlich das Gefühl der inneren Übereinstimmung, leben mehr in ihrer inneren Welt, sind humaner gegenüber sich selbst und anderen. „Ich selbst habe bei den Gruppengesprächen sehr positive Erfahrungen gemacht, die sehr vieles bei mir verändert haben. Meine ganze Lebenseinstellung hat sich vom Negativen zum Positiven hin gewandelt. Nicht plötzlich, sondern in den vergangenen 4 Jahren Stück für Stück, bis hin zu meiner Beziehung zu Gott."

Gelegentlich findet eine Weiterentwicklung auch bei den Personen statt, die zunächst nach den Gesprächen keinerlei Änderungen empfanden. Einige von ihnen werden längere Zeit danach fähig, noch einmal an einer Gruppe teilzunehmen, sich dort zu öffnen, sich mit sich selbst auseinanderzusetzen, sich selbst zu finden. Dieser verlangsamte nachträgliche Wachstumsprozeß wird auch durch folgendes Untersuchungsergebnis gestützt: Klienten mit geringen oder keinen Wandlungen in der Einzelpsychotherapie machten gemäß ihren Erfahrungsbögen, die sie nach jedem Gespräch ausfüllten, erst zum Schluß der Psychotherapie diejenigen Erfahrungen, die Klienten mit größeren Wandlungen bereits in den ersten beiden Gesprächen hatten (Eckert, Schwartz u. Tausch, 1977).

Die seelischen Wandlungen und die persönliche Weiterentwicklung nach Gesprächen sind gesellschaftlich-politisch bedeutsam. Nicht-diktatorische Gesellschaften und Regierungen, die bei der Bevölkerung die Grundwerte Selbstbestimmung, Achtung der Würde der Person und Wachstum ihrer seelischen Funktionen zu fördern suchen, werden eine Entwicklung zu größerer Selbstbestimmung, größerer Selbstachtung, größerem Echtsein, größerer innerer Freiheit und selbständiger Wertebildung von Personen nach den Gesprächen begrüßen. Nur wenn viele Bürger selbstbestimmt handeln können, weitgehend innerlich frei leben, wenig fassadenhaft sind, ihre Umwelt und sich selbst wenig verzerrt wahrnehmen, wenig konformistisch handeln, zu Werten auf Grund von Erfahrungen finden, nur dann sind unserer Auffassung nach nicht-diktatorische Gesellschaften auf die Dauer lebensfähig.

Gesellschaften, Regierungen, Gruppen und Parteien dagegen, die eher diktatorische Lebens- und Führungsformen für notwendig halten, werden die nach Gesprächen erworbene größere Selbstbestimmung, selbständigere Wertebildung und größere innere Freiheit von Menschen eher fürchten. Sie werten derartige Gespräche und Gruppen als „unpolitisch", „individualistisch" und „illusionär" ab. Sie behindern oder verbieten derartige Gesprächsgruppen. Dies aber zeigt, daß sie diese persönlichen Entwicklungen von Menschen durchaus als politisch bedeutsam wahrnehmen, allerdings für ihr Regime und ihre Ideologie als politisch bedrohsam. Für sie ist es bedrohlich, wenn Menschen sich aus politischer Fremdbestimmung befreien, aus der Herabwürdigung, konformistische „Träger" von Ideologien zu sein.

Dieser Weg der Vorwärtsentwicklung einer Gesellschaft durch die persönliche Weiterentwicklung ihrer einzelnen Mitglieder ist langwierig. Aber wir halten diesen Weg für angemessener und dauerhafter als Versuche, „die Gesellschaft“ durch organisatorische oder gesetzliche Maßnahmen lediglich in ihren äußeren Bereichen zu ändern. Denn das personenzentrierte Zusammenleben von Menschen mit dem Schwerpunkt des einfühlenden Verstehens in die innere Welt jedes einzelnen, der Achtung-Sorge um ihn sowie des gegenseitigen Echtseins ist im letzten Jahrzehnt nicht nur auf Einzel- und Gruppengespräche beschränkt geblieben. Es weitet sich auf das Zusammenleben in Schulen und Erziehung aus (Rogers, 1969, 1977; Tausch u. Tausch, 1977a). Hunderttausende von Lehrern in Schulen können während der alltäglichen Unterrichtsstunden Helfer für Millionen von heranwachsenden Kindern und Jugendlichen sein, Helfer für deren persönliches Wachstum. Und wenn Millionen von jungen Menschen sich jährlich deutlich persönlich weiterentwickeln, persönlich lernen und reifer werden, dann *ist* dies eine gesellschaftliche Revolution. Und die so persönlich entwickelten Menschen schaffen sich die Lebensformen, die sie wünschen und die sie als befriedigend empfinden. „Ich bin mehr denn je davon überzeugt, daß von der gelebten Mitmenschlichkeit dieser Gruppenbegegnungen positive soziale Impulse ausgehen, deren Wirksamkeit gar nicht hoch genug eingeschätzt werden kann.“

Die helfenden Haltungen und Aktivitäten sowie die heilsamen Erfahrungen, die in Gesprächen so bedeutsam für die seelische Gesundheit und das seelische Wachstum sind, können in unseren Schulen, Familien, Betrieben und im Alltag gelebt werden. Sie ermöglichen uns, humaner und reicher miteinander zu leben. Es ist eine langsame, stille Revolution zwischenmenschlicher Beziehungen, in der die Achtung vor der inneren Welt, vor dem seelischen Lebensraum in uns im Mittelpunkt steht. „Wenn ich ohne negative Erfahrungen zu machen, offener sein kann und davon aus der Gesprächsgruppe etwas in mein Alltagsleben einbringen kann, so trage ich dazu bei, auch bei anderen Ängste von Menschen abzubauen und meine Umwelt menschlicher zu gestalten. Das heißt dem, was ich unter Menschsein verstehe, näherzukommen.“

Die seelischen Wandlungen in empirischen Untersuchungen

In diesem Kapitel geben wir einen Überblick über Untersuchungsbefunde, die die Auswirkungen personenzentrierter psychotherapeutischer Gruppen- und Einzelgespräche bei über 700 Klienten mit seelischen Beeinträchtigungen prüfen.

Ferner stellen wir die Untersuchungsbefunde über die Persönlichkeitswandlungen bei weiteren ca. 500 Personen dar. Diese nahmen an personenzentrierten Gruppengesprächen und Einzelgesprächen nicht als sog. Klienten der Beratungsstelle teil, sondern im Rahmen von Förderungsangeboten, um persönlich zu reifen und sich in ihrer Persönlichkeit weiterzuentwickeln. So auch alte Menschen, unterprivilegierte Kindergartenkinder, Schulkinder, sog. Gefängnisinsassen.

Die Untersuchungen stützen die Annahme: Personenzentrierte Gespräche sind bei Personen mit seelischen Beeinträchtigungen und bei Personen mit dem Wunsch nach persönlicher Reifung, die bereit zur Selbstöffnung und Selbstauseinandersetzung sind, förderlich für die Besserung ihrer wesentlichen seelischen Funktionen und ihrer Persönlichkeitsweiterentwicklung. Das Ausmaß dieser Wandlungen ist unterschiedlich. Es hängt, so weisen die Untersuchungen nach, von den Qualitäten des Helfers und teilweise von gewissen Charakteristiken der Gesprächspartner ab.

Warum treten bei manchen Personen in Gesprächen keine Änderungen ein? Diese Frage versuchen wir am Schluß dieses Kapitels zu beantworten.

Warum sind empirische Untersuchungen über die Auswirkungen personenzentrierter Gespräche notwendig? Wir haben hierzu folgende Auffassung: Diese empirischen Untersuchungen prüfen in genauer Weise, weitgehend unabhängig von dem Urteil der jeweiligen Psychotherapeuten, ob und unter welchen Bedingungen personenzentrierte Gruppen- und Einzelgespräche bei einem größeren Prozentsatz von Gesprächspartnern deutlich förderliche Auswirkungen haben. Erst wenn diese positiven Auswirkungen in großem Umfange nachgewiesen sind, sehen wir die wissenschaftliche und ethische Berechtigung für eine Ausbildung und berufliche Tätigkeit von Psychologen, Ärzten, Sozialarbeitern gegeben. Die meisten von uns erwarten, daß die Auswirkungen medizinischer Behandlungsmethoden oder Präparate sorgfältig kontrolliert wurden, ehe sie Menschen in breitem Umfange angeboten werden. Wir halten derartige Prüfungen auch für psychologische Vorgehensweisen für unerläßlich.

Einige Charakteristika derartiger wissenschaftlicher Prüfungen in Form empirischer Untersuchungen sind: □ Sämtliche bei einer Psychotherapeutischen Beratungsstelle um Gespräche nachsuchende Klienten werden ohne Auswahl in die Untersuchungen einbezogen. □ Am Beginn sowie am Ende der Gespräche wird die seelische Funktionsfähigkeit und das Ausmaß der seelischen Beeinträchtigungen aller Personen mit Tests und Interviews erfaßt. □ Ein Teil der Klienten beginnt mit den Gesprächen erst nach einer Wartezeit. Sie entspricht der durchschnittlichen Dauer der Gesprächspsychotherapie der übrigen Klienten. □ Die Gespräche aller Helfer mit den Klienten werden auf Tonband aufgenommen und von Beurteilern nach wesentlichen Merkmalen eingeschätzt. □ Das Ausmaß der Wandlungen bei den einzelnen Personen wird festgestellt, es ist der Unterschied der Testbefunde am Beginn und am Ende der Gespräche. □ Evtl. Wandlungen, die Personen während der Wartezeit ohne Gespräche haben, werden bei der Festlegung der Wandlungen durch Gespräche berücksichtigt. □ Das Ausmaß der Wandlungen der einzelnen Personen wird in Beziehung gebracht zu den in den Gesprächen festgestellten Qualitäten ihrer Helfer, zu den Merkmalen des Gesprächsverhaltens der Personen selbst, zu den persönlichen Erfahrungen während der Gespräche und zu ihrem seelischen Zustand am Anfang der Gespräche. □ Projektleitung, Testuntersuchungen, praktische Psychotherapie sowie Datenverarbeitung erfolgen möglichst durch voneinander unabhängige Personen.

Für die praktische Verwertung der Untersuchungsergebnisse sehen wir folgendes als wichtig an: Die Ergebnisse der Untersuchungen besagen zwar, daß die hierbei tätigen Helfer bei bestimmten Qualitäten deutlich hilfreich für ihre Gesprächspartner waren. Aber sie sagen nichts darüber aus: Ist der jeweilige personenzentrierte Helfer in einer Lebensberatungsstelle, Klinik u. a. wirklich in seinen Gesprächen für seinen Partner förderlich? Hierzu ist erforderlich: Jeder Helfer prüft fortlaufend in seiner Praxis, zum Beispiel seiner Lebensberatungsstelle, ob er seinem Gesprächspartner die hinreichenden Qualitäten bietet. Hierfür gibt sein Gesprächspartner nach jedem Gespräch und am Ende aller Gespräche an, wie verständnisvoll, warm-akzeptierend und echt er seinen Helfer empfand. Und in welchem Ausmaß sich die Gespräche für ihn förderlich oder schädigend auswirkten. Ferner werden Gesprächsstichproben der Tonaufnahmen durch Beurteiler, z. B. Kollegen, nach den 3 Haltungen des Helfers eingeschätzt. Geschieht dies in der praktischen Tätigkeit von Psychotherapeuten nicht, so sind die empirischen Forschungsuntersuchungen nutzlos, zum Teil sogar schädigend. Nicht-förderliche Psychotherapeuten können so die in Forschungsuntersuchungen nachgewiesenen konstruktiven Auswirkungen qualifizierter Psychotherapeuten unberechtigt für sich in Anspruch nehmen. Es ist notwendig: Psychotherapeuten weisen fortlaufend nach, daß sie ihren Gesprächspartnern ähnliche Erfahrungen ermöglichen wie die Helfer in den Forschungsuntersuchungen, so daß die Annahmen aus den Forschungsuntersuchungen wahrscheinlich auch für ihre eigene psychotherapeutische Tätigkeit zutreffen.

Die Auswirkungen personenzentrierter Gruppengespräche bei seelisch beeinträchtigten Personen

Gruppen von 2 ½tägiger Dauer, meist an einem Wochenende, mit einigen späteren Nachtreffen, etwa in 14tägigem Abstand, bieten wir seit einigen Jahren den Klienten unserer Psychotherapeutischen Beratungsstelle an. Die Mehrzahl bevorzugt diese Gruppengespräche gegenüber den auch angebotenen psychotherapeutischen Einzelgesprächen. Auf Grund unserer Erfahrungen vermuten wir, daß in diesen intensiven Gruppengesprächen häufig Wandlungen schneller und umfassender erfolgen als in Einzelgesprächen. Zugleich sind die Gruppengespräche hinsichtlich der Arbeitszeit der Helfer und der finanziellen Aufwendungen der Klienten wesentlich ökonomischer.

Die Untersuchungsbefunde ermöglichen die Annahme: Intensive Gruppengespräche mit Helfern, die in den 3 Haltungen hochqualifiziert sind, führen bei der Mehrzahl der Mitglieder zu deutlicher seelischer Aktivierung, zu einer Besserung ihrer seelischen Funktionen und zu einer Minderung bzw. zum Fortfall ihrer seelischen Beeinträchtigungen.

Die Personen dieser Untersuchungen über psychotherapeutische Gruppengespräche und auch über psychotherapeutische Einzelgespräche waren seelisch in mittlerem bis schwerem Ausmaß beeinträchtigt. Dies äußerte sich in folgenden Beeinträchtigungssymptomen: Allgemeine Unsicherheit, Angst, Depressivität, soziale Kontaktstörungen, Partnerprobleme, Verstimmungen, Gefühlskälte, Selbstwertprobleme, Fassadenhaftigkeit, sexuelle Schwierigkeiten, Arbeitsbeeinträchtigungen, psychosomatische Erkrankungen (z. B. Bruhn, 1978; Rudolph, 1975). Personen mit psychiatrischen Beeinträchtigungen (Schizophrenie, sog. endogene Depressionen, Paranoia) oder Personen mit starkem Alkoholismus oder mit Drogensucht waren nur in sehr geringem Umfang bei diesen Untersuchungen vertreten. Alle Personen kamen freiwillig zu den psychotherapeutischen Gesprächen. Sie waren meist motiviert, sich zu ändern.

In folgenden Bereichen änderten sich die Klienten, festgestellt durch einen Vergleich ihrer Testbefunde bei Beginn und nach Abschluß der Gespräche: □ Deutliche Verbesserungen in den individuellen Beeinträchtigungslisten der Klienten. □ Günstigere Testwerte in den folgenden Tests bzw. ihren Skalen: Tennessee-Selbstkonzept-Skala, EPI, FPI, POI, IPK. Diese Änderungen erstrecken sich auf größere Selbstachtung, günstigeres Selbstkonzept, geringere allgemeine Ängstlichkeit, geringere Introversion und größere Extraversion, weniger Psychoneurotizismus, geringere Spannungen, Niedergeschlagenheit und Minderwertigkeitsgefühle, geringere emotionale Überkontrolle.
Insgesamt: Deutliche Besserung wesentlicher seelischer Funktionen im Bereich des Fühlens, der Selbstwahrnehmung und des sozialen Verhaltens.

Eine Untersuchung von 17 Gesprächsgruppen – Dauer 2 ½ Tage und einige Nachtreffen – mit insgesamt 156 Klienten, die unsere Psychotherapeutische Beratungsstelle wegen seelischer Beeinträchtigungen aufsuchten, wurde von Bruhn (1978; Bruhn, Schwab u. Tausch, 1978) durchgeführt. 33 % der Klienten hatten Ängste oder Phobien, 81 % Selbstunsicherheit, 25 % psychosomatische Störungen, 31 % Familien- und Partnerprobleme, 20 % sexuelle Schwierigkeiten, 56 % Kontaktstörungen, 44 % Störungen im Gefühlsbereich. 72 % gaben körperliche Beschwerden an, fast alle sahen dabei einen Zusammenhang mit seelischen Vorgängen. Über ⅓ der Klienten nahm regelmäßig Psychopharmaka. Die Klienten hatten insgesamt erhöhte Testwerte in Nervosität, Depressivität, Gehemmtheit u. a. Einige Hauptergebnisse aufgrund von Nachuntersuchungen bei 80 % der Klienten 4 Wochen später:

□ 80 % der Klienten spürten deutliche Änderungen in ihrer Gefühlswelt, 60 % deutliche anschließende Änderungen in ihrem Verhalten.

□ 60 % erlebten deutlich positive Gefühle und Einstellungen der eigenen Person gegenüber.

□ Die Klienten änderten sich im Vergleich zu einer Wartegruppe deutlich in folgenden Testmerkmalen: Nervosität, Depressivität und Gehemmtheit (FPI); persönliches Selbstkonzept, körperliches Selbstkonzept, soziales Selbstkonzept, Selbstzufriedenheit (Tennessee-Selbstkonzept-Skala).

□ 60 % waren deutlich zufrieden mit der Gesprächsgruppe, 10 % deutlich unzufrieden, 28 % waren etwas zufrieden bzw. etwas unzufrieden.

□ 89 % erlebten die Gruppengespräche als nützliche bedeutsame Erfahrung für sich selbst.

□ Im Bereich ihrer persönlichen Hauptschwierigkeiten besserten sich 71 % der Gruppenteilnehmer in unterschiedlichem Ausmaß, 21 % blieben unverändert, 8 % verschlechterten sich. Allerdings zeigten auch 26 % der Wartepersonen Verbesserungen von unterschiedlichem Ausmaß; 32 % verschlechterten sich.

□ 50 % der Teilnehmer waren 6 Monate nach der Teilnahme für eine Weiteruntersuchung erreichbar. Ihre Wandlungen, verglichen mit denen 1 Monat nach den Gesprächen, waren nicht nur stabil, sondern es ergaben sich deutliche Tendenzen der weiteren Besserung. □ Günstige Wandlungen der Teilnehmer hingen zusammen mit dem Ausmaß ihrer emotionalen Anteilnahme, Selbstöffnung und Echtheit während der Gruppengespräche (festgestellt anhand der Tonaufnahmen durch Beurteiler) und mit dem Ausmaß von Verstehen, Echtheit, Selbstöffnung und Achtung-Wärme der Helfer, gemäß Einschätzung durch die Gruppenteilnehmer.

Eine weitere umfassende Untersuchung an 148 Klienten unserer Psychotherapeutischen Beratungsstelle wurde 1977 und Anfang 1978 durchgeführt (Westermann, Schwab u. Tausch, 1978). Es handelte sich um 16 Gesprächsgruppen von 2 ½ Tagen Dauer. Art und Zusammensetzung der Teilnehmer war ähnlich wie bei der vorhergehenden Untersuchung. Einige der zahlreichen Ergebnisse: □ 63 % der Teilnehmer waren deutlich zufrieden mit den Gruppengesprächen, 23 % etwas zufrieden, 14 % unzufrieden. □ 79 % sagten, daß sie mit ihren seelischen Schwierigkeiten aufgrund der Gruppengespräche künftig besser fertig werden würden, 21 % verneinten dies. □ 71 % konnten sich mehr so annehmen, wie sie waren. □ 51 % änderten sich in ihren Gefühlen und Einstellungen sich selbst gegenüber. □ 71 % wurden fähiger, mehr von sich selbst auszudrücken und anderen mitzuteilen. □ 84 % meinten, daß sie empfindsamer für andere geworden wären. □ 69 % bezeichneten die Gruppengespräche als bedeutungsvolle Erfahrung mit günstigen Ergebnissen, 10 % als eher nutzlose und enttäuschende Erfahrung. □ Ca. 55 % waren dem seelischen Zustand nähergekommen, den sie sich eigentlich wünschten. □ 41 % empfanden günstige körperliche Veränderungen, größere Entspannung, Ruhe, weniger Migräne u. a. □ Mit großer Wahrscheinlichkeit hängen die unterschiedlichen Änderungen der Teilnehmer mit der Qualität ihrer Helfer und mit dem Ausmaß der Selbstöffnung, Selbstauseinandersetzung und gefühlsmäßigen Ansprechbarkeit der Teilnehmer in den Gesprächen zusammen.

Weitere, ältere Untersuchungen, z. B. Gruppengespräche bei Personen mit Alkoholsucht in einer Klinik zusätzlich zu anderen Methoden, haben wir in der früheren Auflage dargestellt (R. Tausch, 1974).

Die Auswirkungen von Gruppengesprächen bei Personen mit dem Wunsch nach größerer Selbstentwicklung

Die erste umfassende Untersuchung führte Carl Rogers durch (1970). Die Nachbefragung 3–6 Monate nach den Gruppengesprächen erstreckte sich auf 481 Personen. Im folgenden die Ergebnisse von 110 Personen, darunter 50 Schulberater, ferner Eltern und Lehrer, die gemeinsam an einem 5-Tage-Workshop teilnahmen: □ Bei 34 der 110 Teilnehmer führte die Gruppe zu einer beträchtlichen Änderung des Verhaltens, bei 17 Personen traten keine Veränderungen auf, bei 2 Personen änderte sich das Verhalten in unerwünschter Weise. □ 94 Teilnehmer wurden sich ihrer eigenen Gefühle bewußter, nahmen die Gefühle anderer eher wahr, konnten positive wie negative Gefühle anderen offener mitteilen. Keiner bedauerte, sich seiner Gefühle bewußter geworden zu sein. □ 58 Teilnehmer erlebten sich in ihrem Verhalten gegenüber Mitarbeitern positiv verändert, 47 gegenüber Freunden, 44 gegenüber Vorgesetzten, 34 gegenüber Untergebenen, 33 bzw. 31 gegenüber den eigenen Kindern bzw. dem Ehepartner.

45 alte Menschen, Durchschnittsalter 72 Jahre, Besucher von Altentagesstätten, nahmen zusammen mit jüngeren Personen (Durchschnittsalter 32 Jahre) an 2 ½tägigen Gesprächsgruppen teil (Bergeest, Steinbach u. Tausch, 1977, 1978a). Insgesamt waren es 9 Gesprächsgruppen. Hauptergebnisse, im Vergleich zur Wartegruppe: Die alten Menschen erlebten nach der Gesprächsgruppe weniger Einsamkeitsgefühle, geringeres Mißtrauen gegenüber anderen, sie hatten ein weniger resignatives Bild vom Altern, fühlten sich angstfreier in der Auseinandersetzung mit den Problemen des Todes und der Liebesbeziehung im Alter, sie waren weniger unzufrieden mit ihrem eigenen Verhalten und gefühlsmäßig weniger beeinträchtigt, auch noch 6 Monate nach den Gruppengesprächen. – Die Änderungen bei diesen alten Menschen waren größer als bei den Gesprächsgruppen der alten Menschen der Wartegruppe, die später an Gesprächsgruppen teilnahmen, die nur aus alten Menschen bestanden. Die Ergebnisse sind ein Hinweis für die Möglichkeit der Änderbarkeit persönlicher Schwierigkeiten und einer Persönlichkeitsentwicklung alter Menschen.

26 Lehrer nahmen an 2 ½tägigen Gesprächsgruppen zusammen mit Psychotherapieklienten teil, jeweils 2–3 Lehrer in einer von insgesamt 12 Gruppen (Wittern u. Tausch, 1978). Die vorläufigen Ergebnisse bestätigen die Annahme: Personenzentrierte Gesprächsgruppen sind eine Möglichkeit bedeutsamen persönlichen Lernens für Lehrer. Einige Ergebnisse, im Vergleich zur Wartegruppe: ▫ Die Lehrer erlebten gemäß ihren eigenen Angaben deutliche Verbesserungen in ihren persönlichen sowie schulischen Schwierigkeiten. Diese Verbesserungen waren auch 4 Monate später in ähnlicher Weise vorhanden. Die meisten Lehrer (80 % – 90 %) lernten, innerlich reicher zu erleben sowie in förderlicherer Weise mit sich selbst und anderen umzugehen. ▫ Die Lehrer wurden einfühlsamer gegenüber ihren Schülern im Unterricht, gemäß Einschätzung der Tonaufnahmen ihrer Unterrichtsstunden durch Beurteiler. ▫ Lehrer mit geringem einfühlendem Verstehen, geringer Wertschätzung und geringer Selbstöffnung in ihrem Unterrichtsverhalten vor den Gruppengesprächen waren danach einfühlsamer und echter und schafften eine günstigere Arbeitsatmosphäre in der Schulklasse. ▫ Lehrer mit stärkerer Selbstauseinandersetzung in einem Nachbefragungsgespräch mit einer fremden Interviewerin lenkten ihre Schüler im Unterricht weniger und ihre Schüler äußerten sich persönlicher. ▫ 15 der 26 Lehrer erlebten 4 Monate nach der Gruppe ihre Beziehung zu ihren Schülern verbessert. ▫ 93 % der Lehrer hielten 4 Monate später die Teilnahme von Lehrern an personenzentrierten Gesprächsgruppen in persönlicher und beruflicher Hinsicht für wichtig und hilfreich. ▫ Die mit ihrer Gesprächsgruppe nach 4 Monaten zufriedeneren Lehrer nahmen ihre Helfer einfühlsamer, wertschätzender und echter wahr sowie sich selbst günstiger in ihrem Verhalten während der Gruppengespräche.

Richter, Gefängnisinsassen, Klienten einer Beratungsstelle und Psychologen nahmen zusammen an 2 ½tägigen personenzentrierten Gesprächsgruppen teil (A. Tausch u. a., 1975). Einige Änderungen, im Vergleich zur Wartegruppe: ▫ Die Gesprächsteilnehmer hatten 6 Wochen später geringere Selbstwertprobleme, sie gingen weniger pessimistisch mit ihrer eigenen Person um und waren fähiger, sich selbst zu akzeptieren. ▫ Die Selbstöffnung der Teilnehmer während der Gruppengespräche stand in deutlichem Zusammenhang mit ihren konstruktiven Änderungen nach den Gesprächen. ▫ Im Laufe des Gruppengespräches wurden die Teilnehmer echter, fühlten sich für ihre Probleme verantwortlicher, begegneten anderen Teilnehmern in der Gruppe weniger rollengemäß, weniger mißtrauisch, weniger feindselig, eher kooperativ.

Die Auswirkungen von 26 Gesprächsgruppen mit insgesamt 186 Teilnehmern – Dauer 2 ½ Tage – wurden unmittelbar danach, 6 Wochen später und nach 1 Jahr erfaßt (Kremer u. Tausch, 1978). Teilnehmer waren zu etwa einem Viertel Klienten der Beratungsstelle, zu einem Drittel Studierende, die übrigen Werktätige und Hausfrauen. Leider wurde es den Teilnehmern weitgehend freigestellt, ob sie die Nachuntersuchungsbögen ausfüllen und zurücksenden wollten, so daß die Antworten nur von ca. zwei Drittel der Teilnehmer vorlagen und von der Nachbefragung 1 Jahr später nur von einem Viertel. Es gibt jedoch Hinweise, daß die Antworten sich auf erfolgreiche und wenig erfolgreiche Teilnehmer in ähnlicher Weise wie bei der Gesamtstichprobe verteilen. Einige Ergebnisse: 75 % der antwortenden Teilnehmer gaben nach 6 Wochen deutliche konstruktive Änderungen an, ca. 80 % nach 1 Jahr. Die Änderungen konzentrierten sich auf die Bereiche: Selbstkonzept, Selbstkommunikation, größeres Echtsein, bessere Beziehung zu anderen und Verminderung der Beeinträchtigungen. Das Ausmaß der Selbstöffnung des einzelnen, seine Echtheit und seine Beziehung zu anderen während der Gruppengespräche hing deutlich mit seinen Änderungen nach den Gesprächen zusammen.

Die Auswirkungen von Gruppengesprächen auf delinquente Jugendliche untersuchten Truax, Wargo u. Silber (1966). 40 straffällig gewordene Mädchen in Heimen, Durchschnittsalter 16 Jahre, nahmen an 24 Gruppengesprächen, zweimal wöchentlich, teil. Die Gruppen wurden von erfahrenen Psychotherapeuten durchgeführt, deren Qualifikation in den 3 Haltungen aus früheren Gesprächen feststand. Unter anderem ergaben sich folgende Änderungen der Mädchen durch die Gespräche, im Vergleich zu Kontrollpersonen: Ihr Selbstkonzept wurde günstiger, sie gewannen eine positivere Einstellung zu Eltern und Geschwistern und waren 1 Jahr nach Ende der Psychotherapie weniger im Heim gewesen bzw. eher entlassen worden. Ein ähnlicher Befund ergab sich bei 4 Gruppen mit je 10 straffälligen männlichen Heimjugendlichen (Truax, 1966).

Studenten, die trotz günstiger Tests bei Studienbeginn am Ende des 1. Semesters ungünstige Studienleistungen hatten und das Angebot von 24 Gruppengesprächen bei einem in den 3 Haltungen qualifizierten Gruppenleiter annahmen, änderten sich, im Vergleich zur Wartegruppe ohne Gespräche: ▫ Die durchschnittlichen akademischen Leistungen der Gruppenmitglieder waren signifikant höher als die der Wartegruppen. ▫ 71 % der Gruppenmitglieder zeigten akademische Leistungen, die dem Durchschnitt aller Studenten entsprachen und zum Verbleiben an der Universität berechtigten, gegenüber 45 % der Wartegruppe. ▫ Studenten der Gruppen, in denen der Psychotherapeut ein hohes Ausmaß in den 3 Haltungen aufwies, hatten in allen Vergleichswerten günstigere Ergebnisse als Studenten der Wartegruppe ohne Gespräche. Studenten der Gruppe mit geringeren Qualitäten des Psychotherapeuten zeigten keine Unterschiede zur Kontrollgruppe (Dickenson u. Truax, 1966).

Bewohnerinnen von 3 Stockwerken eines Studentinnenwohnheims nahmen an intensiven Gesprächsgruppen teil. Ihre Änderungen wurden verglichen mit Nicht-Teilnehmerinnen derselben und anderer Stockwerke. Die Änderungen waren entsprechend der Art und Kürze der Gruppen begrenzt. Jedoch war 3 Wochen nach der Gesprächsgruppe das Stockwerk-Klima und das Gefühl der Zusammengehörigkeit in der Wahrnehmung der Studentinnen verbessert. Es herrschte mehr persönliche Begegnung und mehr Bekanntschaft der Bewohnerinnen der Stockwerke untereinander. Auch Nicht-Teilnehmerinnen nahmen eine begrenzte Veränderung des Stockwerk-Klimas wahr. Bekanntschaften und Freundschaften gingen mehr über die jeweilige Zimmer-Mitbewohnerin oder die Bewohnerinnen unmittelbar angrenzender Zimmer hinaus (Dies u. Sadowsky, 1974).

Die Auswirkungen personenzentrierter Einzelgespräche bei seelisch beeinträchtigten Personen

Folgende Annahmen werden durch die nachfolgenden Untersuchungsergebnisse gestützt: Personenzentrierte Gesprächspsychotherapie mit ca. 6–20 Einzelgesprächen bei Psychotherapeutischen Helfern mit deutlich einfühlendem Verstehen, Achtung-Wärme und Echtheit (Einschätzungen oberhalb der Stufe 3.5 auf den 5stufigen Skalen), die auch entsprechend von ihren Klienten wahrgenommen werden, führt bei der Mehrzahl der Klienten zu deutlich förderlichen seelischen Änderungen, zu einer Besserung ihrer seelischen Funktionen und Minderung bzw. Fortfall ihrer seelischen Beeinträchtigungen, im Vergleich zu wartenden Klienten ohne Psychotherapie. Bei Psychotherapeuten von geringerer Qualität in den 3 Haltungen (unter Stufe 3.0) ist der Prozentsatz geförderter Klienten gering, etwa 10–20 %. Die Auswirkungen personenzentrierter Gespräche sind also erheblich abhängig von der Qualität des Helfers. Ein Teil der Klienten wird bei ungünstigem Helferverhalten durch die Gespräche noch stärker seelisch beeinträchtigt.

Die Psychotherapie von 53 Klienten unserer Beratungsstelle untersuchte Boeck-Singelmann (1978). Sie wurde in sog. Teamtherapie durchgeführt: Der erfahrene Psychotherapeut führte jeweils mit einem lernenden Psychologen *gemeinsam* alle Gespräche durch. Einige Ergebnisse: □ Gemäß der sog. Problemliste änderten sich 48 % der Klienten in ihren Schwierigkeiten deutlich, 34 % blieben unverändert, 12 % zeigten eine Verschlechterung, 12 % brachen die Gespräche ab. In der Wartegruppe empfand sich kein Klient als gebessert. Wir haben den Eindruck, daß Teamtherapie die sonst bestehenden Nachteile lernender Psychologen in ihren Auswirkungen auf die Klienten mindert. Gewiß ist das Ergebnis von 42 % deutlich geänderter Klienten nur begrenzt erfreulich. Jedoch ist dies besser und ethisch eher zu verantworten, als wenn lernende Psychologen allein die Gespräche führen oder sich darin mit dem erfahrenen Psychotherapeuten abwechseln. □ Die Psychotherapeuten gebesserter Klienten förderten gemäß Einschätzung der Tonaufnahmen die Selbstauseinandersetzung der Klienten stärker, waren aktiver und hatten ein günstigeres Beziehungsverhältnis zum Klienten. □ Der jeweils erfahrenere Psychotherapeut wurde eher als echt wahrgenommen. □ Jeder 2. Klient (54 %) war zufrieden mit der Psychotherapie. □ Die Änderungen der Klienten erstreckten sich wesentlich auch auf das persönliche Selbst, festgestellt mit der Tennessee-Selbstkonzept-Skala. □ Die gebesserten Klienten hatten häufiger Helfer mit deutlich einfühlendem Verstehen (größer als Stufe 3.5), im Vergleich zu nicht-gebesserten Klienten. □ Zwei Drittel der Klienten gaben am Beginn der Gespräche verschiedenartige körperliche Beschwerden an. 42 % von ihnen fühlten sich hierin gebessert. Ferner ergaben sich positive Änderungen im körperlichen Selbst der Selbstkonzept-Skala.

Die Einzelpsychotherapie von 112 Klienten unserer Psychotherapeutischen Beratungsstelle wurde in einer umfangreichen Untersuchung erforscht und mit den Änderungen von 139 wartenden Klienten verglichen (Rudolph, 1975; Rudolph, Langer u. Tausch, 1978). Die Klienten hatten in den Tests am Anfang deutlich erhöhte Werte in Neurotizismus (EPI). Jeder 2. Klient (50 %) litt unter Kontaktstörungen und/oder Allgemeiner Unsicherheit (55 %), jeder 6.–7. Klient (14 %) fühlte sich durch psychiatrische Symptome beeinträchtigt. Das Durchschnittsalter der Klienten war 26 Jahre, ihr durchschnittlicher IQ 111. Jeder 5. Klient (21 %) war Arbeiter, mindestens jeder 3. (39 %) Student. Die Klienten hatten im Durchschnitt 11 Gespräche. 80 Psychologen führten die Gespräche durch, davon ca. 80 % ohne bedeutsame Erfahrung. Alle Klienten wurden mit vielen Tests und Fragebogen am Beginn und Ende der Psychotherapie untersucht. Ihre Veränderungswerte wurden unter Berücksichtigung der Veränderungswerte der Wartegruppe berechnet. 35 % der Psychotherapieklienten brachen die Gespräche ab bzw. kamen nicht zur Nachtestung. Einige Ergebnisse:

□ 33 % der 112 Klienten mit abgeschlossener Psychotherapie änderten sich gemäß ihrer Einschätzung stark bis sehr stark positiv und waren mit ihrer Psychotherapie zufrieden. Weitere 41 % zeigten einige positive Änderungen in gewissem Ausmaß. 26 % waren ohne positive Änderungen.

□ In den individuellen Beeinträchtigungslisten der Psychotherapieklienten ergaben sich deutliche Änderungen in Richtung verminderter Verstimmungs- und Arbeitsstörungen, geringerer sexueller Schwierigkeiten. – Änderungen, die möglicherweise als sog. Symptomverschiebungen bezeichnet werden könnten, erfolgten in der Psychotherapie- und Wartegruppe gleich häufig.

□ Bei Zusammenfassung der Testbefunde ergaben sich zwei deutlich gebesserte seelische Bereiche: Abnahme sog. neurotischer Belastungen sowie Zunahme von innerer Sicherheit im Sozialverhalten.

□ Bei den wartenden Klienten ohne Psychotherapie traten nur geringe Änderungen ein, deutlich geringer als die Änderungen bei den Psychotherapieklienten. Teilweise nahmen bei ihnen die vegetativen Beschwerden zu.

□ Stärker gebesserte Klienten nahmen ihre Psychotherapeutischen Helfer als verstehender, achtungsvoll-wärmer sowie echter wahr, im Vergleich zur Gruppe weniger gebesserter Klienten.

□ Klienten, die nach 4 Kontakten die Psychotherapie abbrachen (insgesamt 29 Klienten), nahmen ihre Psychotherapeuten deutlich ungünstig und wenig förderlich wahr: Wenig verstehend, wenig achtungsvoll-warm, wenig echt, wenig aktiv, wenig partnerschaftlich, wenig sympathisch, mehr egozentrisch.

□ Jeder Klient führte die Gespräche abwechselnd mit einem mehr erfahrenen und einem weniger erfahrenen Helfer. Nach dem 4. Gespräch konnte er einen Helfer abwählen, falls ihm dieser ungünstig erschien. Fast ⅔ der Klienten (62 %) wählten nach dem 4. Gespräch einen Helfer ab. Dies war eher der weniger erfahrene Helfer. Die abgewählten Helfer wurden weniger verstehend, warm, echt und aktiv wahrgenommen.

□ Bei Klienten mit insgesamt positiven Änderungen ergab sich ein deutlicher Zusammenhang zwischen ihren positiven Empfindungen und ihrem wahrgenommenen Helferverhalten, festgestellt nach dem 4. Gespräch. Sie bejahten in größerem Umfang Items wie: „Der Helfer bewirkt, daß ich sicherer werde" „Nach den Gesprächen mit dem Helfer merkte ich, daß ich ruhiger wurde" „Ich habe den Eindruck, die Gespräche mit ihm helfen mir wirklich, meine Probleme zu klären".

Diese Untersuchung zeigt: Das Ausmaß positiver Änderungen bei Klienten in Einzelpsychotherapie hängt sehr von den Qualitäten ihrer Psychotherapeutischen Helfer ab. Die Qualität der Helfer in dieser Untersuchung war häufig nicht hinreichend.
Wir zogen daraus folgende Konsequenzen: □ Einführung der Team-Therapie, d. h. der sog. erfahrene Helfer führt jedes Gespräch gemeinsam mit dem lernenden Helfer. □ Angebot von personenzentrierten Gruppengesprächen an die Klienten unserer Beratungsstelle. □ Stärkere Förderung der Persönlichkeitsentwicklung der lernenden Psychotherapeuten in der Ausbildung durch Teilnahme als Mitglieder von Gesprächsgruppen.

Die Einzelpsychotherapie von 104 Klienten unserer Psychotherapeutischen Beratungsstelle untersuchte Feindt (1978). Es wurden hier nur Klienten mit Volksschulabschluß (60 %) und mit Mittelschulabschluß (40 %) aufgenommen. Fast ⅔ der Klienten (61 %) gehörten der sog. Unterschicht an. Das Durchschnittsalter betrug 27 Jahre. Leider hatten wir damals noch nicht die Erkenntnisse aus der eben zitierten Arbeit von Rudolph. So führten auch hier ein unerfahrener und ein eher erfahrener Helfer die Gespräche mit den Klienten abwechselnd, insgesamt 78 Helfer. Wir wissen heute, daß ihre Qualifikation zu gering war. Jeder 3. der angenommenen Klienten (34 %) brach die Psychotherapie vorzeitig ab. Einige Hauptergebnisse:

□ Jeder 3. Klient (35 %), der seine Psychotherapie abschloß, änderte sich im Vergleich zur Wartegruppe in Tests deutlich in Richtung seelischer Gesundheit (Verminderung von Psychoneurotizismus, Depressivität, Gehemmtheit, Zunahme von positiver Selbstkommunikation und Selbstvertrauen). Jeder weitere 3. Klient (35 %) zeigte einige positive Änderungen. Jeder 5. Klient (20 %) blieb unverändert, jeder 10. (10 %) verschlechterte sich.

□ Die meisten Psychotherapeuten erreichten in den 3 Haltungen Verstehen, Achten und Echtsein nicht die Stufe 3, also das Mindestmaß förderlicher Bedingungen. Eine weitere Einschätzung der Tonaufnahmen der Gespräche nach der Güte des Beziehungsverhältnisses ergab: Es existierte im Durchschnitt kein bedeutsames persönliches förderliches Beziehungsverhältnis zwischen Helfer und Klient.

□ Klienten, die die Psychotherapie abbrachen, charakterisierten ihre Helfer selten als warm und freundlich.

□ Gebesserte Klienten setzten sich deutlich mehr und intensiver mit sich selbst auseinander. Sie machten ferner günstigere Erfahrungen in den Gesprächen, fühlten sich z. B. körperlich entspannter, weniger gehemmt dem Helfer gegenüber. Sie gaben vor der Psychotherapie in Tests an, daß es ihnen weniger schwer falle, ganz offen zu sprechen. Ihnen fiel also Selbstöffnung leichter.

Auch diese Untersuchung zeigt die Bedeutung hinreichender Qualifikation von Psychotherapeutischen Helfern in den 3 wesentlichen Haltungen, und die Schwierigkeiten für Helfer mit geringerer Erfahrung in Einzelgesprächen.

Die Einzelpsychotherapie von 73 Klienten mit ihren 35 personenzentrierten Psychologen wurde von Sander, Langer, Bastine, A. Tausch, R. Tausch u. Wieczerkowski untersucht

(1973). Jeder Klient erhielt innerhalb von 3 ½ Monaten durchschnittlich 8 Gespräche. Er führte jedes Gespräch abwechselnd mit einem von zwei Helfern. Jeder 3. Klient brach die Psychotherapie ab. Einige Ergebnisse: □ Klienten, die ihre Psychotherapie abschlossen, verbesserten sich im Vergleich zur Wartegruppe in 3 Testskalen des MMPI und einer Skala des EPI. In den anderen Testskalen ergaben sich keine Änderungen. □ Klienten mit größerer Selbstauseinandersetzung änderten sich günstiger. □ Ein Jahr nach Abschluß zeigte jeder 2. Klient (55 %), der die Psychotherapie nicht abgebrochen hatte, konstruktive Änderungen. Jedoch jeder 3. Klient (35 %) hatte geringe, keine oder beeinträchtigende Änderungen.

Einzelpsychotherapie, die über Telefon durchgeführt wurde, untersuchte Teegen (1975). Die 45 Psychotherapieklienten und die 45 Warteklienten hatten zu Beginn deutlich überhöhte Neurotizismus- und Introversionswerte (EPI). Jeder 2. (55 %) litt unter Allgemeiner Unsicherheit (mangelndes Selbstvertrauen, Unselbständigkeit u. a.), fast jeder 3. unter allgemeiner Angst, Verstimmungen, beruflichen Problemen, Arbeitsstörungen, psychosomatischen Beschwerden, sexuellen Schwierigkeiten. Das Durchschnittsalter der Klienten war 29 Jahre, ihr durchschnittlicher IQ 111. 58 % hatten Volks- und Mittelschulabschluß, die übrigen Abitur. Durchschnittlich erhielten die Klienten 10 Gespräche. Die insgesamt 20 Psychotherapeutischen Helfer waren aufgrund der Auswahl qualifizierter als bei den anderen Untersuchungen unserer Psychotherapeutischen Beratungsstelle. Einige Ergebnisse:

□ 38 Klienten beendeten die Psychotherapie, 7 brachen die Gespräche ab. Von den 38 Klienten waren 24 als deutlich gebessert und 14 als nicht gebessert zu bezeichnen. Die Gruppe der gebesserten und nicht-gebesserten Klienten unterschied sich nicht in Alter, Geschlecht, Intelligenz, Schulbildung, Anzahl der Gespräche, Ausmaß von Neurotizismus und Extraversion zu Beginn der Psychotherapie. Gebesserte Klienten suchten die Gespräche vorwiegend mit Problemen auf, die sie schon länger belasteten. Die aktuellen Beeinträchtigungen waren bei beiden Gruppen gleich.

□ Die Klienten mit Psychotherapie unterschieden sich in traditionellen Tests zwar nicht von denen der Wartegruppe. In den individuellen Beeinträchtigungslisten jedoch ergab sich eine deutliche Besserung der Psychotherapieklienten gegenüber der Wartegruppe, insbesondere in Allgemeiner Unsicherheit, Allgemeiner Angst und Verstimmung, beruflichen Problemen, Arbeitsstörungen sowie psychosomatischen Beschwerden.

□ Ca. 80 % der Klienten mit abgeschlossener Psychotherapie waren mit dem Ergebnis deutlich oder in gewissem Ausmaß zufrieden und spürten positive Änderungen unterschiedlichen Ausmaßes. Die telefonische Durchführung der Therapie erschien ihnen vor allem im Hinblick auf die Zeitersparnis und eine gewisse Anonymität der Kontakte angenehm.

□ Bei einer Nachbefragung ein halbes Jahr nach Beendigung der Gespräche erwiesen sich die positiven Änderungen nach den Gesprächen als stabil. Die Klienten empfanden sich im Vergleich zu dem Zeitpunkt vor Beginn der Gespräche als innerlich ruhiger, gefestigter, selbstsicherer, freier, zuversichtlicher. Bei einigen nicht-gebesserten Klienten waren durch die Gespräche Vorgänge eingeleitet worden, die in dem halben Jahr nach Beendigung der Gespräche zu einer deutlichen Besserung der Symptombeeinträchtigung geführt hatten.

In der ersten umfangreichen Untersuchung unserer Psychotherapeutischen Beratungsstelle untersuchten Minsel, Bommert, Bastine, Langer, Nickel u. Tausch (1972) die Einzelpsychotherapie von 55 Klienten. Jede Psychotherapie wurde jeweils von einem Psychotherapeuten durchgeführt. Die Klienten hatten ein deutlich erhöhtes Ausmaß psychischer Beeinträchtigungen in den Testskalen des EPI und MMPI. Sie litten an Allgemeiner Unsicherheit (41 %), Arbeitsstörungen (40 %), sozialen Kontaktstörungen (38 %), psychosomatischen Beschwerden (26 %), sexuellen Schwierigkeiten (22 %), psychiatrischen Beeinträchtigungen (12 %). Die Klienten waren überwiegend Studierende, ihr Durchschnittsalter war 26 Jahre, ihr durchschnittlicher IQ 118. Sie erhielten durchschnittlich 6 Gespräche in ca. 9 Wochen, von 19 Psychologen. *Einige Ergebnisse:* □ In den wesentlichen Testdimensionen Psychoneurotizismus und Introversion zeigten die Klienten signifikante Besserungen am Ende der Psychotherapie, verglichen mit ihren Anfangswerten. □ Die Gruppe der Warteklienten hatte während der Wartezeit insgesamt gesehen keine konstruktiven Änderungen, eher eine Zunahme

der Beeinträchtigungen. Jedoch gab es einige Klienten, die sich während der Wartezeit besserten, während sich andere verschlechterten.
Ähnliche Befunde ergaben sich in der Untersuchung von Bommert u. a. (1972). Hier wurde die Einzeltherapie von 22 Klienten unserer Beratungsstelle bei 13 Psychologen untersucht.

Im folgenden möchten wir noch einige amerikanische Untersuchungsbefunde von Carl Rogers und seinen Mitarbeitern darstellen. Die Untersuchungen liegen einige Zeit zurück. Bei vielen wurde entsprechend dem damaligen Stand der Forschung das Verhalten der Psychotherapeuten noch nicht untersucht. Jedoch sind die Untersuchungen aus anderen Gründen bedeutsam:

Die erste umfassende, in ihrer Sorgfalt einmalige Untersuchung zur personenzentrierten Einzelpsychotherapie wurde vor fast 25 Jahren von Rogers und Dymond (1954) durchgeführt. 29 Klienten der Psychotherapeutischen Beratungsstelle der Universität Chicago erhielten von insgesamt 16 Psychotherapeuten durchschnittlich 33 Gespräche. Die Klienten hatten deutliche sog. psychoneurotische Beeinträchtigungen. Einige Ergebnisse der Untersuchung: ▫ Das Selbstkonzept der Klienten wurde deutlich günstiger, es näherte sich ihrem persönlichen Idealkonzept an. Die Klienten wurden also mehr die Person, die sie zu sein wünschten. ▫ Die inneren Spannungen und andere beeinträchtigende Vorgänge der Klienten verminderten sich deutlich; die Klienten wurden seelisch gesünder und gefühlsmäßig reifer. ▫ Klienten, die 2 Monate ohne Psychotherapie warteten, änderten sich insgesamt nicht bedeutsam. ▫ Die konstruktiven Änderungen der Psychotherapieklienten hielten gemäß Nachbefragungen 6–12 Monate nach Ende der Psychotherapie an.

93 Klienten der Psychotherapeutischen Beratungsstelle der Universität Chicago, die in den Jahren 1956–1958 von insgesamt 30 personenzentrierten Psychologen durchschnittlich 26 Gespräche erhielten, wiesen folgende Änderungen auf (Cartwright, Kirtner u. Fiske, 1963): Günstigere Selbstbewertung, geringere seelische Beeinträchtigungen, angenehmeres Fühlen, mehr sog. Ich-Stärke, weniger Ängstlichkeit und weniger soziale Introversion, flexiblere psychologische Anpassung. Die Änderungen waren unabhängig von der Zahl der Gespräche.

Die Auswirkungen von Einzelgesprächen bei sog. schizophrenen Patienten am Psychiatrischen Krankenhaus der Universität Madison/USA untersuchte Carl Rogers zusammen mit Gendlin, Kiesler u. Truax (1967). Insbesondere wurden hier neue Forschungsmethoden entwickelt, um das Verhalten der Psychotherapeuten während der Gespräche und die bedeutsamen Vorgänge der Klienten hierbei anhand von Tonaufnahmen zu erfassen. Die Ergebnisse der Einzelgespräche bei Zusammenfassung aller Psychotherapie-Patienten war gering. Jedoch zeigten Patienten, die sehr einfühlende, achtungsvoll-warme und echte Helfer hatten, größere Verbesserungen als Klienten von Helfern mit geringen psychotherapeutischen Bedingungen. Öffneten sich die Patienten mehr und setzten sie sich mit sich selbst mehr auseinander, dann waren die Änderungen günstiger. Truax (1970) untersuchte die erreichbaren Patienten 9 Jahre danach. Patienten von hochqualifizierten Psychotherapeuten in den 3 Haltungen verbrachten die folgenden 9 Jahre weniger im Krankenhaus als Patienten ohne Psychotherapie. Patienten von wenig qualifizierten Psychotherapeuten in den 3 Haltungen verbrachten in der Tendenz längere Zeit im Krankenhaus als unbehandelte Patienten. – Insgesamt ergibt sich aus diesen Untersuchungen: Psychotherapeutische Einzelgespräche und auch Gruppengespräche (z. B. Truax, Carkhuff u. Kodman, 1965) sind bei psychiatrischen Patienten mit der Diagnose sog. Schizophrenie förderlich, wenn die Psychotherapeuten ihren Patienten sehr günstige Bedingungen des Verstehens, der Wärme und des Echtseins zu geben vermögen. Allerdings ist das Ausmaß der hierdurch erreichten Änderungen begrenzt und entspricht nicht dem Ausmaß, das sich die Patienten meist wünschen und das vom Standpunkt Klinischer Psychologen wünschenswert wäre.

Weitere Untersuchungen über die Auswirkungen personenzentrierter Gesprächspsychotherapie haben wir in der alten Auflage dieses Buches (R. Tausch, 1974, S. 195–213) dargestellt. Sodann sind in einem Buch, das uns soeben erreicht, die Forschungen und praktischen Erfahrungen in der DDR dargestellt: J. Helm, Gesprächspsychotherapie, Berlin, 1978.

Die Auswirkungen personenzentrierter Einzelgespräche bei Personen mit dem Wunsch nach größerer Selbstentwicklung

Auch bei Personen, die nicht Psychotherapie suchen oder wünschen, führen einfühlsame hilfreiche Einzelgespräche häufig zu günstigen seelischen Wandlungen. Diese Personen entwickeln sich persönlich weiter, bedeutsame seelische Funktionen von ihnen werden gefördert. Einige Untersuchungsbefunde:

26 männliche sog. Strafgefangene erhielten von 18 Psychologen 4 bis 6 Einzelgespräche. Aus Gründen der Inhaftierung wurden die Gespräche über Telefon geführt. Die Ergebnisse, verglichen mit einer Kontrollgruppe sog. Strafgefangener ohne Gespräche: ▫ Die Personen der Gesprächsgruppe zeigten deutlich stärkere Selbstakzeptierung (POI) und etwas vermehrte Aggressionshemmung (FAF), d. h. sie konnten Konfliktlösungen ohne Gewalt eher zustimmen. ▫ Strafgefangene, die sämtliche 6 angebotenen Gespräche geführt hatten, zeigten im Vergleich zu denen mit weniger Gesprächen eine Verminderung von Psychoneurotizismus (EPI), reaktiver und spontaner Aggressivität (FAF). ▫ Strafgefangene mit größeren Wandlungen hatten sich in den Gesprächen stärker mit sich selbst auseinandergesetzt. Diese stärkere Selbstauseinandersetzung hing mit ihrer größeren gefühlsmäßigen Ansprechbarkeit im Vortest zusammen. ▫ 70 % der Strafgefangenen beurteilten die Gespräche noch nach einem halben Jahr als für sich hilfreich, 66 % hätten die Gespräche gerne fortgesetzt (Doll u. a., 1974).

Auch sog. unterprivilegierte Kindergarten- und Grundschulkinder können durch Gespräche in ihren seelischen Funktionen gefördert werden: 29 5jährige Kindergartenkinder sowie 30 Schulkinder des 2. Schuljahres erhielten durchschnittlich 5 Einzel- und 8 Gruppengespräche in 6 bis 7 Wochen von personenzentrierten Psychologen. Einige Ergebnisse, im Vergleich zu den Kontrollkindern ohne Gespräche: ▫ Die Kindergartenkinder wurden sensibler und sprachlich ausdrucksfähiger für zwischenmenschliche Beziehungen sowie spontaner in ihren sprachlichen Mitteilungen. ▫ Sie verbesserten sich in ihrer Wahrnehmungsgenauigkeit sowie in ihren grobmotorischen Fähigkeiten (z. B. seitliches Hüpfen). ▫ Ihr Verhalten und ihre Gesamtentwicklung in den 2 Monaten der Gesprächsperiode wurde durch ihre Eltern günstiger eingeschätzt: Sie waren gefühlsmäßig stabiler (z. B. fröhlicher, zuversichtlicher, ausgeglichener) und fähiger zu positiven sozialen Kontakten mit anderen Kindern. ▫ Die Grundschulkinder zeigten größere soziale Reife, d. h. mehr Selbstbestimmung und Unabhängigkeit, aber keine größere Anpassung an Normen oder an soziale Erwünschtheit. ▫ Sie setzten sich bei einem Gruppengespräch mit einem fremden Versuchsleiter selbstgeöffneter mit ihren eigenen Erfahrungen auseinander (A. Tausch, Kettner, Steinbach u. Tönnies, 1973).

Ängstliche lernbehinderte 8–12jährige Sonderschüler, die nicht debil waren, wurden ebenfalls durch Gespräche gefördert. Nach 5 Einzelgesprächen und 5 Gruppengesprächen waren sie im Vergleich zu Kontrollkindern selbständiger und angstfreier (Bommert u. a., 1975).

Ängstliche 11–12jährige Schüler mit sog. neurotischen Beeinträchtigungen wurden nach 3 Gruppen- und 6 Einzelgesprächen mit Psychologen fähiger, die Probleme anderer Kinder besser zu verstehen. Sie drückten ihr Fühlen in den Gesprächen zunehmend stärker aus, sprachen andere Kinder in der Gruppe mehr an und bezogen sie mehr in das Gruppengespräch ein. Von ihren Lehrern wurden sie als seelisch stabiler (z. B. sicherer, selbständiger) und in ihrer Gesamtentwicklung verbessert eingeschätzt, im Vergleich zu Kontrollkindern (Pixa-Kettner u. a., 1978).

Ängstliche 11–12jährige Schüler mit sog. neurotischen Beeinträchtigungen erhielten personenzentrierte Einzelgespräche durch hierfür vorbereitete ältere Schüler. 31 % der Gesprächsschüler verbesserten sich in 4 von 5 erfaßten Persönlichkeitsmerkmalen, z. B. Neurotizismus und Aggressivität, im Vergleich zu Kontrollschülern. Kein Gesprächsschüler zeigte hierin eine Verschlechterung, dagegen jeder 10. Kontrollschüler. Die Gesprächsschüler waren gemäß dem Lehrerurteil fröhlicher geworden (Thiel, Steinbach u. Tausch, 1978).

Lehrerstudenten, die kurz vor der Prüfung ein Gespräch mit einem Psychologen von ca. 20 Min. führten, fühlten sich danach ruhiger, ihre Angstsymptome und ihre erlebte Angst verminderten sich. Diese Angstverminderung war stärker als bei anderen Methoden, so bei autogenem Training, Musiktherapie oder Gesprächen mit Mitstudenten (Heinerth u. Graessner, 1972).

47 alleinlebende alte Menschen im Alter von 65–91 Jahren, überwiegend Rentner mit geringem Einkommen, führten 8 halbstündige Gespräche über Telefon mit 17 Psychologen und 16 Laienhelfern. Hauptergebnisse, im Vergleich zu einer Kontrollgruppe: □ Fast ⅔ der alten Menschen erlebten sich nach den Gesprächen mit dem Psychologen bzw. Laienhelfer als aktiver und aufgeschlossener im Umweltkontakt und fühlten sich zuversichtlicher in der Bewältigung ihrer seelischen Lebenssituation, auch 2 Monate nach Abschluß der Gespräche. □ Die alten Menschen waren nach den Gesprächen zufriedener mit ihrem Leben geworden. Bei denen jedoch, die Laienhelfer als Gesprächspartner hatten, nahm die Angst vor dem eigenen Sterben und dem Tod zu (Rönnecke u. a., 1976).

Insgesamt berechtigen diese Forschungsuntersuchungen zu folgender Annahme: Personen mit deutlichen Beeinträchtigungen ihrer seelischen Funktionen, ferner Personen mit dem Wunsch nach mehr persönlichem Wachstum, Selbstentfaltung und Selbstfindung werden durch personenzentrierte Einzel- und besonders durch Gruppengespräche in wesentlichen Funktionen gefördert. Diese Änderungen treten weitgehend unabhängig vom Alter ein, also bei Kindern, Jugendlichen, Erwachsenen und alten Menschen, ferner relativ unabhängig vom Ausmaß der Beeinträchtigungen. Allerdings: Diese günstigen Änderungen ergeben sich nur bei hochqualifizierten Helfern und angemessenen Bedingungen, z. B. Gruppenzusammensetzung mit Personen unterschiedlicher Schulbildung, unterschiedlicher Berufe und unterschiedlichem Alter.

Die seelischen Änderungen, die nach den Gesprächen eintreten, bleiben über die Zeit hinweg meist bestehen. So stammen viele wörtliche Äußerungen der vorhergehenden Kapitel aus Nachbefragungen 3 Monate, 6 Monate oder 1–1 ½ Jahre nach Abschluß der Gespräche. In einigen empirischen Untersuchungen wurde dieses Andauern der Verbesserung seelischer Funktionen geprüft (z. B. Fiske u. Goodman, 1965; Rogers u. Dymond, 1954; Teegen, 1975). Die Ergebnisse: □ Das Ausmaß der seelischen Wandlungen und die Minderung seelischer Beeinträchtigungen, die unmittelbar nach Abschluß der Gespräche bei Personen festgestellt wurden, waren im Durchschnitt in ähnlicher Weise noch anzutreffen ½–1 ½ Jahre später. Es bestand in der Untersuchung von Fiske u. Goodman ein deutlicher Zusammenhang zwischen dem seelischen Zustand des einzelnen unmittelbar nach Abschluß der Psychotherapie und seinem Zustand 1 ½ Jahre danach. □ Eine nähere Betrachtung ergab: Bei einem Teil der Personen trat eine weitere Besserung ihrer seelischen Funktionen ein, bei einem größeren Teil hielten diese an, bei einem kleineren Teil nahmen diese wieder ab. □ Vermutlich dauern die Wandlungen insbesondere bei den Personen an, die hochqualifizierte Helfer hatten. Z. B. haben sich psychiatrische Patienten mit Diagnose sog. Schizophrenie, die im Hospital zusätzlich zum sonstigen Behandlungsprogramm Gespräche mit hochqualifizierten Psychotherapeuten führten, im Zeitraum 9 Jahre danach weniger im Hospital aufgehalten als Patienten ohne Gespräche oder Patienten, deren Psychotherapeuten in den 3 Haltungen gemäß Einschätzung der Tonaufnahmen gering qualifiziert waren (Truax, 1970).

Keine seelischen Wandlungen

Bei einigen Personen treten keine Wandlungen durch Gespräche ein. Nicht jeder Partner erfährt in Gruppen- oder Einzelgesprächen günstige Änderungen. Einzelne sind sogar nach Gesprächen beeinträchtigter als vorher. Dies ist ein Aspekt der Psychotherapie, der uns häufig mit großer Besorgnis erfüllt.

Das Ausmaß dieses Personenkreises ohne Wandlungen ist unterschiedlich. An unserer Psychotherapeutischen Beratungsstelle, an der die Psychotherapie jedes Psychotherapeuten mit jedem Klienten intensiv wissenschaftlich untersucht wird, gab es Psychotherapeuten, die in der Einzelpsychotherapie bei ca. 20 % ihrer Klienten keine günstigen Änderungen erreichten; bei anderen Psychotherapeuten war die Psychotherapie bei 70 % ihrer Klienten erfolglos. In Gruppengesprächen lagen diese Werte bei ca. 5 % und 40 %. Wir nehmen an, daß Psychotherapeuten ohne wissenschaftliche Kontrollen in größerem Umfang erfolglose Psychotherapien durchführen.

Dieser ungünstige Aspekt psychotherapeutischer Gespräche wird durch folgende Äußerung einer Klientin in einer Nachbefragung zu ihrer Einzelpsychotherapie deutlich:

„Manchmal zweifle ich, ob die Therapie überhaupt etwas genützt hat. Ich bin dann so traurig und verzweifelt und glaube, daß mein jetziger Zustand noch schlimmer ist als vor der Therapie. Vielleicht habe ich meine Kräfte überschätzt. Wahrscheinlich liegt es daran, daß meine Probleme fast ausschließlich in der Beziehung zu anderen Menschen liegen und deshalb zur Lösung mehr Menschen als nur zwei gehören. ... Ich habe überhaupt keine Erfahrung, wie ich eine menschliche Beziehung aufbauen kann, es geschieht alles zum ersten Mal. ... Es ist mir in der Therapie nicht recht gelungen, zu meiner Therapeutin die Beziehung herzustellen, die ich ganz besonders für mich brauche. Dadurch war es mir nicht möglich, die schwierigen Probleme ausführlich durchzusprechen, wie es nötig gewesen wäre."

Im folgenden haben wir die wesentlichsten Bedingungen für das Ausbleiben von seelischen Wandlungen bei Partnern in personenzentrierten Gesprächen dargestellt, die wir durch empirische Forschungen kennen. Sie sind häufig gegensätzlich zu den Bedingungen, die bei vielen Personen zu günstigen Wandlungen führen.

Die Helfer in den Gesprächen (z. B. Psychologen, Psychiater, Sozialarbeiter u. a.) sind wenig qualifiziert. Sie bieten ihren Gesprächspartnern keine hinreichenden Bedingungen der Erleichterung und Förderung heilsamer Vorgänge und günstiger Wandlungen. Die Gesprächspartner machen so keine oder zu wenige heilsame förderliche Erfahrungen.

Gesprächspartner mit keinen oder nur sehr geringen Änderungen (sog. Klienten, jugendliche Delinquenten, sog. schizophrene hospitalisierte Patienten) hatten Helfer, die in mindestens 2 der 3 Haltungen sich unter den förderlichen Mindestbedingungen verhielten (unter Stufe 3.0 auf Skalen von 1–5) (z. B. Halkides, 1958; Truax, Wargo u. Silber, 1966; Rogers u. a., 1967; Dickenson u. Truax, 1966). Dies wurde durch Einschätzung von Tonaufnahmen der Gespräche festgestellt.

Gesprächspartner ohne oder mit nur geringen Wandlungen nach Einzel- und Gruppenpsychotherapie schätzten ihre Helfer als wenig einfühlend verstehend, wenig warm-achtungsvoll und wenig echt ein (Barrett-Lennard, 1962; Westermann u. a., 1978; Lorr, 1965; Rudolph, 1975; Sander u. a., 1973; Bruhn, 1978; Wittern u. Tausch, 1978).

Zu dem geringen Ausmaß der 3 notwendigen Haltungen Verstehen, Achten und Echtsein der Psychotherapeuten kommen Fehler oder Unterlassungen von ihnen hinzu, z. B. kein Angebot von Gruppenpsychotherapie neben Einzelpsychotherapie, ungünstige Zusammensetzung der Gesprächsgruppe, kein Angebot von Nachsorgetreffen an die Gruppenteilnehmer, unzureichende vorherige Information der Klienten über die Art der Gespräche.

Es hängt also wesentlich von den Qualitäten der Helfer in den 3 Haltungen ab, ob personenzentrierte Gespräche für Personen mit seelischen Beeinträchtigungen und für Personen mit Wunsch nach persönlicher Weiterentwicklung förderlich oder nicht förderlich sind. Lebt ein Helfer diese Haltungen in zu geringem Ausmaß und/oder wird er vom Partner hierin als wenig ausgeprägt wahrgenommen, dann sind im allgemeinen keine bedeutsamen Wandlungen zu erwarten.

Diese geringen Bedingungen der Psychotherapeutischen Helfer spiegeln sich in den Aussagen mancher Klienten wider. Es ist deprimierend zu lesen, wie Klienten sich über die distanzierte, gefühlsarme, dominierende, kalte und wenig verständnisvolle Art ihrer Helfer beklagen oder über deren unechte und stereotype Äußerungen.

„Dieses Gruppentreffen hat meine ursprünglich positive Einstellung einige Tage erschüttert. Die Helfer und die Mitglieder haben Schindluder durch routinierte „Gefühle-Verbalisierung“ getrieben. Das heißt, sie haben das dazugehörige Vokabular zum Teil in für mich völlig unpassenden Zusammenhängen benutzt und es damit mißbraucht, so daß es zum Teil lächerlich wirkte. Inzwischen habe ich soweit Abstand gewonnen, daß ich wohl wieder eine Gesprächsgruppe mitmachen würde, in der Hoffnung, einen fähigeren Helfer anzutreffen.“

„Die Co-Helferin nervte mich am meisten. Sie war unheimlich aufgesetzt. Dicht darauf folgte die Helferin. Sie machte Probleme, überfiel einen. Sie fiel mit der Tür ins Haus. Sie war ein Encounteranheizer. Der natürliche Menschenverstand blieb vor der Tür. ... Von der 1. Helferin war ich enttäuscht. Wenn sie ein Helfer ist, so soll sie auch helfend eingreifen. Sie machte den Leuten Vorwürfe. Sie ordnete sie in Schubladen ein. ... Sie hatte für alles eine Erklärung. Alles wurde sofort interpretiert. Sie wirkte nicht aufrichtig.“

„Die Co-Helferin wirkte abschreckend. Wenn der Helfer sich etwas eingebracht hätte, hätte ich es als hilfreich empfunden. Aber er saß nur schweigend da.“

Geringe Bereitschaft oder Fähigkeit des Gesprächspartners zur Selbstöffnung und Selbstauseinandersetzung. Partner ohne Wandlungen nach Gruppen- oder Einzelgesprächen (sog. Klienten und Personen mit Wunsch nach persönlicher Entwicklung) hatten gemäß Einschätzung von Tonaufnahmen der Gespräche durch Beurteiler deutlich geringere Selbstöffnung und Selbstauseinandersetzung, im Vergleich zu Personen mit positiven seelischen Wandlungen (Bommert u. a., 1972; Minsel u. a., 1972; Sander u. a., 1973; Feindt, 1978; Braaten, 1961; Kirtner u. Cartwright, 1958; A. Tausch u. a., 1975; Doll u. a., 1974; Wienand-Kranz, 1977). „Ich habe Aggressionen gegen mich, daß ich es nicht schaffte, da rauszukommen. Zuerst wälzte ich es auf andere in der Gruppe ab. Als die aber nicht mehr da waren, da war es mir klar, daß ich es hätte machen müssen. Ich war ziemlich deprimiert. Ein Gefühl, ich bin zurückgefallen. Deshalb bin ich auch nicht zu den späteren Treffen hingegangen."

Womit hängen geringe Selbstöffnung und Selbstauseinandersetzung von Gesprächspartnern zusammen, wenn sie nicht durch geringe Qualitäten des Helfers bedingt wurden? In Untersuchungen ergaben sich folgende Hinweise auf Charakteristika *in* Personen, vor Beginn der Gespräche in Tests festgestellt:
□ Geringe gefühlsmäßige Affizierbarkeit, größere spontane und reaktive Aggressivität (Doll u. a., 1974). □ Geringe Bereitschaft, sich einer anderen Person zu öffnen und sich ändern zu wollen (Feindt, 1978). □ Geringe Allgemeine seelische Funktionsfähigkeit z. B. bei Personen mit sog. Schizophrenie (z. B. Rogers u. a., 1967), Drogenabhängigkeit, deutlichem Alkoholismus.

Manchen Gesprächspartnern wird ihre geringe Selbstöffnung und Selbstauseinandersetzung während der Gespräche bewußt. So gaben Personen mit geringen oder keinen seelischen Wandlungen nach den Gesprächen an, daß ihnen die Selbstöffnung und Selbstauseinandersetzung sehr schwer gefallen und nur in geringem Maße gelungen sei (z. B. Kremer u. Tausch, 1978; Bruhn, 1978). „Ich muß da also meine Mitteilungen verschlüsseln, und das war sicher nicht hilfreich genug für mich."

Geringe Selbstöffnung und Selbstauseinandersetzung eines Gesprächspartners sollte allerdings kein Entschuldigungsgrund für Psychotherapeuten sein. Hochqualifizierte, in zwischenmenschlichen Beziehungen in Gruppen sehr bemühte und erfahrene Helfer können auch bei Personen mit geringer Bereitschaft die Selbstöffnung und Selbstauseinandersetzung erheblich erleichtern. Sie können aus sehr verschlüsselten, abstrakten, sog. sachlichen oder verteidigenden Äußerungen wesentliche Anteile des Selbst dieser Personen heraushören. Sie hören heraus, was derartige Aussagen für die andere Person gefühlsmäßig bedeuten.

Weitere Vorgänge bei Gesprächspartnern, die mit geringen seelischen Wandlungen sowie geringer Selbstöffnung und Selbstauseinandersetzung zusammenhängen können: □ Personen mit sog. autoritären, antidemokratischen und dogmatischen Haltungen änderten sich in Einzelgesprächen wenig (z. B. Rogers u. Dymond, 1954). □ Personen mit extrapunitiven Haltungen in Gesprächen, die also eher andere beschuldigen, änderten sich weniger (Haimowitz, 1948). □ Personen mit geringem Bedürfnis am Beginn der Gespräche, sich in bedeutsamen Bereichen ihrer Persönlichkeit ändern zu wollen, wandelten sich wenig oder gar nicht (Cartwright u. Lerner, 1963). □ Personen mit sehr eingeschränkten wesentlichen seelischen Funktionen, so geringem Fühlen, geringen Äußerungen über das Selbst, geringem Echtsein u. a. – festgestellt anhand ihrer Äußerungen in Anfangsgesprächen – änderten sich weniger (Tomlinson u. Hart, 1962; Meador, 1971). Diese Personen sind gleichsam zu wenig seelisch funktionsfähig, um durch die angebotenen Gesprächsbedingungen deutlich angeregt zu werden. □ Personen, die vor den Gesprächen angaben, Angst zu haben, ihre Gefühle zu zeigen, änderten sich wenig (A. Tausch u. a., 1975).

Daß innere Bedingungen in Personen ihre Ansprechbarkeit für förderliche personenzentrierte Gespräche erheblich erleichtern oder beeinträchtigen, geht auch aus folgenden Untersuchungen hervor:

□ Mehreren hundert Personen wurde der Film eines psychotherapeutischen Gesprächs von Carl Rogers, Albert Ellis und Frederick Perls gezeigt, das diese mit der gleichen Klientin führten. Personen mit geringen autoritären Haltungen (F-Skala) bevorzugten den personenzentrierten Psychotherapeuten Carl Rogers. Personen mit deutlich autoritären Haltungen dagegen bevorzugten den mehr direktiven, lenkenden Psychotherapeuten (Fernbach, 1973).

□ Internal orientierte Personen (die ihre Werte eher in sich selbst suchten) sprachen mehr auf personenzentrierte Gesprächsgruppen an als auf direktive, gelenkte Gesprächsgruppen. Dagegen bevorzugten Personen mit mehr externaler Kontrolle eher lenkend geführte Gruppen (Abramowitz u. a., 1974).

□ Personen, die personenzentrierte Gruppengespräche im Fernsehen sahen, reagierten unterschiedlich. Der weitaus größte Teil zeigte Anteilnahme und Sympathie sowie eine Bereitschaft, selber daran teilzunehmen (Tönnies u. a., 1978). Ein kleiner Prozentsatz dagegen reagierte mit Ablehnung und sah in den Gesprächen für sich selbst keinen Nutzen.

Womit ausbleibende seelische Wandlungen nicht zusammenhängen: In Untersuchungen ergaben sich einige Hinweise:

□ Bei den in unserer Beratungsstelle um Psychotherapie nachsuchenden Klienten unterschieden sich deutlich gebesserte Klienten nicht von Klienten mit geringen oder keinen Wandlungen in sog. Intelligenztests (z. B. Eckert u. a., 1977; Rudolph, 1975). Dabei ist zu berücksichtigen, daß die IQ-Werte fast aller Klienten über hundert lagen, und fast alle Klienten mindestens Volksschulabschluß hatten.

□ Klienten ohne Wandlungen unterschieden sich nicht in ihrem sog. Sozialstatus von deutlich gewandelten Klienten (z. B. Eckert u. a., 1977; Rudolph, 1975). Unserer Erfahrung nach sind Personen der Grundschicht häufig sogar eher bereit oder fähig, ihr Fühlen auszudrücken und fassadenfrei zu sein (z. B. A. Tausch u. a., 1975).

□ Personen ohne Wandlungen in Einzel- und Gruppenpsychotherapie unterschieden sich nicht in traditionellen Testwerten am Beginn der Psychotherapie, z. B. im MMPI, EPI, FPI (z. B. Sander, 1973; Rudolph, 1975).

□ Und schließlich ein wichtiger Gesichtspunkt: Art und Ausmaß der beeinträchtigenden Symptome der Klienten unserer Psychotherapeutischen Beratungsstelle in Einzel- und Gruppengesprächen waren für das Ausmaß ihrer Wandlungen *nicht* bedeutsam. Allerdings waren selten Klienten mit psychiatrischen Erkrankungen, Drogensucht und Alkoholismus dabei.

In einer Untersuchung von über 150 Klienten unserer Psychotherapeutischen Beratungsstelle, die an 2 ½tägigen Gruppengesprächen mit anschließenden Nachsorgetreffen teilnahmen, unterschieden sich gebesserte und nicht-gebesserte Klienten nicht in ihren Beeinträchtigungssymptomen (Bruhn, 1978). Symptomkomplexe waren u. a.: Soziale Kontaktstörungen, Ängste, Verstimmungsstörungen (Allgemeine Depressionen, Gefühl innerer Leere, Gefühl der Niedergeschlagenheit, Gefühlskälte), familiäre Probleme (z. B. Probleme mit dem Partner), Arbeitsstörungen, Schwierigkeiten im Beruf, sexuelle Schwierigkeiten, psychosomatische Beschwerden (z. B. Nervosität, Magenbeschwerden, Herz- und Kreislaufbeschwerden, Schlafstörungen u. a.).

Gesprächspsychotherapie ist keine symptom-spezifische Psychotherapie. Sondern: Auf Grund der erleichternden Bedingungen, geschaffen durch einen qualifizierten Helfer, sowie durch entsprechende Erfahrungen des Gesprächspartners und dessen Selbstöffnung und Selbstauseinandersetzung werden wesentliche seelische Funktionen angeregt, wiederbelebt und gefördert, so gefühlsmäßiges Empfinden, Nähe zum eigenen Selbst. Als Folge dieser Verbesserung allgemeiner seelischer Funktionen fallen die beeinträchtigenden Symptome fort oder vermindern sich.

Ob diese allgemeine seelische Verbesserung eintritt und hiermit die verschiedenartigsten beeinträchtigenden Symptome fortfallen, hängt weitgehend nicht von Art und Ausmaß der Symptome ab, sondern von dem Ausmaß der heilsamen Erfahrungen und der wesentlichen Vorgänge Selbstöffnung und Selbstauseinandersetzung des Gesprächspartners.

Insgesamt: Ein Teil von Gesprächspartnern kann sich in personenzentrierten Gesprächen nicht oder nicht hinreichend ändern. Dies ist meist begründet in den entscheidenden Haltungen des Helfers und/oder in bestimmten Bedingungen und Vorgängen im Gesprächspartner. Wir vermuten, daß ein größerer Prozentsatz Psychotherapeutischer Helfer Gespräche führt, in denen Personen keine heilsamen Erfahrungen machen, so daß sie sich nicht hinreichend ändern können.

Diese wenig günstigen Auswirkungen der Psychotherapie können jedoch bei intensivem ehrlichem Bemühen erheblich vermindert werden: Durch Einschätzung von Tonbandstichproben jeder Gesprächspsychotherapie in einem frühen Stadium durch Kontrollpersonen einer Beratungsstelle sowie durch Ausfüllen eines einfachen Erfahrungsbogens nach jedem Gespräch durch den Klienten. Dies haben wir in einem späteren Kapitel dargestellt.

Einige weitere Aspekte

In diesem Kapitel haben wir Aussagen zu folgenden Bereichen gemacht:

- □ Zur Theorie einfühlsamer hilfreicher Gespräche.
- □ Zur Tätigkeit von Psychotherapeutischen Helfern in Institutionen der Praxis.
- □ Zur sog. Ausbildung von Helfern.
- □ Zur Forschung auf dem Gebiet förderlicher zwischenmenschlicher Gespräche.

Wir haben uns dabei sehr kurz gefaßt. Denn wahrscheinlich werden diese Darstellungen nur einen Teil der Leser interessieren.

Wir haben jedoch die wesentlichen Gesichtspunkte dieser einzelnen Bereiche in Form von zusammenfassenden Annahmen dargestellt.

Zusammengefaßte Annahmen zur Theorie einfühlsamer hilfreicher Gespräche

Die zahlreichen Untersuchungsbefunde über förderliche Gruppen- und Einzelgespräche bei über hundert personenzentrierten Helfern und mehreren hundert Gesprächspartnern ermöglichen theoretische Annahmen. Wir haben sie in den früheren Kapiteln im Zusammenhang mit den jeweiligen Untersuchungen dargestellt und möchten sie hier überblicksweise zusammenfassen. Um die Darlegungen kurz zu halten, haben wir die Untersuchungen, die die einzelnen Annahmen stützen, nicht nochmals angeführt.

□ Durch Gruppen- und Einzelgespräche, in denen die Helfer (Psychologen, Ärzte, Erzieher, Mitmenschen) in hohem Ausmaß fortwährend die innere Welt des Gesprächspartners verstehen und ihm dies mitteilen, und in denen sie achtungsvoll-warm sowie echt sind *und* so auch von ihrem Gesprächspartner wahrgenommen werden, bessern sich bei diesem wesentliche seelische Funktionen.

□ Diese 3 Haltungen eines Helfers, wenn sie von ihm deutlich und weitgehend fortwährend in hohem Ausmaß gelebt *und* vom Gesprächspartner wahrgenommen werden, sind im allgemeinen die notwendigen und weitgehend hinreichenden Bedingungen in der Person des Helfers für die Förderung wesentlicher seelischer Funktionen und zwischenmenschlicher Beziehungen durch Gespräche.

□ Diese 3 Haltungen sind zugleich auch in anderen zwischenmenschlichen Beziehungen im allgemeinen weitgehend notwendige und hinreichende Bedingungen für die Förderung der persönlichen Weiterentwicklung und des persönlichen Lernens von Partnern. So etwa in zwischenmenschlichen Beziehungen von Lehrern und Schülern, von Eltern und Kindern, von Lebenspartnern, von Ärzten und Patienten, von Hochschullehrern und Studenten, von Betriebsangehörigen. Auch hier sind die 3 Haltungen gleichsam seelische „Gesundmacher". Häufig folgen den Haltungen – über die Gespräche hinaus – förderliche Maßnahmen und weitere Aktivitäten. – Psychotherapeutische Gespräche mit ihren Gesetzmäßigkeiten sind gleichsam ein Konzentrat allgemeiner förderlicher zwischenmenschlicher Beziehungen.

□ Werden die 3 Haltungen von einer Person gegenüber einer anderen in psychotherapeutischen Gesprächen, aber auch in sonstigen zwischenmenschlichen Beziehungen nur in geringem Ausmaß gelebt, so ist beim Partner meist keine Förderung seiner Selbstentwicklung und seines persönlichen Lernens zu erwarten. Geringes oder bewertendes Verstehen, geringe Achtung-Wärme und geringes Echtsein sind sog. „Krankmacher" der seelischen Funktionen des anderen.

□ Selbstöffnung und Selbstauseindersetzung sind im allgemeinen bei förderlichen Gesprächen notwendige Vorgänge in der Person des Partners (Klienten). Sie werden erleichtert und gefördert durch die Erfahrung, daß er sich auf Grund der Haltungen des Helfers sowie weiterer Erfahrungen in der Gruppe tief akzeptiert, verstanden und in echter Weise geachtet fühlt. Dies führt zu neuen inneren Erfahrungen beim Gesprächspartner, zur Verminderung seiner seelischen Erstarrung und gefühlsmäßigen Leere, zur Verminderung seiner inneren Spannungen, zu größerem seelischen Lebendigsein, zu größerer Offenheit für sein Fühlen, zu größerer Selbstachtung, zu größerer Echtheit, zu größerem persönlichen Lernen, zur Änderung der Wahrnehmung seines Selbst und zu größerer Übereinstimmung seines Selbstkonzeptes mit seinen Erfahrungen. Insgesamt: Zur Verbesserung seiner seelischen Funktionsfähigkeit, seiner seelischen Gesundheit und seiner Selbstentwicklung.

□ Als Folge der Verbesserung wesentlicher seelischer Funktionen bei Personen fallen sehr verschiedenartige seelische Beeinträchtigungen fort oder vermindern sich bedeutsam, die mit ihrem Selbst und mit ihrer eingeschränkten seelischen Funktionsfähigkeit zusammenhängen. – Auf Grund der verbesserten allgemeinen seelischen Funktionsfähigkeit bessert sich häufig ihre körperliche Funktionsfähigkeit. Ihre psychosomatischen Beeinträchtigungen vermindern sich oder fallen fort.

□ Bei geringer Selbstöffnung und Selbstauseinandersetzung sowie ungünstigen Erfahrungen durch den Helfer und die Gruppenmitglieder sind im allgemeinen keine günstigen seelischen Wandlungen zu erwarten.

□ Wesentliche Vorgänge beim Gesprächspartner entsprechen den Haltungen und Aktivitäten des Helfers: Der Gesprächspartner sucht sich mehr in seine innere Welt einzufühlen und sie zu verstehen (entsprechend dem einfühlenden Verstehen des Helfers), er achtet und akzeptiert sich mehr und behandelt sich besser (entsprechend dem Achten-Sorgen-Wärme des Helfers) und er ist offener und echter (entsprechend dem Echtsein des Helfers).

□ Zusätzlich zu förderlichen Gesprächen können andersartige Aktivitäten hilfreich sein, so bewegungstherapeutische Aktivitäten oder Yoga- und Meditationsübungen.

Einige Annahmen zur Theorie der Entwicklung seelischer Beeinträchtigungen. Die wissenschaftlichen Kenntnisse über die Heilung beeinträchtigter seelischer Funktionen durch Gespräche sowie der enge Kontakt mit Personen, die durch Gesprächspsychotherapie eine Minderung ihrer Beeinträchtigungen erfuhren, geben uns Einblicke in einige Entwicklungsbedingungen seelischer Beeinträchtigungen. Wir sind dabei, sie empirisch zu prüfen. Diese Einblicke geben die Möglichkeit zu angemessenen Aktivitäten zur Verhinderung der Entstehung seelischer Beeinträchtigungen im Familien- und Schulleben, in der Partnerschaft, in Betrieben und im sonstigen zwischenmenschlichen Zusammenleben. Sie lassen uns auch deutlicher sehen, welche Vorgänge und Erfahrungen notwendig sind, um eingetretene Beeinträchtigungen und andere Bedingungen durch Gespräche zu vermindern.

□ Die seelische Funktionsfähigkeit und seelische Gesundheit von Personen wird durch Haltungen und Maßnahmen von Mitmenschen im Zusammenleben beeinträchtigt, die gegenteilig (invers) zu den 3 förderlichen Haltungen und Aktivitäten von helfenden Personen sind: Nichtverstehen der inneren Welt des anderen, wertende Äußerungen, Geringschätzung-Kälte-Härte-Nichtsorgen, Unechtsein-Fassadenhaftigkeit, erhebliche Dirigierung-Lenkung. Dies kann sich ereignen während des Heranwachsens in Familien (Tönnies u. Tausch, 1978; Quitmann, Tausch u. Tausch, 1974) und in Schulen (Tausch u. Tausch, 1977a), aber auch später während der Partnerschaft und im Beruf. Diese Haltungen von Mitmenschen sind gleichsam seelische „Krankmacher", wenn sie von längerer Zeitdauer sind, wenn eine Person wenig andersartige günstige Erfahrungen mit Mitmenschen macht und/oder wenn sie sich in einem ungünstigen Zustand befindet, z. B. zu geringe körperliche Aktivität, häufige Situationen ohne gefühlsmäßiges Angesprochen-Werden, geringe Rekreationsmöglichkeiten.

□ Diese ungünstigen Haltungen und Maßnahmen von Mitmenschen führen bei vielen Personen zu geringer Selbstachtung, ungünstigem Selbstkonzept, vermindertem unmittelbarem Fühlen, geringer Öffnung gegenüber anderen sowie zu Unechtheit-Fassadenhaftigkeit. Größere innere Spannung und ein eingeschränktes seelisches Leben sind häufig die Folge.
Die seelischen Schmerzen und Spannungen beeinträchtigen häufig auch die körperliche Funktionsfähigkeit dieser Menschen und können bei ihnen zu psychosomatischen Erkrankungen führen.
Ihre beeinträchtigenden äußeren Verhaltenssymptome und körperlichen Störungssymptome sind häufig ein äußeres schmerzhaftes Zeichen für verminderte seelische Funktionsfähigkeit. Führen diese dazu, psychotherapeutische Hilfe bei einem qualifizierten Helfer zu erhalten, dann sind diese schmerzhaften Symptome gleichsam ein Anlaß für die Wiedererlangung eines reicheren seelischen Lebens, einer günstigeren Persönlichkeitsentwicklung, eines besseren Umgangs mit sich selbst und anderen.

□ An geringer seelischer Funktionsfähigkeit und seelischer Gesundheit, ausgelöst durch frühere oder andauernde beeinträchtigende Erfahrungen in zwischenmenschlichen Beziehungen, sind folgende Vorgänge beteiligt:

Personen vermeiden in ihrem alltäglichen Leben die Selbstauseinandersetzung, weil diese für sie – ohne hilfreiche Erfahrungen etwa durch einen Helfer in Gesprächen – zu schmerzvoll und unangenehm ist.

Personen suchen ihr Fühlen nicht zu beachten. Sie ignorieren es. Denn ihr Fühlen ist häufig unangenehm. Dies hängt mit ihrer geringen Selbstachtung zusammen.

Die Verminderung oder Unterdrückung ihres Fühlens hat deutliche Nachteile: Stark eingeschränkte und wenig intensive Selbstauseinandersetzung, größere Spannungen, geringes positives Fühlen, gefühlsmäßige Leere und Verödung.

Durch Unechtsein, Fassade, Rolle und Tarnung versuchen Personen, sich im Zusammensein mit anderen zu schützen, teilweise um bei ihrer geringen Selbstachtung weniger für andere durchschaubar und durch sie weniger verletzbar zu sein. Dieses Unechtsein und diese Tarnung ist jedoch mit hohen Spannungen und Anstrengungen, Ängsten vor Entdeckung der Fassaden durch Mitmenschen, Unterdrückung des Fühlens, innerer Nicht-Übereinstimmung von Verhalten und Handlungen entgegen dem eigenen Fühlen verbunden (Caspari u. Tausch, 1978).

Viele Personen sind im Stadium geringer Selbstachtung und ungünstigen Selbstkonzeptes nicht fähig oder willens, für sich angemessen zu sorgen, Hilfsquellen zu nutzen und Aktivitäten auszuüben, die ihre seelische Gesundheit bessern würden (Lewinsohn u. Graf, 1973).

□ Ein Zusammenleben in Familien, Kindergärten und Schulen, in denen die Erwachsenen die 3 förderlichen Haltungen, Aktivitäten und Maßnahmen deutlich leben (Tausch u. Tausch, 1977a), gibt Kindern und Jugendlichen während der ersten zwei Jahrzehnte des Heranwachsens günstige Bedingungen und Erfahrungen für ihr persönliches Lernen und ihre Selbstentwicklung. Es vermindert die Wahrscheinlichkeit einer Beeinträchtigung der persönlichen Entwicklung und späterer psychoneurotischer Störungen. Es erhöht die Chancen, bei eingetretenen seelischen Schwierigkeiten auf förderliche Gespräche positiv anzusprechen.

Manche mögen diese theoretischen Annahmen über hilfreiche Gespräche und über Bedingungen der Entwicklung seelischer Beeinträchtigungen als zu einfach, als zu wenig „wissenschaftlich" ansehen. Die Konsequenzen und Auswirkungen jedoch für die Minderung und vorbeugende Verhütung seelischer Beeinträchtigungen sowie für die Förderung der Persönlichkeitsentwicklung von Menschen sehen wir als sehr bedeutsam an.

Einige Informationen für Helfer in psychotherapeutischen Institutionen

Denjenigen, die als Psychotherapeutische Helfer in Lebensberatungsstellen, Kliniken und anderen Institutionen tätig sind, möchten wir einige Gesichtspunkte mitteilen, die sich für uns in langjährigen Erfahrungen als wesentlich ergaben:

□ Ca. 75 % aller Klienten wählten die angebotenen *Gruppengespräche* (2 ½tägiges Wochenende mit meist 14tägigen Nachsorgetreffen) anstelle der auch angebotenen Einzelgespräche.

Gruppengespräche scheinen der Mehrzahl der Klienten eher zu entsprechen. Sie sind ferner ökonomischer für die Klienten und die Helfer. Sie ermöglichen meist umfassendere Wandlungen in kürzerer Zeit. Während und nach den Gruppengesprächen ergeben sich dabei viele Möglichkeiten zu Einzelgesprächen mit Mitgliedern und Helfern.

Von den Personen, die die Gruppengespräche gewählt hatten und danach weitere Hilfe wünschten, wählten nur ca. 7 % das Angebot von Einzelgesprächen; die übrigen wünschten weitere Gruppengespräche.

Inhomogene Gruppen, deren Mitglieder in Alter, Beruf, persönlichen Schwierigkeiten u. a. unterschiedlich sind, scheinen günstiger zu sein als homogene Gruppen (z. B. A. Tausch u. a., 1975; Pollack, 1971).

Ein erheblicher Teil der Mitglieder unserer Gesprächsgruppen, auch der im Fernsehen gezeigten, besteht aus Personen der sog. Grundschicht. Wir arbeiten gerne mit ihnen zusammen und schätzen ihre konkrete, unmittelbare, direkte Art.

Von Zeit zu Zeit bieten wir spezielle Partnergruppen an, an denen jeweils 6–7 Paare teilnehmen.

□ *Einzelpsychotherapie* führen wir seit Jahren nur in Form der Teamtherapie durch, jeweils 2 Helfer mit einem Klienten. Wir sehen dies für uns selbst und für die Klienten als günstiger an. Der zweite Helfer ist meist ein lernender Psychologe; er kann auch ein erfahrener Laie sein. Der Psychotherapeutische Helfer wird hierdurch entscheidend entlastet, er kann qualifizierter arbeiten. Die Klienten erhalten günstigere Bedingungen und befürworten diese Form (z. B. Boeck-Singelmann, 1978). Eine gute menschliche Kooperation der beiden Helfer ist notwendig.

Eine vorherige Begrenzung der Zahl der Einzelgespräche auf vorerst 10–15 scheint sich günstig auf Helfer und ihre Klienten auszuwirken (z. B. Shlien, Mosak u. Dreikurs, 1962). Viele Klienten sind danach bereit, an Gruppengesprächen teilzunehmen.

Psychotherapeuten, die ihre Klienten sehr lange in Einzelpsychotherapie hielten, hatten nach einer Untersuchung ein deutliches Bedürfnis, sich als Psychotherapeut und Persönlichkeit anerkannt zu fühlen und wollten in erster Linie „helfen" (Stieper u. Wiener, 1959).

Teamtherapie mindert etwas die Schwierigkeit, daß Klienten einem Psychotherapeuten „zugewiesen" werden, ungeachtet ihrer persönlichen Wünsche und Gefühle zu diesen Personen. Günstig erscheint uns: Die Beratungsstelle ermöglicht dem Klienten kürzere Gespräche mit mehreren Helfern. Der Klient entscheidet sich dann für einen Helfer.

□ *Ein Informationsblatt* sendet unsere Beratungsstelle Interessenten auf telefonische Anfrage zu. Es informiert in verständlicher Form den möglichen Gesprächspartner über wesentliche Einzelheiten, so u. a. über:

□ Die Art der Gespräche, Einzel- oder Gruppengespräche □ Dauer der Gespräche □ Bezahlung □ Die Psychotherapeutischen Helfer □ Kontrolle der Helfer durch Tonaufnahmen □ Testuntersuchungen bei Beginn und Ende der Gespräche zur Kontrolle der Effektivität psychotherapeutischer Arbeit □ Die Rechte der Klienten □ Über Vertrauensklienten, die unabhängig von der Psychotherapeutischen Institution bei Differenzen zwischen Psychotherapeuten und Klienten zuständig sind □ Möglichkeiten der Teilnahme des Ehepartners an Gruppen, um beiden Partnern Selbstentwicklung zu ermöglichen □ Wünschenswerte Weiterexistenz der Gruppen ohne Helfer als Selbsthilfegruppen □ Aufsuchen von Ärzten bei körperlichen Beschwerden □ Gelegentliche Vorführungen von Video-Filmen über Gruppen- und Einzelgespräche, die für manche Klienten ein konkreteres Bild von der Art dieser Gespräche geben □ Andersartige zusätzliche Möglichkeiten der Verminderung seelischer Beeinträchtigungen, z. B. sportliche Programme, Selbsthilfegruppen der Anonymen Alkoholiker, Meditations- und Yogaübungen.

Derartig einfach verständliche Informationspapiere erhöhen die Selbstbestimmung der Hilfesuchenden und tragen zu günstigeren Ergebnissen bei.

□ *Zur Wahrung der Wohlfahrt und der Rechte der Klienten* kann eine Beratungsstelle in folgender Weise wesentlich beitragen:

Alle psychotherapeutischen Gespräche werden auf Tonband aufgenommen. Stichproben werden nach den Haltungen des Psychotherapeuten und der Selbstauseinandersetzung des Klienten durch Kontrollpersonen eingeschätzt.

Nach jedem Gespräch füllen die Klienten einen einfachen Erfahrungsbogen aus. Sie geben an, wie sie den Helfer in den drei wesentlichen Haltungen wahrnahmen, z. B.: □ „Der Helfer verstand, was ich fühlte und dachte." „Der Helfer versuchte zu verstehen, wie *ich* die Dinge sehe." „Gewöhnlich spürt oder erkennt er, was ich fühle." □ „Der Helfer achtet mich als Person." „Er empfindet echte Zuneigung zu mir." „Er ist ehrlich an mir interessiert." „Er ist gleichgültig mir gegenüber." □ „Ich fühle fast immer, daß seine Äußerungen genau das ausdrücken, was er fühlt und denkt." „Ich spüre, daß er mir gegenüber eine Rolle spielt oder eine Fassade zeigt." „Er möchte mich glauben lassen, daß er mich mehr mag oder versteht, als es tatsächlich der Fall ist."

Ferner geben die Klienten ihre Erfahrungen und Empfindungen während des Gespräches an, die sich in Untersuchungen als wesentlich bereits in Anfangsgesprächen für die Güte der Gespräche und die späteren seelischen Wandlungen erwiesen (Rudolph, 1975; Eckert u. a., 1977), z. B.: „Nach den Gesprächen mit dem Helfer merke ich, daß ich ruhiger werde." „Er bewirkt, daß ich sicherer werde." „Ich habe den Eindruck, die Gespräche mit ihm helfen mir wirklich, meine Probleme zu klären." Ferner: „Nach dem heutigen Gespräch bin ich innerlich irgendwie ruhiger geworden." „Wie das Gespräch heute lief, hat es mich nicht befriedigt." „Heute sind wir irgendwie weitergekommen." „Während des Gespräches und danach fühlte ich mich körperlich entspannt." „Im heutigen Gespräch erschienen mir einige meiner Probleme in neuem Licht." „Ich fühlte mich gehemmt, dem Psychotherapeutischen Helfer alles zu sagen, was mich beschäftigt."

Dieser Erfahrungsbogen des Klienten kann auch so gestaltet werden, daß der Klient nach dem Ausfüllen in einfacher Weise selbst feststellen kann, ob seine Erfahrungen hinreichend förderlich für günstige Wandlungen sind.

Am Schluß des Erfahrungsbogens schreibt der Klient frei und spontan Erfahrungen und Gedanken zu den Gesprächen und in den Tagen danach auf.

Bei wenig günstigen Erfahrungen erfolgt in einem *frühen* Stadium der Gespräche ein Interventionsgespräch, von einem anderen Psychologen der Institution, um dem Gesprächspartner bessere Bedingungen zu ermöglichen, etwa einen anderen Helfer.

Nach Abschluß der Gespräche füllt jeder Klient (neben weiteren Testbögen für die Forschung) einen einfachen Bogen aus. In ihm gibt er an, ob und wie er mit den Gesprächen insgesamt zufrieden war, worin er sich besonders geändert fühlt und was seiner Meinung nach an den Gesprächen geändert werden sollte. Ferner gibt er freie spontane Stellungnahmen. – Auf einer Kopie des Bogens, auf dem er vor Beginn der Gespräche seine Schwierigkeiten und Beeinträchtigungen in freier Form angab, trägt er nach den Gesprächen die Verbesserungen, Verschlechterungen und evtl. neu aufgetretene Schwierigkeiten ein.

Diese Erfahrungsbögen der Klienten nach jedem Gespräch und die abschließende Gesamteinschätzung geben jeder Institution in einfacher ökonomischer Form Auskunft über die Qualität ihrer psychotherapeutischen Arbeit. – Die Vertrauensklienten haben auf Wunsch der Klienten Einblick in die Unterlagen.

□ Manche Helfer brauchen gelegentlich seelische Hilfe für sich selbst. Es ist ungünstig, wenn ein Helfer mit deutlichen eigenen Schwierigkeiten Gespräche führt. Eine Institution sollte Möglichkeiten der Hilfe sicherstellen. Günstig scheint es uns, wenn jeder Psychotherapeutische Helfer mindestens einmal im Jahr als unbekanntes Mitglied an einer 2–3tägigen Gruppe teilnimmt.

□ Wir sehen es als ein Ziel an, daß Psychotherapeutische Helfer sich nach Möglichkeit entbehrlich machen. Ein Weg hierzu ist die Förderung der Entwicklung von Gesprächsgruppen zu Selbsthilfegruppen. Ferner der Einsatz einiger ehemaliger sog. Klienten, die von Gruppenmitgliedern als sehr hilfreich empfunden wurden, als Co-Helfer bei Einzel- und Gruppengesprächen.

Wir schließen qualifizierte Personen ohne akademisches Studium von dieser humanen mitmenschlichen Hilfe nicht aus, zumal die helfenden Qualitäten wenig oder gar nicht von einem akademischen Studium abhängen. Durch den Einsatz hochqualifizierter erfahrener nicht-professioneller Helfer können wir die Hilfsangebote einer Institution vermehren und materielle Aufwendungen für Psychotherapeutische Hilfe vermindern. – Beeindruckt hat uns, daß eine Beratungsstelle (Dr. Brian Thorne, Universität East Anglia, England) viele ehrenamtliche Personen zur speziellen zusätzlichen Beratung bereit hält, z. B. bei juristischen oder wirtschaftlichen Problemen der Klienten, bei Studienschwierigkeiten oder bei Fragen der Berufswahl.

□ Die seelischen Schwierigkeiten vieler Personen werden gefördert durch Mitmenschen in der Umwelt bzw. durch sie nicht hinreichend gemindert. Wir sehen es als sinnvoll an, daß wir uns als Psychologische Helfer nicht nur bemühen, Menschen bei eingetretenen Schwierigkeiten zu helfen, sondern uns zur Verminderung beeinträchtigender Aktivitäten von Mitmenschen einsetzen. So haben wir einen großen Teil unserer Lebensarbeit der Vorbeugung (Prävention) seelischer Beeinträchtigungen zugewendet. Psychologische Helfer können dies etwa tun: Durch Förderung der mitmenschlichen humanen Qualitäten von Lehrern und Eltern in ihren alltäglichen Beziehungen zu Heranwachsenden, durch Förderung hilfreicher mitmenschlicher Haltungen der medizinischen Helfer gegenüber ihren Patienten, durch Untersuchungen und Hinweise, welche Lebensbedingungen und mitmenschlichen Aktivitäten die seelische Gesundheit gefährden, z. B. das Lernen weitgehend als sinnlos empfundener Inhalte in Schulen, überwiegender Frontalunterricht in Schulen, schwerverständliche Unterrichtsmaterialien in Schulen und Hochschulen, zu geringe körperliche Aktivität in Schule und Freizeit bei Erwachsenen, verbreitete Werbung für gesundheitsbeeinträchtigende Mittel wie Alkohol und Nikotin. – So kann die Arbeit Psychologischer Helfer nicht nur vielen Einzelnen zugute kommen, sondern sie kann auch in der Verhütung möglicher seelischer Beeinträchtigungen eines größeren Personenkreises zentriert sein.

Gesichtspunkte zur sog. Ausbildung von Helfern

Welche Erfahrungen, Kenntnisse und Bedingungen ermöglichen es einem künftigen Helfer, in Gruppen- und Einzelgesprächen anderen Personen durch tiefes einfühlendes Verstehen, Achten-Sorgen und Echtsein zu helfen? Ferner: Woran kann ein künftiger Helfer möglichst frühzeitig feststellen, ob er hierzu hinreichend fähig sein wird?

Wir möchten auf Grund unserer 20jährigen Erfahrung in der sog. Ausbildung von Studierenden einige wesentliche Gesichtspunkte mitteilen, die für uns Leitlinien eines Förderungsangebotes sind:

□ Die eigene Persönlichkeitsentwicklung des künftigen Helfers während der sog. Ausbildung, seine Auseinandersetzung mit sich selbst und die Förderung seiner wesentlichen seelischen Funktionen wie etwa Echtsein und Fühlen sind sehr bedeutsam für seine spätere Tätigkeit, und zwar aus folgenden Gründen:

Wie könnte ein Helfer bei seinem Partner seelische Vorgänge wie Selbstöffnung, Selbstauseinandersetzung, eigenes Fühlen, Echtsein, Verstehen der eigenen Person sowie Selbstachtung erleichtern und fördern, wenn er diese Vorgänge nicht selbst leben kann? Wie kann ein Helfer die gefühlsmäßige Welt eines anderen akzeptierend auf sich einwirken lassen und tiefgreifend verstehen, wenn er seine eigene innere Welt nicht verstehen, sich nicht offen mit ihr auseinandersetzen, sich selbst nicht akzeptieren kann? Zumal viele Klienten nicht lediglich eine Verbesserung ihrer beeinträchtigenden Symptome wünschen, sondern eine Förderung ihrer Persönlichkeitsentwicklung.

Die Haltungen des einfühlenden Verstehens, der Achtung-Wärme und des Echtseins des Helfers sind nicht isolierte antrainierbare Techniken, sondern sie hängen eng mit seiner Persönlichkeit zusammen. Ein Student: „Am schwersten fällt es mir, ein Mitglied in einer Gruppe zu akzeptieren, wenn es persönliche Seiten und Wesenszüge hat, die ich mir selbst vorwerfe und bei mir nicht akzeptieren kann. So wird ganz deutlich für meinen möglichen Werdegang als Therapeut, daß ich erst dann wirklich hilfreich werde sein können, wenn ich mich selbst ehrlich akzeptiert habe. Aber das fällt mir immer noch verdammt schwer. ... Fast jedes eigene verdrängte Problem erschwert mir den Zugang und die innere Anteilnahme zum andern."

Der Zusammenhang zwischen den 3 Haltungen des Helfers im Gespräch und seiner eigenen Persönlichkeit wurde auch in Untersuchungen aufgewiesen, z. B.:

Graduierte Studenten hatten in Gesprächen mit Klienten größeres einfühlendes Verstehen, Respekt-Wärme sowie Echtheit, wenn sie gemäß dem POI-Test folgende Charakteristika aufwiesen: Selbstöffnung, spontaner Ausdruck der eigenen Gefühle, Akzeptierung der eigenen Person im Bewußtsein eigener Fehler und Schwächen, größere persönliche Freiheit und Unabhängigkeit sowie internale Kontrolle, größere Selbstverwirklichung und persönliche Reife, geringes Ausmaß an Konformismus und Dogmatismus, sensitives Bewußtsein für die eigenen Bedürfnisse und Gefühle sowie die Fähigkeit, engere bedeutungsvolle Beziehungen zu anderen einzugehen (Foulds, 1969).

Helfer mit größerer Selbstachtung, mit geringer Verteidigung, weitgehend frei von Persönlichkeitsbeeinträchtigungen, mit größerer seelischer Reife und Integration hatten größere Möglichkeiten des Verstehens anderer (Bergin u. Jaspers, 1969; Bergin u. Solomon, 1970).

Lernende Psychotherapeuten, die sich in die innere Welt ihrer Gesprächspartner gut einfühlen konnten, eingeschätzt durch ihre Klienten sowie durch Beurteiler nach Tonbändern ihrer Gespräche, waren gegenüber ihrem eigenen Erleben sehr einfühlend und konnten ihre eigenen Gefühle gut ausdrücken (Fish, 1970).

Einfühlendes Verstehen, Wärme, Echtsein sowie Selbstöffnung waren bei denjenigen Psychotherapeuten im Gespräch mit Klienten deutlich größer, die relativ frei von emotionalen Konflikten waren, die jedoch ihre im täglichen Leben vorhandenen inneren Spannungen bereitwillig anerkannten, die befriedigender mit sich selbst umgingen und von ihrem eigenen Leben befriedigter waren (Gurman, 1972).

Schulpsychologische Berater, die Jugendliche in Gesprächen deutlich förderten, hatten zu ihrem eigenen Selbst, allgemein zu Menschen sowie zu Klienten eine positivere Einstellung und nahmen sie als freundlich, fähig und wertvoll wahr, verglichen mit Beratern von geringer Effektivität (Jackson u. Thompson, 1971).

Psychotherapeuten, die in personenzentrierten Gesprächen mit Klienten förderlicher waren, wiesen im Vergleich zu weniger förderlichen Psychotherapeuten eher folgende Charakteristika auf: □ Größere Zentrierung in der Erlebniswelt anderer Menschen □ Breitere Perspektive in der Wahrnehmung von Ereignissen, geringere Pedanterie in der Beschäftigung mit Einzelheiten □ Größeres Vertrauen in die Fähigkeit anderer Personen, mit ihren Schwierigkeiten fertig zu werden □ Geringer Argwohn gegenüber anderen □ Beachtung der Würde und Unverletzlichkeit anderer □ Überwiegend altruistische Gefühle □ Selbstöffnung, geringes Verbergen eigener Fehler □ Sich selbst als fähig ansehend zur Lösung der eigenen Probleme □ Mehr befreiendes und erleichterndes Verhalten gegenüber anderen, anstelle von kontrollierendem, dominierendem, einengendem oder manipulierendem Verhalten (Combs u. Soper, 1963).

Helfer (ältere Schüler), die vor einem Vorbereitungskurs in hilfreichem Gesprächsverhalten gegenüber jüngeren psychoneurotischen Schülern weniger dominant waren, weniger in negativer Weise mit sich umgingen sowie offener und echter waren, verbesserten ihr Gesprächsverhalten stärker. Ferner: Schüler-Helfer, deren Gesprächspartner (jüngere Schüler) sich positiver veränderten, waren psychisch stabiler, weniger nervös, erregt, gehemmt oder depressiv (Thiel, Steinbach u. Tausch, 1978).

Zahlreiche Erfahrungen sowie Untersuchungen lassen uns zu dem Schluß kommen: Psychotherapeutische Gespräche sind förderlicher für den Partner, wenn der Helfer eine seelisch reife, entwickelte Persönlichkeit ist, die seine eigenen seelischen Fähigkeiten und Möglichkeiten leben kann. Dies bedeutet hohe Anforderungen an bestimmte menschliche Qualitäten des Helfers. Auch nach Auffassung von befragten Teilnehmern von Gesprächsgruppen sollte ein Helfer intensive Erfahrung im Umgang mit dem eigenen Selbst haben und in der Lage sein, tiefe befriedigende zwischenmenschliche Kontakte zu erleichtern und aufrechtzuerhalten (Pomrehn, 1978).

□ Die für die persönliche Selbstentwicklung notwendigen Erfahrungen und Bedingungen erhält ein zukünftiger Helfer in sehr günstiger Weise als Mitglied in Gesprächsgruppen. Ein Student der Psychologie, Erziehung oder Medizin kann bereits im 1. oder 2. Semester an derartigen 2–4tägigen Gruppen mit Nachsorgetreffen teilnehmen, an Gruppen mit Personen unterschiedlichen Alters und unterschiedlicher Schwierigkeiten. Hier werden seine Selbstöffnung, seine Selbstauseinandersetzung, sein Kontakt mit seinem Fühlen und sein Echtsein gefördert. Zugleich lernt er durch den Helfer und die Mitglieder die Haltungen des Verstehens, der Achtung-Wärme und des Echtseins innerhalb der Gruppe zu leben. Es ist ein persönliches Erfahrungslernen, anstelle des Lernens nur mit dem Kopf. „Das Wertvollste an der ganzen Psychotherapieausbildung waren für mich die 2 ½tägigen Gesprächsgruppen." „Ich merke, daß das Wissen, das ich mir angeeignet habe, überhaupt nicht die lebendige Gruppenerfahrung ersetzen kann. Ich sehe jetzt mein Wissen als zusätzlich an, mehr nicht."

□ Die frühzeitige Teilnahme an Gesprächsgruppen gibt dem künftigen Helfer auch frühzeitig Informationen, ob er für andere ein qualifizierter Helfer sein kann oder nicht.

Nehmen die übrigen Gruppenmitglieder, etwa die Klienten in einer Gruppe, den lernenden Studenten als einfühlsam, achtungsvoll und echt wahr? Dies ist unzweifelhaft schon möglich, ohne daß der Student irgendwelche wissenschaftlichen Kenntnisse hat. So wurden manche Mitglieder von Gesprächsgruppen, die sich niemals mit Psychologie befaßt hatten und aus anderen Berufen kamen, von den Gruppenmitgliedern bald als einfühlend verstehend, achtungsvoll und echt wahrgenommen. Dies geht auch deutlich aus den gefilmten Gruppen hervor. Ein künftiger Helfer kann also frühzeitig feststellen, ob er zumindest die Qualitäten eines hilfreichen Laien in einer Gruppe hat.

„Mein Gruppenerlebnis hat mir meine eigene Hilflosigkeit und mangelnde Spontaneität bei starken gefühlsmäßigen Äußerungen der Gruppenmitglieder gezeigt. Es wurde mir klar, wie schwer es ist, ein Helfer sein zu können. Meine eigene Fähigkeit dazu sehe ich jetzt sehr relativ, jedenfalls ohne eine längere ‚Ausbildung' dafür. Es war sehr heilsam für mich, mich oft als sehr hilflos zu erleben. Das hat mir einiges von meiner übertriebenen Selbsteinschätzung genommen. Gerade die Diskrepanz zwischen meinem Mitfühlen von fremdem Kummer und der Unfähigkeit, dies auszudrücken, hat mich sehr nachdenklich gemacht und mir gezeigt, wie verkümmert ich in manchem bin."

„Wie soll ich einem Menschen diese Wärme und Nähe vermitteln und geben? Mir wurde in der Gruppe bewußt, daß mir das in meinem eigenen Leben fehlt und daß ich das auch kaum empfinden kann.“

□ Film- und Videoaufnahmen von Gruppen- und Einzelgesprächen geben dem künftigen Helfer ebenfalls frühzeitig Informationen über sich selbst: Wird er durch die gezeigten Gruppen- und Einzelgespräche innerlich berührt? Wünscht er, als Mitglied an dieser Gruppe teilzunehmen? Spürt er in sich die helfenden Qualitäten oder die Selbstöffnung und Selbstauseinandersetzung, wie sie die Mehrheit der Mitglieder dieser Gruppen (Klienten) leben? Fühlt er sich in seiner inneren Welt so zu Hause, daß er sich eine Zeitlang der inneren Welt anderer vollkommen zuwenden kann?

□ In einer Anzahl von Einzelgesprächen als Klient kann sich der künftige Helfer durch intensive Selbstöffnung und Selbstauseinandersetzung weiterentwickeln. Zugleich erfährt er gleichsam von der Innenseite her, wie sich die Haltungen eines Helfers auf einen Gesprächspartner auswirken. Der Helfer in diesen Einzelgesprächen kann ein lernender, aber fortgeschrittener Helfer sein, unter der Supervision eines erfahrenen Psychotherapeuten. – Ferner geben diese Gespräche dem Lernenden ebenfalls frühzeitig deutliche Informationen über seine möglichen Qualitäten: Das Ausmaß an Selbstauseinandersetzung, das der Lernende in der Situation eines Klienten zeigt, hängt zusammen mit seiner späteren Qualifikation als Helfer in Gesprächen (z. B. Carkhuff, 1969; Pierce u. Zarle, 1972). Kann eine Person sich offen mit ihrer eigenen Welt auseinandersetzen, so kann sie die 3 Haltungen deutlicher gegenüber einem Klienten im Gespräche leben.
Dies kann so gedeutet werden: Ein hohes Ausmaß der Auseinandersetzung mit der eigenen Welt bedeutet größere Echtheit-Übereinstimmung, größeren Kontakt mit dem eigenen Fühlen und Erleben, besseren Ausdruck des eigenen Fühlens und Erlebens, geringere Starrheit und Verteidigung, insgesamt größere seelische Funktionsfähigkeit. Wahrscheinlich sind – auch nach anderen Erfahrungen – Personen für diejenige Psychotherapieform besonders geeignet bzw. bringen günstige Voraussetzungen mit, auf die sie als Klient besonders ansprechen und nach der sie selbst behandelt zu werden wünschen.

□ In Seminaren und Kursen zur Gesprächspsychotherapie kann das persönliche Lernen des künftigen Helfers weiter gefördert werden, vorausgesetzt, der Dozent lebt hierbei die 3 Haltungen (Pierce u. Schauble, 1970).

Häufig wird das Seminar gleichsam eine Gesprächsgruppe sein. Der Dozent ermöglicht es den Mitgliedern, sich mit sich selbst, mit den eigenen Fortschritten und Schwierigkeiten im Lernen und mit den anderen Teilnehmern auseinanderzusetzen. Dieses persönliche Lernen nimmt in unseren Seminaren etwa 80 % der Gesamtzeit ein. Einige Auszüge aus den Berichten von Studierenden über ihre Selbstentwicklung:

„Bereits in der 1. Stunde des Seminars erlebe ich, daß es in der Gesprächspsychotherapie nicht auf bestimmte Regeln, sondern auf menschliche Beziehungen ankommt. Diese ‚Erkenntnis‘ vollziehe ich nicht nur kognitiv, sondern ganzheitlich. Dafür bin ich dankbar. – Ich erfahre aber auch sehr schnell, daß meinem Wunsch nach einfühlendem Verstehen Grenzen gesetzt sind: Verstehen fällt mir schwer, wenn meine Gesprächspartner aus einer völlig andern Wertvorstellung kommen, wenn sie andere Normen anerkennen, als ich sie für gut halte. – Als fast unlösbaren Konflikt erfahre ich bald die Diskrepanz zwischen meiner Echtheit und meinem einfühlenden Verstehen. Ich teile diese Schwierigkeit der Gruppe mehrfach mit. Daß andere ähnlich empfinden, hilft mir, weiter darüber nachzudenken und an mir zu arbeiten."

„Bei meinem Entschluß, am Kursus Gesprächpsychotherapie teilzunehmen, erwartete ich, einige Faustregeln kennenzulernen, nach denen hilfreiche Gespräche durchgeführt werden. Schon in den ersten Stunden stellte ich hinsichtlich meiner erwarteten ‚Küchenrezepte' fest, daß es zwar gewisse Kriterien gibt, die bei einem Gespräch erfüllt werden sollten, wie Wärme, Verstehen und Echtheit, daß es aber unmöglich ist, eine spezielle Technik dabei anzuwenden."

„Als befreiend erfahre ich, daß Reinhard Tausch gegen jene ‚orthodoxe Regeln' verstößt, von denen ich bisher annahm, sie seien für Gesprächstherapie konstitutiv. Zuerst wurde ich dadurch stark verunsichert. An was kann ich mich denn halten? Was ist eine Grundregel, die ich beachten muß? Dies wich aber in dem Maß, indem ich Reinhard als einfühlend, sehr offen und selbstkongruent erfuhr. Ich ahne zu verstehen, daß diese Haltungen wichtiger als Regeln sind. Das gibt mir Mut für eigene Gespräche."

„Durch die Erfahrungen in der Gruppe setze ich mich mit mir selbst auseinander, beziehungsweise ich taste mich an mein Selbst heran. Dabei sind die kognitiven fachlichen Fragen stark mit meinem gefühlsmäßigen Bereich verbunden. Ich entdecke Neuland bei mir: Bisher habe ich Aggressionen bei mir selbst nur in seltenen Fällen wahrgenommen bzw. sie zur Wahrnehmung zugelassen. Diese Aggressionen zuzulassen, als Teil meines Selbst zu akzeptieren, fällt mir noch schwer. Ich erlebe die Atmosphäre in der Gruppe als hilfreich, mich mit meinem Selbst auseinanderzusetzen und mich selbst auch zu öffnen. Anfangs habe ich Angst, mich zu öffnen, vielleicht durch Erfahrungen mit anderen gruppendynamischen Techniken. Die annehmende Atmosphäre der Gruppe und die Erfahrung, daß sich andere öffnen, erleichtert es mir auch. Ich lerne, ganz langsam, auf mein Selbst zu hören, ich lerne, zu dem zu stehen, wie ich bin und dabei gelassen zu sein."

„Ich spüre, daß ich mich in der Gruppe am stärksten selbst erfahren und entfalten kann, auf die andern zu und auf mich zu."

„Ich lerne völlig neue Dimensionen meines Fühlens, meines Erlebens, meiner inneren Welt kennen. Ich erlebe einen ungeheuren Anstieg an Selbsterkenntnis und Klarheit über mich selbst. So erkannte ich unter anderem, daß ich ein sehr ehrgeiziger Mensch bin mit enorm hohen Ansprüchen an mich selbst, unter denen ich sehr oft leide."

„In meiner Erfahrung mußte ich merken, daß mein Bemühen um ein hohes Ausmaß an Verstehen von den anderen als Fassadenhaftigkeit, Unechtheit erlebt wurde. Sie wollten mehr von mir als Mensch sehen, nicht als Träger einer eben angelernten Technik. ... Allmählich las ich nicht mehr vorher in einem Buch nach, wie ich sein sollte. Sondern ich machte das, was meinem Fühlen entsprach."

Selbst in der schriftlichen Klausur der Psychologischen Diplom-Hauptprüfung in Klinischer Psychologie (Gesprächspsychotherapie) können die Prüfungsfragen so gestellt werden, daß sie in Vorbereitung und Inhalt die Selbstauseinandersetzung und Selbstentwicklung des Studierenden fördern.

□ In besonderen Seminarstunden können Studierende psychotherapeutische Gespräche anhand von Tonbändern nach den 3 Haltungen des Helfers und nach der Selbstauseinandersetzung des Gesprächspartners einschätzen. Oder sie schreiben auf Ausschnitte mit Äußerungen des Klienten diejenigen Äußerungen in wörtlicher Rede hin, die sie selbst in dieser Situation als Helfer geäußert hätten.

Für die Förderung der 3 Haltungen sind diese Übungen unseres Erachtens direkt nur wenig hilfreich. Sie können lediglich folgendes bewirken: □ Sie lassen einen künftigen Helfer verfeinerter wahrnehmen (diskriminieren), wodurch Selbstöffnung und Selbstauseinandersetzung von einem Helfer gefördert oder beeinträchtigt werden. □ Sie demonstrieren dem künftigen Helfer, wie weit er in dieser Situation mit viel Zeit fähig oder noch nicht fähig ist, die innere Welt des anderen wirklich zu verstehen und zu erreichen. □ Schließlich ermöglichen sie ihm eine gewisse Voraussage seiner späteren Qualitäten als Helfer: Die Güte der Einschätzung des Gesprächsverhaltens von Helfer und Klienten und schriftliche Helfer-Äußerungen auf vorgegebene schriftliche Klienten-Äußerungen standen im Zusammenhang mit den förderlichen Haltungen der lernenden Psychotherapeuten in realen Gesprächen (Carkhuff, 1969, II, S. 234).

Ein intensives „Training" dieser Art halten wir kaum für förderlich für die Haltungen in wirklichen Gesprächen. Die Gefahr angelernter Techniken und Redewendungen ist groß. Deshalb bieten wir diese Möglichkeiten wenig an, obwohl manche Studenten mit geringen Haltungen und wenig entsprechenden philosophischen Einstellungen gerne derartige rationale Übungen und Techniken wünschen.

Ferner: Die Einschätzungsskalen sehen wir als Meßinstrumente zur Feststellung und Kontrolle der Haltungen eines Helfers in Forschung und Praxis an, nicht als Möglichkeiten der Förderung der Haltungen.

□ Die Teilnahme als Co-Helfer in Gruppengesprächen sehen wir als weitere wertvolle Stufe an. Hierfür ist ein Lernender nach folgenden Stufen günstig vorbereitet: □ Er nahm an mehreren Gruppengesprächen als Mitglied teil. □ Er setzte sich in den Gruppengesprächen intensiv mit sich selbst auseinander und wurde von den übrigen Mitgliedern überwiegend als einfühlend, achtungsvoll, warm und echt wahrgenommen. □ Er setzte sich in Einzelgesprächen mit sich intensiv auseinander und erlebte die Situation eines Klienten gleichsam von der Innenseite bei sich selbst. □ Er setzte sich persönlich in der Literatur und in Seminaren mit den Möglichkeiten seiner Helfertätigkeit in Gesprächen auseinander. □ Er erhielt in Diskriminationsübungen und künstlichen Situationen günstige Informationen. Die Nachsorgetreffen mit den Gruppen geben dem künftigen Helfer Gelegenheit, in den Zwischenzeiten weiter an sich selbst zu arbeiten, weitere Rückmeldungen von den Mitgliedern zu erfahren und gelegentlich mit ihnen Einzelgespräche zu führen.

□ Einzel-Psychotherapie, gemeinsam mit einem erfahrenen Psychotherapeuten (Teamtherapie). Wurde schließlich ein Lernender in vielen Gruppen als Co-Helfer von den Mitgliedern als einfühlend, achtungsvoll-warm sowie echt wahrgenommen und führte er mit ihnen in Pausen, in der Freizeit u. a. viele Einzelgespräche, so ist er qualifiziert, gemeinsam mit einem erfahrenen Psychotherapeuten sog. Einzelpsychotherapie durchzuführen. Diese gemeinsame Durchführung wird auch von Klienten als günstig empfunden (z. B. Boeck-Singelmann, 1978).

Die Teamtherapie hat viele Vorteile für das Lernen der Studenten, im Vergleich zu den Nachteilen, wenn der lernende Helfer allein die Gespräche durchführen würde:

□ Der lernende Psychotherapeut wird nicht überfordert, in jedem Augenblick des Gespräches reagieren zu müssen. □ Er braucht kein Versagen zu befürchten. □ Er braucht nicht unecht zu sein und den Überlegenen herauszukehren, während er innerlich ängstlich und befangen ist. □ Er kann unmittelbar bei dem erfahrenen Psychotherapeuten lernen, wie dieser die Selbstauseinandersetzung des Partners fördert. Und er kann wenige Minuten später versuchen, dies ebenfalls dem gleichen Partner zu ermöglichen. □ In schwierigen Situationen kann er sich zurückhalten. Nach Fehlern braucht er nicht weiter zu sprechen, sondern kann sich selber klären. Insgesamt wird er aber 30–50 % des Sprechanteils des erfahrenen Psychotherapeuten haben. ▫ Es entfällt die häufig von uns als bedrückend empfundene Situation, die wir in den letzten Jahren fast vollständig gemieden haben: Als sog. Ausbilder zu Gesprächsstichproben eines Helfers vom Tonband Stellung zu nehmen, dessen Klienten der Ausbilder kaum kennt und ohne daß er dem Lernenden zeigen kann, wie er ein förderliches Gespräch mit diesem Klienten führt. Unglücklicherweise wird auch von manchen sog. Ausbildern häufig viel Wert auf Kleinigkeiten der sprachlichen Äußerung gelegt. Diese sind nicht unwichtig, aber hierdurch wird das Lernen nicht wesentlich gefördert. Besser als jedes nachträgliche Diskutieren eines Tonbandes empfinden wir das Team-Gespräch von Dozent und Student gemeinsam mit dem Klienten. Die Nachgespräche nach den gemeinsamen Gesprächen mit dem Lernenden haben wir als sehr anregend und fruchtbar auch für uns empfunden. ▫ Diese Ausbildungsform der Teamtherapie ist sehr ökonomisch: Erfahrene Psychotherapeuten führen sowieso in Lebensberatungsstellen und Kliniken Gespräche: Durch die Anwesenheit und Mitarbeit eines fortgeschrittenen Studierenden bei dem Gespräch mit dem Klienten werden sie sogar entlastet und angeregt. Lediglich im Anschluß an das Gespräch werden oft 10–15 Minuten notwendig, die aber auch für das Lernen des erfahrenen Psychotherapeuten fruchtbar sind. Gesprächsinhalte sind häufig: Was haben die beiden Helfer empfunden? Wie haben sie sich in dem Gespräch gefühlt? Haben sie dem Klienten hinreichende Bedingungen des Verstehens, der Achtung-Wärme und der Öffnung geboten? Hätten sie die Selbstauseinandersetzung ihres Partners besser fördern können? In einem fortgeschrittenen Stadium der Psychotherapie kann auch der Klient gelegentlich an diesen Gesprächen beteiligt werden. Das Dreiergespräch ist dann gleichsam eine kleine Gesprächsgruppe.

Durch derartige Erfahrungen und Möglichkeiten in einer sog. Ausbildung können künftige Helfer ihre eigene Persönlichkeit und ihre förderlichen Haltungen gegenüber Partnern in Gesprächen entwickeln. Gewiß drängen in den letzten Jahren Personen in die Psychotherapieausbildung, bei denen der Gedanke und der Wunsch nach Prestige, höherem Einkommen, günstigen Berufsstellungen und etwa der Wunsch nach Einfluß über Menschen eine Rolle spielen. Diese Aspekte der Psychotherapie haben uns viele Jahre sehr bedrückt. Jedoch sind wir heute hoffnungsvoller: Wenn in der sog. Ausbildung Lernende überwiegend Erfahrungen und Möglichkeiten zur persönlichen Selbstentwicklung in Gruppen haben und sie sich selber als Klienten in Gruppen erleben ohne Distanz zu den anderen, dann müßte es möglich sein, daß Personen mit geeigneten Haltungen und Aktivitäten Psychotherapeutische Helfer für andere werden.

Gesichtspunkte zur Forschung

Mit den folgenden Darlegungen möchten wir dazu beitragen, daß bisherige Fehler in der Forschung vermieden werden. Ferner möchten wir Helfer ermutigen, die Vorgänge bei der Förderung seelischer Funktionen und der persönlichen Weiterentwicklung durch Gespräche zu klären und zu erweitern.

Die Aufwendungen und Bemühungen, Vorgänge und Ergebnisse von förderlichen Gesprächen zu klären, sind unserer Auffassung nach heute im Vergleich zu früher eher übersichtlicher und einfacher geworden. Hindernisse und Schwierigkeiten der Forschung sehen wir nicht im Fehlen von methodischen Prozeduren. Wir sehen sie auch nicht in der Kompliziertheit von Methoden.

Die Schwierigkeiten sehen wir eher in den Forschern selbst. Haben sie intensive konkrete Erfahrungen als Gesprächspartner und als Helfer in Gruppen- und Einzelgesprächen? Kennen sie also die Gesprächspsychotherapie gleichsam von der konkreten Innenseite her? Haben sie den Mut, sich in der Forschung an ihre Klienten direkt und in natürlicher Weise zu wenden? Haben sie den Mut, die Anwendung von detailliert ausgearbeiteten methodischen Prozeduren abzulehnen, die in experimentellen Laboratoriumssituationen vielleicht sinnvoll sind und als „wissenschaftlich" gelten?
Sind sie fähig zu sinnvollen Fragestellungen und Methoden auf Grund ihrer langjährigen konkreten Erfahrungen? Wenn wir unter empirischer Forschung das sorgfältige angemessene Verstehen, das behutsame Beobachten, das ehrliche Beschreiben und genaue Darstellen von wesentlichen seelischen Vorgängen verstehen und nicht die rigide Anwendung früher gelernter psychometrischer Prozeduren aus andern Gebieten, dann dürften manche sorgfältig und psychologisch arbeitende Helfer auch Qualitäten für die Forschung mitbringen.

Die Hauptfragestellungen und Hypothesen in der Forschung der Gesprächspsychotherapie sind relativ klar und zielorientiert: □ Welche seelischen Funktionen bei welchen Gesprächspartnern werden in Gesprächen gefördert? Durch welche Haltungen und Aktivitäten ihrer Helfer? In welchem Ausmaß erfolgt diese Förderung? Wie lange hält sie an? Welche Erfahrungen und Vorgänge sind für die Besserung seelischer Funktionen durch Gespräche besonders bedeutsam? Durch welche weiteren Vorgänge und Erfahrungen sowie Haltungen und Aktivitäten der Helfer können seelische Beeinträchtigungen gemindert und seelische Funktionen gebessert werden?
Die Grundzüge der empirischen Forschung zur Beantwortung der Fragestellungen und zur Prüfung von Hypothesen haben wir näher auf Seite 281 f. dargestellt. Diese Grundzüge sind äußerlich gesehen einfach: Die seelische Funktionsfähigkeit der Klienten in wesentlichen Bereichen und ihre seelischen Beeinträchtigungen werden am Anfang und Ende der psychotherapeutischen Gespräche ermittelt. Dabei werden die Änderungen berücksichtigt, die bei Klienten ohne Psychotherapie in der Wartezeit eintreten. Sodann werden die Änderungen der Klienten in Zusammenhang gebracht mit wesentlichen Haltungen und Aktivitäten ihrer Helfer sowie mit den Vorgängen und Erfahrungen der Klienten in den Gesprächen.

Zur Feststellung der seelischen Wandlungen wird für jeden Klienten ein Änderungswert (Besserungsindex) ermittelt. Hierzu werden alle Werte (Fragebogen, Tests u. a.) am Anfang und Ende der Psychotherapie über seine seelischen Funktionsbereiche und Beeinträchtigungen zusammengestellt. So wird ersichtlich, in welchen Bereichen sich ein Klient günstig änderte oder etwa mehr beeinträchtigt wurde, und wie bedeutsam diese Bereiche für ihn waren. Die Werte jedes Klienten werden von einer Gruppe unabhängiger Beurteiler eingeschätzt in ein mehrstufiges Ausmaß der Besserung oder Verschlechterung eines Klienten. Die Ermittlung dieses individuellen Gesamtänderungswertes ist notwendig. Denn die seelischen Beeinträchtigungen der einzelnen Klienten liegen in verschiedenen Bereichen. Und Änderungen in den einzelnen Bereichen sind für sie unterschiedlich bedeutsam. So würde es wenig nützen, wenn sich ein Klient in Bereichen etwas verbessert, die nicht mit seiner Beeinträchtigung zusammenhängen.

Im folgenden haben wir die Möglichkeiten zur Ermittlung der seelischen Wandlungen bei Klienten dargestellt, die wir für unsere Forschung und für die Kontrolle der praktischen Tätigkeit einer Beratungsstelle derzeit für angemessen ansehen und die für die Klienten noch zumutbar sind:

□ Ein sog. Beeinträchtigungsbogen gibt ein deutliches Bild der Schwierigkeiten und Beeinträchtigungen. Jeder Klient gibt auf diesem Bogen seine persönlichen seelischen Beeinträchtigungen an, zum Beispiel seine Ängste, Partnerschwierigkeiten, sexuellen Schwierigkeiten, die Art seiner psychosomatischen Beeinträchtigungen. Hinter jeder Schwierigkeit gibt er auf einer 4stufigen Skala das Ausmaß an, in dem er sich durch die Beeinträchtigung belastet fühlt. – Nach den Gesprächen erhält der Klient eine Fotokopie seines Bogens unter Aussparung der Belastungswerte. Er trägt sein jetziges Ausmaß der Belastung in diesen Beeinträchtigungen neu ein, oder evtl. das Ausmaß der Verbesserung oder Verschlechterung.

□ Ein globaler Änderungsbogen, ausgefüllt von jedem Klienten nach der Psychotherapie, ist eine sehr einfache, ökonomische, zugleich jedoch sehr informative Möglichkeit der Erfassung seiner Wandlungen. Dieser globale Änderungsbogen kann auch außerhalb der Forschung in einfacher Weise von jedem praktischen Psychotherapeuten verwendet werden, unmittelbar nach Abschluß der Gespräche und/oder etwa 1 Jahr später. Der Bogen erfaßt in komplexer Weise die individuellen Änderungen jedes Klienten, und zwar weitgehend in den Bereichen, in denen sie beeinträchtigt waren und wo sie Änderungen wünschten.

Der Bogen enthält im wesentlichen folgende Fragen, auf die der Gesprächspartner nach der Psychotherapie durch Ankreuzen in einer von 6 Antwortkategorien antwortet:

□ Wenn Sie alles erwägen, wie zufrieden sind Sie mit dem Ergebnis Ihrer psychotherapeutischen Gespräche?

□ Wie stark haben Sie sich Ihrer Meinung nach durch die Psychotherapie verändert?

□ Glauben Sie, daß Sie auf Grund der psychotherapeutischen Gespräche künftig mit seelischen Schwierigkeiten besser fertig werden?

□ Welche Veränderungen können Sie durch die psychotherapeutischen Gespräche feststellen? 1. Bei sich selber? 2. In Ihrer Beziehung zur Umwelt?

□ Wieweit weichen die eingetretenen Veränderungen von Ihren Erwartungen vor der Psychotherapie ab?

Es folgen einige Fragen über die Beziehung und die Qualität des Helfers: □ Wie haben Sie die Beziehung zu Ihrem Psychotherapeuten erlebt? □ Was hat Ihnen in den Gesprächen mit Ihrem Psychotherapeuten nicht gefallen? □ Was hätten Sie sich noch in der Beziehung zu Ihrem Psychotherapeuten gewünscht? □ Bitte führen Sie alles auf, was Sie als störend empfunden haben und was wir Ihrer Meinung nach verbessern könnten.

Dieser globale Einschätzungsbogen wurde in den meisten unserer Untersuchungen verwendet, ebenfalls in ähnlicher Form in vielen ausländischen Untersuchungen (z. B. Strupp u. a., 1964; Cartwright, Kirtner u. Fiske, 1963; Fiske u. Goodman, 1965). Diesen globalen Änderungsbogen der Klienten sehen wir – im Vergleich zu vielen Testinstrumenten – als günstig an (s. a. Garfield, Prager u. Bergin, 1971). Dieser einfache Einschätzungsbogen korrelierte mit der Summe der Test-Änderungen der Klienten .50 bis .70 (Rudolph u. a., 1978; Bommert u. a., 1972; Fiske u. Goodman, 1965).

□ Die freie Beschreibung der Änderungen durch den Klienten, etwa in halbstrukturierten Interviews, auch telefonisch durch unabhängige Personen durchgeführt, gibt uns bedeutsame Informationen über wesentliche persönliche Änderungen der Partner durch Gespräche (z. B. Wittern u. a., 1978). Diese Interviews oder evtl. auch freie spontane Niederschriften der Klienten werden später von unabhängigen Beurteilern nach bestimmten Änderungen eingeschätzt.

□ Die Selbstkonzept-Skala (Fitts, 1964) gibt Informationen über die verschiedenen Bereiche des Selbst einer Person. Claudia Boeck-Singelmann (1978) hat in ihrer Dissertation diese Skala übersetzt und verwendet. Sinnvoll ist die Fortlassung derjenigen Items, die die Klienten als wenig sinnvoll empfinden. Da mit der Selbstkonzept-Skala nur die jeweilige Änderung einer Person untersucht wird, erscheint dies möglich.

□ Die intrapersonelle Kommunikation (IPK) wurde in unseren Forschungen häufig untersucht, z. B. Bruhn, 1978. Sie erstreckt sich auf die Gedanken, die eine Person zu sich selber sagt. Der Klient gibt durch Ankreuzen an, ob dies häufig, manchmal, selten oder nie der Fall ist, z. B.: „Es hat doch alles keinen Zweck mehr." „Ich bin einfach unfähig." „Ich werd' es schon verkraften." „Das ist dir gut gelungen." „Laß dir nichts anmerken."

□ Wesentliche seelische Vorgänge wie Offensein für das eigene Fühlen und Erfahren, Entfremdung vom eigenen Selbst, Nähe oder Distanz zu andern können derzeit kaum angemessen erfaßt werden. Lediglich für den Bereich Echtsein/Unechtsein und benachbarte Bereiche liegen Möglichkeiten vor (Caspari u. Tausch, 1978), die auch in Untersuchungen verwendet werden, z. B. Bruhn, 1978.

Der POI-Test (Shostrom, 1966) erstreckt sich zwar auf wesentliche Vorgänge wie Selbstachtung, Selbstaktualisierung, Zentriertheit in Gegenwart, Vergangenheit oder Zukunft. Auch sind wesentliche Skalen gegen absichtlich günstige Darstellungen gesichert (Foulds u. Warehime, 1971). Allerdings ist der Test zu lang und häufig zu schwierig für Klienten mit geringen Erfahrungen im Umgang mit schriftlichem Material.

□ Das Freiburger Persönlichkeitsinventar (FPI) verwenden wir in einer Halbform zum Nachweis für Außenstehende, daß die Klienten in traditionellem Sinne als beeinträchtigt anzusehen sind, verglichen mit der sog. „Norm".

Traditionelle diagnostische Tests wie MMPI und EPI verwenden wir nicht. Zwar ergaben sich in früheren ausländischen und deutschen Untersuchungen (z. B. Minsel u. a., 1972; Bommert u. a., 1972) in diesen Tests deutliche Änderungen der Klienten. Jedoch sind die Tests wenig geeignet zur detaillierten Erfassung wesentlicher Vorgänge und Bereiche seelischen Erlebens, sie sind wenig sensibel für Veränderungen; einige Items sind für kritische Klienten wenig zumutbar. – Ferner verwenden wir nicht Einschätzungen der Psychotherapeuten hinsichtlich der Änderungen ihrer Klienten. Sie sind methodisch unangemessen (z. B. Strupp u. a., 1964; Gallagher, 1953).

Die Feststellung der Bedeutsamkeit der Wandlungen von Klienten durch Psychotherapie. In den bisherigen Untersuchungen wurden die Änderungswerte der Klienten in den verschiedenen Tests und Unterskalen summiert und mit den Änderungs-Testwerten derjenigen Klienten verglichen und auf statistische Signifikanz geprüft, die ohne Gespräche warteten. Oft ergaben sich dabei signifikante Unterschiede (Besserungen) der Psychotherapieklienten. Dieses Vorgehen ist jedoch für die Prüfung der realen Bedeutsamkeit der Psychotherapie völlig unangemessen. Vielmehr ist folgende Feststellung notwendig (z. B. Bruhn, 1978; Boeck-Singelmann, 1978):

Wieviel Prozent der Psychotherapieklienten verbesserten sich in ihren individuellen Beeinträchtigungsbereichen und in den von ihnen gewünschten Bereichen (individueller Besserungsindex) sehr deutlich, gering, gar nicht oder verschlechterten sich? Wieviel Prozent der Klienten schieden vorzeitig aus der Psychotherapie wegen mangelnder Befriedigung aus? Diese Prozentsätze der Besserung und Verschlechterung sowie des vorzeitigen Ausscheidens von Klienten werden verglichen mit Änderungen der ohne Psychotherapie wartenden Klienten. Mit diesen Feststellungen ist die Beantwortung der Frage möglich: Rechtfertigen die eingetretenen Änderungen bei einem Teil der Klienten die Bemühungen dieser Klienten und ihrer Helfer sowie die aufgewendeten materiellen Mittel, auch angesichts möglicher Verschlechterungen bei manchen Klienten?

Häufig wurden vorzeitig ausscheidende Klienten aus der Berechnung herausgelassen, da ihre Tests am Ende der Psychotherapie nicht zur Verfügung standen. Hierdurch ergab sich häufig ein zu günstiges Bild. Ein größerer Teil der ausscheidenden Klienten macht wahrscheinlich unbefriedigende Erfahrungen (z. B. Rudolph, 1975). Die Gründe des Ausscheidens der Klienten können notfalls in einem einfachen Antwortbogen oder durch ein Telefoninterview erfragt werden.

Die Änderungen der Personen in den Wartegruppen sind meist gering. Eine genauere Analyse legt nahe: Klienten mit geringen Beeinträchtigungen verbessern sich des öfteren etwas, Klienten mit größeren Beeinträchtigungen verschlechtern sich (z. B. Bruhn, 1978).

Bei größeren Untersuchungen können gebesserte und nicht-gebesserte Klienten hinsichtlich ihrer Anfangswerte, der Art ihrer Beeinträchtigung u. a. verglichen werden. So erhalten wir Aufschluß, ob Klienten mit bestimmten Charakteristika mehr für Gesprächspsychotherapie geeignet sind.

Die Feststellung wesentlicher Erfahrungen und Empfindungen des Klienten während der Gespräche ist sehr bedeutsam. Einmal geben sie schon in einem frühen Stadium der Gespräche Auskunft über die Wahrscheinlichkeit günstiger Änderungen (Eckert u. a., 1977) und damit Möglichkeiten zur Intervention bei ungünstiger Voraussage. Zum andern ergeben sich in der Forschung wertvolle Erkenntnisse, wenn diese Erfahrungen und Empfindungen der Klienten zu den Helferhaltungen und Aktivitäten in diesen Gesprächen in Beziehung gesetzt werden. Jeder Klient nimmt nach jedem Gespräch zustimmend oder ablehnend zu vorgegebenen Erfahrungen Stellung, z. B.: „Das Gespräch sagte mir irgendwie zu." „Nach diesem Gespräch sehe ich den kommenden Tagen zuversichtlicher entgegen." „Ich fühlte mich gehemmt, dem Psychotherapeuten alles zu sagen, was mich beschäftigt."

In Gruppengesprächen füllen die Mitglieder einen Bogen aus über ihre Gruppenerfahrungen, z. B.: „Mit der Zusammensetzung der Gruppe war ich zufrieden.“ „Ich fühlte mich von den Gruppenmitgliedern zurückgewiesen, wenn ich meine Gefühle offen zeigte.“ „Es herrschte eine Atmosphäre gegenseitiger Offenheit.“ „Ich fühlte mich durch die andern Teilnehmer bedroht.“ Ferner schätzen sie die Mitglieder hinsichtlich einfühlenden Verstehens, Achtung-Wärme und Echtheit ein, und schließlich sich selbst in diesen 3 Haltungen sowie in Aktivität und Selbstöffnung.

Die Feststellung der Qualität des Helferverhaltens ist zur Beantwortung der Frage notwendiger und hinreichender Bedingungen des Helfers bedeutsam. Dies kann in folgender Weise geschehen:

□ Die Klienten schätzen ihre Helfer nach jedem Einzelgespräch und am Ende des Gruppengespräches nach den 3 Haltungen ein (s. S. 40, 70 u. 90). In der täglichen Praxis genügen hierzu ca. 3 Items für jede Haltung. Günstig sind ferner Items, in denen das Helferverhalten gemeinsam mit den ausgelösten Erfahrungen eingeschätzt wird, z. B.: „Der Psychotherapeut bewirkte, daß ich ruhiger und sicherer wurde“ (Rudolph, 1975).

□ Unabhängige Beurteiler schätzen Stichproben der Tonaufnahmen der Gespräche nach den 3 Haltungen anhand der Skalen ein. In bisherigen Untersuchungen wurden die Helfer meist nur in 1 oder 2 Haltungen eingeschätzt. Dies ist unzureichend. Sinnvoll ist eine Einschätzung durch unabhängige Beurteiler, die die Vorgänge in förderlichen Gesprächen selbst unmittelbar erfahren haben. – Neben der Einschätzung kürzerer Stichproben durch etwa 3 Beurteiler ist eine Einschätzung des gesamten Gespräches nach besonders niedrigen oder hohen Stufen der 3 Haltungen wünschenswert. Unter Umständen kann dies durch e i n e n Beurteiler geschehen, dessen Einschätzungen stichprobenartig durch andere Beurteiler kontrolliert werden. Für die Qualität des Helferverhaltens und zur Prüfung der theoretischen Annahme von Carl Rogers über die 3 notwendigen und hinreichenden Haltungen ist sowohl die Art entscheidend, wie der Klient den Helfer wahrnahm *und* die Art, wie unabhängige Beurteiler ihn einschätzten. Sollte nur eine Form der Einschätzung möglich sein, so geben wir den Wahrnehmungen der Klienten den Vorrang.

Der Zusammenhang zwischen den Wandlungen der Gesprächspartner mit den Qualitäten der Helfer kann in folgender Weise ermittelt werden: Die Klienten einer Untersuchung werden in etwa 4 Kategorien der Besserung bzw. Beeinträchtigung und unbefriedigten Ausscheidens geordnet. Damit kann die Frage beantwortet werden: Hatten diese Klienten mit unterschiedlichen Änderungen Helfer mit unterschiedlichen Qualitäten gemäß Einschätzung der Beurteiler *und* Wahrnehmung ihrer Klienten? – Oder die Helfer werden in 3 Kategorien geordnet. In der obersten Kategorie sind zum Beispiel Helfer mit günstiger Wahrnehmung *und* Einschätzung der Beurteiler in allen 3 Haltungen. Unterscheiden sich die Klienten dieser Helfer mit unterschiedlichen Qualitäten in ihren Wandlungen?

Voraussetzung für die Ermittlung eines Zusammenhanges ist: □ Ein bedeutsamer Teil der Helfer liegt in allen 3 Haltungen über dem Minimum förderlicher Bedindungen. □ Die Helfer-Haltungen weisen hinreichende Varianz auf. □ Korrelationsberechnungen zwischen den Klientenänderungen und den Haltungen der Psychotherapeuten sind zur Ermittlung des Zusammenhanges weniger angemessen. – Der Zusammenhang zwischen den Wandlungen der Klienten und den Qualitäten der Helfer wird bei kleinen Stichproben deutlicher, wenn das Prozeßstadium der Klienten in den anfänglichen Gesprächen berücksichtigt wird.

Einige Gesichtspunkte der zukünftigen Forschung: □ Die von den Klienten in und nach den Gesprächen erlebten Vorgänge und Erfahrungen halten wir für den Gewinn neuer Einsichten und prüfbarer Hypothesen als sehr bedeutsam.

□ Durch die Klärung und Erforschung wesentlicher Vorgänge während der Gespräche, in recht einmaliger Weise erleichtert durch eine enge vertrauensvolle Beziehung zwischen einem Helfer und einer selbstgeöffneten Person, ergeben sich wesentliche Beiträge zu den Grundlagenkenntnissen der Allgemeinen Psychologie, z. B. durch die Erforschung und Kenntnis von Selbstauseinandersetzung oder Echtsein/Fassadenhaftigkeit.

□ In der Vergangenheit wurde in großem Ausmaß festgestellt, daß Klienten durch Gesprächspsychotherapie im Vergleich zu wartenden Personen bedeutsame Änderungen erfahren. Wir werden uns zukünftig vermehrt den Personen zuwenden, die sich in Gesprächen nicht ändern. Welche Vorgänge behindern die Wandlungen? Trifft auch hier die Annahme über die notwendigen und hinreichenden Haltungen des Helfers zu? Welche anderen Erfahrungen und Vorgänge führten evtl. später zu Änderungen?

□ Wir werden uns vermehrt der Beantwortung der Frage zuwenden: Was geschieht langfristig in den Monaten und Jahren *nach* den Gesprächen? Welche Erfahrungen und Bedingungen im alltäglichen Leben fördern die Wandlungen? Welche beeinträchtigen sie?

□ In welchem Umfang können die förderlichen Wandlungen ebenfalls ausgelöst oder zusätzlich gefördert werden durch andersartige Erfahrungen und Vorgänge, so durch körperliche Trainings, durch Bewegungsübungen, durch Meditations- und Yogaübungen, durch bestimmte Freizeitaktivitäten in Gruppen?

□ Wir möchten unsere Kenntnisse über die seelischen „Krankmacher“ und seelischen „Gesundmacher“ erweitern. Was führte zu seelischen Beeinträchtigungen, was verminderte sie? Die bisherigen Untersuchungen sind sehr aufschlußreich, z. B. über die Bedeutung der Haltungen des Verstehens, der Achtung, des Echtseins und der Lenkung von Eltern (Tönnies u. Tausch, 1978).

□ Schließlich möchten wir den personenzentrierten Ansatz im Zusammenleben von Menschen ausweiten, über Schulen und Familien hinaus auf weitere Bereiche des alltäglichen Lebens.

Auf dem Wege zu uns selbst und zu anderen

Das wörtliche Protokoll einer gefilmten Gesprächsgruppe mit einer Nachbefragung zwei Monate später

Wir denken, daß für Sie als Leser die zusammenhängende Darstellung einer personenzentrierten Gesprächsgruppe von Wert ist. Sie können so zum Teil miterleben, wie sich die einzelnen Gruppenmitglieder öffnen, sich mit sich selbst auseinandersetzen und sich schrittweise ihrem Selbst und anderen Personen nähern. Die leisen und allmählichen Wandlungen der Gruppenmitglieder werden im Zusammenhang eher verständlich.

Die Gruppe war mit ihren 10 Teilnehmern und 2 Helfern insgesamt 12 Stunden an 2 Tagen in einem Studio des Südwestfernsehens III zusammen. 4 süddeutsche Teilnehmer hatten sich auf Grund eines Aufrufes im Anschluß an ein früheres Gruppengespräch im Fernsehen gemeldet, um an einer Gruppe teilzunehmen, in der sie ihre persönlichen Ängste klären konnten. Hinzu kam ein österreichischer Teilnehmer. 5 Teilnehmer hatten sich bei der Psychotherapeutischen Beratungsstelle des Psychologischen Instituts III der Universität Hamburg gemeldet, um an einer Gruppe zur Verminderung ihrer seelischen Schwierigkeiten teilzunehmen.

Das Alter der Teilnehmer lag zwischen 25 und 65 Jahren. Es sind überwiegend Personen mit Hauptschulabschluß, aber auch mit Sonderschul- bzw. Oberschulabschluß. Die Teilnehmer kommen aus sehr unterschiedlichen Berufen, z. B. Kontoristin, Tierpfleger, Ingenieur, arbeitsloser Angestellter, Telefonistin, ungelernter Arbeiter, Lehrer, Bibliothekarin, Hausfrau. Sie lebten allein, geschieden oder verheiratet mit eigenen Kindern.

Einige hatten sehr starke Ängste: Todesangst, Angstzustände in Verkehrsmitteln, Alpträume nachts, Isolierungsängste, Angst vor zu starken Gefühlen oder vor Gefühlskälte, Kontaktängste, Ängste vor Vorgesetzten, Schwierigkeiten in der Partnerschaft, Bindungs- oder Trennungsängste.

Die 10 Teilnehmer hatten sich untereinander vorher noch nie gesehen. Und bis auf einen Teilnehmer waren sie uns auch nicht bekannt.

Das Protokoll ist die wörtliche Abschrift einer 2stündigen Fernsehsendung des Südwestfernsehens III vom 18. 11. 1977. Die Redakteure Paul Schlecht und Herbert Borlinghaus vom Südwestfernsehen nahmen den Zusammenschnitt der Gruppe auf 2 Stunden unabhängig von uns vor. Am Tag der Ausstrahlung im Fernsehen, 2 Monate nach der Gruppe, trafen sich die Teilnehmer wieder. Nach der Ausstrahlung des Zusammenschnittes führten sie unter der Leitung von Herbert Borlinghaus als Moderator ein Nachbefragungsgespräch. Dieses ist ungekürzt und wurde live gesendet.

Wir haben bewußt auf jede Kommentierung dieses Gruppengespräches verzichtet. Wir mögen keine Kommentierung des Fühlens und Erlebens anderer Menschen, insbesondere, wenn wir so dicht und persönlich mit ihnen zusammen waren. Für uns liegt der Wert dieser Darstellung darin, daß Sie als Leser Empfindungen haben und Erfahrungen machen. Daß Sie angesprochen werden. Daß Sie berührt werden. Wir glauben, daß dieses Berührtwerden und diese eigenen Empfindungen bei einem Leser weit mehr auslösen als jede distanzierte analysierende Betrachtung durch ihn oder andere.

Wir hoffen, daß Sie beim Lesen persönliche Eindrücke und Empfindungen haben, daß Sie erfahren, was Selbstöffnung, Selbstauseinandersetzung ist und wie sich Menschen untereinander in ihrer inneren Welt öffnen, sie zu klären versuchen. Wir hoffen, daß es Ihnen als Leser möglich ist, sich in diese inneren Welten der Gruppenteilnehmer einzufühlen, daran Anteil zu nehmen. Daß Sie die Bemühungen einzelner, ihre innere Welt zu klären, miterleben und ihre seelischen Wandlungen wahrnehmen. Für uns ist dieses Fördern und Miterleben von innerem Wachstum zur Weiterentwicklung von Menschen in Gruppen eine sehr beeindruckende tiefe Erfahrung.

Wir sind dem Institut für Film und Bild in Göttingen dankbar, daß es diese 2stündige Gesprächsgruppe und die 1stündige Nachbefragung auf Tonfilm für alle Hochschulinstitute kostenlos ausleihbar gemacht hat. – Ferner danken wir Frau Helga Mueller für die Anfertigung der Niederschrift dieser Gesprächsgruppe.

Reinhard: „Ich danke allen hier sehr herzlich, daß sie hierher gekommen sind. Ich bewundere Euren Mut, hier über Eure Ängste und über Euer Fühlen zu sprechen.
Ich selbst habe gelernt, daß diejenigen Menschen, die sich stark geben, häufig nicht die Stärke haben, über ihr Fühlen zu sprechen. Und ich habe gelernt, daß diejenigen, die nach außen hin schwach erscheinen, indem sie ihre Ängste äußern, eigentlich sehr starke Menschen sind.
Wir waren gestern noch kurze Zeit nach dem Abendessen zusammen. Mein Gefühl war, daß es uns bald gelingen wird, eine ‚gute Gruppe' zu werden. Ich weiß nicht, ob die Vermutung eintrifft, aber ich habe das Gefühl, und ich würde wirklich hoffen, daß es so ist."

Giselbert: „Nun, ich möcht' mal was sagen, weil – ich nicht zuhören kann. Und zwar von dem Augenblick an, als die Kamera da so rumging. – Jetzt ist sie wieder verschwunden. Aber – ich merk' das, daß ich gar nicht so richtig atmen kann. Das ist für mich so was Bedrohliches im Hintergrund. Und jetzt, wo die Kamera weg ist, ist es ein bißchen besser. Aber vorhin war das da ganz schlimm, als sie da gegenüber stand."

Anne-Marie: „Fühlst Du Dich schlecht dabei dann?"

Giselbert: „Ja, ich fühl' mich nicht schlecht da. Da ist was, nicht, die hat da auch dies Tuch, nicht? Und das erinnerte mich also wie an eine Kanone. Und die war erst auf Dich gerichtet und dann war sie ein bißchen so auf mich."

Reinhard: „Irgend etwas Feindliches, was auf Dich gerichtet ist?!"

Giselbert: „Ja, daß da irgendwas gleich passieren könnte. Und daß die genau auf mich zielt, jedes Mal. (weint. Pause) Und das ist auch weniger wegen der Zuschauer oder daß die da was aufnimmt. Sondern daß die für mich irgendwas symbolisiert, so was Feindliches, was mit Krieg und Tod zusammenhängt, und – (Anne-Marie: „Dir Angst macht?!") Ja, daß da irgendwas gleich passieren kann, nicht. Vor allem da im Augenblick, als die da so rollte. Erst stand sie ja da, und dann rollt sie da so rüber. Und daß ich ja überhaupt nicht zuhören konnte, was hier gesprochen wird. (weint. Pause) Und auch jetzt, wo sie weg ist, ist es besser. Bloß ich weiß, die ist da im Hintergrund, und irgendwas könnte da passieren."

Werner: „Kannst Du denn nicht vergessen, daß überhaupt Kameras hier sind? Ich seh' sie gar nicht."

Giselbert: „Das hat mit der Kamera doch nichts zu tun. Das ist irgendwas anderes. So konkret mit Sterben denk' ich nicht. Aber irgendwas ist da, nicht, nicht so – (Anne-Marie: „Was Dich angreift?") Ja – was –." (Pause)

Reinhard: „Du sagtest, draußen ginge es Dir manchmal auch so. Kannst Du mal etwas konkreter sagen, wie diese Situationen draußen in Deinem Leben aussehen?"

Giselbert: „Ja, das ist meist bei Menschen. So wie gestern am Abendbrottisch, wo denn gesprochen wird. Ja, und ich dann nichts zu sagen weiß. Gestern, da hab' ich da gesessen, da ist mir nur aufgefallen, daß ich wenig gesagt habe. Aber mir ist das unangenehm. Und in manchen Situationen, in ähnlichen, wo es darauf ankommt, irgendwas zu sagen, und ich dann nur sitze und nichts sage, dann ist das so ähnlich wie hier. Dann bin ich auch froh, daß der Abend zu Ende ist, und ich dann nach Hause gehen kann. Und da das alles vorbei ist, so wie hier: Die Kamera verschwindet, nicht, ja okay, dann ist sie da weg, dann kann ich sie nicht sehen. Und das ist im Leben mit den Menschen dann auch so. Da bin ich froh, daß es vorbei ist, mit den Menschen so zusammensein."

Werner: „Na, das ist doch möglicherweise eine Parallele, auf die ich vorhin schon anschnitt, zu einem früheren Erlebnis. Und da wär's jetzt zweckmäßig, also zu erzählen, wo Du auch mal solche Angst gehabt hast."

Giselbert: „Na ja, ich mein', ich kann's Dir sagen. Als ich klein war, da war da ein Mensch, zu dem hatte ich Vertrauen. Und ich dachte, der mag mich auch gerne. Und plötzlich mußte ich feststellen, der will mich umbringen. Das war meine Mutter. Und da habe ich dann wohl so'n Schock gekriegt, nicht, daß da irgendwas jetzt auch da schwebt und irgendwann passieren kann. Damals ist's dann nicht passiert. Es ist vorbeigegangen. Aber irgendwie so eine Sekunde war es, wo ich merkte, die Welt, die ist zu Ende oder geht gleich zu Ende. Nur daß ich das denn schnell ausgelöscht habe aus dem Bewußtsein. Und daß das hier dann wieder auftaucht."

Werner: „Wie alt warst Du damals?"

Giselbert: „Weiß nicht, ich war klein. Ich kann mich auch nicht dran erinnern. Bloß ich weiß, daß das stattgefunden hat."

Reinhard: „Die Angst, es könnte irgend etwas plötzlich auftauchen, was –"

Giselbert: „Nein, irgend etwas – also so wie – manchmal geh' ich durch die Straßen, dann denk' ich, das ist wie eine Sekunde vorm Weltkrieg. Also erst: Es ist Frieden, und die Häuser stehen, und alles ist in Ordnung. Und in der nächsten Sekunde ist Weltkrieg. Das heißt: Das fällt alles zusammen. Und die Kanonen donnern. Und dann ist Ende, nicht. Oder wie: Ich hab' den Kopf schon in der Schlinge, nicht, und die wird gleich hochgezogen. Und hier die Kanone, die ist auf mich gerichtet und gleich geht sie los."

Anne-Marie: „So daß Du doch auch in ständiger Angst lebst, daß es Dir an's Leben geht?!"

Giselbert: „Ja, nicht in ständiger. Aber manchmal. Dann wird das lebendiger. Ich meine, meist ist es dann nicht da."

Klaus: „Giselbert geht's nicht gut? Find' ich schon ein bissel schade." (Pause)

Sybille: „Na, ich hab' auch irgendwie das Bedürfnis, ihm unheimlich – also ihm wirklich zu helfen. Aber ich weiß nicht, ich hab' das Gefühl, man kommt nicht so ganz an ihn ran. Irgendwas ist dazwischen: Ich kann das leider nicht so ganz deuten. Aber irgendwas ist dazwischen. Und –"

Wolfgang: „Na ja, das ist ja ein langer Zeitraum, seit er unter diesen Dingen leidet. Das läßt sich sicherlich nicht jetzt innerhalb von einer Stunde oder zwei Stunden regeln, selbst wenn zehn Leute oder zwanzig auf ihn einreden. (Sybille: „Das geht da nicht nur um's Einreden. Vielleicht –") Das ist ja – diese Komplexe und Ängste sind ja in den Jahren so gewachsen und haben sich stabilisiert. Und vielleicht ist bei ihm selbst auch inzwischen die Bereitschaft gar nicht mehr so da, sich helfen zu lassen. Daß er von vornherein doch sagt: ‚Also ich bin so ein hoffnungsloser Fall. Also Ihr werdet die größten Schwierigkeiten haben, mir zu helfen, wenn es überhaupt geht. Und das habe ich alles schon mal gehört, was Ihr mir erzählt.' Oder so in dem Sinne."

Giselbert: „Nein, das stimmt nicht, was Du sagst."

Sybille: „Nein, aber ich kann mir vorstellen, daß –"

Giselbert: „Das mit dem hoffnungslosen Fall, was Du sagst, irgendwie ist da schon was drin, was vielleicht irgendwo stimmt. Weil, ich da eben auch zugehört habe, was Du gesagt hast. Ich mein', irgendwie war ja eben vielleicht vorhin auch, als ich das bei Dir da abgelehnt habe." (Er wendet sich Anne zu, deren Hand er abwehrte, als sie sie auf seinen Arm legte.)

Sybille: „Hast Du denn das Gefühl, daß wir – daß zum Beispiel, wenn Du mich jetzt anguckst, daß ich es echt mit Dir meine, daß ich Dir wirklich gerne helfen würde? (Giselbert: „Ja.") Oder daß ich Dir wirklich gerne sagen würde, (Giselbert: „Ja.") daß ich Dich unheimlich nett finde, und daß es mir wirklich leid tut, daß es so ist."

Giselbert: „Das ist bei denen hier sehr verschieden. Doch, das kann ich bei Dir sagen."

Wolfgang: „Na, man sitzt der Sache so hilflos gegenüber."

Gisela: „Das ist etwas, was ich nicht in Worte kleiden kann, das ist eigentlich –"

Wolfgang: „Man weiß absolut nicht, was man dazu sagen soll. Ob man überhaupt was sagen soll oder ob man das dadurch nicht vielleicht verschlimmert, wenn man jetzt so oberflächlich gesehene Ratschläge gibt."

Gisela: „Ich weiß auch nicht. Ich weiß nicht, ich finde es nur einfach wichtig, daß ich jetzt sage, dieser Moment war in mir jetzt, hat mir – es ist Angst in mir hochgekommen. Sämtliche Symptome der Angst, die ich so kenne, die kommen."

Reinhard: „Und es war irgendwie gefühlsmäßig zuviel, zu viele negative Gefühle? Unangenehme?"

Gisela: „Ja, ich will ja irgendwo immer nur heile Welt. Schönes. Und das ist ja jetzt etwas Trauriges."

Reinhard: „Und du findest, diese traurige oder die nicht-heile Welt ist zu schwer für Dich zu tragen. Es drückt Dich zu sehr nieder?" (Gisela: „Ja.")

Claudia: „Es wirkt bedrohlich für Dich." (Pause)

Anne: „Ja, ich fühlte mich auch so richtig hilflos. Ich wollte eigentlich gern helfen und hab' meine Hemmungen so richtig überwinden müssen. Weil ich das ja spontan sonst selten tu' bei jemand, den ich noch nicht kenne, daß ich da mal die Hand aufleg'. Und jetzt – jetzt fühl' ich mich natürlich noch hilfloser, weil ich sag' jetzt: ‚Ja, wenn jemand meine Anteilnahme nicht will, dann – dann kann ich auch nicht helfen', sag' ich mir."

Gisela: „Giselbert ist jetzt ein Stück kaputte Welt. Und wenn ich die nicht akzeptieren will, ist es – ja ich weiß nicht, ob ich Dich jetzt irgendwie damit kränke. (Giselbert: „Nein.") Ich spreche jetzt meine Gefühle aus. Also das ist jetzt das, was ich irgendwie nicht haben möchte im Leben. Aber das Leben besteht nicht nur aus Positivem und Schönem, nicht?"

Sybille: „Du, hat Dir der Giselbert vielleicht ein bißchen geholfen, indem er das geäußert hat? Daß der Giselbert sich eben nicht heil empfindet?"

Gisela: „Ja, also das mich wieder erkennen lassen. Aber ich weiß es längst. Ich hielt es für gut, es auch gerade im Moment zu äußern. Mir war auch danach. Also schon allein, daß ich das jetzt ausgesprochen hab', ist eigentlich gut gewesen."

Reinhard: „Ist es so, daß es irgendwie zu viel für Dich wird in Deinem Zustand, wenn Du irgend etwas Trauriges oder Nicht-Heiles siehst? Daß Du fühlst: Du verlierst da den Boden unter den Füßen, Du stehst nicht mehr sicher?"

Gisela: „Ja, das läßt mich total umkippen. Und so ist es überhaupt im Leben. Also immer wenn ich eine Sache – also ich hab' ja Angst zu sterben. Immer ist das meine Angst. Wenn ich irgend etwas habe – plötzlich Herzklopfen, ganz schnell, wo ich glaube, daß ist jetzt viel zu schnell. Dann glaube ich: Nun stirbst du! Und – das ist jetzt der Verstand. Und dann, augenblicklich setzt das Gefühl ein, und dann hab' ich solche Ängste, die also, Todesängsten sicher ähnlich sind. Und wenn ich jetzt immer, ich sag' immer, auf einer rosaroten Wolke schwebe und mich den Realitäten fernhalte – das war Realität, das war ein Stück Realität, vielleicht auch ein Stück Verantwortung – wo ich jetzt eigentlich – also ich fand Claudia unheimlich gut eben –, da hab' ich in mir registriert: Meine Güte, du empfindest das gar nicht, was Claudia empfindet. Du bist ja egoistisch, du bist ja jetzt bei dir nur!"

Claudia: „Ich war auch sehr egoistisch und glaubte immer, alle müßten sich meinen Problemen annehmen. Bis ich dann gemerkt hab': Ich kann allein, ich kann allein damit fertig werden. Und ich habe also dermaßen viel erlebt – also zum Beispiel, daß während der Scheidung mein Mann mich versucht hat, zu erwürgen – daß das Todesängste sind. Und ich finde es denn, daß man erst danach – dann will man also nur, daß alle Menschen einem zuhören und einen bemitleiden. Bis man dann darauf kommt, daß es so nicht besser wird. Daß man – dann gleich mit dem Leben Schluß machen kann, wenn man ständig diese Ängste dann hat, nicht damit fertig zu werden. Dann kämpft man dagegen an und man ist dann danach freier, man merkt zum Beispiel, daß andere auch Nöte und Ängste haben, genau wie man selber. Und man spürt auch, man steht über dem. Aber ich finde, man braucht da so ewig lange. Und das ist auch in jeder Situation wieder neu.

Aber, man ist dann schon – wie soll ich jetzt sagen – man glaubt mehr an sich, man glaubt, man schafft es. Man geht dann dieses Problem an, hat schon Ängste, aber man glaubt einfach daran, daß man es schafft. Und dann ist das alles auch nicht mehr so bedrohlich."

Gisela: „Wenn nun jemand anderes jetzt sagt: ‚Du hast einfach keine Angst zu haben! Du, leg' das mal ab! Das ist unbegründet! Wie finde ich das eigentlich?' – Dann löst das Aggressionen in mir aus. (Claudia: „Ja, Gisela.") Dann kann ich unheimlich böse werden. Ich möchte einfach verstanden werden. Ich möchte akzeptiert werden mit meiner Angst. Ich glaube, in dem Moment, wo jemand sagt: ‚Du hast Ängste. Du brauchst Dich dieser Ängste nicht zu schämen.' – Die brauchen mich nicht zu bemitleiden, die brauchen nur zu sagen: ‚Okay, aber wir mögen Dich trotzdem.' – Also, ich möchte irgendwie mehr ich selbst sein. Ich glaube, ich möchte Verstand und Gefühl mehr differenzieren können und den Verstand viele Male einfach ausschalten können. Die Möglichkeit haben: Nur ich sein, nur meine Gefühle zulassen. Ich habe manchmal das Gefühl, daß der Verstand die Bremse ist. Und daß ich eigentlich mit jeder Valium die Bremse wieder verstärke."

Reinhard: „Ist es so, daß Du den Eindruck hast, Du kontrollierst Dich zu stark gefühlsmäßig?"

Gisela: „Ja. Ich möchte gefallen, ich möchte ankommen, ich möchte akzeptiert werden. Das ist zwar mein Gefühl, aber das geht jetzt nur, wenn der Verstand mitmacht. Der Verstand – ich lerne ja, was ‚in' ist, ich lerne ja, wie man ‚ankommt'. Aber irgendwie bin ich ja gar nicht Ich. Und ich glaube, so lange ich nicht ich selbst bin und so ankomme, wie ich selbst bin, ist es eine ewiger Kampf. Und ich glaub', meine Symptome sind irgendwie wie Muskelkater. Hab' ich Dir neulich auch schon am Telefon – (Anne-Marie: „Ja – ja.") das kommt wieder jetzt in mir hoch."

Reinhard: „Ich weiß nicht, ob ich Dich da richtig verstanden habe. Ist es so, daß Du sagst: ‚Wie kann ich Menschen gefallen?' Und dann häufig auch verstandesmäßig irgendwie eine Rolle spielst, um ihnen zu gefallen?"

Gisela: „Das habe ich jetzt nicht ganz aufgenommen."

Reinhard: „Ich versuchte es zu verstehen: Ist es so, daß Du häufig verstandesmäßig lebst (Gisela: „Ja, mehr.") und sagst: ‚Also, was muß ich tun, damit ich diesen Leuten gefalle?' (Gisela: „Ja, ja.") Und daß Du also dann, wenn Du Dich so verhälst, eigentlich gar nicht Du selber bist? Du bist der Schauspieler und sagst: ‚Das muß ich machen, um Menschen zu gefallen.' Aber in Dir (Gisela: „Ja, ja.") sieht es ganz anders aus?"

Anne-Marie: „So daß Dich das unendliche Anstrengungen kostet – Du sagst: Muskelkater – um so zu sein, damit Du gefällst. Und zum Teil eben Deine Gefühle vergewaltigen mußt. Du bist ja irgendwo – vielleicht ganz anders, viel spontaner. Aber nicht so, wo Du denkst, daß Du denen gefällst, den Leuten?"

Gisela: „Ja. Also, ich weiß, daß, wenn ich – das ist nur ein Erfahrungswert – daß wenn ich impulsiv, spontaner bin, häufig gar nicht ankomme. Und ich möchte gerne ankommen. Aber ich möchte lernen, darauf verzichten zu können und mich selbst – also ich selbst zu sein, und mich selbst akzeptieren zu lernen, wie ich bin. Aber ich seh' da nur, wenn ich Ich bin, dann seh' ich mich nur negativ."

Anne-Marie: „Du bist so viel zurückgewiesen worden, wenn Du spontan und impulsiv bist?" (Gisela: „Ja.")

Reinhard: „Du vertraust nicht, daß, wenn Du wirklich so bist, wie Du bist, dann denkst Du: Dann komm' ich nicht an. Dann kann ich nicht leben?"

Gisela: „Ja, da müßte ich – also irgendwie bräuchte ich jetzt jemand, den es natürlich nicht gibt, aber jemand, der mir sagt: ‚Sei mal Du selbst! Leb mal Dich, Deine Gefühle aus. Und Du gehst nicht kaputt. Und wenn Du dann einen Menschen brauchst, dann ist trotzdem jemand für Dich da.' "

Anne-Marie: „Hast Du Angst, daß Du dann alleine bist? (Gisela: „Ja.") Alleingelassen bist und keinen mehr hast?"

Gisela: „Ich habe Angst, wenn ich jetzt – ich habe häufig ganz euphorische Gefühle. Ich kann mich unheimlich freuen. Das sind dann meine Gefühle. Und dann wirke ich auf andere so stark. Die beneiden mich richtig. Das blühende Leben! Und dann, wenn ich mich den Leuten mitteile, so wie ich jetzt gefühlsmäßig empfinde. Und dann brauche ich sie aber mal igendwann wieder. Dann hab' ich wieder meine Ängste, die jetzt auch meine eigenen Gefühle sind. Das will man dann nicht von mir. Und so versuche ich eher, was jetzt mein Verstand mir wieder diktiert: Mich anzupassen, einzuordnen, Realitäten in mich aufzunehmen, obwohl ich sie gar nicht wahrhaben will, nur um mitreden zu können, um akzeptiert zu werden, um in dem Fall, wenn es mir wieder dreckig geht, sagen zu können: ‚Du, hilf mir, jetzt geht's mir wieder schlecht!' Und dann habe ich zu denen eine Antenne, während ich irgendwo sonst innerlich ganz alleine, glaube ich, wär'. Ich hab' manches Mal das Gefühl, daß ich das Positive, was ich im Leben immer erlebe, zu sehr den Menschen mitteile. Und wenn es mir schlecht geht, das nicht signalisiere. Und dadurch entgeht mir die Chance, daß ich je gesund werde oder frei von meinen Ängsten werd'. Weil ich immer so stark wirke. Und ich denke, ich möchte auch gern in den Arm genommen werden. Aber es kommt keiner auf die Idee, weil ich ja so stark und so sicher bin. So, glaube ich, daß andere Menschen mich sehen."

Sybille: „Möchtest Du, daß wir Dich in Ängsten sehen? Möchtest Du das? Also, wäre Dir das lieber?"

Gisela: „Ich möchte, daß sie das irgendwie – ja – mir glauben. Nicht mich bemitleiden, aber mir glauben, mir abnehmen."

Sybille: „Hättest Du auf Anhieb das Gefühl, ich könnte Dir das jetzt nicht abnehmen, wenn Du zu mir sagst: ‚Ich hab' also unheimliche Angst'?"

Gisela: „Und das macht mich total sprachlos und beklemmt mich. Und ich könnt' richtig schreien. Ich hab' das schon oft erlebt (weint. Anne-Marie setzt sich zu ihr, umarmt sie.) Ich sag' manchmal: ‚Als wenn man erst mal sich aus dem Fenster stürzen muß, daß die Leute glauben, die ist arm dran, so arm dran, nicht!' – Ich red' so klug, als wüßte ich den Weg. Ich weiß ihn genau so wenig wie alle anderen. Ich will ihn nur wissen. Genau, wie ich den Tod nicht akzeptiere. Ich will leben. Und so will ich auch diese Krankheit nicht akzeptieren." (weint. Pause)

Klaus: „Gerad also, wenn ich da mich hernehme: Ich schau so sportlich und stark aus, aber – und man erwartet eigentlich immer von uns – bzw. ich glaube, daß man von uns sehr viel erwartet an Stärke. Und wenn man Schwäche zeigt, traut man sich eigentlich fast gar nimmer. Also mir geht's jedenfalls schon so, daß alle die Rolle des Starken erwarten. Und ich mich dann schon gar nicht mehr trau', mich schwach zu zeigen. Also ich glaub', das liegt nicht allein an den Frauen – nur die sind ein bißchen anders – so empfinde ich es jedenfalls."

Claudia: „Ja, glaubst Du denn, daß die Frauen das von Dir erwarten, oder ist das so allgemein?"

Klaus: „Nein, das ist, glaube ich, nicht Frau–Mann. Sondern das Bild ist vielleicht so stark, die Rolle, in die man sich da –" (Reinhard: „Du spürst, daß es andere von Dir erwarten: Du mußt stark sein?") Das spür' ich immer, auch wenn ich gar nicht will. (Anne-Marie: „So auch Kollegen oder so was?") Ja."

Werner: „Also praktisch das, daß ein Mann, also wie es früher hieß, nicht weinen darf. Sagen wir es mal ganz kraß, nicht? So jeder erwartet also, wir müssen kräftig sein und dürfen keine Gefühle zeigen, obwohl irgendwie – also uns auch manchmal zum Heulen ist."

Klaus: „Ja, das Gefühl zeigen, vielleicht ist das das Wichtigste, daß man das mit Schwäche vielfach koppelt."

Wolfgang: „Zum Beispiel dieses blöde Rotwerden immer. So wenn wir jetzt hier in der Runde sitzen, und der Klaus zum Beispiel guckt mich jetzt – man guckt dann mal so rum in die Runde – und er bleibt nur einen Augenblick, eine halbe Sekunde länger auf mir hängen, schon krieg' ich so'n Kopp, obwohl er kein Wort sagt, keiner das merkt und so was. Davon ist das. Da wird's ja hier schon rot."

Werner: „Ja sicher, das ist irgendwie eine Reaktion auf einen seelischen Einfluß, den Du hast. Aber ich möchte meinen, daß sich das irgendwie abbauen läßt. Ich meine, das ist ja auch so eine Art Angstpsychose, nur im ganz kleinen Rahmen, die sich nun äußerlich zeigt. Also, ich würde – ich meine, mir passiert das nicht, daß ich irgendwie rot werde. Ich glaube es wenigstens nicht – also, ich guck' dann immer nicht gerade in den Spiegel, wenn ich irgendwas habe."

Wolfgang: „Aber ich merke ja, wenn die Ohren glühen!"

Reinhard: „Fürchtest Du, daß Klaus irgendwas Unangenehmes an Dir entdecken könnte? Oder daß Klaus etwas Unangenehmes über Dich denkt? Fürchtet Du das?"

Wolfgang: „Ja, daß er jetzt irgendwas sucht an mir: Aha, so einer ist das!"

Klaus: „Nun geh, jetzt mach's aber." (Gruppe lacht)

Reinhard: „Und daß dieses Bild von Perfektion und Sicherheit zerstört wird?"

Wolfgang: „Daß das in sich zusammenbricht, ja. Und das bricht in dem Moment zusammen, wo ich also so'n Kopf kriege. Denn ein Mann von Welt oder ein selbstsicherer Mensch, sagen wir mal, der kriegt keinen roten Kopf und keine knallroten Ohren dazu. (Claudia: „Du möchtest also nicht schwach oder nicht –") Ja, ich möchte innerlich sehr stark sein, eine ausgeprägte Selbstsicherheit haben. Und das eben alles fundiert auf einer guten Bildung, also so praktisch so ein kleiner Supermann."

Gisela: „Weißt Du, Wolfgang, mich würde mal eins interessieren, Du bist doch verheiratet." (Wolfgang: „Ja.") Wie magst Du Deine Frau am liebsten? Was magst Du an Deiner Frau, wenn sie wie ist?"

Wolfgang: „Meine Frau hat diese Selbstsicherheit, um die ich sie sehr beneide."

Gisela: „Kriegst Du dabei Herzklopfen, wenn sie selbstsicher ist?"

Wolfgang: „Nein, ich werde neidisch und wütend manchmal."

Gisela: „Also, ich weiß jetzt nicht, wie ich es –".

Wolfgang: „Also ich bekomm' manchmal richtig Aggressionen dadurch, daß ich sie (Gisela: „Du kriegst Aggressionen dadurch?") Ja."

Gisela: „Also, ich weiß nicht. Mir würde – also wenn ich jetzt – also ich kann nur richtig glücklich sein, wenn mein Partner Gefühl zeigt. Wenn mein Partner zum Beispiel – also für mich ist ein Mann auch männlich, wenn er weint oder einen roten Kopf kriegt. Dann regt sich doch in ihm was. Das ist doch Gefühl, was er zeigt. Und das Gefühl – dann sag' ich mir: ‚Guck mal, deinetwegen kriegt der jetzt 'nen roten Kopf, du! Du regst irgendwas in ihm an, das ihn jetzt rot werden läßt. Das geht jetzt um dich!' Das ist doch viel, viel mehr, als wenn jemand so sicher ist, so überlegen! Ich weiß nicht, das würde mir nie was geben. Das würd' ich nie anstreben wollen. Also ich –"

Wolfgang: „Also, wenn ich mein eigener Vorgesetzter wär', ich würde mich gleich am nächsten Tag wieder rauswerfen." (Gruppe lacht)

Siegfried: „Das ist aber hart."

Wolfgang: „So ein angstschlotterndes Bündel kann ich doch nicht als Angestellten gebrauchen. Ich brauch' doch 'n Mann, der weiß, was er sagt. Und der seine Arbeit macht und der sagt: ‚Hier Chef, hier sind die Sachen! Nun sag mir, ist das in Ordnung oder ist das nicht in Ordnung! Leg Dein Telefon mal einen Augenblick beiseite, jetzt steh' ich hier!' – So daß man ganz selbstsicher ankommt. Aber man kommt dann von hinten angeschlichen, wird immer langsamer, stellt sich dann 10 m vor'm Schreibtisch auf, und versucht dann irgendwo so da anzuklopfen. Aber man ist ja zu kurz dazu. Und man geht also noch ein Stück dichter ran und dann: ‚Äh, mhm – mhm!' Etwa so kommt man denn an. Und er weiß natürlich längst, daß man da steht. Aber der läßt einen denn stehen. Und denn fragt man: ‚Was macht der jetzt?' Naja, und denn greift er womöglich noch zu dem Telefon: ‚Ach Gott sei Dank, er telefoniert!' Sachen wieder unter'n Arm und verschwinden, kommt man nachher nochmal wieder."

Gisela: „Aber der Mann stellt doch was dar, Dein Chef. Du weißt doch gar nicht, wie der zu Hause lebt, wie der zu Hause ist oder was für Ängste der mit sich rumschleppt. Vielleicht braucht er das auch als –"

Wolfgang: „Ich kann mir nicht vorstellen, daß der Ängste hat. Der kommt nach Hause, setzt sich an einen gedeckten Tisch. Dann trinkt er sein Bier oder guckt noch mal in den Fernsehapparat."

Gisela: „Ja, dann lebt der nicht. Also irgendwo – dies ist mir alles zu –"

Wolfgang: „Und dann hat sich das. Ich beneide den nicht um sein Leben. Aber ich bin auf ihn angewiesen, wenn ich – und ich möchte gerne beruflichen Erfolg haben – wenn ich schon berufstätig bin, was ich im Moment nicht bin. Ja, wenn ich alleine wäre – also, keine Frau hätte und keine Kinder oder keine Familie hätte – dann würde ich sicher erhebliche Schwierigkeiten haben. Zumal mein Lebenswille sowieso nicht allzu stark ist. Und daß, wenn jetzt eine besondere Situation eintritt, wo ich also extrem depressiv bin, daß ich dann auch mal mich soweit gehen lassen – eben dann auch selbst einen Schlußstrich zu setzen unter dieses Leben, was mir ja sowieso nicht allzuviel bedeutet. Aber hier habe ich immer die Familie noch in der Rückhand. Und da meldet sich dann doch irgendwo so eine Art von Verantwortungsgefühl, daß man jetzt das seiner Familie nicht antun könnte, jetzt einfach da auszuscheiden, der Familie nicht mehr zur Verfügung zu stehen. Denn ich glaube schon, selbst bei all meinen Komplexen, daß ich doch irgendwas für meine Familie tun kann und auch tue. Und wenn es nur die Tatsache ist, daß ich überhaupt da bin."

Claudia: „Ich glaube Dir nicht, daß Du nicht gerne lebst und daß Du Dich wohlfühlst, negativ zu leben, wenn's Dir gerade recht scheußlich geht. Ich glaube, daß Du dann versuchst, einen Weg zu finden, und daß es Dir angenehmer ist. Ich weiß also wirklich nicht, warum Du das sagst, daß Dir Dein Leben so wenig wert ist."

Siegfried: „Auch gegenüber Deinen Kindern hast Du doch auch eine gewisse Verpflichtung. Wenn Du Deine eigene Persönlichkeit entfalten kannst und nicht immer mit Deinen Ängsten leben mußt, kannst Du doch auch Deine Kinder viel freier und offener erziehen."

Wolfgang: „Ja, aber andererseits würden die Kinder vielleicht ohne mich noch viel besser zurechtkommen. Ich meine, irgendwann wird ja der Tag kommen, wo die Kinder merken, was für einen komischen Vater sie haben, wo sie sich dann auch fragen: ‚Also, was ist mit dem eigentlich los?' "

Siegfried: „Ja, wenn Du weiterhin in Deinem Ruhestuhl bleibst!"

Wolfgang: „Ja, sicher."

Claudia: „Du hast Dich, glaube ich, gerade ein bißchen widersprochen."

Wolfgang: „Das ist gut möglich."

Claudia: „Denn Du hast gesagt, Du glaubst, etwas zu sein für Deine Familie. Und daß Du deswegen im Leben sein möchtest."

Wolfgang: „Ja, ich bin eben da. – Und wenn ich nicht da wäre, dann wär' eben jemand anders da. Dann würde sich schon irgendwie eine Lösung ergeben. Und ich halte mich nicht für so wichtig, daß ich da unersetzlich wäre oder so. Oder daß es nun unbedingt darauf ankommt, daß ich es bin. Sondern daß überhaupt jemand da ist. Und das bin ich nun mal zufällig."

Claudia: „Das glaube ich nicht."

Sybille: „Ich glaube auch, für Deine Kinder ist es wichtig, daß Du es bist. Für andere Kinder nicht, aber für Deine Kinder ist es wichtig, daß Du da bist und kein anderer eben, sondern nur Du."

Wolfgang: „Na ja so, weil sie mich kennen und weil sie an mich gewöhnt sind. Das ist schon richtig."

Sybille: „Nein, weil Du der Vater bist." (Pause)

Wolfgang: „Ich glaub', so intensiv sehe ich die Beziehung zwischen Eltern und Kindern nicht. Ich finde, das ist für die Kinder auch nur ein Zufall, an welche Eltern sie nun gerade geraten."

Reinhard: „Was spürst Du? Spürst Du irgendwie, daß die Kinder an Dir hängen und daß Du ihnen was bedeutest?"

Wolfgang: „Manchmal ja. Aber die Kinder hängen eben nur an mir, weil ich ihre Bezugsperson bin. Das könnte also auch jetzt meine eigene Mutter sein oder also irgendein Verwandter, den sie als Bezugsperson haben, und an dem würden sie genauso hängen."

Reinhard: „Also ich hab' da Schwierigkeiten, mitzukommen, wenn Du sagst: ‚Ich bin nur zufällig ihr Vater.' Dann klingt das so, wie eine wissenschaftliche Erklärung oder irgendein Analysieren. Und mich würde viel mehr interessieren, was fühlst Du wirklich? Du bist ihr Vater. Was fühlst Du ihnen gegenüber?"

Wolfgang: „Ja, ich glaube, sie sehr zu lieben, die Kinder."

Reinhard: „Aber Du spürst es nicht, daß Du sie liebst?"

Wolfgang: „Ich weiß nicht. Liebe ist, wie man so schön sagt, nur ein Wort. Und was sich jetzt genau dahinter verbirgt, wie Liebe aussieht, wie das Gefühl der Liebe sich äußert, wie kann man nun erkennen: Das ist jetzt Liebe – das ist keine Liebe."

Reinhard: „Wenn sie nicht da wären, die Kinder, würde Dir etwas sehr Wichtiges fehlen in Deinem Leben?"

Wolfgang: „Ich finde, in der jetzigen Situation, ja."

Sybille: „Ja, aber wenn Du die Bezugsperson für Deine Kinder bist, es ist ja nicht zufällig jemand anderes. Du bist es. Dann empfängst Du die Liebe Deiner Kinder ja. Und nicht rein zufällig, denn Du bist es ja im Moment. Du bist auch im Moment nicht ersetzbar, denn eine Bezugsperson, die müßte sich erst wieder rauskristallisieren durch ein langes Zusammensein mit Deinen Kindern."

Wolfgang: „Ja, das ist richtig, es muß eine Eingewöhnungsphase da sein."

Sybille: „Und das hast Du ja gemacht bisher. Also bist Du ja die wichtigste Person jetzt innerhalb des Familiengefüges für Deine Kinder. (Wolfgang: „Ja.") Und nicht zufällig, sondern das bist Du tatsächlich!"

Wolfgang: „Na ja."

Anne-Marie: „Aber irgendwo kannst Du das so schlecht annehmen, weil das in Dein negatives Bild nicht reinpaßt."

Wolfgang: „Das paßt nicht da rein, richtig."

Anne-Marie: „Irgendwo spüre ich, da sind Schwierigkeiten für Dich. Da ist zwar das Gefühl, ich hänge an ihnen, und sie an mir, aber irgendwo läßt Du das nicht zu bei Dir, weil es ja ein Störfaktor ist in diesem negativen Bild."

Wolfgang: „Ja, weil ich das nicht gebrauchen kann, daß jemand mich nötig hat."

Anne-Marie: „Genau. Ja, das stört Dich."

Reinhard: „Belastet Dich das, daß jemand dich benötigt?"

Wolfgang: „Ja."

Klaus: „Wenn ich mit meinen Kindern – an sie denke, habe ich einmal sofort ein starkes Gefühl, und zwar das Gefühl: ‚Schön.' Dann hab' ich das Gefühl ‚Angst' auch mit, was die Kinder betrifft, weil es könnt' ja was passieren, dieses und jenes. Oder das Gefühl, wenn ich heimkomme ‚Große Freude'. Das Gefühl, wenn er herkommt und mir ein Busserl gibt oder so etwas. Das sind starke Gefühle, denen gebe ich mich ganz hin. Das ist wunderschön. Hast Du das nicht?"

Wolfgang: „Ich – kämpfe dann dagegen an."

Reinhard: „Du möchtest das gar nicht haben, die Gefühle?"

Wolfgang: „Nein, ich möchte nicht, daß irgend jemand mir Gefühl gegenüber bringt, weil das – so was nicht paßt. Das würde mich einengen. Ich könnte dann nicht mehr –"

Reinhard: „Das ist zu schwer zu ertragen für Dich, dieses Gefühl?"

Wolfgang: „Ja, ich könnte mich da nicht mehr den Gedanken hingeben, also wenn ich Lust hätte, dann könnte ich jetzt Schluß machen, ohne irgend jemanden damit zu beeindrucken."

Anne-Marie: „Ja, es ist der Brückenschlag – irgendwo spürst Du – zum Leben, zur Verantwortung. Und wenn Du diese Gefühle nicht annimmst, dann kannst Du ja aus Deinem Leben machen, was Du willst. Du kannst es wegwerfen. (Wolfgang: „Ja.") Aber – das hält Dich dann. Das ist der Zug zum Leben, der Dich hält: Die Anhänglichkeit der Kinder. Du willst sie nicht."

Reinhard: „Ich versuche mir das vorzustellen, wenn da Dein Kind zu Dir kommt und umarmt Dich oder hat Dich gerne, dann versuchst Du das nicht irgendwie so etwas in Dir hochkommen zu lassen?"

Wolfgang: „Ja. Aber ich versuche auch gleichzeitig wieder, die Kinder das nicht spüren zu lassen. Ich erwidere also ihre Zuneigung, aber rein verstandesmäßig. Ja, ich versuche dann mein Gefühl dabei zu unterdrücken, falls es aufkommen sollte."

Klaus: „Das ist ja eine – Du, das ist aber eine akrobatische Leistung, was Du da vollführst in meinen Augen. Du hast das Gefühl, es kommt hoch. Dann unterdrückst Du es intellektuell und sagst: ‚Na ja, doch.' – Aber Du läßt es trotzdem wieder geschehen, damit sie nicht getroffen sind. Das ist ja eine unheimliche Leistung, die Du da vollbringen mußt."

Claudia: „Ich finde aber, Du hast es gern, wenn man Dich mag. Du genießt es unheimlich. Deswegen verstehe ich das überhaupt nicht. Das belastet mich jetzt irgendwie, daß Du sagst, daß Du Deinen Kindern gegenüber dann so fühlst, daß Du's gar nicht haben möchtest."

Wolfgang: „Ja, ich spüre das natürlich jedes Mal wieder hochkommen, und dann unterdrücke ich es, weil ich – das paßt nicht ins Konzept rein, was ich mir so zurechtgelegt hab'."

Werner: „Du hast die Verantwortung für die Frau und die beiden Kinder. (Wolfgang: „Nein, warum?") Ja aber sicher."

Wolfgang: „Warum ich?"

Sybille: „Ja, Du hast ja die Kinder."

Werner: „Du hast sie doch. Du hast doch – dann hättest Du gar nicht heiraten sollen, dann bist Du ganz allein. Nehmen wir mal an, Du hast keine anderen Angehörigen mehr."

Wolfgang: „Dann wäre ich aber wahrscheinlich nicht hier."

Werner: „Nun hast Du geheiratet und nun ist die Pflicht, nicht wahr!? Also da ist doch jetzt eine gewisse Verantwortung drin, die Du hast, und auch eine Aufgabe für Dich."

Claudia: „Nicht nur die Verantwortung."

Klaus: „Warum sagst Du, Du wärst nicht hier?"

Anne-Marie: „Nicht mehr! (Klaus: „Ach so, nicht mehr.") Und das sagst Du lachend. Also Du, das trifft mich richtig. Du sagst lachend: Dann wär' ich nicht mehr." ...

Gisela: „Nicht mal, daß er nicht mehr leben würde. Vielleicht meinte er, daß er ohne diese Verantwortung gar nicht in diese Situation gekommen wär'. So versteh ich ihn."

Klaus: „Hast auch diesen Zwang oder so?"

Wolfgang: „Doch, doch, das kenn' ich also von frühester Jugend an."

Giselbert: „Also, ich möcht' jetzt mal was sagen. Mich regt das hier allmählich auf. Wenn es stimmt, was Du sagst, daß Du frei sein willst und ungebunden sein willst, und bei Dir nichts ändern willst, okay, das ist Deine Entscheidung. Dann weiß ich nicht, warum wir jetzt noch auf Dich eingehen. Hier sitzen sehr viele Leute, die an sich was ändern wollen, ja. Wenn Du erklärst, daß Du alles beim Alten lassen willst, okay, das ist dann Deine Entscheidung. Dann sehe ich aber keinen Sinn mehr, daß wir auf Dich eingehen. Das regt mich jetzt so allmählich auf hier, das Gespräch."

Reinhard: „Du bist unglücklich, Klaus?"

Klaus: „Unglücklich ist nicht der richtige Ausdruck, sondern – (Anne-Marie: „Verwirrt so'n bißchen!") Total verwirrt, weil ich das –. Ich wollte ihn verstehen und ich – na dies' – da könnt ich ihn – am liebsten tät' ich Dich packen und dann –."

Claudia: „Ich hatte ja auch zuerst Aggressionen jetzt auf den Wolfgang."

Klaus: „Nein, ich habe eigentlich gar nicht Aggressionen. Das ist falsch. Aggressionen habe ich nicht ihm gegenüber. (Reinhard: „Aber es will Dir nicht in den Kopf, daß er so sein Leben lebt.") Es will mir nicht hinein, daß er so denkt. Aber bitt'-schön."

Sybille: „In Deinem Gefühl ihm gegenüber, da bist Du verwirrt?"

Klaus: „Ja, das stimmt auch nicht. Ich hab' heute in der Frühe ein ganz anderes Gefühl gehabt, als Du mir jetzt vermittelst."

Wolfgang: „Vielleicht bin ich selbst auch so verwirrt, daß ich so ein bißchen durcheinander geredet hab'. Das mag gut möglich sein. Also ich halte mich nicht für einen so geistig hochstehenden Menschen, daß ich so komplizierte Gedankengänge hab', denen andere Leute nicht folgen können. Also ich neige eher dazu zu sagen, daß ich selbst etwas verwirrt gesprochen hab'."

Anne-Marie: „Aber ist es so, daß er Dir jetzt so weggerückt ist, weil Du das nicht so nachempfinden kannst?!"

Klaus: „Na ja – möcht' sagen: futsch!" (Anne-Marie: „Ja, futsch.")

Sybille: „Ja, das Bild, das Du von ihm gehabt hast, das ist nicht mehr da."

Klaus: „Nein, das weiß ich nicht, aber – (Reinhard: „Aber Du kannst Dich schwer in ihn hineinversetzen und ihm folgen.") Überhaupt nicht!"

Gisela: „Ihm fehlen die Worte."

Klaus: „Ja. Ich möchte ihn nur hernehmen und dann sagen: ‚Du, Bursche, spinnst!" (Gruppe lacht)

Werner: „Ja, das ist doch also auch Dein Gefühl insofern, daß er, wenn er längere Zeit jetzt in seiner negativen Einstellung verharrt, nun mal einen Schritt rausmachen soll. Und wenn's nur ein kleiner Schritt ist. Also man kann ja nicht – mein Erleben ist bisher gewesen: Ich bin auch zeitweilig restlos down gewesen, und es war mir alles egal. Und irgendwann, dann kam mal so ein kleiner Lichtblick, und da habe ich mich dran geklammert. Und dann ging's so langsam doch wieder weiter, genau wie das Leben weitergeht."

Sybille: „Ja, aber er will ja das Leben zeitweilig sogar mit sich beenden."

Gisela: „Klaus, ich empfinde Dich unheimlich zornig im Moment. Kann das angehen, daß Du irgendwie wütend jetzt bist?"

Klaus: „Zornig bin ich nicht, aber in Spannung. Zornig bin ich überhaupt nicht. (Gisela: „Ja, die Nasenflügel sind irgendwie –") Ist kein Zorn oder so was."

Gisela: „Du möchtest doch irgendwie noch jetzt da –"

Anne-Marie: „Du willst ihm so'n Boxer geben, daß Du ihn spürst."

Klaus: „Ja ganz recht." (Gruppe lacht)

Wolfgang: „Also wenn es Dir recht ist, können wir ruhig mal eben vor die Tür gehen. Ich halte dann hin." (Gruppe lacht)

Klaus: „Nein."

Anne-Marie: „Nein, aber Du willst ihn spüren."

Reinhard: „Ist es so, daß Du Dich hilflos fühlst?, daß Du – (Klaus: „Ja, vollkommen!") daß Du mit ihm nichts anfangen, daß Du ihn nicht auf Trab bringen kannst?"

Klaus: „Ja. Und ich find', das Reden hat da, würd' ich sagen, vielleicht keinen Sinn. Ich weiß nicht." (Pause)

2. Tag

Claudia: „Also ich find' mich so unheimlich glücklich heut'. Ich find es so schön, daß wir gestern Abend noch weggegangen sind, daß wir alle zusammen waren. Und es war so'n wunderschönes Erlebnis. Man hatte vor nichts mehr Angst. Das war wirklich wie ein Rausch, kann man sagen. Wo man Angst hat, dann doch wieder, daß, wenn man jetzt heim kommt, daß alles weg ist."

Reinhard: „Ich erinnere mich, Du sagtest gestern, es wirkt fast bedrückend auf Dich, so viel Trauriges hier. (Claudia: „Ja.") Aber offensichtlich hat sich danach irgend etwas ergeben, daß Du auch glückliche Gefühle hattest?"

Claudia: „Ja. Alle haben sich so gefreut. Und wir sind aufeinander eingegangen. Wir haben getanzt. Und das fand ich so herrlich. Man konnte viel besser schlafen also. Das geht nicht allen so. Ich konnte sehr gut schlafen. (Pause) Man fühlt sich, also ich fühle mich so wohl." (Reinhard legt die Hand auf Claudias Arm.)

Anne-Marie: „Ich bin froh, daß Du das erlebt hast. Denn ich hör' Dich noch sagen gestern: ‚Ach, ich möchte doch so'n Stückchen Fröhlichkeit auch noch erleben.' Und daß Du das jetzt wirklich gestern abend unmittelbar an Dir erfahren hast. Denn ich finde auch immer, Fröhlichkeit, das ist auch ein Teil, also bei mir ist das ein wichtiger Teil in meinem Leben. Und das wird manchmal hier so ausgeklammert. Und daß Du das wirklich auch hier vor Ort erlebt hast, das finde ich so schön."

Claudia: „Doch, ich glaube auch, daß man – daß ich dadurch viel mehr Kräfte jetzt wieder habe. Frei bin, Neues zu beginnen und glücklicher zu werden. Wir haben alle unsere Ängste. Auf irgendwelche Weise werden wir damit fertig werden. Ich seh' das dann so, wenn man in der Gruppe ist, daß das einem so viel gibt, so daß man zusammenbleiben möchte und gemeinsam das schaffen möchte."

Klaus: „Wie schön, was Du sagst. Das gefällt mir. Bestimmt, es spricht mir aus der Seele. (Pause) Und man möchte es ein bißchen festhalten. (Stimmen: „Ja, ja.") Das ist immer so schwer."

Gisela: „Ich habe irgendwie das Gefühl, das ist irgendwie so schön, daß man denkt, das gibt's gar nicht, das ist unfaßbar. Also das ist etwas, was ich bislang nicht erlebt hab'. Und irgendwie ist eine Traurigkeit in mir, nicht. Daß ich denk': Das gibt's draußen ja gar nicht."

Werner: „Ja, ich finde, das müssen wir unbedingt im Gedächtnis festhalten – also ich will mal sagen, den Abschluß bis gestern abend und wahrscheinlich auch heute noch. Daß wir dann, wenn wir hier weg sind, da immer uns dranklammern können, wie's eben in der Gruppe sein kann, und wie es eben hier war, wenn eben diese andern trüben Stimmungen auf uns zukommen. Ich glaube, daß da durchaus eine Möglichkeit ist, das so als kleinen Anker zu betrachten."

Klaus: „Aber das wär' mir zu wenig, viel zu wenig."

Reinhard: „Ist es so, Gisela, daß Du es gar nicht richtig genießen kannst jetzt, daß Du glücklich bist, weil Du denkst, das hört wieder auf? Oder?"

Anne-Marie: „Ist so beides in Dir? (Gisela: „Ja.") (weint) Glücklich sein und traurig sein?! Ich spür' das, daß das so direkt nebeneinander in Dir ist. Und daß man auch eigentlich vielleicht vor Glück weinen kann, weil das so schön ist." (Pause. Siegfried legt den Arm um Gisela.)

Gisela: „Ich möcht' irgendwas sagen und hab' immer das Gefühl, es verschlägt mir die Sprache dann. Ich hab' immer sonst das Gefühl, also daß das ein großer Unterschied immer ist: Mann oder eine Frau. Und hier hab' ich irgendwie das Gefühl, hier mag man mich direkt. (Anne-Marie: „Als Mensch, als Person, nicht als Frau.") Das hab' ich im Leben noch nicht erlebt. (Pause) Ich bin eigentlich ein Mensch, der immer gerne schön sein wollte, der ankommen wollte. Ich hab' mich sehr bemüht immer, mein Leben lang. Und hier hab' ich jetzt die Erfahrung gemacht, eigentlich, seit ich gar nicht viel rede, sondern doch meine Gefühle richtig zulaß', daß ich so viel Herzlichkeit hier empfangen hab'. Und ich hab' auch immer gedacht – das ist eigentlich so eine Sache, wo wir auch gestern drüber sprachen – das ist eigentlich so schade für mich als Frau – ich kann jetzt nicht für andere reden –, daß da meistens in einer Beziehung zwischen Mann und Frau immer die Sexualität überwiegt. Und hier bin ich, davon bin ich überzeugt, in den Arm genommen worden, weil man mich irgendwie mag. Daran glaube ich."

Anne-Marie: „Ja, und dieses Stückchen Zärtlichkeit und Nähe, das ist es eigentlich, was Du Dir immer gewünscht hast (Gisela: „Ja.") und nie richtig bekommst."

Gisela: „Ja! Und was ich auch noch empfunden hab' ist, daß ich immer glaubte, ich suche Zärtlichkeit und ich suche Geborgenheit, und anscheinend kann ich das auch jemandem anderen vermitteln. Ich bin ganz erstaunt gewesen gestern, daß Hans-Werner[1] zu mir sagte – das möchte ich gerne sagen, ich hoffe, daß es Dich nicht stört – daß er sagte: ‚Ich möchte gerne wie Dein kleiner Bruder sein hier.' Zuerst habe ich gedacht, fühlte ich mich so ein kleines bißchen betroffen. Ich denk' – da ist jetzt doch der Gedanke in mir gewesen: Bin ich denn als Frau

---

1 Zum besseren Verständnis für den Leser haben wir diesen anderen Werner Hans-Werner genannt.

gar nicht interessant oder so? – Ich muß sagen, ich schäm' mich, das zu sagen. Ich möchte doch wohl irgendwo auch gerne als Frau noch begehrenswert sein. Aber so jetzt und auch heute morgen, da hab' ich gedacht: Wie schön, du kannst vielleicht sogar das, was du dir selbst wünschst, was du von anderen haben möchtest, kannst du das vielleicht sogar anderen geben. Ich bin ganz erstaunt, daß eventuell so eine Fähigkeit in mir drinsteckt. Daß ich eigentlich noch Kind bin und vielleicht doch auch schon Mutter in meinem Wesen. Das würde mich sehr freuen. Vielleicht ist dem nicht so. Aber so sehe ich das – oder große Schwester. Ich wollte immer einen großen Bruder haben, an den ich mich anlehnen kann. Aber ich finde das auch sehr schön, wenn ich – ich hab' gar nichts getan, und daß ich das Gefühl vermittelt hab', das ist für mich sehr schön."

Reinhard: „Daß Du von Wert bist für uns, ohne daß Du irgendwie besondere Anstrengungen machst?! (Gisela: „Ja, ohne Anstrengung.") Indem Du bist, wie Du bist, bist Du für uns von Wert, das spürst Du?"

Gisela: „Ja, das Gefühl hab' ich. Und das macht mich unheimlich glücklich. Weil ich immer glaubte, daß ich immer mehr so die Nehmende bin, daß ich sag': ‚Helft mir doch!' Auf die Idee, daß ich Euch vielleicht wirklich helfen kann, darauf wäre ich nie gekommen. Und daß ich Euch helfen kann, ohne daß ich Euch einen Rat gebe. Ich bilde mir immer ein, ich kann Dir, Claudia, nur helfen, indem ich Dir sag: ‚So und so, mach es mal so und so!' Ich habe eigentlich viel zu viel Phrasen gedroschen in meinem ganzen Leben. Und ich habe eigentlich gar nichts getan. Ich empfinde es nicht so, als hätte ich was getan."

Siegfried: „Zum Beispiel, mir hast Du eben auch geholfen. Das so In-Arm-Nehmen, so Umlegen, das hab' ich vorher nie getan. Das war wohl auch damals; das hab' ich schon mal versucht und das war auch nur, um einem Menschen zu zeigen, daß er nicht alleine ist, daß ich mit ihm fühle und so. Und da ist es verkehrt ausgelegt worden. Da bin ich abgewiesen worden, nicht. Ja also, Du bist mir auch sympathisch als Mensch. Das ist für mich auch eine Hilfe gewesen." (Pause)

Werner: „Ich finde, daß wir gestern abend uns so alle 100%ig einig ohne Druck entschieden haben, da zusammen wegzugehen, das hat mich so bestärkt, daß wir doch als Gruppe zusammenhalten, auch wenn wir gerade diese gewisse Auffassungsdifferenzen hatten. Und das war plötzlich dann nachher – also, als wenn wir uns das schon abgesprochen hätten, tagelang, ja, wir wollten da weggehen. Und wie schon Claudia da sagte, wie wir dann da in diesem super-übervollen Lokal da uns auch noch betätigten, also das war auch so nett zwanglos. Ich meine, wir kennen uns ja praktisch noch gar nicht, aber wir kennen uns doch vom Inneren länger als vom Äußeren her, möchte ich sagen. Oder habt Ihr's anders gefühlt? Ich möchte doch meinen, nicht?" – *Claudia:* „Doch."

Klaus: „Weißt Du, wie ich Dich empfunden habe, bevor wir gestern weg sind? Du warst mir ein bißchen unheimlich. Und zwar insofern unheimlich, weil Du für mich repräsentiert hast bis jetzt – bis gestern abend – die Person, die immer weiß, doch bis zu einem gewissen Grade, was sie sagt und vor allen Dingen immer ein bißchen gute Ratschläge gibt. Und gestern am Abend hast Du Dich davon eigentlich distanziert und – warst mir ganz locker. (Werner: „Na ja.“) Und da hab' ich mir gedacht: Siehst', warum – wie Du da nämlich gestern manchmal gesprochen hast, konnte ich Dich nicht anschauen. Ich weiß – muß ich Dir ganz offen sagen – ich weiß nicht genau warum. Es hat mich ein bißchen manchmal irritiert. Und jetzt kann ich Dich frei und ohne Hemmungen anschauen.“

Werner: „Ja, es freut mich zu hören – also es bestätigt, daß ich eben irgendwie gezwungen bin, eine Rolle zu spielen. Und das liegt vielleicht bei mir daran: Ich bin eigentlich ein furchtbar einsamer Mensch – zwangsläufig geworden. Und sobald ich Kontakte habe, da kann ich auch von mir aus plötzlich was bringen. Und das war gestern abend. Eindeutig ohne Einschränkung! Und ich habe, als ich nach Hause ging, also im Bett lag, da hab' ich den ganzen gestrigen Tag nochmal durcherlebt, drei Stunden lang. Und dann bin ich eingeschlafen, nach drei Stunden war ich wach, ausgeschlafen. Hab' ich mich auf den Balkon gesetzt, also der hat bei meinem Zimmer so'n kleines Dach. Da kamen ein paar kleine Vögel, ein Rotschwänzchen usw., die pickten da so rum. Das hat mich derartig aufgeheitert, also daß ich heute ein anderer Mensch bin. (Anne-Marie: „Daß Du Dich heut' nicht einsam fühlst. Du sagtest, Du wärst –“) Nein, also seit gestern abend nicht mehr. Weil ich auch trotz des Altersunterschiedes – also ich jetzt auch mal anerkannt wurde als Problemmensch mit Euren Problemen, obwohl ich hier der Älteste in der Gruppe bin.“

Wolfgang: „Ja, und vorher hast Du Dich immer bemüht, daß auch ja jeder erkennt, daß Du der Älteste bist. Das auch anerkennt und Deine Weisheit oder was – (Werner: „Bemüht habe ich mich nicht, also dann ist es unbewußt geschehen.“) die sich aus dem Alter ergibt. Und auch so wie er schon sagte, der Klaus, diese Ratschläge, dieses etwas Altväterliche. Es wirkte etwas wie – etwas oberflächlich. Etwa wie so'n guter Rat eines alten Freundes, der einem denn freundlich auf die Schulter klopft (Werner: „Sollte es aber gar nicht sein.“) und sagt: ‚Nimm's nicht so tragisch Junge.‘ Oder so in dieser Richtung.“

Klaus: „Ja weißt Du, ich oder vielleicht auch andere haben das, wenn Du diesen Ton gehabt hast, vielleicht hast Du das signalisiert, also wir haben das so empfunden halt. Vielleicht war's nicht so gemeint, das glaube ich schon.“

Claudia: „Ja, das glaube ich auch.“

Werner: „Denn ich sagte ja gestern, ich hab' so zwei Seelen in meiner Brust. Einmal lieg' ich auf der Richtung Technik, und zum anderen liegt meine Seele in der Musik. Und als Anne-Marie eben vorhin erzählte, also man kann auch vor Glück weinen, da fiel mir das ein: Ich habe vor ein paar Jahren mal in Amerika die 4. Symphonie von Tschaikowsky gehört. (weint) Da sind mir die Tränen gekommen, ich hab' geheult, das fand' ich gemein! (Klaus und Sybille legen ihre Hand auf Werners Schulter. Klaus: „Mhm?“) Ist nix!“

Klaus: „Wo kommen wir denn hin, wenn das nix ist!“

Gisela: „Du bist mir in diesem Moment viel mehr sympathischer, als wie die ganze Zeit vorher, Werner. (Reinhard berührt Werner.) Das war das erste Mal, daß Du – manches Mal empfinde ich Dich so, daß Du mir zuviel redest, und dies eben war –“

Werner: „Eben konnte ich nicht mehr reden."

Claudia: „Schön war das."

Siegfried: „So wie heute morgen auch beim Frühstück, nicht, als Du anfingst, so über Deine eigenen Probleme, die Dich da so beschäftigen jetzt, als Du da anfingst zu sprechen: Deine Beziehungen zu Deiner Frau. Da wurdest Du mir an und für sich auch erst sympathisch. – Da merkte ich: Halt stop! Der hat ja auch richtig was. Der sitzt nicht nur da und ist vielleicht schon halbwegs über alles hinweg. Sondern daß Du auch ein echtes Problem hast, was Du da auch hinlegst."

Werner: „Ja natürlich, natürlich, und das ist ja – eigentlich das vordergründige Problem bei mir. Also die Angst ist das Sekundäre, was jetzt hier unser gemeinsames Problem ist."

Gisela: „Du versuchst Dich aber sehr schnell wieder in die Gewalt zu bekommen. Du gibst dem jetzt keinen Raum irgendwie. (Werner: „Ja, das mach' ich.") Du bist sofort wieder Herr Deiner Gefühle jetzt."

Klaus: „Warum?"

Werner: „Warum? Ja? Vielleicht weil ich's muß oder irgendwie. Ich muß immer derjenige sein oder werde auch immer so anerkannt, der allem überlegen ist, und der alle Entscheidungen trifft, nicht wahr, blitzartig. Und der kann ich auch gar nicht sein." (Pause)

Anne-Marie: „Du möchtest auch mal schwach sein dürfen? (Werner: „Ja.") Und Du möchtest eigentlich auch mal weinen dürfen. Eben kam es ja in Dir hoch. Und Du bist es aber so gewöhnt, da irgendwo Dich zu kontrollieren, und wieder zusammenzureißen, (Werner: „Ja, ja.") weil alle es von Dir so erwarten. Aber irgendwo spürst Du, Du möchtest es auch mal sein dürfen: schwach."

Werner: „Das ist richtig! Das ist richtig erkannt, so wie das eben in mir ist. (Pause) Und ich habe natürlich, sobald ich, na wollen wir mal sagen, aus einem großen Tief herauskomme, dann bisher noch keine Gruppe oder dergleichen kennengelernt, dann habe ich die Möglichkeit, mich in Musik zu vertiefen. Ich höre sehr gerne klassische Musik. Ich selbst spiele aber nur Unterhaltungsmusik, Tanzmusik usw. und betätige mich da, und das gibt mir dann – da – (Anne-Marie: „Die Balance.") die Balance, unbedingt."

Reinhard: „Du hast keinen Menschen, mit dem Du Dich aussprechen kannst?" (Werner: „Ja.") Deine Frau nicht oder irgend einen anderen hast Du nicht?"

Werner: „Ja, ja! Ich hab' keinen mehr, nein. Wie ich schon gestern erwähnte, ich hatte da einen Freund, der war Physiker, nicht wahr, und wir waren beide auch sehr musikalisch. Er hatte außerdem noch ein Studium als Klavierlehrer gemacht. Und er spielte aber nur klassische Musik, und ich bin nun – soll keine Angabe sein –, aber ich bin nun relativ gut in der Tanzmusik. Und wir haben uns dann tatsächlich gegenseitig: Er hat mir irgendwelche klassischen Sachen vorgespielt, und ich habe ihm dann so mein Gefühl – man kann auch in die gehobene Tanzmusik Gefühl reinlegen – ich hab' ihm dann das vorgespielt. Also haben wir uns da ganz wunderbar verstanden. Es ist sogar bei uns da manchmal passiert: Ich weiß noch – es war mal eines Sommerabends, da waren wir irgendwo, hatten wir uns getroffen oder wie oder was, da haben wir 6 Stunden in der Nacht vor dem Haus gestanden und erzählt unter der Laterne. Wir fanden kein Ende. Ja, das war wunderbar."

Reinhard: „Und das hast Du aber jetzt nicht mehr, (Werner: „Nein, nein, nein!") einen Menschen, der Dir nahe ist und der auf gleicher Wellenlänge wie Du bist."

Werner: „Ja, so was fehlt mir völlig."

Anne-Marie: „So daß Du eben wirklich sehr einsam (Werner: „Ja.") und alleine bist. Keinen, der Dich irgendwo versteht, mit dem Du Dich wirklich tief austauschen kannst über Deine Empfindungen."

Werner: „Ja, ja – da finde ich, mir fehlt jemand, wo ich eine Reaktion finde, wenn ich irgendwas sage oder Gefühle ausdrücke oder wie. In dieser Richtung, da fehlt mir völlig jemand."

Reinhard: „Bedeutet Dir denn trotz dieser fehlenden Herzlichkeit – bedeutet Dir Deine Frau noch was?" (Pause)

Werner: „Ja. Und ich meine, ich könnte sogar noch aus meiner mir langsam angewöhnten Reserve, ja Zurückziehung, durch eine Spontaneität rausgelockt werden, auch heute noch."

Reinhard: „Das heißt, Du bleibst bei ihr, weil Du hoffst, sie würde sich noch einmal ändern?"

Werner: „Ich hoffe es. – Also Moment, das wäre jetzt doppelsinnig, wenn ich's so sage: Ich glaube es nicht, daß sie sich ändert. Aber ich sehe auch keine Lösung nun in einer völligen Trennung."

Reinhard: „Wär' Dir das zu hart? Hast Du Dich an sie gewöhnt – oder?"

Werner: „Gott ja, es wäre etwas hart, nicht wahr, und –"

Reinhard: „Du sagst etwas hart. Meinst Du, es würde Dir sehr schwerfallen?"

Werner: „Ach Gott, es würde – ich will mal sagen, das ist natürlich schon bedingt durch ein längeres Zusammensein, nicht wahr, also von rund zwanzig Jahren. Daß natürlich da die Gewöhnung als solche auch ein entscheidender Faktor ist. Daß eben praktisch dann jeder aus seinem Lebenskreis rausgerissen wird. Und daß man da vielleicht doch das kleinere Übel wählt, und daß in diesem Falle man eben sagt: ‚Na ja, wir bleiben zusammen.'"

Claudia: „Werner, siehst Du keinen anderen Weg? Ich sehe das jetzt durch mich so deutlich. Daß ich ganz bestimmt glaube, daß auch Du das kannst: Einfach sie so nehmen, wie sie ist. Und für Dich, einfach Dich selbst freust, Dich selbst lernst zu beschenken und versuchst, andere zu finden, die sich genau so freuen, ja. Und Du dann mit einem Mal für Deine Frau eine Freude bist. Du, einfach, weil Du wieder lustig bist, weil –"

Werner: „Na ja, Claudia, das läuft ja darauf hinaus, nicht wahr, daß ich praktisch, oft, bedingt durch berufliche Tätigkeit, ein völlig einsamer Mensch bin. So daß ich also da auch – also mit Ausnahmen, sagen wir mal, wie jetzt von unserem Kreis hier, über den ich sehr glücklich bin, daß ich dann eben von außen her eine gewisse ideelle Unterstützung habe, um meine Freude dann selbst zu genießen."

Claudia: „Ja, Du mußt sie suchen."

Sybille: „Und sag' mal, planst Du auch die Möglichkeit, daß Du Dich veränderst?"

Werner: „Warum nicht?"

Sybille: „Na ist gut."

Giselbert: „Und was? Hast Du schon was Konkretes da? Also ich frage deshalb, weil ich erlebt habe, daß Du hier sehr viel aus der Gruppe gehört hast, zu hören bekommen hast. Und was hast Du für Dich da so rausgezogen? Nimmst Du da etwas mit für Dich?"

Werner: „Das kann ich jetzt so schnell gar nicht mal sagen, weil ich das Ganze, diese ganzen Gespräche erst nochmal nacherlebe. Aber es ist so, ich weiß das, sowohl hier aus der Gruppe als auch aus früheren Klein-Gesprächen, wie ich's mal nenne, die ich eben vor einigen Wochen hatte, daß da etwas Positives für mich drin ist. Das kann ich mit Fug und Recht sagen, ohne etwas in diesem Kreis hier, sagen wir mal, besonders hervorheben zu wollen. Also das ist reines Fühlungsdenken durch diese Gespräche. Und da trau' ich es mir jetzt sogar schon zu, mal jemand anders, der in solcher Krise ist, auf so was hinzuweisen, weil ich aus eigenem Erleben sagen kann: Es hat mir schon geholfen und es wird mir auch weiter helfen." ...

Anne: „Gestern abend zum Beispiel, Klaus, Du hast Dich da plötzlich so spontan mir zugewendet, das hat mir so gut getan. Wir haben dann also getanzt und so'n bißchen so richtig harmlos getobt. Das war also von mir völlig unerwartet. Das hat mir sehr gut getan. Aber ich hab' das richtig genossen – aber gerade weil ich das vielleicht nicht erwartet habe. Aber auf der anderen Seite wieder, wenn ich in der Partnerschaft bei einem, mit dem ich wirklich eng verbunden bin, nur darauf angewiesen wär', wenn es ihm spontan einkommt, mal nett zu mir zu sein, und wenn er gerade spontan keine Lust hat, dann ist er nicht nett, da würde ich mich total verunsichert und ungeborgen fühlen. Das ist jetzt – vielleicht auch mein Problem. Aber – ich würde das so empfinden."

Hans-Werner: „Mir fällt dazu gerade was ein, wo Du sagst, bei Dir ist das gut angekommen, wo der Klaus auf Dich zugeht. Gerade auch beim Klaus stelle ich solche Dinge fest. Die sind für mich unheimlich bedrohlich. Ich hab' schon ein paar Mal festgestellt, der Klaus ist spontan. (Gruppe lacht) Der kann so ganz urplötzlich – seh ich ihn neben mir stehen, und er hat mich im Arm. Und er hat eine Kraft mit seinen Armen. (Die Gruppe lacht) Und – ich bin wie eine hypnotisierte Schlange. Ich weiß nicht, ob Du das gemerkt hast? So eben liefen wir den ganzen Flur entlang in dieser Art. Und also, mir gelingt das nicht oder es geht mir nicht so mit Dir, genau andersrum."

Anne-Marie: „Du empfindest es nicht angenehm? Du fühlst Dich da irgendwo –"

Hans-Werner: „Ich fühl' mich überfahren, überrannt."

Reinhard: „Verwirrt – es verwirrt Dich?!“ *Anne-Marie:* „Du kannst das nicht so erwidern?!“

Hans-Werner: „Ja – ja, ich glaub’, auch verwirrt.“

Giselbert: „Also ich möcht’ im Augenblick gerne wissen, was mit Klaus los ist. Du sitzt da so in Dich versunken. Ist was mit Dir?“

Klaus: „Ja, das hat mir jetzt – einen Knacks gegeben.“ (Pause)

Gisela: „Das, was der Hans-Werner gesagt hat?“

Klaus: „Mhm – mhm!“

Claudia: „Jeder Mensch empfindet anders.“

Gisela: „Ja, ich wollt’ grad’ sagen. Also, ich hab’ das als sehr schön heute morgen empfunden: Der Klaus kam und nahm mich in den Arm, also –.“

Claudia: „Ach ja, ich find’ es auch sehr schön!“

Gisela: „Meine Güte, das war so voller Herzlichkeit! Das war umwerfend schön!“

Claudia: „Und das ist eben nicht für jeden.“

Gisela: „Unter dem Eindruck stand ich noch zu Beginn unserer Runde heute. Also das mußte ich einfach ausdrücken. Das waren meine Gefühle: Klaus und der Wolfgang! Das wollt’ ich auch noch sagen: Der Wolfgang hat mich in den Arm genommen. Der hat, ich weiß nicht, also mir fehlen die Worte, das jetzt auszudrücken. Und auch eben Klaus. Also das ist etwas so Schönes.“

Reinhard: „Aber Dir macht es irgendwie Schwierigkeiten, Klaus, wenn die anderen sagen, wenn Hans-Werner sagt, daß er Dich sehr spontan empfindet? Oder irgendwie kommst Du damit nicht zurecht?“ (Pause)

Siegfried: „Was der Hans-Werner sagt, empfinde ich auch so ähnlich. Ich komme aus einer großen Familie, und da ist eben, was das betrifft, früher so mit Zärtlichkeiten, weil mein Vater viel unterwegs war – ist es eben auch weg. Und darum, wenn mich jemand so umarmt, überhaupt, wo ich eben irgendwie keinen direkten Bezug so habe, das ist für mich auch schwierig, mich selbst zu lösen. Ja? Denn innerlich verkrampf’ ich. Es ist nicht so, daß ich das nicht als schön empfinde oder so. Ich kann mich bloß nicht – ich kann mich nicht frei geben.“

Reinhard: „Du hast es so selten erfahren in Deinem Leben, Zärtlichkeit?“

Siegfried: „Ja, unwahrscheinlich! Dies sich zu lösen, wenn einer so kommt und frei und offen ist.“

Gisela: „Also ich fand das so schön, mal keine Worte finden zu müssen. Erst am Anfang so, da habe ich noch so’n bißchen mich so aufgebäumt und gedacht: Das kann doch wohl nicht wahr sein! Dann aber so richtig mich fallenlassen so. Und das war unheimlich schön und bei Dir auch.“

Wolfgang: „Ja, es wäre aber auch gestern morgen zum Beispiel völlig unmöglich gewesen. Ich, für meinen Teil, hätte es nie für möglich gehalten, so etwas zu machen. Aber durch die Gespräche gestern ist irgendwann etwas gelöst worden, und man hat sich gesagt: ‚Jetzt machst Du es mal so! Und völlig unvoreingenommen!

Du gibst also all Deine ganze Zurückhaltung auf! Du reißt Dich zusammen und versuchst es mal, wie das aussieht!' Und das ist mir heute morgen, ich weiß auch nicht mehr, wieso ich nun absolut heute morgen nun das Bedürfnis hatte, jeden zu umarmen. – (Werner und Hans-Werner legen ihre Hand auf Klaus' Schulter. Claudia steht auf, kniet sich vor Klaus hin, umarmt ihn und bleibt bei ihm.) Und schon am Frühstückstisch mußte ich die Tränen zurückhalten. Ich weiß nicht, weil ich so ein Gefühl von Glück hatte und das dann gerne weitergeben wollte."

Gisela: „Ich find' das schon fast ein bißchen schade, daß man dieses Gefühl so, daß man also jedes Wort – ich finde, gar kein Wort paßt für dieses Gefühl. Ich finde es eigentlich sogar schade, daß man das schon wieder irgendwie zerredet, aber irgendwie wollte ich das (Wolfgang: „Ja.") trotzdem mal sagen, daß das so angekommen ist bei mir."

Hans-Werner: „Ich habe jetzt große Schwierigkeiten, dazu überhaupt etwas zu sagen, weil ich jetzt meine, wenn ich versuche, weiter drüber zu reden, wie ich das empfunden habe, daß ich den Klaus noch mehr verletze."

Anne-Marie: „Du hast doch aber auch gesagt, Du konntest es nicht zurückgeben. Daß das, denke ich, so schwierig für Dich war, daß wenn einer so herzlich auf Dich zukommt, daß Du Dich dann so eingeengt fühlst, weil Du's nicht so erwidern kannst oder annehmen, ohne es erwidern zu müssen."

Hans-Werner: „Es gibt zwei Dinge, die mir da Schwierigkeiten machen: Das eine ist, daß er ein Mann ist. Und zum anderen ist es die Tatsache, daß es eben sehr kräftig war und sehr spontan und sehr viel auf einmal. Und die Tatsache, daß das ein Mann ist, der da auf mich zu kommt. Da habe ich also noch in Erinnerung, als ich anfing zu arbeiten, da gab es eben einen Mann da von allen, ich kannte alle nicht. Und der kam auf mich zu und hat mir unheimlich freundlich die Hand gegeben. Und ich glaubte damals tatsächlich, er wär' ein Homosexueller. Und das hat mich dann gezwungen, mich von dem irgendwo zu distanzieren, oder ich hatte regelrecht Angst."

Reinhard: „Hattest Du Angst, daß irgend solche Wünsche in Dir geweckt werden oder daß Du damit nicht fertig würdest?"

Hans-Werner: „Ich empfand das als eine Bedrohung. Ich wußte nicht richtig jetzt, in welche Richtung das geht, die Bedrohung. Das war nur irgendwie ein allererstes Signal, was ich dann versucht habe, sofort abzuwehren und gar nicht weiter zu überlegen, was könnte daraus werden oder was ist das in Wirklichkeit? Und ich habe dann allerdings im Lauf' der Jahre da gemerkt, daß das eben nicht so ist."

Anne-Marie: „So daß Du eigentlich erfahren hast: Deine Angst war da etwas unberechtigt und auch Dein Zurückziehen zunächst oder Dein Verschrecktsein?!"

Hans-Werner: „Ja, ich glaub' es, ja."

Sybille: „Aber ich frag' mich auf der anderen Seite, warum macht das dem Klaus soviel aus, zu erleben, daß der Hans-Werner sich zurückzieht? Bedeutet ihm das als Schlappe oder –"

Hans-Werner: „Ich glaube, ich möcht' den Klaus mal fragen, was ihn verletzt hat daran?“ (Pause)

Klaus: „Ich tu' mich schwer, jetzt da zu reden, es fällt mir schwer. (Pause) In mir ist ein – ich fühl' unheimliche Kraft in mir. Also – mit der werd' ich wahrscheinlich nicht fertig! Die ist mir zuviel!“ (Anne-Marie: „Zu starke Gefühle?“) Ich kenn' mich da nimmer aus. Ich denk' da nicht dabei, wenn ich das mach'. Ich denk' nichts, wenn ich – ich denk'.“ (weint. Pause)

Reinhard: „Ist es so, daß Du beunruhigt bist? Denn ich hab' die anderen gehört, Gisela, daß sie sagen, daß es schön ist, wenn Du so spontan bist. Aber irgendwie bist Du beunruhigt über Dich?“

Klaus: „Jetzt kenn' ich mich überhaupt nicht mehr aus!“ (weint)

Werner: „Pack mich mal am Arm! (Er hält Klaus seinen Arm hin, dann greift er dessen Arm und umfaßt ihn kräftig mit beiden Händen.) Tut Dir das gut?“

Klaus: „Ja!“ (atmet schwer. Pause)

Reinhard: „Ist es für Dich so ungewohnt, Klaus, daß Du so starke Gefühle hast?“ (Pause)

Klaus: „Ungewohnt?“ (Werner legt seinen Arm um Klaus' Schulter.) Na ja – häufig passiert mir das nicht. Buh – da ginge ich ein!“ (Pause)

Reinhard: „Ich erinnere mich gestern an Deine Worte, daß Du sagtest, die Leute halten Dich immer so für einen starken Mann und einen Sportler und kräftig. Und ist es das, was Dich ängstigt, daß Du vielleicht viel weicher eigentlich bist?“ (Pause)

Werner: „Pack mich mal an! Pack mich mal an!“ (Werner packt wieder den Arm von Klaus.)

Klaus: „Na, das ist jetzt vorbei. Das ist jetzt anders! Entschuldige! (Werner: „Ja?“) Ich kann mir nicht helfen, jetzt ist es anders. Entschuldige. Jetzt brauch' ich die Anne-Marie bei mir. (Gruppe lacht. Anne-Marie setzt sich neben Klaus und umarmt ihn.)

Anne: „Das ist doch jetzt nett, wenn man seine Wünsche äußern darf.“ (Pause)

Gisela: „Ich erleb' den Klaus so, als hätte er Angst vor seinen Gefühlen.“

Sybille: „Das hab' ich auch.“

Anne: „Ich hab's auch manchmal.“

Gisela: „Und mich macht das traurig und unsicher wieder, irgendwie ist das –“

Sybille: „Ich habe' einfach auch im Grunde zuviel Spontaneität, zuviel Gefühle. Und da, wo sie dann verlangt oder gebraucht werden, da laß ich sie nicht raus, und woanders laß ich sie dann raus.“

Claudia: „Sybille, Du staust sie irgendwie an, ja?“

Sybille: „Der Weg, wie das einfach aus mir rauskommt, ist verkehrt.“

Reinhard: „Gestattest Du Dir oft, spontan zu sein, oder kontrollierst Du Dich?“

Sybille: „Früher war ich viel spontaner. Und dann habe ich sehr sehr viele Abfuhren bekommen, sehr viele Abfuhren. Ich wär' zu gefühlsbetont! Ich wär' zu spontan! Ich müßte ein bißchen ruhiger und klarer denken! Und dann habe ich das Gefühl: Ich muß jetzt einfach alles umstellen. Ich muß jetzt ruhiger werden. Ich darf halt nicht mehr so spontan sein. Und im Moment kenn' ich mich mit mir selber gar nicht aus. Ich weiß gar nicht, wer ich bin. Ich habe das Gefühl, ich bin innerlich unheimlich zerbrochen und muß das alles so Stück für Stück wieder zusammensetzen. Wenn ich irgendwo auf Unterhaltung oder Diskussion gehe oder so, dann merk' ich meine Spontaneität, dann bin ich am Quasseln und am Reden. Und hinterher mache ich mir solche Vorwürfe, daß ich überhaupt was gesagt habe. Wär' ich doch lieber still gewesen! Und dann mach' ich mich fast kaputt mit Selbstvorwürfen."

Reinhard: „Du vertraust Dir da nicht, wenn Du so handelst, wie Du bist, spontan. Dann denkst Du: Du eckst an, und die anderen Leute sehen es als schlecht an?! Und Du bist unsicher, was Du eigentlich dazu sagen sollst? – Und es ist allmählich so, daß Du noch nicht mal so handeln kannst, wie's die andern von Dir wollen? Daß Du sehr passiv bist?"

Sybille: (weint) „Ja, in letzter Zeit bin ich sehr passiv geworden, ja. Ich fühle mich zunehmend eingeengt."

Reinhard: „Immer wenn Du mal aus Dir herauskommst, kriegst Du einen – (Sybille: „Ja.") einen vorgesetzt?"

Sybille: „Und ich bewerte das wahrscheinlich auch so hoch. Also das, was ich dann draufkrieg'. Weil ich ja mit mir selber unzufrieden bin. Ich mag mich nicht so, wie ich bin." (weint. Pause)

Reinhard: „Ist es so, daß Du nicht an Dich glaubst und Dich nicht wertvoll fühlst?"

Sybille: „Nein. Und wenn ich das höre, wie meine Mutter das eben auch gesagt hat: ‚Das einzige, was ich je geleistet habe, ist, meinen Mann zu heiraten.' Das macht mich einfach so kaputt."

Reinhard: „Diese Urteile von anderen haben Dein Selbstvertrauen zerstört?!"

Sybille: „Ja."

Werner: „Na, wie lange ist denn das zurück, daß sie das gesagt hat?"

Sybille: „Ich hab' das erst vor kurzem von meiner Cousine gehört, ist erst 3 Wochen her oder 2 Wochen."

Werner: „Ach jetzt erst?" *Sybille:* „Ja." (weint)

Siegfried: „Und davor war's in Ordnung so weit?"

Sybille: „Nein, nein! Das hat mir denselben Stich versetzt, daß ich praktisch heute zu meinen Kindern auch sag', genau wie sie's zu uns gesagt hat: ‚Mit kleinen Kindern kann ich nichts anfangen.' Damit ist meine Arbeit, die ich leiste mit den kleinen Kindern, wo ich mich wirklich bemühe, die ist für die Katz! Ich hab' das Gefühl, die wird gar nicht bewertet. Obwohl sie mich ungeheure Anstrengungen kostet."

Siegfried: „Daß Du Dich selbst nicht für vollkommen hälst. Ich mein', das liegt doch aber schon länger zurück, nicht?"

Sybille: „Ich habe Dich nicht verstanden."

Siegfried: „Daß Du Dich selbst nicht für vollkommen hälst. Das liegt doch weiter zurück. Daß Du selbst meinst, daß Du anders werden müßtest."

Sybille: „Ja, ich hab' ja offensichtlich die Erfahrung gemacht: Ich muß ja anders werden! So, wie ich jetzt bin, so werde ich ja nicht angenommen oder –."

Reinhard: „Keiner erkennt Dich an, von niemand kriegst Du Ermutigung, so daß Du sagst: ‚Also es muß irgendwie an mir liegen. Ich muß mich ändern, aber ich weiß gar nicht –."

Sybille: „Ich weiß überhaupt nicht, wo ich anfangen soll. Aber ich weiß, so wie ich bin, offensichtlich ist das nicht gut."

Reinhard: „Die andern finden es nicht gut. Und ich glaube, was mir sehr wichtig schien, Du magst Dich selber nicht leiden."

Sybille: „Und dann rutscht auch das Positive, was von den anderen kommt, – ich hör's zwar gerne und nehm's auch an. Aber irgendwie hab' ich das Gefühl, es rutscht nicht runter, weil ich selber da ja gar nicht überzeugt von bin. Ich hab' ja vor kurzem das Gespräch mit meiner Mutter geführt, und da hat sie mir ja ganz klar ins Gesicht gesagt: Ich bin nun mal nix, ich bin nun mal eine Null!"

Claudia: „Das finde ich grausam. Da könnte ich auch nicht mehr."

Sybille: „Ich hab' ja schließlich als Kind auch nie was geleistet. Ich bin ja nun einfach auch nix. Sie versteht das überhaupt nicht, was ich meine. Und kann auch mit mir nicht renommieren, weil ich eben vieles anders mache und bewußt anders mache, als sie denkt. Aber auf der anderen Seite sage ich mir, fast trotzig könnte ich auf den Fußboden trampeln und sagen: Ich will auf das Urteil von meiner Mutter partout nicht hören. Es geht mich jetzt nichts mehr an!"

Anne-Marie: „Aber Du schaffst es nicht."

Sybille: „Ich schaff' es nicht, nein." (weint)

Anne-Marie: „Es ist Dir so wichtig und so bedeutsam letzten Endes."

Sybille: „Ja."

Hans-Werner: „Mich würde mal interessieren, wie der Giselbert gestern den Abend erlebt hat. Du bist also gestern abend, entgegen Deinen sonstigen Gepflogenheiten, mit Leuten ausgegangen. Und ich hatte nicht das Vergnügen oder ich hab's vielleicht auch nicht gesucht, den Kontakt mit Dir am Tisch gestern abend. Aber mich würde es doch interessieren."

Giselbert: „Ja, ich hab' das als ganz angenehm erlebt da. Und ich fand mich auch so einigermaßen locker und hab' da auch lachen können. Ja, ich fand das angenehm. Und weil ich auch gerne tanze und so diese Musik, die da gespielt wird, auch ganz gerne höre. Und mich auch mit den anderen so'n bißchen verbunden fühlte. Bloß heute morgen war das dann alles wieder weg."

Hans-Werner: „Bei mir war es auch etwas weg und –."

Klaus: „Bei mir war es nicht weg. Bei mir war das so stark!"

Claudia: „Bei mir auch. Und Du kannst es so schön rauslassen! Du kannst es so schön zeigen!"

Gisela: „Ich finde es so wichtig, daß Du das zuläßt. Für mich ist das himmlisch, wenn das mal jemand zuläßt, verdammt noch mal! Das macht einem Mut, daß man das auch irgendwo vielleicht noch mal kann. Und wenn Du jetzt anfängst, Dich so unter die Lupe zu nehmen, dann fang' ich auch schon wieder an. Das macht mich fertig."

Klaus: „Ich mag mich – trotzdem. Brauchst keine Angst zu haben. Ich mag mich. Ich mag mich eigentlich relativ gern. (Gruppe lacht) Ich hab' nämlich gerad' zuerst gedacht: Ich weiß nicht, ich hab' das Gefühl – zu viel Kraft, mit der ich nicht zurande komm'. Und wenn ich dann zum Beispiel mit Dir spür', daß Du das nicht verstehst oder beziehungsweise daß Du das als überfahren nimmst, dann fühle ich mich, als hätt' man mich geprügelt." (Pause) Das einzige, was ich jetzt durch dieses Erlebnis vielleicht sehe, ist das, daß ich nicht so sein kann, wie ich bin. Und zwar – ich bin eigentlich unheimlich spontan. Wahnsinnig, das ist so – ich muß mich ständig beschneiden, ständig. Das ist ein andauernder Prozeß, der da in mir abläuft. Das ist fürchterlich, aber nämlich, das ist das, was Du so empfindest. Bei mir ist das so: Ich muß hingehen, ich muß also, was weiß ich, ich muß den packen oder ich muß den nehmen, hingehen. (Die Gruppe lacht. Einige Stimmen: „Schön ist das – schön!") Nein, das ist nicht schön. (Einige Stimmen: „Doch – doch – doch!") Bitte, das findet Ihr jetzt vielleicht schön."

Reinhard: „Aber Du findest es nicht schön."

Gisela: „Für Dich ist es unschön."

Claudia: „Daß man sich beschneiden muß, das ist nicht schön."

Klaus: „Nein. Moment! Das geht nicht im Alltag."

Sybille: „Ich weiß, was Du meinst. Das ist wahrscheinlich die Schlappe, die ich immer eingesteckt hab', weshalb ich das Bedürfnis plötzlich irgendwann bekommen hab', mich zu ändern. Diese Spontaneität, die in Deinem täglichen Leben zum großen Teil doch abgelehnt wird, weil die anderen einfach nicht mitkommen mit der Spontaneität."

Klaus: „Ihr findet sie schön. Gut. Das nehme ich an! Und ich glaub's Euch! Nur kann ich mir das – die anderen haben keine Zeit, ich meine, das zu verstehen. Die nehmen sich auch gar keine Zeit. Und ich habe so viele Erlebnisse schon, wo diese Menge Spontaneität einfach mißverstanden wird. Und da fühle ich mich schon langsam dumm. Dumm, weil ich – das ist ja Blödsinn! Immer wieder hab' ich gehört, und Ihr sagt es auch: ‚Gefühl zeigen, spontan sein!' Ja, aber was tust Du denn, wenn Du Gefühl zeigst, spontan bist und nachher dann sagt er: ‚Das ist doch ein kleiner Irrer!' Das ist doch ein –."

Reinhard: „Du fürchtest, daß die anderen Leute schlecht über Dich denken. Und Du hast es erfahren."

Klaus: „Ja. Ich habe es erfahren."

Werner: „Also weißt Du, wenn ich Dich jetzt so eben gehört habe, dann möchte ich annehmen, Du hast das Gefühl, also wenn Du – das spontan kommt, dann willst Du jetzt – so etwas auch mit Kraft gleichzeitig. Ich kann das nicht so ausdrücken wie Du. Du hast mehr Kraft. Aber Du möchtest es auch gleich noch mit etwas Kraft, also in die Kraft reinlegen, das Gefühl."

Klaus: „Nein, es muß nicht unbedingt Kraft allein sein, sondern Kraft ist –."

Werner: „Nein. Aber das drängt Dich auch dabei, eben kräftiger zuzupacken."

Klaus: „Schon, ja. Aber Kraft – was ich glaube so, das ist nicht nur eine körperliche Kraft, sondern –"

Werner: „Nein, aber – das ist aber mit verbunden."

Gisela: „Kann es sein, daß Du wie so'n Kessel bist und Deine Gefühle ablassen möchtest, aber nun gar nicht noch groß argumentieren möchtest warum? Stört es Dich schon, wenn man dann sagt: ‚Das fand ich gut!' Daß Du dann überlegst: Der findet das gut, was wollte ich eigentlich damit bezwecken? Das alles, was danach kommt, Dich stört schon?"

Klaus: „Nein – ich bin kein Kessel. Ich bin nicht aufgestaut."

Claudia: „Das wär' ja aufgestaut, das ist nicht spontan."

Gisela: „Das sehe ich nicht im negativen Sinne jetzt."

Sybille: Deine Gefühle, die Du hast, einem Menschen gegenüber, die möchtest Du ihm sofort zeigen. Und Du möchtest gerne, daß der Dich nicht ablehnt, sondern daß er Dich mag."

Klaus: „Ja. Ich kann zum Beispiel durchaus, was Du – ich kann es zwar verstehen, intellektuell, aber ich kann es nicht begreifen. Ich begreife es nicht, daß ich da so lang – ich schau' Dich an, ich seh' Dich und dann – den mag ich. Aus! Und dann zeig' ich's ihm. Und dann wende ich mich ihm hin. Und das, das kommt nicht an. Das ist einfach aus meiner Erfahrung her."

Giselbert: „Na ja, ich möcht' mal sagen, wir hatten ja nicht so Kontakt. Aber wenn Du auf mich zugegangen wärst wie auf Hans-Werner, da muß ich sagen, hätte ich mit Sicherheit das abgelehnt oder zumindest vielleicht geduldet, aber das über mich ergehen lassen. Aber das wär' mir nicht angenehm gewesen. (Klaus: „Ja, versteh' schon.") Aber nicht deshalb, weil ich das für blöde halte. Irgendwie beneide ich Dich so und wünschte, ich könnte das auch so. Bloß, was mich hätte das ablehnen lassen, wär': Da könnt' ich nicht mithalten so, nicht. Dann hätte ich das Gefühl: Ich müßte ein ebenbürtiger Partner sein, so Dir Paroli bieten können. Und da ich das nicht könnte, dann würde ich mich mit Dir da nicht einlassen."

Gisela: „Gibt Dir das denn nichts, wenn Du jetzt positive Gefühle in uns auslöst? Wenn ich sage: ‚Mensch, ich find' Dich umwerfend! Ich find' das himmlisch."

Klaus: „Drum kann ich ja überhaupt jetzt reden. Sonst könnte ich ja nie reden. Zum Beispiel sonst hätte ich nie angefangen, darüber zu reden, weil – ich bibber' ja noch, ich zitter' ja noch. Es ist ja – es ist ja noch nicht vorbei. Aber ich kann trotzdem jetzt reden."

Gisela: „Du bist so lebendig, daß ich das so umwerfend, so herrlich finde, so –"

Klaus: „Ja, Du findest das jetzt herrlich. Und ich finde das auch von Dir nett."

Anne-Marie: „Aber es tut so weh, zurückgewiesen zu werden."

Klaus: „Es tut mir unheimlich weh, ja."

Claudia: „Die Menschen verstehen einen gar nicht. Dieses Offensein, das wird so falsch ausgelegt. Bei ihm vielleicht anders wie bei mir. Man wird als schlechte Frau hingestellt. Ich habe nie geglaubt, daß ich jetzt zum Beispiel zum Klaus hingehen könnte. Ich habe fragend in die Runde geguckt. Und ich weiß, denn ich hab' auch die Erfahrung gemacht, ich weiß, daß die Umwelt schlecht denkt. Aber heut' und gestern abend, wo wir beim Tanzen waren, da hat's mir überhaupt nichts mehr ausgemacht. Aber das ist nur hier, so in dieser Runde, und ich kann den Klaus da unheimlich verstehen."

Klaus: „Diese Runde sehe ich so ein bißchen – sie ist keine Realität. Wir sind alle da mit einer Bereitschaft. Wir sind alle hier, einander von vornherein nichts Böses zu unterstellen. Wir sind alle eigentlich offen. Und dieses Empfinden hab' ich also in meiner Umwelt nicht oder nicht immer. Dieses Empfinden habe ich bei meiner Frau zwar, und dieses Empfinden habe ich ein paar Menschen gegenüber. Bei den anderen muß ich immer anders sein. Da muß ich immer schaun, daß ich intellektuell bin. Sonst wär' es aus mit mir."

Sybille: „Ich beneide Dich darum, daß Du sagen kannst: ‚Ich mag mich.'"

Klaus: „Na ja, weißt Du, es ist eigentlich so, alle andern – ich hab' fast den Eindruck ich hab' mich ein bißchen geniert, daß ich mich mag, weil die meisten sich nicht so mögen."

Sybille: „Ich möchte das nicht so –."

Klaus: „Und da habe ich mir gedacht: Gar so viel Plus ist es vielleicht doch wieder nicht."

Claudia: „Doch! Und, Sybille, ich glaub', Du lernst das auch. Wenn Du's geschafft hast, zu Dir zu stehen. Das dauert so lange." ...

Reinhard: „Bekommst Du es fertig, Deinem Mann zu sagen, daß seine Herzlichkeit oder seine Aktivität Dich manchmal erdrückt, und daß Du's im Augenblick nicht so kannst?"

Sybille: „Nein, nein! Weil ich dann das Empfinden habe, ich tu' ihm damit weh, wenn ich das sage. Weil er das ja auch gerne möchte. Und ich möchte mich von meinem Mann auch nicht entfernen, weil ich ihn wirklich lieb hab', so wie er ist. Und ich möchte ihm auch nicht wehtun. Ich habe Angst, ich tu' ihm weh, wenn ich das sage. Er ist in seiner Art wirklich so selbstlos. Und ich offensichtlich nicht. Und da beginnen schon wieder die ersten Vorwürfe."

Reinhard: „Du fürchtest, wenn Ihr miteinander darüber sprechen würdet, daß es Euch entfremden würde, statt daß Ihr Euch besser verstehen würdet?!"

Sybille: „Vielleicht – ja. Ich hab' auch ganz einfach Angst, ihm wehzutun. Ich möchte ihm nicht wehtun. Weil – ich hab' das Gefühl, daß es ihm wehtun würde, wenn ich sage zum Beispiel: ‚Ich könnte heute nicht. Du überfährst mich heute!' Oder so. Sondern weil er ja auch, er ist ja auch so'n herzlicher, spontaner Typ. Der möchte es auch loswerden, was er hat."

Gisela: „Aber ich halte es für besser, wenn Du jetzt ihm sagst, was in Dir vorgeht. Also mein Mann sagt auch häufig, wenn wir mal Streit haben, dann sagt er zu mir –. Ich sag' nämlich immer: ‚Das paßt mir nicht an Dir und jenes nicht!' Und er weiß eigentlich, finde ich, ich bin fairer, der weiß genau, was mir an ihm nicht gefällt. Das sagt er mir nie. Ich bin für ihn ein Engel. Ich bin ja so vollkommen. Aber wenn wir im Clinch zusammen sind, dann sagt er: ‚Also denkst Du, mir paßt alles an Dir?' Das ist irgendwie unfair. Ich finde, ich werde doch viel eher damit fertig, wenn man mir meine Fehler sagt. Ich hör' nicht gern Kritik. Aber wenn man mir das jetzt sagt, was ich verkehrt mach' oder zumindest mir sagt, was mein Tun in dem andern auslöst, dann kann ich mich entweder ändern oder auch nicht. Aber ich habe irgendwie mehr Möglichkeiten."

Sybille: „Das kann ich verstehen, was Du sagst, ja."

Claudia: „Da geht was in Dir vor dann. Und dann mußt Du versuchen, mit dem Gefühl fertig zu werden, das Du da hast, um so mit Dir weiterzukommen."

Reinhard: „Und ich hör' so bei Dir heraus, wenn Du Deinem Mann sagen kannst: ‚Ich brauche heute mal diesen Tag für mich oder 2 für mich!', daß Du Angst hast, er wird das als Ablehnung empfinden?!"

Sybille: „Ja. Aber ich war ja auf der anderen Seite auch so, daß ich ihn auch so stark brauchte. Und daß er sich in seiner Person dann durch mich sich auch eingeschränkt fühlte. Und daß im Grunde, daß wir uns da viel zu wenig darüber unterhalten haben wahrscheinlich."

Reinhard: „Ich denke auch, daß er möglicherweise ja gar nicht weiß, wie er Dir helfen kann oder wie es um Dich steht?"

Sybille: „Ist möglich, ja. Vielleicht muß ich ihm das ganz nüchtern einfach deutlich sagen."

Claudia: „Sybille, hast Du denn Angst, ihn zu verlieren, wenn Du so bist, wie Du wirklich bist?"

Sybille: „Ja, ich habe überhaupt Angst, Zuwendung zu verlieren. Ich bin ja froh, daß ich jetzt endlich einen Menschen hab' für mich." *Claudia:* „Ja."

Anne-Marie: „Und weißt Du, wenn Du ihm auch sagst: ‚Du, ich habe Angst, daß ich Dich verletze, kränke. Ich habe Angst, Dich vielleicht, Deine Zuwendung zu verlieren. Ich werd' sie wieder mal sehr brauchen.' Wenn Du all diese Dinge sagst, die in Dir sind, einschließlich dessen, was Du befürchtest?!"

Sybille: „Ich bin sicher, daß er mich versteht. Aber ich merke auf der anderen Seite auch, daß ich das wirklich erst Stück für Stück lernen muß, mich so zu verhalten. Ich habe eine so ungeheure Angst vor meinem Vater gehabt. Ich habe nie was geäußert. Ich habe mich nicht getraut, überhaupt nur einen Ton zu sagen. Ich war nur trotzig und aggressiv. Weil ich immer das Gefühl hatte, er versteht mich ja sowieso nicht. Und ich weiß das. Aber ich hab' das Gefühl, ich muß das wirklich erst erlernen. Und ich merke auch, daß ich das alleine offensichtlich nicht erlernen kann. Daß ich irgendwie eine Hilfe brauche. (Anne-Marie: „Ja – eine Unterstützung.“) Mhm.“ (Pause. Reinhard legt den Arm auf Sybille. Sie umarmen sich). ...

Klaus zu Wolfgang: „Ich glaube, wenn man innerlich echt getroffen ist von einer Situation oder von einer Sache, wenn man so getroffen ist, daß man weiß, jetzt muß es anders sein, oder jetzt muß ich anders werden, dann ist egal, ob jetzt diese Leute, die mir das vermittelt haben, unbedingt dabei sind. Es ist schön, wenn wir einander wieder treffen, und es ist wunderschön, wenn wir einander öfter treffen könnten. Aber ich glaube, es ist nicht unbedingt wichtig, daß man da das immer wieder braucht. Sondern, wenn ich getroffen bin, so getroffen, daß es mich verändert, dann verändert es mich auch, ohne daß ich jetzt daher wie einen Hustensaft das ständig zu mir nehmen muß, weil, das hat mich ja mal verändert. Das hat mich ja getroffen. Die Veränderung hat ja bei mir bereits stattgefunden. Das ist ja nicht etwas, was ich wie einen Hustensaft zu mir nehmen muß, damit eine Krankheit langsam –. Ich bin getroffen. Und ich werde alle meine Kräfte dransetzen, das zu ändern. Da soll Dir ja niemand helfen! Ich finde das sogar, das würde Dir wie ein Schnuller dann sein, wie wenn ich meine, ständig einen Schnuller braucht jetzt das Kind, um. – (Gruppe lacht) Das muß ich doch selber –.“

Claudia zu Wolfgang: „Das wirkt auch dann von alleine, daß man, wenn man in die alte Situation zurückkommt, gar nicht mehr so handeln kann. (Klaus: „Das auch, ja!“) Man fühlt sich auch dann gar nicht mehr wohl. Ich glaube zum Beispiel, wenn Du nach Hause kommst, Du fühlst Dich gar nicht wohl, wenn Du dann alles negativ machst. Du, ich glaube, Du stellst Dich auf den Kopf, wenn Du das machst. Du – also ganz sicher.“

Klaus: „Ich darf Dir noch was sagen: Viele Dinge macht man ja, und man glaubt, das ist wichtig, unheimlich wichtig. Und das läßt mich vollkommen kalt. Und ich sag' Dir – mir geht's jedenfalls so – da bin ich so dumm, das vergeß' ich, das ist futsch, vollkommen weg! Und dort, wo ich getroffen wurde, das wird nie weggehen. Das ist unauslöschlich in meinem Langzeitgedächtnis drinnen. Das bleibt da, das arbeitet.“

Claudia: „Ja also, ich glaub', Wolfgang, daß sich bei Dir schon was verändert hat, und zwar: Du siehst Dich nicht mehr negativ, aber – diese Gefühle, die jetzt alle in Dir wachgerufen werden, die versuchst Du jetzt noch herunterzuspielen oder zu sagen: ‚Du schaffst es gar nicht!‘ Also Du willst noch nicht dran glauben. Du hast noch nicht die Sicherheit darin. Als hättest Du versucht, mit Deinem Verstand das jetzt da zu sagen: ‚Ich brauch' eine Sicherheit, gebt mir eine!‘ Irgendwie so fühle ich das jetzt gerade. Und das kann mir keiner geben. Das hast Du Dir dann gleich selber beantwortet. Jetzt mußt Du auch das Vertrauen zu Dir gewinnen – was heißt mußt – Du kannst es! Ich glaube einfach daran. Ob Du dran glaubst oder eines Tages dran glauben wirst, das weiß ich nicht. Und ich weiß auch im Grunde genommen nicht, warum ich so fest daran glaube.“

Klaus zu Wolfgang: „Mir kommt noch einmal – um auf das Baby zurückzukommen – Du kommst mir vor: Das Baby schreit nach einem Schnuller. Der Schnuller ist die Gruppe. Und Du bist störrisch und schreist: ‚Ich brauch' den Schnuller! Ich brauch' den Schnuller, um größer zu werden!' Oder was weiß ich, um ruhig zu werden oder – keine Ahnung. Aber wenn Du dem Baby den Schnuller nicht gibst, hört's auch auf zu schreien. Oder das Baby wird genauso größer, auch wenn es den Schnuller nicht hat. Es hat einfach den Drang, zu wachsen. Oder den Drang dann, mit der Zeit einmal ruhig zu werden. Empfindest Du das nicht so?"

Wolfgang: „Ja. Es ist aber die Phase da – zwischen diesen beiden Dingen. Die Phase, wo man sich jetzt entscheidet, rufe ich nun jetzt nach einem Schnuller oder wachs' ich trotzdem weiter."

Klaus: „Du kannst ja schreien. Schrei doch nach 'nem Schnuller! Schrei! Ist doch ganz wurscht! Du wirst aber aufhören zu schreien. Die Garantie geb' ich Dir."

Reinhard: „Wolfgang, wir akzeptieren das, daß Du sagst: ‚Ich fühl' mich unsicher, ich brauche einen Schnuller!' Das akzeptiere ich wirklich. Das höre ich in Dir. Ja. Und ich sage Dir nur: ‚Ich kann Dir keinen Schnuller geben, weil ich keinen habe. Und wenn ich einen hätte, würde ich ihn Dir nicht geben, weil – ich würde fühlen, das würde nicht hilfreich sein. Aber ich akzeptiere, daß Du Dich unsicher fühlst und etwas brauchst, ja."

Klaus: „Ach, es ist irgendwie interessant, wenn ich Dich so anschau', dann bist Du fast wie ein Baby. Du bist heute, also gestern am Abend und heute vormittag, so in Dich so hineingegangen. Die Haltung hat sich verändert bei Dir. Also ich habe es interessant gefunden. Du bist immer mehr und mehr – hast Du Deinen Kopf sozusagen hinein in Dich. Das signalisiert mir persönlich, daß Du in Dich jetzt horchst, daß Du anfängst, jetzt zu horchen. Was ist denn? Das ist Dir ein bißchen unheimlich bzw. es ist Dir neu. Es ist Dir – auch vielleicht sagst Du: ‚Jetzt brauche ich jemand! Ich will nicht alleine das machen!' So kommst Du mir vor. Und ich hab' keinerlei Bedenken, Dich ohne Schnuller von da weggehen zu sehen. (Gruppe lacht) So geht's mir. Typisch, diese Haltung, die hab' ich also ganz interessant gefunden."

Wolfgang: „Ist mir nicht aufgefallen. (lacht) Aber wenn Du's sagst."

Gisela: „Ich hab' immer irgendwie eine ganz unheimliche – also als wenn ich – autogenes Training will ich immer machen, und das gelingt mir nie. Und im Moment habe ich das so, als wenn mir meine Arme ganz schwer sind, als wenn ich überhaupt nicht richtig da bin und –. Aber ich habe irgendwie eine Angst dabei, als wenn ich jetzt – nun kommt nichts mehr oder so. Das macht mir irgendwie Angst, also ich –"

Reinhard: „Daß zwar irgend etwas so wie Ruhe kommt, aber Du sagst: ‚Es ist sicher nichts –. "

Gisela: „Es ist eine Ruhe in mir, so ein richtiges schlaffes –. Aber ich habe irgendwie eine Angst dabei. Oder – nicht so eine spürbare Angst wiederum, wie. –"

Reinhard: „Aber Du denkst, es könnte irgend etwas Ungutes sein, daß Du Dich so entspannt fühlst?" (Gisela: „Ja." Pause) „Wagst Du dem nicht nachzugeben, Dich noch entspannter zu fühlen?"

Gisela: „Wahrscheinlich nicht. Aber ich laß' es einfach zu jetzt. Ich will jetzt irgendwie da nicht rausrennen wieder. Es ist eine gewisse Furcht, mich einer gewissen Passivität zu übergeben. (Anne-Marie: „Die nicht Leben für Dich bedeutet.") Aber ich will da jetzt nicht. Ich weiß, das geht nicht. Ich will es jetzt zulassen. Es ist also – so eine Schwere habe ich im autogenen Training nie erreicht." ...

Giselbert: „Und gestern also beim Tanzen, ja, da fühlte ich mich den anderen so'n bißchen mehr verbunden, so daß mir auch mal danach war, jemand so'n bißchen zu umarmen, was ich dann wohl auch getan habe. Aber heute morgen zum Beispiel, die Umarmerei der anderen, da dachte ich: Mensch, das ist nix für mich da! Oder das war mir also völlig fremd irgendwas, was –."

Sybille: „Das hab' ich auch. Also, das hab' ich bei Dir ganz stark empfunden, Giselbert, und zwar: Der Unterschied von gestern und heute. Ich hab' Dich gestern unheimlich gelöst empfunden. Dein Gesichtsausdruck war völlig anders. Du hast also so toll getanzt, und Du hast hinterher auch noch ein Lob – und das hat mir so gutgetan – hast Du noch auf mich losgelassen. Das hat mir so gutgetan. Und ich hab' Dich sogar als herzlich empfunden. Und das vermiß' ich heute wieder, ja. (Gisela: „Du warst gelockerter gestern abend.") Das vermiß' ich völlig!"

Claudia: „Ja, gestrahlt hat er, richtig gestrahlt, ja."

Sybille: „Das stimmt."

Anne-Marie: „So gelebt?!" (Stimmen aus der Gruppe: „Ja! Ja!")

Sybille: „Irgendwie ganz – völlig anders. Ich würde sagen echt umgekrempelt."

Anne-Marie: „Das spürst Du auch irgendwie in Dir selber, daß Du Dich jetzt wieder so in Dich zurückziehst, so'n bißchen?"

Giselbert: „Ich kann nicht sagen, daß ich das bewußt tue. Ich stell' nur fest, was so bei mir passiert." (Pause)

Claudia (weint. Reinhard legt den Arm um ihre Schulter): „Ich sprech' nicht ihn an. Sondern er verkörpert das, mit dem ich verheiratet war. Ich find' das so blöd. Warum muß ich Dich da treffen? Warum ist, wenn etwas so schön ist, und man glaubt, die Angst zu überwinden, dann – ist wieder ein Mensch da, der grad' das verkörpert, wovor man wahrscheinlich wegrennt, daß man dem nie mehr begegnet. Ich wollte rausgehen, ich wollte nicht hier heulen. Aber ich habe geglaubt, wenn ich jetzt wieder wegrenne, dann bringt das nix. Irgendwann begegne ich so Menschen wieder." (weint)

Siegfried: „Aber das ist ja auch nur Angst."

Giselbert: „Ich versteh' Dich so, daß ich Dich an Deinen geschiedenen Mann erinnere. Und das ist etwas, wofür ich nicht kann, wofür ich mich nicht verantwortlich fühle."

Claudia: „Nein, nein! Das weiß ich auch."

Wolfgang: „Aber Du redest so hart, so ohne jedes –"

Claudia: „Nein, er redet so wie er. Er trifft alles so. Das ist wie, mit jedem Wort will ich ihn angreifen dann. Ich will ihn dann –."

Giselbert: „Willst Du mich angreifen oder Deinen Mann, den Du in mir da zu erkennen glaubst? Das müßtest Du vielleicht mal unterscheiden."

Claudia: „Verbesser' mich doch nicht immer!"

Giselbert: „Also, das würde ich mir wünschen, wenn das möglich wär'. Weil Du jetzt etwas gegen mich richtest, was ich persönlich mir nicht zuziehen kann und auch nicht will."

Siegfried: „Denn er sitzt ja genauso mit seinen Problemen hier wie Du. Und er versucht ja auch vielleicht eventuell, hier eine Lösung zu finden zu seinem Problem."

Claudia: „Ja, dann ist besser, ich gehe raus."

Reinhard: „Ich versteh' das so: Diese alte Wunde, diese Erfahrung mit Deinem Mann, die sind hier wieder aufgerissen. Das hat Dich daran erinnert."

Claudia (weint): „Das ist ja nicht wie ein Brief, den er alle Monate schreibt, sondern: Ich kann doch nichts dafür, daß Du das jetzt bist oder? Ich hab's ja versucht auch dann heute morgen beim Spaziergang irgendwie zu entschuldigen, daß ich so fühle."

Giselbert: „Ich würde Dir gerne einen Vorschlag machen. Ich steh' auf, der Stuhl ist leer, und dann laß Deinen Mann da sitzen. Wenn Du ihm was zu sagen hast, da sag' ihm das, aber nicht mir." (Er steht auf.)

Claudia: „Nun bleib' da."

Giselbert: „Ja, versuch's doch mal." (Er geht ein paar Schritte weg.)

Claudia: „Bleib doch da."

Giselbert: „Ich weiß nicht, ich krieg' da was an'n Kopf, was –."

Claudia: „Nein, bitte!"

Reinhard: „Giselbert, sie hat Dich um etwas gebeten, bitte!" (Giselbert geht zu seinem Stuhl zurück und setzt sich wieder hin.)

Claudia: „Ich hab' das doch auch nicht geahnt. (weint) Meistens lach' ich da, also wenn ich mal irgend so eine Empfindung hab', daß einer meinem Mann ähnelt. Da lach' ich über mich und tu' das dann auch ab, als wär' es nicht da. Aber diesmal konnte ich nicht weg. Da konnte ich einfach nicht das abtun da. Ich war irgendwie wie eingekreist, als ob ich da in der Mitte sitz', und das alles noch mal über mich runterrasselt. Ich glaube, das ist auch meine einzige Angst, die ich wirklich habe."

Reinhard: „Ich spüre, das müssen furchtbare Erfahrungen und Jahre gewesen sein, die Du durchgemacht hast." (Claudia weint. Pause.)

Siegfried: „Wen ich bewundere, ist Giselbert, daß er trotz seinen Ängsten – daß er hier dran teilnimmt. Das ist –“

Giselbert: „Na ja, weißt Du, ich erleb' das –.“ (Siegfried: „Ich meine so.“) „Ja, ja okay, Du bewunderst es. Ich wollt' nur sagen, daß ich da nichts an mir finde, was da zu bewundern ist.“

Klaus: „Giselbert, Du machst ja jetzt – Du wirst jetzt arbeitslos, hast Du mir gesagt. (Giselbert: „Ja.“) Ja, da hast Du ja Zeit.“

Giselbert: „Im Augenblick ist es so, ich arbeite noch bis – (Klaus: „Bis wann?“) bis Anfang Oktober. Und dann habe ich Urlaub. Und dann ist noch ungeklärt – ich habe noch keine neue Arbeit im Augenblick.“

Klaus: „Hast Du im Urlaub was vor?“

Giselbert: „Na also, nicht den ganzen Urlaub über.“

Klaus: „Hast Du Zeit, eine Woche? (Giselbert: „Ja.“) Ich lade Dich zu mir ein nach Maishofen. Kannst bei mir wohnen. Ist nicht groß, schön, kannst viel spazieren gehen. Komm zu mir, wirklich! Ich lade Dich ein. Kannst eine Woche bei mir bleiben, wenn Du willst. Wir bieten Dir nichts besonderes. Daheim, 2 Kinder, da geht's immer ganz schön zu. Meine Frau geht auch in einen Beruf, die 2 Kinder sind vormittags im Kindergarten bzw. bei einer Frau, aber – komm, ich lade Dich herzlich ein. Ich würde mich freuen.“

Sybille: „Ja, der Klaus könnte Dir helfen.“

Klaus: „Nein, nicht der Klaus könnte Dir helfen, sondern das ist doch einmal schön. Ich bin kein Fremdenverkehrsmanager (Gruppe lacht), sondern ich hab' mir nur gedacht, wenn Du 3 Wochen oder dann eine Zeitlang doch keine Arbeit hast, warum kommst Du nicht?“

Giselbert: „Ich weiß nicht, vorhin sagte irgend jemand: Schön. Also wenn ich mir das jetzt vorzustellen versuche, erlebe ich das in meiner Vorstellung nicht als schön.“ *Klaus:* „Nicht als schön.“ *Giselbert:* „Nein.“

Gisela: „Ich möchte aber doch sehr gerne wissen, was da so in Dir vorgeht, wenn man Dir so ein spontanes Angebot macht. Das möchte ich gerne wissen. Ich beneide Dich. Ich wollte, mir würde einer so herzlich so ein Angebot machen. Ich möchte das wissen.“

Giselbert: „Naja, das spricht mich ja auch an, daß Du das eben mir angeboten hast. Und vor allen Dingen, was ich da hinter Deinen Worten spüre da.“

Klaus: „Ich würde mit Dir auch nicht reden, wenn Du nicht willst. Du brauchst keine Angst zu haben. Ich red' nicht. Ich tue nicht analysieren, gar nichts. Ich hab' wahrscheinlich gar keine Zeit. Das einzige, was ich vielleicht tät', wir gehen am Sonntag ein bißchen in die Berge. Das wär' das einzige. Aber wenn Du nicht willst, brauchst Du auch nicht. Das gibt viele Sachen da. Nein, ich will nicht in Dich dringen, es war nur von mir ein Vorschlag.“

Gisela: „Ich glaube aber, daß er will.“

Klaus: „Naja, das wird er mir dann schon sagen. Macht ja nix.“

2 Monate später

Der Sprecher H. Borlinghaus erläutert den Fernsehzuschauern im Anschluß an die soeben gezeigte 2-Stunden-Zusammenfassung, daß die Teilnehmer dieser Gruppe jetzt wiederum in einem Studio des Südwestfernsehens zu einem Nachbefragungsgespräch zusammengekommen sind. Dann stellt er der Gruppe die Frage: „Wie steht Ihr zu dem Gruppengespräch *heute?*"

Werner: „Na ja, es war unbedingt gefühlsmäßig nahe. Einmal wie wir uns selbst erlebten. Also ich kann von mir aus sagen, daß das ganz echt aus mir herausgekommen ist. Ja, die 2 Monate Abstand, die sind natürlich nicht ganz spurlos an mir vorübergegangen. Zumindest ist das, was ich mir überhaupt eingangs bei den Gesprächen erhofft und vermutet habe, eingetroffen. Also daß es ein Vorteil war. Ich bin aus einer gewissen Depression herausgerissen worden – oder nicht direkt herausgerissen, aber herausgekommen. Und nach einigen Wochen bin ich trotzdem wieder etwas unter die Nullinie gerutscht. Aber in Gedanken an diese Gemeinsamkeit, die wir hier hatten – einwandfrei und obwohl wir uns alle überhaupt nicht kannten und bunt zusammengewürfelt waren – hat mich das doch langsam aufgerichtet, so daß ich überwiegend über der Nullinie mich bewege."

Sprecher: „Das war also so, daß die ersten Tage, Wochen danach, daß Du da sehr (Werner: „War es sehr sehr überschwellig, ja.") Ja, und dann fiel das wieder ab?"

Werner: „Fiel es ab. Und dann ging es praktisch auch noch vielleicht 14 Tage unter Null. Aber jetzt, in dem Gefühl an das gemeinsame Erleben, zog sich das langsam zur positiven Seite, zur Übernullseite eben herauf. So habe ich's empfunden. Und so empfinde ich's eigentlich heute noch."

Sprecher: „War das eine Erfahrung, die andere von Euch in ähnlicher Weise gemacht haben?"

Gisela: „Ich muß dazu sagen, ich hab' die erste Woche mich unheimlich wohl und stark gefühlt. Das hat mir so viel gegeben hier, ich wüßte nicht, wo ich das je im Leben hatte. Also wirklich eine Woche lang! Und dann ebbte das durch die täglichen Geschehnisse im Beruf und Haushalt wieder ab. Und es kam natürlich häufig wieder zu diesen Ängsten. Aber missen möchte ich diesen Gedanken, daß ich an so einer Gruppe teilhaben – also es interessiert mich nicht, was jetzt Zuschauer denken, das habe ich überhaupt nicht nötig jetzt – aber es ist etwas sehr Schönes, etwas sehr Tiefes und etwas, was ich nie missen möchte in meinem Leben, dieses Erlebnis hier. Und das hat mich wirklich im Moment unheimlich bestärkt. Und auch jetzt noch der Gedanke, daß – früher, da war es so, wenn man Ängste hatte, dann dachte ich immer: Sowas ist was Anormales, das gibt es nicht, und darüber kannst du gar nicht sprechen. Daß ich die Möglichkeit hatte, daß ich gerade in der Öffentlichkeit über diese Angst sprechen durfte, und daß ich auch noch so viel Verständnis hier bekommen hab', das war für mich alles."

Anne-Marie: „So daß Du es als Kostbarkeit erlebst?"

Gisela: „Als Kostbarkeit, ja. Ich möchte dazu nochmal betonen, daß es also wirklich aus vollem Herzen kommt und nicht irgend jemandem schmeicheln soll. Aber ich bin wirklich dankbar dafür, da ich früher in x-stationären Behandlungen schon war. Und mit Tabletten immer wurde alles abgedämmt. Und auch heute ist es ja noch draußen so, daß du ja zu keinem Arzt gehen kannst. Für so'ne Krankheit hat ja niemand Zeit. Und hier hatte man das Gefühl, du durftest – du wurdest verstanden. Es war nichts, dessen du dich schämen mußtest, du wurdest verstanden und wurdest eher damit fertig."

Sprecher: „Und dieses Gefühl hält auch an? Das ist dauerhaft?"

Gisela: „Das Gefühl, ja, daß ich das nun einmal ja erlebt habe, und daß ich auch jetzt in Hamburg immer noch die Möglichkeit habe, einen von uns anzurufen, zu sagen: ‚Du, es ist wieder soweit!' Und daraus ergibt sich dann nachher meist noch wieder ein ganz anderes Gespräch. Und dann albern wir sogar rum. Wir sind beileibe nun nicht ewig dabei, über unsere Ängste zu sprechen. Aber ich hab' die Möglichkeit, darüber zu sprechen. Und dadurch baue ich sie irgendwie ab und kann dann nachher auch wieder fürchterlich albern sein. Und ich bin so gern albern." (lacht)

Sprecher: „Der Klaus hat irgendwann mal gesagt, daß die Gruppe eigentlich keine Realität sei. Es sei so ein – ein bißchen habe ich das so verstanden – als ob es so eine – ja ein wenig Illusion ist, was hier betrieben wird."

Klaus: „Na, da muß ich eigentlich ein bißchen berichtigen. Ich habe damals vielleicht so gesagt, aber heute empfinde ich das anders. Und zwar empfinde ich sie als zwei Wirklichkeiten. Einmal die Wirklichkeit hier. Die erleben wir ja. Es ist also keine Illusion. Das muß ich also entschieden ablehnen, meine Worte von damals. Sie sind vielleicht auch anders entstanden. Und das andere ist auch eine Wirklichkeit. Es sind zwei Wirklichkeiten. Und so empfinde ich sie auch. Und sie sind sehr verschieden voneinander, weil wir hier einfach anders reden können, eine andere Basis haben, als es in der Wirklichkeit unseres Alltags ist. So ist es zu verstehen. Und so will ich es auch verstanden haben und ganz besonders betonen. Weil – beides empfinde ich heute als eine Wirklichkeit. Und aus der Wirklichkeit des Gespräches ist für mich vieles entstanden. Das war sozusagen ein Ausgangspunkt für viele Aktivitäten in mir und durch mich auch für andere."

Sprecher: „Könntest Du das noch ein bißchen schildern? Was das für Aktivitäten waren? (Klaus: „Kann ich, ja.") Wie die konkreten Auswirkungen so etwa waren?"

Klaus: „Ja, Du möchtest es so ein bißchen aufgezählt haben?"

Sprecher: „Ein bißchen, ja. Wäre doch schön, wenn Du uns erzählen würdest, was so an ganz Konkretem in Dir passiert und mit Dir."

Klaus: „In mir – fangen wir mal mit mir selber an. Ja, das kann man ganz leicht sagen. Ich bin froh drüber, daß das stattgefunden hat, weil ich gespürt hab': Jetzt kommst du wieder zu dir. Was ich vielleicht lange Zeit schon überdeckt gehabt habe. Ich hab' schon mal – wir haben schon mal geredet darüber. So mit 16 Jahren habe ich mein Gefühl ursprünglicher empfunden als mit 30. Und das hat das wieder aufgerissen. Und ich fühl' mich wohl darin. Und ich möcht' da das weiter bearbeiten. Nur kann ich nicht mehr so sein wie 16. Das ist klar, weil ich eben jetzt 32 bin und wahrscheinlich noch älter werd', sogar sicher. Und jetzt habe ich mir gedacht: Du willst also anders sein als du warst. Ganz anders geht es ja nicht, das ist ja unmöglich. Und dann hab' ich mir gedacht: Wo kann ich anders sein? Anders kann ich sein in meinem täglichen Leben. Dann hab' ich mir mal meine Frau hergenommen. Meine Frau hat ja ein großes Problem gehabt. Sie hatte einen Arbeitsplatz, der ihr überhaupt nicht zugesagt hat, und sie hat also nervlich also ganz Schweres auszuhalten gehabt. Früher hab' ich das so gemacht: Da bin ich hergegangen und hab' gesagt: ‚Du, das ist nicht so, das ist anders. Du, das mußt Du so machen!' Und so weiter. Jetzt habe ich das nicht mehr gemacht. Sondern wir haben in Ruhe gesprochen. Sie hat mich nicht so erlebt als den Starken. Sondern wir haben einfach so in Ruhe reden können. Das war eines. Dabei sind wir uns viel näher gekommen. Sie hat, noch bevor ich weggefahren bin, hat sie mir gesagt: ‚Es ist wirklich eine Steigerung jetzt mit uns, was passiert ist.' Das hat mich mal unheimlich bestärkt, daß das der richtige Weg ist. – Das zweite ist mein Arbeitsplatz. Ich bin in der Schule. Und dort haben wir mal wirklich ein paar Sachen gemacht, die ich gut finde. Und vielleicht interessiert's Euch? Aber da – (Sprecher: „Den Kindern gegenüber?") Ja, den Kindern gegenüber. Wie ich heimgekommen bin, habe ich mir gedacht: Soll ich jetzt drüber reden? Soll ich nicht drüberreden? Soll ich drüberreden? So'n fürchterliches ‚Wiggel-Woggel'! Und dann hab' ich 2 Tage verstreichen lassen. Und am 3. Tag bin ich hingegangen vor die Klasse. Geschwitzt hab' ich wie ein Wahnsinniger, heiß ist mir geworden, kalt ist mir geworden – und hab' ihnen meine Situation einmal geschildert. Ich habe ihnen gesagt, wie das war ein bißchen von da, von Baden-Baden. Und dann habe ich ihnen gesagt: ‚Jetzt könnt' es auch sein, daß Ihr mich vollkommen falsch versteht' und alles hin und her. Ich hab' ihnen mich einmal geschildert. Es war Totenstille – zuerst, und nachher mit der Zeit sind die Reaktionen gekommen. Und die Reaktionen waren – das, was ich schön empfunden habe – waren so, daß eigentlich nicht, daß sie ihre Angst mir gegenüber abgebaut haben, sondern wir haben dann Gespräche geführt über *ihre* Ängste. Und da sind wir darauf gekommen, und das war für mich eine ganz neue Sache, daß sie eigentlich viel weniger Angst vor mir hatten. Vor mir haben sie eigentlich eh nicht gar so große Angst gehabt, sondern mehr haben sie eine Angst gehabt untereinander, die Schüler. Ja, da war ich ganz perplex! Und das haben wir dann ein bißchen bearbeitet. Wir haben kein Encounter oder was gemacht, nein, sondern Gespräche geführt. Sie haben ihre Gefühle aufgeschrieben. Ich hab' meine mitgeschrieben. Dann haben wir es ausgehängt. Und dann haben wir es gemalt: Ängste, was sie da denken. Damit haben wir die ganze Wand tapeziert also. Es waren unheimlich fruchtbare Sachen. So nette Erlebnisse sind damit verbunden, und ich muß sagen, es begeistert mich.

Und das dauert ja jetzt schon lange. Im Gegenteil, das wird immer intensiver und immer natürlicher. Zuerst war es vielleicht ein bißchen krampfhaft von mir, weil – ich war auch wahnsinnig verkrampft. Und jetzt wird's allmählich netter. Und das dritte, was ich sagen möchte, ist die Schwierigkeit, die man hat, das anderen mitzuteilen. Wenn ich also mit anderen diskutiere über Encounter, das ist schwer. Oder ihnen das begreiflich zu machen, was da geschehen ist. Das probier' ich jetzt schon gar nicht mehr. Da bin ich sicher, daß sie mich nicht verstehen oder nur sehr schwer. – Jetzt habe ich aber lange gemacht."

Sprecher: „Ja bislang haben wir sehr positive Wirkungen, sehr positive Auswirkungen gehört. Ging es Euch allen ähnlich so oder gab es auch so'n Gefühl, daß man sagte: ‚Das war nun hier 2 Tage lang 'ne tolle Erfahrung, aber für mich draußen bedeutet das wenig, weil ich wenig nach draußen tragen kann, anders als der Klaus?"

Anne: „Ja, darf ich also noch mich anschließen an das Bild. Du hast gerade erzählt, daß die da gemalt haben. Und da wollte ich doch noch dazu sagen, daß ich mich anschließend an die Gruppe angeregt fühlte, etwas zu malen, und zwar was ich erlebt habe, hier in der Gruppe. Das war diese positive Zuwendung. Früher habe ich immer gedacht, also wenn sich Männer umarmen oder Frau und Mann, das muß immer sexuellen Beigeschmack haben. Und hier habe ich das also mal erlebt, daß das wirklich als unmittelbare Herzlichkeit, als irgendwie tröstende Zuwendung gemeint sein kann. Und das hat mir also wirklich sehr gutgetan. Und das habe ich dann also auch gemalt und wollte es mitbringen. Aber da ich ja auch noch gewisse Hemmungen habe, habe ich mich nicht getraut, meine Gefühle da mitzubringen und habe dafür ein anderes Bild mitgebracht und habe Blumen –"

Sprecher: „Du hast ein anderes Bild da. Vielleicht können wir das mal zeigen?"

Anne: „Ja. Ich hab' also Blumen gemalt. Und das möchte ich also als Dank Herrn und Frau Tausch verehren."

Sprecher: „Also, das war wohl so eine kreative Phase, die dann da – (Anne: „Ja.") im nachhinein bei Dir auftrat."

Anne: „Ja, aber zugleich muß ich sagen, daß ich mich auch nachher ein bißchen alleingelassen fühlte, weil ich kein Telefon hatte und im Süden ein bißchen abgeschnitten war und also mit den Teilnehmern wenig sprechen konnte."

Hans-Werner: „Mir ging das auch etwa so. Ich hab' mich also auch etwas entfremdet dieser Gruppe. Und ich hatte also etwas Bedenken so ein paar Tage oder eine Woche vor diesem Abend, daß ich's also wieder schwer haben würde, hier in dieser Gruppe – einfach in dieser Gruppe zu sein. Und ich war irgendwo überrascht heute abend, als ich kam, und als mir dann alle doch irgendwie vertraut waren, so einer nach dem anderen. Und ich finde das jetzt irgendwie doch positiv. Vorher wurde etwas angesprochen, die Anne hat's angesprochen, diese Umarmung, da fühlte ich mich also persönlich angesprochen. Es ist mir also in der Zwischenzeit passiert, dadurch daß ich – ich bin in eine Selbsterfahrungsgruppe, Selbsthilfegruppe gegangen und dort und woanders ist es mir auch passiert, diese Szene mit der Umarmung. Und ich muß also sagen, ich kann heute auch einen Mann umarmen. Und wenn mir heut' das wieder passieren würde in so einer Gruppe hier, ja meinetwegen, ich glaub' schon, daß ich's also nicht nur ertragen könnte, sondern daß ich dem Klaus antworten könnte auf seine Zuwendung."

Klaus: „Das gefällt mir! Das ist nett!" (Gruppe lacht)

Anne-Marie: „Du könntest sie ihm zurückgeben?!“

Hans-Werner: „Ja, doch.“ (Klaus: „Hast Du eh schon!“) „Ja, eben als wir die Aufzeichung angesehen haben, kam er her, und also – mir hat das irgendwie gutgetan, als er da gekommen ist.“

Klaus: „Ja, das ganze war so. Ich hab' mir gedacht: Das betrifft uns drei jetzt irgendwie. Das hat zufällig damit zu tun, weil – das ist es ja wieder – allein' könnt' ich da jetzt nicht mit bleiben, das taugt mir nichts. (Gruppe lacht) Dann hat's da bei mir durchgedreht gehabt.“

Sprecher: „Sybille, Du wolltest auch was sagen über die Auswirkungen?“

Sybille: „Ja, mich hat erstmal unheimlich erstaunt, daß alle anderen so positiv sich direkt nach der Gruppe gefühlt haben. Und das Gefühl hatte ich ja erstmal nicht. Ich muß sagen, daß mir die erste Woche nach dieser Gruppe ganz eigenartig war. Ich war wohl offensichtlich nicht da. Jedenfalls teilte mir meine Umwelt das mit, daß ich noch gar nicht ganz da wäre. Ich war irgendwie noch in der Gruppe. Ich hab' das alles ständig in mir verarbeitet und durchlebt, und ich war eher negativ als positiv. Und das hat sich erst Stück für Stück gewandelt, und was mir also heute ganz klar aufgefallen ist, das ist bei der Aufzeichnung: Das bin ich zwar noch, aber ich bin's doch nicht mehr ganz. Ich hatte fast das Gefühl, als wenn das dadurch, daß ich das ausgesprochen hatte –, heute würde ich das irgendwie anders sagen. Es war für mich eine schöne Erfahrung. Ich hab' das Gefühl, ich bin vielleicht ein kleines Stückchen weitergekommen. Das hat mir irgendwie doch geholfen. Ich war da offensichtlich noch eine andere. Ich hab' mich nicht mehr so empfunden, wie ich jetzt mich empfinde.“

Reinhard: „Du hast Dich verändert? Wolltest Du das –.“

Sybille: „Ja, wahrscheinlich, nicht? Ich empfinde mich jetzt im Moment anders, als ich mich da auf dem Bildschirm gesehen habe.“

Anne-Marie: „Bist Du Dir selber nähergekommen? Oder hast Dich selber vielleicht zum ersten Mal in den Blick gekriegt?“

Sybille: „Ja, ich glaube, daß ich mir selber etwas nähergekommen bin, und das habe ich ja ganz deutlich in der Beziehung zu unseren Kindern gemerkt, weil ich nach dem Encounter eine andere Beziehung zu den Kindern gewonnen habe. Die ist für mich schöner, intensiver und auch für die Kinder. Das habe ich an deren Reaktion gemerkt. Und insofern hat es für mich also doch schon eine ungeheure positive Auswirkung, weil ich, ich empfinde mich irgendwie anders. Ich kann's eigentlich schlecht in Worte fassen. Vielleicht kann man das nicht in Worte fassen, aber: Irgendwie anders.“

Reinhard: „Könntest Du sagen, wie Deine Beziehungen zu den Kindern heute anders sind? Meinst Du spannungsfreier oder?“

Sybille: „Ja, entschieden spannungsfreier. Ich habe viel mehr Ruhe, ich hab' viel mehr Geduld mit den Kindern. Ja, ich hab' fast das Gefühl, als wenn ich ein kleines Stückchen mehr Verständnis gewonnen hab'. Verständnis den Kindern gegenüber, Verständnis auch andern Menschen gegenüber. Vielleicht auch nur dadurch, daß ich selber gesagt hab': ‚Ich mag mich nicht.' Ich glaube, ich könnte das auf Anhieb jetzt gar nicht mehr sagen."

Reinhard: „Ist es so, Sybille, daß Du Dich selbst ein Stück mehr magst, und damit in Zusammenhang jetzt auch andere mehr akzeptieren kannst, Deine Kinder, und sie mehr magst oder es ihnen zum Ausdruck bringen kannst?"

Sybille: „Ja, ich glaube, daß man das so ausdrücken könnte, ja, ich glaube das. Und es spiegelt sich ja nicht nur auf mich wieder, sondern es spiegelt sich auch auf die Umwelt wieder. Daß ich im Grunde von vornherein andern gegenüber positiver da stehe. Das Gefühl habe ich. Ich habe das Gefühl, ich kann sie wirklich besser verstehen. Und das bedeutet für mich natürlich unendlich viel. Und ich hab' nicht das Gefühl, daß es weniger geworden ist, je mehr wir von der Gruppe weg waren, sondern ich hab' eher das Gefühl, daß es zunimmt. Aber es nimmt natürlich langsam zu. Ich weiß, daß ich noch dran arbeiten muß, aber ein Anstoß ist irgendwie gegeben dazu in dieser Gruppe."

Anne: „Ja, ich möchte auch noch etwas Negatives sagen. Ich muß sagen, ich fühlte mich manchmal auch in der Gruppe etwas überfahren. Und zwar hatte ich so – vielleicht hab' ich auch Komplexe, vielleicht liegt es auch an mir – aber ich hatte so manchmal das Gefühl, daß entweder Ihr Norddeutschen oder daß Ihr Euch so schön ausdrücken könnt und daß Ihr immer so wunderschön reden könnt und Eure Gefühle so ausdrücken könnt. Und mir fällt es etwas schwerer, und ich stottere da vielleicht rum. Und das hat mich also auch gehemmt, manchmal meine Gefühle auszudrücken. Also dies ist vielleicht auch etwas, was man bedenken sollte. Daß manche sich etwas schwerer tun, mehr Anlaufzeit brauchen."

Anne-Marie: „So daß es Dir eigentlich so'n bißchen auch leid tut, daß Du nicht mehr von Dir in die Gruppe gegeben hast?"

Anne: „Ja, ja. Das stimmt. Und ich hab' also jetzt, wie ich mich auf dem Bildschirm gesehen hab', habe ich einen Schock gekriegt, wie ich mich da so verkrampft sitzen sah, also ich hätte mich am liebsten gar nicht akzeptiert da. Aber in der Zwischenzeit habe ich mich, glaube ich, doch etwas weiterentwickelt."

Anne-Marie: „Und ich erleb' Dich so, daß Du jetzt eigentlich eher bereit bist, überhaupt zu sprechen. (Anne: „Ja, ja.") So daß, wenn wir heute abend eine Gruppe anfingen, ich glaube, daß Du sehr viel von Dir erzählen könntest." (Anne: „Ja, mhm.")

Hans-Werner: „Und das wär' doch dann was Positives." (Anne: „Ja, ja.") Also die Entwicklung war doch auch positiv – zunächst."

Anne: „Ja natürlich. Aber ich muß es erstmal akzeptieren, daß ich –."

Hans-Werner: „Also, das möcht' ich auch noch als Positives – etwas ähnliches da anhängen. Also ich fühl' mich heute, ich würde mich heut', glaube ich, sicher und wohler fühlen. Na ja, man hat vielleicht leicht reden."

Sprecher: „Indem Du Dich stärker annimmst als Person? (Hans-Werner: „Bitte?") Indem Du Dich stärker annimmst?"

Reinhard: „Oder indem Du's weniger bedrohlich wahrnimmst oder Dich nicht so eingeengt fühlst oder freier fühlst?"

Hans-Werner: „Ja, ja. Also im Moment kommt bei mir ab und zu in Erinnerung: Jetzt sitzen da am Bildschirm vielleicht Leute, die mich kennen. Das kommt jetzt ab und zu, aber das geht wieder weg, es geht wieder weg. Und da bin ich hier in dieser Gruppe, und darüber bin ich zum Beispiel froh, also daß diese Gedanken da weggehen, daß da jemand sitzt, der da vielleicht so macht." (Er tippt sich mit dem Finger an die Stirn, zeigt „einen Vogel".)

Reinhard: „Daß Du Dich nicht damit beschäftigst, was möglicherweise andere Leute über Dich denken könnten am Bildschirm, sondern daß Du mehr Du selbst bist?!"

Sprecher: „Giselbert, Klaus hatte Dich eingeladen. Das haben wir gesehen. 8 Wochen sind vorbei, warst Du da?"

Giselbert: „Nein, nein. Das habe ich Klaus auch damals schon gesagt, daß ich das nicht wollte. Nein, hab' ich nicht gemacht."

Hans-Werner: „Aber Du hättest immer noch Zeit, nicht?"

Klaus: „Nicht – wenn er es ablehnt, das muß man – akzeptier' ich voll also. Ich fühl' mich nicht gekränkt deshalb, daß er abgelehnt hat. Sondern ich nehme schon an, daß er da klare Gründe hat. Er hat mir's ja auch erklärt ein bißchen. Es ist eine Situation, die er nicht so kennt, und die ist ja wirklich ganz was anderes dann bei uns daheim."

Gisela: „Was ist denn mit Claudia? –" (Claudia weint, Klaus legt den Arm um sie. Pause)

Klaus: „Was ist denn drin?" (Pause)

Claudia: „Das ist, vor dem ich immer Angst hab', das kommt jedes Mal in dieser Gruppe hervor (weint), und das sind Gefühlsausbrüche. Ich fühl' mich überhaupt nicht angenommen in meiner Umwelt. Bei mir hat es dieses Wochenende damals bewirkt, daß ich so lustig war und so glücklich. Und ich wollte eigentlich mit neuer Energie darangehen. Und irgendwie mache ich das falsch oder – vielleicht weil ich mich da grad' nicht so ausdrücken kann." (Pause)

Reinhard: „Die Leute draußen haben Dich nicht verstanden?!"

Claudia: „Nein, ich fühl' mich irgendwie fehl am Platze. Deswegen, ich war zweimal bei Sybille. Und das hat mich gerade wieder ziemlich angesprochen. Sybille, das stimmt, Du konntest mich so annehmen, wie ich bin. Und das hat mir viel geholfen. Und da wollte ich also nach Kaiserslautern zu Sybille ziehen, weil ich glaubte, da habe ich einen Menschen, auf den kann ich zurückgreifen. Ich wollte schon alles alleine schaffen mit meinen Kindern und wieder die Probleme lösen, die auf mich zukommen. Aber ich wußte wenigstens, es ist jemand in meiner Nähe. (Klaus wischt Claudia die Tränen vom Gesicht.) Und dann bekam ich wieder Telefonanrufe von anderen, aus meinem Bekanntenkreis: ‚Das sei blödsinnig! Unüberlegt und unverantwortlich meinen Kindern gegenüber!' Und dann bekam ich wieder Schuldgefühle, und hab's rückgängig gemacht. Und denn bin ich aber auch nicht glücklich. (weint. Pause) Und jetzt fühl' ich mich auch von meiner Mutter sehr unverstanden wieder. Wenn ich wirklich Kraft brauche, um wirklich den Weg zu finden (weint), für mich und die Kinder positiver zu leben – (weint heftig) und jetzt liegt meine Oma im Sterben. Und ich find' einfach keine Worte, wenn ich bei meiner Oma im Sterbezimmer bin. Und ich find' es irgendwie mein Recht, daß ich dann wegbleiben kann. Jetzt hab' ich schon wieder so Schuldgefühle. Weil sie mir das vorgeworfen hat, daß ich da Unrecht tue. Daß ich da sein müßte. Und schon stehe ich dazwischen drin. Und weiß nicht, was ich tun soll. Ich will stabil werden und mir wird immer der Boden unten weggezogen. (Klaus legt seine Hand auf Claudias Schulter.) Und wenn ich dann hier bin, dann fühl' ich mich so verstanden und denn find' ich das irgendwie – als nicht wahr, als nur hier, als müßt' ich mich da festklammern. Und das kam jetzt alles so aus mir hervor. Und wenn ich mich nachher wieder anseh', wie vorhin in dem 2-Stunden-Ausschnitt, dann kann ich mich nicht mehr leiden, weil ich so voller Gefühle stecke. Ich kann stark sein, aber ich brauch' auch irgendwo einen Boden dazu, das stabil zu machen."

Reinhard: „Und Du fühlst Dich zu sehr alleine, ohne Unterstützung (Claudia: „Ja.") in Deiner Umwelt?! Niemand hilft Dir oder steht Dir bei oder gibt Dir Ermutigung?!"

Claudia: „Auf jeden Fall fühl' ich das nicht so wie hier. Ich bin wohl in einer Gruppe, in einer politischen Gruppe oder hab' auch Nachbarinnen, die sind verheiratet und haben Kinder. Aber irgendwie finde ich mich mit meinem Problem allein. Ich krieg' ja vor Familien, wo Mann und Frau da sind, den Komplex: Meinen Kindern fehlt irgendwas, oder ich muß wieder heiraten! Dabei bin ich gar nicht stabil dazu und verrenn' mich da jedesmal in eine Partnerschaft, die dann wieder kaputtgeht. Und das wollte ich nicht mehr nach diesem Gruppenerlebnis. Und jetzt mache ich's auch nicht mehr, aber jetzt steh' ich auch wirklich allein da! Also nicht so: Die anderen wollen mir schon helfen, aber es fehlt irgendwie die Grundlage dazu. (Pause) Bei mir hat's halt bewirkt, daß ich nicht mehr spontan jetzt sein kann gegenüber den anderen."

Sybille: „Claudia, hast Du nicht zu Hause Freunde, Freunde, mit denen Du Dich gut unterhalten kannst?"

Claudia: „Freunde? Freunde, die nicht meine Probleme haben, und die eine andere Richtung gehen, ja."

Sybille: „Ich mein', hast Du Deinen Freunden oder die Du als Freunde bezeichnest, schon mal Deine Probleme mitgeteilt oder ihnen signalisiert, daß Du vielleicht ihre Hilfe brauchst oder brauchen möchtest oder haben möchtest?"

Claudia: „Na, ich hab' zum Beispiel gesagt: ‚Was soll ich denn hier? Ich kann doch ruhig nach Kaiserslautern ziehen? Was soll ich denn wirklich machen, versteht ihr mich?' Dann heißt es eben: ‚Ja, du mußt uns verstehen. Wir haben eben noch keine Kinder. Und wir sind noch nicht geschieden.' Was soll ich da noch weiterreden?"

Sybille: „Nein, ich meinte anders. Ich meinte es so: Hast Du sie vielleicht mal zu Dir eingeladen? Hast Du mal – also die Dir besonders am Herzen liegen – hast

Du mal mit ihnen gesprochen, ihnen vielleicht versucht zu sagen: ‚So ist meine Lage. Ich brauche eure Hilfe.‘ Ich meine, vielleicht wäre darin eine Chance, daß Du Freunde gewinnst.“

Claudia: „Ja, am Anfang habe ich das versucht. Aber ich habe einen Hausbesitzer, der regelrecht mir nur das Schlechte ankreidet. Also jeder Besucher, der männlich ist, mit dem schlafe ich. Und da das meistens in einer politischen Gruppe zum Beispiel junge männliche sind – überwiegend, also es kommen schon auch Mädchen mit, aber –. Alles habe ich getan. Hab’ mal – auch wenn Kinder da waren – wenn ich eine Kinderparty gegeben habe, so hat er genauso rumgeschrien und mich wirklich eingeengt mit Beschimpfungen.“

Sprecher: „Hast Du denn schon mal versucht, jemanden zu treffen, der in einer ähnlichen Situation ist wie Du?“

Claudia: „Ja, ich habe jetzt grad’ durch die Nachbarin – also war ich einmal jetzt bei einer Frauengruppe, die sich also jeden Dienstag trifft. Und da muß ich also mal abwarten. Da sind auch zwei Frauen, die alleine sind mit ihren Kindern. Ich habe aber die Hoffnung nicht verloren. Nur immer, wenn ich gerade versuche, irgendwas zu beginnen, irgendwo anders reißt man mir wieder den Boden weg. Und auf jeden Fall, wenn man mein Schuldgefühl anspricht, dann kann ich da nicht sagen: ‚Ich tu’ das nicht!‘ Dann tu’ ich das, was die anderen wollen.“

Sybille: „War das denn Dein intensiver Wunsch zum Beispiel, zu uns nach Kaiserslautern zu kommen? (Claudia: „Ja.“) Ja, hast Du dann nicht vielleicht zu sehr auf die anderen gehört und nicht auf Dich?“

Claudia: „Ja, das ist es ja. Gerade das ist mein Problem, daß alle gesagt haben: ‚Das ist dumm, was du da machst. Das ist verantwortungslos!‘ Dann hab’ ich wieder einen Zurückzieher gemacht. Dann hab’ ich eben tatsächlich mit meinem Verstand gesagt: ‚Ich habe jetzt gerade eine Arbeitsstelle, in Kaiserslautern habe ich dann noch keine. Die Kinder sind jetzt im Kindertagheim gut untergebracht. Ich weiß nicht, was in Kaiserslautern ist.‘ Dann habe ich mir das alles gesagt, und dann mußte ich sagen: ‚Ja, die anderen haben Recht!“

Anne-Marie: „Aber Dein Gefühl war eigentlich: Zieh‘ dort hin, wo jemand ist, der Dich versteht.“

Claudia: „Ja, genau. Ich habe die Kraft! Ich habe den Mut, nochmal anzufangen! Und dann auf einmal war das weg.“

Sybille: „Hast Du denn vielleicht in Kirchheim eine Möglichkeit in eine Wohngemeinschaft zu gehen?“

Claudia: „Das weiß ich noch nicht. Ich werde schon Wege finden. Nur gerade eben durch das Problem mit meiner Mutter, die bestimmt zuguckt, das hat mich doch sehr mitgenommen, so daß ich jetzt – ich kann nicht mehr alleine sagen: Ich bleibe hier, obwohl ich’s gerne möchte. Aber ich kann nicht. (Pause) Schon gut.“

Sprecher: „Und Sybille, es wäre möglich, daß Claudia zu Dir ziehen könnte oder nach Kaiserslautern ziehen könnte?“

Sybille: „Ja. Ich hatte das im Grunde schon ziemlich weit organisiert für die Claudia, weil – ich hatte eine Wohngemeinschaft ausfindig gemacht, wo sie eventuell hätte unterkommen können. Ich habe mich dann natürlich nicht mehr weiter bemüht, nachdem die Claudia dann gesagt hat, sie möchte nicht. Aber auf jeden Fall, die Möglichkeit hätten wir gehabt. Ich habe viele Möglichkeiten da in Betracht gezogen, und ich glaube schon, daß das was geworden wäre."

Claudia: „Ich werde auch sicher im Laufe der Zeit nochmal darauf zurückkommen. (Sybille: „Ja.") Aber ich muß jetzt wirklich abwarten, wie die Dinge sich weiterentwickeln und –."

Reinhard: „Ich glaube, was Dich so ärgert, ich höre es heraus, daß Du nicht Dir selber gefolgt bist, sondern den anderen gefolgt bist."

Claudia: „Daß ich mir selbst nicht glaube, so wie ich mich selbst nicht mag. Ich versuche immer stark zu sein und zu zeigen: Ich kann alles! Das ist vielleicht auch irgendwie rausgekommen. Ich kann es auch in dem Moment, wenn ich anderen helfen soll. Aber mir selbst kann ich nicht helfen. Also das ist mein eigentliches Problem."

Anne-Marie: „Daß Du nicht genügend Zutrauen zu Dir selber hast, zu Deinen Entscheidungen, was Du eigentlich gefühlsmäßig möchtest? (Claudia: „Ja.") Und da höre ich auch: Du würdest eigentlich so gerne wie die Gruppe, die ja jetzt das Wochenende für sich hier bleibt, Du möchtest eigentlich so gerne hierbleiben und auftanken. Und da ist aber zugleich die Anforderung, daß die Oma so sehr schwerkrank ist, und Du Schuldgefühle kriegst, wenn Du jetzt nicht auch noch das Wochenende dort bist."

Claudia: „Ja, also wenn ich wüßte, daß das wirklich Unrecht ist, daß ich hier auftanke, dann würde ich doch auch wirklich gehen."

Gisela: „Aber meinst Du nicht, daß Du das – Du sagtest vorhin Schuldgefühle. Du hast Deine Kinder. Für Deine Kinder wär's auch sehr wichtig und sehr gut, wenn Du ein bißchen Freude hier hast. Und wir mögen Dich, wir wollen Dich gern hier haben. Ich will jetzt nicht Recht sprechen hier – für mich wär' das das gleiche Problem, wenn ich davor stünde. Aber ich bin einfach der Ansicht, es wär' für Dich auch wichtig, wenn Du mal ein bißchen froh sein kannst."

Claudia: „Ja, ich fühle das auch so in letzter Zeit. Ich war ja so tief unten, ich konnt' nichts mehr anfangen."

Gisela: „Und die Entscheidung mußt Du selbst irgendwie treffen, die kann Dir nie jemand abnehmen." (Claudia: „Ja, das ist ja das Problem.") Du mußt dazu stehen, wenn wirklich was jetzt mit Deiner Großmutter ist, daß Du dann weißt, trotzdem war's wichtig! Also Du mußt das, was Du tust, dazu mußt Du irgendwie stehen. Ich meine, ich red' so klug, nicht? Das kann ich auch nur zu Dir sagen." (Claudia: „Ja, ich weiß es.")

Reinhard: „Aber ich spüre, Du möchtest ihr sagen: ‚Du mußt auch ein Stück für Dich besorgt sein. Und wenn Du für Dich sorgst, bist Du ein besserer Partner für Deine Kinder. Und es ist wichtig, daß Du für Dich etwas tust." (Gisela: „Ja, genau!")

Claudia: „Doch wenn man jetzt zu mir sagt: ‚Das ist niedrig, was Du da tust! Du versündigst Dich da! Und irgendwann wirst Du in Deinem Leben wieder vor so'ne Situation gestellt, und dann haust Du wieder ab, drückst Du Dich wieder davor!' Dann finde ich das so schlimm, denn das will ich im Grunde genommen ja gar nicht. Ich hab' mich doch auch wirklich bewußt auf jeden Fall noch nicht gedrückt. Und das ist vielleicht das, was mir dann Schwierigkeiten macht. Ich denke, daß vielleicht was im Unterbewußtsein ist, und ich das noch nicht weiß. Und jetzt denke ich immer, das kommt dann hervor, indem ich dem anderen dann folge, aber es –."

Sprecher: „Claudia, ich hörte bei Dir so heraus, was die Reaktionen Deiner Umwelt anbelangte, und ich glaub', das ist vielleicht etwas, was anderen auch ähnlich geht, daß man immer wieder erfährt, wie schwer es einem eigentlich fällt, zu sich selber zu stehen, und wie schwer es einem fällt, Gefühle auszudrücken, weil man im Prinzip anders erzogen worden ist. Man ist ja eigentlich erzogen worden, oder man wird auch heute noch, obwohl der Klaus das jetzt in seiner Klasse anders macht, dazu erzogen, eher die Gefühle zurückzuhalten, sich einzuschnüren, sie nicht weiter nach außen zu tragen. Also eher läuft Erziehung darauf hinaus, daß man sich selbst als Person zurücknimmt, Gefühle nicht so stark äußert. Mich würde eigentlich mal interessieren, wie Euch das hier in der Gruppe auch gegangen ist und diese Erfahrung, dann offen über sich zu sprechen? Und diese Fassade so ein wenig, die jeder ja mit sich rumträgt, fallenzulassen. Und wie man das dann auch möglicherweise weitertragen kann, andern vermitteln kann?"

Gisela: „Ja, also ich kann dazu nur eins sagen, daß ich mich also hier in der Gruppe jedem offen mitteilen kann und bisher nicht angeeckt bin. Und daß ich glaube, ‚draußen' – ich nenn' dies mal ‚drinnen' und das andere ‚draußen' – draußen ist es für mich so, daß ich, wenn Menschen auch irgendwo Schwächen zugeben oder wenn Menschen also eben auch irgendwo Probleme haben – also das Wort Probleme, das wird sowieso im Moment viel zu oft erwähnt, aber in diesem Fall muß man's nochmal sagen – also, wo Menschen irgendwelche Schwächen auch zugeben, sich dadurch auch irgendwie öffnen, daß man da verstanden wird und daß das einen Einklang gibt. Aber da, wo Menschen eben einfach 100%ig sein wollen, und es sicher nicht sind, aber es sich und niemand anderem eingestehen, daß sie auch Schwächen haben, sind sie natürlich auch nicht bereit, uns anzuhören. Da ist dann eben immer diese Mauer. Also wir hier, finde ich, wir sind irgendwie, das ist eben das, was ich immer zu schön empfinde, und was ich unheimlich vermissen werde in Hamburg, das ist eben etwas, was es draußen wirklich nicht gibt. Und das ist, wie Claudia schon sagt, verdammt schwer, das jetzt irgendwie mit nach draußen zu nehmen und damit was anzufangen. Man ist so voller Gefühle, wenn man rauskommt."

Sybille: „Ja, aber was es draußen nicht gibt, würde ich nicht sagen."

Gisela: „Es gibt es, aber wie ich schon sage: Es sind entweder Menschen, die auch irgendwo Schwächen haben, die einen verstehen können. Aber ich hab' wirklich schon viel – ich bin auf Granit gestoßen. Und dann verkapsel ich mich wieder."

Sybille: „Aber ich denke nur, daß wir durch das, was wir jetzt erlebt haben, eigentlich die Chance haben, es anderen mitzuteilen, indem wir uns als erste vielleicht so verhalten. Also nicht, indem wir verlangen von den anderen, daß sie mit Gefühlen auf uns zugehen. Sondern daß wir vielleicht diejenigen sind, die damit anfangen, um den anderen zu vermitteln, zu sagen: ‚Ich laß' die Fassade fallen!' Wenn man das mal so ausdrücken will. Und ich persönlich empfinde es als ungeheure Erlösung, Entkrampfung, wenn ich mich so verhalten kann. Und vielleicht haben wir die Chance, dann auch einen anderen Zugang zu diesen Menschen zu bekommen, die von sich aus noch nicht so in der Lage sind, sich zu öffnen. Wenn wir das quasi als Fazit mitnehmen, daß wir diejenigen jetzt sind, die die Kraft bekommen haben, anzufangen, zuerst einmal Gefühle zu zeigen und dem anderen, der mitschwingen kann, dann auch diese Art der Sicherheit vermitteln: Der versteht mich! oder: Die versteht mich! Und genauso wird man das wahrscheinlich von diesem Menschen dann zurückbekommen. Und wenn nicht, dann steht es einem doch immer noch frei, sich zurückzuziehen und abzuurteilen, für sich selber abzuurteilen, zu sagen: ‚Also mit diesem Menschen komme ich einfach nicht so gut zurecht. Ist gut, ich laß es sein. Ich such' mir einen anderen.' Aber ich finde, wir haben die große Chance jetzt!"

Siegfried: „Zum Beispiel, ich konnte sehr gut was mit rausnehmen, von Klaus her, der mit seiner Spontaneität da – was Claudia praktisch vielleicht verloren hat, hab' ich gewonnen. Ich konnt' Sybille vorhin einfach nehmen, einfach aus dem Gefühl heraus. Das war zu Hause sogar so, daß ich meine Frau so, praktisch so wie Klaus auch so geschildert hat, so nur aus dem Gefühl heraus genommen hab' und so rumgewirbelt hab'. Und sie hat gefragt: ‚Hast Du getrunken?' (Gruppe lacht) Weil das einfach aus dem Gefühl heraus kam. Und daß ich mich da eben überwunden hab' und es jetzt wirklich gut ist."

Reinhard: „Du fühlst Dich freier und nicht mehr gehemmt? Ja?"

Siegfried: „Ja, freier, ja, indem ich einfach meine Gefühle spontan auch zeigen kann. Vorher hab' ich erst ein-, zweimal überlegt, und dann war's schon wieder weg. Und jetzt kann ich zugreifen."

Reinhard: „Du bist weniger ängstlich, Du selbst zu sein mit Deinen Gefühlen?" (Siegfried: „Ja.")

Im folgenden läßt der Sprecher zur Information für die Fernsehzuschauer die beiden Psychologischen Helfer zwei Fragen beantworten: „Wie kann man ein Klima schaffen, damit Menschen offener werden?" „Warum greifen die Helfer so wenig in das Gruppengeschehen ein?"

Im Anschluß an die Beanwortung dieser beiden Fragen äußern sich einige Teilnehmer, was sie erlebten, wenn sie für die anderen Mitglieder Helfer waren, wie wichtig das für sie war:

Gisela: „Also das, da möchte ich ganz große Tüttelchen machen. Ich hab' das vergessen auch zu sagen. In Hamburg hat eine Kollegin mir Dinge erzählt. Die sagte: ‚Also Gisela, Du bist prima. Also Du, was Du mir gibst. Ich habe noch mit keinem Menschen so reden können wie mit Dir.' Und also das, was ich immer so sehr gerne möchte, daß andere es mir geben, das kann ich komischerweise gelegentlich auch vermitteln."

Anne-Marie: „Und Du hast es eigentlich nicht gedacht, daß Du es kannst?" (Gisela: „Nein.")

Reinhard: „Und ich selbst lerne auch hier in dieser Gruppe. Ich bewundere zum Beispiel, wie einzelne wirklich ihr Fühlen oder ihre Empfindungen ausdrücken können oder dem andern mitteilen können, wie sie ihn wahrnehmen. Ich bewundere das und ich lerne es selber für mich."

Sybille: „Für mich ist das zum Beispiel auch ein ungeheurer Erfolg, wenn ich merke, daß ich anderen helfen kann, ihnen was geben kann. Daß ich nicht immer nur die Bedürftige bin. Und auch in dieser Stellung gehalten werde von dem Therapeuten her, als bedürftig gehalten werde. Sondern wenn ich selber das Gefühl bekomme, über meine Bedürftigkeit auch anderen helfen zu können. Und ich meine, das Recht kann einem ja im Grunde keiner verwehren, daß man auch Verständnis für andere hat. Ich sage mir, wer nimmt sich im Grunde das Recht dann über mich zu urteilen, um zu sagen: ‚Die kann das ja nicht! Das ist mein Ressort. Ich bin hier der Therapeut. Ich bin derjenige, der das weiß!' Da sind doch – die Gefühle, die werden dann doch gar nicht beachtet, die jeder bei sich selber entwickelt für den anderen."

Giselbert: „Ich möchte mal sagen so, was ich mir überlegt habe, als hier die Frage auftauchte: Was tun die Helfer? Weil ich ja da am Wochenende auch so über einiges gesprochen habe, worüber ich sonst zu Hause ja selten oder fast gar nicht bisher gesprochen habe, und auch Gefühle habe hochkommen lassen, die ich sonst unterdrücke. Und da geht's mir so, daß ich nicht sagen kann: Hier der Reinhard und die Anne-Marie, die hätten irgendwas getan, was mich befähigt hätte, die Gefühle hochkommen zu lassen und über sie zu sprechen. Daß es mehr bei mir war, daß es die ganze Gruppe war, eigentlich alle, die da waren. Und die haben dazu beigetragen, daß es mir möglich war zu sagen. Daß da niemand oder nichts da war, was mich gehindert hat.
Und dann möchte ich noch so einiges sagen, was ich bei mir festgestellt habe. Einmal so heute abend hier, als ich gefragt wurde: ‚Warst Du da beim Klaus zu Besuch?' Da habe ich dann nur nein gesagt hier. Und ich weiß, daß ich früher unsicher geworden wäre oder mich geschämt hätte: Mensch, da lädt dich jemand ein, um ihn eine Woche zu besuchen. Und du gehst da nicht hin, nicht! Und da hätte ich mich unwohl gefühlt bei diesem ‚Nein'. Und ich wär' gezwungen gewesen, mich zu rechtfertigen. Und daß ich hier festgestellt habe: Nein, ich sage nein, und das genügt. Und daß ich damit einverstanden bin. Daß ich dazu stehen kann, ohne das begründen zu müssen. Und genauso ging's mir heute morgen auch auf der Fahrt hierher. Als es darum ging, daß die anderen, die bleiben noch einen Tag hier, und ich sagte und sage es auch jetzt: Ich bleibe diesen Tag nicht hier. Und da fühlte ich mich zu Anfang ein bißchen unwohl, nicht, da fühlte ich mich so ein bißchen ausgeschlossen da in der Gruppe, mit denen ich hierher gekom-

men bin. Aber daß es mir nachher anders gegangen ist, da auf der Fahrt hierher, daß ich auch dazu stehen konnte: Ich fahre eher nach Hause. Und ich hatte auch das Gefühl, die anderen können das akzeptieren.
Und dann hatte ich so heute abend, als ich das da am Bildschirm sah, so festgestellt, wie ich reagiert habe. Und das war sehr verschieden. Einige Male war es so, das hat mich überrascht, daß ich da über mich gelacht hatte, als ich mich da sah. Und einige Male oder mehrere Male so das Gefühl hatte: Mensch, das ist ja ganz okay, was du da sagst! So daß ich mir also so in Gedanken auf die Schulter geklopft habe: ‚Mensch, alter Junge, das hast du ja gut gemacht da.' Und das hatte mich überrascht und gefreut. Und diese eine Szene, wo ich die Kameras da so als bedrohlich und als Kanone, die da auf mich zielt und zu schießen beginnt, erlebt hatte, da wollte ich am liebsten weggucken. Und da war mir so, daß es mir ein bißchen ferner geworden ist, dieses Ganze, so daß ich so das Gefühl habe: Das ist eine Sache, über die ich hinweg kann. Die ich nicht immer wieder ansprechen muß, wiederkauen muß. Und an dieser Kamera, da kann ich dran vorbeigehen. Ja und dies, daß ich da irgendwas Bedrohliches seh', das ist ja nur da, weil ich das so erlebe. Und daß es irgendwie in meiner Macht steht, zu entscheiden: Will ich mich damit beschäftigen? Will ich das da gelten lassen, mich damit auseinandersetzen? Oder will ich das liegenlassen und vorbeigehen dorthin, wo ich hin will?"

Sprecher: „Ich könnte mir denken, wenn ich mich in die Rolle des einen oder anderen Zuschauers versetze, der fragt sich: Warum reden die nicht über sich im stillen Kämmerlein? Gisela, Du deutetest es anfangs mal an, daß Dir das überhaupt nichts ausgemacht hat, es auch öffentlich zu tun. Aber manche werden vielleicht finden: Warum machen die das vor den Kameras? Was würdet Ihr denen antworten? Sollten die das nicht lieber für sich allein tun, oder?"

Gisela: „Nein, ich finde es sogar sehr gut, weil ich überzeugt bin, daß unter den Zuschauern der eine oder der andere ähnliche Schwierigkeiten im Leben hat. Und ich als der Zuschauer würde mich freuen, wenn ich das einmal sehen könnte. Und wenn ich überhaupt über diese Existenz einer solchen Gruppe, also daß es so eine Möglichkeit gibt, wenn ich die irgendwo sehen würde, ich würde mich freuen, ich würde sagen: Meine Güte, also bringt das Fernsehen direkt noch mal was Menschliches! Ja wirklich, das ist so ungeheuer wichtig heute! Uns wird gezeigt, was man rauchen darf und trinken darf oder sollte, und das ist ja alles sehr wichtig, mag ja sein, aber dieses, finde ich, ist das Ursprüngliche. Das ist also richtig ein Appell da so, der kommt da so aus mir raus. Also, ich finde das ungeheuer wichtig, daß man sowas auch mal im Fernsehen sehen kann. Und ich finde so dementsprechend auch wichtig und gar nicht verkehrt, daß ich darüber reden kann, was in mir los ist. Das ist ja nichts Indiskretes, was ich da von mir gebe, was keiner wissen darf. Sondern das, was in mir los ist, das darf jeder wissen. Und wer sich nicht interessiert, kann bitte den Fernseher ausmachen. Also mir macht das nichts."

Sybille: „Ich finde auch, daß wir eigentlich durch dieses Zusammensein und durch dieses wirklich offen Miteinanderreden, ob das letztendlich vor der Kamera ist oder nicht – die Tatsache als solche, daß wir so offen geredet haben, hat doch eine Beziehung in uns, die wir uns vorher überhaupt nicht kannten, geschaffen, die wir sonst vielleicht über Jahre nie erreicht hätten. Und ich meine, das ist doch etwas, was man dann auch nach außen hin teilen darf. Sich also wirklich frei und offen zu verhalten, damit man zu anderen Menschen eine Beziehung erreicht, die fruchtbar eben für beide Seiten ist."

Anne: „Ich finde es auch deshalb wichtig, weil gerade im Berufsleben und im Alltag Gefühle ja eigentlich gar nicht gefragt werden. Wer fragt denn im Beruf schon danach: ‚Wie fühlen Sie sich hier am Arbeitsplatz?' Und deshalb finde ich das sehr wichtig, daß man da drauf aufmerksam macht und auch in Partnerschaften. Ich finde das überhaupt wichtig, daß man lernt, über seine Gefühle zu sprechen, und deshalb bin ich ja auch mit hier. Daß man da profitiert voneinander."

Sprecher: „Und dieses kann und sollte man ruhig auch öffentlich tun, Reinhard?"

Reinhard: „Ja, also ich denke, das Fernsehen bringt öffentlich in Krimis und anderen Filmen viel Mord und Totschlag. Aber ganz offensichtlich bringt das Fernsehen nicht das, was wir wirklich in uns fühlen. Und ich möchte es mal so sagen: Vor 4–500 Jahren liefen viele Menschen in einer Rüstung rum. Wenn sie sich begegnen: Feindschaft. Und ich glaube, wie die Feindschaft zwischen Völkern und zwischen Menschen abnimmt, so wagen es allmählich einige Menschen, sich immer mehr offener zu geben. Und genauso wie manche Menschen, wenn sie einen Panzer ablegen, werden sie beweglicher. Und ich stimme dem zu, was Gisela sagt: Wenn sich Menschen öffnen und dazu stehen, sind sie beweglicher. Sie brauchen nicht mehr zu sagen: Ich muß mich vorsehen vor irgendwelchen Menschen. Ich denke: Was gibt es eigentlich Kostbareres als unsere innere seelische Welt? Und welchen Reichtum verbergen wir, wenn wir ihn nicht äußern."

Siegfried: „Ich hab's auch gemerkt. So im Bekanntenkreis, die bei mir zu Besuch kamen. Hab' ich's einfach mal ausprobiert, einfach über Probleme zu reden, und die Bereitschaft ist wirklich da. Die Leute, die reden dann wirklich mit, was ich vorher gar nicht angenommen hätte. Wo ich vorher auch gedacht hätte: Sie werden bald irgendwie abweisend oder so. Und wie die Probleme dort meist gemeinsam sind, die man hat."

Klaus: „Man glaubt immer, man muß bei so Zusammenkünften, Ehepaare und so weiter, wenn sie einander besuchen, glaubt man immer, man muß oberflächlich bleiben. (Siegfried: „Ja.") Das stimmt gar nicht. Da habe ich ganz ähnliche Erfahrungen wie Du. Man kann da ruhig in die Tiefe gehen, und es werden echtere Freundschaften. Das andere ist Blabla: Muß ich den schon wieder einladen? Und so. Und da ist es dann so ein Bedürfnis mit der Zeit, weil man ja wirklich den anspricht."

Siegfried: „Und ist oft schön dann der Abend, ja."

Gisela: „Ich hab' richtig erlebt, daß mir Leute sagten: ‚Gisela, Mensch, ich beneide Dich. Fährst Du jetzt wieder nach Baden-Baden?' Ehrlich! Also, die haben richtig gesagt: ‚Mensch, wenn wir das doch bloß so miterleben könnten!' Leute, die also sonst nicht über Schwierigkeiten sprechen wie ich, oder Probleme haben oder Ängste haben. Die wirklich sagen – also das muß ich wohl so ausgestrahlt haben zu Hause, wie das hier war oder was ich erlebt habe, daß sie sagten: ‚Mensch, ach, also toll muß das sein!' Also, das ist echt, daß die mich beneiden um dieses Gefühlsleben."

Werner: „Ich hab' noch folgende Feststellung gemacht aus den Gesprächen. Von den meisten von Euch, da weiß ich gar nicht, wo sie wohnen. Ich weiß auch von den meisten gar nicht den Nachnamen. Aber wenn ich im Geiste Euer Bild sehe, dann kenn' ich auch Euer Problem und weiß, daß wir uns darüber unterhalten haben. Und das finde ich so enorm, ja, das finde ich eine Verbindung unter uns."

Sprecher: „Ja, ich find' gerad' solche Beispiele dann auch unheimlich positiv, wie Klaus sie aus seiner Schule genannt hat, oder wie Du sie gerade im Zusammensein mit Deinen Freunden hast: Indem man eben versucht, nach außen zu gehen und Gefühle nach außen zu zeigen, daß dann auch die Bereitschaft da ist der andern. Also es ist stärker, eher auch dann die eigenen Gefühle zu zeigen."

Anne: „Aber ich muß doch sagen, daß man auch was auf die Nase kriegen kann. Also mir ist es auch schon öfters passiert, daß jemand meine Gefühle nicht akzeptiert hat."

Klaus: „Ich glaube, man muß vielleicht auch unheimlich – ach das ist ein wenig so, mit Claudia, das hat mich schon getroffen. Jetzt habe ich mir gedacht, jetzt hab' ich's gegenübergestellt. Claudias Erlebnisse – meine Erlebnisse! Da hab' ich gedacht: Hoppla was ist da jetzt los? Da ist eine Diskrepanz drinnen. Aber trotzdem, glaube ich, das macht gar nichts. In der Grundidee ist es trotzdem positiv. Und da gehört so eine Sache dazu. Das wär' ja, wenn man nur: ‚Hurra! Hosianna! Jetzt haben wir den Stein der Weisen! Das ist er!' Das stimmt ja nicht! Wir haben nur eine Möglichkeit, glaube ich, eine gute Möglichkeit. Und wenn's einmal nicht hinhaut, war's ja vielleicht nicht so tragisch. So empfinde ich das."

Sprecher: „Dazu gehört auch, das haben wir von der Anne schon gehört, daß sie angeregt worden ist, kreativ zu sein. Wir haben das Bild eben gesehen. Und angeregt worden ist auch der Werner. Den haben die 2 Tage hier so inspiriert, daß er etwas komponiert hat und getextet hat. Und ein bißchen was könntest Du uns doch davon vorspielen."

Werner geht zum Klavier und spielt eine Melodie.

Sprecher: „Herzlichen Dank. Ich glaube, wir sollten so allmählich zum Schluß unserer Runde kommen. Ich hätte eigentlich noch an Euch die Frage, was Ihr anderen Leuten, Zuschauern, sagen würdet, die möglicherweise, nachdem sie jetzt das alles gesehen haben, auch an einer Gruppe teilnehmen möchten. Würdet Ihr denen das raten, und was würdet Ihr ihnen mit auf den Weg an Empfehlungen geben?"

Gisela: „Ich würde nur sagen: ‚Kommt her! Es kann nichts schiefgehen, und zeigt, zeigt was in Euch ist. Passieren kann nichts."

Sybille: „Ja, also ich meine, ich würde sagen: Der einzige Weg, den ich so sehe, ist, indem man echt ist, der, der man ist. Indem man versucht, den anderen zu akzeptieren, so wie er ist, und ihn versuchen zu verstehen, den anderen Menschen. Das ist eigentlich alles. Und ich glaube, daß man dann vielleicht doch den besten Zugang zu anderen Menschen gewinnen kann."

Klaus: „Ich kann mir vorstellen, daß nicht jeder die Möglichkeit hat, und es gibt, glaube ich, viele Möglichkeiten. Ich empfinde es als einen Weg."

Reinhard: „Ja, es ist eine Möglichkeit, dieses persönliche Lernen oder das seelische Reifen zu beschleunigen und zu verstärken."

Siegfried: „Ich habe es gemerkt, daß die Leute auch echt das suchen, daß man darüber spricht. Seitdem wir das erste Mal hier waren, ich selbst Gespräche so – da ist es eben zu gekommen. Und daß echt eine Bereitschaft da liegt, und daß die Leute doch vielleicht selber das ansprechen sollten."

Sprecher: „Also entscheidend ist, es im persönlichen Bereich zu verwirklichen, das, was Ihr hier so in der Gruppe erfahren habt. Das war auch Dein Votum, Klaus?"

Klaus: „Also, vielleicht könnte der Eindruck entstehen, daß die Leute jetzt glauben: ‚Encounter, das ist jetzt – muß ich unbedingt!' Das glaub' ich persönlich nicht."

Reinhard: „Ich glaube auch, es gibt viele Möglichkeiten in unserem Leben, persönlich zu wachsen und zu reifen. Dieses ist eine Möglichkeit. Und ich glaube, es ist eine Möglichkeit, die die Menschen einen wichtigen Schritt voranbringt, den sie sonst vielleicht langsamer oder vielleicht gar nicht getan hätten."

Wenig genutzte Möglichkeiten in der Gesprächspsychotherapie

Im Folgenden haben wir die 8. Auflage dieses Buches ergänzt und einen Vortrag wiedergegeben, den einer von uns – Reinhard – vor Gesprächspsychotherapeuten in Berlin hielt. In ihm haben wir zusammengefaßt dargestellt, was in der praktischen Tätigkeit von Psychotherapeutischen Helfern in Beratungsstellen, Kliniken und Gruppenpraxen heute noch wenig genutzt wird. Dieser Vortrag enthält auch einige Aspekte aus neueren Untersuchungen.
Zunächst haben wir allgemeinere Einsichten und Erkenntnisse dargestellt, danach konkrete Einzelheiten der Vorbereitung und Durchführung von Gesprächspsychotherapie sowie anschließende Angebote zusätzlicher andersartiger therapeutischer Erfahrungen.

Wie können wir die Persönlichkeitsentwicklung unserer Klienten durch geeignetere Bedingungen erleichtern und ihnen seelische Wandlungen in größerem Ausmaß ermöglichen? Wie können wir den Prozentsatz der Klienten vermindern, die durch Gesprächspsychotherapeuten keine Hilfe erfahren oder zusätzlich beeinträchtigt werden? Woran liegt es, daß manche Gesprächspsychotherapeuten nur bei wenigen Klienten günstige Änderungen erreichen können?

Ich möchte Ihnen hierzu einiges mitteilen, was ich in den letzten Jahren gelernt habe, aus eigenen Erfahrungen mit über 180 Klienten in Gruppengesprächen, aus den Nachbefragungen aller Klienten unserer Psychotherapeutischen Beratungsstelle 6 Monate später und aus Forschungsuntersuchungen, die wir zur Prüfung unserer Auffassungen durchführten.

Wann ist Gesprächspsychotherapie hilfreich? In unserer Auffassung über die Bedeutung der drei personenzentrierten Haltungen des Psychotherapeutischen Helfers sind wir durch weitere Untersuchungsbefunde und Erfahrungen bestärkt worden. Ob Gesprächspsychotherapie für Klienten hilfreich, nutzlos oder beeinträchtigend ist, hängt wesentlich von den Haltungen des Psychotherapeuten ab. In den neueren Untersuchungen, in denen wir viele frühere Fehler und Unzulänglichkeiten vermeiden konnten, bestätigte sich die Hauptannahme von Carl Rogers deutlicher: Die drei personenzentrierten Haltungen einfühlendes Verstehen, Achtung-Wärme-Sorgen sowie Echtsein sind die im allgemeinen notwendigen und weitgehend hinreichenden zwischenmenschlichen Bedingungen eines Helfers im Gespräch für das persönliche Lernen des Klienten, wenn er sie gleichzeitig in hohem Ausmaß lebt *und* wenn ihn der Klient in dieser Weise wahrnimmt. Klienten mit deutlichen günstigen Änderungen hatten fast ausschließlich Helfer, die in hohem Ausmaß gleichzeitig einfühlsam, warm-sorgend und echt waren und so vom Klienten auch wahrgenommen wurden. Dagegen hatten Klienten mit fehlenden oder ungünstigen Änderungen Psychotherapeuten, die in den drei Haltungen nicht das notwendige Minimum von Stufe 3,5 auf der 5-stufigen Skala erreichten.

Garantie günstiger Bedingungen für den Klienten. Ich halte es im Interesse der Wohlfahrt und der Rechte von Klienten für unerläßlich, daß Lebensberatungsstellen, Kliniken, Gruppenpraxen u.a. bei der Psychotherapie jedes Klienten feststellen, ob der Klient hinreichend förderliche Bedingungen im Gespräch erhält. Dies kann mit einem einfachen Erfahrungsbogen erfolgen, den der Klient nach jedem oder jedem zweiten Gespräch ausfüllt. Spätestens nach dem 5. Einzelgespräch bzw. nach einem Gruppen-Wochenende folgt dann ein Interventionsgespräch durch einen anderen Helfer, in dem unzureichende Bedingungen geklärt und förderlichere Maßnahmen vereinbart werden. Ein Interventionsgespräch durch einen neutralen Psychologen nach jedem 5. Einzelgespräch bei allen Klienten unserer Beratungsstelle hat zu sehr günstigen Auswirkungen geführt.

Warum ist diese Prüfung der Bedingungen, die ein Klient im Gespräch erhält, so bedeutsam? □ Manche Gesprächspsychotherapeuten bieten ihren Klienten durch nur mittlere oder geringe Einfühlung, Achtung-Wärme-Sorgen und Echtsein nicht hinreichende Bedingungen, unter Stufe 3,5 der 5-stufigen Skalen. Dies stellten wir in der sog. Supervision von psychotherapeutischen Gesprächen und in Untersuchungen fest. In einer unserer älteren Untersuchungen boten mehr als die Hälfte der personenzentrierten Gesprächspsychotherapeuten den Klienten nicht hinreichende Bedingungen! Für günstige Änderungen des Klienten war es auch nicht hinreichend, wenn der Helfer nur in einer Haltung günstige Bedingungen bot, also nur deutlich einfühlend oder nur deutlich echt oder nur deutlich achtungsvoll-warm war (Rudolph u.a., 1978). Manche Psychotherapeuten meinen fälschlich, die Theorie der personenzentrierten Psychotherapie über die Bedeutung der drei Haltungen sei unzutreffend oder fehlerhaft; sie schließen sich deshalb direktiveren und weniger sanften Vorgehensweisen an. In Wirklichkeit können sie ihren Klienten nicht die notwendigen Bedingungen von gleichzeitig hoher Einfühlung, Achtung-Wärme und Echtsein geben, und sind so eine indirekte Bestätigung der Haupthypothese von Carl Rogers über die Auswirkung dieser Haltungen. Gewiß können sich z.B. manche Klienten in Einzelgesprächen nur schwer öffnen und mit sich selbst auseinandersetzen. Ein einfühlender und sorgender Helfer wird sich jedoch um bessere Bedingungen bemühen, z.B. Gruppengespräche oder Möglichkeiten anbieten, die der seelischen Auflockerung dienen, s.S.383 f. □ Die wissenschaftlichen Befunde besagen zwar, daß Gesprächspsychotherapie bei hoch einfühlsamen, achtungsvoll-sorgenden und echten Psychotherapeutischen Helfern zu günstigen seelischen Änderungen der Klienten führt. Diese Befunde können aber nur dann von einem jeweiligen Psychotherapeuten in Anspruch genommen und verallgemeinert werden, wenn er prüft und nachweist, daß er seinen jeweiligen Klienten diese Bedingungen bietet.

Handlungen und Maßnahmen. Personenzentrierte Handlungen und Maßnahmen von Helfern – also nicht nur personenzentrierte Gespräche – sehen wir zunehmend mehr als günstige, ja oft notwendige Bedingungen der Erleichterung der Persönlichkeitsentwicklung von Klienten an. Sie werden allerdings erst wenig genutzt. Welche Aktivitäten (Handlungen und Maßnahmen) sind personenzentriert und somit förderlich? Jede Aktivität, Handlung und Maßnahme eines Helfers ist förderlich für die seelische Entwicklung des Klienten oder Partners, wenn sie deutlich seiner Einfühlung in die seelische Erlebniswelt des anderen, seiner Achtung-Wärme-Sorge sowie seinem Echtsein entspringen oder entsprechen. Entscheidenderweise lassen derartige personenzentrierte Aktivitäten dem Klienten die Selbstbestimmung, sie lassen die Entscheidungen bei ihm, sie berücksichtigen die jeweils einzigartige seelische Wirklichkeit des Einzelnen, sie sind nicht-dirigierend, sie sind offen und transparent. Viele Beispiele für derartige personenzentrierte nicht-dirigierende Aktivitäten habe ich in den späteren Abschnitten gegeben.

Auf die Bedeutung personenzentrierter Aktivitäten kamen wir besonders durch Erfahrungen in Gruppengesprächen. Wir bemerkten, daß manche Helfer außerhalb der Gesprächssituation, in sonstigen Begegnungen mit den Gruppenmitgliedern, in der Freizeit oder nach den Gruppentreffen passiv waren. Auf der anderen Seite erfuhren wir, daß sehr einfühlsame, achtungsvoll-sorgende und echte Helfer eine Fülle von Aktivitäten außerhalb der Gespräche zeigten und sich um die Mitglieder förderlich kümmerten.

Vielleicht werden Sie fragen: Sind personenzentrierte Aktivitäten, Handlungen und Maßnahmen in und außerhalb der Gesprächssituation wirklich so bedeutsam und notwendig für förderliche zwischenmenschliche Begegnungen? Die Bestätigung hierfür erhielten wir in mehreren Forschungsuntersuchungen. Und zwar bei Personen, die meist nichts von Gesprächspsychotherapie und personenzentrierten Haltungen wußten und in deren alltäglichem Leben Handlungen und sonstige Aktivitäten mehr im Vordergrund standen als Gespräche. Ich möchte Ihnen diese Untersuchungen kurz schildern:

☐ Das Verhalten und die Äußerungen von fast 200 deutschen Lehrern im Unterricht wurden anhand von Tonaufnahmen in den drei Haltungen einfühlendes Verstehen, Achtung-Wärme sowie Echtsein eingeschätzt. Ferner wurde bedeutsames Verhalten und Erleben der Schüler im Unterricht ermittelt. Lehrer, die deutlich einfühlend, achtungsvoll-warm sowie echt von Beurteilern eingeschätzt wurden, hatten Schüler mit hohem Niveau kognitiver Prozesse im Unterricht (Einschätzung der Tonaufnahmen durch Beurteiler), mit günstigen persönlichen und fachlichen Erfahrungen im Unterricht sowie einer günstigen Beziehung zum Lehrer. Diese Lehrer hatten zugleich ein hohes Ausmaß an nicht-dirigierenden förderlichen Aktivitäten, z.B. Angebote machen, Hilfe geben, Herstellen einfach verständlicher Informationsblätter, Bereitstellung von Lernhilfen, zur Verfügung stehen für Fragen usw. Dagegen waren sie nur in geringem Maße dirigierend-lenkend. Dem gegenüber hatten nur mittelmäßig oder wenig einfühlsame, achtungsvoll-warme und wenig echte Lehrer – die Mehrzahl in der Untersuchung – Schüler mit geringem Niveau kognitiver Vorgänge und eher ungünstigen Erfahrungen im Unterricht. Entscheidenderweise waren sie deutlich dirigierend, lenkend und befehlend, aber wenig nicht-dirigierend förderlich aktiv (Tausch und Tausch, 1977a, S. 103 f.). Offensichtlich sind die Maßnahmen und Aktivitäten von Personen, etwa Lehrern, die einfühlsam für die innere Wirklichkeit ihrer Partner sind, die sie achten und die echt und aufrichtig sind, häufig der seelischen Situation der Partner angemessen. Personen mit geringer Einfühlung, Achtung und Echtsein haben dagegen häufig Maßnahmen und Aktivitäten, die vom Partner als wenig angemessen empfunden werden.

☐ Die Bedeutung personenzentrierter Aktivitäten scheint auch für die Beziehung zwischen Partnern Gültigkeit zu haben. Mario Fox und ich baten 100 Personen um Angaben, in welchem Ausmaß sie ihren Ehe- oder Lebenspartner als einfühlsam, achtungsvoll-warm und echt erlebten. Das Ergebnis: Personen, die so ihren Partner wahrnahmen, waren deutlich zufrieden mit ihrer Partnerschaft in den wesentlichen Bereichen. Dagegen waren diejenigen unzufrieden, die ihren Partner als wenig einfühlsam-verständnisvoll, achtungsvoll-warm und echt wahrnahmen. Diese Einschätzungen erfolgten naturgemäß aufgrund vieler Handlungen und Aktivitäten des Partners. Und es erscheint uns naheliegend: Wenn ein Partner sich in die seelische Wirklichkeit des anderen einfühlt, diese seelische Welt achtet und darin echt ist, dann werden seine Aktivitäten von dem anderen als förderlich und befriedigend empfunden.

☐ Wir baten Erwachsene, das Erziehungsverhalten ihrer Eltern einzuschätzen. Durch Tests erhielten wir ferner Angaben über ihre seelische Gesundheit bzw. seelische Beeinträchtigung. Ergebnisse: Erwachsene, die das Erziehungs*verhalten* ihrer Eltern deutlich achtungsvoll-warm, echt und nicht-dirigierend förderlich wahrnahmen bzw. erinnerten, waren seelisch gesünder und weniger seelisch beeinträchtigt als Erwachsene, die das Verhalten ihrer Eltern als geringschätzig, wenig echt, wenig nicht-dirigierend aktiv sowie deutlich dirigierend wahrnahmen (Tönnies u. Tausch, 1978).

Diese Untersuchungen sehen wir als Bestätigung der Auffassung an: Personenzentrierte Handlungen und Maßnahmen sind – über die sprachliche Kommunikation hinaus – bedeutsam in hilfreichen zwischenmenschlichen Beziehungen.

Nur Einzelgespräche? Ich höre oft, daß manche Psychotherapeuten ihren Klienten nur Einzelgespräche anbieten. Wenn wir einfühlend sind, erfahren wir häufig, daß für viele Klienten, besonders für Klienten mit Schwierigkeiten in Selbstöffnung und Selbstauseinandersetzung, Einzelgespräche eine unbefriedigende unzureichende Situationsbedingung sind. Personenzentrierte G r u p p e n - gespräche geben – wie wir es auch in diesem Buch dargestellt haben – den Klienten vielfach günstigere Bedingungen, und auch dem Helfer viele Chancen für personenzentrierte Aktivitäten und Handlungen. An unserer psychotherapeutischen Beratungsstelle wählten ca. 70 % der Klienten bereits bei ihrer Anmeldung Gruppengespräche. Diejenigen, die Einzelgespräche wählten, entschieden sich nach 10 Gesprächen zu ca. 90 % entweder für die Teilnahme an Gruppengesprächen oder für eine Beendigung der Psychotherapie; nur ein sehr kleiner Prozentsatz wünschte die Fortsetzung der Einzelgespräche.

Team-Therapie. Einzelgespräche, die ich auf Wunsch einiger Klienten führe, empfinde ich für mich selbst sowie für die Klienten als befriedigender, wenn ich sie gemeinsam mit einem Co-Helfer führe, z.B. mit einem in Gruppengesprächen erfahrenen Laien oder mit einem lernenden Studenten. Ich kann so eher einfühlsam, achtungsvoll-warm und echt sein. Ich habe während des Gespräches Zeit, mich gelegentlich selbst zu klären oder über einige Bedeutungen in den Äußerungen des Klienten nachzudenken, um sie besser zu verstehen. Ich fühle mich entlasteter. Häufig sind Helfer, Co-Helfer und Klient gleichsam eine Klein-

Gruppe. Fast alle Klienten empfinden diese sog. Team-Therapie gemäß ihren Angaben befriedigender als Gespräche mit nur einem Helfer, vorausgesetzt, sie nehmen zwischen Helfer und Co-Helfer ein gutes Beziehungsverhältnis wahr (Boeck-Singelmann, 1978).

Sterben und Tod. Wir lernten, daß viele unserer Klienten größere Angst vor Sterben und Tod hatten. Diese Angst überdeckte das gegenwärtige Erleben gleichsam mit einem Schatten. Viele vermieden eine Auseinandersetzung mit der Endlichkeit ihres Lebens. „Ich bin bei dem Gedanken an den Tod völlig befangen und empfinde jeden Sterbenden als Bedrohung. Ich bin weit davon entfernt, das Sterben in meinem Leben anzuerkennen oder gar als ein Stadium der Reife zu betrachten."

Wir lernten ferner: Personen, die sich mit ihrem zukünftigen Sterben und Tod auseinandersetzten, etwa in Gruppengesprächen oder in einem Seminar mit diesem Thema, empfanden danach erheblich weniger Angst vor Sterben und Tod. Vor allem gewannen sie häufig eine neue geänderte Einstellung zu ihrem Leben. Die Auseinandersetzung mit Sterben und Tod führt offenbar zu einer Wandlung in uns. Wir sehen Ereignisse unseres derzeitigen und zukünftigen Lebens in geänderter Bedeutung. Wir erkennen besser, was belanglose Äußerlichkeiten und Schein-Wichtigkeiten sind, womit wir uns betäuben und ablenken. In der Auseinandersetzung mit Sterben und Tod erkennen wir eher, welche Erfahrungen, Personen und Ereignisse für uns wirklich von Bedeutung sind.

Auseinandersetzung mit dem Universum. Einige unserer Klienten suchten ihre Selbstverwirklichung auch im religiösen Bereich und erfuhren dies für sich selbst voller Sinn und Befriedigung. So schreibt eine Klientin in der Nachbefragung zu einem Gruppengespräch ein Jahr später: "Ich habe nach der Gruppe an einem einwöchigen Kurs mit dem Thema religiöse Grunderfahrungen teilgenommen. Dieser Kurs hat mein Lebensgefühl sehr verändert. Er hat das, was ich schon vorher über den Glauben dachte, in mir aktiviert. Ich fühle mich wesentlich ruhiger, gelassener und geborgener. Meine Beziehung zu Gott ist viel näher, wärmer und erfahrbarer geworden. In meinem Beruf macht sich bemerkbar, daß ich geduldiger, ruhiger, liebevoller auf die Menschen eingehen kann. Und von den Gruppenmitgliedern wurde mir des öfteren gesagt und geschrieben, daß ich auf sie eine innere Ruhe und Freude ausstrahlen würde".

Beeinträchtigungen als Signale zur Veränderung? Ich habe mich oft gefragt: Sind diese Schmerzen und Leiden unserer Klienten sinnlos? Oder welchen Sinn könnten sie haben? Nach vielem Nachdenken habe ich heute folgende Auffassung: Die seelischen Beeinträchtigungssymptome und Schmerzen sind oft ein Ausdruck und die Folge eingeschränkter seelischer Vorgänge und einer eingeschränkten persönlichen Entwicklung. Wir können sie als ein Signal seelischer Gefährdung und seelischen Absterbens ansehen. Und als ein Signal für Menschen, diese Einschränkungen zu mindern und sich besser an sich selbst anzupassen. In ähnlicher Weise sind auch Schmerzen in unserem Körper Signale, die uns drängen, körperliche Beeinträchtigungen zu beenden und einiges zur Verbesserung zu tun. Diese Auffassung wird auch teilweise durch Befunde gestützt: Seelisch beeinträchtigte Menschen leben häufig einen beeinträchtigenden Lebensstil, z.B. mit seltenen Kontakten zu anderen, geringen körperlichen Aktivitäten, geringem Sorgen für den eigenen Körper, Verstecken hinter einer Fassade, Zurückweisen von Hilfsangeboten. Die sog. neurotischen Symptome und Beeinträchtigungen können wir gleichsam als Signale auffassen, zu günstigeren befriedigenderen Lebensformen zu finden, mit geringeren seelischen Einschränkungen und mehr seelichem Leben.

Persönliche Weiterentwicklung nach der Gesprächspsychotherapie. Anne-Marie und ich sind sehr beeindruckt, daß bei manchen unserer Klienten Jahre nach der Gruppenpsychotherapie nicht nur die sog. neurotischen Beeinträchtigungen gemindert oder fortgefallen sind, sondern daß sie sich persönlich in vielen Bereichen weiterentwickeln und zu neuen befriedigenden Lebensformen finden. Durch den Kontakt mit Gruppenmitgliedern Jahre nach den Gesprächen haben wir hierüber viele Informationen. Die Äußerungen einer Frau von 45 Jahren mögen hierfür ein Beispiel sein, die uns ein Jahr später schreibt: “Die Gesprächspsychotherapie war ein Anfang für mich, der vieles in Gang brachte. Vieles hat sich bei mir im persönlichen Bereich geändert, und irgendwie habe ich zu mir selbst eine ganz andere Einstellung und einen neuen Lebensstil bekommen.“ Diese Änderungen in den Lebensformen erstrecken sich auf viele persönliche Bereiche, so Partnerschaft, Kindererziehung, Berufsausübung, Freizeit, Sorgen für den eigenen Körper bis hin zur Ernährung oder Kleidung. Für viele gehört auch die Frage dazu, woher wir als Menschen kommen und wohin wir gehen. So sehe ich heute die Gesprächspsychotherapie bei vielen Klienten nicht nur als Möglichkeit zur Minderung seelischer Beeinträchtigungen an, sondern als ein Beginn zu befriedigenderen personenzentrierten Lebensformen. Wir bemühen uns, dies durch unsere nicht-dirigierenden Aktivitäten zu fördern, etwa durch andersartige Angebote nach den Gesprächen. Diesen geänderten alltäglichen Lebensstil sehen wir auch als wichtig für die dauerhafte Minderung seelischer Beeinträchtigungen an.

Körperliche Beeinträchtigungen. In den Untersuchungen der letzten Jahre stellten wir bei Klienten unserer Beratungsstelle nach Gruppen- und auch nach Einzelgesprächen eine Verbesserung körperlicher, besonders psychosomatischer Beeinträchtigungen fest. Diese Änderungen traten oft ein, ohne daß die Klienten ihre Beeinträchtigungen in den Gesprächen direkt angesprochen hatten. Wir lernen derzeit, daß folgende seelische Vorgänge für die Änderung dieser körperlichen Beeinträchtigungen bedeutsam sind: Seelische Entspannung des Klienten, größere Übereinstimmung zwischen Fühlen, Sprechen und Verhalten, vermehrtes Hinhören auf Körpersignale, vermehrtes Sorgen für den eigenen Körper, weniger Ablehnung der eigenen Person und des Körpers.

Zur Klärung dieser Vorgänge führen wir derzeit Untersuchungen durch. In einer Erhebung von Ingrid Beutter und mir an vielen Personen (keinen Klienten) ergab sich ein enger Zusammenhang zwischen seelischen Beeinträchtigungen-persönlichen Schwierigkeiten und ungünstigen Körperempfindungen, z.B. leichter Ermüdbarkeit, sich in der eigenen Haut nicht wohlfühlen, den eigenen Körper nicht mögen und als Last empfinden, häufigen Kopfschmerzen, Schwächegefühlen, Schlafschwierigkeiten, Verspannungen.

Wie ist dieser Zusammenhang zwischen seelischen und körperlichen Beeinträchtigungen zu denken? Wir vermuten derzeit: □ Wie wir uns selbst und unsere Umwelt sehen beeinflußt unsere körperlichen Vorgänge. □ Die Ablehnung des eigenen Körpers (ungünstiges Körperbild-Körperkonzept) scheint manche körperlichen Funktionen zu beeinträchtigen. Das Körperbild scheint sich auf körperliche Vorgänge ähnlich auszuwirken wie das seelische Selbstbild auf seelische Vorgänge. □ Seelisch beeinträchtigte Personen erleben häufig seelische Spannungen; hiermit sind des öfteren erhebliche Muskelspannungen verbunden, die wiederum zu ungünstigen Körperempfindungen, vorzeitiger Müdigkeit u.a. führen. Bei manchen Klienten wirken sich die Spannungen direkt auf bestimmte körperliche Funktionen aus, so Verdauung, Herztätigkeit oder Einschränkung der Atmung. □ Seelisch beeinträchtigte Personen sorgen häufig wenig für ihren Körper, überhören seine Signale, sorgen wenig für Entspannung, haben ungünstige Lebensformen, betreiben wenig Sport. – Insgesamt: Die gefühlsmäßigen Einstellungen eines Menschen zu seinem seelischen Selbst und seinem körperlichen Selbst scheinen häufig körperliche Funktionen zu beeinflussen.

Personenzentrierte Aktivitäten der Helfer v o r den psychotherapeutischen Gesprächen

Wenn Helfer wirklich einfühlend die seelische Welt ihrer Klienten verstehen, wenn sie sich also die Unsicherheit, Unwissenheit und Hilflosigkeit vieler Klienten vergegenwärtigen und wenn sie achtungsvoll-sorgend sind, dann werden sie bereits v o r den Gesprächen in vielfältiger Weise für die Klienten nicht-dirigierend aktiv werden. Als Beispiel für derartige nicht-dirigierende Aktivitäten, Handlungen und Maßnahmen, die den drei personenzentrierten Haltungen entspringen, möchte ich nennen:

□ Herstellung eines Informationspapiers, das alle wichtigen Informationen enthält. Der Klient kann es telefonisch anfordern, ohne die Beratungsstelle aufzusuchen. Dieses Papier, das seine Unsicherheiten mindert und eigene Entscheidungen erleichtert, enthält z.B. eine einfache verständliche Charakterisierung der angebotenen personenzentrierten Psychotherapie. Ferner wird der Klient informiert, daß die Psychotherapie häufig nur dann zu günstigen Änderungen führt, wenn er den Helfer als sehr einfühlend, achtungsvoll-warm sowie echt wahrnimmt, und wenn er sich in den Gesprächen öffnet und mit sich selbst auseinandersetzt. Er wird auch informiert, daß er in den Gesprächen zu nichts gezwungen oder veranlaßt wird, was er nicht selbst möchte; er bestimmt, was er in der Psychotherapie äußert und macht. Er kann auch ehemalige Klienten zur Klärung von Unsicherheiten anrufen oder sich in der Literatur über diese Art von

Psychotherapie und ihre empirische Prüfung informieren. Die Kenntnis der Literatur ist jedoch für ihn in der praktischen Psychotherapie unnötig. – Ferner sind die Dauer der Psychotherapie, die Kosten, eine Aufschlüsselung z.B. in Honorar für den Helfer und in Unterbringungskosten bei Gruppen, klar angeführt.

□ Angebot von psychotherapeutischen Gruppengesprächen und Einzelgesprächen. Der Klient entscheidet, was er für sich selbst als zutreffend empfindet.

□ Wählt der Klient Einzelpsychotherapie, so entscheidet er sich für einen von 2 Psychotherapeuten bzw. besser für eines von 2 Psychotherapeuten-Teams (Helfer und Co-Helfer). Er führt hierzu ein ca. 1/2-stündiges Vorgespräch mit jedem der beiden Psychotherapeuten-Teams. Diese bestehen in der Regel aus einem weiblichen und einem männlichen Helfer; andere Wünsche der Klienten suchen wir zu erfüllen. – Nach dem 10. Einzelgespräch entscheidet der Klient, ob er Gruppengespräche, weitere Einzelgespräche oder eine Beendigung der Psychotherapie wünscht.

□ Je nach den Bedürfnissen der Klienten werden Gruppen verschiedener Zusammensetzung angeboten, z.B. Gruppen mit Einzelpersonen, Partnergruppen, Familiengruppen, Gruppen mit Krebserkrankten und Angehörigen. Diese Gruppen werden zeitlich massiert durchgeführt, mit späteren Nachtreffen. Die Intensität etwa von 2 Tagen hintereinander kann nicht ersetzt werden durch Gruppengespräche, die nur 2-3 Stunden in der Woche stattfinden.

□ Die Klienten werden gebeten, mögliche Beschwerden der Leitung der Beratungsstelle oder Vertrauensklienten zu melden.

□ Unentschiedene Klienten können sich zu bestimmten Zeiten Videofilme von Gesprächsgruppen zwecks Klärung ihrer Entscheidung ansehen.

Hat der Klient sich für psychotherapeutische Gespräche entschieden, so geben wir ihm vor Beginn ein weiteres Informationsblatt. Es beruht auf unseren Erfahrungen mit vielen Klienten und unserer Sorge für sie. Dieses zweite Informationsblatt enthält unter anderem folgende Hinweise: □ Psychopharmaka und Alkohol vor und während der Gruppengespräche erschweren günstige Auswirkungen. □ Einfache körperliche und sportliche Betätigungen sind zur Minderung seelischer Beeinträchtigungen oft bedeutsam. Etwa morgens etwas Gymnastik, Benutzung von Treppen anstelle von Fahrstühlen, ein Dauerlauf von 10 Minuten, abendliche Spaziergänge. Wir weisen auf Teilnahmemöglichkeiten bei Bewegungs- und Spielprogrammen hin. □ Wir bieten Hatha-Yoga-Übungen einmal wöchentlich in den Räumen unserer Beratungsstelle an und weisen auf Meditation und Bewegungstherapie bei anderen Institutionen hin, als Möglichkeiten der seelischen und körperlichen Entspannung und der größeren Nähe zu sich selbst. Diese Angebote werden aber meist erst angenommen, nachdem die Klienten in der Gesprächspsychotherapie mehr seelische Kraft gewonnen haben. Oft fällt ihnen auch der Besuch zusammen mit anderen Gruppenmitgliedern oder dem Helfer leichter.

Die personenzentrierten Haltungen in Gesprächen

Realistisch gesehen ist es für viele Psychologen, Sozialhelfer oder Ärzte schwer, im Gespräch mit ihren Partnern sehr einfühlsam, achtungsvoll-warm und echt zu sein und somit ihren Partnern die hinreichenden Bedingungen für persönliches Lernen und die Minderung ihrer Beeinträchtigungen zu geben. Ich denke, es ist ein Charakteristikum der personenzentrierten Gesprächspsychotherapie: Die förderlichen Haltungen eines Psychotherapeutischen Helfers sehen sehr einfach aus, sind jedoch für viele sehr schwer im Gespräch zu leben. So sehe ich das Problem der sog. Indikation in der Gesprächspsychotherapie nicht so sehr darin: Welche Klienten eignen sich für personenzentrierte Gesprächspsychotherapie? Sondern eher: Welche Helfer haben das Ausmaß an Einfühlung, Achtung-Wärme und Echtsein, damit sie für Klienten förderlich sind?

Ich habe gelernt, das persönliche Werden eines zukünftigen Psychotherapeutischen Helfers bedeutsamer anzusehen als sein Wissen *über* Gesprächspsychotherapie. Deswegen möchte ich zunächst einiges hierüber mitteilen, dann über einige ergänzende Aspekte, wie Psychotherapeuten die 3 Haltungen im Gespräch günstiger leben können.

Wie kann ich ein sehr einfühlsamer, warm-sorgender und kongruenter Helfer werden? Mir ist in den letzten 5 Jahren immer klarer geworden, daß es kaum möglich ist, daß ein Helfer nur für einige Stunden am Tag in Gesprächen mit seinen Klienten sehr einfühlsam, warm und kongruent ist, und in seinem sonstigen Leben nicht. Ich denke, diese Haltungen kann ein Helfer in hohem Ausmaß transparent nur dann Klienten gegenüber leben, wenn sie seinem sonstigen alltäglichen Lebensstil und seinem persönlichen Leben häufig entsprechen. Ich bin oft erschüttert, in Einzelgesprächen lernender Psychotherapeuten keinerlei lebendige Beziehung zu finden, da der Helfer gleichsam nur mit ein Teil seiner Person dabei ist und Techniken anwendet. Besonders zeigt sich dies in Gruppengesprächen, und hier finde ich einen Teil der Klienten oft seelisch funktionsfähiger als ihre Psychotherapeuten. Gehören diese drei Haltungen nicht zum persönlichen Lebensstil eines Helfers, dann ist es naheliegend, daß er im Gespräch mit dem Klienten gleichsam Teile seiner Person verstecken und verbergen muß. Die Beziehung ist dann unlebendig und steril. Der Psychotherapeut bemüht sich krampfhaft, so zu agieren und zu reagieren, wie es seinen Wissenskenntnissen, etwa den Einschätzungsskalen entspricht. Die Klienten werden in ihrer Selbstöffnung, Selbstauseinandersetzung, Selbstachtung und seelischen Befreiung wenig gefördert. Wie sollte dies auch der Fall sein, wenn sie diese Vorgänge im Gespräch mit uns Psychotherapeuten nicht unmittelbar erfahren und wahrnehmen können? Wenn der Helfer diese Haltungen nicht sich selbst gegenüber lebt, wenn er sich selbst nicht achtungsvoll, einfühlend und selbst-offen behandelt? Diese Auffassung wird auch gestützt durch Untersuchungsbefunde, z.B. von Foulds (1969) und Gurman (1972).

Wie kann ein Student, Psychologe, Arzt oder Sozialhelfer seine Persönlichkeit und diese Haltungen entwickeln? Ich sehe die Teilnahme als Mitglied an personenzentrierten Gruppen als sehr günstige, fast ideale Möglichkeit an. Sie bietet dem zukünftigen Helfer die Chance, sich persönlich weiterzuentwickeln, persönlich zu lernen. Und die Chance, diese Haltungen gegenüber anderen Gruppenmitgliedern zu leben, ohne Angst vor Beurteilung durch einen Supervisor, Einschätzung nach Skalen oder Einengung. Er erfährt, inwieweit er einfühlsam, warm und echt ist und so von anderen wahrgenommen wird. Er erfährt, wie eine nur mäßige Einfühlung oder geringe Wärme von anderen empfunden wird, was sie in ihnen auslöst. Es ist gut, wenn diese Gruppen nicht nur aus zukünftigen Helfern, also etwa Studenten, sondern auch aus Personen unterschiedlichen Alters und unterschiedlicher Berufe bestehen, die sich weiterentwickeln möchten. Wenn wir bedenken, wie unzulänglich sich auch manche sog. erfahrenen Psychotherapeuten empfinden, welche Belastungen und Ängste sie etwa in Gesprächen mit Krebserkrankten oder Sterbenden empfinden, dann sehe ich derartige Erfahrungen zum persönlichen Lernen als die wesentlichsten an. Sie sind auch der Hauptinhalt der Praktika, die ich Studenten im Rahmen der „Ausbildung" anbiete.

Nach diesen Erfahrungen in verschiedenen Gruppen während 1-2 Jahren halte ich es für günstig, wenn zukünftige Psychotherapeuten einige Wochen als Helfer in einer Klinik mit seelisch schwer beeinträchtigten Patienten zusammenleben, auch in der Freizeit, und prüfen, ob sie Menschen Wärme und Sympathie geben können, ob sie ihre Grundbedürfnisse verstehen, auch wenn diese sie nicht äußern können. Nach weiteren intensiven Erfahrungen als Co-Helfer in Gruppen sehe ich dann erst den Zeitpunkt gekommen für Einzelgespräche in der „Ausbildung". Vorher beeinträchtigen Einzelgespräche das Lernen eines Psychotherapeuten eher und verleiten ihn zu kognitiv gesteuertem Verhalten. – In den Gruppen und Praktika lernt der zukünftige Helfer auch Möglichkeiten der Selbsthilfe, z.B. Meditation, entspannte Visualisierung, Hatha-Yoga oder Atemübungen.

Viele Gesprächspsychotherapeuten werden nur in Einzeltherapie ausgebildet. So bieten sie ihren Klienten nicht die günstigen Chancen von Gruppengesprächen. Was können sie tun? Wenn ich danach gefragt wurde, so habe ich diesen Psychotherapeuten empfohlen, sich mit 4-6 anderen Kollegen zusammen zu tun, ferner 4-6 Klienten einzuladen sowie einen Gruppenhelfer, der zu ihnen für ein Wochenende und Nachtreffen kommt. Dies wurde als eine hilfreiche Möglichkeit erfahren, persönlich zu lernen und fachlich kompetenter zu werden. Meist habe ich diesen Personen einen Gruppenhelfer benannt, der kein akademisches Studium hatte, aber in Gruppen bei mir und anderen als Mitglied und später als Co-Helfer tätig war. Dies demonstriert, daß wesentliche Qualitäten in der Gesprächspsychotherapie nicht mit einer akademischen Wissensausbildung, sondern mit persönlichem Lernen zusammenhängen.

Ich möchte nun einige spezielle Gesichtspunkte über die 3 Haltungen mitteilen.

Einfühlendes Verstehen der inneren Welt des Klienten. Von der Bedeutung dieser Haltung bin ich nicht nur durch Forschungsuntersuchungen überzeugt, sondern ich erfahre sie fast täglich im Gespräch mit Klienten, in Seminaren, in der Familie und in Gesprächen mit anderen Personen: Wenn ich die seelische Wirklichkeit des anderen nicht-wertend verstehen kann, wenn ich gleichsam in seinen Schuhen stehe, wenn ich alle seine Äußerungen unter dem Brennpunkt zu hören suche: Wie sieht mein Partner sich und wie erlebt er sich selbst? Wie ist sein Selbst? Dann fördert dies beim Partner fast immer deutliche Selbstauseinandersetzung, neue innere Erfahrungen und persönliches Lernen. Wenn ich als Helfer die Innenwelt des Klienten verstehe, aus der er handelt und die er selbst gestaltet, dann werden bedeutsame konstruktive Änderungen bei ihm möglich, dann macht er neue Erfahrungen mit sich selbst, sieht sich selbst und andere in neuen Bedeutungen, dann ändert sich seine seelische Wirklichkeit. Dies tritt jedoch nicht ein, wenn ich die einzelnen Äußerungen des Klienten „reflektieren" oder den „Gefühls"-Inhalt weitgehend wiederholen würde.

Diese innere Welt und das Selbst des Klienten zu hören und ihm angemessen mitzuteilen, erfordert von mir fortwährend erhebliche Bemühungen. Ich teile dem Klienten auch des öfteren mit, wenn ich längere Ausführungen von ihm nicht verstanden habe, statt zu schweigen oder zu tun, als hätte ich ihn verstanden. Ich sage ihm, daß ich ihn besser verstehen möchte und bitte ihn, mir bei meinem Suchen behilflich zu sein. Ich lasse in diesem Bemühen von mir nicht nach, es sei denn, er teilt mir mit, daß er nicht weiter über diesen Bereich sprechen möchte, oder ich spüre, daß es ihm unangenehm ist.

Wenn der Klient sich nur wenig öffnet, ist es wichtig, daß ich schon seine leisen Klopfzeichen höre, und sein Selbst und seine innere Welt auf Grund nur weniger und oft sehr verschlüsselter Äußerungen verstehe. Während ich dies mit den Jahren lerne, fühle ich mich in Einzelgesprächen recht unangenehm, wenn der Klient wenig bereit oder fähig ist, sich zu äußern. Ich fühle mich dann wohler, wenn ich mit einem anderen Helfer im Team die Gespräche durchführe. Ich bemühe mich auch um erleichternde Bedingungen; ich biete dem Klienten etwa an, einen Angehörigen zum Gespräch mitzubringen oder biete einige gemeinsame Atem- oder Bewegungsübungen an. Ich bemühe mich, dem Klienten transparent darin zu werden, daß ich ihn mag, akzeptiere und gernhabe. Aber ich bin mir klar darüber, daß hier die Situation des Einzelgespräches für viele Klienten und auch für mich begrenzt ist. Ich habe erfahren, daß viele Klienten sich in Gruppengesprächen wesentlich besser entfalten können.

Manche Klienten sind auch in Gruppengesprächen zunächst schweigsam und zurückhaltend. Ich habe gelernt, daß viele von ihnen es wünschen, daß sie von mir angesprochen werden, etwa in Pausen und in der Freizeit. Solche Vorgespräche zu zweit oder zu dritt erleichtern es ihnen, in der Gruppe zu sprechen. Nach vorheriger Absprache suche ich ihnen besonders günstige Möglichkeiten hierzu zu schaffen.

Gelegentlich biete ich Personen in Gruppen- und Einzelgesprächen durch eine Frage, eine Bitte oder einen Wunsch an, sich mit bestimmten Bereichen ihres Selbst auseinanderzusetzen, von denen ich spüre, daß sie für sie bedeutungsvoll sein mögen: Einstellungen zu ihrem Körper, ihre Körperempfindungen und ihr Sorgen für den Körper, mögliche Angst vor Sterben und Tod, ihre sexuellen Beziehungen, ihr spirituell-religiöses Leben oder die Gestaltung ihrer Freizeit, Kontakte zu anderen Menschen. Ich habe gelernt, daß manche zu scheu waren oder dachten, daß diese Bereiche nicht in psychotherapeutische Gespräche gehörten. Ich habe dies früher nicht getan, in der fälschlichen Auffassung, ich würde die Klienten bedrängen. Ich habe erfahren, daß viele einen solchen Schritt von mir begrüßen und dafür dankbar sind. Es sind of bedeutsame Bereiche, die mit ihren seelischen Beeinträchtigungen zusammenhängen. Ich suche ihr Selbst in diesen Bereichen zu verstehen und ermögliche ihnen hiermit eine Selbstauseinandersetzung. Häufig erleichtert ihnen das, zu neuen umfassenderen Lebensformen zu kommen, statt nur zu einer Verminderung von Symptomen. Durch mein einfühlendes Verstehen erreiche ich, daß die Klienten ihre gefühlsmäßigen Erfahrungen und Einstellungen äußern und klären.

Manche Klienten berichten viel von längst vergangenen Erfahrungen, etwa in der Partner-Therapie oder in Familiengruppen. Häufig ist es ein Berichten über das Verhalten anderer oder über äußere Sachverhalte. Derartige Äußerungen fördern die Wandlungen des Klienten meist wenig. Aber ich mag es auch nicht, wenn Helfer den Klienten belehren, daß dies nicht in die Gespräche gehöre, langweilig sei und sie nicht interessiere. Ich empfinde dies als eine Art Zurückweisung. Ich habe gelernt, daß meine Frage oder meine Bitte, was diese früheren Erfahrungen *heute* für den Klienten bedeuten, wie er *heute* darüber fühlt, meist zwangsläufig dazu führen, daß er sich mit sich selbst auseinandersetzt. Wie vergangen oder wie äußerlich auch manche Inhalte sein mögen: Es liegt an mir als Helfer, daß der Klient sich mit der heutigen persönlichen Bedeutung dieser Erfahrungen auseinandersetzt.

Achtung, Wärme und Sorgen für den Klienten. Fühle ich als Helfer deutliche Sympathie für den Klienten, mag ich ihn gerne? Fühlt der Klient dies als Warmherzigkeit und als Umsorgtsein? Ich bin oft bedrückt, daß manche Klienten ihre Psychotherapeuten als distanziert und kühl empfinden, etwa weil die Psychotherapeuten ihren Klienten gegenüber ängstlich sind oder weil ihr Gefühlsleben eingeschränkt ist.

Respektiere ich den Klienten wirklich? Lasse ich ihm seine Selbstbestimmung? Dirigiere ich ihn nicht? Fühlt er sich mir gegenüber gleichberechtigt oder als unmündig gegenüber einem sog. Fachvertreter?

Sorge ich für den Klienten? Rufe ich ihn etwa nach einem Gruppengespräch an, wenn ich den Eindruck habe, daß es ihm schlecht geht und ihm ein Anruf helfen würde? Gebe ich ihm Informationen, die ihm in seinen beruflichen oder persönlichen Schwierigkeiten helfen können? Vermittele ich ihm den Kontakt zu weiteren hilfreichen Personen? Sind die Klienten von Anfang an durch Informationsblätter über alles Wesentliche der Psychotherapie informiert, über Art der Gespräche, die Kosten, Zeitdauer? Und biete ich dem Klienten an, daß er etwa mit seinem Partner oder Familienmitgliedern zum Gespräch kommen könne, wenn ihm dies hilfreich erscheint? Biete ich ihm andere Möglichkeiten zur Verbesserung seiner seelischen und körperlichen Gesundheit an, etwa Informationen über therapeutische Bewegungsübungen oder über Selbsthilfegruppen? Empfinden mich die Klienten als eine Person, die sie jederzeit in Notfällen anrufen können und zu der sie offen sind? Oder müssen sie erst Tage auf einen nächsten Termin warten?

Ich möchte noch 2 Aspekte von achtungsvollem Sorgen für den Klienten ansprechen: □ Wir wissen aus Untersuchungen und Erfahrungen, daß die Wahrnehmung des Klienten über seinen Helfer bedeutsam für günstige Änderungen ist. Ich habe mir deshalb angewöhnt, Klienten mit geringen Fortschritten zu bitten, sich zu äußern, wie sie die Gespräche erleben, wie sie den Helfer und die Mitglieder wahrnehmen. Dies gibt mir als Helfer und manchmal den Gruppenmitgliedern wertvolle Informationen, was ich falsch gemacht habe, was ich besser tun kann. Und es gibt dem Klienten die Möglichkeit, sich zu klären, warum er seinen Helfer etwa nur als mittelmäßig verständnisvoll, sorgend oder echt erlebt, oft im Gegensatz zu anderen Gruppenmitgliedern. Ich habe erfahren, daß diese Klärung der Wahrnehmung eines Klienten über seinen Helfer häufig zu einer Klärung dahinterstehender bedeutsamer Vorgänge führt, etwa seines Mißtrauens gegenüber Menschen. □ Manche mögen meine Haltung überbesorgt finden, aber ich denke: Wenn wir unsere Klienten wirklich achten und um ihr Wohlergehen bemüht sind, dann werden wir nur ein psychotherapeutisches Vorgehen wählen, das sorgfältig geprüft ist, das nicht schädigend ist und bei dem wir ständig prüfen, ob der Klient in diesem Vorgehen von uns die geeigneten Erfahrungen macht.

Echtsein des Helfers. Hier sehe ich drei wesentliche Aspekte: 1. Bin ich innerlich übereinstimmend in meinen Äußerungen, meinen Handlungen, meinem Fühlen und meinen Gedanken? Oder ist die Achtung oder die Einfühlung etwas Gekünsteltes, nichts „Echtes"? 2. Bin ich mir meiner wesentlichen seelischen Vorgänge während des Gespräches bewußt, höre ich in mich selbst hinein, besonders wenn ich Schwierigkeiten im Gespräch habe? 3. Bin ich für den Klienten transparent, d.h. also gleichsam durchschaubar in dem, was ich fühle und denke? – Sind diese drei Aspekte vorhanden, dann bin ich für den Klienten im allgemeinen förderlich.

Es ist offensichtlich, daß ich es nur dann wagen kann, dem Klienten gegenüber echt zu sein, wenn das einfühlende Verstehen und die Achtung-Wärme persönliche Haltungen von mir sind, die zu meiner Person gehören. Sind es eher angelernte Techniken oder bin ich eher verständnislos oder kühl, dann muß der Helfer sich mit Teilen seiner Person verbergen. Er mag zwar äußerlich freundlich gegenüber dem Klienten sein, aber er muß etwa seine Gedanken verbergen, wie er den Klienten wertet, ihn ablehnt. Und Anfänger in Einzelgesprächen müssen zusätzlich verbergen, daß sie sich eigentlich befangen und ängstlich in der Situation und dem Klienten gegenüber fühlen, daß sie oft mehr an einer günstigen

Tonaufnahme für die Supervision als an dem Klienten direkt interessiert sind, daß sie überwiegend mit sich selbst beschäftigt sind.

Ich denke, daß ein Psychotherapeut meist nur dann in förderlicher Weise für den Klienten echt sein kann, □ wenn Einfühlung und Achtung-Wärme gegenüber anderen zu seinen Lebensformen gehören, □ wenn er auf sein Fühlen hinhören kann □ und wenn er merkt, ob seine Handlungen und Äußerungen mit dem übereinstimmen, was er fühlt und denkt.

Ein in dieser Weise übereinstimmender und transparenter Psychotherapeut bringt viele Vorteile seiner Person in den Umgang mit dem Klienten ein. Viele kreative Möglichkeiten und Gedanken, sein seelisches Potential stehen ihm ohne Einschränkung zur Verfügung, um den anderen zu fördern. Einige Beispiele: □ Er kann dem Klienten gegenüber s e i n e Befürchtungen und Ängste äußern, bei gleichzeitiger Einfühlung und Respekt, daß seiner Auffassung nach die Psychotherapie nicht fortschreitet oder daß er selbst sich beeinträchtigt fühlt. Ein echter Helfer wird betonen, daß dies *seine* Wahrnehmungen, Vermutungen oder Wünsche sind. Und daß der Klient oft die einzige Instanz ist, die sie klären, bestätigen oder zurückweisen kann. □ Ein derartiger Psychotherapeut kann auch seinem Klienten sagen, daß er selber etwa Ängste im Gespräch mit einem Krebskranken empfindet. Und je ehrlicher er dabei ist und um so einfühlsamer und achtungsvoller für den anderen, um so mehr wird diese Begegnung für beide – Helfer und Partner – hilfreich sein. □ Ein aufrichtiger Helfer wird sich auch bemühen, durch Nachbefragungen zu klären, in welchem Ausmaß er für Klienten hinreichend oder unzureichend ist. □ Ein kongruenter Helfer wird selten schweigen m ü s s e n . Manchmal beobachten wir bei Fragen von Gruppenmitgliedern an Psychotherapeuten, nach deren persönlichen Leben, daß diese sich durch Schweigen verweigern. Schweigen eines Helfers ist gut, wenn es dem Partner die Möglichkeit gibt, sich zu klären, in sich hineinzuhören. Aber Schweigen auf Fragen eines Klienten oder Mitgliedes nach persönlichen Erfahrungen eines Psychotherapeuten ist eher ein Zeichen von Verbergen. Echtsein bei vorhandener Wärme und Einfühlung ergibt eine lebendige spontane Beziehung. □ Ein selbstgeöffneter Helfer wird sich selber explorieren, sein Fühlen, und dies als förderlich für das Gespräch heranziehen, zum Beispiel: „Ich mache mir Sorgen, ob ich Sie zu wenig verstehe“, „Manchmal denke ich, ich verstehe Sie noch nicht ganz“, „Ich denke noch darüber nach, daß ich vorhin auf Ihre Frage sehr schnell etwas gesagt habe, was wenig überlegt war“. □ Ist ein Helfer transparent, ist er also in wesentlichen Erlebnis- und Verhaltensweisen gleichsam durchsichtig, dann können Gruppenmitglieder häufig auch viel von ihm lernen. Etwa wie er rücksichtsvoll mit seinem eigenen Körper umgeht, sich sinnvoll ernährt, wie er seelischen Schwierigkeiten begegnet, wie er sich bei Belastungen entspannt, insgesamt, wie sein Stil des Personenzentrierten Lebens ist. Helfer dagegen, die persönlich wenig entwickelt sind, müssen sich eher vor den Mitgliedern in der Freizeit oder auch in der Gruppe verbergen.

Ist eine der 3 personenzentrierten Haltungen bedeutsamer als eine andere? Ich halte dies für einen müßigen Streit. Ich bin überzeugt, daß für eine förderliche Beziehung und für persönliches Lernen im Gespräch *alle* 3 Haltungen bedeutsam sind. Ich möchte dies verdeutlichen: □ Solange ich den Klienten oder ein Gruppenmitglied nicht wirklich gernhabe, achte, fast liebe, kann ich ihn kaum in tiefer Weise wertfrei verstehen. □ Wenn ich nicht den Klienten wirklich gern habe und Respekt und Sorge für ihn fühle, dann kann ich schwerlich echt-transparent und zugleich förderlich für den Klienten sein. □ Wenn ich nicht die innere Welt des Klienten in tiefer Weise verstehe, kann ich kaum für ihn sorgend aktiv werden. □ Echtsein ist eher destruktiv, wenn ich wenig einfühlsam und achtungsvoll gegenüber dem Partner bin. Es sei denn, ich bin fähig, *mein* Fühlen zu explorieren und zu äußern, ohne den anderen zu werten oder zu verletzen.

So sehe ich alle 3 Haltungen als notwendig und sich gegenseitig voraussetzend und unterstützend an. Dies ergab sich übrigens auch in einer neuen Untersuchung von uns über Partnerbeziehungen. Wenn Frauen oder Männer ihren Partner als einfühlsam und achtungsvoll-warm erlebten, dann war dies häufig mit Echtsein verbunden und das Echtsein des Partners wurde als förderlich empfunden. Bei Partnern dagegen, die wenig einfühlsam und wenig achtungsvoll-warm wahrgenommen wurden, wurde Echtsein nicht als förderlich für die zwischenmenschliche Beziehung empfunden.

Personenzentrierte Haltungen und Aktivitäten n a c h der Gesprächspsychotherapie

Bei sehr qualifizierten Helfern in der Gruppen- oder Einzelpsychotherapie erfahren ca. 35 % der Personen deutliche positive Änderungen ihrer Beeinträchtigungen, weitere 35 % Änderungen geringeren Ausmaßes (z.B. Bruhn u.a., 1978; Boeck-Singelmann, 1978). Viele Klienten sind dankbar für die Minderung ihrer schmerzhaften Beeinträchtigungen und für die oft erhebliche Verbesserung ihrer seelischen Lebensqualität. Und dies in einem sanften humanen, aber tiefgreifenden Vorgehen in relativ kurzer Zeit.

Wir erfahren allerdings zunehmend, daß der Abschluß einer Gruppen- oder Einzelpsychotherapie kein Abschluß der persönlichen Wandlungen der Klienten bedeutet. Viele berichten uns Monate und Jahre später: „Die Gruppe war ein Anstoß, mich weiter zu entwickeln und weiter meinen Weg zu gehen.“ „Die Gruppe gab mir Anstöße, ich habe mich besser kennengelernt. Jetzt muß ich mir selbst weiterhelfen.“ „Aus den Schmerzen und Tränen ist mir die Kraft erwachsen, mein Leben in die Hand zu nehmen und nach meinen Vorstellungen zu leben versuchen.“

Dies stimmt auch mit neueren Befunden von uns bei über 150 Klienten nach Gruppengesprächen ein halbes Jahr später überein. Auf die Frage „War die Psychotherapie ausreichend für das, was Sie anstrebten?“ antworteten ca. 25 % mit „Ja“, ca. 60 % mit „Nein“. Dabei bestand die Mehrzahl dieser 60 % aus Personen, die sich günstig geändert hatten.

Zusätzliche andersartige therapeutische Angebote. Seit ich diesen Wunsch ehemaliger Klienten, sich weiter persönlich zu entwickeln und neue befriedigende Lebensformen zu suchen, deutlicher höre und verstehe, bemühe ich mich, ihnen die Wege zu dieser weiteren Entwicklung nach der Psychotherapie zu erleichtern. Es ist ein Teil meiner Sorge und Wertschätzung für sie und ich sehe es gerne, daß Gesprächspsychotherapie sie fähig machte, neue Wege zu gehen. Als Konsequenz bieten wir den Klienten unserer Psychotherapeutischen Beratungsstelle zusätzliche andersartige Angebote an. Darüber informieren wir sie bereits vor der Gesprächspsychotherapie, aber meist sind sie erst nach den Gesprächen hierfür aufgeschlossen. In den Gruppengesprächen bemühen wir uns, sie mit einigen dieser Möglichkeiten konkret bekannt zu machen.

Folgende zusätzliche andersartige therapeutische Angebote sehen wir als sinnvoll für die Klienten an. Ich bin überzeugt, daß manche Gesprächspsychotherapeuten an Beratungsstellen weitere qualifizierte Angebote machen:

□ Selbsthilfegruppen sind für die weitere Entwicklung mancher Klienten bedeutsam. Wir suchen den Übergang einer Gesprächsgruppe in eine Selbsthilfegruppe zu fördern. Alkohol- und tablettenabhängigen Klienten empfehlen wir dringend die Teilnahme an geeigneten Gruppen der Anonymen Alkoholiker. Häufig befähigt die Psychotherapiegruppe diese Klienten, sich einer derartigen Gruppe anzuschließen. Ich sehe es als deutlichen Fehler an, wenn ein Psychotherapeut einem derartigen Klienten nicht den Anschluß an eine Gruppe der Anonymen Alkoholiker erleichtert.

□ Hatha-Yoga-Übungen vermindern häufig die Entfremdung einer Person von ihren Körperempfindungen, ermöglichen ihr Entspannung und fördern das gegenwärtige Erleben. Wir bieten unseren Klienten diese Möglichkeit wöchentlich in den Räumen der Beratungsstelle.

□ Meditationsübungen fördern die innere Ruhe und Entspannung, sie lassen uns die Bedeutung von Ereignissen besser für uns selbst sehen, wir können uns anschließend besser mit uns auseinandersetzen. Wir weisen unsere Klienten auf Möglichkeiten der kontemplativen oder dynamischen Meditation in Gruppen und Zentren hin.

□ Atemtherapeutische Übungen können die seelischen Spannungen, die muskulären Spannungen und die Verflachung der Atmung, die häufig mit seelischen Beeinträchtigungen zusammenhängen und Gewohnheit geworden sind, erheblich mindern.

□ Personenzentrierte Körpertherapien, soweit sie ein sanftes und für die seelische Welt des Klienten einfühlsames Vorgehen darstellen, etwa Bewegungsübungen von Alexander oder von Feldenkrais, suchen wir unseren Klienten in der Beratungsstelle anzubieten oder zu vermitteln, wenn sie günstigere Körperempfindungen wünschen, starke Spannungen vermindern möchten oder Einstellungen zu ihrem Körper zu ändern suchen.

□ Visualisierungsübungen im entspannten Zustand bieten wir unseren Klienten in Kleingruppen an. Sie lernen so, durch ihr Bewußtsein – ihre Vorstellungen – körperliche und seelische Vorgänge günstig zu beeinflussen. Dieses Vorgehen führte z.B. bei Krebserkrankten zu einer wesentlichen Verbesserung ihrer seelischen Lebensqualität (Simonton u.a., Getting well again, 1978). Durch die bewußte Visualisierung im entspannten Zustand vermindert sich das of ungünstige Konzept erkrankter Körperteile, wird die körperliche Krankheit mehr angenommen und ruft weniger Angst hervor. Und innerhalb gewisser Grenzen kann sich auch das Konzept des eigenen Selbst, das psychische Selbst ändern. Eine verständnisvolle Einführung sowie Aussprache nach den Visualisierungen sind notwendig; viele Personen sind erst nach Teilnahme an einer personenzentrierten Gesprächsgruppe zu derartigen Übungen fähig und bereit.

□ Angebote mit Gruppentreffen zu dem Thema Sterben und Tod führen bei vielen zu einer Verminderung ihrer Ängste und einer befriedigenderen Einstellung zum Leben. Eine Möglichkeit hierzu ist auch eine Übung, das eigene Sterben im entspannten Zustand zu visualisieren, etwa im Rahmen des Nachtreffens einer Gesprächsgruppe.

□ Viele Klienten berichteten uns, daß ihnen unsere Informationen über Bücher bei ihrer persönlichen Weiterentwicklung sehr geholfen hätten, etwa Bücher von Carl Rogers, Elisabeth Kübler-Ross oder Ram Dass.

□ Einfache Sport- und Spielaktivitäten haben wir im Sommer unseren Klienten auf einem Sportplatz ermöglicht, mit einem psychotherapeutischen Helfer. Eine Zunahme an körperlicher Bewegung und Fitness führt häufig zu einer Verminderung von Ängsten, Spannungen und psychosomatischen Beeinträchtigungen. Viele unserer Klienten haben bislang keinerlei Sport getrieben.

□ Schließlich bemühen wir uns, unsere Klienten über die Bedeutung einer gesunden Ernährung zu informieren, über mögliche Beeinträchtigungen mancher Genussmittel und Nahrungsstoffe. Wir suchen ihnen nahezulegen, mehr für ihren eigenen Körper zu sorgen, zum Beispiel auch durch einfache Dauerläufe, Vermeidung von Alkohol und Nikotin.

□ Klienten, die in Gruppengesprächen als sehr hilfreich von den Mitgliedern wahrgenommen wurden, nehmen nach weiteren Gruppenerfahrungen als Co-Helfer an Gruppen teil. Dies ist für sie selbst und für die Mitglieder in ihren Gruppen sehr bedeutsam.

□ Von einigen sozial engagierten Beratungsstellen erfuhr ich, daß sie allgemeine Treffzeiten in der Beratungsstelle haben, zu denen ehemalige, derzeitige und künftig interessierte Klienten sowie Psychotherapeuten zu einem zwanglosen Beisammensein und Gesprächen kommen.

Dies waren einige ergänzende, zusätzliche andersartige therapeutische Möglichkeiten nach der Gesprächspsychotherapie. Es sind personenzentrierte Maßnahmen und Aktivitäten. Sie entspringen der Einfühlung in den Klienten, unserer Achtung und unserer Sorge um ihn und sie lassen ihm die Selbstbestimmung und freie Entscheidung. Es ist gut, wenn diejenigen, die diese Angebote durchführen, zu personenzentrierten Gesprächen fähig sind. Denn während der Körperübungen etwa machen manche Personen wichtige Erfahrungen und möchten gerne ihre Empfindungen mit einer hilfreichen Person klären. So schreibt eine ältere Frau ein halbes Jahr später: „Ich habe einige Male an der Sportgruppe der Beratungsstelle teilgenommen und halte dies mit für die beste Gruppentherapie. Hier wurde für mich vieles innerhalb der zwischenmenschlichen Beziehungen angesprochen, ich konnte mich mit meinen Hemmungen voll konfrontieren."

Diese zusätzlichen andersartigen Angebote sind nicht dazu da, eine unbefriedigende Gesprächspsychotherapie eines wenig qualifizierten Helfers auszugleichen. Sie sind auch kein integrativer „Eintopf" verschiedenartigster Methoden, bei denen der Therapeut das auswählt, was ihm persönlich paßt und was er gemäß seiner Ausbildung beherrscht. Sondern sie ermöglichen dem ehemaligen Klienten weiteres persönliches Lernen und angemessenere Lebensformen und damit die Wahrscheinlichkeit der dauerhaften Minderung oder des Fortfalls seiner seelischen Beeinträchtigungen. Wir sehen es heute als einen Fehler an, wenn wir Klienten nicht frühzeitig auf die Möglichkeiten hinweisen und ihnen durch günstige Angebote diese Wege nicht erleichtern. Ich denke, daß viele Klienten unnötig lang und wenig erfolgreich in Einzelgesprächen verbleiben oder nach Gruppengesprächen keine weitere Abnahme ihrer Beeinträchtigungen verspüren, wenn wir ihnen nicht diese Möglichkeiten nahelegen.

Schädigungen von Klienten durch Psychotherapie. Wie sorgen wir für die durch Psychotherapie beeinträchtigten Klienten? Ich glaube, daß Schädigungen bei der personenzentrierten Psychotherapie weit weniger der Fall sein werden als bei anderen weniger sanften und mehr direktiven Orientierungen. Aber es passiert. Wie können wir Klienten vor wenig qualifizierten Gesprächspsychotherapeuten schützen?

Ich hoffe, die Gesellschaft für wissenschaftliche Gesprächspsychotherapie, in der die meisten personenzentrierten Psychotherapeuten zusammengeschlossen sind, unternimmt hier Schritte für die betroffenen Klienten. Aber welche? In Zertifikaten, Prüfungen oder erzwungenem Besuch von Kursen sehe ich keinen sinnvollen Weg. Obwohl ich derartige Bemühungen respektiere, habe ich mich früh davon distanziert. Es ist bei Gesprächspsychotherapeuten ebenso wie bei Lehrern meine Erfahrung: Ein Diplom oder Zertifikat ist keine Garantie für eine angemessene Berufsausübung.

Ich möchte folgendes vorschlagen: Jeder Gesprächspsychotherapeut, der Mitglied dieser Vereinigung ist, gibt seinen Klienten vor Beginn der Gespräche ein Informationsblatt über seine Rechte und Möglichkeiten, falls sie sich durch die Psychotherapie zusätzlich beeinträchtigt fühlen. Hinweise dieser Art hängen auch in Warte- und Gesprächszimmern aus. Fühlt ein Klient sich beeinträchtigt, so wendet er sich an den Ausschuß der Vertrauensklienten und Vertrauenspsychologen der Landesgruppe oder des Gesamtverbandes. Der Ausschuß fordert von dem Gesprächspsychotherapeuten die Tonaufnahmen der Gespräche und die Erfahrungsbogen des Klienten ein. Wird festgestellt, daß der Gesprächspsychotherapeut dem Klienten keine hinreichenden Bedingungen gab, so ist das gezahlte Honorar hinfällig; der Psychotherapeut zahlt die Kosten für den Ausschuß. Dieser vermittelt ferner dem Klienten einen angemesseneren Psychotherapeuten bzw. vertritt seine Schadensansprüche.

Diese Selbstkontrolle wäre ein wesentlicher Beitrag zur Garantierung der Rechte und der Wohlfahrt der Klienten und zur Verbesserung der Kompetenz und Vertrauenswürdigkeit von Gesprächspsychotherapeuten. Es würde ein Zeichen sein, daß wir Gesprächspsychotherapeuten auch außerhalb der Gespräche aktiv und personenzentriert für unsere Klienten sorgen.

* * *

Ich habe versucht, einige Erfahrungen und Gesichtspunkte darzustellen, die mir für die Tätigkeit von Gesprächspsychotherapeuten wichtig erscheinen und die häufig wenig berücksichtigt und genutzt werden.

Obwohl ich nun schon über 25 Jahre als personenzentrierter Psychotherapeutischer Helfer mit Klienten arbeite und in der Forschung und Lehre auf dem Gebiet tätig bin, bin ich auch heute noch von Folgendem stark beeindruckt:

□ Personenzentrierte Gesprächspsychotherapie ist ein wissenschaftlich geprüftes Vorgehen. Wir wissen, welche Bedingungen des Helfers und Vorgänge des Klienten zum persönlichen Lernen und zu einer Minderung seelischer Beeinträchtigungen in Gesprächen führen. Wenn ich auch Jahre meines Lebens der empirischen Prüfung dieses Vorgehens gewidmet habe, so bereue ich es nicht. Ich bin oft erschüttert zu hören, wie viele Menschen durch medizinische und psychologische Vorgehensweisen geschädigt werden, die zu wenig oder gar nicht empirisch geprüft wurden.

□ Ich bin beeindruckt, daß wir mit personenzentrierten Gruppengesprächen auch dort hilfreich sein können, wo die äußeren Bedingungen des Leidens nicht änderbar sind, so bei Krebserkrankten, deren Leben sehr begrenzt ist. Ich schätze sehr das Engagement von Anne-Marie und ihren Mitarbeitern, die hier seit einigen Jahren in Praxis und Forschung tätig sind. Die Gespräche und das weitere Leben dieser Krebserkrankten machten mir noch deutlicher, wie sehr wir uns unsere eigene Wirklichkeit und unser eigenes Fühlen schaffen. Und daß Krankheit wirklich ein Weg zum Leben sein kann, wie es Anne-Marie im Titel ihres neuen Buches ausdrückt.

□ Ich bin sehr dankbar, daß die personenzentrierte Gesprächspsychotherapie von Carl Rogers ein sanftes Vorgehen ist. Zwar führen die Gespräche zu viel seelischer Bewegung und seelischem Leben in einem Menschen, aber es geschieht ohne Zwang, ohne Dirigierung; die seelischen Änderungen erfolgen vom Klienten gewollt, in freier Entscheidung und oft in kleinen Schritten. Ich gebe zu, daß kurzzeitige Effekte bei einzelnen Klienten bei manchen Psychotherapeuten von anderer Orientierung mit mehr Dirigierung, einem rauheren Vorgehen sowie seelischem Druck größer sein können; obwohl ich viele Informationen habe, wie beeinträchtigend dieses weniger sanfte und mehr dirigierende Vorgehen für andere Klienten ist. Ich bin dankbar, daß personenzentrierte Gesprächspsychotherapie bei qualifizierten Helfern selten und meist nur geringe schädliche Neben- und Nachwirkungen hat und daß die Psychotherapie die natürlichen seelischen Heilungsvorgänge eines Menschen fördert.

□ Schließlich bin ich beeindruckt, daß unsere Kenntnisse über wesentliche seelische Vorgänge, seelische Gesunderhaltung und Selbstverwirklichung anwachsen, so über Selbstauseinandersetzung, die Bedeutung des seelischen Selbst und des körperlichen Selbst, das gegenwärtige Erleben u.a. Ich denke, daß Gesprächspsychotherapie zunehmend wertvollere Beiträge zu der Frage leisten wird, wie Menschen sich selbst seelisch mehr verwirklichen und in welchen Lebensformen sie befriedigender zusammenleben können.

Literatur- und Namenverzeichnis*

ABRAMOWITZ, C. V., ABRAMOWITZ, S. I., ROBACK, H. B., and JACKSON, C. Differential effectiveness of directive and nondirective group therapies as a function of client internal-external control. Journal consult. clin. Psychol., 1974, 42, 849–853. – [*296*]

AHRBECK, B., s. PIXA-KETTNER, U.

ALBUS, J., s. TAUSCH, A.

ALTMANN, H. A. Effects of empathy, warmth, and genuineness in the initial counseling interview. Counselor Education and Supervision, 1973, 12, 225–228. – [*105*]

ANTHONY, W. A. A methodological investigation of the "minimally facilitative level of interpersonal functioning". Journal clin. Psychol., 1971, 27, 156–157. – [*99*]

BABEL, M., s. SCHWARTZ, H.-J.

BARKER, E. N., s. SUNDLAND, D. M.

BARRETT-LENNARD, G. T. Dimensions of therapist response as causal factors in therapeutic change. Psychol. Monographs, 1962, 76, Whole No. 562. – [*37, 39, 40, 45, 52, 73, 78, 89, 90, 95, 97, 106, 294*]

BASTINE, R., s. MINSEL, W.-R.; SANDER, K.

BECKER, M., s. RÖNNECKE, B.

BERENSON, B. G., MITCHELL, K. M., and LANEY, R. C. Level of therapists functioning, types of confrontation and type of patient. Journal clin. Psychol., 1968, 24, 111–113. – [*49*]

BERGEEST, H. G., STEINBACH, I., und TAUSCH, A. Psychische Hilfe für Besucher von Altentagesstätten durch Teilnahme an personenzentrierten Encountergruppen. aktuelle gerontologie, 1977, 7, 305–313. – [*190, 212, 228, 284*]

BERGEEST, H. G., STEINBACH, I., und TAUSCH, A. Persönliche Schwierigkeiten alter Menschen. Zeitschrift Gerontologie, 1978a, 11, 270–275. – [*131, 284*]

BERGEEST, H. G., STEINBACH, I., und TAUSCH, A. Worüber Menschen in personenzentrierten Gesprächsgruppen sprechen. Im Manuskript, 1978b. – [*97, 99*]

BERGEEST, H. G., s. RÖNNECKE, B.

BERGIN, A. E., and JASPER, L. G. Correlates of empathy in psychotherapy: a replication. Journal abnorm. Psychol., 1969, 74, 477–481. – [*307*]

BERGIN, A. E., and SOLOMON, S. Personality and performance correlates of empathic understanding in psychotherapy. In: HART, J. T., and TOMLINSON, T. M. (Eds.) New directions in client centered therapy. Boston, 1970, 223–236. – [*307*]

BERGIN, A. E., s. GARFIELD, S. L.

BINDRA, D. Weeping: A problem of many facets. Bulletin of the British Psychological Society, 1972, 25, 281–284. – [*175*]

BOECK-SINGELMANN, C. Überprüfung der Auswirkungen und Prozesse personenzentrierter Gesprächstherapie. Dissertation, Universität Hamburg, Fachbereich Psychologie, 1978. – [*241, 287, 304, 315, 316*]

BOMMERT, H. Einige Gesichtspunkte zur empirischen Erfassung und Bedeutung des Experiencing-Konzepts. In: JANKOWSKI, P., TSCHEULIN, D., FIETKAU, H., und MANN, F. (Hrsg.) Klientenzentrierte Psychotherapie heute. Göttingen, Hogrefe, 1976, 117–126. – [*182, 183*]

*) Die hinter einer Literaturangabe in eckigen Klammern kursiv gedruckte Zahl gibt an, auf welcher Seite des vorliegenden Buches die Arbeit zitiert wurde.

BOMMERT, H., BUSEN, A., GOGOLLA, H., KLEIN, D., LÜTKEMEIER, P., und PLESSEN, U. Untersuchung zur Förderung lernbehinderter Sonderschüler durch klientenzentrierte Verhaltensmodifikation. Psychol. in Erz. u. Unterricht, 1975, 22, 129–236. – [*191*]

BOMMERT, H., und DAHLHOFF, H.-D. Experimentelle Untersuchung zu einer deutschen Fassung der Experiencing-Skala. Unveröffentlichtes Manuskript, 1974, Psychologisches Institut der Universität Münster. – [*183*]

BOMMERT, H., MINSEL, W.-R., FITTKAU, B., LANGER, I., und TAUSCH, R. Empirische Kontrolle der Effekte und Prozesse klientenzentrierter Gesprächspsychotherapie bei psychoneurotischen Klienten. Zeitschrift Klin. Psychol., 1972, 1, 48–63. – [*44, 189, 191, 290, 294, 315*]

BOMMERT, H., s. HERMANN, J.; s. MINSEL, W.-R.

BORLINGHAUS, H. – [*320*]

BRAATEN, L. J. The movement from non-self to self in client-centered psychotherapy. Journal counsel. Psychol., 1961, 8, 20–24. – [*190, 294*]

BRUHN, M. Kurz- und längerfristige Auswirkungen personenzentrierter Gesprächsgruppen bei Klienten einer Psychotherapeutischen Beratungsstelle. Dissertation, Universität Hamburg, Fachbereich Psychologie, 1978. – [*212, 228, 283, 294, 295, 296, 315, 316*]

BRUHN, M., SCHWAB, R., und TAUSCH, R. Die Auswirkungen personenzentrierter Gesprächsgruppen bei seelisch beeinträchtigten Klienten. Im Manuskript, 1978. – [*97, 131, 283*]

BUSEN, A., s. BOMMERT, H.

CARKHUFF, R. R. Helping and human relations. Vol. I and II. New York, 1969. – [*25, 38, 69, 88, 107, 120, 142, 309, 311*]

CARKHUFF, R. R., s. TRUAX, Ch. B.

CARTWRIGHT, D. S., KIRTNER, W. L., and FISKE, D. W. Method factors in changes associated with psychotherapy. Journal abnorm. soc. Psychol., 1963, 66, 164–175. – [*290, 314*]

CARTWRIGHT, D. S., s. KIRTNER, W. L.

CARTWRIGHT, R. D., and LERNER, B. Empathy, need to change, and improvement with psychotherapy. Journal consult. Psychol., 1963, 27, 138–144. – [*153, 295*]

CASPARI, G., und TAUSCH, R. Echtheit-Fassadenhaftigkeit im Zusammenhang mit seelischer Gesundheit und in Abhängigkeit zur Wahrnehmung des Elternverhaltens. Im Manuskript, 1978. – [*85, 86, 97, 181, 212, 214, 216, 219, 225, 256, 302, 315*]

COLLINGWOOD, T., HEFELE, T., MUEHLBERG, N., and DRASGOW, J. Toward identification of the therapeutically facilitative factor. Journal clin. Psychol., 1970, 26, 119–120. – [*102*]

COMBS, A. W., and SOPER, D. W. The perceptual organization of effective counselors. Journal counsel. Psychol., 1963, 10, 222–226. – [*307*]

COLLINGWOOD, T. R. The effects of physical training upon behavior and self attitudes. Journal clin. Psychol., 1972, 28, 583–585. – [*24, 114*]

CONKLIN, R. C., and NAKONESHNY, M. The influence of counselor empathy, student sex, and grade level on perceived counselor role. Canad. Counsellor, 1973, 7, 206–212. – [*42*]

COOPER, K. H. Bewegungstraining. 7. Aufl., Frankfurt, 1974. – [*114*]

DAHLHOFF, H.-D., s. BOMMERT, H.

DICKENSON, W. A., and TRUAX, Ch. B. Group counseling with college underachievers: Comparison with a control group and relationship to empathy, warmth, and genuineness. Mimeo-Manuscr., 1966. – [*286, 293*]

DIES, R. R. Group therapist self-disclosure. Journal counsel. Psychol., 1973, 20, 344–348. – [*95, 137*]

DIES, R. R., and SADOWSKY, R. A brief encounter group experience and social relationships in a dormitory. Journal counsel. Psychol., 1974, 21, 112–115. – [*286*]

DOLL, G., FEINDT, K., KÜHNE, A., LANGER, I., STERNBERG, W., und TAUSCH, A. Klientenzentrierte Gespräche mit Insassen eines Gefängnisses über Telefon. Zeitschrift f. Klin. Psychol., 1974, 3, 39–56. – [*190, 206, 240, 252, 291, 294, 295*]

DOSSMANN, A., s. TAUSCH, A.

DRASGOW, J., s. COLLINGWOOD, T.

DREIKURS, R., s. SHLIEN, J. M.

DYMOND, R. F., s. ROGERS, C. R.

ECKERT, J., SCHWARTZ, H.-J., und TAUSCH, R. Klienten-Erfahrungen und Zusammenhang mit psychischen Änderungen in personenzentrierter Gesprächspsychotherapie. Zeitschrift Klin. Psychol., 1977, 6, 177–184. – [*77, 107, 185, 187, 206, 252, 279, 296, 305, 316*]

ECKERT, J., s. SCHWARTZ, H.-J.

ENDS, E. J., and PAGE, C. W. Group psychotherapy and concomitant psychological change. Psychol. Monographs, 1959, 73, Nr. 480, 1–31. – [*109*]

EPPEL, H., s. TAUSCH, R.

FEINDT, K. Überprüfung des Therapieerfolges und Untersuchung von Gesprächspsychotherapien mit Klienten geringer Schulbildung. Dissertation, Universität Hamburg, Fachbereich Psychologie, 1978. – [*101, 131, 137, 153, 185, 288, 294, 295*]

FEINDT, K., s. DOLL, G.

FERNBACH, R. Authoritarianism: A selection variable for psychotherapy. Journal counsel. Psychol., 1973, 20, 69–72. – [*296*]

FISH, J. M. Empathy and the reported emotional experiences of beginning psychotherapists. Journal consult. clin. Psychol., 1970, 35, 64–69. – [*307*]

FISKE, D. W., and GOODMAN, G. The posttherapy period. Journal abnorm. Psychol., 1965, 70, 169–179. – [*292, 314, 315*]

FISKE, D. W., s. CARTWRIGHT, D. S.

FITTKAU, B., s. BOMMERT, H.; s. TAUSCH, R.

FITTS, W. H. Tennessee Self Concept Scale. Nashville, 1964. – [*315*]

FOULDS, M. L. Self-actualization and the communication of facilitative conditions during counseling. Journal counsel. Psychol., 1969, 16, 132–136. – [*307*]

FOULDS, M. L., and WAREHIME, R. G. Effects of a "fake good" response set on a measure of self-actualization. Journal counsel. Psychol., 1971, 18, 279–280. – [*315*]

FRANZEN, U., und MERZ, F. Einfluß des Verbalisierens auf die Leistung bei Intelligenzprüfungen: Neue Untersuchungen. Zeitschrift Entwicklungspsychol. u. Päd. Psychol., 1976, 8, 117–134. – [*186*]

FREYTAG, C., s. RÖNNECKE, B.

GALLAGHER, J. J. MMPI changes concomitant with client-centered therapy. Journal consult. Psychol., 1953, 17, 334–338. – [*315*]

GARFIELD, S. L., and BERGIN, A. E. Therapeutic conditions and outcome. Journal abnorm. Psychol., 1971, 77, 108–114. – [*99*]

GARFIELD, S. L., PRAGER, R. A., and BERGIN, A. E. Evaluation of outcome in psychotherapy. Journal consult. clin. Psychol., 1971, 37, 307–313. – [*314*]

GENDLIN, E. T. Experiencing: A variable in the process of therapeutic change. Amer. Journal Psychotherapy, 1961, 15, 233– 245. – [*180*]

GENDLIN, E. T. A theory of personality change. In: HART, I. T., and TOMLINSON, T. M. (Eds.) New directions in client-centered therapy. Boston, Houghton Mifflin, 1970. – [*182*]

GENDLIN, E. T., s. ROGERS, C. R.

GIZYNSKI, M. N., s. RYAN, V. L.

GOGOLLA, H., s. BOMMERT, H.

GOLIGHTLY, C. C. The reinforcement properties of attitude similarity-dissimilarity. Unpublished doctoral dissertation. University of Texas, 1965. – [*42*]

GOODMAN, G., s. FISKE, D. W.

GRAESSNER, D., s. HEINERTH, K.

GRAF. M., s. LEWINSOHN, P.

GURMAN, A. S. Therapist's mood patterns and therapeutic facilitativeness. Journal counsel. Psychol., 1972, 19, 169–170. – [*307*]

HAAS-SCHMID, R., s. TÖNNIES, S.

HAERTEL, G. Vorgänge und Änderungen bei Klienten personenzentrierter Encountergruppen. Unveröffentlichte Diplomarbeit, Universität Hamburg, Fachbereich Psychologie, 1977. – [*212, 223, 228*]

HAGGARD, E. A. Some factors determining adjustement during readjustement following experimentally induced stress. Journal exper. Psychol., 1943, 33, 257–284. – [*131*]

HAIGH, G. Defensive behavior in client-centered therapy. Journal consult. Psychol., 1949, 13, 181–189. – [*206, 240*]

HAIMOWITZ, N. R. An investigation into some personality changes occuring in individuals undergoing client-centered therapy. Doctoral Dissertation, Univ. Chicago, 1948. Zit. nach C. R. ROGERS. Client-centered therapy. Boston, 1951, S. 174. – [*295*]

HAKSTIAN, A. R., s. ZIMMER, J. M.

HALKIDES, G. An experimental study of four conditions necessary for therapeutic change. Doctoral Dissertation, University of Chicago, 1958. – [*45, 52, 78, 97, 106, 293*]

HART, J. T., s. TOMLINSON, T. M.

HEFELE, T., s. COLLINGWOOD, T.

HEINERTH, K., und GRAESSNER, D. Verminderung von Prüfungsangst durch therapeutische Gespräche. Zeitschrift Entwicklungspsychol. u. Päd. Psychol., 1973, 5, 62–68. – [*292*]

HELNER, P. A., and JESSELL, J. C. Effects of interpretation as a counseling technique. Journal counsel. Psychol., 1974, 21, 475–481. – [*110*]

HENDRICKS, N. G., s. WARGO, D. G.

HERMANN, J., BOMMERT, H., und MINSEL, W.-R. Zuverlässigkeit und Validität von Verhaltensmerkmalen bei der Beurteilung schriftlich fixierter Gesprächsausschnitte der Gesprächspsychotherapie. Zeitschrift Klin. Psychol., 1974, 3, 95–106. – [*99, 107, 189*]

HILL, J. A., s. HOWARD, K. J.

HOWARD, K. J., ORLINSKY, D. E., and HILL, J. A. Affective experience in psychotherapy. Journal abnorm. Psychol., 1970, 75, 267–275. – [*77*]

HOWE, E. S. Anxiety-arousal and specificity: Rated correlates of the depth of interpretive statements. Journal consult. Psychol., 1962, 26, 178–184. – [*110*]

JACKSON, C., s. ABRAMOWITZ, C. V.

JACKSON, M., and THOMPSON, Ch. L. Effctive counselor: Characteristics and attitudes. Journal counsel. Psychol., 1971, 18, 249–254. – [*307*]

JAFFE, P. E., s. JOURARD, S. M.

JASPER, L. G., s. BERGIN, A. E.

JESSELL, J. C., s. HELNER, P. A.

JOURARD, S. M., and JAFFE, P. E. Influence of an interviewer's disclosure on the selfdisclosing behavior of interviewees. Journal couns. Psychol., 1970, 17, 252–257. – [*94*]

JÜRGENS, G., s. RÖNNECKE, B.

KAUFFMANN, P. E., and RAIMY, V. C. Two methods of assessing therapeutic progress. Journal abnorm. soc. Psychol., 1949, 44, 379–385. – [*206*]

KETTNER, U., s. TAUSCH, A.

KIESLER, D. J. Patient experiencing and successful outcome in individual psychotherapy of schizophrenics and psychoneurotics. Journal consult. clin. Psychol., 1971, 37, 370–385. – [*183*]

KIESLER, D. J., s. ROGERS, C. R.

KIRTNER, W. L., and CARTWRIGHT, D. S. Success and failure in client-centered therapy as a function of client personality variables. Journal consult. Psychol., 1958, 22, 259–264. – [*190, 294*]

KIRTNER, W. L., s. CARTWRIGHT, D. S.

KLEIN, D., s. BOMMERT, H.

KODMAN, F., s. TRUAX, Ch. B.

KREMER, J., und TAUSCH, R. Kurz- und längerfristige Auswirkungen bei Teilnehmern personenzentrierter Gesprächsgruppen. Im Manuskript, 1978. – [*95, 212, 228, 257, 285, 295*]

KREMER, J., s. WESTERMANN, B.

KÜHNE, A., s. DOLL, G.; s. TAUSCH, R.

LANEY, R. C., s. BERENSON, B. G.

LANGER, I., s. BOMMERT, H.; s. DOLL, G.; s. MINSEL, W.-R.; s. RUDOLPH, J.; s. SANDER, K.; s. SCHWARTZ, H.-J.; s. TAUSCH, R.

LEITNER, L. A. Client self-exploration as a function of reference to significant others. Journal clin. Psychol., 1968, 26, 339–340. – [*139*]

LERNER, B., s. CARTWRIGHT, R. D.

LEWINSOHN, P., and GRAF, M. Pleasant activities and depression. Journal consult. clin. Psychol., 1973, 41, 261–268. – [*303*]

LORR, M. Client perceptions of therapists: A study of the therapeutic relation. Journal consult. Psychol., 1965, 29, 146–149. – [*39, 40, 73, 78, 100, 111, 294*]

LÜCK, U., s. TAUSCH, R.

LÜTKEMEIER, P., s. BOMMERT, H.

MATARAZZO, J. D. The interview. In: WOLMAN, B. B. (Ed.) Handbook of clinical psychology. New York, 1965, 403–450. – [*110*]

MEADOR, B. D. Individual process in a basic encounter group. Journal counsel. Psychol., 1971, 18, 70–76. – [*206, 209, 212, 224, 295*]

MERZ, F., s. FRANZEN, U.

MEYER, A.-E. The Hamburg short psychotherapy comparison experiment. Im Manuskript, 1976. – [*109*]

MILLIS, W. E., s. WARGO, D. G.

MINSEL, W.-R., BOMMERT, H., BASTINE, R., LANGER, I., NICKEL, H., und TAUSCH, R. Weitere Untersuchung der Auswirkung und Prozesse klientenzentrierter Gesprächspsychotherapie. Zeitschrift Klin. Psychologie, 1972, 1, 232–250. – [*44, 46, 189, 191, 289, 294, 315*]

MINSEL, W.-R., LANGER, I., PETERS, U., und TAUSCH, R. Bedeutsame weitere Variablen des Psychotherapeutenverhaltens. Zeitschrift Klin. Psychol., 1973, 3, 197–210. – [*44, 78, 107, 191*]

MINSEL, W.-R., s. BOMMERT, H.; s. HERMANN, J.; s. TAUSCH, R.

MITCHELL, K. M., s. BERENSON, B. G.

MORRIS, R. J., and SUCKERMAN, K. R. The importance of the therapeutic relationship in systematic desensitization. Journal consult. clin. Psychol., 1974, 42, 148. – [*116*]

MOSAK, H. H., s. SHLIEN, J. M.

MUEHLENBERG, N., s. COLLINGWOOD, T.

NAGEL, K., s. SANDER, K.

NAKONESHNY, M., s. CONKLIN, R. C.

NEWBY, J. F., s. ZIMMER, J. M.

NICKEL, H., s. MINSEL, W.-R.

OLSEN, I., und TAUSCH, R. Nähere Untersuchung einiger komplexer Vorgänge in der Gesprächspsychotherapie. Im Manuskript, 1978. – [*182*]

ORLINSKY, D. E., s. HOWARD, K. J.

PAGE, C. W., s. ENDS, E. J.

PETERS, U., s. MINSEL, W.-R.

PFEIFFER, W. Erlebensaktivierendes Vorgehen in der Gesprächspsychotherapie und seine Erfassung durch die Erlebens-Intensitäts-Skala. In: JANKOWSKI, P., TSCHEULIN, D., FIETKAU, H., und MANN, F. (Hrsg.) Klientenzentrierte Psychotherapie heute. Göttingen, 1976, 127–134. – [*183*]

PIERCE, R. M., and SCHAUBLE, P. G. Graduate training of facilitative counselors: The effects of individual supervision. Journal counsel. Psychol., 1970, 17, 210–215. – [*107, 309*]

PIERCE, R. M., and ZARLE, T. H. Differential referral to significant others as a function of interpersonal effectiveness. Journal clin. Psychol., 1972, 28, 230–232. – [*309*]

PIXA-KETTNER, U., AHRBECK, B., SCHEIBEL, B., und TAUSCH, A. Personenzentrierte Einzel- und Gruppengespräche mit psychisch beeinträchtigten Hauptschülern aus 5./6. Klassen. Zeitschrift Klin. Psychol., 1978, 7, 28–40. – [*56, 149, 190, 291*]

PLESSEN, U., s. BOMMERT, H.

POLLACK, B. B. Change in homogeneous and heterogeneous sensitivity training groups. Journal consult. clin. Psychol., 1971, 37, 60–66. – [*303*]

POMREHN, G. Erlebte Veränderungen von Gruppenteilnehmern und Merkmale des Teilnehmer- und Helferverhaltens. Diplomarbeit, Universität Hamburg, Fachbereich Psychologie, 1978, – [*308*]

PONGRATZ, L. J. Lehrbuch der Klinischen Psychologie. Göttingen, 1973. – [*140*]

PRAGER, R. A., s. GARFIELD, S. L.

QUITMANN, H., TAUSCH, A., und TAUSCH, R. Selbstkommunikation von Jugendlichen und ihren Eltern, Zusammenhang mit Psychoneurotizismus und elterlichem Erziehungsverhalten. Zeitschrift Klin. Psychol., 1974, 3, 193–204. – [*302*]

RABLEN, R. A., s. ROGERS, C. R.; s. WALKER, A. M.

RAIMY, V. C., s. KAUFFMANN, P. E.

RASKIN, N. J. Studies of psychotherapeutic orientation: Ideology and practice. American Academy of Psychotherapists, Orlando, Research Monograph, 1974, No. 1, 5–33. – [*54*]

RICE, L. N. Therapist's style of participation and case outcome. Journal consult. Psychol., 1965, 29, 155–160. – [*108*]

ROBACK, H. B., s. ABRAMOWITZ, C. V.

RÖNNECKE, B., BECKER, M., BERGEEST, H. G., FREYTAG, C., JÜRGENS, G., STEINBACH, I., und TAUSCH, A. Gespräche über Telefon zwischen alten Menschen und gesprächspsychotherapeutisch vorgebildeten Psychologen oder Laienhelfern. Zeitschrift Gerontologie, 1976, 9, 455–462. – [*21, 59, 292*]

ROGERS, C. R. Counseling and psychotherapy. Boston, 1942. – In deutscher Übersetzung: Die nicht-direktive Beratung. München, 1972. – [*13, 25, 26, 32, 38*]

ROGERS, C. R. The attitude and orientation of the counselor in client-centered therapy. Journal consult. Psychol., 1949, 12, 82–94. – [*67*]

ROGERS, C. R. Client-centered therapy. Boston, 1951. – In deutscher Übersetzung: Die klientbezogene Gesprächstherapie. München, 1973a. – [*13, 25, 32, 38, 188*]

ROGERS, C. R. The necessary and sufficient conditions of therapeutic personality change. Journal consult. Psychol., 1957, 21, 95–103. – [*68*]

ROGERS, C. R. On becoming a person. Boston, 1961. – In deutscher Übersetzung: Entwicklung der Persönlichkeit. Stuttgart, 1973b. – [*25, 27, 182, 209*]

ROGERS, C. R. The interpersonal relationship: The core of guidance. Harward Educ. Review, 1962, 42, 416–429. – [*67, 68, 87*]

ROGERS, C. R. Client-centered therapy. Film No. 1. Three approaches to psychotherapy. Santa Ana, 1965. – [*88*]

ROGERS, C. R. Freedom to learn. Ohio, 1969. – In deutscher Übersetzung: Lernen in Freiheit. München, 1974a. – [*280*]

ROGERS, C. R. Carl Rogers on encounter groups. New York, 1970. – In deutscher Übersetzung: Encounter Gruppen. München, 1974b. – [*17, 25, 26, 284*]

ROGERS, C. R. Eine neue Definition von Einfühlung. In: JANKOWSKI, P., TSCHEULIN, D., FIETKAU, H., und MANN, F. (Hrsg.) Klientenzentrierte Psychotherapie heute. Göttingen, 1976, 33–51. – [*36, 178*]

ROGERS, C. R. Therapeut und Klient. München, 1977. – [*25*]

ROGERS, C. R. Carl Rogers on personal power. New York, 1977. – In deutscher Übersetzung: Von der Kraft des Guten. München, 1978. – [*280*]

ROGERS, C. R., and DYMOND, R. F. (Eds.) Psychotherapy and personality change. Chicago, 1954. – [*240, 290, 292, 295*]

ROGERS, C. R., GENDLIN, E. T., KIESLER, D. J., and TRUAX, Ch. B. The therapeutic relationship and its impact: A study of psychotherapy with schizophrenics. Madison, 1967. – [*37, 290, 293, 295*]

ROGERS, C. R., and RABLEN, R. A. A scale of process in psychotherapy. Mimeo-Manuskript, Univ. Wisconsin, 1958. – [*209*]

ROGERS, C. R., s. WALKER, A. M.

RUDOLPH, J. Psychische Änderungen durch Gesprächspsychotherapie und deren Bedingungen in der Sicht der Klienten. Dissertation, Universität Hamburg, Fachbereich Psychologie, 1975. – [*13, 40, 73, 90, 102, 283, 287, 294, 296, 305, 316, 317*]

RUDOLPH, J., LANGER, I., und TAUSCH, R. Wesentliche Bedingungen psychischer Änderungen von Personen in der Gesprächspsychotherapie. Im Manuskript, 1978. – [*40, 106, 287, 315*]

RYAN, V. L., and GIZYNSKI, M. N. Behavior therapy in retrospect: patients's feelings about their behavior therapies. Journal consult. clin. Psychol., 1971, 37, 1–9. – [*116*]

SADOWSKY, R., s. DIES, R. R.

SANDER, K. Der Einfluß von Persönlichkeits-Ausgangsvariablen des Klienten auf dessen selbstexploratives Verhalten in der Gesprächspsychotherapie. Zeitschrift Klin. Psychol. u. Psychotherapie, 1973, 21, 40–45. – [*296*]

SANDER, K., LANGER, I., BASTINE, R., TAUSCH, A., TAUSCH, R., und WIECZEROWSKI, W. Gesprächspsychotherapie bei 73 psychoneurotischen Klienten mit alternierenden Psychotherapeuten ohne Abwahlmöglichkeit. Zeitschrift Klin. Psychologie u. Psychotherapie, 1973, 21, 218–229. – [*44, 51, 189, 288, 294*]

SANDER, K., TAUSCH, R., BASTINE, R., und NAGEL, K. Die Auswirkung experimenteller Änderungen des Psychotherapeutenverhaltens auf Klienten in psychotherapeutischen Gesprächen. Zeitschrift exper. u. angew. Psychol., 1969, 16, 334–344. – [*44*]

SCHAUBLE, P. G., s. PIERCE, R. M.

SCHEIBEL, B., s. PIXA-KETTNER, U.

SCHIEFELBEIN-HEITMANN, M., s. TAUSCH, A.

SCHLECHT, P. – [*320*]

SCHMITZ, G., s. TAUSCH, R.

SCHÖN, H. Ergebnisse und Prozesse der Gesprächstherapie unter Berücksichtigung des nicht-sprachlichen Psychotherapeutenverhaltens. Dissertation, Universität Hamburg, Fachbereich Psychologie, 1978. – [*241*]

SCHULDT, W. J., s. TRUAX, Ch. B.

SCHWAB, R. Untersuchungen über Selbstöffnung von Helfern in kurzzeitigen Gesprächen. Im Manuskript, 1978. – [*95, 131, 137*]

SCHWAB, R., s. BRUHN, M.; s. TAUSCH, A.; s. WESTERMANN, B.

SCHWARTZ, H.-J., ECKERT, J., BABEL, M., und LANGER, I. Prozeßmerkmale in psychotherapeutischen Anfangsgesprächen: Eine Analyse neuer Merkmalskonzepte in der Gesprächspsychotherapie. Zeitschrift Klin. Psychol., 1978, 7, 65–71. – [*44, 78, 107, 153, 177, 189, 191*]

SCHWARTZ, H.-J., s. ECKERT, J.

SHEERER, E. T. An analysis of the relationship between acceptance of and respect for self and acceptance of and respect for others in counseling cases. Journal consult. Psychol., 1949, 13, 169–175. – [*240*]

SHLIEN, J. M., MOSAK, H. H., and DREIKURS, R. Effect of time limits: A comparison of two psychotherapies. Journal counsel. Psychol., 1962, 9, 31–34. – [*304*]

SHOSTROM, E. Personal Orientation Inventory POI. San Diego, 1966. – [*186, 215*]

SILBER, L. D., s. TRUAX, Ch. B.

SINNER, F., s. TÖNNIES, S.

SOLOMON, S., s. BERGIN, A. E.

SOPER, D. W., s. COMBS, A. W.

STEINBACH, I., s. BERGEEST, H. G.; s. RÖNNECKE, B.; s. TAUSCH, A.; s. THIEL, G.

STERNBERG, W., s. DOLL, G.

STIEPER, D. R., and WIENER, D. N. The problem of interminability in outpatient psychotherapy. Journal consult. Psychol., 1959, 23, 237–242. – [*304*]

STRUPP, H. H. The performance of psychoanalytic and client-centered therapists in an initial interview. Journal consult. Psychol., 1958, 22, 265–274. – [*109*]

STRUPP, H. H., WALLACH, M. S., and WOGAN, M. Psychotherapy experience in retrospect: Questionnaire survey of former patients and their therapists. Psychol. Monographs, 1964, 78, 11, Whole No. 588. – [*78, 96, 110, 314, 315*]

SUCKERMAN, K. R., s. MORRIS, R. J.

SUNDLAND, D. M., and BARKER, E. N. The orientations of psychotherapists. Journal consult. Psychol., 1962, 26, 201–212. – [*109*]

TAUSCH, A. Ausmaß und Änderung des Merkmals Verständnis im Sprachverhalten von Erziehern und Zusammenhänge mit seelischen Vorgängen in Kindern. Zeitschrift exper. angew. Psychol., 1963, 10, 514–539. – [*34*]

TAUSCH, A., KETTNER, U., STEINBACH, I., und TÖNNIES, S. Effekte kindzentrierter Einzel- und Gruppengespräche mit unterprivilegierten Kindergarten- und Grundschulkindern. Psychol. in Erz. u. Unterricht, 1973, 20, 77–88. – [*191, 291*]

TAUSCH, A., SCHIEFELBEIN-HEITMANN, M., SCHWAB, R., und DOSSMANN, A. Psychische Änderungen und Gesprächsverhalten in personenzentrierten Encountergruppen mit Gefängnisinsassen, Richtern, Psychotherapieklienten und Psychologen. Psychol. in Erz. u. Unterricht, 1975, 22, 161–171. – [*131, 137, 190, 198, 206, 209, 212, 240, 285, 294, 295, 296, 303*]

TAUSCH, A., WITTERN, O., und ALBUS, J. Erzieher-Kind-Interaktionen in einer Vorschul-Lernsituation im Kindergarten. Psychol. in Erz. u. Unterricht, 1976, 23, 1–10. – [*44*]

TAUSCH, A., s. BERGEEST, H. G,; s. DOLL, G.; s. QUITMANN, H.; s. SANDER, K.; s. PIXA-KETTNER, U.; s. RÖNNECKE, B.; s. THIEL, G.; s. WITTERN, O.

TAUSCH, C. Erleben und Auswirkungen personenzentrierter Gesprächsgruppen bei Lehrern, erfaßt in Nachbefragungsinterviews. Diplomarbeit, Universität Hamburg, Fachbereich Psychologie, 1978. – [*212, 228, 241, 250, 257*]

TAUSCH, R. Geprüfte Annahmen und Prozeßgleichung zur klientenzentrierten Gesprächspsychotherapie. Bericht über den 27. Kongreß der Deutschen Gesellschaft für Psychologie, Göttingen, 1973, 172–184. – [*141, 190*]

TAUSCH, R. Gesprächspsychotherapie. 6. Aufl., Göttingen, 1974. – [*284, 290*]

TAUSCH, R. Ergebnisse und Prozesse der klientenzentrierten Gesprächspsychotherapie bei 550 Klienten und 115 Psychotherapeuten. Eine Zusammenfassung des Hamburger Forschungsprojektes. Zeitschrift praktische Psychol., 1975, 13, 293–307. – s. a. In: JANKOWSKI, P., TSCHEULIN, D., FIETKAU, H.-J., und MANN, F. (Hrsg.) Klientenzentrierte Psychotherapie heute. Göttingen, 1976, 60–73. – [*25, 48*]

TAUSCH, R., EPPEL, H., FITTKAU, B., und MINSEL, R. Variablen und Zusammenhänge in der Gesprächspsychotherapie. Zeitschrift Psychol., 1969, 176, 93–102. – [*44, 190*]

TAUSCH, R., KÜHNE, A., LANGER, I., und LÜCK, U. Merkmalszusammenhänge bei hilfreichen Gesprächen von Psychologen und Erziehern mit Jugendlichen. Zeitschrift Entwicklungspsychol. u. Päd. Psychol., 1971, 3, 121–135. – [*44, 58, 99*]

TAUSCH, R., SANDER, K., BASTINE, R., FREISE, H., und NAGEL, K. Variablen und Ergebnisse bei client-centered Psychotherapie mit alternierenden Psychotherapeuten. Psychol. Rundschau, 1970, 21, 29–38. – [*106*]

TAUSCH, R., und SCHMITZ, G. Untersuchungen über vergangene und gegenwärtige Erlebnisinhalte in der client-centered Psychotherapie. Zeitschrift exper. u. angew. Psychol., 1964, 11, 330–348. – [*224*]

TAUSCH, R., und TAUSCH, A. Erziehungspsychologie. Begegnung von Person zu Person. 8. Aufl., Göttingen, 1977a. – [*35, 56, 78, 149, 221, 236, 238, 280, 302, 303*]

TAUSCH, R., und TAUSCH, A. Reise zum unbekannten Ich. Eine personenzentrierte Gesprächsgruppe im Südwest-Fernsehen am 12. 3. 1976, Ausleihe Bundesinstitut für den wissenschaftlichen Film, Göttingen, 1977b. – [*17, 20, 27*]

TAUSCH, R., und TAUSCH, A. Auf dem Wege zueinander. Drei personenzentrierte Gesprächsgruppen im Südwest-Fernsehen vom 11. 3. 1977, 10 6. 1977, 18. 11. 1977, Ausleihe in Vorbereitung, Bundesinstitut für den wissenschaftlichen Film, Göttingen, 1977c. – [*17, 20, 55, 104*]

TAUSCH, R., und TAUSCH, A. Auf dem Wege zueinander. Vier personenzentrierte Gesprächsgruppen im Südwest-Fernsehen vom 4. 2. 1978, 1. 4. 1978, 27. 5. 1978, 30. 10. 1978, Ausleihe in Vorbereitung, Bundesinstitut für den wissenschaftlichen Film, Göttingen, 1978. – [*17, 29, 55, 104*]

TAUSCH, R., ZEHELEIN, H., FITTKAU, B., und MINSEL, R. Variablen und Zusammenhänge in psychotherapeutischen Gesprächen. Im Manuskript, 1967. Ferner: R. TAUSCH. Variablen und Zusammenhänge in psychologisch-therapeutischen Gesprächen. Bericht über den 25. Kongreß der Deutschen Gesellsch. für Psychologie, Göttingen, 1967, 499–504. – Zeitschrift Psychol., 1969, 176, 93–102. – [*45, 46*]

TAUSCH, R., s. BOMMERT, H.; s. CASPARI, E.; s. BRUHN, M.; s. ECKERT, J.; s. KREMER, J.; s. MINSEL, W.-R.; s. OLSEN, I.; s. QUITMANN, H.; s. RUDOLPH, J.; s. SANDER, K.; s. WESTERMANN, B.

TEEGEN, F. Überprüfung der Effekte von Gesprächspsychotherapie mit telefonischer Durchführung. Dissertation, Universität Hamburg, Fachbereich Psychologie, 1975. – [*289, 292*]

THETFORD, W. N. The measurement of physiological responses to frustration before and after nondirective psychotherapy. Doctoral Dissertation. Univ. Chicago, 1949. Zit. nach MOWRER, O. H. Psychotherapy, theory and research. New York, 1953, S. 224, – [*252*]

THIEL, G., STEINBACH, I., und TAUSCH, A. Schüler führen hilfreiche Gespräche mit Schülern. Psychol. in Erz. u. Unterricht, 1978, 25, 75–81. – [*21, 291, 308*]

TÖNNIES, S., HAAS-SCHMID, R., und SINNER, F. Eine Gesprächsgruppe in der Erfahrung von Fernsehzuschauern. Im Manuskript, 1978. – [*296*]

TÖNNIES, S., und TAUSCH, R. Dimensionen des Elternverhaltens und seelische Funktionsfähigkeit ihrer Kinder im Erwachsenenalter. Im Manuskript, 1978. – [*302, 318*]

TÖNNIES, S., s. TAUSCH, A.

TOMLINSON, T. M., and HART, J. T. A validation study of the process scale. Journal consult. Psychol., 1962, 26, 74–78. – [*206, 209, 212, 224, 295*]

THOMPSON, Ch. L., s. JACKSON, M.

TRUAX, Ch. B. Therapeutic conditions. Psychiatric Institute Bulletin, Univ. Wisconsin, 1961, Vol. I, No. 10. – [*51*]

TRUAX, Ch. B. A tentative scale for the measurement of unconditional positive regard. Psychiatric Institute Bulletin, Univ. Wisconsin, 1962, – [*70*]

TRUAX, Ch. B. Therapists empathy, warmth, and genuineness and patient personality change in group psychotherapy: A comparison between interaction unit measures, time sample measures, patient perception measures. Journal clin. Psychol., 1966, 22, 225–229. – [*45, 286*]

TRUAX, Ch. B. Effects of client-centered psychotherapy with schizophrenic patients: Nine years pretherapy and nine years posttherapy hospitalization. Journal consult. clin. Psychol., 1970, 35, 417–422. – [*290, 292*]

TRUAX, Ch. B. The initial status of the client and the predictability of psychotherapeutic change. Comparative group studies, 1971, 2, 3–16, – [*15*]

TRUAX, Ch. B., and CARKHUFF, R. R. Experimental manipulation of therapeutic conditions. Journal consult. Psychol., 1965 (a), 29, 119–124. – [*44*]

TRUAX, Ch. B., and CARKHUFF, R. R. Client and therapist transparency in the psychotherapeutic encounter. Journal counsel. Psychol., 1965 (b), 12, 3–9. – [*97, 190*]

TRUAX, Ch. B., and CARKHUFF, R. R. Toward effective counseling and psychotherapy: Training and practice. Chicago, 1967. – [*25, 52*]

TRUAX, Ch. B., CARKHUFF, R. R., and KODMAN, F. Relationships between therapist offered conditions and patient change in group psychotherapy. Journal clin. Psychol., 1965, 21, 327–329. – [*290*]

TRUAX, Ch. B., SCHULDT, W. J., and WARGO, D. G. Self-ideal concept congruence and improvement in group psychotherapy. Journal consult. clin. Psychol., 1968, 32, 47–53. – [*240*]

TRUAX, Ch. B., WARGO, D. G., and SILBER, L. D. Effects of group psychotherapy with high accurate empathy and nonpossessive warmth upon female institutionalized delinquents. Journal abnorm. Psychol., 1966, 71, 267–274. – [*105, 293*]

TRUAX, Ch. B., and WITTMER, J. The effects of therapist focus on patient anxiety source and the interaction with therapist level of accurate empathy. Journal clin. Psychol., 1971, 27, 297–299. – [*50*]

TRUAX, Ch. B., s. DICKENSON, W. A; s. ROGERS, C. R.

VAN DER VEEN, F. Effects of the therapist and the patient on each other behavior. Journal consult. Psychol., 1965, 29, 19–26. – [*51*]

VONDRACEK, S. I., and VONDRACEK, F. W. The manipulation and measurement of self-disclosure in preadolescents. Merrill-Palmer Quarterly, 1971, 17, 51–58. – [*95*]

WAGGENER, R. R. The effects of a structured group experience on teachers' empathy, regard, and genuineness in the classroom. Dissertation, University of Illinois, 1971. – [*40*]

WALDSCHMIDT, R. The needs for regard. Doctoral Dissertation, Univ. Chicago, 1957. – [*75*]

WALKER, A. M., RABLEN, R. A., and ROGERS, C. R. Development of a scale to measure process changes in psychotherapy. Journal clin. Psychol., 1960, 16, 79–85. – [*210, 224*]

WALLACH, M. S., s. STRUPP, H. H.

WAREHIME, R. G., s. FOULDS, M. L.

WARGO, D. G., MILLIS, W. E., and HENDRICKS, N. G. Patient rational verbal behavior as an antecedent to outcome in psychotherapy. Psychotherapy, 1971, 8, 199–201. – [*177*]

WARGO, D. G., s. TRUAX, Ch. B.

WESTERMANN, B., KREMER, J., und TAUSCH, R. Unterschiedliche Änderungen bei Mitgliedern von personenzentrierten Gesprächsgruppen. Im Manuskript, 1977. – [*46, 105, 131, 212, 228*]

WESTERMANN, B., SCHWAB, R., und TAUSCH, R. Die Auswirkungen personenzentrierter Gesprächsgruppen bei 150 Klienten einer Psychotherapeutischen Beratungsstelle. Im Manuskript, 1978. – [*101, 284, 294*]

WIECZERKOWSKI, W., s. SANDER, K.

WIENAND-KRANZ, D. Wesentliche Prozesse in der Gesprächspsychotherapie mit telefonischer Durchführung. Dissertation, Universität Hamburg, Fachbereich Psychologie, 1977. – [*44, 46, 153, 189, 191, 294*]

WIENER, D. N., s. STIEPER, D. R.

WITTERN, O., und TAUSCH, A. Auswirkungen personenzentrierter Gesprächsgruppen auf die Person und das Unterrichtsverhalten von Lehrern. Bericht über den 31. Kongreß der Deutschen Gesellschaft für Psychologie, Göttingen, im Druck, 1978. – [*175, 188, 190, 209, 228, 253, 257, 259, 285, 294, 315*]

WITTERN, O., s. TAUSCH, A.

WITTMER, J., s. TRUAX, Ch. B.

WOGAN, M., s. STRUPP, H. H.

WOHLLEBE, H. Effektnachweis bei Encountergruppen anhand von Fragebögen und freien Äußerungen der Teilnehmer. Diplomarbeit, Universität Hamburg, Fachbereich Psychologie, 1977. – [*241*]

WORCHEL, P. Catharsis and the relief of hostility. Journal abnorm. soc. Psychol., 1957, 55, 238–243. – [*131*]

ZARLE, T. H., s. PIERCE, R. M.

ZEHELEIN, H., s. TAUSCH, R.

ZIMMER, J. M., HAKSTIAN, A. R., and NEWBY, J. F. Dimensions of counselee responses over several therapy sessions. Journal counsel. Psychol., 1972, 19, 448–454. – [*109*]

Sachverzeichnis